붕괴하는
세계와
인구학

2020년대에는 거의 빠짐없이 세계적으로
소비와 생산과 투자와 무역이 모두 붕괴하게 된다.
세계화는 산산조각 난다.
지역 차원에서 국가 차원에서 큰 비용을 치르게 된다.
삶의 속도도 느려진다.
그리고 무엇보다도 삶이 팍팍해진다.
피터 자이한

THE END OF
THE WORLD
IS JUST THE
BEGINNING

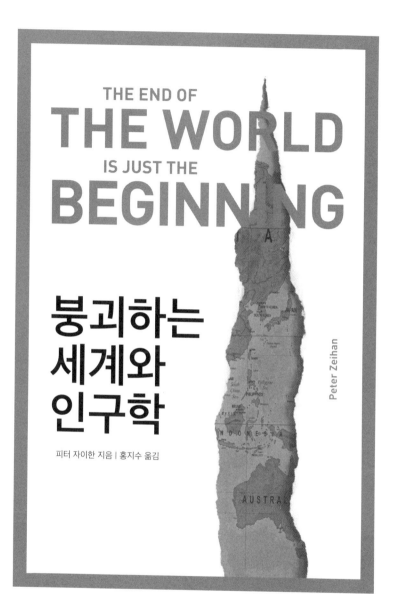

붕괴하는
세계와
인구학

피터 자이한 지음 | 홍지수 옮김

김앤김북스

붕괴하는 세계와
인구학

탈세계화, 무질서, 인구감소의 쓰나미에서
어떻게 살아남을 것인가

초판 1쇄 발행 2023년 1월 19일
    5쇄 발행 2023년 12월 29일

지은이 피터 자이한

옮긴이 홍지수

펴낸이 김건수

디자인 이재호 디자인

펴낸곳 김앤김북스
출판등록 2001년 2월 9일(제12302호)
주소 서울시 마포구 월드컵로42길 40, 326호
전화 (02)773-5133 I **팩스** (02)773-5134
Email apprro@naver.com
ISBN 978-89-89566-88-5 (03340)

이 책을 집필하는 과정은 만감이 교차하는 여정이었다. "거대 담론"을 완성한다는 희열. 창의적 활동에서 맛보는 황홀한 경지. 문장과 단락과 개념 하나하나를 모두 제대로 짚어야 한다는 압박과 좌절감. 끝 모를 길고 지루한 편집 과정. 마침내 최종 원고가 마무리됐을 때 느낀 해방감. 서평을 기다리면서 조마조마했던 마음. 내 예측이 현실화하는 상황을 지켜보면서 느낀 강한 자부심.

이 책의 경우 그 자부심은 그에 못지않은 절망감과 교차했다.

근대의 역사는 여러모로 한국의 역사 그 자체다. 그리고 바로 그 때문에 나는 심란하다.

제2차 세계대전이 마무리된 이후 미국은 전략적 도달 범위와 우위를 이용해 군사적 수단이 무역을 표적으로 삼지 못하는 세계를 구축했다. 미국의 이러한 전략은 자비심이나 탐욕 때문이 아니라 두려움에서 비롯되었다. 미국은 소련에 맞서기 위해 동맹이 필요했다. 세계화는 동맹의 안보협력에 대한 보상이었다. 이러한 거래로부터 세계 경제 개방이 비롯되었고 오늘날의 운송, 금융, 에너지, 산업 물자, 제조업과 농업 등 모든 것이 탄생했다. 이러한 현상은 한국에서도 일어났다. 세계 전역에서 일어났다.

이 모든 활동을 규정하는 또 다른 명칭이 있다. 바로 산업화다. 석유와 콘크리트와 전력 공급선과 컨테이너 선박과 리튬 정제시설과 인터넷은 지역에 따라 서로 다른 경제 활동을 창출했다. 세계화와 도시화 이전에 우리 모두의 삶의 터전은 농장이었다. 지금은 어떤가? 우리는 대부분 도시에 거주한다.

이러한 현상은 한국에서도 일어났다. 세계 전역에서 일어났다.

이를 통해 괄목할 만한 결과가 나왔다. 우리는 인류 역사상 최고의 경제 성장, 최고의 건강 증진, 최고의 평화 확장을 누려왔다. 한국도 누렸다. 전 세계도 누렸다.

그런데 문제가 하나 있다. 아니, 문제가 두 가지 있다.

첫째, 미국인들은 넌더리가 났다. 대부분 도널드 트럼프 전 대통령을 일탈적인 사건이라고 생각한다. 그렇지 않다. 그는 미국의 뉴 노멀을 대표한다. 그는 세계 경제 구조를 유지하는 데서 이제 더 이상 얻을 전략적 이득이 없다고 보는 미국을 대표한다. 미국은 "경제적" 이득을 누리자고 세계 경제 구조를 유지해온 게 아니다. 세계화는 미국의 시장을 세계에 개방한다는 뜻이었을 뿐, 미국의 동맹국들도 자국의 시장을 개방하라는 뜻은 아니었다. 미국은 한국에도 그런 요구는 하지 않았다. 세계에도 그런 요구는 하지 않았다. 미국이 동맹국에게 자국의 시장개방에 상응하는 시장개방을 요구했다면, 세계화는 동맹국에게 안보협력을 대가로 제공한 뇌물이라고 하기 어렵다.

조 바이든 현 미국 대통령의 국제 경제 정책은 트럼프가 시행한 그 어떤 정책보다도 자국 우선적이다. 러시아가 핵전쟁을 위협하는 한편 대담하게 학살을 시도한 2022년에도 미국은 동맹국의 경제적 전략적 미래를 단일한 구조하에 다시 한번 결속할 일종의 세계화 2.0 미래상을 제시할 낌새도 보이지 않았다. 오히려 미국은 중국뿐만 아니라 유럽과의 무역 갈등을 한층 더 부추기고 있다. 세계가 무역을 토대로 한 경제적 미래를 원한다면 지금 미국이 택한 방법과는 다른 방법이 필요하다.

둘째, 그 "다른 방법"은 이제 불가능하다. 산업화와 도시화는 여러 가지 의도치 않은 부작용들을 낳았는데 자녀가 농장에 제공되는 무임금 노동력에서 도시거주자들이 비싼 비용을 들여야 하는 취향으로 전환된 현상도 그중 하나다. 가족의 구조는 새로운 현실에 맞게 바뀐다. 출산율은 서서히 줄어든다. 세계 도처에서 너무 오랜 세월 동안 출산율이 하락해왔기 때문에—선진국 진영에서는 이미 30년 전에 대대적으로 일어난 현상이다—아이들 수만 모자란게 아니라 이제 일하고 납세하고 소비를 통해 세계무역을 가능케 할 성인도 모자란다. 세계화 시대는 당분을 다량 섭취한 시대였다. 그 끝은 굶주림의 시작이다.

한국에게는 듣기보다 실제로 훨씬 더 염려되는 상황이다. 한국은 단순히 세계화와 인구감소의 여러 가지 과정들을 앞장서 겪은 선구자가 아니라, 그러한 과정들 자체를 대표하는 사례다.

세계가 누린 황금시대는 한국에게도 황금시대였다. 미국 주도의 세계화 국제질서가 구축되기 전까지만 해도 한국은 수 세기 동안 빈곤했고 외세에 점령당해왔다. 미국이 게임의 법칙을 바꾸고 나서야 비로소 한국은 제국의 손아귀에서 벗어났다. 한국은 현대 경제 체제를 구축하는 데 필요한 모든 원자재를 해외로부터 수입하는 한편 완제품을 대량 해외에 수출해 오늘날 한국인의 삶을 가능케 한다. 인구구조가 급속히 바뀌면서 우선 청년층이 두터운 세계 시장이 한국의 발전을 견인했고 뒤이어 두터운 장년층 숙련기술 인력 덕분에 한국은 세계 기술 강국의 하나로 자리매김하게 되었다.

세계화 없이 한국의 경제 부문은 존재하지 못한다. 지난 사반세기 동안 보인 인구구조 없이는 자본 구조나 노동생산성 수준도 유지하지 못한다. 한국은 수출과 수입 의존도가 가장 높은 나라이고 (통계수치를 신뢰할 수 없는 나라를 제외하면) 세계에서 인구가 가장 빠르게 고령화하고 세계에서 출산율이 가장 낮은 나라다.

2020년대와 2030년대에 점점 악화할 문제들, 에너지 접근, 물리적인 안보, 안정적인 노동력, 시장과 원자재 접근 등 어떤 문제에든 "하나같이" 한국은 이미 가장 심각하게 노출되어있다. 운송, 금융, 에너지, 원자재, 제조업, 농업에서 거의 동시다발적으로 가속화하며 서로 중첩되는 여러 가지 위기에 직면한 세계에서 한국이 어떻게 버틸지 모르겠다.

분명하게 짚고 넘어가자. 나는 한국이 망하는 데 내기를 거는 게 아니다.

지난 75년 동안 한국이 망한다는 데 내기를 건 이들은 하나같이 내기에서 졌다. 한국이 망한다고 환호하는 것도 아니다. 한국은 세계적으로 부상해 모두를 놀라게 한 대단한 역량을 지녔다. 탈세계화의 난관을 헤쳐나갈 창의력, 기술, 집요함 그리고 불굴의 의지를 갖춘 국민이 있다면 바로 한국인이다. 어찌됐든 우리의 미래가 곧 한국의 미래다.

그 미래가 바람직할지 여부는 한국인 하기에 달렸다.

지난 한 세기 남짓한 기간 동안 세계는 일취월장 진보했다. 마차에 이어 승객열차가 등장했고 가정마다 자가용을 운전하게 되었고 여객기가 생활화되었다. 주판은 계산기로 대체되고 데스크탑 컴퓨터를 거쳐 스마트폰이 등장했다. 철강은 스테인리스스틸에서 알루미늄 실리콘 합금을 거쳐 접촉에 반응하는 유리의 등장으로 이어졌다. 밀의 수확기를 기다리던 시대에서 제철에만 구할 수 있었던 감귤류를 사시사철 식료품점에서 손만 뻗으면 사는 시대로 변했고, 이역만리에서 나오는 재료로 만든 초콜릿을 자기가 거주하는 지역 가게에서도 쉽게 구할 수 있게 되었으며, 이제는 과카몰리를 직접 만들지 않고 주문해 먹는 시대로 변했다.

세계적으로 뭐든지 값은 싸고 질은 좋아졌다. 그리고 무엇보다도 빨라졌다. 최근 수십 년 동안 일어난 변화의 속도와 성과에는 한층 가속도가 붙었다. 겨우 15년 동안 무려 30차례 아이폰이 출시되었고, 출시될 때마다 한층 더 정교해졌다. 기존의 내연기관을 채택하는 데 걸린 기간의 열 배나 빠른 속도로 전기자동차로 완전히 전환하려 하고 있다. 내가 이 글을 입력하는 랩탑 컴퓨터의 메모리 용량은 1960년대 말 세계의 모든 컴퓨터 용량을 합한 것보다 높다. 그리 멀지 않은 과거에 나는 대출금리 2.5퍼센트로 주택담보 재융자를 받을 수 있었다. (어처구니없을 정도로 낮은 이자율이었다.)

단순히 물자가 풍요로워지고 질이 향상되고 변화 속도가 빨라지고 돈이 넘쳐나는 데 그치지 않았다. 인간의 삶의 여건도 마찬가지로 향상되었다. 역사를 기록하기 시작한 이래로 지난 70년 동안만큼 전쟁과 산업재해와 기아의 발생빈도가 줄고 그로 인한 인구 대비 사망자 비율도 낮았던 적이 없다. 역사적으로 볼 때 우리는 당혹스러울 만큼 평화롭고 풍족하게 살고 있다. 이 모든 변화는 서로 밀접하게 얽히고설켜 있다. 불가분의 관계라는 뜻이다. 그런데 종종 간과되는 엄연한 사실이 하나 있다.

그러한 변화는 인위적이라는 사실이다. 우리는 모든 게 맞아떨어진, 흠잡을 데 없는 시대를 살아왔다.

그리고 그러한 시대는 이제 저물고 있다.

지난 수십 년은 우리 생애에 다시 없을 최고의 시대였다. 값싸고 질 좋고 빠른 세계가 비싸고 질 낮고 느린 세계로 빠르게 전환되고 있다. 세계—지금 우리가 사는 세계—가 무너지고 있기 때문이다.

내가 너무 앞서가고 있다. 그 전에 먼저 다음과 같은 설명을 해야 하는데 말이다.

여러모로 이 책은 지금까지 내가 한 프로젝트 가운데 가장 본질적으로 "나" 자신이 깊숙이 관여됐다. 내가 하는 일은 지정학과 인구학이 만나는 지점에 있다. 지정학은 지리를 연구하는 분야로서, 인간이 거주하는 지리적 여건이 만사에 어떻게 영향을 미치는지를 탐구한다. 인구학은 인구구조를 연구하는 분야다. 10대의 행동은 30대의 행동과 다르고 50대, 70대의 행동과도 다르다. 나는 서로 독립적인 지정학과 인구학을 엮어서 미래를 예측한다. 앞서 출간된 3권의 책들은 국가의 흥망성쇠를 다루었다. 앞으로 닥칠 세계의 "큰 그림"을 그려보는 작업이었다.

하지만 중앙정보국에서 초청받아 강연하는 것도 한두 번이지 나도 먹고살려면 다른 일도 해야 한다.

내 진짜 직업은 대중강연/컨설팅을 혼합해놓은 일이다. (그럴듯한 용어로 지정학 전략가라고 불린다.)

어떤 단체나 조직이 나를 초청할 때 그들이 알고자 하는 내용은 앙골라나 우즈베키스탄의 미래에 대한 예측이 아니다. 그들의 주변 지역과 그들의 재

14

정에 영향을 줄, 무역과 시장과 접근 등에 관한 일련의 경제적 의문 사항들을 궁금해한다. 지정학과 인구학을 그들이 직면한 문제들, 그들이 품은 꿈과 두려움에 응용하는 게 내가 하는 일이다. 나는 내가 그린 "큰 그림"에서 적합한 부분들을 취해 동남아에서의 전력수요, 위스콘신주에서의 정밀제조업, 남아 프리카에서의 자금유동성, 멕시코와 국경을 접하고 있는 지역에서의 안보와 무역의 상관관계, 혹은 중서부 지방에서의 운송 수단들, 미국 행정부 교체 시기의 에너지 정책, 한국에서의 중공업, 워싱턴주에서의 과실수 재배 등과 관련된 문제들에 응용한다.

그러나 이 책은 그게 다가 아니다. 그 이상의 많은 내용을 담고 있다. 이번에도 나는 내가 신뢰하는 지정학과 인구학이라는 도구를 이용해 세계 경제구조의 미래를 예측한다. 아니, 정확히 말하자면 곧 그 구조가 사라지게 되는 미래를 내다본다. 지평선 너머 곧 닥칠 세계의 모습을 가늠해보는 일이다.

우리 모두 직면하게 될 문제의 핵심은 지정학적으로 그리고 인구 구조적으로 말하자면 지난 75년은 더할 나위 없는 태평성대였다는 사실이다.

제2차 세계대전이 끝날 무렵 미국은 역사상 최대 규모의 군사동맹을 구축해 소련을 저지하고 봉쇄하고 굴복시켰다. 다 아는 사실이다. 놀랄 일이 아니다. 그런데 종종 잊힌 사실은, 그러한 군사동맹은 전후 계획의 절반에 불과하다는 사실이다. 새로 구축한 동맹관계를 공고히 하기 위해 미국은 세계적으로 안전한 환경도 조성했다. 어떤 동반 국가든 시간과 장소에 구애받지 않고 그 누구와도 어떤 방식으로든 경제교류를 하고 공급사슬에 참여해 어떤 원자재도 확보할 수 있도록 했다. 해당 국가의 군이 자국의 상선을 호위할 필요 없이 말이다. 미국이 민수와 군수를 동시에 제공하기로 한 이 계약에서 민수 부문이 오늘날 우리가 자유무역이라 일컫는 체제를 구축했다. 세계화였다.

세계화 덕분에 역사상 처음으로 경제개발과 산업화가 세계 곳곳에서 일어나면서 대량소비 사회가 형성되었고, 무역의 거센 바람이 세계를 휩쓸었으며, 우리 모두 너무나도 익숙해진 대대적인 기술적인 진보가 이루어졌다. 그리고 바로 이러한 현상은 세계 인구구조를 바꾸어놓았다. 대대적인 경제발전과 산업화로 수명이 연장되는 한편 도시화가 탄력을 받았다. 그로 인해 수십 년 동안 근로자와 소비자가 점점 늘어났고 이들은 다시 경제발전의 강력한 원동력이 되었다. 이는 여러 가지 결과를 낳았는데 그 가운데 하나가 인류 역사상 유례없는 고속 경제성장이다. 수십 년 동안.

미국이 구축한 전후 질서는 기존의 여건에 변화를 촉발했다. 게임의 규칙을 바꿈으로써 세계적 차원에서, 국가적 차원에서, 지역적 차원에서, 경제가 변모했다. 남김없이 모든 지역적 차원에서도. 이러한 여건의 변화가 우리가 지금 사는 세계를 탄생시켰다. 첨단 운송 수단과 금융, 식량과 에너지가 늘 넉넉하고 아찔할 정도의 속도로 끊임없이 삶의 여건이 개선되는 세계 말이다.

그러나 이 모두가 사라지게 된다. 지금 우리가 처한 여건은 다시 새롭게 변하게 된다.

냉전이 끝난 후 30년 동안 미국은 세계에서 서서히 손을 떼왔다. 세계 안보를 뒷받침하고 그 연장선상에서 세계무역을 뒷받침할 군사적 역량을 지닌 나라는 미국 말고는 없다. 미국이 주도해온 세계질서는 무질서에 자리를 내주고 있다. 세계가 더할 나위 없이 완벽한 성장의 시대에 도달한 시점에도 세계적인 고령화는 멈추지 않았다. 고령화는 계속되었고 지금도 계속되고 있다. 전 세계적으로 근로자와 소비자가 대거 은퇴 연령에 접어들고 있다. 서둘러 도시화하는 바람에 은퇴자들을 대체할 세대를 만들어내지 못했다.

1945년 이후로 세계는 역사상 전례 없는 호시절을 누렸다. 앞으로도 없을 호시절이다. 이 시대, 이 세계—우리가 사는 세계—가 저무는 운명을 맞게 된다는 뜻이다. 2020년대에는 거의 빠짐없이 세계적으로 소비와 생산과 투자와 무역이 모두 붕괴하게 된다. 세계화는 산산조각 난다. 지역 차원에서. 국가 차원에서. 그보다 작은 규모의 차원에서도. 큰 비용을 치르게 된다. 삶의 속도도 느려진다. 그리고 무엇보다도 삶이 팍팍해진다. 우리가 직면하게 될 그런 종류의 미래에 제대로 작동할 경제 체제는 아직 제시되지 않고 있다.

이러한 퇴화는 아무리 좋게 말해도 견디기 힘들다. 우리가 사는 이 세계를 만들어내는데 평화로운 수십 년이 걸렸다. 앞으로 닥칠 어마어마한 변화에 우리가 쉽게 혹은 신속하게 적응하리라는 생각은 내 수준의 낙관주의를 넘어선다.

그렇다고 해서 길잡이 삼을 만한 몇 가지 사항이 내게 없다는 뜻은 아니다.

첫째, 가장 먼저 내가 "성공을 부르는 지리적 여건(Geography of Success)"이라 일컫는 게 있다. 지리적 여건은 중요하다. 어마어마하게. 산업화 이전 시대에 이집트의 도시들이 도시가 된 까닭은 운송을 활성화한 물길과 외부의 침입을 막는 사막이라는 완충지대가 완벽한 조화를 이루었기 때문이다. 이와 비슷하게 스페인과 포르투갈이 지배 세력으로 부상한 까닭은 단순히 그들이 일찍이 원양 항해기술을 터득했기 때문뿐만이 아니라 이베리아반도에 있는 국가들로서 유럽 대륙의 끊이지 않는 갈등으로부터 어느 정도 자유로웠기 때문이기도 하다.

여기에 산업화 기술을 던져넣으면 애기가 달라진다. 석탄과 콘크리트와 철도와 철근을 대대적으로 이용하려면 어마어마한 자금이 필요한데, 이러한 자금을 자체적으로 충당할 역량을 갖춘 지역들은 자본을 창출하는 배가 다닐수 있는 물길을 갖춘 지역뿐이다. 독일은 유럽의 그 어느 나라보다도 천혜의 물길이 풍부하므로 독일의 부상은 필연적이었다. 그러나 미국은 세계 그 어느 나라보다도 천혜의 물길이 풍부하므로 독일의 몰락 또한 불가피했다.

둘째, 이쯤 되면 이 책을 읽는 독자 스스로 알아챘겠지만, 성공을 부르는 지리적 여건은 영구불변이 아니다. 기술이 진화하면서 승자와 패자도 바뀐다. 물과 바람을 이용한 기술이 발달하면서 이집트에 특별한 지위를 부여한 여건들은 잠식되어 역사의 뒤안길로 사라졌고 새로운 강대국들이 부상할 여지가 마련되었다. 산업 혁명으로 스페인은 낙후된 지역으로 몰락했고 대영제국이 탄생했다. 다가올 세계적인 무질서와 인구구조 붕괴로 여러 나라가 역사의 뒤안길로 사라지는 데 그치지 않는다. 새로운 나라들이 부상하게 된다.

셋째, 영향을 미치는 변수들이 바뀐다. 거의 빠짐없이. 우리가 사는 세계화된 세계는 말 그대로 세계적이다. 세계화된 세계에는 단 하나의 경제적 지리가 있다. 지리적으로 한덩어리다. 무역이든 상품이든 거의 모든 절차가 적어도 하나의 국경을 가로지른다. 좀 더 복잡한 거래의 경우 수천 개의 국경을 가로지른다. 우리가 맞게 될 세계에서 국경을 넘는 일은 현명치 않다. 탈세계화한 세계에서는 경제적 지리가 바뀌는 데 그치지 않고 수천 개의 서로 다른 별개의 지역으로 쪼개진다. 경제적으로 말하면, 총합이 훨씬 강한 이유는 부분들을 모조리 아우르기 때문이다. 그 총합에서 우리는 부를 축적하고 빠른 속도로 진전을 이루었다. 이제 전체를 구성하는 부분들은 약해진다. 갈기갈기 쪼개지기 때문이다.

넷째, 이처럼 세계가 요동치며 허물어지는데도 불구하고, 그리고 여러모로 바로 그렇기 때문에 미국은 대체로 앞으로 닥칠 대격변을 모면하게 된다. 이 말을 듣자마자 독자는 무슨 개소리야? 하는 반응을 보일지도 모른다. 미국이 이런 격변을 순풍에 돛단 듯이 순탄하게 넘긴다고 어떻게 장담하지? 날이 갈수록 경제적 불평등이 심각해지고 사회적 결속력은 약해지고, 정치적 갈등이 자멸로 치닫고 있는 미국이?

내 예측에 대해 반사적으로 믿기지 않는다는 반응을 보이는 게 이해가 간다. 나는 핵전쟁에 대비해 민방위 훈련을 하던 시대에 성장했다. 자기주장과 다른 주장을 못 견디고 정신적으로 스트레스를 받는 학생들을 위해 학교 당국이 마련한 "안전한 공간", 트랜스젠더 전용 화장실 정책, 백신효과 등과 같은 이슈들이 공론의 장에 쳐들어오는 데 그치지 않고 핵확산이나 세계에서 미국이 차지하는 입지와 같은 굵직한 이슈들을 몰아내기까지 하는 작금의 상황은 정말 짜증스럽다. 이따금 미국의 정책이 급진 좌익 버니 샌더스 상원의원과 강경 우익 마조리 테일러 그린 하원의원의 이런저런 생각을 무작위로 짜깁기한 것처럼 느껴진다.

내 답변은 뭐냐고? 간단하다. 그들이 유별난 게 아니다. 그들이 유별나기 때문이었던 적이 없다. "그들"이란 단순히 오늘날 미국의 급진적인 좌익과 우익의 고삐 풀린 망아지들을 뜻하는 게 아니다. 미국 정치계가 전반적으로 그렇다는 뜻이다. 미국이 정치 체제를 완전히 뜯어고치는 과정을 겪게 된 게 2020년대가 처음이 아니다. 역사에 관심이 있는 사람들이라면 이번이 일곱 번째라는 사실을 알고 있다. 과거에 정치적 격변을 겪으면서도 미국이 이를 극복하고 번성한 까닭은 세계 다른 지역들로부터 지리적으로 고립되어 있고 인구도 두드러지게 젊었기 때문이다. 이와 비슷한 이유로 미국은 현재도 앞으로도 살아남아 번영하게 된다. 미국은 이러한 유리한 장점들 덕분에 치졸하게 정치적으로 다툴 여유가 있고 그러한 치졸한 다툼은 미국이 지닌 장점들에 거의 영향을 미치지 못한다.

곧 우리의 현재가 될 가까운 미래가 지닌 가장 해괴한 점은 미국이 국내에서 서로 치졸하게 치고받는 데 몰두하는 동안 나라 밖의 세계가 저물고 있다는 사실을 거의 눈치채지 못하게 된다는 점이다. 빛이 깜빡거리다가 꺼지게 된다. 기아라는 모진 발톱은 세계의 속살에 깊이 파고들어 세계를 단단히 움켜쥐게 된다. 근대성을 가능케 한, 오늘날의 세계를 규정하는 넉넉한 양의 투입재—재정, 원자재, 인력—에 대한 접근은 불가능해진다. 앞으로 지역마다 이야기는 달리 전개되겠지만, 전체를 아우르는 사연이 어떻게 전개될지는 의심의 여지가 없이 명백하다. 지난 75년이라는 긴 시간은 황금의 시대로 기억될 것이다. 그것도 만족스러울 만큼 오랫동안 지속되지 않은 시대로 말이다.

이 책은 단순히 세계를 오늘날의 세계로 만든 경제 부문 하나하나에 대한 모든 측면에서 일어날 변화의 깊이와 넓이를 논하는 게 핵심이 아니다. 단순히 다시 한번 요동치며 앞으로 나아가는 역사를 논하는 것도 아니다. 우리가 사는 세계가 어떻게 저물게 될지를 논하는 게 핵심도 아니다. 여건이 바뀌고 난 후에 모든 게 어떤 모습을 하게 될지를 집중적으로 논하는 게 핵심이다. 새롭게 등장할 변수들은 무엇일까? 탈세계화한 세계에서 성공을 부르는 새로운 지리적 여건들은 무엇일까?

그다음에는 어떻게 될까?

결국 지금 이 세계의 종말은 실제로 시작일 뿐이다. 따라서 거기서 시작하는 게 가장 바람직하다.

맨 처음부터 말이다.

1부

한 시대의 종말

THE END OF AN ERA

01

시작은 이러했다

인간은 방랑자로 이 세상에 첫발을 내디뎠다.

인간은 자아를 실현하려고 방랑 생활을 한 게 아니다. 더할 나위 없이 배가 고팠기 때문이다. 우리는 계절에 따라 이동하면서 먹을 만한 뿌리와 견과와 열매가 풍부한 곳을 찾아 헤맸다. 우리는 산을 오르내리면서 먹을 만한 식물들을 채집했다. 우리는 고기를 구하기 위해 계절에 따라 이주하는 동물들의 뒤를 쫓았다. 쉬어가야 할 때는 몸을 누이는 곳이 곧 안식처였다. 보통 같은 장소에서 몇 주 이상 머물지 않았다. 머문 장소에서는 얼마 지나지 않아 수렵할 동물과 채집할 식물이 동났기 때문이다. 배고픔 때문에 우리는 다시 길을 떠나 방랑해야 했다.

제약이 만만치가 않았다. 인간이 동력으로 쓸 수 있는 원천이라고는 근력밖에 없었다. 처음에는 우리가 지닌 근력을 쓰다가 나중에는 길들인 몇 가지 동물들의 근력을 빌렸다. 툭하면 굶거나 병들거나 상처를 입었고 그로 인해 사망할 확률도 높았다. 그대가 자연에서 얻은 뿌리와 토끼로 배를 채우면 다른 사람은 배를 곯았다. 분명히 우리는 "자연과 조화를 이루며" 살기는 했지만… 달리 말하면 식량을 두고 경쟁을 벌이는 이웃이 눈에 띄기만 하면 비오는 날 먼지 나게 패는 게 일상이었다는 뜻이다.

싸움의 승자가 패자를 먹어 치웠을 공산이 크다.

흥미진진하지 않은가?

그런데 기적과 같이 어느 날 우리는 삶을 덜 폭력적이고 덜 불안정하게 만들어줄 놀라운 새 삶의 방식에 착수했고, 우리가 사는 세상은 근본적으로 바뀌었다.

우리의 배설물로 식물을 재배하기 시작했다.

농경 정착 생활 혁명

인분은 묘한 물건이다. 인간은 잡식성이므로 인분은 자연계에서 영양소 밀도가 가장 높은 축에 속한다. 인간은 배설물을 어디서 얻을지, 그러니까, 어디에다 저장할지 알고 있었으므로 "재고를 관리하고" "신규 공급물량을 확보"하기란 단순한 과정이었다.[1]

인분은 문명화 이전의 세계에서뿐만 아니라 19세기 중엽 화학비료를 대량으로 도입할 때까지도—그리고 오늘날에도 여전히 일부 지역에서는—최고의 비료이자 생장을 돕는 자양분이었다. 인분을 관리하는 일이 등장하면서 최초로 계급을 구분하게 되었다. 인분을 모으고 저장하고 배분하는 일을 하려는 사람은 아무도 없었다. 인도의 불가촉천민과는 아무도 접촉하지 않으려는 이유이기도 하다. 그들이 "밤새 배설된 똥거름"[2]을 모으고 배분하는 궂은일을 했다.

인분이라는 획기적인 돌파구—흔히 진정한 의미에서 인류 최초의 기술—가 마련되면서 지정학의 첫 번째 법칙이 제시되었다. 지리적 위치가 중요하다는 법칙 말이다. 그리고 특정한 위치의 중요성은 당대의 기술과 더불어 바뀌었다.

성공을 부르는 첫 번째 지리적 여건, 수렵채집 시대의 여건은 범위와 다양성이었다. 바람직한 영양 상태를 유지하려면 다양한 식물과 동물을 확보해야 했다. 이사 가기 좋아하는 이는 아무도 없다. 따라서 한 지역을 말끔히 거덜 낸 후에야 비로소 새로운 지역으로 이동했다. 한 지역을 거덜 내는 데는 그리 오랜 시간이 걸리지 않았고, 굶주림은 인간을 먹을 것이 풍부한 곳으로 무자비하게 내몰았기 때문에 쉽게 이주할 수 있어야 했다. 따라서 인간은 기후가 다양한 지역에 집중적으로 발자취를 남겼다. 특히 산기슭이 인기가 있었다. 수평적으로 멀리까지 가지 않고도 서로 다른 몇 가지 기후대에 접근할 수 있었기 때문이다. 인기를 끈 또 다른 지역은 열대기후와 사바나 기후가 만나는 지역이었다. 우기에는 사냥감이 풍부한 사바나에 접근하고 건기에는 채집할 식물이 무성한 열대우림에 접근하기 쉬웠기 때문이다.

에티오피아는 특히 수렵채집 생활인이 선호한 지역이다. 사바나, 열대우림, 수직 능선을 한군데 모아놓은 종합선물 세트였기 때문이다. 하지만 (인분으로) 경작하기에는 최악의 여건이었다.

한 장소에서 필요한 식량을 모두 확보하려면 상당히 방대하고 평평한 땅덩어리가 있어야 했다. 수렵채집인의 삶을 뒷받침해주는 그런 종류의 다양성이나 기후대가 아니라. 계절에 따라 이동하는 수렵채집 생활은 농작물을 끊임없이 보살펴야 하는 생활과 양립 불가능했고, 작물 수확기가 따로 있는 생활의 속성은 계절과 상관없이 연중 식욕을 채워야 하는 인간의 속성과 양립 불가능했다. 그리고 그대가 한곳에 정착해 농사를 짓는다고 해서 그대의 이웃들도 똑같이 한다는 뜻은 아니었다. 적절한 억지책이 마련되지 않으면 그대의 이웃들이 그대가 가꾼 농산물을 탈탈 털어가고 그대는 몇 달이고 농사도 못 짓고 허리띠를 졸라매야 했다.

이러한 독특한 모순을 해결하려면 배를 채우는 색다른 방법을 터득해야 할 뿐만 아니라 식량을 구할 색다른 지리적 여건을 찾아야 했다.

인간은 연중 작물을 경작하고 수확할 만큼 계절의 변화가 심하지 않고 따라서 굶주리는 계절이 없는 기후가 필요했다. 끊임없이 물이 공급되어서 연중 내내 수확이 보장되는 기후가 필요했다. 천혜의 든든한 방어막이 있어서 이웃들이 무단침입해 그대가 땀 흘린 노동의 결과물을 가로채지 않을 지리적 여건이 필요했다. 성공하려면 예전과는 다른 지리적 여건이 필요했다.

물 혁명

지구상에서 이 세 가지 조건들을 모두 충족시키는 지형은 저위도이자 저고도에 있는 사막을 관통하는 강뿐이다.

그 이유는 뻔하다.

- 농사를 짓거나 정원을 가꾸어본 사람이면 누구든 알겠지만, 비가 내리지 않으면 망한다. 그런데 강기슭에 자리 잡으면 물이 동날 일은 절대 없다. 턱수염 더부룩한 아재 모세의 탄원을 받아들인 하나님이 나일강 물을 피로 바꾸지 않는 한 말이다.
- 저위도 지역은 연중 해가 길고 화창하다. 계절 변화가 심하지 않아서 다품종 재배가 가능하다. 여러 가지 작물을 농한기 없이 재배할 수 있으니 굶을 가능성이 작다. 배고픔은 견디기 어렵다.
- 고위도에 있는 강은 유속이 빠르고 강물이 흘러내리면서 침식작용으로 협곡을 만든다. 이와는 대조적으로 저위도에 있는 강은 평지를 굽이치며 흐르기 때문에 강물이 농지로 쓰기 적당한 지역과 만나게 된다. 게다가 굽이치는 강이 봄을 맞아 녹아내린 물로 범람하면 자양분이 풍부한 두꺼운 퇴적층을 형성한다. 침적토는 인분을 한층 더 비옥하게 만든다.

- 사막지대에 자리 잡으면 식량을 약탈하는 성가신 이웃들을 멀리할 수 있다. 제정신인 수렵채집인이라면 사막 끄트머리에 도달해 뜨거운 열기로 신기루가 이글거리며 피어오르는 끝없이 펼쳐진 대지를 응시하면서 "저 너머에 틀림없이 토실토실한 토끼들과 실한 순무가 있을 거야."라고 꿈꾸듯 말하지 않는다. 더군다나 헐렁한 샌들이 가장 튼튼한 신발이었던 시대에 말이다.

강은 이보다 두드러지지는 않지만, 이 못지않게 중요한 이점들을 몇 가지 지니고 있다.

첫 번째 이점은 운송이다. 물건을 이리저리 옮기기란 그리 쉬운 일이 아니다. 아스팔트나 콘크리트 도로—20세기 초까지만 해도 존재하지도 않았던 그런 종류의 도로다—에 접근할 수 있다고 치자. 육로로 물건들을 옮기려면 수로를 이용할 때보다 12배의 에너지가 필요하다. 기원전 1000년 초창기 최첨단 도로가 자갈길이었을 때는 육로와 수로의 운송에 필요한 에너지 비율이 100대 1 근처였을 가능성이 크다.[3]

사막을 굽이치며 천천히 흐르는 강이 정착지의 심장부를 관통하면서 인간은 한 지역에서 남아도는 물건을 그 물건이 필요한 지역으로 옮길 수 있었다. 초창기에 인간은 노동력을 적절히 분배해서 경작지를 늘리고 파종과 식량 공급량도 증가시켰으며, 거주지에서 걸어서 도달할 수 있을 정도로 가까울 필요가 없는 지역에서 경작을 할 수 있었다. 이러한 이점들은 괄목할 성공(모두가 굶지는 않는 상황)과 참담한 실패(모조리 굶는 상황)를 가르는 결정적인 역할을 했다. 절대로 사소하고 하찮다고 할 수 없는 안보라는 문제도 있었다. 수로를 통해 군인들을 적절히 분배해 배치하면서 사막을 가로질러 우리 앞마당까지 올 정도로 멍청한 이웃들을 물리칠 수 있었다.

이 운송이라는 문제는 그 자체만으로도 초기 농경 정착인과 나머지 사람들을 차별화했다. 안전이 보장되는 정착지에서 더 많은 농경지를 개간해 더 많은 식량을 생산하면 인구가 안정적으로 점점 늘어났고, 이는 다시 보다 안전한 여건에서 더 많은 농경지에 더 많은 작물을 생산하는 선순환으로 이어졌다. 방랑하는 부족 생활을 끝내고 공동체를 구축했다.

두 번째로 강이 해결해주는 문제는 소화와 관련된다.

식용작물이라고 해서 수확하자마자 먹을 수 있다는 뜻은 아니다. 익히지 않은 생밀을 씹어먹을 수는 있겠지만 소화기관에 무리가 가고, 구강과 위에 출혈이 생기고 혈변을 보게 된다. 남녀노소를 불문하고 바람직하지 않다.

생 곡물은 끓여서 죽으로 만들 수는 있지만, 맛도 없고 보기도 흉하고 식감도 역겹다. 곡물을 끓이면 영양소가 파괴되고 끓이는 데 연료도 필요하다. 이동 생활을 하는 유목민은 땔감을 구할 수 있고 먹일 사람 수가 몇 명에 불과하므로 끓이는 조리법으로 곡물이 보조적인 식량 역할을 할지 모르지만, 끝없이 펼쳐진 사막의 골짜기에서는 어림도 없는 일이다. 사막에는 나무가 거의 없다. 사막과 나무가 만나는 곳은 강기슭이고, 땔감으로 쓸 나무가 차지하는 땅은 농경지와 직접 경쟁 관계가 된다. 어쨌든, 강기슭에 성공적으로 구축된 농경사회에서는 인구의 규모가 커진다. 수많은 사람—공동체—을 먹이기 위해 날마다 음식을 익히는 일은 석탄이나 전기가 등장하기 전의 세상에서는 실행하기가 어려웠다.

결론은? 땅을 개간하고, 도랑을 파 관개시설을 만들고, 파종하고, 작물을 보살피고, 수확해서 탈곡하는 일은 초기 농경사회에서 쉬운 일에 속한다. 정말로 고된 일은 두 개의 돌 사이에 수확물을 넣고—한 번에 몇 알씩—갈아서 거친 가루로 만든 다음 가열하지 않고 소화하기 쉬운 죽으로 만들거나, 식구 중에 미식가가 있다면, 구워서 빵으로 만드는 일이다. 당시에 구할 수 있는 동력은—인간과 길들인 가축들의—근력뿐이었고, 제분 과정에 너무 많은 노동력이 필요해 인류는 기술 정체에서 벗어나지 못했다.

강은 이 문제를 해결하는 데 도움이 되었다. 물레방아는 강의 운동에너지를 제분 기계로 전환했다. 강물이 흐르는 한 물레방아는 돌아가고, 큼직한 암석과 암석이 서로 맞닿으면서 곡물을 곱게 갈았으니, 인간은 곡물을 맷돌에

붓기만 하면 되었다. 그리고 잠시 후에 짠! 하고 가루가 되었다.

물레방아는 노동력을 절감한 최초의 기술이다. 인간은 처음에는 절감된 노동력을 단순히 허리가 휠 정도로 고된 경작지 개간에 도로 쏟아부어 보다 안정적으로 수확량을 늘렸다. 그러나 수확한 작물을 식탁에 올리는 과정에 필요한 노동이 줄어들자 처음으로 여분의 농산물이 생기기 시작했다. 그 덕에 노동력이 좀 더 여유가 생겼고 여유가 생긴 노동력으로 할 만한 일을 생각해냈다. 바로 여분의 식량을 관리하는 일이다. 짠! 이제 그릇을 만들고 숫자를 발명했다. 항아리에 곡물을 저장하고 잉여농산물의 양을 장부에 적었다. 짠! 이제 기본적인 공학과 문자가 등장했다. 그러자 저장된 식량을 유통할 방법이 필요했다. 짠! 도로가 깔렸다. 우리가 가진 것을 몽땅 한 장소에 저장하고 관리하고 지키는 한편, 우리가 지닌 기술을 미래 세대에게 전수해주어야 했다. 짠! 도시화가 진행되고 교육 체제가 등장했다.[4]

단계마다 인간은 농사에서 노동력을 조금씩 차출해 바로 그 노동력이 차출된 농업을 관리하고 자본화하고 개선하는 새로운 산업에 투입했다. 노동력의 특화와 도시화가 꾸준히 진행되면서 마을이 생겼고, 뒤이어 도시국가, 왕국을 거쳐 마침내 제국이 등장했다. 농경 정착 생활로 더 많은 열량을 섭취하게 된 한편 사막은 안보를 보장해주었지만, 문명으로 가는 길을 닦은 주인공은 바로 강의 힘이었다.

초창기 1000년 동안에는 통행량이 많지 않았다.

강을 토대로 구축된 농경 체제가 세계 수많은 강기슭을 따라 우후죽순 들어섰지만, 바삭바삭한 모래사막이 보장하는 안보를 누린 문화는 드물었다. 농경 정착 생활을 바탕으로 한 문명의 발상지는 티그리스강 하류, 유프라테스강, 나일강, 인더스강 중류(오늘날의 파키스탄), 그리고 문명화된 정도는 떨어지나 황하 상류(오늘날 중국 중북부), 그리고… 그게 다다.

미주리강, 센강, 양쯔강, 갠지스강, 혹은 콴자강을 따라서도 틈새 문화가—혹은 왕국, 혹은 제국까지도—들어설 수 있었을지 모르지만, 이웃의 침략으로부터 안보가 보장되기에 충분한 지리적 여건에는 못 미쳤다. 다른 집단들—문명화됐든 야만이든—이 무자비한 경쟁을 통해 이러한 모방 문화(echo cultures)를 쇠퇴시켰을 것이다. 이 모든 모방 제국들 가운데 가장 규모가 크고 가장 무자비한 제국—로마제국—조차 역사 초기 약육강식의 세계에서 "겨우" 5세기 동안 지속되었다. 이와는 대조적으로 메소포타미아 문명과 이집트 문명은 수천 년 동안 지속되었다.

그다음에 등장한 기술적 변화는 문화권을 고립시켜 더 오래 지속되도록 만들기는커녕 경쟁을 부추겨 문화의 수명을 더 단축하는 뜻밖의 상황이 전개되었다.

바람 혁명

7세기에 인류의 제분 기술이 일련의 기술장벽을 극복하면서 물레방아는 마침내 새로운 동력원과 접목되었다. 물레바퀴를 구조물 밑에 설치해 흐르는 물의 힘을 이용하는 대신, 바람막을 붙인 날개를 공중으로 올려 흐르는 공기의 힘을 이용하게 되었다. 나머지 장치들—크랭크축과 연마 장치—은 거의 유지되었지만, 동력원이 바뀌면서 인류의 발전이 가능한 지리적 여건도 바뀌었다.

물의 시대에 잉여 노동력과 노동 특화를 누린 지역은 강기슭에 정착한 이들 뿐이었다. 나머지 사람들은 상당한 노동력을 고된 제분 작업에 투입해야 했다. 그러나 바람의 힘을 이용하면서 거의 모든 이들이 풍차로 제분하게 되었다. 노동 특화—그리고 노동 특화에서 비롯된 도시화—는 비가 내리고 이따금 강풍이 부는 지역이면 어디든 발생했다. 이러한 새로운 문화권이 더 안정적이거나 안전하지는 않았다. 바람을 이용한 문화권은 바람을 이용하기 이전의 문화권보다 전략적 고립도가 훨씬 떨어지는 단점이 있었다. 그러나 풍력은 농업에서 잉여 노동력을 창출할 수 있는 지역을 100배나 확장했다.

이러한 새 문화권의 확산은 연거푸 일련의 결과를 낳았다.

첫째, 성공을 부르는 엄격한 지리적 여건이 어느 정도 유연해지면서 문명화된 삶이 훨씬 흔해졌지만, 삶의 안전도는 떨어졌다. 비가 내리고 바람이 부는 곳이면 어디서든 도시가 우후죽순 들어서면서 서로 다른 문화권들이 늘 부딪혔다. 전쟁 당사자들은 식량 공급이 훨씬 원활하고 발달한 기술을 보유했으므로 전쟁은 훨씬 흔히 발생했을 뿐만 아니라 훨씬 파괴적이었다. 처음으로 특정 인구의 실존이 특정한 기간시설과 엮이게 되었다. 적의 풍차를 파괴하면 적진의 인구를 굶길 수 있었다.

둘째, 농경 정착 생활을 하면서 성공을 부르는 지리적 여건이 고도가 다양한 지역에서 저고도 사막을 관통하는 강기슭으로 바뀌었듯이, 수력에서 풍력으로 전환하면서 유리한 지리적 여건도 바뀌었다. 가능한 한 방대한 지역을 확보하고 유통을 원활하게 하는 게 비결이었다. 물론 강은 여전히 크게 쓸모가 있지만, 확 트인 방대한 평지이기만 하면 됐다. 외연을 모래가 서걱서걱한 사막이 둘러싸 보호막이 되어 균형을 이루면 금상첨화지만, 사막이 아니더라도 농사를 허락하지 않는 척박한 땅이기만 하면 됐다. 군대는 행군을 해야 하고 행군할 때 휴대할 수 있는 식량에는 한계가 있다. 당시에 대부분의 군대는 침략지에서 약탈해 식량을 조달했기 때문에 약탈할 거리가 없는 변경지대는 침략도 덜 받고 탈탈 털릴 가능성도 적었다.

변경지역과 몽골족 같은 집단은 남의 삶을 툭하면 파괴했다. 중국이나 러시아 같은 나라는 고전을 면치 못했다. 내지는 너무 척박하고 인구 전체를 아울러 문화적 통합을 달성하기가 하늘의 별 따기였다. 아무도 페르시아나 아일랜드처럼 되고 싶어 하지 않았다. 끊임없이 내부 갈등을 겪어야 했기 때문이다. 최적의 명당자리는 말랑말랑하고 비옥한 중심지를 서걱서걱하고 척박한 땅이 둘러싸 보호해주는 지역이었다. 영국, 일본, 오스만제국, 스웨덴 같은 나라들이다.

셋째, 풍력에 의존하는 새로운 문화권이라고 해서 반드시 더 오래 유지되지는 않았지만—사실 대부분은 반짝 등장했다 사라졌다—인류가 창출할 수 있는 숙련기술 인력의 절대 공급량이 폭발적으로 증가하면서 기술발전에 박차를 가한 문화권들은 훨씬 많았다.

농경 정착 생활의 첫 단계는 기원전 11000년 무렵에 시작되었다. 그로부터 대략 3000년 후에 인류는 동물을 길들이고 밀을 재배하는 방법을 터득했다. 물레방아 기술로의 도약은 기원전 마지막 두 세기 동안 이루어졌다(그리고 그리스와 로마 덕분에 보편화되었다). 제분 풍차 기술이 등장하기까지 몇 세기가 더 걸렸고 기원후 7세기와 8세기 가서야 보편화했다.

그러나 이때부터 역사는 가속도가 붙었다. 수만 명의 원조 공학자들이 인구가 수천 명 밀집한 지역에 도움을 주기 위해 수십 가지 풍차설계를 끊임없이 수정했다. 당연히 그들의 집요한 작업 덕분에 바람에 의존하는 여러 가지 기술들이 탄생하는 부수적인 효과를 낳았다.

가장 오래된 풍력 기술로 손꼽히는 게 단순한 사각형 돛을 단 범선이다. 물론 전진운동을 어느 정도 할 수는 있지만 바람이 부는 방향으로만 항해가 가능하다—바람이 부는 방향으로 가고 싶지 않거나 파도가 높은 곳으로 향하고 싶지 않다면 이는 커다란 제약이다. 더 큰 돛을 단다고 해도 별로 도움이 되지 않는다(사실 사각형 돛을 더 크게 만들면 배가 뒤집히는 건 거의 따 놓은 당상이다).

풍차로 온갖 실험을 했지만, 공기역학에 대한 이해는 걸음마 수준으로 조금씩 개선되었다. 단일돛대에 사각 돛이 달린 범선은 여러 개의 돛대가 달린 범선으로 교체되었는데, 이처럼 돛대가 여러 개인 범선에는 항해지역의 물과 바람의 여건에 맞게 설계된 가지각색의 독특한 모양의 돛이 달렸다. 운동력이 향상되고 조종하기 쉽고 안정성이 개선되면서 배를 건조하는 방법(나무못은 금속 못으로 대체)에서부터 항해기법(태양을 노려보고 방향을 가늠하는 방법은 나침반으로 대체), 무기화(활과 화살은 포문과 대포알로 대체)에 이르기까지 혁신에 불이 붙었다.

"겨우" 8세기 만에 바다 위에서의 인류의 경험은 완전히 변모했다. 배 한 척의 화물 적재량은 몇백 파운드에서 몇천 톤으로 증가했다―무기와 선원들이 쓸 물품을 제외하고 말이다. 지중해를 가로질러 북쪽에서 남쪽으로의 항해는―한때 자살행위로 간주될 정도로 위험했다―몇 달 동안 대륙을 끼고 돌아 대양을 가로지르는 항해의 첫 출발점이 되었다.

그 결과 인간이 처한 여건이 여러모로 변했다.

신기술을 이용할 역량을 지닌 정치체들이 경쟁에서 압도적인 우위를 차지했다. 그들은 어마어마한 수입을 올렸고, 이는 다시 국방을 강화하고, 국민을 교육하고, 확대된 공직자와 군인 집단에 봉급을 주는 데 쓰였다. 북이탈리아의 도시국가들은 당대의 제국들과 어깨를 겨눌 명실상부한 독자적인 지역 맹주로 부상했다.

그리고 발전은 순탄하게 계속되었다.

원양항해 기술이 등장하기 전까지는 거리의 제약을 극복하기가 지극히 어려웠으므로 교역은 가뭄에 콩 나듯 했다. 도로는 한 문화권 내에서만 연결되었고, 대부분의 문화권 내부에는 애초에 교역을 정당화할 정도로 상품이 다양하지도 않았다(배가 다닐 수 있는 강을 보유한 운 좋은 지역들은 드물었고, 따라서 이들은 가장 풍요로운 문화권이 되었다). 교역 대상이 될 만한 상품들―향신료, 금, 도자기 등―은 이국적인 상품에 한정되었고 이런 상품들은 상인이 화물선에 적재할 식량과 배의 공간을 두고 다투어야 했다.

고가 품목들은 그 나름대로 문제를 일으켰다. 물건을 잔뜩 실은 마차를 끌고 나타나 식량을 사겠다고 돌아다니는 외지인은 지금으로 치자면 공항에서 화물로 부칠 가방에 순은으로 만든 꼬리표를 다는 멍청이인 셈이다.[5] 적재할 식량은 제한되었기 때문에 항해 전체를 단일한 상인이 책임질 수는 없었다. 따라서 진주목걸이처럼 교역로를 따라서 수백 명의 중개 상인들이 연결되었고 중개 상인을 한 번 거칠 때마다 상품의 가격은 올라갔다. 비단길 같은 무역로를 통한 대륙 간 무역의 경우 상품가격이 10,000퍼센트 인상되었다. 이 때문에 교역 대상 품목은 가볍고 부피가 크지 않고 부패하지 않는 품목들로 제한되었다.

원양항해는 이 문제를 완벽하게 에둘러 갔다.

신형 선박은 시야에서 사라진 후 한 번에 몇 달이고 항해할 수 있었을 뿐만 아니라 위협에 노출될 가능성도 줄었다. 여기저기 빈 공간이 많아서 선원들이 쓸 물품을 조달하느라 정박할 필요가 줄었다. 위협적인 무기를 장착하고 있었으므로 정박해야 하는 경우 해당 지역민들이 뭐 좀 훔칠 물건이 없는지 배 근처를 기웃거릴 엄두도 내지 못했다. 중개 상인이 필요 없으므로 사치품의 가격은 90퍼센트 이상 하락했다—그것도 원양항해 상인들을 지원하는 강대국들이 군대를 파견해 세계가 값진 물건으로 여기는 향신료와 비단과 도자기 생산지를 직접 접수하기도 전에 말이다.

똑똑한 강대국은[6] 원산지에서 직접 상품을 조달하고 유통하는 데 만족하지 않고 항해 경로를 따라 위치한 항구들을 접수해 자국의 화물선과 군함들이 정박하고 필요한 물품을 조달하도록 했다. 수익이 치솟았다. 선박이 바닷길을 따라 물품을 안전하게 조달할 수 있다면 1년치 물품을 배에 실을 필요가 없었다. 따라서 값진 물건을 실을 공간이 더 확보되었다. 아니면 그냥 총으로 무장한 사내들을 배에 더 태우고 방어를 철저히 하든가… 아니면 다른 이들의 물건을 빼앗으면 그만이었다.[7]

그러한 상품들로부터 비롯된 소득, 상품에 대한 접근, 그리고 저축을 통해 상대적으로 성공적인 지리적 여건을 갖춘 지역들은 한층 더 막강해졌다. 비옥하고 방대한 경작지라는 조건은 여전히 중요했지만, 육로를 통한 공격으로부터 자신을 보호할 필요성은 훨씬 더 중요해졌다. 해상교역을 통해서 어마어마한 소득을 올리게 된 만큼 이를 뒷받침하는 부두와 선박은 막대한 비용을 들여 십분 활용해야 하는 새로운 기술이 되었다. 선박을 바다에 띄우는 데 돈을 쓰면 육군을 유지하는 데 쓸 돈이 없게 된다.

성공을 부르는 새로운 지리적 여건을 갖춘 지역은 배를 건조하거나 선원을 훈련하는 데 탁월한 지역이 아니라, 육로를 통해 침략을 받을까 봐 노심초사하지 않아도 되는, 지평선 너머에 무엇이 있는지 곰곰이 생각해볼 여유를 부여하는 전략적 공간을 지닌 지역이었다. 최초의 해양 문화권은 반도에 뿌리를 내렸다—구체적으로 말하면 포르투갈과 스페인이다. 반도처럼 적의 군대가 오직 한 방향으로부터만 접근할 수 있는 지리적 여건의 경우 해군 함정을 바다에 띄우는 데 집중하기가 수월해진다. 그러나 섬나라들은 한층 더 방어하기가 쉽다. 그리고 얼마 지나지 않아 영국은 이베리아반도를 추월했다.

한참 뒤처지는 그저 그런 나라들도 많았다—원양항해 기술을 활용할 능력은 있지만, 스페인이나 영국을 따라잡을 역량에는 못 미치는 문화권들 말이다. 프랑스에서부터 스웨덴, 이탈리아, 네덜란드에 이르기까지 스페인과 영국에 거의 버금가는 나라는 식생활에서부터 부의 축적, 전쟁에 이르기까지 원양항해 기술이 혁명적인 변화를 초래했지만, 빠짐없이 누구나 신기술을 보유한다면 힘의 균형이 반드시 깨지지는 않는다는 사실을 보여주었다. 실제로 일어난 변화는 원양항해 기술을 터득한 문화권과 신기술을 터득하지 못한 문화권의 간극을 더 벌려놓았다는 사실이다. 프랑스와 영국은 서로를 정복하지는 못했지만 머나먼 지역까지 원정 가서 자국의 기술력과 상대가 되지 않는 이들을 무자비하게 정복할 수는 있었고 실제로 그렇게 했다. 세계를 지배하는 정치세력은 정착한 농경사회에서 원양항해 기술로 세계를 휘젓고 다니면서 교역을 토대로 제국을 구축한 이들로 급속히 바뀌었다.

무역로는 이제 수십 마일 단위가 아니라 수천 마일 단위로 측정되었고, 운송비용이 급락하면서 교역 가치와 물량은 폭발적으로 증가했다. 이러한 변화로 도시화 추세가 가속화되었다. 새로운 해양산업이 등장하고 교역 품목이 아찔할 정도로 폭증하는 가운데 제국들은 하늘 아래 존재하는 모든 것을 개발하고 처리하고 만들고 유통할 중심축이 필요했다. 도시화와 노동 특화에 대한 수요가 역대 최고 수준에 달했다. 단위당 운송비가 폭락하면서 목재, 섬유, 설탕, 차, 혹은… 밀 같이 이국적이지 않은 품목들도 배에 실릴 기회가 열렸다. 다른 대륙에서 건너온 식량이 이제 제국의 중심지에 공급되었다.

이러한 상황은 세계 최초로 대도시를 탄생시키는 데 그치지 않았다. 농업에 종사하는 이가 단 한 명도 없는 도심도 탄생시켰다. 하나같이 부가가치를 창출하는 노동에 종사하는 지역 말이다. 도시화와 숙련기술 노동력 공급량이 폭발적으로 증가하면서 기술발전은 한층 가속화되었다. 원양항해 시대가 열린 지 2세기가 채 안 돼 런던―유라시아 대륙에서 비단길의 무역 중심지로부터 가장 멀리 떨어진 도시―이 세계에서 가장 규모가 크고 가장 부유하고 교육 수준이 가장 높은 도시가 되었다.

부와 기술력이 대거 한 지역에 집중되면서 임계질량에 곧 도달했다. 영국은 자체적으로 신기술들을 양산해 자국의 문명을 스스로 변모시키는 과업에 착수하게 되었다.

산업 혁명

기술이 미치는 범위가 확산일로를 걷고 원양항해 시대가 무르익었지만, 인류는 태초부터 발전을 저해해온 수많은 한계에 여전히 직면하고 있었다. 1700년에 이르러서야 비로소 인간이 사용하는 에너지는 모조리 근력, 물, 아니면 바람 세 가지 중에 하나로 분류되었다. 그 이전의 13000년은 다음과 같이 요약할 수 있다. 인류는 이 세 가지 동력을 대량 확보해 훨씬 효율적으로 사용하려는 노력을 기울였지만, 결국 바람이 불지 않거나 물이 흐르지 않거나 배를 채우고 휴식을 취하지 않으면 되는 일이 없었다.

화석 연료를 확보하게 되면서 이러한 상황은 완전히 뒤바뀌었다. 처음으로 석탄을(그리고 훗날 석유를) 태워 증기를 만드는 역량을 갖추게 된 인간은 언제 어디서나 원하는 만큼 에너지를 생산하게 되었다. 선박은 계절에 구애받지 않고 세계를 항해할 수 있게 되었다. 선박을 움직이게 하는 동력을 배에 싣고 다니게 되었으니 말이다. 에너지 응용의 강도와 정확도가 두 배로 증가하면서 광업과 야금, 건설과 의학, 교육과 전쟁, 제조업과 농업을 망라하는 온갖 산업들이 새롭게 규정되었다—각 산업은 그 분야 나름의 기술을 창출했고, 이는 다시 인간의 경험을 변모시켰다.

의학의 발전은 건강을 증진하는 데 그치지 않고 수명도 두 배로 늘렸다. 콘크리트는 명실상부한 진짜 도로뿐만 아니라 고층 건물도 탄생시켰다.[8] 염료 개발은 화학산업의 탄생으로 이어졌을 뿐만 아니라 비료의 개발로 농산물 생산량도 네 배 증가했다. 강철—철보다 강하고 가볍고 덜 부서지고 잘 부식되지 않는다—은 운송업이든 제조업이든 전쟁이든 금속을 이용하는 산업이라는 산업은 족족 그 역량을 비약적으로 발전시켰다. 근력을 에너지로 쓸 필요가 줄어드는 현상이라면 무엇이든 산업화한 노예제도를 사양길에 접어들게 했다. 마찬가지로 전기는 노동자의 생산성을 확대하는 데 그치지 않고 어둠을 밝히고, 이는 여가도 만들어냈다. 사람들은 어둠을 밝혀 얻은 여가에 독서를 했고(글을 배웠고), 문해력을 갖춘 대중이 확대되었다. 전기 덕분에 여성에게 정원을 가꾸고, 가사를 돌보고, 양육에 전념하지 않아도 되는 삶의 기회가 열렸다. 전기가 없었다면 여권운동도 없었다.

이 새로운 산업화 시대가 직면한 가장 큰 제약은 근력, 물, 바람이 아니라—심지어 에너지 자체도 아니라—자본이었다. 이 새로운 시대의 특징은—철도든, 고속도로든, 조립공정이든, 마천루든, 전함이든—뭐든 새롭다는 점이었다. 그 이전 1000년 동안의 기간시설을 한층 더 가볍고 강하고 빠르고 개선된 무엇인가로 대체했고, 따라서 뭐든 처음부터 다시 새롭게 해야 했다. 그러자면 돈이 필요했다. 아주 많이. 산업화 기간시설을 구축하려면 새로운 방법으로 자본을 동원해야 했다. 자본주의, 공산주의, 파시즘이 모두 등장했다.

공급량이 넘치는 지역에서 수요가 많은 지역으로 상품을 옮기는 "단순한" 경제학이 훨씬 더 복잡해졌고, 독특한 상품을 대량 생산하는 산업화 지역과 인접한 지역도 마찬가지로 독특한 상품을 대량 생산하게 되었다. 확장을 제한하는 요소는 두 가지뿐이었다. 산업시설을 구축할 자금력과 그 시설에서 만든 상품을 구매자에게 운송하는 역량이다.

따라서 성공을 부르는 지리적 여건의 논리는 무너진다. 수렵채집 경제에서 물레방아 시대로 전환되기까지 늘 명당자리는 강기슭이었다. 그 조건은 변하지 않았다. 하지만 이제 그 조건만으로는 충분치 않았고, 그리고 모든 걸 완벽하게 갖춘 이는 아무도 없었다. 배가 다닐 수 있는 강들이 서로 얽히고설킨 지리적 여건은 지역 교역을 활성화하고 자본을 창출하지만, 지역도 발전시키고 그 발전의 산물을 구매도 할 만큼 충분한 자본이 창출되지는 않았다. 자본의 원천으로서 그리고 고객 확보의 원천으로서의 교역이 더욱 중요해졌다. 독일은 자본을 창출하는 데 가장 성공적이었다. 라인, 엘베, 오데르, 다뉴브 강들이 산업화 세계에서 가장 밀도가 높은 자본 창출 지역으로 부상하면서 독일제국을 당대의 가장 막강한 경쟁자로 등극시켰다. 그러나 바다를 지배한 주인공은 영국이었고 따라서 독일은 세계 패권을 장악하려면 교역로와 고객에 접근할 수 있어야 했다.

원양항해 시대에 유리했던 지리적 여건들은 산업화 시대에도 굳건히 유지되었다. 배가 다닐 수 있는 물길을 갖춘 제국은 멀리까지 영토를 확장했고 산업화를 거치면서 한층 더 크고 강하고 치명적으로 변했다. 원양항해로 이러한 제국들은 세계 구석구석까지 영향력을 뻗어나갔고 전쟁의 산업화로 기관총, 비행기, 독가스를 제조하게 되면서 그 영향력은 치명성을 더하게 되었다. 무엇보다도 원양항해와 산업화가 복합적으로 작용해 원양항해 기술을 갖춘 이러한 제국들은 새롭게 얻은 군사적 역량을 몇 달이나 몇 주가 아니라 며칠과 몇 시간 만에 서로에게 투사할 수 있게 되었다. 그것도 지구상 어느 곳에서든 말이다.

산업화 세력들이 처음으로 본격적으로 충돌한 사례들—1853-1856 크림전쟁, 1861 미국 남북전쟁, 그리고 1866 오스트리아-프로이센 전쟁—을 필두로 산업화 시대가 채 두 세대를 거치기도 전에 이미 역사상 가장 처참한 살육이 발생했고 두 차례의 세계대전에서 1억 명이 넘는 인명이 손실되었다. 이 두 전쟁이 인명 손실 측면에서 특히 처참했던 여러 가지 이유가 있겠지만, 산업 혁명으로 기술이 발달하면서 무기의 파괴력이 증가했을 뿐만 아니라 사회의 문화적 결속, 기술 전문성, 경제의 활력, 군사적 역량 등이 인위적으로 구축된 기간시설에 훨씬 더 의존하게 되었기 때문이다. 전쟁 당사자들은 적의 민간 기간시설을 표적으로 삼았다. 전쟁 수행을 가능케 하는 기간시설이 바로 민간 기간시설이었기 때문이다. 그러나 바로 그 기간시설은 대중을 교육하고 고용하고 건강을 유지하고 대규모 기아를 종식한 시설이기도 하다.

다른 건 몰라도 두 차례의 세계대전은 지리적 여건이 여전히 중요하다는 사실을 입증했다. 한동안 영국과 독일과 일본과 중국과 프랑스와 러시아는 상대방의 바람과 물과 산업 관련 기간시설들을 파괴하느라 여념이 없었고, 비교적 새로운 땅에 정착한 비교적 낯선 사람들은 이 대규모 파괴행위들의 표적이 아니었을 뿐만 아니라 그들은 이 전쟁을 틈타 물과 바람과 원양항해 기술과 산업역량을 대대적으로… 대개의 경우 최초로 그들이 정착한 영토에 응용했다.

아마 여러분이 들어본 적이 있는 사람들이리라. 바로 미국인이라고 불리는 사람들이다.

02

우발적 초강대국

미국인은 묘한 이들이다.

미국인에 대해 관심과 불쾌감, 논쟁과 토론, 고마움과 질투, 존경과 분노를 불러일으키는 수많은 특징이 있다. 그 가운데 미국의 개인주의적이고 다국적인 문화의 정수를 보여주는 특징으로서 미국 경제의 역동성을 꼽는 이들이 많다. 미국의 군사 역량을 세계를 지배하는 결정적 요소라고 강조하는 이들도 있다. 미국의 유연한 헌법이 200년을 넘어 300년의 성공으로 이어지는 비결이라고 하는 이들도 있다. 어느 주장도 틀린 말은 아니다. 이 특징들이 하나같이 미국의 끈질긴 생명력 유지에 분명히 기여하고 있다. 하지만 나는 좀 더 단도직입적으로 이렇게 말하겠다.

미국은 성공을 부르는 지리적 여건을 완벽하게 갖춘 국가다. 이러한 지리적 여건이 미국의 힘을 결정하고 세계 속에서 미국의 역할을 규정한다.

미국은 역사상 가장 막강한 해양 세력이자 대륙 세력이다

아메리카 식민지들은 당대의 기술에 부합하게 모두 농경사회였다. 그 가운

데 당시에 곡창지대라고 불릴 만한 식민지는 하나도 없었다. 코네티컷, 로드아일랜드, 매사추세츠, 뉴햄프셔를 아우르는 뉴잉글랜드 식민지는 토양층이 얇고 돌이 많으며, 흐린 날이 많고 여름이 짧아서 농사에 제약이 많았다. 밀 재배는 턱도 없었다. 옥수수도 별로였다. 농경 경제의 핵심은 고래잡이, 어업, 산림업, 그리고 증류주 파이어볼(Fireball)이었다.[9]

조지아와 남북 캐롤라이나 식민지들은 훨씬 농사에 적합한 기후였으므로 재배 가능한 작물의 선택지가 훨씬 폭넓었지만, 토양은 뉴잉글랜드와는 또 다른 성질의 척박한 특징을 보였다. 애팔래치아산맥과 대서양 연안 사이에 있는 피드몬트 고원지대의 토양은 주로 애팔래치아산맥의 침식으로 형성되었으므로 무기질은 풍부하지만 유기물은 그다지 풍부하지 않은 점토질이다. 따라서 자연스럽게 화전농업이 이루어졌고, 농부들은 농지를 개간하고 몇 차례 작물을 재배한 다음 토양의 영양분이 고갈되면 새로운 경작지를 찾아 이동했다. 한곳에 정착하려면 농부가 손수 농지에 비료를 줘야 하는데, 이는 어느 시대든 상관없이 등골이 휘는 중노동이다. 일정 기간 무임금으로 노동을 해서 빚을 갚는 계약 노동과 노예제 같은 비정상적인 고용 형태가 남부에 뿌리를 내린 이유는 무엇보다도 토양의 질을 개선할 필요가 있었기 때문이다.

13개 원조 식민지들 가운데 가장 비옥한 농지는 메릴랜드, 펜실베이니아, 버지니아, 뉴욕, 뉴저지 등 대서양 연안 중부에 있다. 그러나 (북아메리카 중서부의) 아이오와나 (아르헨티나의) 팜파스, 혹은 (프랑스의) 보스 정도로 비옥하지는 않다.[10] 경쟁이 치열하지 않아서 그저 "양호"한 정도로 간주될 뿐이었다. 이러한 식민지들은 토양과 기후가 가장 양호하다는 특징과 더불어 대서양 연안으로서의 유용함을 독차지했다. 체사피크 만과 델라웨어 만, 롱아일랜드 사운드, 허드슨강과 델라웨어강이 대부분 이 식민지들에 있다. 치밀하게 얽히고설킨 수로망 덕분에 인구집중 (소도시) 지역이 형성되었는데, 소도시 거주자들은 농사를 짓지 않는다.

이상적인 수준에 못 미치는 농경 여건과 도시화에 적합한 지리적 여건이 복합적으로 작용하면서 입에 풀칠하기가 버거웠던 식민지거주자들은 단호히 비농업 분야에 뛰어들었고 수공업이나 섬유 같은 부가가치 상품을 생산했으며, 이 때문에 영국과 사실상 경제적 갈등을 겪게 되었다. 영국은 대영제국 경제의 바로 그 부문을 제국의 중심이 지배해야 한다고 보았기 때문이다.[11]

이 식민지들에서 농업은 짜깁기로 이루어진 데다가 계속 그 속성이 바뀌었기 때문에 유통을 원활하게 하려면 머리를 짜내야 했다. 지역 내의 식품 유통은 대부분 대서양 연안을 따라 해상 운송 수단으로 이루어졌다. 대부분 대서양 연안에 있는 식민지 인구 밀집 지역들을 오가며 화물을 운송하는 가장 저렴하고 효과적인 수단이었기 때문이다. 1775년 독립전쟁이 닥치자 이러한 여건이 활력을 얻었고 아메리카 식민지 우두머리들은 세계에서 가장 막강한 해군을 통솔하게 되었다. 아메리카 식민지의 거주자들은 장장 6년 동안 굶주림에 시달렸다. 독립전쟁은 결국 성공했을지 모르지만, 신생국의 경제는 한마디로 불확실했다.

팽창은 거의 모든 문제를 해결했다.

중서부 광역지대는 그 자체만으로 세계에서 가장 비옥한 경작지 20만 평방마일을 자랑한다—스페인의 총 경작지보다도 넓다. 중서부 토양은 두텁고 자양분이 풍부하다. 중서부는 온대기후 한복판에 위치한다. 겨울에는 해충이 얼어 죽기 때문에 병충해가 방지되고, 살충제 비용이 절약될 뿐만 아니라 토양 재생과 분해를 촉진하기 위해 비료가 그다지 필요하지 않다. 사계절로—겨울의 강설량을 포함해—강수량이 토양을 촉촉하게 유지하기에 충분하므로 보조적인 관개용수는 이 지역의 서쪽 변방 지역의 몫으로 돌린다.

애팔래치아산맥을 넘는 최초의 이주 물결은 컴벌랜드 갭(Cumberland Gap)을 관통했는데, 이곳은 오하이오 지역에서 가장 사람의 통행량이 많았다. 오하이오는 5대호와 접해 있으므로 뉴욕은 허드슨강을 통해 오하이오의 풍부한 농산물을 실어나르기 위해 이리 운하(Erie Canal)를 건설했다. 그다음으로 일어난 대대적인 이주행렬은 오하이오에서 출발해 오늘날 인디애나, 일리노이, 아이오와, 위스콘신, 미주리로 뻗어나갔다. 막 중서부로 이주한 이들은 수확한 곡물을 오하이오강과 미시시피강을 통해 뉴올리언스로 운반했는데 이 방법이 훨씬 편리하고 저렴했다. 거기서부터 대서양 연안에 줄지어 늘어서서 장벽을 형성하는 해안 수로를 거쳐 모바일, 사바나, 찰스턴, 리치먼드, 볼티모어, 뉴욕, 보스턴으로 실어나르는 방법은 싸고 편리했다(오래 걸리긴 했지만 말이다).

5대호와 미시시피 광역지대에 이르기까지 두 차례 이루어진 대이주로 새로이 정착한 이들은 하나같이 세계에서 가장 비옥한 농경지로 손꼽히는 땅을 관통하는 세계에서 가장 큰 수로망으로부터 150마일 이내에 정착했다. 셈법은 간단했다. 오늘날 가장 저렴한 해치백 자동차—2020년 기준으로 약 12,500달러—값에 상응하는 비용만 마련하면 한 가족이 정부로부터 무상으로 토지를 불하받아서 포장마차를 타고 새 땅으로 이주하고, 그곳에 정착해 농지를 일구고 경작하면 몇 달 만에 고품질의 곡물을 수출할 수 있었다.

중서부 정착으로—새로운 영토와 13개 원조 식민지 모두—여러모로 대대적인 변화가 일어났다.

- 1812년 나폴레옹 전쟁이 발발하고 영국이 프랑스로 향하는, 전쟁과 무관한 교역품을 끊기 위해 해상봉쇄를 단행했을 때와 남북전쟁의 여파로 남부의 정부가 붕괴했을 때 발생한 두 차례 예외적인 식량부족 사태를 제외하면 독립 국가로서 북미 대륙 사람들은 기근을 단 한 번도 겪어보지 않았다. 식량 생산은 더할 나위 없이 안정적이고 풍부했으며 아메리카 내륙의 운송체계는 더할 나위 없이 효율적이고 효과적이라서 기근은 걱정거리가 되지 못했다.
- 북부 지역이 중서부 지역으로부터 식량을 확보하게 되자 대서양 연안 중부 지역 대부분과 거의 모든 뉴잉글랜드 지역의 농경지는 다시 숲으로 변했고, 농업은 포도, 사과, 감자, 옥수수, 블루베리, 크랜베리같이 중서부 지역에서 재배하기에 적합하지 않은 특산작물 재배에 국한되었다. 이러한 탈농업화

과정이 진행되면서 남아돌게 된 일손은 다른 프로젝트에 투입되었다. 산업화 같은 프로젝트 말이다.

- 중서부 지역이 성장하면서 남부지역이 환금작물로 눈을 돌리는 효과도 낳았다. 염료로 쓰이는 식물 인디고, 목화, 담배 재배는 밀이나 옥수수 재배보다 훨씬 더 노동집약적이다. 중서부 지역은 이러한 환금작물을 재배할 만한 노동력이 없었지만, 남부는 노예제도 덕분에 가능했다. 한 나라에서 각 지역이 그 지역의 지리적 특성을 바탕으로 생산품에 특화하고 수로를 통해 저렴한 운송비용으로 각 주 내의 어느 곳과도 교역이 가능하고 규모의 경제를 창출하는 현상은 인류 역사상 유래를 찾기가 어려웠다.

- 새로이 이주민들이 정착한 중서부 지역의 토지는 하나같이 비옥했기 때문에 애팔래치아와는 달리 정착지와 정착지 사이에 방치된 방대한 땅이 없었다. 이처럼 비교적 정착민이 촘촘히 들어서면서 이 지역의 높은 생산성과 낮은 운송비가 복합적으로 작용해 자연스럽게 소도시 문화가 조성되었다. 소규모 은행들이 미시시피 광역지대 전역에 우후죽순 등장해 동부 대서양 연안과 유럽에 상품을 팔아 얻은 자본을 관리했다. 사회경제적 지위와 관계없이 폭넓은 서비스와 용이한 접근을 토대로 한 금융 체제는 곧 미국을 규정하는 특성이 되었다. 이로 인해 중서부 농업은 영토와 생산성 측면에서 확장일로에 놓이게 되었고 중부 지역은 기간시설과 교육의 측면에서 일찌감치 지역발전을 견인하는 데 필요한 자본을 확보하게 되었다.

- 수로망을 통해 사람과 물건의 이동이 편리해지면서 미국인들은 서로 빈번히 교류하게 되었고 다양한 인종과 민족으로 구성된 미국의 문화를 통일하는 데 보탬이 되었다.

- 남북전쟁은 이 과정을 중단시켰다. 중서부는 전쟁이 끝날 때까지 미시시피-대서양 연안 운송로에 대한 접근이 차단되었다. 그러나 1860년대 말 재건시대가 열리면서 중서부 지역의 농업 인구밀도는 임계질량에 도달했고 동부 해안으로 운송되는 농산물은 봇물이 터졌다. 가장 인구밀도가 높고 산업

화한 지역은 이제 식량 자급자족을 걱정할 필요가 없어졌다. 그리고 중서부 지역이 생산하는 곡물은 미국에 대대적인 자본을 창출하면서 이미 서서히 진행 중이던 산업화와 도시화 과정에 박차를 가했다.

경제와 문화와 금융과 무역과 사회기반 말고 안보 문제도 고려해야 한다.

미국 영토는 "안전" 그 자체다. 북쪽으로는 깎아지른 험준한 산림지대와 거대한 호수들이 미국과 캐나다의 인구중심지들을 갈라놓고 있다. 1812년 딱 한 번 미국은 북쪽 이웃과 전쟁을 했다. 그나마도 엄밀히 말하자면 미국과 캐나다 간의 전쟁이라기보다는 당시 캐나다를 식민 통치한 지배자와의 전쟁이라고 보는 게 맞다. 그 전쟁 이후로 미국과 캐나다 간의 적대감은 서서히 잦아들었고, 단순히 중립적이거나 우호적인 관계를 넘어 동맹과 형제애로 탈바꿈했다.[12] 오늘날 미국-캐나다 국경은 세계에서 가장 길고 순찰도 드물고 무방비상태에 놓인 국경이다.

미국의 남쪽 국경은 재래식 군사 공격으로부터 훨씬 더 안전하다. 미국 남쪽 국경을 통한 불법 이민이 미국 정치에서 논쟁거리가 된다는 사실 자체가 그 국경이 공식적인 국가 권력에 그다지 위협적이지 않다는 사실을 뒷받침한다. 미국-멕시코 국경 지역처럼 험준하고 고도가 높은 황무지는 이렇다 할 인구를 유지하고 정부 서비스를 제공하거나 기본적인 기간시설을 구축하기가 가장 어려운 지형으로 손꼽힌다.[13]

그처럼 인정사정없이 광활한 황무지에서 군사 행동을 취한다면 거의 자살 행위와 다르지 않다. 남쪽 국경을 가로지르는 대규모 침략이 딱 한 번─1835-1836 로페스 데 산타안나 멕시코 대통령이 당시 멕시코 영토였던 텍사스에 정착한 개척자들의 반란을 진압하기 위해 감행한 침략─있었는데, 이 전쟁에서 멕시코 군대는 자국군의 절반 규모인 비정규군에게 완패하는 고전을 면치 못했고 결국 텍사스 분리주의자들에게 승리를 안겨주었다.

그로부터 10년이 지나 멕시코-미국 전쟁(1846-1848)이 발발해 멕시코 군대가 두 번째로 국경을 넘어오자 미국은 멕시코 군대가 회군해도 소용없는 지점을 지날 때까지 기다렸다가 해군 병력을 멕시코 베라크루스 만에 떨구기만 하면 됐다. 멕시코 군대는 장장 250마일에 달하는 무자비한 행군을 감행했지만 결국 멕시코의 수도는 미국에 함락되었다.

미국은 역사상 가장 막강한 해양 세력

세계 대부분의 해양 연안 지역은 어느 정도 문제를 안고 있다. 평평한 해안선과 극심한 조수간만의 차로 항구가 들어설 만한 입지들은 끊임없이 난타하는 파도에 노출되기 때문에 진정으로 규모가 장엄한 항구도시는 비교적 드물다. 미국만 제외하고. 북미 대륙의 대서양 연안을 3등분 했을 때 중간지역은 해안선이 어처구니없을 정도로 들쭉날쭉하므로 항구도시를 구축하기가 애들 장난같이 쉽다. 대부분의 이러한 항구 적합지들은 미국의 해안지역을 한층 더 굳건하게 방어해주는 반도나 울타리처럼 둘러선 섬들 뒤에 위치한다. 텍사스-멕시코 국경에 있는 브라운스빌부터 플로리다 끝자락에 있는 마이애미, 매사추세츠주의 체사피크만에 이르기까지 울타리 구실을 하는 섬들만으로도 미국은 세계의 다른 대륙들을 모두 합한 것보다 훨씬 항구로서의 잠재력이 높은 천혜의 항구 최적지이다. 울타리를 친 섬들이 없어도 미국의 세계적 수준의 들쭉날쭉한 해안선은 보스턴 항구에서부터 롱아일랜드와 퓨젯 사운즈(Puget Sounds), 델라웨어만과 샌프란시스코만에 이르기까지 방패막을 갖춘 동시에 전방위적으로 해양 접근이 가능하다. 게다가 온 사방에 강 천지라는 사실도 잊으면 안 된다. 미국의 100대 항구 가운데 족히 절반은 강의 상류에 있다—바다에 도달하기까지 장장 2,000마일에 달하는 곳도 있다.

세계 주요 국가들 가운데 독특하게 미국만이 태평양 또는 대서양과 접한 해안지역에 인구가 집중되어 있다는 그리 사소하지 않은 특징도 있다. 경제적 문화적 관점에서 볼 때 이러한 특징 덕분에 미국은 세계 대부분 지역과 교역을 하고 팽창할 기회를 쉽게 얻는다. 그런데 여기서 핵심은 "기회"다. 미국의 태평양 연안과 대서양 연안은 각각 아시아와 유럽 대륙과 아주 멀리 떨어져 있으므로 반드시 상호교류할 필요는 없다. 바다 건너 위치한 대륙이 경기 침체나 전쟁으로 고전을 면치 못하면—혹은 미국이 그저 다른 지역을 별로 상대하고 싶지 않은 기분이 들면—그냥 집콕해도 그만이다. 별일 아니다.

그처럼 머나먼 거리 덕분에 미국은 다른 해양 세력으로부터의 위협에 직면하지 않는 극소수 국가 중에서도 가장 안전하다. 태평양이나 대서양의 섬들—괌, 하와이, 혹은 태평양에 있는 알류샨열도, 대서양에 있는 버뮤다, 뉴펀들랜드, 혹은 아이슬란드—은 이론상으로는 북미지역을 공격할 교두보로 이용될 수 있지만, 이 지역들은 미국과 가까운 동맹의 영토이거나 미국의 영토다.

미국은—그리고 오직 미국만이—경제적이든 군사적이든 미국이 원하는 조건으로 양쪽 대양의 어떤 나라와도 상호 교류할 역량을 지니고 있다.

미국은 역사상 가장 막강하고 가장 안정적인 산업 국가

산업화하려면 비용도 만만치 않게 들고 쉬운 일도 아니다. 이전에 구축한 시설을 완전히 해체하고 나무와 돌을 보다 생산적인—그리고 훨씬 비용이 많이 드는—강철과 콘크리트로 대체해야 한다. 등불 밑에서 하나씩 고치느라 낑낑대는 수공업자는 조립공정과 전기와 제련한 강철과 서로 교체 가능한 부품들로 대체된다. 수십 년이 아니라 수 세기 전부터 유지되어온 경제적 사회적 정치적 전통들을 뒤집거나 파기하고 이를 어디든 쓰이게 된 새로운 기술들 못지않게 그 문화권에 이질적인 새로운 체제들로 갑자기 대체해야 한다. 산업화가 어디서 일어나든 그 과정은 대단히 파괴적이다. 한 나라가 기능하는 방식이 모조리 파기되고 완전히 새로운 체제가—통상적으로 위로부터—

강제되기 때문이다. 산업화는 보통 한 문화권이 재정적 사회적으로 막대한 비용을 들여 겪는 가장 파괴적인 변화다.

유럽에서는 수 세기 동안 정착이 진행되어왔기 때문에 이미 가용 토지를 모두 소진했고 산업화의 비용은 더욱 증가했다. 유럽인들은 한 뼘의 토지도 낭비하지 않고 활용하고 있었기 때문에 치러야 할 비용도 증가했다. 가용 토지에 사소한 변화라도 일으키는 (홍수나 산불 같은) 재난이 발생하거나 (파업이나 군사적 충돌같이) 노동력 공급에 차질이 생기거나 (주요 인물이 다른 지역으로 이주하거나 경기침체 같은 상황이 발생해) 축적된 자본이 줄어들면 균형이 깨지고 급격히 비용이 상승하고 대대적인 사회적 격변이 촉발된다. 따라서 산업화 이전의 거의 전 기간에 걸쳐 유럽의 역사는 살얼음 위를 걷는 듯했다…

…그러더니 이 구세계에 산업화 기술이 등장하면서 모든 차원에서 위태위태했던 균형이 깨져버렸다. 그 결과 사회적 격변, 혁명, 폭동, 정치적 붕괴, 전쟁이 쇄도했다. 유럽 대륙의 국가들이 앞다퉈 새로운 기술들을 자국 체제에 응용하고 그러는 과정에서 대대적인 산업 국가로 변모했는데도 말이다.

- 영국의 경우 잉여 생산품을 세계 시장에 싼값에 처분하면서 대영제국은 모든 주요 강대국과 첨예한 군사적 갈등을 겪었다.
- 러시아는 20세기 초에 산업화를 겪으면서 지주와 농노 계층이 동시에 파산하는 한편, 이들을 대체할 마땅한 대안도 찾지 못했다. 그로 인해 야기된 혼란으로 소련이라는 대대적인 억압적 체제가 들어섰다(이 체제도 전혀 나을 게 없는 결과를 낳았다).
- 독일은 초고속 산업화로 군사력을 갖춘 대공들의 권력이 완전히 변모되었고 산업 과두지배층이 부상하는 한편, 중산층이 파괴되고 혁명과 내전이 연달아 터지면서 세계대전의 발판이 마련되었다.
- 일본은 산업화 초기에 새로이 부상하던 산업화 민족주의자와 기존의 봉건 영주 간에 갈등이 조성되었고 그 결과 사무라이 계층이 파괴되고 정치 체제

가 급격히 변했다. 그러면서 일본은 바로 한국과 중국을 억압하고 진주만을 폭격하는 방향으로 직행했다.

- 중국은 산업화 과정을 통해 소수에게 권력이 집중되면서 대약진운동과 문화혁명의 참사를 낳았다.

산업화를 거치면서 국가가 마비될 정도로 사회적 정치적 혼돈을 겪지 않은 나라는 단 한 나라도 없다. 산업화는 필요하고 불가피하지만 고통스럽다.

미국이라면 얘기가 다르지만. 그 이유를 알기 위해서는 우선 미국은 진정으로 풍요로운 땅이라는 사실을 깨달아야 한다.

산업화 물결이 미국의 해안에 상륙한 1800년대 말, 미국은 겨우 자리를 잡기 시작하고 있었다. 미국은 방대한 영토 덕분에 땅값이 저렴했다. 수로망은 자본의 가격을 낮게 유지시켰다. 산업화 이전의 저렴한 투입재 가격은 미국에서의 산업화 경제공식을 바꾸어놓았다. 역내에 지정학적 경쟁자가 없었기 때문에 국가 안보를 위해 산업화를 가속화하겠다는 욕구도 없었다.[14]

새로운 기술들은 모든 분야를 동시 타격하지 않고 투자 대비 가장 높은 수익을 올릴 수 있는 분야에 적용되었다. 이미 투입재인 토지 가격과 인건비가 만만치 않았던, 워싱턴D.C.에서부터 북쪽으로 보스턴까지 이어지는 도시들 말이다. 그리고 산업화로 이 도시들을 연결하는 기간시설망이 구축되었다. 그리고 나서야 비로소 이 기간시설은 확장되어 교외 지역을 형성하거나 규모가 상대적으로 작은 도시들과 연결되거나 시골 지역까지 깊이 침투했다.

독일이 산업화 도시화하는 데는 한 세대가 채 걸리지 않았다. 이와는 대조적으로 미국은 1900년대에 가서야 시골에 전력망을 완성했다. 어느 모로 보나 미국은 여전히 산업화 완결의 근처에도 가지 못하고 있다. 산악지대, 툰드라, 사막같이 인간이 거주하기에 적합하지 않은 땅을 제외하면 미국은 여전히 오늘날에도 인구밀도가 가장 낮은 축에 속한다. 미국과 비슷한 수준의 인구밀도를 보이는 국가들 가운데 대부분(소련 붕괴 후의 공화국들)은 최근에 공동화되었거나 아니면 미국처럼 신세계에 속한 나라들(캐나다, 아르헨티나, 오스트레일리아)이다.

독일이 1900년에 달성한 정도의 인구밀도를 달성하려면 미국은 2022년 인구의 거의 세 배가 되어야 한다(그리고 그나마도 사람이 정착해 살기에 적합하지 않은—로키산맥 같은—미국 영토 절반을 배제했을 때 얘기다). 산업화는 미국에서도 일어날 가능성이 있었고 실제로도 일어났지만, 변화는 훨씬 더뎠고 덜 고통스러웠으며, 수세대에 걸쳐 변화에 적응할 시간을 벌었다.

미국이 산업화에 뛰어들었어도 세계적으로 큰 영향을 미치지는 않았다. 주요 강대국들 중 독특하게 미국 인구는 확대되면서 동시에 부유해졌다. 산업 생산품들은—특히 북동부와 중공업 지대(Steel Belt)에서는—미국 인구가 자체적으로 너끈히 소비했다. 역내 생산과 소비의 균형을 유지하기 위해 수출할 필요도 없었고 따라서 대영제국처럼 경제전쟁을 일으킬(그로 인해 증오의 대상이 될) 필요도 없었다. 지역 공동체에 설립된 은행들이 지역개발에 자금을 지원할 역량이 있었기 때문에 러시아와 중국처럼 중앙집권적인 당국이 들어서서 전권을 휘두르지도 않았고 일본이나 독일처럼 급진화되지도 않았다.

미국의 산업화 초기 내내 미국이 세계 경제와 교류한 부문은 농산물 수출에 국한되었다. 산업 혁명으로 1800년대 말 화학비료가 도입되면서 산출량은 분명히 증가했지만, 동시에 산업 혁명으로 도입된 현대의학이 수명을 연장하는 데 한몫했다. 공급은 수요와 더불어 동반 성장했다. 미국의 세계경제 참여도는 크게 바뀌지 않았다.[15]

미국도 분명히 지역 간 격차가 있었고(지금도 있다), 소수에게 자본이 집중되는 문제가 있지만, 미국의 소수 거대자본가—강도 남작(robber barron)이라고 불린 악명 높은 이들—가 대체로 민간부문에서 일확천금의 기회를 얻은 까닭은 민간부문에 소화할 물자가 넘쳐나서 사업상의 이유로 공직에 입문할 필요가 없었기 때문이다. 경제적 스트레스가 자동으로 정치적 스트레스로 전환되지 않았고 그 역도 성립하지 않았다.

03

완전한 변신

미국은 제2차 세계대전이 발발하자 비로소 진가를 발휘하기 시작했다. 3년 동안 미친 듯이 총동원령을 집행한 끝에 미국은 역사상 가장 막강한, 원정역량을 지닌 국가로 부상했을 뿐만 아니라—다수의 전역(戰域)에서 동시에 통합된 주요 군사행동을 실행할 수 있는 국가가 되었고—전쟁 끝 무렵에는 패전국들을 모두 점령한 유일한 승전국이 되었다.

그리고 그게 다가 아니었다. 미국은 로마, 베를린, 도쿄로 향하면서 세 개의 대륙과 두 개의 대양의 경제, 인구, 물류 핵심 거점들을 장악하게 되었다. 연합국에게 막대한 전쟁물자를 지원한 무기대여법을 집행하고 수륙양동작전을 직접 수행하는 가운데 미국은 이제 서반구와 동반구 사이에 있는 주요 공격 교두보들을 모조리 장악했다. 여기에 대규모 해군력까지 더해져 미국은 본의 아니게 유럽과 아시아 문제, 금융, 농업, 산업, 무역, 문화, 군사를 망라하는 문제들에서 결정적인 요인이 되었다.

역사에서 한 나라가 세계를 지배할 시도를 해볼 만한—새로운 로마제국이 부상할—순간이 있다면 당시가 바로 그런 순간이었다. 그리고 그런 승부를 걸어볼 그럴듯한 이유가 있다면 독일이 패망한 후 소련과 더불어 부상한 핵무기 경쟁이었다.

그런데 그런 일은 일어나지 않았다.

대신 미국은 연합국에 한 가지 제안을 했다. 미국이 자국의 해군—유일하게 전쟁에서 살아남은 이렇다 할 규모를 갖춘 해군—으로 세계 바다를 순찰하고 모든 상선들을 보호해주겠다. 미국은 자국의 시장—유일하게 전쟁에서 살아남은 이렇다 할 규모를 갖춘 시장—을 연합국의 수출에 개방할 테니 수출로 경제를 재건하라. 미국이 전략적으로 모두를 보호해줄 테니 미국의 우방국은 다시는 침략당할까 두려워하지 않아도 된다.

그런데 이 제안에는 한 가지 조건이 있었다. 서서히 끓어오르는 냉전에서 누구 편이 될지 선택해야 했다. 미국으로부터 안보를 보장받고 부자가 되면서 경제와 문화를 원하는 대로 발전시킬 수 있지만, 소련과 맞서는 미국 곁에 (엄밀히 말하면 미국 앞에) 서야 했다. 방대한 규모의 제국을 구축하는 대신 미국은 연합국에 뇌물을 먹여 소련을 봉쇄했다. 이 협정을 한마디로 브레튼우즈(Bretton Woods)라고 한다. 노르망디 상륙작전 직후 미국이 처음으로 연합국들을 불러 모아 이러한 제안을 한 곳이 바로 뉴햄프셔주에 있는 스키 휴양지 브레튼우즈다. 브레튼우즈 체제는 흔히 제2차 세계대전 후 자유무역 시대, 혹은 간단하게 세계화라고 불린다.

이 전략은 숫자 게임이기도 했다. 1945년 미국 인구는 대략 서유럽 인구를 모두 합한 규모에 맞먹었는데, 이는 대략 소련 인구 규모와 맞먹었다. 인구 규모가 큰 동아시아와 남아시아를 제외한다고 해도 미국은 종전 즈음 자국이 점령하고 있던 영토를 유지할 정도의 군사력을 보유하지 못하고 있었을 뿐만 아니라 산술적으로 미국은 세계를 아우르는 제국을 제대로 경영하기에 충분한 규모의 점령군을 확보하기가 불가능했다.

이 전략은 거리 문제이기도 했다. 미국은 막강한 해군이 있고 대서양과 태평양이 든든한 해자(垓字) 역할을 해주기는 하나 해자는 양면성이 있다. 수평선 너머 수천 마일 떨어진 지역에 주둔군을 전진 배치하고 유지하는 데 드는 물류비용을 생각해보면 현실적 선택지가 아니었다. 뒤이어 수십 년 만에 미국이 깨닫게 되었듯이, 지구 반대편에 미군이 주둔하는 지역 주민들이 미군 주둔을 원하지 않으면 그 지역을 점령하기가 어렵다. 한국, 베트남, 레바논, 이라크, 아프가니스탄을 그것도 한 번에 한 나라씩만 건사하기도 미국에 버거웠다. 하물며 독일, 프랑스, 이탈리아, 터키, 사우디아라비아, 이란, 파키스탄, 인도, 인도네시아, 말레이시아, 일본, 중국 (그리고 한국, 베트남, 레바논, 이라크, 아프가니스탄까지) 모조리 동시에 점령하면 어땠을지 한번 상상해보라.

이 전략은 지리 문제이기도 했다. 소련은 대규모 굼뜬 육군으로 전쟁을 치른 방대한 대륙 국가이다. 미국 군사력은 연합국들 가운데 가장 규모가 크지만, 근본적으로 해상 세력이다. 군인 대 군인으로 소련과 한판 붙는 건 선택지가 되지 못한다. 미국 군사 역량은 대부분 해군력에서 비롯되고 가장 가까운 우방국 항구에서 1,000마일 떨어진 장소에서 전쟁을 수행하도록 설계되지 않았다.

이 전략은 문화적 충돌 문제이기도 했다. 미국은 근대 들어 세계에서 최초로 등장한 민주정체 국가다. 민주정체 국가들은 자국을 방어하고 독재를 타도하고 진실과 정의를 위해 싸우는 데 꽤 능력이 있다. 지역 주민의 등골을 뽑아먹는 장기간 점령을 한다고? 설득력이 없다.

이 전략은 조직적 부조화의 문제이기도 했다. 미국이—주 정부가 연방정부 못지않게 권력을 행사하는—연방 체제인 데는 그럴 만한 이유가 있다. 미국은 안보가 보장되고 경제발전에 적합한 지리적 여건들을 갖추고 있으므로 연방정부가 할 일이 별로 많지 않다. 미국 역사상 첫 3세대 동안 연방정부가 맡은 일이라고는 도로를 깔고 이민을 규제하고 관세를 징수한 게 전부다. 미국은 역사적으로 정부가 그다지 필요하지 않았기 때문에, 탁월한 행정 능력[16]을 보인 적이 없다. 미국 크기의 두 배에 달하는 해외 영토들을 관리하려 했다면 정말 버거웠을 게 틀림없다. 게다가 미국은 행정 역량이 정말 엉망이다.

미국이 소련과 싸우기 위해 제국을 구축할 역량이 없다면—또는 의지가 없다면—미국은 동맹을 충분히 확보해야 했다. 소련과 거리가 먼 미국의 약점을 보완해줄 만큼 소련의 국경과 가까이 있고, 미국의 해상력과 수륙양동의 속성을 보완해줄 육상전 수행역량을 갖추고, 자국의 국방비를 스스로 부담할 만큼 부유하고, 자국의 독립적 지위를 지키기 위해 전쟁이 필요하다면 기꺼이 피를 흘릴 동기부여가 되어있는 동맹국들 말이다. 미국의 점령군이 그들의 영토에 주둔하고 미국 세관 관리들이 그들의 국가 재정을 좌지우지했다면 이 가운데 그 어느 것도 가능하지 않았을지 모른다.

그러나 무엇보다도 미국은 제국을 원하지 않았다. 이미 제국을 보유하고 있었기 때문이다. 미국이 북미지역에서 보유하고 있는 쓸모 있는 땅은 미국 이전에 등장한 그 어떤 제국이 보유했던 땅보다도 잠재력이 크다. 게다가 종전 무렵 미국은 아직 그 땅의 잠재력을 모두 활용하지도 못하고 있었다. 그리고 그로부터 수십 년이 지난 지금도 여전히 그 잠재력을 다 소화하지 못하고 있다. 인구밀도를 바탕으로 판단하자면 2022년 현재 미국은 여전히 자국 영토가 지닌 잠재력을 다 소화하지 못하고 있다고 주장해도 무방하다. 뭣 때문에 세계적 제국을 유지하자고 우리 아들딸들을 해외에 파병해 여러 나라 국민을 상대로 피를 흘리게 하나? 디트로이트와 덴버 주변에 새로 도로나 만들면 똑같은 성과를 거두는데 말이다.

미국은 전후에 승전국이 전리품을 차지하는 국제관계의 전통만 깬 게 아니다. 인간 실존의 속성까지도 바꾸었다. 인간이 처한 여건을 근본적으로 재조정했다.

종전 무렵 미국은 브레튼우즈 협정을 이용해 세계질서를 구축하고 게임의 규칙을 근본적으로 바꾸었다. 연합국과 적국을 예속시키지 않고 평화와 안보를 제안했다. 미국은 그 이전 시대에 서로 다투던—대부분 수 세기 동안 서로 치열하게 경쟁하며 앞서거니 뒤서거니 해온—제국들을 거의 모조리 같은 편

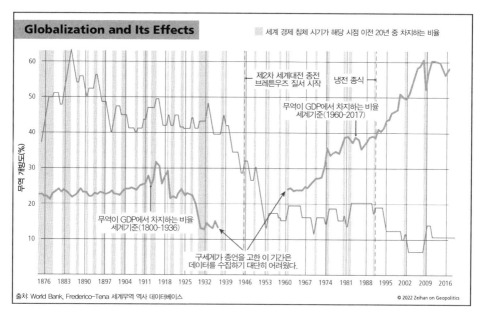

세계화와 그 효과

으로 만듦으로써 역내 지정학을 변모시켰다. 제국 간의 경쟁 관계는 국가 간의 협력 관계로 바뀌었다. 브레튼우즈 협정에 합류한 나라들 사이에 군사 경쟁은 금지되었고, 그 덕에 예전의 제국들(그리고 그들이 보유했던 식민지들도 대부분)은 육군이나 해군이나 국경에 신경을 집중하는 대신 기간시설과 교육과 경제발전에 집중하게 되었다.

식량이나 에너지를 확보하기 위해 싸워야 하는 대신 모두가 세계무역에 접근하게 되었다. 제국에 맞서 싸워야 하는 대신 모두가 자치와 안보를 보장받았다. 이 시점에 이르기까지 13000년의 역사와 비교해보면 이는 썩 좋은 제안이었다. 그리고 이 제안은 먹혀들었다. 아주 제대로. "겨우" 45년 만에 브레튼우즈 체제는 소련을 봉쇄하는 데 그치지 않고 목 졸라 사망에 이르게 했다. 브레튼우즈 체제는 인류 역사상 가장 오랫동안 가장 심도 있게 경제가 성장하고 안정이 유지된 시대를 창출했다.

적어도 재앙이 닥치기 전까지는 그러했다.

미국이 냉전에서 이기기 전까지는 말이다.

1989년 11월 9일, 베를린 장벽이 무너졌다. 그 후 몇 년에 걸쳐 소련은 중부유럽 위성국가들에 대한 장악력을 잃었고, 러시아는 소련 장악력을 잃었고, 러시아는 잠시나마 러시아연방의 장악력을 잃었다. 미국의 동맹국들은 환호했다. 잔치를 벌이고 시가행진을 했다.[17] 하지만 새로 문제가 생겼다.

브레튼우즈는 전통적인 군사동맹이 아니었다. 소련에 맞서기 위해 미국은 자국의 해양 지배력과 우월한 경제적 지리적 여건을 이용해 동맹을 매수했다. 미국은 세계무역을 가능케 했고 동맹국들이 수출품을 무한정 쏟아부을 수 있는 밑 빠진 독 같은 시장이 되어주었다. 적이 사라지자 브레튼우즈 동맹은 존재 이유를 상실했다. 냉전이 끝났는데 미국이 왜 계속해서 동맹국을 위해 비용을 대야 하지? 주택융자금을 완불해 내 집을 만들고 나서도 계속 융자금을 갚는 셈 아닌가.

1990년대가 흘러가면서 미국은 이런 상황에 대해 아무 결단도 내리지 않고 나태하게 어영부영 보냈다. 미국은 유럽과 일본이 역내 방어 계획에서 미국을 존중하는 한 미국이 구축한 이 세계질서를 계속 유지하기로 한다. 소련이 사라지고 러시아는 혼란에 빠지고 이슬람권은 비교적 잠잠하니 유럽이 치르는 비용은 낮고 이득은 높았다. 북대서양조약기구 동맹이 직면한 가장 큰 문제는 유고슬라비아의 해체였다. 그 파급효과가 단 하나의 북대서양조약기구 회원국 안보도 위협하지 않은 다소 특이한 사건이었다. 중동에서 가장 뜨거운 문제는 이따금 불거지는 팔레스타인 - 이스라엘 갈등이었다. 아시아에서는 중국이 마오쩌둥 숭배에서 벗어나 부상하고 있었을지 모르지만, 중국이 위협적인 군사 대국이라고 생각한다면 소가 웃을 일이었다. 이처럼 태평성대 시대적 여건을 망치려는 이는 아무도 없었다.

1990년대는 거의 모두에게 호시절이었다. 미국이 안보를 튼튼하게 지켜주었다. 굵직한 국제분쟁도 없었다. 세계무역은 냉전 때 어느 편도 들지 않으려고 최선을 다한 나라들뿐만 아니라 구소련 영역까지 깊이 침투했다. 미국이 안보를 지키고 자국 시장에 접근하도록 해주기 위해 치르는 비용은 꾸준히 증가했지만, 평화와 번영을 구가하는 상황에서 그쯤은 감당할 만해 보였다. 독일이 통일되었다. 유럽이 통일되었다. 아시아의 네 마리 호랑이가 포효했다. 중국은 자국의 입지를 굳히고 소비재의 가격을 하락시켰다. 아프리카든 중남미든 오세아니아든 원자재 생산국들은 세계 여러 지역의 산업화를 도우면서 돈을 쓸어 담았다. 세계를 망라하는 공급사슬이 디지털혁명을 가능케 하는 데 그치지 않고 필연으로 만들었다. 태평성대였다. 우리 모두 그런 시대를 당연시했다.

그런데 그런 시대는 당연하지 않다.

탈냉전시대가 가능했던 까닭은 오로지 미국이 지정학적 경쟁을 중단시키고 세계질서를 재정적으로 뒷받침한 안보 체제를 계속 뒷받침했기 때문이다. 냉전 시대의 안보 환경이 바뀌자 그 체제는 이제 필요에 부합하지 않았다. 우리 모두 당연시했던 체제는 사실 인류 역사상 가장 왜곡된 시대였다. 따라서 이 체제는 와해할 위기에 처했다.

그리고 와해했다.

04

우리 이야기

사람들의 행동은 제각각이다. 로마인, 러시아인, 르완다인, 로스웰 혹성의 외계인 만큼이나 각양각색인 집단들 간에 지리적 여건이 야기하는 문화적 차이를 말하는 게 아니다. 한 사회 내에 존재하는 동시대의 여러 계층 얘기다. 연령별 차이 말이다. 아이들은 대학을 갓 졸업한 청년이나 중년인 부모나 자식들을 모두 분가시킨 장년층이나 은퇴자들과는 달리 행동한다. 이들을 층층이 쌓으면 오늘날 경제구조가 된다. 이들을 서로 분리해서 살펴보면 오늘날 세계 체제를 허무는 추세들을 규명할 수 있다. 근대의 인구구조—전문용어로 "인구학"이라고 한다—는 바로 산업 혁명에서 비롯되었다.

농사 때려치우기

사는 지역은 중요하다. 제2차 세계대전 이후 시대를 규정하는 특징 가운데 대대적인 도시화 현상도 있다. 이 도시화 과정은 시기마다 다양한 방식으로 서로 다른 속도로 일어났다. 대체로 차별화하는 요소는 시간이다. 산업 혁명이 모든 부문에서 동시에 일어나지는 않았다.

보통 산업 혁명의 첫 단계는 고리타분한 섬유 부문에서 일어났다. 산업화 이전의 섬유제조업은 보통 영세한 가내공업이었다. 공장도 동물성 투입재도 공정 과정도 제각각이었다. 자르고 조각내고 두들기고 훑고 끓이고 물에 담그고 깎고 빗질했다. 원료를 어느 정도 처리하고 나면 물레를 돌리거나 직조기로 실을 잣고 겹쳐서 더 두꺼운 실로 만들고, 이를 마침내 베틀에 넣어 천을 짜거나 뜨개질을 했다. 노동 집약이라는 표현에 그야말로 안성맞춤인 온갖 종류의 단순 반복 작업이 필요한 일이었고 이런 일을 정말로 즐긴 이는 거의 없다.[18]

그렇다고 해서 돈벌이가 되지 않았다는 뜻은 아니다. 영국이 가장 먼저 대량생산에 관심을 보였다. 인도의 싸구려 노동력을 이용해서 말이다. 인도인들이 지루하고 짜증스러운 이 일을 도맡아 했다. 1600년에 창립되어 영국에 향신료를 소개하면서 인간의 영혼을 말살할 정도로 맛대가리 없는 영국 음식을 먹을 만하게 만든 동인도회사는 17세기 말 무렵 대영제국 전역에 인도산 직물을 유통하는 데 집중했다. 제국에 소속된 시민들은 모두 면과 옥양목을 접하고 열광했고 심지어 비단에도 익숙해졌다. 남이 땀 흘린 노동으로 수익을 창출하는 맛을 보게 되고, 인도에서 오는 건 모조리 영국 섬유산업에서 사용하는 양모보다 훨씬 낫다는 사실을 깨닫게 되자 품질 개선 경쟁이 시작되었다.

1700년대에 접어들면서 영국은 면을 수입하기 시작했고—처음에는 인도 아대륙에서 수입하다가 영국의 아메리카 식민지였다가 독립한 미국에서도 수입했다—대규모 가내공업 겸 조합 형태의 섬유산업을 구축하기 시작했다. 해를 거듭할수록 면을 처리하고 섬유를 제조하면서 얻는 수익이 증가했고 근로자와 고용주들은 생산성, 복잡성, 내구성을 증진할 새로운 방법들을 개발했다. (직조기의) 북, 물레, 수차로 구동하는 회전 틀, 다축 방적기, 급회전 방적기, 증기 동력, 조면기, 자카드식 직조기, 속도 조절이 가능한 직조기, 합성 염료 등이 등장했다. 이러한 새로운 발명품들은 차례로 속도, 생산 물량, 가치를 증진했다. 1800년 무렵 이 모든 발명품은 영국 전역에 퍼졌다.

발명에 발명을 거듭하면서 마침내 1800년대 초 면제품은 영국의 수출 총액의 40퍼센트를 차지하게 되었다. 이게 다가 아니다. 이와 동시에 영국은 실을 잣고 천을 짜고 꿰매는 수만 가지 조합들을 실험하면서 동력원을 숯에서 코크를 거쳐 석탄으로, 무쇠를 단철, 주철을 거쳐 강철로, 물레를 증기기관으로 전환했다. 수제 도구들은 화학약품 사용이 가능한 기구들을 만드는 선반과 축융기로 대체되었다.

점차 사람들은 이러한 새로운 기법들을 개발하고 사용하고 다듬는 일자리를 구했다. 이러한 신기술들은 거의 모두 특정한 작업장과 설비들이 한 장소에 모여 있어야 가능했다. 예전의 영세한 가내 섬유공업은 농장이나 목장을 기반으로 풍력(혹은 근력)을 동력으로 삼았다. 산업화한 새로운 여건에서는 도시를 기반으로 이루어졌고 석탄을 동력으로 사용했다. 도시로 돈 벌러 가는 인구가 시골에서 빠져나갔다. 소도시는 도시로 바뀌었다. 새로이 인구가 집중되면서 도시들은 난관에 봉착했고 의학, 위생, 교통, 물류에서의 혁신이 필요해졌다. 그리고 이러한 수백 가지의 기술적 개선 하나하나가 인간과 경제, 자원, 장소의 관계를 바꾸었다.

정부는—전기에서부터 보건에 이르기까지—대중 서비스를 활성화하거나 제공하기 시작했고 그러한 서비스는 인구가 분산되어 있는 시골보다 사람의 발길이 잦은 도시 인구집중지역에 제공하기가 훨씬 수월했다. 사람들은 개인적으로 노력을 덜 들이고 더 높은 생활 수준을 도시에서 누릴 수 있다고 생각하고 대거 농촌을 떠나 도시로 이주했다.

산업 혁명의 두 번째 측면은 사람과 지리적 여건의 관계를 골고루 바꾸는 데 능했다. 바로 화학비료, 살충제, 제초제의 개발이다. 1800년대 중엽 이들이 도입되면서 1에이커당 농산물 수확량이 세 배 (혹은 그 이상) 증가하는 동시에 투입해야 하는 노동력은 줄어드는 광경을 심심찮게 보게 되었다. 농업 경제가 완전히 변모했다. 농촌에서 사람들을 유인하는 장본인은 이제 소도시가 아니었다. 이제는 농촌이 사람들을 도시로 내몰았다.

도시에 새로운 산업시설이 들어서고 농촌의 생산성이 급격히 증가하면서 누구나 도시에 거주하는 길에 들어섰고 오늘날 인류가 여전히 고심하는 여러 가지 문제들을 양산했다. 그중에서도 가장 극적인 효과는 출산율의 변화였다. 농촌에서 자녀를 두는 일은 애정의 산물이라기보다는 경제적인 결정인 경우가 흔했다. 아이들은 사실상 부모의 경제적 필요에 묶인 공짜 노동력이었다. 자녀는 부모가 노쇠하면 농장을 물려받아 운영하거나 적어도 부모가 사는 곳으로부터 그리 멀리 이주하지는 않는 게 불문율이었다—오랜 문화적 경제적 규범에 뿌리를 둔 관행이었다. 확대가족은 변함없이 서로 상부상조하는 부족을 형성했다. 이러한 문화적 경제적 역학관계는 역사가 동튼 이래로 유지되어왔고 심지어 세계가 여러 개의 제국과 민족국가로 공고화된 시기에도 내내 유지되었다.

내 모친의 입장으로 보면 통탄할 일이지만, 도시화가 이러한 규범들을 파기했다. 탁 트이고 널찍한 농촌을 떠나—인구밀도가 높은 대도시에 있는 고층아파트는 고사하고—작은 소도시에 있는 손바닥만 한 주거지로 이주하면서 자녀가 지닌 경제적 가치는 붕괴되었다. 도시에서는 아이들이 할 만한 일이 없다. 그래도 아이들을 입히고 먹여 살려야 한다. 부모가 이제 농사를 짓지 않았으므로 먹거리를 돈 주고 사야 했다. 자녀들이 여름방학에 일자리를 구하고 신문 배달을 한다고 해도 부모가 자녀를 두면 경제적 이득은 고사하고 손해만 보지 않아도 남는 장사였다.

작은 소도시에서 도시로 이주하면서 자녀는 (경제적 측면에서) 정말 값비싼 대화 소재로 전락했다. 그리고 자녀가 마침내 독립하게 되면 부모는 시원섭섭해 눈물을 흘렸지만, 산업화 이전 입에 풀칠할 정도의 수준으로 농사를 짓던 시절만큼 자녀가 분가하고 일손이 모자랄까봐 덜컥 겁이 나지는 않았다. 자녀를 두어야 하는 경제적 이유가 거의 사라지면서 사람들은 당연히 자녀의 수를 줄이게 되었다.

그런데도 인구는 산업화 과정 내내 증가했다. 다음과 같이 뻔한 이유도 있었다. 유통체계가 크게 개선된 데다가 합성 제초제와 살충제, 특히 비료를 개발하고 사용하게 되면서 식량 생산량은 점점 더 안정적으로 늘었고 기근이 사라졌다.

그리 눈에 잘 띄지 않는 않은 이유도 있다. 오물을 처리할 하수구 시설이 구축되면서 질병이 줄었다. 소도시에 거주하면서 사고가 줄고 의료서비스에 접근하기가 쉬워졌으며, 따라서 사망률이 줄었다. 특히 영유아 사망률이 줄었다. 이미 발생빈도가 줄어든 질병과 부상으로 인한 사망이 의학의 발달로 한층 더 줄었다. 이 모두가 수명을 연장했다. 평균수명이 두 배가 되면 한 세대 만에 인구가 두 배가 된다. 자녀를 더 많이 두든 말든 상관없이 말이다. 가임 기간이 늘어나기 때문이다.

그러나 이런 현상이 모두 한꺼번에 동시에 일어나지는 않는다. 동력 직조기를 예로 들어보자. 산업 혁명 초창기에 가장 의미 있는 파격적인 발명으로 간주되는 동력 직조기는 시간당 노동자 한 명의 생산량을 50배 늘렸다. 최초의 원형은 1785년에 만들어졌지만, 50년 동안 17차례나 정교하게 보완되었다. 그리고 나서도 거의 한 세기를 더 이리저리 만지작거린 끝에 명실상부한 자동 직조기가 탄생했고, 직조기북에 쓸 재료가 소진되어도 작업 전체를 중단시킬 필요가 없어졌다.

산업 혁명이라는 명칭에서 "혁명"은 이 사건을 의미하기에는 약간 빗나간 단어다. 새로운 기술들은 동시에 마법처럼 개발되거나 응용된 게 아니다. 설계와 원형 제작을 거쳐 다듬고 대량생산하고 대량으로 응용하고 200년에 걸쳐 기술이 기술을 낳고 그 기술이 또 새 기술을 낳는 과정을 거쳤다. 농촌에서 소도시로 바뀌는 데는 시간이 걸렸다. 런던이 세계에서 가장 규모가 크고 가장 부유하고 가장 교육 수준이 높은 도시로 변신하는 데는 시간이 걸렸다. 여분의 일손으로 쓸 자녀를 많이 둔 대가족이 문화적 경제적 규범이고 성인의 평균수명이 30대였던 시대에서 자녀가 성가시고 소란스럽고 가만히 있지 못하고 끊임없이 움직이면서 안전을 저해하는 대상으로 간주되고 환갑을 넘은 인구가 흔해지는 시대가 되려면 시간이 걸린다. 영국 본국의 인구가 세 배가 되는 데는 시간이 걸린다.

영국이 이 모든 변화를 겪고 완전히 탈바꿈하는 데는 7세대가 걸렸다.

하지만 영국의 경우만 그랬다.

05

역사에 가속도가 붙다

영국이 개발한 산업기술 가운데 순전히 영국에만 머물 운명을 타고난 기술은 없었다. 물, 바람 등 농경 정착 시대의 기술과 원양항해 기술이 널리 퍼져 나갔듯이 섬유, 증기, 강철, 전기, 비료 등 산업기술도 널리 퍼져나갔다. 이러한 신기술들을 개발하고 활용하는 작업은 거의 다 이미 이루어졌기 때문에 새로운 땅에 응용하는 데 시간이 오래 걸리지 않았으며, 따라서 이러한 기술이 인구구조에 미치는 영향도 금방 나타났다.

산업화로 대대적인 변화를 겪은 두 번째 주요 국가는 독일이었다. 1914년 제1차 세계대전에 이르기까지 한 세기 동안 독일은 산업화 이전의 조합 중심의 분산된 경제 체제, 이웃 나라에 착취당하던 경제 체제에서 산업, 경제, 기술, 군사적 강국으로 급속히 변모하면서 놀라울 정도로 단기간에 덴마크, 오스트리아, 프랑스를 제쳤다. 독일 인구는 독일보다 앞서 산업화를 겪은 영국과 마찬가지로 산업화와 도시화 과정을 거치면서 거의 세 배로 증가했다. 독일 인구는 영국 인구처럼 출산율이 폭락했다. 그러나 독일 인구는 영국 인구와는 달리 선구자가 닦아놓은 길을 따라갈 수 있었으므로 처음부터 끝까지 전 과정이 일어나는 데 겨우 4세대가 걸렸다.[19]

영국과 독일이 산업화를 겪으면서 추가로 발생한—서로 전혀 무관한—세 가지 요인이 산업화가 촉발한 도시화 추세를 한층 더 강화했다.

첫 번째 요인은 여권운동의 부상이었다.

여권운동은 1848년 유럽에서 혁명이 일어나고서야 탄력을 얻기 시작했다. 산업화 시대의 기술은 유럽 전역에서 경제적 정치적 대격변을 양산했고, 나라들 안팎의 기존 정치적 사회적 구조들이 변화를 요구하는 낯선 압력을 억누르려 고군분투하면서 일련의 치열한 내전으로 치달았다. 새로운 기술들이 지닌 공통점이 한 가지 있다. 인력이 어마어마하게 많이 필요하다는 점이다. 새로운 조립공정처럼 비숙련 노동력이 필요한 기술도 있고, 석유화학제품처럼 폭발의 우려가 있는 자재를 다루기 때문에 전문지식을 갖춘 인력이 필요한 기술도 있었다. 그러나 인력의 기술 수준을 막론하고 새로운 수요 때문에 인건비가 상승했다. 문화와 윤리와 도덕은 차치하고라도, 남자들이 소도시에 나가 공장에서 일하게 되면서 여성이 농장을 돌보게 되든, 여성 본인이 새로 생긴 섬유산업 공장에 일자리를 얻어 농장에서 일하는 건장한 청년이 올리는 소득의 두 배 이상을 거뜬히 올리게 되든, 이제 여성이 자기 삶의 주인이라고 할 경제적 명분이 생겼다.

전통사회에서 여성은 아주 구체적인 장소, 즉 농장과 집에 발이 묶이는 경향이 있다. 기근이나 전쟁이 발생하면 식량을 구하러 나가거나 전쟁에 나가서 싸우는 일은 남성의 몫이다. 여성은 집에 남아 가사를 돌본다. 이러한 제약으로 인해 여성은 보통 언제든지 임신 가능했다. 그래서 산업화 이전의 시대에는 평생 여섯 명 이상의 자녀를 두는 여성이 매우 흔했다. 그러나 여성이 가사와 농사에서 해방되고 대중교육을 받게 되고 스스로 소득을 올리게 되면서, 대가족을 바라는 여성들조차 일과 가정을 양립하기가 쉽지 않다는 사실을 깨닫게 되었다. 본인의 의도가 무엇이든 상관없이 공장에서 1주일에 몇십

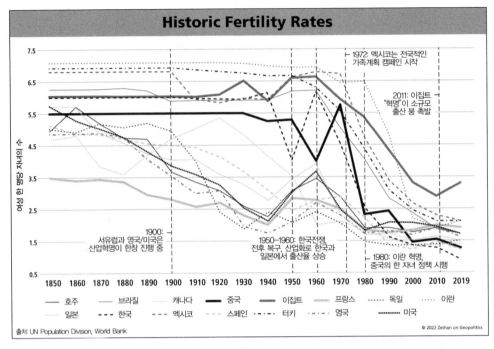

Historic Fertility Rates

여성 한 명당 자녀의 수

1972: 멕시코는 전국적인
가족계획 캠페인 시작

2011: 이집트
"혁명"이 소규모
출산 붐 촉발

1900:
서유럽과 영국/미국은
산업혁명이 한창 진행 중

1950~1960: 한국전쟁,
전후 복구, 산업화로 한국과
일본에서 출산율 상승

1980: 이란 혁명,
중국의 한 자녀 정책 시행

1850 1860 1870 1880 1890 1900 1910 1920 1930 1940 1950 1960 1970 1980 1990 2000 2010 2019

―― 호주   ―― 브라질   ―― 캐나다   ―― 중국   ―― 이집트   ―― 프랑스   ‥‥‥ 독일   ‥‥ 이란

‥‥ 일본   ― ― 한국   ― ― 멕시코   ― ― 스페인   ―‥― 터키   ‥‥‥ 영국   ●●●●●● 미국

출처: UN Population Division, World Bank   © 2022 Zeihan on Geopolitics

과거의 출산율

시간을 일하면 임신할 기회가 줄어들기 때문인 이유도 있다.

출산율이 격감한 두 번째 요인은 여권운동과 산업기술이 만나는 지점에 있다. 바로 피임이다. 산업 혁명 전에는 가장 믿을 만한 피임 방법은 배란기를 잘 따지는 방법이었다. 산업화 덕분에 피임 선택지가 확대되었다. 1845년에 미국 정부는 찰스 굿이어가 출원한 고무 가황처리 특허를 승인했는데,[20] 이 기술로 고무 산업계는 값싸고 믿을 만한 콘돔을 제작하는 길에 들어섰다. 그러한 피임 방법의 발달과 초기 여권운동이 결합하면서 여성의 정치적 경제적 지위는 신장하기 시작했다. 그러나 전체적인 출산율 하락이라는 대가를 치르게 되었다.

우발적으로 출산율을 하락시킨 세 번째 요인은 미국이 제2차 세계대전 후에 구축한 거창한 세계질서라고 하겠다. 도시화 추세는 두 차례 세계대전이 구체제를 와해시키기 전에 이미 한창 진행 중이었지만 자유무역 질서의 구축과 더불어 세계에서 가장 발전한 나라들—특히 서유럽과 일본—은 이제 끊임없는 속도전의 세계에서 살아남아야 하는 부담을 덜게 되었다. 각 나라는 자국이 가장 잘하는 일(아니면 적어도 가장 잘하고 싶은 일)에 집중할 수 있었고, 자유무역 질서가 부여하는 안락한 안보 환경에서 지구 반대편으로부터 식량을 수입하게 되었다.

브레튼우즈 세계화 과정의 속성 자체가 산업화한 세계 전역에서 농업 부문을 축소하면서 출생률이 하락했다. 자유무역 질서 이전의 세계에서는 식량의 대거 수입이 현실적인 선택지인 경우가 드물었다. 정부는 경제적인 동시에 전략적인 계산을 해야 했다.

흐리고 여름이 짧은 기후인 독일의 농업 체제는 그다지 내세울 게 없지만, 1945년 이전의 혼란스러운 유럽 상황에서 독일은 국가의 생존을 위해서는 자국의 척박한 땅에서 있는 힘을 다해 질 낮은 식량이나마 최대한 쥐어 짜내는 수밖에 달리 선택의 여지가 없었다.[21] 영국—오로지 음식 맛이 너무 형편없다는 이유로 음식으로 유명해진 나라—이 다른 길을 선택할 수 있었던 이유는 오로지 섬이기 때문이다. 19세기 말 무렵 대영제국의 체제 덕분에 영국은 유럽에서 멀리 떨어진 식민지들로부터 식량을 구해올 수 있었다. 시기에 따라서 이집트,[22] 남아프리카,[23] 인도,[24] 혹은 오스트레일리아와 뉴질랜드[25]로 바꿔가며 식량을 구해왔다. 이처럼 식량을 구해올 선택지가 많았기 때문에 영국은 산업 혁명의 제조업 측면에 노력을 집중하게 됐을 뿐 아니라 세계를 아우르는 제국으로부터도 이득을 얻었다.

미국이 구축한 자유무역 질서는 이 체제를 완전히 뒤집어놓았다. 세계 안보를 책임지고, 제국을 해체하고, 세계를 무역에 개방하고, 산업 혁명의 농업 기술을 보급하면서, 미국은 본의 아니게 농업을 "세계화"했다. 이제 식량안보를 보장하기 위해서 멀리 있는 농토를 정복할 필요가 없어졌다. 구 제국의 교역망에 소속된 나라는 이제 제국 주인의 필요를 충족시키는 협소한 목적이 아니라 세계수요에 부응하기 위해 생산량을 극대화하게 되었다.

세계화된 세상에서는 기회가 증가했을 뿐만 아니라 규모도 커졌다. 더 많은 자본이 더 많은 지역으로 흘러 들어가면서 농업의 변신을 촉진했다.

규모가 큰 농장일수록 영농 기계화하기가 적합했고 필요한 일손은 점점 줄어드는 동시에 효율성과 생산량은 점점 증가했다. 이러한 농업의 최적화 덕분에 투입재를 구매할 때 더 나은 가격으로 구매하게 되었다. 대규모 농장들은 비료 몇십 포대와 괭이 등을 농장 근처에 있는 가게로부터 구매하지 않고 석유화학제품 회사와 제조사들을 직접 접촉했다. 크기가 아담한 소도시의 존재 명분 자체가 훼손되었다.

세계화는 농촌만 거덜내는 데 그치지 않고, 전 세계에서 규모가 비교적 작은 공동체들을 거덜냈고 사람들을 모조리 주요 도시로 내몰았다. 그리고 이러한 현상은 네브래스카주나 뉴사우스웨일스에서도 일어났지만, 브라질의 세라도나 러시아의 비옥한 흑토 지역 또는 중국의 쌀 곡창지대 같은 지역에서 훨씬 더 강도 높게 진행되었다. 변화가 일어난 장소는 달라도 변화의 성격은 똑같았다. 식량 생산과 유통이 증가했지만, 필요한 노동력은 점점 줄어들었다.

산업 혁명의 시작 국면에서는 산업에서 고용이 창출되었기 때문에 많은 농촌 사람들을 도시로 끌어들였고 농사에 필요한 합성 투입재가 개발되면서 농촌 사람들을 도시로 밀어냈다면, 미국 주도 세계질서가 일으킨 세계적 차원의 경쟁으로 농부들은 자신이 농사짓는 땅에서 쫓겨나 패대기쳐졌다. 그리고 그것도 덩치가 어마어마한 영농기업들이 부상하면서 소규모 농부들을 밀어내거나 정부가 강제로 소규모 농장들을 효율적인 공장식 농장으로 통합하기 전의 얘기다.[26]

그렇게 이 현상은 널리 퍼졌다. 역사가 동튼 이래로 지역 안보가 불안하거나 자본이 넉넉하지 않았던 지역들은 역사상 최초로 하루아침에 세계무역 흐름에 편승해 주요 생산자—심지어 수출 주체—가 되었다. 식량은 질이 좋아지는 동시에 가격이 하락했다. 이러한 현상으로 인해 선진국 진영에서는 전통을 자랑하는 생산자들이 첨단기술을 도입해 산출량을 늘리든가 포기하고 더 잘할 수 있는 일에 집중하든가 선택해야 하는 압력을 받게 되었다. 입맛은 다양해졌다. 대체로 나라는 자국에서 재배하기 힘든 작물을 재배하려는 시도를 포기하고 자국이 재배하기에 적합한 작물 산출량을 급격히 늘렸다. 미국이 자국의 동맹국들 사이에 군사적 갈등을 금지하면서 다음 끼니를 어디서 구할지 걱정하느라 애태울 필요가 없어졌다. 세계 농산물 교역은 폭발적으로 증가했고 국가적 제국적 차원의 자급자족은 파기되었다.

미국이 세계 안보와 경제적 설계도를 변경하면서—아니, 더 정확히 말하자면 미국이 역사상 최초로 진정한 의미에서 세계 안보와 경제적 설계도를 창안하면서—지난 250년 동안 유럽을 규정한 산업화와 도시화 현상은 전 세계로 확대되었다.

세계화의 첫 물결은 미국 주도 세계질서에 합류하는 동맹을 일찌감치 구체화했다. 서유럽, 패전 추축국, 한국, 대만, 싱가포르 등 피보호국들, 그리고 오스트레일리아, 캐나다, 뉴질랜드 등 앵글로색슨이 정착한 국가들이다.[27] 이러한 국가들은 그들보다 앞서 영국과 독일이 그랬듯이 대대적인 발전, 대대적인 도시화, 사망률의 폭락, 수명의 폭증, 인구 폭증, 출산율 폭락을 열거한 순서대로 겪었다. 사실 1965년 이후로 선진국 진영에서 일어난 인구 증가—50퍼센트 이상 증가—는 거의 다 수명연장에서 비롯되었다. 그리고 독일이 영국의 뒤를 이어 인구구조가 더 빨리 더 짧은 기간에 바뀌었듯이, 제2차 세계대전 후 미국 주도 세계질서 첫 국면에 합류한 국가들도 같은 변화를 겪었다.

결국 앞선 이들이 길을 닦아놓은 덕분에 후발주자들은 따르기가 수월했다. 최초로 공장을 가동한 동력은 전기가 아니라 물이었다. 고대에 도시건설에 따르는 제약만큼이나 물을 동력으로 이용할 공장을 지을 입지 선정에도 제약이 많았고, 마찬가지로 이는 공장을 가동할 인력의 필요도 제한했다. 마찬가지로 교체 가능한 부품과 조립공정은 전기가 발명되기 전에 등장했다. 이러한 초기 산업화 기술들 덕분에 그 이전의 제조 관행보다 산출량이 몇 배 증가했을지 모르지만, 여전히 바람, 물, 또는 근력에서 동력을 얻어야 했다. 이 때문에 그러한 기술들이 성공을 부르는 아주 특정한 지리적 여건들에 채택되는 속도와 범위와 장소가 제한되었고, 도시화가 늦어졌다. 그러나 1945년 무렵 독일은 전기만이 살 길임을 증명했다. 갑자기 공장은 아무 데나 세울 수 있게 되었다. 역사 발전에 속도가 붙었다. 영국은 발전하는 길을 개척했을지 모르지만, 뒤따른 우리 모두를 위해 그 길을 탄탄대로로 포장한 주인공은 독일이다.

영국은 변신하는 데 7세대, 독일은 4세대 걸렸지만, 캐나다, 일본, 한국, 이탈리아, 아르헨티나는 2세대 반 만에, 과거 한때 선진국이었던 후발주자들—스페인, 포르투갈, 그리스—은 2세대 만에 변신했다.

얘기는 여기서 끝나지 않는다.

냉전 종식 후 미국은 미국 주도 세계질서에 합류하는 길을 구소련 위성 국가들뿐만 아니라 과거 중립국에도 열어주었다. 그 결과 유럽과 일본이 1950년대와 1960년대에 경제활황을 맛보게 해준 자본, 원자재, 기술에 대한 접근이 무차별적으로 이루어졌는데, 이번에는 훨씬 많은 나라에서 훨씬 많은 인구가 이 세계질서의 과실을 맛보게 되었다.

이제 개발도상 지역 대부분이 산업화, 도시화, 인구구조 변화에 합류했는데, 중국, 인도, 인도네시아, 파키스탄, 브라질, 나이지리아, 방글라데시, 러시아, 멕시코, 필리핀, 베트남, 이집트, 에티오피아, 터키가 이 질서에 합류한 주요 국가들이다. 전기가 산업화 도구에 보태지면서 이 과정에는 속도가 붙었듯이 디지털혁명도 이 과정에 속도를 더하고 있다. 정보는 개개인의 뇌에 갇혀있지 않고 전자기기를 통해 자유롭게 흐르고, 전문지식은 클릭 한 번으로 공유될 수 있었다. 1년이 걸리던 원형 제작 과정은 겨우 몇 주 만에 완성하게 되었다. 지식은 몇 초면 확산했고, 연구 협력은 대륙과 대양을 넘나들며 이루어졌다.

독일이 영국의 뒤를 따라 더 빠른 걸음으로 산업화를 달성했듯이, 일본이 독일 뒤를 따라 한층 더 빨리 뛰다시피 하는 잰 걸음으로 산업화를 달성했듯이, 스페인이 일본보다 더 빨리 뛰어서 산업화를 달성했듯이, 이제 개발도상 지역에서 상대적으로 발전한 나라들—구체적으로 중국, 브라질, 베트남—은 스페인보다 더 빨리 단거리 경주하듯이 뛰어서 산업화를 달성했다.

그리고 이 모두가 아무런 계획 없이 일어난 격렬한 변화였지만, 단순히 작동하는 데 그치지 않고 모든 게 제대로 맞아떨어졌다. 탈냉전시대의 경이로운 점은 전쟁과 기근이 세상에서 거의 사라지는 데 그치지 않고, 서로 다른 속도로 나이들고 확대되는 각국의 인구들이 역사적으로 전례 없는 초고속 경제성장을 위한 완벽한 토대를 마련했다는 사실이다.

대략 1980년부터 2015년까지의 기간에 세계적으로 서로 연결된 나라는 크게 두 부류로 나뉜다.

첫 번째 부류는 인구구조 변화에서 비교적 초기에 놓인 나라들이다. 사망률은 급락하고 수명은 급증하지만, 출산율 하락이 젊은 근로자 수를 재앙의 수준으로 폭락시키는 단계에는 도달하지 않은 나라들이다. 이런 나라는 식탐만 큰 게 아니다. 15세에서 45세 연령층에서 대부분의 소비가 발생한다—자동차와 주택을 구매하고 자녀를 양육하고 학위를 취득하는 연령층이다. 이러한 소비 주도 활동이 경제를 견인하고 이 부류에 속한 나라는 아직 소비할 여력이 있다.

두 번째 부류는 인구구조 변화가 훨씬 더 진행된 나라들이다. 사망률이 여전히 하락하고 수명도 여전히 늘어나고 있지만, 속도는 완화됐다. 이런 나라는 보통 몇십 년 앞서 산업화가 시작되었다. 그러나 출산율 하락 또한 일찍 시작되었고 인구구조에서 아동층이 귀해지는 현상이 분명히 나타난다. 우선 순위가 바뀌었다. 자녀를 덜 낳으면 자녀 양육과 교육에 필요한 재원이 줄어들고, 자동차와 주택에 더 많은 재원을 소비할 수 있다. 중장년층은 더 많은 자본을 확보해 두었으므로 더 많은 돈을 저축하고 투자할 수 있다. 이처럼 고령화하는 사회는 역동성이 떨어지기는커녕 오히려 증가했는데 그 이유는 훨씬 빠른 속도로 기술을 개발하고 활용할 수 있었기 때문이다. 생산성이 폭등하는 한편 생산되는 제품들은 훨씬 정교해졌다. 이런 나라의 문제는 생산한 제품을 소비할 청년층이 부족하다는 점이다.

이 상황에서 미국은 뜻하지 않게 해법을 내놓았다. 미국 주도 세계질서의 핵심은 미국 시장을 모두에게 개방했을 뿐만 아니라 세계 문명의 천장을 안보 보장으로 지탱하겠다고 미국이 약속했다는 점이었다. 이는 인구구조가 고령화하는 나라들—수출주도 경제 국가들—이 세계 어느 소비시장에도 접근하게 해주겠다는 뜻이었다. 소비주도 수출주도 경제국가들은 단순히 생산과 소비를 얼추 균형 맞추는 데 그치지 않았다. 미국이 세계 안보를 보장하면서 명실상부한 세계화 세상이 등장하고 번성했다.

그러나 여기서 당연한 건 아무것도 없다. 세계화는 세계질서를 유지하겠다는 미국의 약속에 항상 의존했고, 1989년 베를린 장벽이 무너진 이후로 이 세계질서는 미국의 전략적 이익에 부합하지 않게 되었다. 미국이 모든 나라를 감시하지 않으면 동아시아나 중동이나 러시아 변방에서 불상사(뭐랄까, 전쟁 같은 사건?)가 일어나 세계질서 체제를 회복 불가능하게 망가뜨리는 건 그저 시간문제였다. 미국이 스스로 세계질서 체제를 무너뜨리지 않는다고 가정하면 말이다.

그러나 미국이 계속해서 세계 문명의 천장을 떠받친다고 해도 세계화의 전성기를 가능케 한 요소들은 이제 지속되기가 불가능했다. 1980년-2015년의 태평성대는 끝났다. 선진국 진영에서는 1960년대에 그리고 개발도상국 진영에서는 1990년대에 폭락하기 시작한 출산율의 하락추세는 이제 수십 년 동안 속도가 붙었다.

급속한 산업화가 초래하는 현상들 가운데는 인구구조 변화의 가속화라는

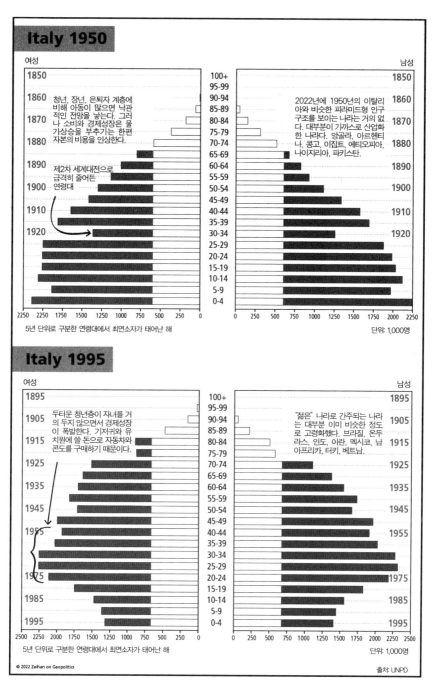

Italy 1950

여성   남성

2022년에 1950년의 이탈리아와 비슷한 피라미드형 인구 구조를 보이는 나라는 거의 없다. 대부분이 가까스로 산업화한 나라다. 앙골라, 아르헨티나, 콩고, 이집트, 에티오피아, 나이지리아, 파키스탄.

청년, 장년, 은퇴자 계층에 비해 아동이 많으면 낙관적인 전망을 낳는다. 그러나 소비와 경제성장은 물가상승을 부추기는 한편 자본의 비용을 인상한다.

제2차 세계대전으로 급격히 줄어든 연령대

5년 단위로 구분한 연령대에서 최연소자가 태어난 해

단위: 1,000명

Italy 1995

여성   남성

두터운 청년층이 자녀를 거의 두지 않으면서 경제성장이 폭발한다. 기저귀와 유치원에 쓸 돈으로 자동차와 콘도를 구매하기 때문이다.

"젊은" 나라로 간주되는 나라는 대부분 이미 비슷한 정도로 고령화했다. 브라질, 온두라스, 인도, 이란, 멕시코, 남아프리카, 터키, 베트남.

5년 단위로 구분한 연령대에서 최연소자가 태어난 해

단위: 1,000명

© 2022 Zeihan on Geopolitics

출처: UNPD

이탈리아 1950/1995

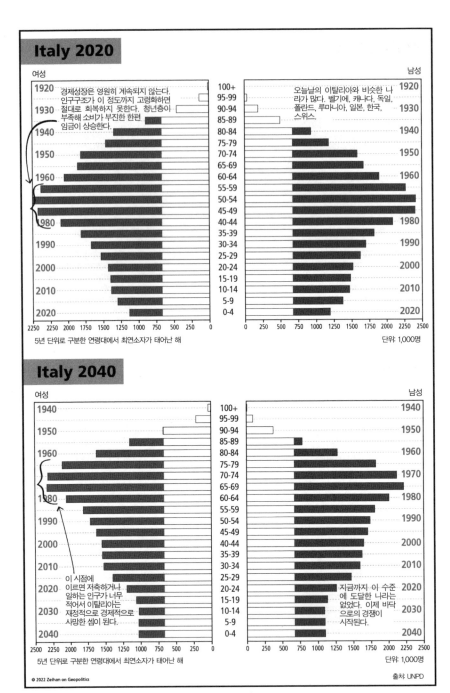

Italy 2020

여성 / 남성

여성 측:
1920 경제성장은 영원히 계속되지 않는다. 인구구조가 이 정도까지 고령화하면 절대로 회복하지 못한다. 청년층이 부족해 소비가 부진한 한편 임금이 상승한다.

남성 측:
오늘날의 이탈리아와 비슷한 나라가 많다. 벨기에, 캐나다, 독일, 폴란드, 루마니아, 일본, 한국, 스위스

연령대 (위에서 아래로): 100+, 95-99, 90-94, 85-89, 80-84, 75-79, 70-74, 65-69, 60-64, 55-59, 50-54, 45-49, 40-44, 35-39, 30-34, 25-29, 20-24, 15-19, 10-14, 5-9, 0-4

여성 연도: 1920, 1930, 1940, 1950, 1960, 1980, 1990, 2000, 2010, 2020
남성 연도: 1920, 1930, 1940, 1950, 1960, 1980, 1990, 2000, 2010, 2020

여성 축: 2250 2250 2000 1750 1500 1250 1000 750 500 250 0
남성 축: 0 250 500 750 1000 1250 1500 1750 2250 2500

5년 단위로 구분한 연령대에서 최연소자가 태어난 해

단위: 1,000명

Italy 2040

여성 / 남성

여성 연도: 1940, 1950, 1960, 1980, 1990, 2000, 2010, 2020, 2030, 2040
남성 연도: 1940, 1950, 1960, 1970, 1980, 1990, 2000, 2010, 2030, 2040

여성 측 (2020 위치):
이 시점에 이르면 저축하거나 일하는 인구가 너무 적어서 이탈리아는 재정적으로 경제적으로 사망한 셈이 된다.

남성 측 (2020 위치):
지금까지 이 수준에 도달한 나라는 없었다. 이제 바닥으로의 경쟁이 시작된다.

여성 축: 2500 2250 2000 1750 1500 1250 1000 750 500 250 0
남성 축: 0 250 500 750 1000 1250 1500 1750 2000 2250 2500

5년 단위로 구분한 연령대에서 최연소자가 태어난 해

단위: 1,000명

© 2022 Zeihan on Geopolitics

출처: UNPD

이탈리아 2020/2040

문제가 있는데, 이는 산업화 초기에는 간과되지만, 세월이 흐르면서 두드러지게 된다. 1700년 영국 여성은 평균 4.6명의 자녀를 두었다. 이는 1800년의 독일 여성이나 1900년 이탈리아 여성이나 1960년 한국 여성이나 1970년대 초 중국 여성이 둔 평균 자녀의 수다. 이제 이러한 나라는 하나도 빠짐없이 평균 1.8명 이하의 출산율을 보이고 있으며 대부분 이보다도 훨씬 낮다.[28] 2030년 무렵이면 방글라데시 여성도 이 대열에 합류할 가능성이 크다.

여기서 인구구조 변화의 또 다른 측면이 나타난다.

산업화에 수반되는 경제성장 사례에서 예외 없이 나타나는 핵심 요인은 경제성장은 대부분 인구 증가에서 비롯된다는 사실이다. 대부분 간과하는 점은 산업화 겸 도시화 과정에는 추가로 한 단계가 더 있다는 사실이다. 사망률 감소는 인구 증가로 이어져서 출산율 하락에서 비롯되는 인구 감소 효과를 상쇄하고도 남는다. 하지만 상쇄 효과는 길어야 20-30년 정도 지속된다. 수명 연장에서 얻는 이득은 결국 소진되고, 인구 규모가 커지지만, 자녀는 덜 낳게 된다. 어제 줄어든 자녀의 수는 오늘 청년 근로자의 감소로 이어지고 이는 다시 내일 장년층 인력의 부족으로 이어진다. 그리고 이제, 마침내, 그 내일이 닥쳤다.

2020년대에는 출산율이 단순히 하락하는 데 그치지 않는다. 너무나도 오랫동안 낮은 출산율이 계속되어왔기 때문에, 청년층이 탄탄한 인구구조를 보이는 나라조차도 이제—자녀를 둘 연령층인—젊은 성인이 모자라다. 안 그래도 수가 적은 20-30대 연령층이 30-40대에 접어들면서 출산율은 오래전부터 계속되어온 하락추세를 계속 이어가는 데 그치지 않고 붕괴한다. 그리고 일단 아동층보다 노년층이 두터운 인구구조를 보이게 되면 그다음 처참한 상황이 불가피해진다. 바로 인구구조의 붕괴다. 그리고 이 과정에 들어서는 나라는 예외 없이 이미 젊은 성인들이 동났고, 절대로 인구구조를 회복하지 못한다.[29]

설상가상으로 영국이 도시화의 길에 들어선 이후로 농촌에서 도시로 완전히 변모하는 속도가 더 빨라졌듯이, 아동층이 두터운 인구구조에서 노령층이 두터운 인구구조로의 전환 속도도 빨라진다. 전면에서 인구구조의 변화와 성장에 가속도가 붙은 한편 후면에서는 인구구조의 붕괴에 가속도가 붙는다.

이러한 현상이 단기간에 걸쳐 압축적으로 나타나면서 인구구조 붕괴의 쓰나미를 맞게 되는 나라는 중국이다.

리처드 닉슨 미국 대통령이 1972년 중국의 마오쩌둥을 방문하기 전까지 중국의 기나긴 역사는 대체로 산업화 이전의 상태에 머물렀다. 닉슨은 이 방문을 시작으로 붉은 중국이 소련에 등 돌리게 하는 데 성공하게 된다. 중국이 미국과 손을 잡으면서 얻은 대가는 분명하다. 미국 주도의 세계질서에 편입하게 되었다. 8억에 달하는 중국인들이 산업화의 길에 들어섰는데, 이즈음 산업화의 길은 이제 새로 개척한 오솔길이 아니라 다인용 차량의 두 개 전용 차선을 포함해 14차선 초고속 도로로 변해 있었다. 앞서간 이들이 구축한 산업화 유형을 좇은 중국의 사망률은 4분의 3이 폭락했고 중국 인구는 그만큼 확대되었다. 앞서간 모든 나라들과 마찬가지로 중국도 1970년대에 8억에서 2021년에 14억으로 인구가 폭증했다.[30]

세계 많은 이들이 위협으로 여기는 현상—경제력, 군사력, 인구 증가 측면에서 중국의 급속한 부상—은 200년 이상 걸리는 경제적 인구 구조적 변신이 40년 만에 단기속성으로 일어나면서 중국 인구뿐만 아니라 중국 사회와 세계 무역패턴이 완전히 바뀐 결과일 뿐이다. 어떤 식으로 계산을 해봐도 2022년 현재 중국은 인류 역사상 가장 빠른 속도로 고령화하는 사회다. 중국의 인구 성장 이야기는 끝났다. 1990년대에 출산율이 인구 대체율 이하로 떨어졌을 때 이미 인구 성장은 막을 내렸다. 기존의 인구 수준을 유지하는 데 필요한 인구 대체율은 여성 한 명당 자녀 2.1명이다. 2022년 초 현재 중국이 부분적으로만 공개한 2011-2020 인구조사 자료에 따르면, 중국의 출산율은 기껏해야 1.3명으로 인류 역사를 통틀어 그 어느 나라보다도 낮은 축에 속한다. 중국의 인구는 이제 팽창할 때만큼이나 빠른 속도로 감소하고 있고 한 세대 안에 인구구조가 완전히 붕괴할 게 분명하다. 중국은 정말로 놀라운 나라다. 대부분이 주장하는 그런 이유와는 다른 이유로. 중국은 한 사람의 일생에 해당하는 기간 안에 산업화 이전의 부와 건강 수준에서 산업화 이후의 인구구조 붕괴로 직행하게 된다. 그렇게 되기까지 몇 년 안 남았다.

중국 혼자만 겪는 현상도 아니다. 영국에서부터 독일, 러시아, 북서부 유럽, 일본, 한국, 캐나다, 스페인에 이르기까지 산업화 과정에서 나타난 시차적 속성은 시간이 갈수록 속도가 빨라지는 속성과 복합적으로 작용해 세계 인구는 대부분 거의 같은 시기에 인구가 대거 은퇴하고 뒤이어 인구구조 붕괴에 직면하게 된다. 세계 인구구조는 20년에서 40년 전에 이미 돌이킬 수 없는 지점을 지났다. 2020년대는 인구구조가 모두 붕괴하는 10년이 된다.

중국, 러시아, 일본, 독일, 이탈리아, 한국, 우크라이나, 캐나다, 말레이시아, 대만, 루마니아, 네덜란드, 벨기에, 오스트리아 등 각양각색의 나라들이 직면한 문제는 인구가 고령화해서 인구구조가 붕괴하는 시기가 언제일지가 아니다. 모조리 2020년대에 근로 연령층이 대거 은퇴하게 된다. 인구를 대체하는 시늉이라도 할 만한 청년층이 있는 나라는 단 하나도 없다. 하나같이 시한부 인구구조를 보이게 된다. 진짜 관건은 얼마나 빨리 어떤 식으로 사회가 붕괴할지다. 그리고 조용히 꺼질지 아니면 꺼져가는 불을 살려보겠다고 몸부림칠지가 관건이다.

그들의 뒤를—빠른 속도로—바짝 추격하는 나라들도 있다. 출산율이 더 빠르게 감소하고 따라서 2030년대와 2040년대에 그들과 비슷하게 인구해체에 직면할 나라들이다. 브라질, 스페인, 태국, 폴란드, 오스트레일리아, 쿠바, 그리스, 포르투갈, 헝가리, 스위스가 그런 나라들이다.

좀 더 먼 미래로 가보면 2050년대에는 출산율 폭락을 좀 더 늦게 겪었고 따라서 현재의 20대와 30대를 설득해 자녀를 넉넉히 두도록 만들어서 인구 붕괴를 모면할 기회가 있을지도 모르는 나라들이 인구구조 붕괴에 직면하게 된다. 뒤늦게 출산율 붕괴를 겪게 됐지만, 그 정도가 너무 심각해서 인구회복의 전망이 밝지는 않은 나라들이다. 방글라데시, 인도, 인도네시아, 멕시코, 베트남, 이란, 터키, 모로코, 우즈베키스탄, 사우디아라비아, 칠레, 체코공화국이 그런 나라들이다.

그다음 타자들—중남미나 사하라사막 이남 아프리카나 중동에서도 상대적으로 더 빈곤한 나라들—은 상황이 더욱 심각하다. 이들의 인구구조는 비교적 젊지만—훨씬 더 젊지만—그렇다고 더 나은 처지는 아니다. 경제적 건전성과 인구의 건전성은 인구의 수와 연령 이상으로 의미가 있기 때문이다.

이 나라들 대부분은 이러저러한 원자재를 수출하는 채취산업 중심의 경제로서, 원자재 수출로 벌어들인 외화는 식량이나 소비재 또는 둘 다를 수입해 인구를 부양하는 데 쓴다. 여러모로 이들은 산업화 과정에서 나타나는 현상을 일부—가장 두드러진 현상이 사망률 하락, 안정적인 식량 공급, 도시화 증가, 인구 증가—겪기는 했지만, 발전을 촉진하는 현상—교육 수준의 향상, 근대화한 국가, 부가가치 경제 체제, 사회적 진보, 산업발달, 기술 성과—은 겪지 못했다.

안전하고 세계화한 세상에서 그 같은 조합의 경제모델은 원자재를 수출하고 판매대금을 회수하는 한 절뚝거리며 앞으로 나아갈 수 있지만, 세계가 쪼개지고 교역이 심각하게 제약되면 그 나라 국민은 국가의 전면적인 붕괴보다더 심각한 문제에 직면하게 된다. 이러한 나라들에서는 국민이 나라 바깥 먼지역에서 일어나는 변화에 취약해진다. 사망률을 낮추고 생활 수준을 향상한 산업화 기술을 무위로 돌릴 수는 없지만, 교역 체제가 붕괴하면 이러한 기술을 확보하지 못하게 된다. 이러한 나라들은 원자재의 수출이나 소득, 상품의 유입에 차질을 빚을 불상사가 발생하면 나라 전체가 붕괴하면서 대대적인 규모로 심각한 기근을 겪게 된다. 경제발전, 삶의 질, 장수, 건강, 인구팽창 등은 모조리 세계화의 변덕에 좌우된다. 아니, 이 경우에는, 탈세계화라고 하는게 적절하다.

06

섬뜩한 단어 습득하기

이제 약간 덜 이론적으로 가보자.

나는 콜로라도 산악지대 해발 7,500피트 시골에 산다. 눈은 겨울에만 내리는 게 아니라 일상이다. 처음 이곳으로 이주했을 때 이렇게 생각했다. "자아실현? 새 출발? 새 보금자리? 새로운 '너'? 그렇다면 새로운 나에 걸맞은 몸을 만들자!" 나는 거의 날마다 하이킹을 시작했고, 눈이 내리면 더 악착같이 하이킹을 했다. 그리고 삽을 하나 장만했다.

달랑 삽 하나를.

내가 태어나서 한 가장 멍청한 짓이었다.

한 달 뒤 나는 휘발유로 구동하는 제설기 토로(Toro)를 한 대 장만했다. 20시간 넘게 걸려 거의 앓아누울 정도로 고된 시련이 이제 2시간도 채 안 걸리는 귀찮은 일로 바뀌었다.

그 20여 시간은 내 집 자동차 진입로와 보도에 쌓인 눈을 치우는 데만 걸린 시간이다. 내 집 주위만 치우는 데 걸린 시간이란 뜻이다. 내 집 자동차 진입로에서 산기슭까지는 거리가 2마일 정도이고 덴버 도시가 있는 하일랜드 플레인즈(Highland Plains)까지는 굽이치는 협곡을 따라 추가로 7.5마일을 가야 한다. 그 길을 따라 삽질하려면 날 샌다. 휘발유로 구동하는 제설기가 없으면 7,500피트 위에 있는 내 집은 지어지지도 않았을 뿐만 아니라 이론상으로라도 유지관리하기조차 불가능하다.[31]

이제 덴버에 도달했다. 한때 아메리카의 거대한 사막지대라는 적절한 이름으로 불렸던, 로키산맥 동쪽에 자리 잡은 도시다. 중서부의 습한 저지대에서 서쪽으로 갈수록 고도가 점점 높아지고 기후는 건조해진다. 덴버는 로키산맥의 프론트 레인지(Front Range) 동쪽 측면에 위치하므로 비그늘을 벗어나지 못하기 때문에 연중 강수량이 7.5인치에도 못 미친다. 고도가 높아서 그나마 내리는 비도 금방 증발한다. 해발 5,000피트 이상의 고지대에 위치해서 "마일 하이(mile high)"라고 불리는 덴버는 습도가 너무 낮아서 눈이 조금 내리면 녹기는커녕 곧바로 수증기로 변한다. 콜로라도 인구의 대략 4분의 3이 북미 대륙을 둘로 나누는 로키산맥 동쪽의 이와 비슷한 조건에서 살고 있지만, 콜로라도에 내리는 강수량의 대략 4분의 3은 로키산맥 서쪽에 내린다.

덴버—콜로라도—는 이 문제에 두 가지 방법으로 대처한다. 첫째, 온 사방에 댐을 건설했다. 덴버처럼 프론트 레인지의 동쪽 가장자리에 있는 도시를 지도로 보면 하나 같이 호수가 있다. 여기도 저기도 호수 천지다. 그런데 사실은 호수가 아니다. 봄에 눈이 녹아 쏟아지는 물을 최대한 가두기 위해 설계된 저수지다. 콜로라도의 도시지역은 본래의 지형을 바꾸어서 최대한 오랫동안 단 한 방울의 물이라도 더 저장하도록 만들었다.

그런데 그것만으로는 충분치 않기 때문에 두 번째 방법을 쓴다. 로키산맥에 터널을 뚫어서 콜로라도주 서쪽의 수원과 동쪽의 인구를 연결한다. 현재 이런 거대한 수원 경로변경 시설은 20여 개가 넘는다. 단 한 방울도 남김없이 저장해 연간 250억 갤런 남짓한 양의 물을 운반하기 때문에 포트 콜린스, 에스테스 파크, 그릴리, 볼더, 콜로라도 스프링스, 푸에블로, 덴버 광역지대가 존재할 수 있다. 콜로라도주의 농업 부문 전체가 이러한 수원에 전적으로 의존한다는 사실은 말할 나위도 없고.

이러한 물 관리 시설을 구축하고 유지하는 데 필요한 기술이 없다면 프론트 레인지에 있는 도시들이 지탱할 수 있는 최대 인구는 오늘날의 450만 명에서 대략 그 10분의 1로 폭락한다.

이와 비슷한 사연은 세계에서 인구 규모가 상당한 지역 대부분에서 발견된다. 어쩌면 이는 때로는 기간시설 문제고, 때로는 기후 문제고, 자원이나 식량, 안보의 문제인 경우도 있다. 그러나 결국 결론은 마찬가지다. 무슨 이유에서든 상품과 서비스와 에너지와 식량의 원활한 유통이 중단되면 인구와 정치적 경제적 지형은 변하게 된다.

탈세계화 시대에는 미국처럼 거대하고 여러 가지 자원이 풍부한 나라는 자국 내에서 상품을 이리저리 운반해 사회가 제대로 작동하게 만든다. 나는 (오하이오산 강철과 켄터키산 알루미늄과 텍사스산 플라스틱으로 설치된 통신망을 이용해) 재택근무하는 내 집으로 이어지는 (오클라호마산 아스팔트를 깐) 자동차 진입로에 쌓인 눈을 말끔히 치우는 데 필요한 (미네소타에서 제조한) 내 제설기를 작동시킬 (콜로라도산 원유를 콜로라도에서 정유해 만든) 휘발유를 구하지 못할지도 모른다는 걱정은 전혀 하지 않는다.

이 정도로 확보 가능한 품목이 다양하고 도달 범위가 넓고 접근하기 쉽고 선택의 여지가 많은 곳은 과거에 몇 군데 없었다. 대부분 지역이 눈을 치우는 "단순한" 물건에 상응하는 뭔가를 구하려면 세계화에—종종 전적으로—의존해야 했다. 석유가 없다면 상하이가 어떤 모습일지, 강철이 없는 베를린, 식량이 없는 리야드가 어떤 모습일지 상상해보라. 탈세계화로 세계가 그저 더 어둡고 더 가난해지는 데 그치지 않는다. 그 이상으로 훨씬 심각한 결과를 초래한다.

와해다.

이러한 와해가 어떤 모습을 띠게 될지 가늠케 해주는 상당히 심란하고 심란할 정도로 설득력 있는 두 가지 사례가 현재 이 세상에 존재한다. 짐바브웨와 베네수엘라다. 두 나라 모두 자국의 수출 주력 상품 생산—짐바브웨는 식량, 베네수엘라는 석유와 석유제품—역량을 파괴하는 능력은 타의 추종을 불허한다. 그 결과 재원이 극도로 부족해져서 수입 역량이 거의 붕괴했다.

짐바브웨의 경우, 10년 넘게 마이너스 경제성장을 하고 미국의 대공황 때보다 더 심각한 결과를 초래하면서 국민 대다수가 자급자족하는 농부로 전락했다. 베네수엘라도 그다지 운이 좋지 않았다. 베네수엘라는 경제가 붕괴하기 전부터 이미 식량의 3분의 2 이상을 수입했다. 베네수엘라 산유량이 작물 파종할 연료도 모자랄 만큼 폭락한 결과 서반구 역사상 최악의 기근에 시달리게 되었다.

이러한 사례들을 가볍게 여기면 안 된다. 이러한 상황을 설명하는 데 적합한 단어는 "탈세계화"도 아니고 "탈산업화"조차도 아니고 "탈문명화"다.

인류 문명에 대해 우리가 알고 있는 모든 것은 조직화라는 단순한 개념이 토대다. 정부가 "이웃을 살해하지 말라" 같은 기본적인 규칙들을 제시하고 나면 사람들은 알아서 제 할 일을 한다. 가정을 꾸리고, 식량을 재배하고, 도구들을 뚝딱뚝딱 만들어낸다. 사람들은 교역을 시작한다. 그러면 농부는 밀가루를 빻을 필요가 없고 대장장이는 직접 식량을 재배하지 않아도 된다. 이러한 분업화로 우리는—농사든, 제분소든, 대장간이든—자기가 선택한 분야에 집중해 생산성을 높이게 된다. 이런 사회는 점점 부유해지고 점점 팽창한다. 경작지가 늘고 인구가 증가하고 분업이 더욱 세분화하고 상호교류가 활발해지고 역내 교역량이 늘고 규모의 경제가 심화한다.

이러한 유형은 문명이 동튼 이후로 점진적으로 발전했지만, 종종 단순히 후퇴하는 데 그치지 않고 붕괴를 겪기도 했다. 제국은 흥망성쇠를 겪었고 제국이 몰락할 때면 그 제국이 이룬 진전도 함께 몰락했다. 미국 주도 세계질서는 게임의 규칙을 바꾸는 데서 그치지 않았다. 질서를 제도화했다. 그리고 제도화된 질서는 다시 산업화와 도시화를 곳곳에 확산시켰다. 이로 인해 세계 인구구조는 아동이 많은 구조에서 청년층과 성숙한 근로 연령층이 많은 구조로 바뀌면서 인류가 일찍이 겪어본 적이 없는 지속적인 소비와 활발한 투자가 이루어졌다. 안보가 보장되고 자본과 에너지와 식량 공급이 원활해지면서 6000년 동안 이어진 부침(浮沈)은 중단 없는 전진으로 대체되었다.

미국 주도의 질서와 이러한 마법 같은 인구구조 변화의 시대에 우리는 너무나도 분업화되고 기술은 너무나도 발달해서, 한때 반드시 익혀야 했던 일들에 완전히 젬병이 되었다. 정규직 일자리를 유지하는 동시에 직접 전기를 생산하거나 식량을 생산하는 게 가능한가. 이 모두를 가능케 하는 것은 연속성이라는 개념이다. 오늘날 우리가 누리는 안전과 안보는 내일도 여전히 유지되고 우리는 우리 삶을 이러한 체제에 안심하고 맡길 수 있다. 정부가 내일 붕괴한다고 여러분이 확신한다면 여러분 상사가 고집하는, 알아보기 쉽게 색깔별로 문서를 구분하는 사소한 일에 신경 쓰기보다는 채소를 장기간 깡통에 저장하는 방법을 터득하는 데 시간을 투자할지 모른다.

노동이 극도로 분업화되는 현상은 이제 흔한 일이고 무역은 너무 복잡해져서 경제는 (대출심사관, 알루미늄 사출성형 전문가, 창고 기획 자문, 모래연마기 전문가 등) 특화된 각 분야가 더욱 세분화해 분업화된 경제를 뒷받침한다. 이러한 분업화는 개인에게만 국한되지 않는다. 나라도 특화한다. 대만은 반도체, 브라질은 대두, 쿠웨이트는 석유, 독일은 기계에 특화한다. 문명화 과정은 궁극적으로 최적의 절정을 향해 치달아왔다.

그러나 "최적"은 "당연"과 같지 않다. 이 시대—미국이 안보 설계를 다시 한 때부터 역사적으로 전례 없는 인구구조에 이르기까지—에 관한 것은 하나같이 인위적이다. 그리고 이 시대는 무너지고 있다.

인구구조 붕괴와 세계화 붕괴의 수렁을 들여다보고 있는 나라는 각기 나름의 방식으로 쇠락하겠지만 한 가지 공통점이 있다. 상호교류가 줄면 접근이 줄고 소득이 줄고 규모의 경제가 축소되고 노동 분업화가 줄고 그러면 다시 상호교류가 준다. 부족해지면 사람들—그리고 나라들—은 자기 필요부터 충족시킨다. 연속성과 노동 분업화가 주는 부가가치의 장점들은 사라진다. 모두가 효율성이 저하되고 생산성이 떨어진다. 그렇게 되면 뭐든 덜 생산하게 된다. 전자제품뿐만 아니라 전기도, 자동차뿐만 아니라 휘발유도, 비료뿐만 아니라 식량도 덜 생산하게 된다. 부분들은 총합보다 적다. 그리고 이런 현상은 증폭된다. 전기가 부족하면 제조업이 거덜 난다. 식량이 부족하면 인구가 거덜 난다. 인구가 줄면 특화된 노동력이 필요한 것은 무엇이든 유지하기가 어려워진다. 말하자면, 도로 건설이나 전력망이나 식량 생산 같은 일 말이다.

이게 바로 "탈문명화"란 무엇인지 보여준다. 붕괴에 붕괴를 거듭하면서 그 효과가 증폭되어 근대 세계가 제대로 작동하게 만든 토대를 훼손하는 데 그치지 않고 파괴해버리는 현상이다. 미국 주도의 세계질서가 구축되기 전에 문명을 구축할 만한 명당자리는 그리 많지 않았다. 그 질서가 무너진 후에 문명을 유지할 지리적 여건도 그리 많지 않다.

멕시코 같은 나라는 미국에 엮여 있기 때문에 아시아에서 수입한 부품이 없어도 산업시설을 구축하고 버텨나갈 수 있다. 하지만 한국 같은 나라가 원유와 철광과 식량 수입과 자국 상품 수출에 필요한 시장에 접근하지 못하게 될 때 직면할 난관은 멕시코 같은 나라가 직면할 난관과는 차원이 다르다.

무엇보다도 후발도상국 진영은 다른 지역들이 지탱하는 문명에 전적으로 의존하고 있다는 게 가장 심각한 문제다. 짐바브웨와 베네수엘라는 탈문명화의 길을 스스로 선택한 사례들이다. 대부분은 자국이 다른 대륙이나 머나먼 지역에서 일어나는 사태를 장악하기는커녕 그런 사태에 영향을 미칠 엄두도 내지 못하는 처지이면서도 그러한 사태들의 영향으로 인해 원하지 않아도 탈문명화를 겪게 된다. 어느 정도 고난을 겪을 브라질, 독일, 중국 같은 나라들조차도 볼리비아나 카자흐스탄이나 콩고공화국에서 수입하는 원자재 수요가 줄어서 그들보다 취약한 나라들이 기본적인 근대성 유지에 필요한 상품을 수입하는 데 필요한 수입원을 잃게 된다. 그리고 브라질이나 독일이나 중국 같은 부류의 나라들이 겪게 될 고난도 온건한 정도를 훨씬 넘어선다.

점점 암울해지는 이런 상황에서 희망적인 면이 없지는 않으나 몇 가지 안 된다. 출산율 폭락을 모면하는 동시에 높은 수준의 발전을 해온 나라가 극소수 있기는 하다. 정말 몇 나라 안 된다. 미국, 프랑스, 아르헨티나, 스웨덴, 뉴질랜드다. 이게 다다. 정치적 상황이 허락하고, 모두가 선의를 품고, 미국과 프랑스와 아르헨티나와 스웨덴과 뉴질랜드가 자국의 이익보다 세계가 필요한 것을 우선한다고 해도, 인류 전체의 인구구조가 변하는 그 엄청난 사태로 인해 그들이 모두 힘을 합쳐도 새로운 세계적 체제를 지탱할 충분한 토대가 되지 못한다.

여러모로—교육, 부, 건강에서 특히 두드러지게—세계화는 축복이었지만 결코 영원히 계속되지는 않을 현상이었다. 여러분과 여러분의 부모가(그리고 경우에 따라 조부모도) 당연하게 여긴 바람직한 삶의 방식—즉, 지난 70여 년 동안 누린 삶의 방식은 전략적인 측면에서도 인구 구조적 측면에서도 인간이 처한 여건에 있어서 역사적으로 이례적인 사건이었다. 1980년부터 2015년까지의 기간은 특히 인류 역사상 아주 독특하고 이례적인 축복받은 시기였다. 그 시기는 이제 끝났다. 그리고 그런 시기는 이제 우리 살아생전에 절대로 다시 오지 않는다.

그런데 그 정도는 비보(悲報) 축에도 들지 않는다.

07

덧셈 시대의 종언

원양항해 시대의 막이 오르기 전 삶이 고단하던 시절에 인간이 도달한 최고치는 그리 높지 않았다. 통치 체제는 대부분 제국과 봉건주의의 혼합형이었다.

도달 범위가 문제였다.

명당자리에 위치해 제국의 중심을 구축하고 자국의 부를 이용해 군사적 경제적으로 팽창해 다른 방대한 영토를 장악한 세력은 드물다. 이러한 중심지들은 이따금 기술을 혁신하거나 채택해 역내 힘의 균형을 바꾸고 더 많은 영토를 차지하기도 한다. 로마는 도로를 닦아 여기저기 신속하게 군대를 파견했다. 몽골은 철로 박차를 만들었고 몽골 기마 전사들이 세계를 모조리 싹쓸이했다.

그러나 이러한 기술들은 경쟁자의 손에 들어가지 못하게 막을 방법이 없으므로 그 기술을 보유한 세력이 일시적으로 점한 우위는 사라졌다. 그리고 물론 다른 세력에 점령당하고 싶은 세력은 거의 없으므로, 누구나 앞다퉈 기존의 기술에 맞설 기술을 개발하거나 채택하려고 했다. 한니발은 코끼리를 길들여 로마가 보유한 핵심 영토의 허를 찔렀다. 폴란드인들은 나무로 만든 성채 위에서 바지 속 물건을 꺼내 쥐고 몽골 기마병이 접근하는 방향으로 대충 조준해 소변을 갈겼다. 비유하자면 그렇다는 얘기다. (취약한 목조 성채 때문에 몽골의 1차, 2차 침공에서 막대한 피해를 본 폴란드는 몽골의 3차 침공에 앞서 목조 성채를 돌이나 벽돌로 바꾸어 몽골 기마병이 침입하기 어렵게 만들고 접근하는 몽골 약탈자들을 향해 석궁을 쏘거나 투석기로 돌을 날려 퇴치했다—옮긴이)

큰 그림은 이런데 그리 정확하지는 않다. 아니, 적어도 완성도가 그리 높지는 않다. 조직화의 측면에서 말하자면 제국 팽창은 절대로 흔히 일어나지 않았다. 우리는 이처럼 기술에 맞서는 새로운 기술의 등장을 역사로 알고 있다. 그러나 제국 팽창의 성공사례 못지않게 제국이 몰락한 사례도 많고 한순간도 빛을 보지 못한 수많은 영토가 있다.

작은 그림은 정말로 아주 작다.

지역 차원에서 삶은 그처럼 극적이지 않았다. 사람들은 대부분 허리가 휠 정도로 고되게 농사를 지어야 겨우 입에 풀칠 할 수 있는 농노였다. 농노들의 안전은 전적으로 지역 영주와의 관계가 결정했다. 이 영주들은 요새화된 도읍지를 통치했고, 약탈자나 소규모 군대가 침입하면 농노들은 겁에 질려 성곽 안으로 피신해 약탈자들이 떠날 때까지 꼼짝하지 않았다. 이같이 봉건영주들은 농노들의 안전을 지켜주는 대가로 농노에게 세금을 징수하고 식량과 노동력을 징발했다.[32] 농노는 보통 여분의 식량으로 세금을 냈으므로, 영주들은 자기들끼리 물물교환할 만큼 차별화된 상품들이 많지 않았다. 대규모 상호교류나 교육이나 발전이나 개발을 촉진하는 체제가 아니었다. 큰 변화는 일어나지 않았다. 결코.

제국과 봉건, 이 두 체제가 작동하는 경제 원리는 참담하지만 비슷하다. 봉건주의는 간단히 말해서 서로 안전을 교환하는 체제다. 영주는 농노를 보호해주고 농노는 자기 삶을 영주에게 바친다. 그게 전부다. 제국 체제도 크게 다르지 않다. 이렇다 할 규모의 "교역"은 제국의 경계 안에서만 이루어졌다. 새로운 상품에 접근하려면 새로운 지역을 정복해 팽창하는 방법뿐이었다. 우위를 점해도 일시적일 뿐이라 결국은 제국 중심지는 제국의 군대로 통치하는 지역의 안전을 보장해주고 통치받는 지역은 제국에 충성하는, 안전과 충성을 교환하는 방식으로 귀결되었다.

나눌 파이가 그리 크지 않았다. 커지기는 했지만 매우 더뎠다. 오히려 작아지는 경우도 빈번했다. 전부에 접근 가능한 이는 아무도 없었고 지리적 여건이 교역을 크게 제약했다. 인류는 눅진하고 부서진 파이 조각을 차지하려고 서로 아귀다툼했다.

그러더니—역사적으로 말해서—갑자기 완전히 바뀌었다.

15세기에 접어들어 콜럼버스가 이끄는 탐험대가 세계를 서로 연결하는 연쇄반응을 촉발했다. 원양항해 기술 덕분에 처음에는 스페인과 포르투갈이, 뒤이어 영국이, 그리고 모두가 바다와 접한 지역이라면 어디든 도달해 서로 교류하게 되었다. 제국은 여전히 존재했지만, 제국의 경제적 기반은 변했다. 거의 어디든 도달할 수 있고 거의 어떤 상품이든 손에 넣을 수 있게 되었기 때문이다. 이제 규모가 커진 체제에서 폭넓은 경제적 기반이 마련되자 지역과 봉건 체제를 뒷받침한 경제는 붕괴했다. 제국이 전쟁하려면 더 많은 군인이 필요했다. 제국의 경제적 팽창으로 더 많은 일손이 필요했다. 제국의 교역으로 새로운 산업들이 탄생했다. 이 모든 변화에서 패자는 단연 봉건영주였다. 농노에게 거의 입에 풀칠하는 수준의 자급자족 삶 말고는 제공할 게 없는 영주들 말이다.

수십 년의 세월이 흐르고 수 세기가 지나면서 기대치가 변했다. 경제가 바뀌었기 때문이다. 파이는 이제 하나가 아니었고 크기가 그대로 머물지도 않았다. 파이가 성장했다. 멈추지 않고 성장했다. 그리고, 무엇보다도, 그게 바로 우리가 알고 있는 세상이다.

상품의 종류가 늘고, 참여자도 늘고, 시장의 규모도 커지고, 수도 늘었다.

운송이 쉬워졌고 서로 연결되는 지역들도 늘었다. 무역이 활발해지고 많은 자본이 창출되었다. 기술도 다양해지고 통합이 깊어졌다. 곳곳에 돈이 흘러 들어갔다. 뭐든 더 많아지고 더 커졌고, 더 커지고 더 많아졌다.

뭐든 늘어나고 많아지는 세상이었다.

콜럼버스가 망망대해를 항해한 이후로 인간의 경제는 덧셈의 개념이 규정했다. 더하기라는 개념, 더하기를 합리적으로 기대할 수 있는 환경에서 변화를 거듭한 세계는 결국 원양항해 기술 이전의 제국 체제와 봉건 체제의 낡은 경제를 무너뜨렸다. 새로운 상품과 시장과 참여자들이 등장하고 부가 창출되고 상호교류가 활발해지고 서로 의존하게 되고 팽창하면서 이러한 새로운 관계를 관리할 새로운 방법이 필요했다. 인류는 새로운 경제모델을 개발했다. 가장 성공적이고 오래 지속된 모델은 기업과 정부가 융합된 파시즘, 통제경제인 공산주의, 사회주의, 그리고 자본주의였다. 이러한 체제들—이념들—사이의 경쟁이 인류 역사에서 지난 몇 세기를 규정해왔다.

이 모든 경제 모델들의 핵심은 분배 체제다. 누가 무엇을 언제 어떻게 소유하는지를 결정하는 일 말이다.

- 자본주의는 미국인 대부분이 가장 익히 알고 있는 모델이다. 정부는 간섭을 최소화하고 결정을—특히 소비와 생산, 공급과 수요, 기술과 소통을—민간인과 기업에 맡겨야 한다는 개념이다. 자본주의는 미국의 경제 기준이지만 미국인이 세계에서 유일한 자본주의자는 결코 아니다. 일본, 오스트레일리아, 스위스, 멕시코, 대만, 레바논, 발트해 연안 국가들도 모두 나름대로 해석한 자본주의 체제를 갖추고 있다.
- 사회주의는 (유럽에서는) 규범이거나, (미국의 정치적 우익에게는) 적이다. 그런데 사회주의 체제에서 기업과 정부와 국민의 협력과 갈등 관계가 끊임없이 변한다. 그러나 진정으로 사회주의적 구조의 핵심 개념은 정부가 경제 체제와 불가분의 관계라는 점이다. 정부가 어느 정도나 중심적인 역할을 할

지 그리고 정부가 권력을 이용해 얼마나 사회에 간섭하고 사회를 유지해야 할지에 대해서 의견이 갈리지만 말이다. 아마도 캐나다와 독일이 오늘날 잘 운영되는 사회주의 체제의 가장 좋은 본보기지 싶다. 이탈리아, 브라질, 남아프리카 유형의 사회주의는 좀 다듬을 필요가 있다.[33]

- 통제경제인 공산주의는 사회주의를 어처구니없이 극단적인 수준으로 몰고 간 체제다. 자본주의가 민간부문과 국민에게 결정하도록 맡기는 것들을 모조리 정부가 결정하는, 정부가 유일한 결정의 주체라는 개념이다. 민간의 선택을—그리고 민간부문 자체를—없애면 정부가 추구하는 목표가 무엇이든 상관없이 그 목표를 달성하기 위해 정부가 전권을 휘두른다. 소련이 통제경제인 공산주의를 도입한 가장 규모가 크고 가장 성공한 나라지만, 이를 본뜬 유형들이 정치 엘리트 계층이 유달리 권위적인 많은 지역에서 우후죽순 등장했다. 냉전 시대 초창기 한국은 상당히 폐쇄된 통제경제 체제로서 대단히 잘 굴러갔다. 정치적으로는 강력한 "반공주의"였지만 말이다.[34]

- 정부와 기업이 융합된 파시즘은 사람들이 그다지 깊이 생각해보지 않은 체제다. 여기서는 기업의 지도력과 국가의 지도력이 융합된다. 궁극적으로 정부가 결정을 내리고 기업들을 조율해서 정부가 추구하는 목표를 달성하는 데 봉사하도록 하지만, 핵심은 "조율"이다. 기업은 정부와 연관되고 정부의 지시를 받지만, 정부가 운영하지는 않는 게 원칙이다. 제대로 작동하는 파시즘 경제에서는 정부가 민간부문을 차출해서 정부가 추진하는 거창한 목표, 예컨대, 아우토반을 건설하거나 유대인을 말살하는 일을 추구할 수 있다. 그러나 대개 경우 일상적인 경영은 기업에 맡긴다. 허틀러 치하의 독일이 근대에 정부와 기업이 융합된 파시즘 체제의 대표적인 사례이고, 냉전 시대 말기에 한국은 몇십 년 동안 파시즘 체제였다가 자본주의/사회주의로 방향을 틀었다. 오늘날 "공산주의" 중국은 공산주의와는 거리가 있고, 사회주의보다는 파시즘을 훨씬 닮았다. 아랍의 봄 이후의 이집트도 마찬가지다.

이러한 모델마다 각기 나름의 장단점이 있다. 자본주의는 평등을 희생하더라도 경제적 기술적 성장을 극대화한다. 사회주의는 포용적이고 평화로운 사회를 위해 성장을 희생한다. 통제경제인 공산주의는 역동성을 포기하는 대신 안정과 집중적인 성취를 목표로 삼는다. 정부와 기업이 융합하는 파시즘은 성장이나 역동성을 희생하지 않고 국가의 목표를 달성하려고 하지만 국민의 의지를 묵살하는 대단히 폭력적인 국가이며, 기가 막힐 정도로 부패가 만연하며, 여차하면 국가가 학살을 뒷받침하므로 국민은 공포에 떨면서 살아야 한다. 자본주의와 사회주의는 대체로 민주정체와 민주정체에 수반하는 온갖 정치적 잡음, 혼돈과 양립할 수 있다. 통제경제인 공산주의와 정부와 기업이 융합된 파시즘은 정치적으로 훨씬 잠잠하다.

그러나 우리가 최근 수 세기 동안 발전시키고 최근 수십 년 동안 정교하게 다듬은 이 모든 이념이 지닌 공통점이 한 가지 있다. 우리가 사는 세계가 머지않아 잃게 되는 것을 지녔다는 점이다. 그것은 바로 덧셈의 경제다.

지정학은 제2차 세계대전 후, 특히 탈냉전시대의 경제활황이 인위적이고 일시적인 현상임을 말해준다. "정상" 상태로 돌아가려면 뺄셈을 해야 한다. 보태기보다는 빼야 한다. 인구구조를 보면 대량소비가 견인하는 경제의 수치와 물량은 이미 절정에 도달했다. 2019년에는 역사상 최초로 지구상에 5세 이하의 연령층보다 65세 이상의 연령층이 더 많아졌다. 2030년 무렵이면 은퇴 연령층은 5세 이하 연령층과 비교해 두 배가 된다.

미국의 안보 보장 없이도 경제발전이 가능한, 그만하면 명당이라 할 만한 지리적 여건을 갖춘 거의 모든 나라가 이미 선진국이 되었다. 그리고 거의 모두가 수십 년 동안 인구가 돌이킬 수 없이 감소되어왔다. 거의 모두가 이제 인구가 고령화해 급격히 축소되고 있다.

한편, 미국의 안보 보장이 필요한, 바람직한 지리적 여건을 갖추지 못한 나라들은 이제 기회를 놓쳤다. 최근 몇십 년 동안 미국의 보호를 받으며 발전한 나라들은 인구구조도 무너지고 지정학의 작동을 막은 안전장치도 사라지고 있다.

지정학과 인구구조를 복합적으로 고려해보면 앞으로는 대량소비 체제는 없다는 사실을 깨닫게 된다. 설상가상으로 세계 경제라는 파이는 크기만 줄어드는 데 그치지 않고 산산조각이 나서 뿔뿔이 흩어진다. 미국이 수수방관하기 때문에.

여러분이 사는 동네를 한번 떠올려보라. 공산품과 식량과 에너지 등 필요한 것은 모조리 자급자족해야 한다면 어떻게 될까? 여러분이 상하이든 도쿄든 런던이든 시카고든 그 어디에 살든 현재의 삶을 영위하기는 불가능하다. 미국 주도 세계질서는 세계 대부분 지역을 하나의 "마을(town)"로 묶고 그 안에서 우리는 모두—아보카도 수확이든 금형이든 부타디엔 가스 정화든 플래시 드라이브 조립이든 풍력터빈 가설이든, 요가 강습이든—각자 자기가 잘하는 일에 특화했다. 그리고 우리는 우리가 잘하는 일을 해 얻은 소득으로 우리 능력으로 마련하지 못하는 재화와 용역을 구매했다. 완벽하지는 않지만, 인류 역사상 가장 큰 기술적 진전을 이루었고 우리 대부분이 디지털시대에 진입하게 되었으며, 날로 높아지는 교육 수준에 대해 날로 높아지는 수요를 창출했다.

그러나 이 가운데 그 어느 것도 "정상적인" 세계가 낳은 당연한 결과는 아니다. 오히려 미국이 구축한 안보와 무역 질서가 낳은 인위적인 결과다. 세계 평화가 유지되지 않으면 세계는 작아진다. 좀 더 정확히 말하자면, 하나의 커다란 세계가 몇 개의 작은 세계들로 쪼개진다(그리고 쪼개진 세계들은 서로 툭하면 반목하게 된다).

단도직입적으로 말하면, 기존의 이념들은 앞으로 닥칠 난관들을 관리할 역량이 턱없이 부족하다.

- 자본주의는 성장하지 않으면 대대적인 불평등이 발생한다. 이미 정치적 연줄이 있고 부를 축적한 이들이 점점 크기가 작아지는 파이에서 점점 큰 몫

을 차지하기 위해 체제를 조종하기 때문이다. 그 결과 사회적으로 분노가 폭발하는 방향으로 치닫게 된다. 수많은 사례 가운데 대표적인 세 가지 사례가 대공황 때 미국에서 일어난 무정부주의 운동, 과거의 중공업 지대 (Steel Belt)가 탈산업화하면서 녹슨 러스트 벨트(Rust Belt)로 추락하고 이에 분노한 이 지역 주민들이 도널드 트럼프를 지지하게 된 현상, 그리고 레바논 내전으로 사회가 총체적으로 붕괴한 사건이다.

- 사회주의의 미래는 더 암울하다. 사회주의는 파이가 작아질 때는 고사하고 커질 때조차 자본주의 수준의 성장을 창출하기가 불가능하다. 사회주의는 경제적 평등을 보존할 수 있을지는 모르나, 그 경제모델을 보존할 가능성은 희박하다. 적어도 엘리트 계층이 어떻게든 난관을 헤쳐나갈 가능성은 있는 자본주의와는 달리, 사회주의에서는 해마다 하나같이 눈에 띄게 곤궁해진다. 대중 봉기와 국가의 분열이라는 결말이 처음부터 근본적으로 내재된 체제다.

- 정부와 기업이 융합된 파시즘은 경제 운영의 대부분을 대기업에 외주줌으로써 선택지를 제시해준다고 할지 모르지만, 궁극적으로 이 체제도 자본주의와 사회주의가 직면한 문제와 똑같은 문제—권력이 기업에 집중되면서 비롯되는 불평등, 파이가 줄어들면서 날이 갈수록 악화하는 경기침체—에 직면하게 되고 여전히 지휘 감독하는 주체는 정부이므로 머지않아 책임 소재 규명은 책임추궁과 단죄로 이어진다.

- 마지막으로 통제경제 공산주의가 남았다. 통탄할 일이지만 네 가지 모델 가운데 생존 개연성이 가장 높은지도 모르겠다. 만사를 통제하는 조지 오웰의 『1984』 식의 선동적인 독재 체제가 국민의 의사표시를 무자비하게 억압하기만 한다면 말이다. 물론 여전히 우리가 알고 있는, 그 모델이 지닌 통상적인 결함들은 모조리 여전히 간직한 채로 말이다. 이 체제는 통제경제를 운영하는 주체가 미래에 승자가 될 기술과 앞으로 필요하게 될 재화를 정확히 예측하고 그런 재화를 만드는 데 필요한 투입재를 어떻게 확보할지 정확히

파악해야만 작동한다. 단 한 번도 틀리지 않고 매번.

지금 단순히 인구구조 변화로 인한 경제 붕괴를 논하는 게 아니다. 지난 500년의 경제 역사가 종말을 맞고 있다는 뜻이다.

현재로서는 앞으로 퇴화할 세계에서 작동할지도 모르는 기존의 경제모델은 두 가지뿐이다. 둘 다 매우 구닥다리다.

첫째는 과거에 존재했던 그대로의 제국주의다. 이 모델이 작동하려면 해당 국가는 군사력이 있어야 한다. 특히 대규모 수륙양동 공격 역량을 갖춘 막강한 해군력이 필요하다. 군사 원정으로 영토와 그 영토 거주자들을 정복하고 정복한 영토와 주민을 마음대로 착취한다. 정복한 주민들에게 강제로 물건을 만들게 하고, 정복지의 원자재를 거덜 내고, 정복한 주민에게 제국의 상품만 사도록 강매(強賣)한다. 대영제국이 전성기에 이러한 수법에 가장 능했지만, 솔직히 말해서 콜럼버스 탐험 시대 이후로 나라 이름에 "제국"이라는 단어를 쓴 여느 정치체도 다 그랬다. 이게 노예주가 노예를 강제로 이주시키고 법적인 권리를 박탈한 노예제도처럼 들린다면 제대로 짚었다.

두 번째는 중상주의라 일컫는 체제다. 그대의 소비자 기반에 그 누구든 어떤 상품이든 수출할 역량을 엄격히 제약하는 한편 그대가 생산한 상품이면 무엇이든 닥치는 대로 아무 목구멍에든 강제로 쑤셔 넣는 경제 체제다. 이러한 강매를 통해 강매당하는 지역의 생산 역량을 초토화해서 표적으로 삼은 시장이 장기적으로 그대에게 의존하게 만드는 2차 목표를 달성한다. 제국 시대 프랑스가 중상주의를 십분 활용했지만, 신흥 산업국도 마찬가지였다. 영국은 1800년대 초 독일에 과잉생산품을 처분했고 독일도 1800년대 말 자국의 손이 닿는 나라에 똑같은 짓을 했다. 중상주의는 대체로 2000년대와 2010년대에 (그것도 미국의 전략적 보호하에서) 중국이 실행한 기본적인 국가 경제 정책이라고 할 수 있다.

근본적으로 이 두 가지 모델은 경제적 혼란이 초래할 고통을 침략자에게서 침략당한 자에게로 전가해 침략 국가가 다른 나라의 등골을 빼먹을 목적으로 실행한다. 두 모델 모두 빈곤하고 폭력적이고 분열된 세계에서 이론적으로는 작동하기가 가능할지 모른다. 그러나 이 둘을 합한 제국주의적 중상주의 형태는 한 가지 매우 중요한 치명적인 문제를 안고 있다.

무기는 남아돌고 군인은 모자란다.

과거 제국주의(그리고 중상주의) 시대에 영국(또는 독일, 프랑스, 네덜란드, 벨기에, 일본, 포르투갈, 스페인, 아르헨티나 등등)이 해외로 원정 갈 때는 최고의 군사기술이라고 해봐야 기껏해야 창과 칼이 전부인 지역을 침략하느라 총과 대포로 무장하고 갔다. 새 정복자에게 저항하면 어떤 결말을 맞는지 지역 주민 몇 명만 본보기 삼으면 곧 지역 주민들은 시키는 대로 하는 게 신상에 좋다는 판단을 내렸다(그런 판단을 내릴 수 있을 정도로 오래 살아남는다면 말이다). 그같이 명백한 기술적 우위를 지닌 점령 세력은 소규모의 원정군으로도 현지를 장악할 수 있었다. 가장 대표적인 사례가 아마 영국이 인도를 통치한 방식이다. 영국은 남아시아 식민지에서 인구가 2억 명이 넘는 지역에 보통 5만 명보다 (훨씬) 적은 수의 군대—때로는 1만 명 이하 규모의 군대—를 주둔시켰다. 점령군 대 점령지 인구의 비율이 높은 경우가 군인 1명당 주민 4,000명이었는데, 이는 내 고향 아이오와주 마셜타운 인구가 미국 미시시피강 서쪽 인구 전체를 점령한 비율과 맞먹는다.

한쪽은 산업화하고 다른 한쪽은 산업화하지 않았던 시대에는 그 같은 수적 불균형이 효과를 발휘할 수 있다. 그러나 인도인들이 기술적으로 훨씬 발전하면서 영국이 장악력을 유지할 수 있다는 주장에 대해 그들은 눈살을 찌푸리다가 머지않아 펄펄 뛰며 흥분하는 반응으로 바뀌었다. 인도인들이 영국을 인도에서 쫓아내는 건 시간문제이자 정치적 의지의 문제였다.[35]

오늘날 상대적으로 훨씬 산업화한(그리고 무장이 잘 된) 나라들이 분명히 있지만, 19세기처럼 산업화 진영과 산업화 이전인 진영 간의 현격한 차이는 이제 존재하지 않는다. (산업화 진영의 선두주자인) 미국이 (거의 꼴찌에 가까운)

아프가니스탄에서 얼마나 고전을 면치 못했는지 보라. 총과 철도와 아스팔트와 전기와 컴퓨터와 전화기 제조기술이 탁월하지 않아도 총과 철도와 아스팔트와 전기와 컴퓨터와 전화기를 쓸 수 있다.

2022년 이후의 세계에서 해외에 제국을 유지할 역량이 있는 나라는 다음 세 가지를 갖춘 나라들 뿐이다. 문화적 우월감, 효과적으로 저항할 능력이 없는 지역에 힘을 투사할 역량을 갖춘 군사력, 그리고 아주 아주 아주 아주 많은 청년이다.

제2차 세계대전 끝에 오로지 미국만이 이 요건들을 모두 갖추게 되었다. 1800년대와 1900년대 초 미국이 기술적, 지리적, 인구 구조적, 경제적으로 부상했다면, 1945년 총성이 잦아들자 미국은 기술적, 지리적, 인구 구조적, 경제적 우위에 군사적 전략적 수적 우위까지 누리게 되었다. 그런데도 미국은 정복한 지역을 점령하지 않았다—잠재적 점령지 주민들이 미국을 해방군으로 여기고 환영했는데도 말이다. 오늘날 우리는 인구구조의 붕괴에 가속도가 붙은 세계에 살고 있다. 인구구조에서 청년층이 두텁고 비용효율적이고 자국 바깥으로 진출해 꾸준히 힘을 투사할 역량을 갖춘 나라는 없다.

가장 효과적인 방법은 기껏해야 원양항해 이전 시대에 특정 지역의 맹주가 써먹었던 가장 무례한 방식—직접적인 위협이나 정복, 혹은 직접 위협하고 정복하는 방식—으로 지배하는 길뿐이다. 그렇게 해도 성공할 나라는 찾아보기 어렵다. 프랑스나 터키 말고는. 이 두 나라는 인구구조가 안정적이고 산업 기반이 튼튼하며 미래에 이 두 나라가 새로 식민지 삼을 가능성이 있는 나라들보다 기술적으로 대단히 우월하다.[36] 그 외에는 숫자 경쟁인데, 노력에 상응하는 결과를 얻기는 고사하고 이론상으로라도 숫자 경쟁에 참여할 역량이 있는 나라는 드물다. 내가 여기서 가능한 경제모델을 논하는 이유는 여러분을 우울하게 만들고 싶어서도 아니고(내 생각에는 그것도 아주 합당한 교훈이긴 하나), 어떤 결과가 가장 개연성이 있는지 파악하려는 의도도 아니다.

그보다는 두 가지 결과를 강조하기 위해서이다.

첫째, 모조리 바뀌게 된다. 세계에서 어떤 새로운 경제 체제 혹은 복수의 체제들이 전개되든 오늘날의 우리가 가능하다고 인식하는 체제일 가능성은 희박하다. 앞으로 우리는 훨씬 많은 자본이 필요하지만(은퇴 계층은 자본을 스펀지처럼 빨아들인다), 훨씬 적은 자본을 보유하게 된다(근로자 수가 줄면 납세자 수도 준다).

경제성장과 기술발전(둘 다 투입재로서 자본이 필요하다)이 멈춘다. 그뿐만이 아니다. 자본주의와 파시즘 등등의 경제 모델들이—공급, 수요, 생산, 자본, 노동력, 부채, 희소성, 물류—균형을 유지하거나 관리하기 위해 설계된 것이 모조리 변형한다기보다 인류라는 종으로서 말 그대로 결코 경험해본 적이 없는 완전히 새로운 형태로 진화한다. 우리는 전략적, 정치적, 경제적, 기술적, 인구 구조적, 문화적 규범들이 모조리 동시에 유동적인 상태에 놓이는, 극적인 변신의 시대에 진입하고 있다. 물론 이를 관리하는 체제도 바뀐다.

둘째, 이 과정은 정신적 충격이라는 단어의 정의를 그대로 구현한다. 덧셈의 개념은 수 세기 동안 인류라는 종이 나아갈 길을 비추는 등댓불이었다. 어찌 보면 세계화가 진행된 지난 70년은 "덧셈"의 원리가 뿅 맞은 시기였다. 오래전부터 소중히 여겨온 경제에 대한 이해도가 급격히 상승한 시기였다. 인구구조가 역전되고 세계화가 종말을 맞는 가운데 오랜 세월 동안 우리가 경험해온 덧셈의 원리가 작동을 멈추는 데 그치지 않고 뺄셈이라는 끔찍한 신세계가 시작되고 있다. 르네상스 시대 이후로 인류의 경제적 실존을 규정해온 모든 게 동시에 해체되면서 우리는 경제적 자유낙하에 직면하고 있다.

세계질서가 붕괴하고 세계적으로 인구구조가 역전되는 가운데 기존의 규칙들은 작동하지 않게 되고, 수십 년 걸려 새로운 규칙을 찾아낸다고 해도 그 규칙이 작동하리라는 보장도 없다. 기존의 체제가 붕괴하는 속도와 방식은 나라마다 천차만별이고 자국의 장단점과 문화와 지리적 여건을 고려한 접근 방식으로 이러한 자극에 반응하게 된다. 새로운 이념을 개발한다고 해도 시간적 여유를 두고 통제된 여건하에서 이루어지지도 않는다. 인구구조와 지정학적 붕괴와 동시에 일어난다.

첫 번째 시도에서 적당한 규칙을 만들지도 못한다. 모두가 똑같은 길을 선택하지도 않는다. 똑같은 목적지에 도달하지도 않는다. 현존하는 네 가지 경제모델을 구축하는 데 수 세기가 걸렸다. 이 과정은 예측 가능하지도 않고 정적이고 직선적으로 진행하는 과정도 아니다. 인류가 새로운 경제모델의 필요성을 대두시킨 요인들과 씨름하게 된 가장 최근의 사건이 첫 번째 세계화의 물결을 수반한 산업 혁명이었다. 당시 우리는 어느 체제가 최고일지를 두고 치열하게 논쟁했다. 전투도 하고 전쟁도 치르고 대규모 세계대전도 겪었다. 대부분이 냉전이 아니라 열전이었다.

역사는 우여곡절이 있고 파란만장하다.

08

엉망진창인 모델들

이쯤 되면 이제 전부들 술이 고플지 모르겠다. 그런 심경을 달래기 위해 성공은 어떤 모습을 할지 한두 가지 사례를 살펴보자. 한동안 우리는 앞으로 우리가 겪게 될 경험 같은 건 전혀 해본 적이 없었다. 인구 구조적 지정학적 현실 때문에 이러한 변화를 상대적으로 일찍 겪게 된 나라들이 있다. 우리에게 시사하는 바가 있는 한두 지역이 있다. 귀감이 될 수도 있고 반면교사가 될 수도 있다.

다음 두 가지 사례를 살펴보자.

성공사례로서의 러시아

러시아는 뭘 하든 항상 자국 나름의 독특한 방식으로 한다. 과거에도 그랬고 지금도 그렇다. 하지만 러시아가 가장 먼저 산업화한 국가에 속한다는 사실은 부인할 수 없다. 러시아는 영국 뒤를 이어 독일과 비슷한 시기에 산업화했다. 1800년대 초부터 오늘날까지의 유럽의 역사는 사실상 러시아와 독일의 인구구조와 산업화가 얽히고설키며 만들어낸 사연이다.[37]

그러나 독일은 미국 주도의 세계질서에 합류해 부가가치산업에서 대약진하고 산업화 경제를 수출지향적 기술 전문 구조로 바꾸었다면, 소련은 이 질서가 겨냥한 표적이었으므로 그런 혜택은 누리지 못했다. 대신 소련은 통제경제인 공산주의의 길을 택했다. 러시아는 군사 부문을 제외하고 미국이 주도하는 세계의 기술적 역동성을 따라잡을 수 없었다. 몇 년이 몇십 년으로 이어지면서 소련 경제는 정교함의 측면에서 정체되었고, 1960년대와 1970년대에 일어난 경제성장은 거의 다 기술과 생산성 향상이 아니라 근로 연령 인구의 팽창에서 비롯되었다. 투입재가 증가하면 산출량도 증가하는 법이다.

소련이 장기간에 걸쳐 꾸준히 제 기능을 하려면 소련 인구가 계속 증가해야 하는데, 그건 러시아에는 해당 사항이 아니었다. 두 차례 세계대전으로 초토화하고 스탈린의 도시화와 집산화 정책의 부작용에다가 흐루쇼프의 전방위적인 실정, 그리고 브레즈네프 하에서 조직적인 정체를 겪으면서 소련은 근로 연령층을 충분히 새로 양산하지 않게 되었다. 1980년 무렵 인구 충원은 이미 고갈되고 있었다. 그러더니 마침내 거덜 났다. 소련이 붕괴하면서 러시아는 경제적, 문화적, 정치적, 전략적—그리고 인구 구조적—충격을 겪었다. 1986년부터 1994년까지의 기간 동안 출산율은 반 토막 났고 사망률은 거의 두 배가 되었다. 오늘날 러시아는 인구구조가 붕괴하는 동시에 탈산업화도 진행되고 있다.

암담하다고? 맞다. 하지만 러시아는 아마도 산업화 진영에서 최상의 사례로 손꼽힐지 모른다. 러시아는 자국을 공격하려고 마음먹을 그 누구라도 공격을 감행하기 전에 멈칫하고 (수십 차례) 다시 생각하게 만들 핵무기를 넉넉하게 보유하고 있을 뿐만 아니라 자급자족할 식량과 에너지도 충분하다. 무역이 제한되고 자본이 쪼들리는 세계에서 비교적 충분한 식량과 에너지와 전기가 있는 데다가 전략적 깊이도 있으면 상당히 절박한 상황을 잘 버텨낼 수 있다.

곱게 늙어가는 일본

일본은 인구구조 붕괴의 길에 들어선 지 50년이 넘었다. 제2차 세계대전 이후로 급격한 도시화는 일상이 되었고 도쿄 도처에 있는 콘도는 대가족은 고사하고 핵가족을 꾸리기도 어려울 만큼 공간이 협소하다. 고령화 과정은 너무 깊이 뿌리를 내려서 해마다 고독사한 후 시체가 썩는 냄새가 날 때까지 아무도 모르는 일본인이 3만여 명에 달한다. 이 때문에 악취제거는 필수다. 일본은 이미 1990년대에 인구구조에서 돌이킬 수 없는 지점을 지났지만, 일본 정부와 재계는 포기하고 운명을 받아들이지 않고 인구구조의 약점—그리고 장점—을 반영한 다양한 방식으로 살길을 모색했다.

일본 기업은 일본의 인구구조가 엉망이라는 사실과 국내에서 대량생산을 하는 데 필요한 청년층이 이제 존재하지 않는다는 사실을 깨달았으며, 다른 시장에 상품을 덤핑하는 행위는 다소 무례한 행위로 간주했다. 그래서 일본은 새로운 방식을 택했다. 바로 생산시설 이전이다.

일본 기업은 산업생산시설을 대부분 다른 나라들로 이전해 해당 지역에서 풍부한 역내 노동력을 이용해 상품을 생산하고 그 상품을 해당 지역 시장에서 판매했다. 거기서 올린 매출에서 비롯된 소득 일부를 일본으로 보내 (날이 갈수록 고령화하는) 일본 국민을 부양했다. 설계와 기술과 고도의 정교한 제조업—비교적 성숙한 고숙련 기술 노동력이 할 수 있는 그런 종류의 일—은 일본에 그대로 두었지만, 제조업 공급사슬에서 그 나머지는 거의 전부 일본 국경 밖으로 옮겼다. 일본은 1980년대에 시대 정서를 읽었다. 일본은 안보를 보장해주는 미국이 자국 시장에 상품을 덤핑하는 행위를 질색한다는 사실을 깨닫고 수십 년에 걸쳐 일본이 겨냥한 시장 내에서 상품을 제조하는 노력을 기울이기 시작했다. 특히 "상품을 판매하는 지역에 공장을 지어라"라는 개념은 도요타의 새로운 기업 정신이 되었다.

이 새로운 산업 모델 덕분에 일본은 어느 정도 곱게 나이들 수 있었다. 그러나 분명히 몇 가지 문제가 있다.

첫째, 일본 경제는 성장을 멈췄다. 물가상승률을 반영한 수치로 볼 때, 일본 경제는 1995년에 비해 2015년에 그 규모가 줄었다. 자국 인구가 물건을 만들고 스스로 소비하지 못하게 되면 일부 목표를 수정해야 한다. 성장이 멈춘 세계에서는 자국 경제 규모를 능가하는 경제적 성공을 거둔다고 해도 크게 성장했다고 하기 어렵다.

둘째, 일본이 선택한 길의 재현 가능성은 매우 희박하다. 1980년-2019년 사이에 일본이 겪은 현상은 여러모로 독특했다.

- 일본의 탈성장 체제로의 전환은 미국이 안보를 철통같이 지켜주는 가운데 일어났다. 일본은 자국의 영토 안보를 걱정할 필요가 전혀 없었다. 이제 미국의 무관심으로 대부분 나라는 미국의 안보 보장을 기대할 수 없게 된다.
- 일본 기업은 해외에서 심각한 안보 위협에 직면하지 않았다. 탈냉전시대 환경에서 이제 우리는 모두 친구라는 정서가 퍼졌기 때문이기도 하고 미국이 그 어떤 안보 위협도 부상하지 못하게 막았기 때문이기도 하다. 미국이 세계에서 손을 떼면 이 세계 대부분—세계 교역로의 대부분—지역은 일본의 경제발전을 가능케 한 철통같은 안보 보장을 박탈당하게 된다.
- 일본의 변신은 일본 기업들이 세계 여러 소비시장, 특히 미국 시장에 접근하고 있을 때 일어났다. 일본은 인구가 고령화하는 상황 외에도 미국의 정치 체제가 급격히 고립적 성향으로 돌아서고 세계무역에 개방적인 태도를 유지하지 않게 되는 환경에도 처하게 된다. 미국은 자국 소비시장에 상품을 덤핑하도록 개방적인 세계를 계속 유지하지 않을 게 분명하다.

- 일본은 전환 초기에 대단히 부유했다. 1980년대 말 일본의 1인당 GDP는 미국에 맞먹었다. 일본은 해외에 그 모든 산업시설을 지을 돈이 필요했고, 일본은 자비로 그 돈을 충당했고, 그럴 역량도 있었다. 일본의 인구구조가 바뀌는 중이었지 아직 바뀌지는 않았기 때문이다. 일본이 제조시설을 해외로 이전하기 시작한 1990년대 당시만 해도 아직 한 20년 정도 쓸 만한 인력이 있었다. 오늘날 부의 측면에서 일본처럼 유리한 출발점에서 시작할 수 있다고 주장할 나라는 극히 드물고, 10년 이상 지속될 조세 기반이나 노동력 역량을 갖춘 나라는 하나도 없다.
- 일본은 인구의 98퍼센트가 일본인으로서 세계에서 가장 동질적이다. 이러한 결속력 덕분에 다민족으로 구성된 인구였다면 대대적인 격변을 촉발했을 경제적 사회적 변화를 비교적 순탄하게 넘겼다.
- 일본은 방어하기가 쉽다. 여러 개의 섬으로 이루어진 일본은 침략을 당한 적이 없다. 미국조차도 일본 본토를 정복하기가 엄두가 나지 않아서 대대적인 인명 손실을 각오하고 해병대를 보내는 대신 히로시마와 나가사키에 핵폭탄을 투하하는 방법을 택했다. 요점은, 미국이 지켜주지 않는 세계에서도 일본은 그럭저럭 스스로 방어할 수 있고 일본 해군은 자국을 방어하기에 적합한 규모라는 뜻이다.
- 마지막으로, 인구구조와 관련된 문제에 있어서 한결같이 가장 중요한 자산을 일본은 쥐고 있었다. 바로 시간이다. 경제적 변신은 하룻밤 사이에 일어나지 않는다. 1989년 주식과 부동산 시장이 붕괴하면서 기존의 일본 경제모델이 무너진 시점부터 일본은 새롭게 변신해 안정을 찾을 때까지 30년이라는 시간이 있었다.

일본 모델처럼 산업시설의 해외 이전을 시도할 만한 숙련기술 인력과 자본을 보유한 나라는 극히 드물다. 덴마크, 네덜란드, 영국, 싱가포르, 한국, 대만 정도다. 이 목록에 이름을 올린 유럽 국가는 약간만 미국이 도와주거나 인구구조가 비교적 안정적인 프랑스와 손을 잡으면 자국 안보는 지킬 역량이 될지 모른다. 아시아 국가의 경우 일본에 자국의 안보를 기대는 수밖에 없을지 모른다.

그러나 산업시설을 해외로 이전하는 문제에 관한 한 모든 나라가 하나같이 도박을 걸어야 한다. 유럽연합의 핵심적인 창립회원국들로 구성된 서유럽은 2000년대에 유럽연합 회원으로 받아들인 중부 유럽 국가를 상대로 이 전략을 시도했다. 하지만 중부 유럽 국가의 평균 연령은 서유럽 국가보다 더 빨리 고령화하고 있으므로 이 전략은 2020년대에 저절로 무너진다. 아시아의 네 마리 호랑이는 동남아시아 국가로 시설을 이전할 가능성이 있고 실제로 일부 이미 이전한 사례도 있다. 그러나 외부로부터의 상당한 도움 없이 다른 나라와 그런 관계를 유지할 만한 군사 역량을 갖춘 나라는 하나도 없다. 미국을 제외하고 비교적 건전한 인구구조를 지닌 그 어떤 나라도 경제와 안보의 경쟁자, 혹은 경제나 안보의 경쟁자일 가능성이 크므로 시설 투자 목적지로 선택하는 게 현명치 않은 결정일 공산이 크다.

새로운 체제로의 전환은 항상 고통을 수반하고 세계 대부분 지역은 성공적으로 변신하지 못하게 된다. 2016년 이 책의 핵심적인 개념들을 이리저리 다듬는 작업에 착수했을 당시 나는 15년 정도 시간이 있을 줄 알았다. 15년은 500년 역사를 뒤엎기에는 어처구니없이 짧은 시간이지만, 그래도 시간이 전혀 없는 것보다는 낫다. 그런데, 2020년에 접어든 지 몇 주 만에 느닷없이, 비극적으로, 처참하게, 모든 희망이 사라졌다.

꺼져, 코로나바이러스

코로나바이러스 팬데믹은 우리의 삶을 앗아가는 데 그치지 않고 앞으로 닥칠 인구구조 붕괴에 대비하기 위해 그 무엇보다도 중요한 것을 앗아갔다. 지구상에서 그 누구도 더 많이 만들어내지 못하는 것을 앗아갔다.

바로 시간이다.

2019년 11월, 세계가 신종 코로나바이러스 2019—COVID 19, 또는 간단히 COVID—로 알려지게 된 병원균이 중국 허베이성에 퍼지기 시작했다. 체면을 목숨보다 소중히 여기는 지역 당국은 감염률이 증가한다는 보도를 막았다. 수많은 각급 정부가 셀 수 없이 여러 번 수만 가지 다양한 방식으로 위기관리에 실패하는 창의력을 발휘했지만, 한 지역의 보건 문제를 세계적인 팬데믹으로 변모시킨 장본인은 바로 정보를 억압하기로 한 이 중국 정부 당국의 첫 번째 판단이었다. COVID는 홍역 이후로 일반 국민 사이로 침투한 가장 전염성이 강한 질병이고 COVID로 인한 사망률은 다섯 배다. 이 글을 쓰는 현재(2022년 2월), 세계적으로 3억 명 이상이 COVID 감염 진단을 받았고, 600만 명이 숨졌다.[38]

COVID는 거의 전적으로 호흡을 통해서 퍼지는데, 경제적 관점에서 보면 이는 더할 나위 없이 해롭다. HIV는 콘돔으로 예방할 수 있다. 암은 전염되지 않는다. 심장병은 대체로 생활방식에서 비롯된다. 파상풍에 걸리려면 철조망을 껴안고 뒹굴어야 한다. 하지만 숨만 쉬어도 건강을 파괴하는 질병에 걸리거나 그 병을 전염시킬 수 있다면 문제가 심각하다. 사람들은 실내에서 산다. 거래는 대부분 실내에서 이루어진다. 음식도 대부분 실내에서 먹는다. 대중교통수단은 대부분 창문을 닫은 채로 운행된다. COVID는 인간이 존재하는 모든 차원을 파고들어 위협했다.

호흡기 질환에 대처하는 효과적인 방법은 접촉을 제한하는 방법뿐이다. 마스크도 도움이 되지만 격리가 더 효과적이다. COVID 사태를 완화하려는 노력으로 모조리 폐쇄하지는 않았지만, 경제는 연속해서 끊임없이 강타당했다.

그처럼 쉽게 전파되는 병원균으로 수많은 문제가 발생했지만, 이 책 내용과 관련해서 네 가지가 두드러진다.

첫째, 사람들 간의 접촉을 줄이고 자제하면 경제활동도 줄이고 자제하게 된다. 이를 전문용어로 불경기라고 한다. 2020년 8월 무렵 불경기는 일회성 침체가 아니라 집단면역에 도달할 때까지 계속되리라는 게 분명해졌다. 2021년 10월 무렵, 당시에 만연하던 델타 변이를 앓고 난 후 얻은 면역반응의 감염 방지 효과가 천차만별이라는 사실을 깨달았고, 무엇보다도 그러한 감염 방지 효과는 겨우 몇 주 동안 지속된다는 사실도 깨달았다. 예방접종이 유일한 합리적인 방법이라는 결론에 도달했다.[39] 다행스럽게도 2020년 12월 다양한 백신이 출시되었지만, 백신접종을 주저하는 이들이 생기고 백신 제조가 한계에 부딪히면서 2021년 선진국 진영 대부분이 집단 감염을 예방하는 데 필요한 인구 90퍼센트 접종 목표에 도달하지 못했고, 새로운 변이가 계속 발생해 방역 "성공"의 목표를 계속 수정했다.

둘째, 경제적 "일상"의 속성 자체가 거덜 났다. 세계 30위권에 드는 경제국가가 하나같이 사회의 각종 시설을 폐쇄하고 일상을 제약했다. 직접적인 경기침체만 해도 끔찍한데 일상을 제약하면서 사람들이 소비하는 상품 구성이 변했다. 서비스 소비는 줄고 상품 소비는 늘고 전자제품과 구체적으로 컴퓨터 관련 상품 같은 특정한 종류의 상품 소비가 늘었다. 시설봉쇄와 재개를 거듭할 때마다 우리의 소비 상품 구성은 바뀌었고, 시설봉쇄와 재개를 거듭할 때마다 전 세계 제조업체들은 수요변화에 부응하려고 변화를 도모했다. 그리고 변화를 도모할 때마다 더 많은 인력과 더 많은 투자와 더 많은 시간이 소요되었다. 전문용어로 말하자면 변화를 꾀할 때마다 물가가 미친 듯이 상승했다. 그것도 은퇴하고 고정소득에 의존하는 베이비부머가 점점 늘어나는 시기에 말이다. 2022년 초 이 글을 쓰는 현재, 전 세계 산업 국가는 COVID와 관련해 아홉 번째 재편을 꾀하고 있다.

셋째, 경제적 안정이 목표라면 엉뚱한 지역이 어떻게든 COVID를 비껴간 셈이다. 사하라사막 이남 아프리카 지역은 비교적 COVID를 잘 극복했지만, 단도직입적으로 말하자면, 그 지역은 대부분 기대수명이 너무 낮아서 70세 이상인 인구가 많지 않다(코로나바이러스로 인한 총 사망자의 절반 이상이 75세

이상이다. 따라서 이 질병에 가장 취약한 인구 계층 자체가 존재하지 않는다). 두 번째 지역은 동아시아로서, 신속하고 유능한 정부 대응으로 감염자 수를 급감시켰다. 유감스럽게도 사하라사막 이남 아프리카 지역은 세계 GDP 총액에서 겨우 19퍼센트를 차지하므로 세계 경제 체제에서 비중 있는 역할을 못 한다. 한편 동아시아 지역 국가는 하나같이 수출주도형 경제 체제이므로 감염되지 않아도 세계 소비에 큰 영향을 미치지 않았다. 동아시아 국가들이 수출할 시장을 잃었다.

넷째, 코로나바이러스 위기 동안 서로 무관한 문제들이 세계 연결망을 한층 더 해체했다. 구체적으로 트럼프 행정부는 중국과 무역전쟁에 돌입하는 한편 중국은 자기도취적인 민족주의에 빠졌다. 두 나라가—미국을 포함해—모든 소비주도 국가들이 제조업 수요를 가능한 한 국내에서 충족시키는 방향으로 나아가도록 부추겼다. 민족주의적인 두려움, 포퓰리즘, 보건, 국가안보, 정치, 일자리 등 이유가 무엇이든 수십 년 동안 제조업 부문을 점점 더 지배하게 된 복잡한 공급사슬은 무섭게 풀리기 시작했다.

이 글을 쓰는 현재, COVID는 이미 2년에 걸쳐 세계 소비주도 지역을 망가뜨렸다. 그렇지 않아도 수출주도 지역은 2020년대에 수출주도에서 탈성장 체제로 전환하게 되는데 전환 대부분이 2020년대 초반에 일어난다. COVID는 수출주도 경제와 소비주도 경제의 연계를 약화했다. 이로 인해 대부분 소비주도 경제국가는 자기만의 세계로 침잠해 반쯤 문을 걸어 잠갔고, 수출주도 경제국가가 자국 체제를 작동하는 데 필요한 수출할 기회를 박탈하는 동시에 세계화 이후 어떤 세상이 되든 새로운 세상에 자국의 체제를 적응시키는 데 필요한 전환기도 박탈해버렸다.

세계화 게임은 끝나가는 게 아니라 이미 끝났다. 대부분 국가는 2019년에 경험한 정도의 안정이나 성장으로 절대로 되돌아가지 못한다. 그리고 이제 대부분 국가는 새롭고 적절한 토대로 전환할 시도를 할 기회조차 잃었다.

위의 마지막 문장에서 핵심 단어는, 물론, "대부분"이다.

09

덧셈 시대의 잔여물

온갖 역경을 딛고 인구구조의 횃불을 꺼뜨리지 않고 밝혀온 나라는 극소수다. 그들의 삶도 바뀌지만 다른 나라들만큼 신속하게 혹은 급격하게 혹은 부정적으로 바뀌지는 않는다. 모든 나라를 다 합한 것보다도 중요한 한 나라는 미국이다.

덧셈의 미국 1: 지리적 여건

하도 여러 번 강조해서 지겹겠지만 우선 지리적 전략적 사항부터 살펴보자.

- 미국은 그 어떤 나라보다 양질의 농경지가 온대기후 지대에 자리하고 있고 농업 공급사슬 전체가 북미지역에 위치한다. 이 덕분에 미국은 세계 최대 농산물 생산국이자 수출국이다. 식량안보는 전혀 걱정할 필요가 없다.

- 미국은 세계 그 어떤 나라보다 인간이 거주하기에 적합한 땅—기후가 온화하고 비교적 평평하고 물에 접근하기 쉽고 병충해가 없는 땅—이 많다. 1인당 이용 가능한 땅으로 치자면 미국은 현재 인구 3억 3천만 명의 두 배 정도 지탱할 수 있고 그 정도는 돼야 좀 복잡하다고 느끼게 된다.
- 물길로 물건을 옮기면 육로로 옮길 때 드는 비용의 12분의 1밖에 안 든다. 미국의 내륙은 도처에 물길이 산재해있으므로—미국의 물길은 세계의 나머지 물길들을 모두 합한 것보다 길다—미국은 그 어떤 나라보다 나라 안에서 운송비가 적게 든다.[40]
- 셰일 혁명 덕분에 미국은 세계 최대 석유 생산국으로서 석유 자급자족이 가능할 뿐만 아니라 셰일 석유생산의 부산물 덕분에 정부가 보조금을 지원하지 않고도 세계 최저가의 전기를 사용한다.
- 미국은 적도에 가장 가까이 위치한 선진국으로서 그 어떤 나라보다도 태양열에너지 잠재력이 풍부하고 산악지대와 해안의 상대적인 위치 덕분에 그 어느 나라보다도 풍력발전의 잠재력도 풍부하다. 친환경 발전이든 화석연료 발전이든 전기 공급은 절대로 미국에서는 문제가 되지 않는다.
- 저렴한 투입재—토지든 에너지든 어떤 형태의 투입재든—덕분에 미국은 일찍이 2010년 대대적인 재산업화가 일어났다. 그 덕분에 미국은 2020년대에 세계가 붕괴하면서 발생할 폭넓은 규모의 산업 구조조정에서 한발 앞서는 유리한 위치에 서게 된다.
- 미국은 1840년대 이후로 북미 대륙 내에서 안보 위협에 직면한 적이 없다. 사막과 산악지대 덕분에 남쪽으로부터의 침략은 불가능하고, 호수와 산림 (그리고 10대 1의 인구 불균형)이 북쪽으로부터의 침략이라는 개념 자체를 (캐나다에서 제작된) 욕설이 난무하는 저질 애니메이션 영화 〈사우스 파크 (South Park)〉의 미국 시장 침략에 머물게 한다.[41]
- 미국은 이웃 나라에 대한 적대감을 버리고 캐나다 멕시코와 협력해 통합된 제조업 공간과 무역지대를 구축했다. 규모의 경제가 확대되면서 역내 제조

업은 품질과 비용 면에서 세계 수준이 되었다.

- 동쪽은 대서양, 서쪽은 태평양에 둘러싸인 미국은 서반구 외부로부터의 침략을 걱정할 필요도 없다. 극소수의 나라만이 도움을 받지 않고 대양을 건널 수 있는 어떤 선박이라도 보유하고 있다. 미국을 한번 건드려보기라도 하려는 나라는 어느 나라든 우선 미국 해군을 물리쳐야 하는데, 미국 해군은 세계의 나머지 해군력을 모두 합한 것보다 열 배 강하다.[42]

- 미국은 핵보유국이다. 수천 기를 보유하고 있다. 어떤 무기와 겨뤄도 핵무기는 매번 이긴다.

결론: 덧셈의 규칙이 사라진 세계에서 미국은 여전히 풍요로울 뿐만 아니라 그 풍요를 유지할 역량도 갖추었다.

게다가 금상첨화로 지금까지 미국은 대체로 세계 발전과 인구구조의 덫을 대부분 모면해왔다.

덧셈의 미국 2: 베이비붐 세대와 밀레니얼 세대

제2차 세계대전에 참전한 1700만 명의 미국 남성—미국 남성 인구의 20퍼센트 이상—가운데 40만 명을 제외하고는 모두 살아 돌아왔다. 그리고 그들은 귀국하자마자 일상으로 돌아갈 준비가 되었다. 참전군인 지원 법안을 통해 그들은 교육을 받았다. 1956년 아이젠하워 도로망 건설 법안으로 전국 도로망이 구축되고 전역한 군인들은 전국 각지에 정착했다. 주택마련 융자 정책으로 젊은 참전용사들은 처음으로 집을 매입하거나 지었고 전국을 연결하는 고속도로망이 새로 구축되면서 지금 우리가 교외라고 부르는 지역이 탄생했다.

이러한 정부 정책은 하나같이 모두 여러모로 미국인들에게는 생전 처음 보는 정책들이었다. 제1차 세계대전에 참전했다가 귀국한 수백만 미국 군인들이 겪었던 경제적 재앙을 되풀이하지 않기 위한 정책들이었다. 제1차 세계대전 후 귀국한 군인들이 갑자기 노동시장에 몰리면서 노동력의 대대적인 과잉 공급으로 물가가 끝없이 하락했고 대공황으로 이어졌다.

새로운 정책의 핵심적 취지는 정부지출로 이 모든 노동력을 흡수하거나 전역한 군인들을 몇 년 동안 대학에 보내서 당장 겪을 고통을 뒤로 미루자는 것이었다. 정부의 개입을 그처럼 영구적으로 확대하는 정책의 장단점에 대해서 갑론을박이 이어졌지만(지금도 여전히 갑론을박이 진행되고 있다), 이 모든 정책이 맞아떨어지면서 미국은 역사상 최고의 베이비붐을 경험했다는 사실을 부인할 수는 없다. 전쟁 전에 인구가 1억 3,500만 명에 못 미쳤던 나라에서 종전 이후부터 1965년까지 7천만 명 이상이 새로 태어났다. 우리 모두에게 영향을 미친, 공포의 베이비붐 세대가 탄생했다.

미국의 베이비붐 세대 얘기를 하자면 끝도 한도 없다. 1970년대에 성인이 된 그들은 미국 문화를 창조했다. 디스코? 그들 잘못이다. 미국을 복지국가로 만든 장본인도 그들이고, 차례차례 은퇴하면서 연방정부 예산을 거덜 낸 장본인도 그들이다. 제2차 세계대전 후 세계 다른 지역은 초토화된 가운데 그들은 미국에서만 우후죽순 들어선 제조업 공단의 덕을 보고 자랐고, 미국 주도 세계질서 하에서 세계가 경제를 재건하면서 그들이 덕을 본 바로 그 산업시설이 해외로 이전하는 광경을 씁쓸하게 지켜보기도 했다. 베트남 전쟁에서부터 아프가니스탄 전쟁에 이르기까지, 존슨 대통령에서부터 트럼프 대통령에 이르기까지, 인권운동에서부터 교외 이주에 따르는 장거리 통근에 이르기까지, 성 혁명에서부터 기계치(癡)에 이르기까지, 그들의 집단적인 의사 결정과 결함이 바로 오늘의 미국을 만들었다.

미국 말고 다른 나라들도 비슷한 이유로 인해 베이비붐 세대가 탄생했다. 전쟁이 끝나고 미국의 후원하에서 (대체로 전쟁으로부터 자유로운) 새로운 시대가 동트면서 각국 정부는 국방의 부담에서 벗어나 국민의 삶을 윤택하게 만드느라 분주했다. 특히 유럽 국가는 이웃 나라 국민을 죽이는 일은 삼가고 자국민의 삶을 안락하게 만드는 일에 더 많은 시간과 에너지를 쏟아부었다. 세계 많은 나라가 처음으로 발전했다—그리고 훨씬 발전한 나라들과 마찬가지로 사망률이 하락했다.

그러나 각국의 전쟁 전과 후의 인구 규모와 비교해볼 때 미국의 베이비붐 세대는 세계 그 어느 나라 베이비붐 세대보다 훨씬 규모가 크다. 독립한 지 170년이 지나고 인구는 30배로 팽창했지만, 미국은 여전히 땅이 아주 넉넉했다. 미국인은 여전히 원주민을 퇴치하고 비게 된 공간을 채워가고 있었다. 쓸모 있는 땅이 넉넉했으므로 베이비붐 세대는 저비용으로 높은 수익을 올릴 기회를 많이 누렸다. 반면 유럽은 이미 수십 년 전에 토지의 수용 능력이 한계에 도달했으므로 새로 개척할 땅이 많지 않았다. 신흥 개발도상국에서조차 농촌에 딱히 노는 땅이 넘치지 않았다.

그러나 그건 그때 얘기고 지금은 다르다. 2020년대에 접어들면서 베이비붐 세대는 인구구조에 위력을 발휘하는 세대로서는 대체로 수명을 다했다. 2022년과 2023년에는 세계적으로 베이비붐 세대 대다수가 65세가 되면서 은퇴한다.

이는 노동시장을 이중으로 강타한다. 베이비붐 세대는 가장 규모가 큰 세대이므로 그들이 노동시장에서 사라지면 수적으로 어마어마한 영향을 미친다. 그들은 경제적으로 가장 활발하게 활동하는 최고령 세대이기도 하다. 그들이 가용 숙련기술 인력의 대부분을 차지한다는 뜻이다. 단기간에 그렇게 많은 숙련기술 근로자 계층이 사라지면 노동력 부족과 임금상승은 앞으로 불 보듯 뻔하다.

그다음 세대는 X세대인데, 앞선 세대가 겪은 시련과 고난을 겪고 싶지 않은 세대다. 베이비붐 세대는 수가 너무 많아서 노동시장에 진입하자 서로 치열하게 경쟁해야 했고 그 결과 임금상승이 억눌렸다. 이 때문에 대부분 베이비붐 세대는 맞벌이하지 않으면 버티기 힘들었다. 따라서 임금은 더욱 하락

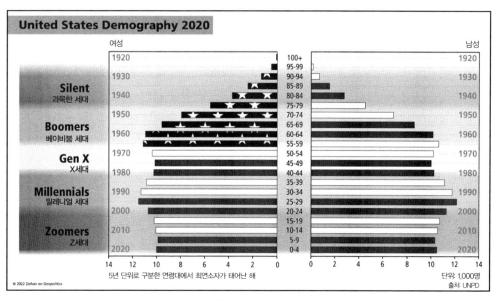

© 2022 Zeihan on Geopolitics

미국 인구구조 2020

했고 부부 관계에 상당한 부담을 안기면서 베이비붐 세대는 높은 이혼율을 보였다. X세대는 선대의 전철을 밟지 않으려 했다. 어느 정도는. X세대는 선대보다 홀벌이 비율이 훨씬 높고, 돈 못지않게 시간도 소중하게 여긴다.

X세대는 선대보다 규모가 작으므로 베이비붐 세대가 은퇴한 후 생기는 커다란 공백을 절대로 채우지 못하겠지만, 노동참여율도 더 낮으므로 훨씬 더 심각한 노동력 부족을 야기하게 된다. X세대에게는 신나는 일이지만—노동시장에 참여하는 이들은 노동시장에서 역대 최고의 몸값을 부를 수 있으니까!—전체적인 노동시장에는 재앙이다.

가장 어린 세대가 Z세대다. 노동시장에 참여하려는 의지가 강하지만 수가 적다. Z세대는 X세대의 자녀 세대다. X세대가 규모가 작으니 자녀 세대도 당연히 규모가 작다. 태어날 만한 Z세대는 이미 다 태어났기 때문에, 그들이 자기 부모 세대가 아니라 베이비붐 세대처럼 모조리 노동시장에 참여한다고 해도 노동력의 빈자리를 채우기에는 턱없이 수가 부족하다. 앞으로 20년 동안.

여기까지는—베이비붐 세대, X세대, Z세대—인구구조가 만국 공통이다. 그러나 이제부터는 달라진다. 미국의 베이비붐 세대는 다른 나라들이 하지 않은 짓을 한 가지 했다. 자녀를 두었다. 그것도 아주 많이. 미국의 밀레니얼 세대에 대해 여러분이 어떤 말을 하든—맞다, 정말 애네들에 대해서는 할 말이 많다—그들에게는 세계 다른 나라 밀레니얼 세대에게는 없는 게 있다.

존재감이 있다.

미국의 밀레니얼 세대는 두 부류로 나뉜다. 첫 번째 부류는 권리의식 쩔고 게으르고 대학 졸업한 후 노동시장에 진입하기 전까지 긴 청소년기를 보내는 전형적인 유형이다. 두 번째 부류는 엿 먹은 세대다. 어른 노릇 하려고 했지만, 노동시장에서 베이비붐 세대에게 밀려나고 2007년-2009년 금융위기 때 대량 실업을 겪었다. 밀레니얼 세대는 노동시장에 참여할 결정적인 몇 년을 잃어버렸고, 두 부류 중 어느 부류에 속하든 관계없이 오늘날 그들은 미국 근대 역사상 그 어떤 연령층보다도 숙련도가 떨어지는 노동력이다.

그러나 쪽수는 많다. 미국 밀레니얼 세대는 이미 노동 인구 가운데 수적으로 가장 규모가 큰 세대다. 바람직하다. 필요하다. 그러나 그들에게 거는 진짜 희망은 그들이 둘 자녀들이다. 미국 밀레니얼 세대는 수가 많으므로 그들이 자녀를 충분히 두면 언젠가는 노동 인구의 빈자리를 메울 가능성이 있다. 그러나 그런 일은 가장 빨라야 밀레니얼 세대의 자녀가 노동 인구에 진입할 때 일어난다. 2040년대 중엽에 가서 비로소 시작되는 과정이라는 뜻이다. 그리고 문제가 하나 있다. 밀레니얼 세대가 우선 실제로 자녀를 둬야 한다는 그다지 사소하지 않은 문제가 있다. 현재 밀레니얼 세대의 출산율은 미국 역사상 최저다.

따라서 미국에서는 밀레니얼 세대가 온갖 결함이 있음에도 불구하고 어쨌든 어느 정도는 노동력을 메우게 된다. 여러모로 만족스럽지는 않지만, 밀레니얼의 존재 자체가 현재로서는 장점이고 훗날을 기약할 희망을 준다.

미국을 벗어나면 상황이 훨씬 암울하다. 다른 나라는 베이비붐 세대가 자녀를 많이 두지 않았기 때문이다. 출산이 저조한 이유는 나라마다 제각각이다. 동아시아는 이미 인구밀도가 높다. 대대적인 도시화도 출산율 높이는 데 도움이 되지 않았다. 유럽은 대부분 가정을 꾸리기 쉽게 만들기보다 기술향상에 돈을 썼다. 캐나다는 너무 추워서 선택의 여지만 생기면 너도나도 온기를 찾아 도시로 몰려들었고, 아파트는 어디에 위치하든 누가 살든 상관없이 가족의 규모를 하향 조정하는 요인으로 작용했다.

미국의 베이비붐 세대가 나이 들어 대거 은퇴하면 재정이 파탄에 이르게 된다. 그러나 세계 다른 나라보다 상대적으로 파탄의 규모가 작고 그들의 후손이 정부의 재정기반에 점점 더 기여하므로 그들이 미국에 가할 충격은 중국, 한국, 일본, 태국, 브라질, 독일, 이탈리아, 폴란드, 러시아, 이란 등 다른 나라에 닥칠, 통치 체제를 철저히 파괴할 어마어마한 재앙에 비하면 아무것도 아니다. 미국 밀레니얼 세대의 존재 자체 덕분에 미국은 2030년대에 겪게 될 재정적 위기로부터, 그리고 아마도 2040년대에 겪게 될 노동력 부족으로부터 적어도 부분적으로나마 회복하게 된다. 그러나 다른 나라는 2010년대를 마지막으로 앞으로는 상황이 절대로 호전되지 않는다. 절대로.

미국의 대열에 동참할 나라는 소수다.

서독의 인구를 능가하기 위해 의식적으로 지속적 노력을 기울여 온 프랑스는 세계에서 가장 가족 친화적인 나라의 대열에 합류했다. 스웨덴식의 사민주의는 요람에서 무덤까지 가족을 지원하는 정책을 표방한다. 뉴질랜드는 공간이 넘쳐나고 과거 오스트레일리아와 미국의 정책을 어렴풋이 좇아 백인들의 선택지를 늘리기 위해 원주민 인구의 선택지를 의도적으로 줄였다. 그러나 이 세 나라들과 미국은 예외적인 사례다. 그 밖의 다른 나라 베이비붐 세대의 출산율은 인구 대체율 근처에도 가지 못했다. 60년이 지나 세계 선진국 진영의 밀레니얼 세대는 규모가 너무 작아서 이론상으로도 장기간에 걸쳐 자국 국적자 규모를 유지하지 못한다.

인구구조와 통계(내 눈에는 미분(微分)하고 아주 유사해 보인다)가 교차하는 부문에 종사하는 이들이 대략 계산한 수치를 보면 스페인, 영국, 오스트레일리아처럼 인구구조가 양호한 정도에서 허접한 정도에 이르는 나라는 연간 GDP 성장률이 2퍼센트 줄어들게 된다. 독일, 이탈리아, 일본, 한국, 중국처럼 가망이 없는 인구구조를 보이는 나라는 적어도 4퍼센트 하락, 비교적 젊은 인구구조를 지닌 미국과 프랑스는 1퍼센트 하락을 겪게 된다. 이런 효과가 단 10년 동안 축적되어도 독일과 중국 같은 나라가 세계를 지배하기는 고사하고, 제대로 기능하기는 고사하고, 살아남을 수 있을지조차 상상하기가 어렵다.

미국에 적용되는 덧셈의 법칙은 여기서 다가 아니다.

덧셈의 미국 3: 문화

미국은 정착민이 건립한 네 나라 가운데 하나다. 미국인 조상이 대부분 현재 미국 땅에서 태어나지 않았음을 뜻한다. 1700년대 초기와 1800년대 초기, 아메리카로 이주한 이들은 이주할 당시 젊었다.

몇 주 동안 배를 타고 그 비좁은 공간에 갇혀 대양을 건너기란 쉬운 일이 아니었다. 따라서 새로운 정착지에 도착한 이들은 (a) 수명이 짧았고, (b) 도착하자마자 자녀를 많이 둘 가능성이 컸으며, (c) 주인 없는 땅으로 널리 퍼져나갔고, (d) 이민자들이 첫발을 딛는 엘리스 아일랜드에 줄지어 입항하는 배들은 젊은 정착민들을 더 많이 쏟아냈다. 그 덕에 젊은 인구가 급속히 늘어났다. 물론 이런 현상은 이미 한 세기 전에 끝났지만, 인구 변화 추세의 여운은 오래 간다. (러시아는 스탈린이 제2차 세계대전 이전에 단행한 숙청과 제2차 세계대전이 인구구조에 미친 재앙을 이제야 겪고 있다.)

정착민의 나라로서 미국은 다른 나라보다 훨씬 이민에 친화적일 뿐만 아니

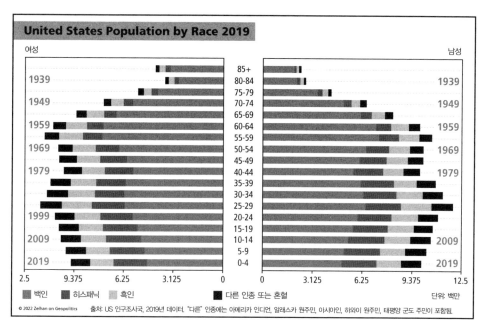

미국 인종별 인구 2019

라 정치적 정체성에 대해 훨씬 더 자긍심을 느끼는 경향이 있다. 얼마나 많은 자국민이 다른 나라에서 태어났는지 통계자료를 공식적으로 발표할 정도로 말이다. 그런 나라는 극소수다. 대부분 그런 자료를 (공개하기는 고사하고) 수집하는 일조차 정치를 불안정하게 만드는 행위와 반역을 저지르는 행위 사이 어디쯤 위치한 행위라고 여긴다. 놀랄 일이 아니다. 원주민 인구를 제외하고 아메리카 출신인 미국인은 사실상 없다. 미국과 세계 경제 상황에 따라서 그리고 미국 내의 정치적 문화가 바뀌면서 수십 년에 걸쳐 이민자 유입은 부침을 겪었지만, 대체로 나라 전체 인구의 비율로 볼 때 유입되는 이민자 비율은 다른 나라보다 훨씬 높다.

이는 대체로 국가정체성의 속성과 관련이 있다. 대부분은 민족국가다. 정부는 특정한 영토(국가)에 거주하는 특정한 민족(국민)의 이익에 봉사하기 위해 존재한다. 프랑스는 프랑스인, 일본은 일본인, 중국은 중국인의 이익을 추구한다. 민족국가에서 중앙정부는 정책의 알파이자 오메가다. 누구의 이익에 봉사하기 위해 존재하는지 알기 때문이다. 그런 정부를 전문용어로 중앙집권 정부라고 한다.

그러나 모든 나라가 단일민족 국가도 아니고 모든 정부가 중앙집권 정부도 아니다. 지역 정부가 여러 민족으로 구성된 나라도 있다. 역사적으로, 전쟁 때문에, 필요해서, 어쩌다 보니 여러 차례 변화를 겪으면서 공동 행정부를 꾸리게 된 경우다. 그 결과 각기 나름의 권리와 권한과 책임을 누리는, 여러 차원의 서로 다른 각급 정부—지방, 지역, 전국—들로 구성된 혼합형 체제가 탄생했다. 캐나다, 브라질, 스위스, 보스니아 같은 나라는 여러 지역이 매우 느슨하게 연관되어 있어서 전국을 아우르는 정부는 그저 이름만 존재할 뿐 연합(confederal) 정부 형태를 띤다. 미국, 인도, 오스트레일리아 같은 나라는 다양한 각급 정부들 간에 대체로 동등한 균형을 유지하는 연방(federal)[43] 정부 형태다.

위와 같이 장황하게 늘어놓은 정치 얘기의 핵심은 미국에서는—워싱턴 D.C.에 위치한—연방정부가 특정한 인종의 이익에 봉사하지 못하도록 의도적으로 설계되었다는 점이다. 백인을 겨냥한 비판 인종 이론(critical race theory)을 신봉하는 이들조차, 미국에서 정치적 경제적으로 지배 세력인 백인들조차, 백인도 영국, 독일, 아일랜드, 프랑스, 폴란드, 스코틀랜드, 네덜란드, 노르웨이, 스웨덴, 러시아 후손이 뒤섞였다는 사실을 인정한다.

이처럼 "미국인"에 대한 정의를 느슨하게 내림으로써 구체적으로는 미국이, 보편적으로는 정착민 국가들이, 그리고 가장 폭넓게 정의해서 연방이나 연합정부 체제가 새로 유입되는 이민자들을 흡수하기가 훨씬 쉬워진다. 중앙집권 체제에서 새 이민자는 지배적인 문화에 합류하라는 권유를 받는다. 합류하는 데 실패하면 하층민이 된다. 그러나 미국에서는 새 이민자가 폭넓은 공동체의 일원으로서 자신을 스스로 규정하도록 허락된다.

앞으로 열릴 세상에서 이는 아주 요긴하게 쓰일 특징이다. 소비주도 경제 국가가 자국의 생산을 점점 더 많이 담당하고 점점 더 고립을 추구하게 되면 탈성장 체제에 접어든 나라는 두말할 필요도 없고 수출주도 경제 체제에서 사는 성인 노동 인구도 경제적 기회를 얻지 못하게 된다. 경제적으로 약화하는 그런 나라들이 생존 가능하다고 해도 근로자들은 고령화하는 인구를 부양하기 위해 꾸준히 오르는 세율을 감당하든가 이주하든가 양자택일을 해야 한다. 세계에서 그나마 남은 노동력—특히 고숙련 기술 보유자들—은 머지않아 대거 미국의 문을 두드리게 된다. 그처럼 신규 이민이 미국에 유입될 때마다 다른 나라와 비교해 미국의 입지는 향상된다.

이민의 유입에 따른 이점 말고도 미국은 비장의 무기가 하나 더 있다.

덧셈의 미국 4: 멕시코

멕시코가 주는 이점은 분명한 것도 있다. 2021년 현재 멕시코인의 평균 연령은 미국인의 평균 연령보다 거의 10살 어리다. 이민의 주요 공급원인 멕시코인은 미국의 가려운 곳을 여러 군데 긁어준다. 멕시코인 이민 유입으로 미국인의 평균 연령이 낮아지고, 반숙련 혹은 비숙련 기술 노동력 임금상승을 억제하며 인구구조의 허점을 메워준다. 특히 멕시코 이민 유입 없이는 급속히 고령화하는 이탈리아와 비슷한 인구구조를 겪게 될 미국 최남단 지역들(조지아, 앨라배마, 루이지애나, 미시시피) 말이다.

멕시코가 주는 그리 분명치 않은 이점도 있다. 제조업 통합이다. 멕시코 체제는 자국민에게 전기, 교육, 기간시설을 제공하는 역량이 그다지 크지 않다. 그래서 멕시코인의 임금 수준뿐만 아니라 보유기술 역량과 노동생산성도 제약한다. 여러 단계를 거치는 제조업 체제는 고도의 기술이 필요하지 않은 단계와 고도의 기술이 필요한 단계가 섞여 있다. 알루미늄 원광 보크사이트 녹이기가 알루미늄 사출보다 쉽다. 컴퓨터 부품들을 조립하기가 소프트웨어 코딩보다 쉽다. 땅을 파기가 판 땅에 매설할 케이블을 제조하기보다 쉽다. 작업과 기술을 짝짓기—분업—하면 최소의 비용으로 최대 생산이 가능해진다. 세계화한 공급사슬은 각양각색의 기술과 노동비용 구조를 적절히 활용해서 경제적으로 가장 효율적인 결과를 도출한다. 기술적으로 완벽한 상호보완 관계인 미국과 멕시코처럼 운이 좋은 지역은 드물다.

멕시코는 직관에 반하는 이점도 있다. 멕시코에서 압도적으로 규모가 큰 민족은 스페인 후손인데, 미국에서 수적으로 압도적인 "민족" 집단은 백인이다. 멕시코가 보기에 이는 별 차이 없다. 스페인 후손인 멕시코인은 원주민 후손인 멕시코인을 약간 멸시하는 경향이 있고, 그들은 중앙아메리카 이민자들에 대해 미국인과 대체로 비슷한 생각을 지니고 있다. 멕시코인은 일단 미국에 이주하면 금방 동화한다. 멕시코계 미국인 2세는—그리고 멕시코계 미국인 이민 4세는 거의 반사적으로—자신을 백인이라고 규정한다. 그들 나름의 계층화된 사회 내에서 멕시코계 미국인은 "백인"을 "그들" 특히 "그링고(gringo, 라틴아메리카에서 영미인을 일컫는 단어—옮긴이 주)"라고 일컫는 배타적인 단어에서 그저 "우리"가 아니라 "우리 모두"라는 포용적인 의미의 단어로 새롭게 정의했다.

미국이 이민자를 동화하는 역량은 과거 이주민들을 상대로 했을 때보다 훨씬 효과적이었다. 그리고 미국식 영어는 2세대에서 3세대 만에 모든 이민자에게서 이주민의 언어를 밀어냈다. 그러나 멕시코계 미국인의 경우에는 1세대 이상 걸리지 않았다. 오늘날 멕시코계 미국인은 경제적으로뿐만 아니라 문화적으로도 가장 열렬하게 아메리칸드림을 추구하는 이들이다.

물론 그렇다고 해서 장점만 있는 건 아니다.

이민을 수반하는 모든 경제적, 재정적, 인구 구조적 이점이 있지만, 문화가 한 번에 흡수할 수 있는 이민에는 한계가 있고 2010년대와 2020년대 초 미국은 그 한계에 부딪혔다는 느낌이 들 때가 있다. 단순히 육감이 아니다. 자

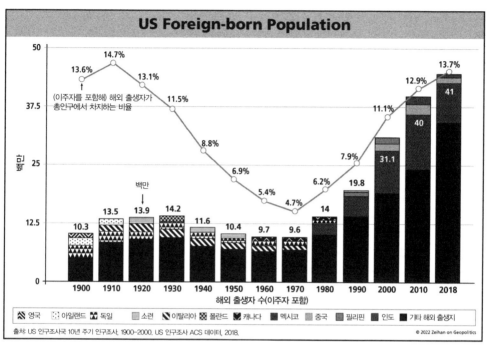

미국 인구 중 해외 출생 인구

료를 보면 그 이유를 알게 된다.

미국으로 유입되는 이주민은 1970년대에 역사상 최저를 기록했다—미국 베이비붐 세대가 성인이 된 시기다. 베이비붐 세대—압도적 다수가 백인—가 서로 다른 인종 간의 정치적 갈등을 처음 겪은 사건이 인권운동이었는데, 베이비붐 세대가 젊고 정치적으로 리버럴 성향이었던 시기에 이미 미국에 거주하던 사람들과 관련된 운동이었다.

그러다가 미국으로 유입되는 이주민은 꾸준히 늘어나 2010년대에 거의 역사적으로 최고에 달했는데, 베이비붐 세대가 거의 은퇴 시기에 가까워지고 따라서 정치적으로 고리타분한 성향으로 변한 시기다. 베이비붐 세대가 10년씩 나이를 먹을 때마다 가장 대규모로 이민 오는 집단은 늘 멕시코인이었다.

베이비붐 세대가 보기에 멕시코인은 단순한 "남"이 아니라 점점 더 많이 이민 오는 "남"이었다. 그토록 많은 베이비붐 세대가 도널드 트럼프 같은 출생지주의 성향의 정치인을 적극적으로 지지한 큰 이유는 미국 사회가 변하는 속도에 충격을 받았기 때문인데, 이는 집단적 망상이 아니다. 현실이 확고히 뒷받침하는 현상이다.

2010년대와 2020년대 초에 미국 정치가 급격히 고립 성향으로 선회한 수많은 이유 가운데 하나가 바로 이 때문이다. 그러나 베이비붐 세대나 멕시코인이나 인종이나 무역이나 동화나 국경에 대해 여러분이 어떻게 생각하든 유념해야 할 사항이 몇 가지 있다.

첫째, 멕시코인은 이미 미국에 거주하고 있다. 미국 문화나 노동시장이 우려되든 말든 상관없이 멕시코인 이민의 높은 물결은 이미 미국을 덮었고, 상황은 종료되었다. 멕시코인의 미국으로의 순이민은 2000년대 초, 절정에 달했고 2008년 이후 13년 가운데 12년 동안 마이너스를 기록했다. 산업화와 도시화로 선진국 진영에서 출산율이 저조해졌듯이, 몇십 년 후에 멕시코에서도 똑같은 과정이 시작되었다. 오늘날 멕시코의 인구구조를 보면 미국 순이민으로써 미국 인구 증가에 대거 이바지할 일은 이제 없다. 2014년 이후로 미국으로 유입된 대규모 이민은 온두라스, 엘살바도르, 과테말라 같은 거의 실패한 중앙아메리카 국가들로부터 비롯되었다.[44]

둘째, 미국에서 정치적으로 가장 출생지주의 성향이 강한 이들조차도 멕시코인들에게는 여지를 주는 편이다. 대놓고 멕시코 이민자를 강간범이고 "나쁜 사람들"이라고 하던 트럼프가 불과 2년 만에 멕시코와 무역 및 안보 협정을 체결하고 두 나라 관계를 두 공화국 역사상 가장 우호적이고 가장 생산적인 관계로 승격했다. 트럼프의 북미자유무역협정(NAFTA) 재협상의 핵심은 제조업을 북미로 환원시킨다는 목표를 명시한 점이다. 반드시 미국이 아니라 어느 협정 당사국으로든 환원시킨다는 취지다. 트럼프의 협상단은 분명히 멕시코를 염두에 두고 이러한 조항을 추가했다.

또 다른 관점에서 보면, 멕시코계 미국인이 출생지주의 성향으로 돌아서고 있다. 미국에서 여론조사를 하면 이민에 가장 반감을 보이는 인구 집단은 백인이 아니라 (1세대를 제외한) 멕시코계 미국인이다. 그들은 멕시코에 두고 온 가족을 미국에 데려와 재결합하는 데 찬성하지만, 오직 자기 가족에게만 해당한다. 2020년 트럼프가 재선에 출마했을 때 남쪽 국경과 접한 거의 모든 지역에서 도널드 트럼프의 반이민 국경장벽 건설을 지지했다는 사실을 절대 잊으면 안 된다.

셋째, 미국과 멕시코도 대부분 다른 나라에게 없는 문제가 있다. 그리고 두 나라는 이 문제가 점점 많아지고 있다.

지평선 너머에서 몰려오는 구름이 있기는 하다. 미국 인구는 느린 속도로 고령화하고 있긴 하지만 그래도 고령화는 진행되고 있다. 그리고 멕시코 인구는 젊지만, 미국보다 훨씬 빠르게 고령화하고 있다. 2050년 중엽 어느 시점에 가면 멕시코 인구의 평균 연령은 미국 인구의 평균 연령보다 높을 가능성이 매우 크다.

그러나—인구구조 측면에서 볼 때—최악의 경우를 가정한다고 해도, 모두가 빠져들게 될 무질서의 세계에서 미국은 거의 아무도 지니지 않은 것을 지니고 있다. 바로 시간이다.

다른 나라는 몇 년 안에 자국의 체제를 해체한 뒤 다시 구축하고 새로운 이념을 설계하고 실행할 방법을 모색해야 하지만, 미국과 멕시코는 수십 년의 시간적 여유가 있다. 적어도 2050년대까지는 시간이 있다. 후발주자 베이비붐 세대에게는 유리한 점이 있다. 미국과 그 동반자인 멕시코는 바다 건너 다른 나라가 먼저 시도한 걸 보고 배울 수 있다.

그러나 가장 주목할 점은 (멕시코와 더불어) 미국은 곧 닥칠 세계에 적응하느라 겪을 고통이 가장 경미하다는 사실이 아니라 세계의 미래가 미국이라는 사실이다.

계산은 간단하다. 미국 인구는 멕시코 없이도, 이민 유입 없이도 이미 젊고, 자체적인 인구가 적어도 몇십 년 동안 계속 성장할 수 있다.

우리가 알고 있는 세계의 종말

이를 중국과 비교해보자. 중국 인구구조는 20년 전 이미 시한부 판정을 받았다. 누가 낸 통계를 기준으로 하느냐에 따라서 다르지만, 중국인의 평균 연령은 2017년부터 2020년 사이 어느 시점에 미국인 평균 연령을 추월했다. 중국의 노동 인구와 총인구는 2010년대에 정점을 찍었다. 최상의 경우를 가정해볼 때 2070년 중국 인구는 2020년 인구의 절반 이하로 줄어든다. 중국 인구조사 당국으로부터 유출된 최근 자료에 따르면 절반 이하로 인구가 줄어드는 시기는 2050년으로 앞당겨야 한다. 중국의 붕괴는 이미 시작됐다.

이 계산 결과는 세계화가 완전히 역사의 뒤안길로 사라진 후 세계의(그리고 중국의) 사망률이 어떻게 변할지는 고려하지도 않았다. (중국을 포함해) 세계 대부분 지역은 식량을 생산하는 데 필요한 투입재뿐만 아니라 에너지도 대부분 수입한다. (중국을 포함해) 세계 대부분 지역은 자국민의 삶을 단순히 풍요롭고 건강하게 유지하기 위해서뿐만 아니라 생존을 위해서도 무역에 의존한다. 무역이 사라지면 세계의(그리고 중국의) 사망률은 증가하게 된다. 내재적인 인구구조 변화 추세로 출산율도 계속 하락하는데 말이다.

세계 대부분 지역에서 인구구조가 붕괴하고 미국은 인구구조가 안정적으로 유지되는 가운데 세계 총인구에서 미국이 차지하는 비율은 향후 두어 세대 안에 분명히 증가하게 된다—아마 절반 이상 증가하리라 본다. 그리고 미국은 세계의 대양을 계속 장악하게 된다. 그리고 미국은 자국의 체제가 새로운 환경에 적응할 시간적 여유도 누리게 된다. 그리고 세계의 나머지 지역은 붕괴한 경제 체제의 남은 부스러기들을 차지하려고 서로 다투게 될 가능성이 크다.

2022년 이 글을 쓰는 현재, 나는 마흔여덟 살이다. 앞으로 닥칠 새로운 세계가 완연한 구색을 갖추게 될 2050년대에 내가 지금처럼 활발히 활동하리라고 기대하지 않는다. 지평선 너머 세계가 어떤 모습을 드러낼지, 미국이 마침내 본격적으로 다시 세계에 관여하게 되면 세계가 어떤 모습을 하게 될지는 따로 추진해야 할 프로젝트다. 이 책은 전환기가 어떤 모습일지를 보여주는 게 목적이다. 우리 모두 겪게 될 세계가 어떻게 느껴질지 보여주기 위함이다. 식량과 돈과 연료와 운동과 각종 도구와 장치와 우리가 땅에서 파내는 자재들에 대해 우리가 알고 이해하는 바가 어떻게 바뀔지를 보여주기 위함이다. 성장하고 재조정되고 몰락하는 과정을 말이다.

고로, 이 점을 유념하고 세계가 종언을 고한 후의 삶에 대해 논해보도록 하자.

책을 펴내는 과정은 좀 괴상하다. 여러분이 최근에 세계 주요 지도자 두어 명을 암살했거나 여러분이 오프라 윈프리라고 가정해보자. 여러분이 무슨 말을 할지 모두가 궁금해한다. 그런 경우조차도 여러분이 생각을 종이에 다 적은 시점부터 편집하고 정리하고 교정하고 인쇄하고 배포해서 책이 서점에 선보이기까지는 적어도 다섯 달이 걸린다.

나는 오프라(또는 암살자)가 아니므로, 내가 이 책을 쓰고 여러분이 이 책을 읽게 되기까지(또는 내가 오디오북으로 이 책을 읽어주기까지) 시차가 있다. 이 책을 편집하고 제작하는 팀은 가능한 한 빨리 이 책을 출간하려고 무척 서둘렀다. 하지만 여러분도 알다시피 어찌 보면 우리는 실패했다. 우리는 2022년 2월 16일 이 책의 진짜, 마지막, 최종 원고를 제출했다. 그로부터 채 2주가 안 돼 러시아가 우크라이나를 침공했고 이 책은 6월 14일로 출간이 미루어졌다.

2022년 2월 28일 이 메모를 쓴 시점부터 여러분이 이 책을 읽게 되는 시점 사이에 추가로 무슨 굵직한 사건이 터질지 모른다. 나는 중국 공산당 시진핑 주석의 개인 숭배 체제가 붕괴할 가능성을 주도면밀하게 눈여겨보고 있다. 그러나 현재 진행되는 혼란상은 우리가 이미 빠져들고 있는 세계의 결함이 아니라 특징이다. 역사의 진행을 지연시키던 움직임은 멈추었고 우리는 모두―급속히―다음 시대로 나아가고 있다.

우리 모두에게 행운이 있기를….

2부

_____

운송

_____

TRANSPORT

⑩

머나먼 길

김치 케사디야부터 시작하자.

나는 퓨전 음식의 열렬한 팬이다. 매콤새콤한 베이컨. 저녁이 아닌 아침으로 먹는 피자. 엔칠라다와 라자냐를 융합한 엔칠라자냐. 캐러멜 치즈케이크 만두. 파인애플 버거. 크렘 브륄레 파블로바. 버터 오리 푸틴. 다.덤.벼.봐.라!

이 말을 들으면 놀랄지 모르겠지만, 마트 냉동식품 코너에서는 인스턴트 스시 핫도그를 팔지 않는다. (불행히도.) 대신 폴렌타 가루, 밀가루, 히말라야 소금, 녹색 통후추, 터비나도 설탕, 콜레스테롤 없는 달걀 한 상자, 스시 등급의 신선한 참치, 현미식초, 온실재배 오이, 훈제연어, 와사비, 마요네즈, 김, 다양한 색깔의 당근, 생강, 미소 된장, 간장, 참깨, 그리고 홍화유를 사서 직접 만들 수는 있다.

오늘날 수퍼마켓은 평균 4만 가지의 식료품을 취급한다. 20세기 초에는 200가지였다. 수퍼마켓은 언제 어디서든 내가 이 요리 저 요리를 섞어서 퓨전 요리 실험하고 싶은 강렬한 욕구를 느낄 때 거의 모든 재료를 구할 수 있는 기술적 기적이다.[1] 스웨덴 음식? 타이 음식? 모로코 음식? 비수기? 전혀 문제 없다. 재료가 바닥나는 일은 거의 없고 적정 가격에 언제든 구매할 수 있다. 단순히 저가에 구할 수 있는 게 아니라 저렴하고 안정적인 가격에 안정적으로 구할 수 있다.

안정적이라는 개념을 거의 모든 것에 적용하면 세계화한 근대 경제를 뒷받침하는 절대적인 연계성을 일별하게 된다. 오늘날 산업재와 소비재의 원료를 안정적으로 구할 수 있는 이유는 오로지 이 재료들이 저렴한 비용으로 신속하고 안전하게 지구를 반 바퀴 돌아 운송되기 때문이다. 휴대전화, 비료, 석유, 체리, 프로필렌, 싱글몰트 위스키, 뭐든 주문만 하면 선적된다. 사.시.사.철.언.제.나. 운송이 궁극적으로 이 모두를 가능케 한다.

우리를 근본적으로 바꾸는 기술은 별로 없다. 요즘 우리가 사용하는 스마트폰을 보자. 손전등, mp, 카메라, 게임콘솔, 교통카드, 리모컨, 도서관, TV, 요리책, 컴퓨터 등이 다 들어있다. 스마트폰으로 지금까지 하지 않았던 완전히 새로운 걸 하게 되지는 않았지만 이미 존재하는 열 가지 넘는 기기들을 하나로 통합해 효율성과 접근성이 향상되었다. 중요하냐고? 당근. 그러나 기존의 방식을 개선한 기술은 우리를 근본적으로 바꾸지는 않는다.

그러나 운송기술은 인간과 지리적 여건의 관계를 근본적으로 바꾼다. 오늘날 우리는 몇 시간 만에 여러 대륙을 통과할 수 있다. 늘 이렇지는 않았다. 사실 이런 적은 거의 없었다. 100~200년 전만 해도 집에서 몇 마일을 벗어나는 일도 드물었다. 6000년 인류의 역사는 머나먼 길을 따라 천천히 거북이걸음으로 이동한 역사였다.

A 지점에서 B 지점으로 이동하는 방식이 어떻게 진화하고 혁명적으로 변했는지 파악하면 오늘날 수퍼마켓과 스마트폰을 가능케 하는 연계성을 파악하게 되고, 그러면 우리가 사는 세계가 왜 이런 모습을 하게 됐는지 파악할 수 있다. 그리고 앞으로 수십 년 동안 어떤 경이로운 사건과 끔찍한 사건이 우리 앞에 펼쳐질지 짐작할 수도 있다.

운송이라는 물리적 고난

인체는 물건을 운반하기에는 터무니없이 나약하고 어처구니없이 비효율적이다.

여러분이 호모사피엔스가 처음 등장했을 때부터 1700년대 중엽 사이에 지구상에 살다 간 인간이라고 가정해보자. 유감스럽게도 운송 수단이라고는 달랑 여러분의 두 다리뿐이다. 바퀴 하나 달린 손수레는 기원후 100년에 가서야 등장했다. 손수레는 그로부터 수 세기가 지나서도 평범한 농부에게는 너무 비쌌다. 도로 사정이 손수레를 끌 만하다고 해도 말이다. 자전거 같은 구식 운송 수단은 한참을 마냥 기다린 끝에 18세기 말에 가서야 등장했다. (페달이 달린 자전거는 19세기 중엽에 가서야 등장했다.) 무역상들이 오늘날에도 낙타를 이용하는 데는 그럴 만한 이유가 있다.

여러분의 삶과 여러분이 사는 마을과 여러분의 생계는 허리가 휠 정도로 등짐을 지고 하루에 얼마나 걸을 의향이 있는지에 의해 제약을 받았다.

그래서 마을의 규모는 작았다. 산업화 기술이 세계를 새롭게 창조하기 전까지는 "도시" 지역은 기근을 막기 위해서 거주자 한 명당 거의 0.5에이커의 농지가 필요했다—오늘날 우리가 이용하는 땅의 7배 이상이다. 게다가 그 인구가 겨울을 나고 음식을 하는 데 쓸 숯을 생산하려면 그 100배에 달하는 산림지역이 추가로 필요했다. 그래서 도시 규모도 작았다. 도시 규모가 너무 커지면 (a) 식량을 멀리서 운반해와야 하거나(다시 말해서 굶든가), (b) 숲에서 나무를 베어내고 식량을 더 많이 재배하는 대신 당대의 첨단기술—불—을 포기해야 한다(즉 배를 곯는 동시에 얼어 죽어야 한다).

바퀴가 도움이 되기는 했지만, 여러분이 생각하는 만큼 크게 도움이 되지는 않았다. 여러분 모두 로마가 건설한 도로망이 고대의 가장 위대한 업적이라는 소리를 들어봤으리라. 몇 가지 짚고 넘어가자.

로마의 도로는 글래스고에서 마라케시를 거쳐 바그다드를 지나 오데사까지 이어졌고 오늘날 전체 길이로 치자면 대략 미국 메인주의 도로 전체 길이에 맞먹는다. 로마가 도로망을 구축하는 데는 6세기—노동 일수로 10억 일—가 걸렸다. 도로를 관리 유지하는 데 든 시간은 빼고 말이다.

"교역"이라는 개념 자체가 모호했다. 자기가 팔아야 하는 물건이 이웃 마을에 필요한 물건인지 미리 알아볼 방법도 없었고, 음식이 상하는 문제도 있었다. 가장 값진 품목들을 운반해야 했기 때문에 장거리 교역에 필요한 식량을 충분히 휴대할 수도 없었다.

콘크리트와 아스팔트, 방부제와 냉동기술은 1800년대에 가서야 등장한 산업화 시대 기술이다. 인류 역사를 통틀어 부피가 큰 화물을 효율적으로 실어 나르는 육상 운송은, 비교적 단거리라고 해도, 극히 어려웠을 뿐만 아니라 경제적으로 불가능했다.

곡창지대조차 안정적으로 자급자족을 못 했다. 1500년부터 1778년까지의 기간 동안 프랑스는 여러 차례 전국적인 기근을 겪었다(지역적 기근은 수십 차례 겪었다). 그렇다, 바로 그 프랑스—1000년 전부터 유럽에서 가장 규모가 크고 안정적으로 식량을 생산한 바로 그 나라, 서로 독립된 농업 지역이 세 곳이나 되는 나라, 산업화 이전의 세계에서 단연 최상의 내륙 운송체계를 갖춘 나라—얘기다.

육로로 물건을 운반하는 일은 고되다.

따라서 인간은 다른 방식으로 물건을 옮기는 방법을 찾아냈다. 물에 띄우는 방법이었다.

낙타는 4분의 1톤 무게를 옮길 수 있고 소달구지는 대략 1톤을 운반하지만, 가장 처음 등장한 화물선조차도 1톤당 푼돈의 비용을 들여서 수백 톤의 화물을 운반할 수 있었다. 로마제국은 수도 로마가 필요한 식량을 대부분 이집트에서 수입했다는 사실이 잘 알려져 있다. 세계적 수준을 능가하는 로마의 도로망 기억하는가? 기원후 300년에는 곡물을 이집트에서 로마까지 배로 1400여 마일을 운반하는 데 드는 비용보다 육로로 70마일 운반하는 데 드는 비용이 더 컸다. 수로 운송의 경제성은 육로 운송과 비교할 수 없을 정도로 높아서 몇몇 문화권(네덜란드, 아즈텍, 중국 정부)은 굽이치는 암반 지형을 겨우 곡괭이로 파내 수백 마일에 달하는 운하를 건설하는 데 노동력을 총동원하기 위한 역량을 중심으로 통치 체제 전체를 재편했다. 오로지, 기원후 두 번째 천 년에 접어들고 나서도 한동안 인류 운송기술의 정점을 차지한 운송수단을 물에 떠우기 위해서 말이다. 볼품없는 거룻배 말이다.

14세기 무렵, 역사는 마침내 속도가 붙기 시작했다. 돛과 못, 노와 키, 선창과 갑판, 총과 대포, 나침반과 천체 관측의가 발명되었다. 미친 듯이. 미친 듯이 발명된 기술들이 미친 듯이 서로 융합했다는 사실도 간과하면 안 된다. 계절풍은 앞뒤 재지 않고 무작정 망망대해 한복판까지 항해한 어떤 정신 나간 그리스인이 발견했다는 믿거나 말거나 얘기가 전해 내려온다. 이 모든 기술을 총합해서 만든, 훨씬 새롭고, 크고, 튼튼하고, 빠르고, 잘 무장된 배에 올라탄 인류는 15세기 말 원양항해 시대를 향해 출항했다.

물론 이는 산업 혁명과 멀리 떨어진 반대편의 관점에서 봤을 때 할 만한 속편한 얘기다.

원양항해 시대의 운송:
더 나아지고 빨라지고 값싸지고 안전해졌지만, 만족스러울 만큼 좋거나 빠르거나 싸거나 안전하지는 않았다

인류가 이제 화물을 장거리 운송할 역량을 갖추게 됐다고 해서 이 운송 방법이 일상화됐다는 뜻은 아니다.

원양항해가 시작됐으나 아직 산업 혁명 이전인 시대에 발트해 지역에서 서유럽으로 곡물을 실어나르는 일은 흔치 않았다. 영국과 네덜란드 간의 분쟁에 휘말려 배달 사고가 나지 않는다고 해도, 스웨덴 바이킹에게 약탈당하지 않는다고 해도, 폴란드-리투아니아 연방이 웬일로 기분이 좋아 괴롭히지 않는다고 해도, 상품의 최종 가격 중에 절반은 운송비가 차지했고, 4분의 1은 저장 비용이었다. 1700년대 말 무렵 영국의 식민지 처지에서 독립한 미국인들은 대서양을 가로질러 곡물을 운송하기는 했지만 보편화하지는 않았다. 곡물을 배에 싣고 6주 동안 온갖 고생을 해가며 영국에 도착했는데, 영국은 이미 풍년을 맞아 곡물이 차고 넘친다면 이만큼 사람을 망연자실하게 만드는 상황은 없다.

선박이 훨씬 효율적으로 개선되었어도, 기술과 지정학이 교차하면서 세계는 여전히 분열되어 있었다.

지정학적인 이유로 인해 한 제국은 다른 제국으로부터 식량을 사지 않았다. 운송하기에 바람직한 여건이라고 생각되는 아주 드문 경우에조차 서로 반목하는 군주들의 정서나 취향이 전혀 협조하지 않았다. 지정학 때문에 식량 운송은 그만한 비용을 들이거나 위험을 감수할 가치가 거의 없었다. 그러나 옥, 후추, 계피, 도자기, 비단, 담배는 바로 배에 실렸다. 사치품은 대부분 상하지 않는다는 점도 도움이 되었다. 배에 오를 자격을 얻은 상품들 가운데 가장 평범한 상품이 차였다.[2]

사치품 "교역"이 "세계적"이라고 간주된 이유는 오로지 운송 거리 때문이다. 실제로 제국과 제국 사이에는 교역이 거의 없었다. 아주 제한된 접촉지점을 공유하는 일련의 폐쇄적 체제였다. 그나마도 매우 불규칙적으로 이루어지는 접촉이었다. 아주 값진 상품과 없어서는 안 되는 필수품만 배에 실렸다. 바다를 가로지르는 화물선이 눈에 띄었다 하면 길을 막고 약탈했다. 스페인은 그런 훼방꾼을 "영국인"이라고 일컬었다. 영국은 그런 훼방꾼을 "프랑스인"이라고 일컬었다. 오늘날 우리는 그런 훼방꾼을 "해적"이라고 부른다.

이처럼 제국들이 의도적으로 서로 단절한 결과 이웃 나라끼리 서로 교역하기보다 서로 대포를 쏘아댔다. 이처럼 "문명"[3] 세계는 항구적인 경쟁 상태에 놓였다. 그러한 혼돈에 질서를 부여하기란 불가능했다. 당대에 가장 막강한 해군력을 보유한 나라—17세기와 18세기 초 스페인, 또는 18세기 말과 19세기 영국—는 자국이 가장 막강한 우두머리라고 다른 나라를 설득하려 시도했지만, 이는 레이더와 크루즈미사일이 발명되기 전의 일이다. 순찰해야 할 바다는 한두 뼘이 아니었다. 경쟁 관계인 나라는 질서를 무너뜨릴, 전략적 경제적으로 절실한 이유가 있었다. "질서"는 오로지 자국의 군함 시야에 들어오는 지역에서만 유지되어야 했다.

산업화 시대 초기에 등장한 새로운 기술—섬유산업 이후, 철강 선박이 등장하기 이전—은 운송하기에 경제성이 있는 상품의 범위를 어느 정도 확대했고, 그 덕분에 새로운 부류의 국가가 등장할 여지가 생겼다. 서로 반목하는 제국들 사이에서 상품을 중개하거나 실어나르는 중개상 국가 말이다. 위험한 사업이었다. 한 제국이 오늘 "중개"로 분류한 거래가 며칠 뒤에는 "이중 거래"로 다시 분류되는 일이 허다했다. 네덜란드—유럽 국가가 하나같이 가장 선호한 중개상—는 유럽 교역을 전담하면서 대대적인 경기 활황을 누리다가 영국이나 프랑스나 독일이 네덜란드가 자국 말고 다른 나라와 거래하는 걸 더는 두고 보지 못하겠다고 결심할 때마다 대대적인 경기 불황에 시달렸다.

미국은 일찍이 이러한 교훈을 여러 번 터득했다. 이 신생국이 초기에 겪은 지정학적 악몽은 주로 네덜란드의 교역에서 비롯되었다.

- 미국이 처음으로 겪은 전략적 주요 갈등인 유사 전쟁(Quasi War, 1798-1800)은 영국으로 가는 "중립적" 미국의 화물을 프랑스가 압류한 데서 비롯되었다. 영국은 이 싸움을 팝콘 각으로 관전하면서 막 독립한 미국에 프랑스 험담을 하는 뻔뻔함도 보였지만 두 나라가 물러서자 낙담했다.
- 그로부터 겨우 12년이 지나 미국은 또다시 프랑스와 영국 간의 전쟁에 휘말리게 되었다(독립전쟁까지 포함하면 세 번째다[4]). 이번에 프랑스는 나폴레옹이 이끌었다. 영국은 해상봉쇄를 위반했다고 자국이 판단한 미국 선박들을 공격적으로 저지했고, 심지어 미국 국적선 선원들을 영국 해군에 징집하기

도 했다.[5] 거두절미하고, 중간 생략하고, 결국 사달이 났고, 주장이 난무했고, 방아쇠가 당겨졌고, 햇불이 난무하더니, 어느새 영국인들은 백악관을 불태우고 그 숯덩이로 마시멜로를 구워 먹었고 캐나다는 미국인을 얼마나 믿어야 할지 영원히 확신하지 못하게 되었다.

그런데도, 그런데도, 그런데도 거의 변하지 않았다니 놀랍다—충격적이다.

산업화 이전 시대가 저물 무렵, 대부분 여전히 자급자족하거나 어떤 식으로든 예속되어 있었고 배가 다닐 수 있는 강이 있거나 안전한 해안지역에 자리 잡은 도시들이 지배하고 있었다. 바닷길을 통한 해외여행의 경제성과 기술적 측면은 수 세기에 걸쳐 놀라울 정도로 향상되었지만, 육로 여행은 간혹 가다 개선되는 데 그칠 뿐이었다.

전혀 진전이 없었다는 뜻은 아니다. 말 교배를 통한 품종개량, 영양분이 풍부한 먹이, 마구 등등 꾸준히 발전이 이루어졌다. 도달 범위가 조금씩 확장되면서 산업에 필요한 동력원에 접근하기가 훨씬 쉽고 다양해지거나 외부 세계와 교역 가능한 새로운 마을에 접근하게 되었다. 그러나 물길을 통한 운송은 괄목상대할 만큼 발전한 데 비해 1820년의 육로 운송은 로마제국 시절과 크게 달라 보이지 않았다. 그나마도 대개 로마의 도로 사정보다 훨씬 나빴다. 가깝게는 미주리강에서 오리건주까지 미국의 동서를 잇는 오리건 육로가 구축된 시점에도 도로 사정은 그리 만족스럽지 않았다. 소달구지로 하루에 15마일을 가면 감격스러울 정도였다. 말굽과 강철 차축 같은 기술적 진전으로 훗날 등장할 기술의 중요한 토대가 마련됐지만, 이러한 기술은 인간이 이동하거나 물건을 운반하는 방법을 근본적으로 바꾸지는 않았다.

바꿀 수도 없었고, 바꾸려 하지도 않았다. 완전히 딴판인 새로운 기술 묶음이 등장해 모든 걸 바꿔놓기 전까지는 말이다.

11

제약에서 벗어나기:
운송의 산업화

산업화 시대 초기에 런던은 산업화 초기의 다른 도시들과 마찬가지로 땔감용 나무를 벌목할 역량이 감당하지 못할 정도로 팽창했다. 산림이 황폐해지면서 목재 가격이 올랐고 그 대체재인 석탄의 경제성이 개선되었다. 석탄 수요가 날로 증가하면서 석탄 광산을 더 깊이 파고들었다.

지하수층 밑까지 광산을 파고들게 되자 물을 퍼낼 펌프가 필요했다. 지하수를 퍼내려면 근력으로는 어림도 없었고 따라서 증기기관이 등장해 이 문제를 해결했다. 한동안은 쓸 만했지만, 이 새로운 증기기관은 동력이 필요했고, 동력은 석탄에서 비롯되었으며, 석탄은 점점 더 많은 양의 물이 차 있는 점점 더 깊은 탄광에서 파내야 했기 때문에 광부들이 딱히 문제를 해결했다기보다 문제의 규모를 산업화했다고 보는 게 맞다.

탄광이 날이 갈수록 깊어지고 증기기관도 날이 갈수록 비싸지면서 비용이 상승하자, 일부 공급자들은 런던과 인접하지 않은 먼 지역까지 진출해 석탄을 구했다. 그러나 이 해법도 그 나름대로 해결해야 할 문제가 있었다. 시커

먼 석탄을 런던까지 운반할 운하와 배가 필요했다. 곧 영국의 민간 소유 선박 절반이 석탄을 운반하는 데 쓰이면서 그 나름의 물가상승 문제를 일으켰다.

다른 선택지를 고려해야 할 상황에 몰린 일부 석탄 공급자들은 기업가 정신을 발휘해 탄광 안에서 석탄 운반용 수레를 위해 깐 철로를 오직 석탄으로 녹일 수 있는 금속인 강철을 이용해 만들고 이 철로를 훨씬 새롭고 강력한 증기기관과 접목했다. 짠! 철도가 탄생했다.

철도는 에너지에 생명을 불어넣었다. 인간의 달 착륙도 멋지고 다 좋지만, 오늘날까지 인류가 생각해낸 가장 기발한 착상은 내륙으로 50마일 이상 들어간 지역에서 물길까지 곡물을 운반하는 기계의 발명이다. 게다가 수익까지 냈다. 물길로 물건을 운반하는 방법이 여전히 훨씬 저렴했지만, 철로는 지형이 평평하면 어디든 깔 수 있었고 철도를 이용해 물건을 운반하는 데 드는 비용은 배로 운반하는 데 드는 비용의 "겨우" 두 배였다. 철도가 등장하기 이전 육로 운송비용이 수로 운송비용의 20배 이상이었다는 사실과 비교해보면, 육로 운송비가 수로 운송비의 두 배라는 사실은 육로 운송에서 진정으로 혁명이었다. 세계에서 가장 비옥한 농경지, 오늘날까지도 현대사회를 작동하게 하고 말 그대로 모두가 생명을 유지하게 해주는 곡창지대가 신장개업했다. 유럽에서 마차를 철도로 교체해 내륙 운송비용이 8분의 1로 줄면서 경제성이 유지될 만한 가격을 책정할 수 있는 품목이 급격히 늘었다. 식품, 석탄, 철강 원석, 군인 뭐든 말이다.

러시아는 이러한 운송 수단의 전환이 어떤 변화를 초래했는지 보여주는 좋은 사례다. 러시아 남부지역은 대부분 스텝(steppe)으로 알려진 기후 지대다. 여름은 뜨겁고 겨울은 춥고, 지루할 정도로 끝없이 펼쳐지는 대초원 지대다. 강수량은 들쭉날쭉하지만, 강수량이 많은 해에 농작물이 폭발적으로 성장한다. 문제는 수확한 곡물을 바깥 지역으로 운송하는 일이다. 러시아를 흐르는, 배가 다닐 만한 강은 수로가 유용하게 쓰일 만한 지역들을 관통하지 않고 대부분 북극으로 흘러 들어간다.

곡물 수천 톤을 마차에 싣고 광활한 러시아 벌판을 가로지르는 방법은 비용이 너무 많이 들어서 시대를 불문하고 수익이 나지 않는 운송 수단이다. 따라서 교역 품목은 통상적인 교역 가능 조건을 벗어나지 않았다. 무게에 비교해 가치가 높은 물건, 값비싼 섬유나 귀금속 같은 품목 말이다. 광활한 스텝 지대에서 비가 온 뒤 활황과 불황을 오가는 경기순환을 겪는 가운데, 기마유목민족 몽골이 거뜬히 이 지역을 몽땅 정복하고 3세기 동안 통치하는 한편 비단길 북쪽을 지나는 상인들에게 통행세를 받아 잘 먹고 잘살았다는 사실이 놀랍지 않다.

어쨌든 내륙 운송비가 비쌌기 때문에 몽골제국 이후 러시아 제정 시대에 수출하려는 품목은 무엇이든 항구 근처에서 구할 수 있는 품목이어야 했다. 18세기 현재 러시아가 수출하는 곡물의 70퍼센트는 러시아제국의 비옥한 경작지대에서 재배한 게 아니라 리가 항구와 가까운 에스토니아와 리보니아[6]라는 러시아의 발트해 지역에서 재배한 곡물이었다. 러시아 내륙 경작지는 생산성이 아무리 높아도 세계시장은 물론이거니와 러시아 시장으로부터도 사실상 단절되어 있었다.

두 가지 조건이 충족되면서 이러한 여건이 변했다.

첫째, 19세기 중엽, 예카테리나 대제가 러시아 영토를 흑해까지 확장하면서 러시아는 처음으로 부동항에 접근하게 되었다. 흑해 지역은 대부분이 오늘날 우크라이나인 비옥한 곡창지대였을 뿐만 아니라 (그 악명 높은 스텝 지대에 있는) 캅카스 북쪽 흑토(Black Earth) 지역과도 가깝다.

둘째, 1853년-1856년 크림전쟁 때 산업화 중이던 몇 개 유럽 국가들은 아직 대체로 산업화하지 않은 러시아군을 단순히 패배시키는 데 그치지 않고 철저히 굴복시켰다. 이러한 재앙을 다시는 겪지 않기 위해서 알렉산드르 2세 통치하의 러시아는 처음으로 본격적인 산업화에 착수했다. 러시아제국의 방대한 영토와 비교적 인구가 밀집한 지역들 내에서조차 물건을 운송하기가 얼마나 어려운지 생각해보면 철도망 건설이 가장 시급한 선결과제였다.

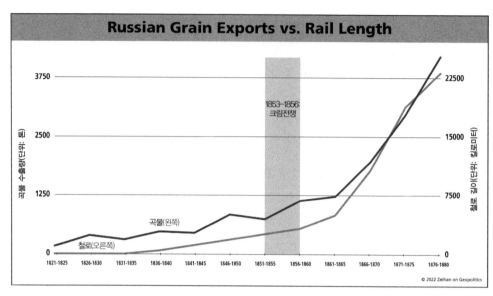

러시아 곡물 수출 vs. 철로 길이

갑자기 러시아 곡물이 세계시장에 도달할 수 있게 되었다. 그리고 실제로 도달했다. 러시아 철도망은 1866년 본격적으로 작동하기 시작했다. 겨우 15년 만에 러시아 철도망은 대략 네 배로 늘어나 전체 길이가 거의 15,000마일에 달하게 되었고, 유럽 전체가 그 이전 반세기 동안 건설한 철도를 모두 합한 길이보다 긴 철도를 추가했다. 같은 기간 동안 러시아의 곡물 수출량도 거의 똑같은 속도로 늘어 4,200톤에 달했다. 이 경우에 상관관계는 실제로 곧 인과관계다.

산업 혁명은 수로 운송에서도 일어났다. 조금 더 오래 걸렸을 뿐이다. 기술적 이유가 두어 가지 있다.

첫째, 증기기관은 철강이 대량으로 확보되기 훨씬 전에 발명되었다. 초창기 증기선은 여전히 목선이었다. 증기기관은 석탄으로 가동되었다. 석탄은 3,000도 이상에서 연소한다. 화학박사가 아니어도 뭐가 문제인지 알 수 있다.

둘째, 석탄은 연소하면 그만이지만, 바람은 무한하다(항해 계획을 제대로 세운다면 말이다). 석탄을 연료 삼아 증기선을 너무 멀리까지 끌고 나갔다가는 비싼 뗏목으로 변하기 십상이다. 산업화 시대 초창기에 대영제국은 물적 유통을 원활하게 하려면 본국에서 머나먼 곳에 있는 석탄 공급 기항지를 구축하고 보호해야 했다. 밥 엘 만뎁에 위치한 아덴과 페림, 동남아시아의 홍콩과 싱가포르, 태평양 중부에 있는 패닝섬과 피지섬, 태평양 남서부에 있는 오스트레일리아와 뉴질랜드, 인도양의 디에고 가르시아, 캐나다의 할리팩스, 대서양 중부의 버뮤다, 지중해의 지브롤터와 몰타가 바로 그런 지역들이다. 영국은 파도 타는 데는 선수였지만, 그래도 제국을 구축하려면 시간과 노력이 들었다. 기술적 요건들이 제국 형성에 영향을 준 만큼이나 제국도 기술적 여건을 조성하는 데 영향을 주었다.

필요는 발명의 어머니라는 말이 있듯이, 모두가 속도를 향상할 필요를 느꼈다.

초창기 증기선은 시간당 5-8마일의 속도로 1,000톤을 운반할 수 있었다. 노닥거리면서 자전거를 타는 정도의 속도다.[7] 1840년대에 회전 모터가 등장해(넓적한 노가 달린 바퀴가 아니라 프로펠러라고 보면 된다) 속도가 향상되었다. 1860년대에 강철 선체가 선보이면서 고온으로 연소하는 석탄 때문에 배가 홀라당 탈 걱정을 덜게 되었고, 선체 바닥에 붙은 해양생물이 생장하면서 속도를 제약하는 문제를 비롯해 여러 가지 문제들도 해결되었다. 1890년대 무렵 이러한 기술에 추가로 여러 가지 기술이 등장하고 여러 가지 결함들이 수정되면서 훨씬 크고 빠른 선박의 시대가 열릴 토대가 마련되었다. 1914년 무렵 강철만으로 제작한 상선들이 등장했고, 개중에는 시간당 12-15마일 속도를 안정적으로 내는 경지에 도달했다. (각각 1869년과 1914년에) 수에즈 운하와 파나마 운하가 더해지면서 대륙을 빙 에둘러가지 않고도 도달 가능한 지역이 늘었다. 가성비가 높아졌다.

1940년 무렵 석유로 가동하는 내연기관이 석탄을 동력으로 쓰는 증기기관을 대체하기 시작하면서, 도달 범위가 증가하고 연료-화물 비율은 하락했으며, 상선과 제국이 관리하는 석탄 공급 기항지 사이의 연결고리도 끊겼다. 석탄을 연료로 하는 증기 동력이 철도에서 해로로 점차 옮겨갔듯이, 이제 석유를 연료로 쓰는 내연기관이 바다에서 육지로 상륙했다. 기술이 발달할 때마다 해양 운송과 내륙 운송은 모두 안정적이고 예측 가능해졌다. 운송비용은 급락하고, 선적하는 화물량은 폭증하고, 안정성이 개선되고, 지금까지는 꿈도 꾸지 못한 정도의 규모로 상품을 운반하게 되었다.

처음으로 진정한 의미에서 부피가 큰 상품들을 운반하는 세계무역이 가능해졌다. 1825년부터 1910년까지의 기간 동안 물가상승을 감안한 목화와 밀의 운송비는 94퍼센트 하락했다. 1880년부터 1910년까지의 기간 동안 미국에서 유럽으로 향하는 밀의 가격에서 운송비가 차지하는 비율은 18퍼센트에서 8퍼센트로 하락했다. 제약에 묶여 있던 운송 문제들이 해결되고 탄력을 받게 되자 영국에서 수입품을 살 선택지를 누릴 수 있는 이들은 역내에서 생산되는 음식만 계속 소비할 필요가 없어졌다. 1850년부터 1880년까지의 기간 동안, 영국인 평균 식생활에서 영국산 곡물이 차지하는 비율은 5분의 3에서 5분의 1로 하락했다.

물건뿐만 아니라 사람들의 왕래도 훨씬 활발해졌다. 산업화 이전 시대에 원양항해 기술로 수많은 노동자가 새로운 기회를 얻었듯이, 철로와 증기선의 발명으로 평범한 이들이 새로운 삶을 꿈꾸게 되었다. 여행—이제 훨씬 쉽고 빠르고 값싸고, 무엇보다도 안전한 여행—의 시대가 열렸다. 아니, 적어도 유럽 백인들이 안락하다고 여기는, 세계의 온대기후 지역 여행이 개방되었다. 3,300만 유럽인—대부분 영국인과 아일랜드인—이 정착민 국가로 이주했다.

본국에 머물러 사는 이들이 거주하는 도시도 근본적으로 변했다. 지역에서 나는 음식과 땔감에 의존했던 제약이 사라지고, 농부들[8]조차 어디선가 수입한 음식을 구하기가 훨씬 쉬워졌다. 식량 공급이 원활해지고 더 많은 강철을 사용하게 되면서 도시는 수평으로 팽창하는 데 그치지 않고 수직으로도 팽창했다. 인구밀도 증가와 함께 도시 규모가 팽창하고, 도시계획이 수립되고, 새롭게 건강 관련 기술들이 등장하면서 인구가 일취월장 성장했다. 산업화 이전의 도시는 기근이나 질병으로 사망한 이들을 대체하기 위해 인구가 끊임없이 유입되었지만, 산업화한 도시는 이제 죽음의 동의어가 아니었다. 산업화한 도시는 도시 인구를 지탱할 수 있었으므로 인구가 급속히 증가했다.

1920년대 무렵, 먼저 수로 운송을 그리고 뒤이어 철로 운송을 혁명적으로 바꾸어놓은 내연기관의 크기가 축소되면서 또 한 번 운송 관련 대대적인 변화가 일어났다. 바로 트럭이다. 항구가 필요한 수로 운송, 땅의 경사도가 1퍼센트 미만인 지역에 국한되는 철로 운송 수단과는 달리 트럭은 도로로 도달 가능한 곳이라면 어디든 갈 수 있었다. 에너지 생산 수요도 완전히 새로운 시대에 진입했다. 500마일 이상을 오가는 거리는 기차가 주로 이용되었지만, 그 외의 운송은 대부분 트럭이 맡았다. 특히 목적지까지 마지막 남은 가장 중요한 거리는 트럭이 맡았다. 도로 건설에 주로 사용하는 재료로는 콘크리트와 아스팔트가 흙과 벽돌을 대체하기 시작했다. 로마제국이 몰락하고 15세기 만에 인류는 마침내 훨씬 개선된 도로를 얻었다. 말의 배설물은 마침내, 기적과도 같이, 갑자기—그리고 고맙게도—도시 거리에서 사라졌다.

1945년 무렵 철로, 바지선, 트럭은 그 어느 때보다도 생산하기 쉬워진 밀과 석탄 같은 부피가 큰 상품과 농산물, 공산품을 가득 실었다. 아프리카 사바나 기후 지역 끄트머리에서 나무 위에서 살다가 땅으로 내려온 인류의 발전을 가로막았던 운송과 물류 장애물이 역사의 뒤안길로 사라졌다. 역사는 속도가 붙었다기보다 앞을 향해 달음박질쳤다. 우리는 한 인간의 생애를 조금 넘는 기간 만에, 초창기 증기기관을 이용해 이동하고 의술이 발달하지 않아 이질로 죽어가던 서부 개척 시대에서 자동차에 사이드카를 장착하고 이동하는 여행 문화를 누리게 되었다.

어딜 가든 등짐을 지고 걸어가야 하는 시대는 끝났다.

12

무역의 미국화

근대 이전의 세계무역은 찔끔찔끔 이루어졌고, 21세기 초의 기준으로 보면 가까스로 총교역량의 반올림 오차만큼이나 될 정도였다. 동인도회사의 차 교역량은 19세기 초 연간 50톤에서 19세기 말 15,000톤에 달했다. 오늘날 15,000톤은 세계 어디선가에서 45초마다 선적되고 하역되는 양이다. 반올림 오차만큼의 수치라고 무시하지 말라. 식민지화, 강대국 전쟁, 산업 혁명, 노예무역이 모조리 이 "반올림 오차만큼의 수치"밖에 안 되는 교역의 결과다. 그러나 과거와 비교해 최근 몇십 년 동안 장족의 발전을 했다는 사실은 변하지 않는다. 1919년 제국 시대가 절정에 달했을 때, 제국 내에서의 교역과 국가 간의 교역을 합해도 겨우 GDP의 10퍼센트를 차지했다. 미국 주도 세계질서 시대의 후기 현재 그 수치는 세 배가 되었다. 제국 없이 말이다.

미국을 탓하라.

미국은 제2차 세계대전이 끝나면서 유일하게 이렇다 할 해군력을 보유한 나라였고 재정적으로도 튼튼했다. 서유럽은 무력하고 자신감을 상실했다. 유럽인은 대공황 시기에는 자본주의가 실패했다고 생각했고 두 차례 세계대전 동안에는 자국의 지도층이 소임을 다하지 못했다고 생각했다. 미국은 유럽 국가의 재건에 동의했다. 유럽 국가의 제국 체제 내에서만 이루어지던 무역을 개방한다는 조건하에. 게다가 경쟁 관계인 제국의 선박을 가로채는 행위는 절대로 하지 않는다는 조건하에. 하나 더. 제국을 해체한다는 조건하에.

유럽 국가들이 그러한 조건들을 수용하는 대신 받은 보상은 진정으로 대대적인 변화를 일으켰다. 미국은 어느 대륙에 있는 어떤 나라든 세계 대양에 접근하도록 했다. 전략적으로 경쟁이 치열한 환경이 사실상 내륙의 물길처럼 기능하는 단 하나의 안전한 세계적인 물길로 바뀌고 그 물길은 디젤 연료를 사용하는 거대한 강철 선박들로 붐비게 되었다. 그 이전 2세기 동안 발명된 기술이 마침내 전쟁의 유령이 출몰할까 걱정할 필요 없이 제 구실을 하게 되었다(더 정확히 말하자면, 전쟁의 유령이 출몰하면 미국이 처치할 참이었다).

(전시에 적의 상선을 나포할 수 있는 허가를 받은 민간 무장선인) 사략선(私掠船)도 해적선도 걱정할 필요가 없어졌다. 제국에 화물을 몰수당할 걱정도 덜었다. "세계화"된 운송 덕분에 서로 시기하고 다투는 편협한 제국 체제에서 세계 경제가 막힘없이 순환하는 체제로 바뀌었다.

산업 혁명 덕분에 훨씬 저렴한 비용으로 A 지점에서 B 지점으로 상품을 운송하게 되었다면, 미국이 구축한 세계질서는 그러한 운송을 훨씬 안전하게 만들었다. 기술적 기반이 바뀌고 지정학적 여건이 변하는 가운데 성공을 부르는 지리적 여건은 거의 세계 전역으로 확대되었다. 그로 인해 우리 모두 뜻하지 않은 방향으로 나아가게 되었다.

효과 1. 선박: 훨씬 크고, 성능이 좋지만… 훨씬 느리다

세계화 시대에는 누구든 세계 어느 지역에도 접근하고, 제조업, 대량소비에 합류할 수 있었다. 부가가치 작업은 이제 제국의 중심지에서만 이루어지지 않았다. 그러나 제국 중심지 밖에서도 제조업은 연료와 원자재가 필요하다. 제국 중심지 바깥 지역에서 산업기반과 기간시설을 확대하기 위해서도 연료와 원자재가 필요하다. 제국 중심지 바깥에서 중산층을 확대하려면 훨씬 더 많은 연료와 원자재가 필요하다.

세계적으로 더 많은 상품을 운송하려면 더 많은 배가 필요했지만, 제국의 중심지들 사이의 경쟁이 이제 세계 환경을 규정하는 특징이 아닌 세상에서는 안보가 최우선적인 관심사가 아니었다. 무기를 갖추고 해상로를 장악하는 경쟁이 비용을 절감하는 경쟁으로 바뀌었다. 이처럼 기업의 최우선적인 관심사가 안전보장에서 효율성 증진으로 바뀌면서 세계는 더 많은 배가 필요해졌을 뿐만 아니라 다른 종류의 배가 필요해졌다.

운송에서 규모의 경제는 네 가지 요인에서 비롯된다. 크기, 선원, 연료, 포장이다. 첫 세 가지는 직관적으로 이해하기 쉽다.

선박을 건조하는 데 필요한 자본 비용은 배가 클수록 늘어나지만, 일직선으로 증가하지 않는다. 배의 크기를 두 배로 늘리는 데 드는 비용은 "겨우" 80퍼센트 증가한다.[9] 배에 실을 수 있는 컨테이너 수가 75개에서 150개로, 이 수치가 300개, 600개, 1,200개, 2,500개, 5,000개, 10,000개에서 오늘날 최대 선적 수인 20,000개로 계속 배의 크기를 두 배로 늘리면 컨테이너 한 개당 절약하는 비용은 80퍼센트가 넘는다. 마찬가지로 컨테이너 10,000개 또는 5,000톤의 쇳덩어리를 관리하는 데 필요한 선원 수는 컨테이너 1,000개 또는 500톤의 쇳덩어리를 관리하는 데 필요한 선원 수보다 그다지 많이 증가하지 않는다. 선박의 크기에 따른 연료 증가율도 선박의 크기와 건조 비용의 관계와 비슷한 추세를 보인다. 배의 크기가 두 배가 되면 연료 사용량은 25퍼센트 줄어든다.

속도도 있다. 연료비는 항해하는 데 드는 총비용의 60퍼센트를 차지하는데, 속도를 낼수록 연료를 더 많이 소비한다. 해결 방법은? 안전이 문제가 되

War Risk Insurance Cost Estimates in a High Risk Environment

선박 유형	최대적재량 (단위)	백만 달러(USD)					고위험 지역에서 7일 동안 단위당 추가위험 할증료(단위: 달러)	선박 규모 추정치–길이, 폭, 깊이***** (단위: 미터)
		대략적 중고 가치*	통상적 화물 가치**	2.5% 통상적인 연간 보험료	7일간 5% 전쟁위험 프리미엄	손실보전 80%에서 보험기간 동안 0.375% 추가될 물 위험 프리미엄		
Maersk Triple E	18,000TEU	$180	$630	$4.50	$9.00	$1.89	$605/컨테이너	400×59×15
Panamax 컨테이너 (홀짱 후)	12,500TEU	$130	$438	$3.25	$6.50	$1.31	$625/컨테이너	366×49×15
Panamax 컨테이너 (홀짱 전)	5,000TEU	$70	$175	$0.18	$0.35	$0.53	$175/컨테이너	290×32×13
초대형 유조선	2,000,000배럴	$62	$200	$1.55	$3.10	$0.60	$1.85/배럴	330×58×31
Aframax 유조선	800,000배럴	$18	$80	$0.45	$0.90	$0.24	$1.43/배럴	245×34×20
Capesize 벌크선	196,000미터톤	$33	$16	$0.83	$1.65	$0.05	$8.66/미터톤	280×45×24
Panamax 벌크선 (홀짱 전)	83,000미터톤	$20	$7	$0.50	$1.00	$0.02	$12.29/미터톤	225×32×14
Handymaz 벌크선 피더(feeder)***	59,000미터톤	$12	$5	$0.30	$0.60	$0.01	$10.41/미터톤	190×32×11

© 2022 Zeihan on Geopolitics

*1년 된 선박에 대한 지문만 있는 핸디맥스와 아프라맥스 그리고 새로 건조된 트리플E급 제외하고 5년 된 선박을 토대로 한 가치. 가격은 2017년 3월 자료를 토대로 한 추정치.
**석유 배럴당 100달러, 선박·톤당 80달러, 일부 TEU 당 35,000달러
***대형 컨테이너선이 기항하는 중소 항만과 인근 중소형 항만 사이에 컨테이너를 수송하는 중소형 컨테이너 선박–옮긴이
****TEU(twenty-foot Equivalent Unit)는 20피트 길이의 컨테이너 크기를 부르는 단위–옮긴이
*****선박의 중앙에서 상갑판 기준 돌보이며 선박 바닥의 용골까지의 수직거리–옮긴이

출처: Athenian, Clarkson, Maersk, Zog Research.

고위험 환경에서 전쟁위험 보험료 추산치

지 않으면 천천히 항해하면 된다. 오늘날 선박은 시간당 18마일 이상으로[10] 속도를 내는 경우가 드물다. 화물선이 내는 속도는 대부분 14마일 될까 말까다.

물론 모든 선박이 하나같이 천천히 움직인다면 어느 시점에서든 바다에 떠 있는 화물은 훨씬 많아진다. 해결책은 단순히 선박 수를 늘리든가 선박 크기를 늘리는 게 아니라 선박의 수와 크기를 모두 늘리는 방법이다.

따라서 오늘날 화물선은 훨씬 큰 정도가 아니라 어마어마하게 크다. 미국의 멕시코만 지역에서 중국으로 대두를 운반하는 선박은 제2차 세계대전 당시 리버트 급과 빅토리 급 화물선 크기의 약 여덟 배다. 오늘날 기준으로 볼 때 그 정도는 그다지 큰 차이가 아니다. 1945년 기준과 비교해볼 때, 오늘날 화물선의 크기는 16배, 유조선의 크기는 40배다. 선박과 화물의 종류에 따라 이러한 수치는 천차만별이지만, 보통 오늘날 선박에 드는 총비용—선원, 연료, 선박 크기 등 몽땅 고려했을 때의 비용—은 제2차 세계대전 시기의 선박과 비교해 볼 때 단위 화물당 4분의 1에 불과하다.[11]

지금까지 크기, 선원, 연료 이 첫 세 가지 특징만 거론했다는 사실을 눈치 챘으리라. 네 번째 특징—포장—은 전혀 딴판인 새로운 방향으로 우리를 인도한다.

효과 2. 컨테이너화: 훨씬 나은 상자 만들기

냉전을 배경으로 구축된 브레튼우즈 체제로 자유무역과 또 한 차례 세계화에 필요한 여건이 조성되었지만, 현장의 현실은 오늘날 우리가 알고 있는 바와 전혀 달랐다. 운송비는 극적으로 하락했지만, 운송 체제 전반적으로 마찰이 심했다.

상품을 트럭에 실어 창고로 운반하고 창고에서 부두로, 부두에서 인부들이 포장해 깔판에 얹고 또 다른 인부들이 화물을 적재한 깔판을 활차(滑車)로 배의 선창으로 옮기고, 또 다른 인부들은 화물을 적재한 깔판이 항해 중에 기울어 쓰러지지 않도록 단단히 고정했다. 그리고 마침내 이 선박은 푸르른 망망대해를 향해 출항했다. 화물을 하역할 목적지 항구에 도착하면 또 다른 인부들이 앞서 언급한 깔판에 적재한 화물을 점검하고, 또 다른 인부들이 이 화물이 적재된 깔판을 트럭에 싣고, 트럭은 이 화물을 철도역까지 운반하고 철도역에서 또 다른 인부들이 화물을 열차에 싣고, 이 열차는 이 화물을 하역시설로 운송하고, 하역시설에서 이 화물은 또 다른 트럭에 실린다. 그리고 나서 마침내 이 트럭은 이 물건을 실제로 구매한 곳으로 배달한다.

한.번.에. 한.개.씩.

그런데 물류와 비용 관점에서 볼 때 단연 최악은 항구다. 각 품목은 수천 개의 다른 품목들과 구분해 부두에 하역하고 물리적으로 점검하고 다시 선박에 실었다가 다시 하역해서 지역 창고로 운반한 다음 소비자에게 배달하는 과정이 시작된다. 배가 훨씬 커지고 많아지면서 항구로부터 점점 더 먼 지역에 훨씬 큰 창고들이 점점 더 많이 들어서면서 끊임없이 화물을 이리저리 옮기게 되고, 차례를 기다리는 화물이 꼬리에 꼬리를 물면서 하역작업이 거북이걸음 속도로 진행되었고 이러한 병목현상은 선박까지 이어졌다. 항구에서 겪는 이러한 과정은 닷새가 걸렸고, 이 과정의 처음과 끝에 부두 인부가 아주 많이 필요했다. 기골이 장대한 갑판 인부와 선원 말고도 말이다. 전반적으로 절도와 부패가 발생할 기회가 기막힐 정도로 많은 골치 아픈 일이었다. 21세기에 접어들 즈음, 항구 사용료가 총운송비의 절반을 차지한 게 놀랄 일이 아니다.

그러다가 상자에 물건을 담는 방법을 생각해냈다.

1960년대 무렵 교역량이 날이 갈수록 증가하면서 포장한 물건을 꺼냈다가 다시 포장하는 고통스러운 과정에 종지부를 찍을 방법이 필요해졌다. 해결책으로 운송용 상자 모델 두어 개가 선보였다—구체적으로 20피트에 상응하는 단위(Twenty-foot Equivalent Unit, 이하 TEU로 표기)와 40피트에 상응하는 단위(Forty-foot Equivalent Unit, 이하 FEU로 표기)다. 흔히 "컨테이너"라고 불리는 상자로서 열차, 트럭, 세미트레일러에 층층이 실려서 운반되는 광경을 분명히 본 적이 있으리라.

컨테이너화 과정은 총체적으로 운송을 변모시켰고 구체적으로 세계의 선박과 항구 통과 절차를 변모시켰다. 컨테이너는 트럭에 실리고 트럭은 화물을 항구로 실어나르고, 항구에서 컨테이너는 트럭에서 하역되어 다른 컨테이너들과 층층이 쌓이게 된다. 선박이 화물을 선적할 준비가 되면, 컨테이너는 크레인으로 (무게의 균형을 잘 맞추기에 적합한 순서로) 직접 배에 선적되어 근력운동보다는 자판 두들기기에 더 능숙한 소수의 선원이 배를 운전해 대양을 가로지른 다음, 좌현에 층층이 쌓인 컨테이너 위에 하역한다. 포장을 풀었다가 다시 포장하는 작업이 항구에서 이루어지지 않기 때문에 항구에는 장비와 인부들이 사용할 용도 외에는 창고가 필요 없다. 이제는 끝없이 이어지는 층층이 쌓인 컨테이너를 보관할 드넓은 주차장만 있으면 된다. 때가 되면 컨테이너는 레일을 이용해 조금 옮긴 후, 크레인으로 직접 트럭에 실어 포장을 벗기고 처리하기 위해 최종 목적지로 출발하면 끝이다.

이론상으로 그리고 실제로, 컨테이너는 단 한 번도 개봉하지 않는다.

좀 더 알기 쉽게 설명해보자. 이사를 해본 경험이 있는 사람이라면 웬만한 이삿짐은 바퀴 18개 달린 대형트럭에 다 들어간다는 사실을 알리라. 이러한 18륜 트럭 한 대(FEU)는 40피트 길이에 폭과 높이가 각각 8피트로 내부는 2,700입방피트다. 며칠 동안 이삿짐을 보관해야 하는 이사라고 치자. 이삿짐 포장을 풀어서 창고에 쌓아두었다가 이사 갈 준비가 되면 이삿짐을 모조리 다시 포장하고 다시 쌓아놓는 게 좋은가, 아니면 새집에 입주할 때까지 이삿짐을 모조리 원래 FEU에 포장한 채로 주차장에 보관하는 게 좋은가?

이제 대양을 가로지르는 과정을 보태서 이 과정을 한 해에 2억 번 반복한다고 치면 세계 경제가 어느 정도의 규모로 바뀌었는지 감이 잡히리라. 컨테이너 내용물이 뭐든 상관없다. 기아자동차든 금귤이든 보크사이트든 술집에서 쓰는 집기든. 컨테이너의 총중량이 상한선을 넘지 않는 한 모든 컨테이너는 똑같이 취급된다.

이러한 표준화가 실현되기 위해서 무엇이 필요했을까? 미국 주도의 세계 질서다. 세계 안보, 세계 상거래, 세계 자본, 세계적 규모, 그리고 크기, 중량, 모양, 자물쇠 등 통일된 표준을 중심으로 세계를 구축하고 공급사슬을 따라 막힘없이 어디든 컨테이너를 운반하도록 안정적인 체제를 마련하겠다는 압도적인 의지가 필요했다. 일찍이 1966년 그 효과가 분명히 나타났다. 항구에서 화물을 처리하는 데 드는 시간은 3-5주에서 24시간 이하로 줄었다. 총운송비의 절반을 차지하던 항구 이용 비용은 5분의 1 이하로 줄었다. 2019년 무렵 컨테이너선은 세계 총교역액의 50퍼센트에 해당하는 화물을 운반했다. 1960년대 초에는 사실상 0이었다.

선박과 화물 처리 방법만 바뀐 게 아니다. 항구도 바뀌었다.

효과 3. 항구: 규모는 커지고 수는 줄고

항구는 내륙에 접근하기가 쉬워야 한다. 투입재에 접근하기 위해서든 생산물을 유통하기 위해서든 말이다. 산업 혁명 전에는 주로 강에 항구가 들어섰다. 함부르크, 뉴올리언스, 상하이가 그 예다. 가장 악조건인 경우 항구는 바다와 접한 평평한 넓은 땅이 필요하다. 상트페테르부르크, 로스앤젤레스, 방콕이 그 예다. 그러나 오늘날 컨테이너는 융통성이 있으므로 항구는 도로(철도면 더 좋다)에 접근하기만 하면 된다. 여러 가지 지리적 여건을 충족시켜야 하는―따라서 비용이 많이 드는―항구는 이제 토지, 노동력, 전기료가 허락하는 한 도시 바깥에 위치해도 된다. 톈진, 사바나, 세인트존이 그 예다.

컨테이너의 융통성과 더불어 비용도 낮아지면서 까다로운 항구 입지 조건이 완화됐지만, 항구 자체의 조건은 더 까다로워졌다. 이제 무엇이든 컨테이너에 담아 운반할 수 있게 되자 항구는 어마어마하게 많은 물량을 처리할 수 있는 중간 기착지 역할을 할 수 있어야 했다. 그리고 선박의 규모가 점점 커지면서 아무 항구나 정박지 역할을 할 수는 없게 되었다.

우선 대양을 가로지르는 거대한 선박을 취급할 역량에 못 미치는 중간 규모의 지역 항구들이 사라졌다. 화물은 어마어마하게 많은 컨테이너를 처리할 수 있는 새로운 초대형 항구로 향하든가 아니면 화물을 지역에 유통하는 역할을 하는 아주 작은 항구로 향했다. 초대형 항구로 점점 더 많은 화물이 몰리면서 초대형 항구는 점점 더 초대형이 되었고, 소규모 유통 중심지조차 사라졌다. 철로가 규모가 큰 항구와 연결되고 철로를 이용해 화물을 소규모 항구의 유통망까지 운반하면 그만이었다. 강 상류에 있는 항구, 특히 대양을 가로지르는 선박을 취급할 역량에 못 미치는 비교적 작은 항구들은 무용지물이 되었다.

이런 종류의 경제적 재조정이 전 세계 곳곳에서 일어나면서 지역의 중심축이 되려는 경쟁도 동시에 촉발했다. 단일 대도시 지역—파리, 런던, 브루클린, 세인트루이스, 시카고 항구가 그 예다—을 위해 설계된 항구는 거의 사라졌다. 대신 대규모 컨테이너 유통을 활성화하는 형태로 변모할 역량을 갖춘 지역—로테르담, 펠릭스토, 뉴저지, 휴스턴, 타코마—이 탄생했다.

선박 수는 점점 늘어나고 항구의 수는 점점 줄어들면서, 항구 자체의 규모가 점점 커졌다.

위의 세 가지 효과가 복합적으로 작용해 해운업이 탄생했다.

2000년부터 2020년까지의 기간 동안, 대서양이나 태평양을 가로지르는 컨테이너선이 컨테이너 1개당 지불하는 비용은 평균 700달러였다. 다시 말해서 신발 1켤레당 11센트였다. 통행세를 내야 하는 기존의 관문을 통과하기에도 그리 비싸지 않았다. 상당히 대규모로 생산되는 세계 최대 컨테이너선 등급—머스크 트리플-E(Maersk Triple-E) 등급—은 수에즈 운하를 통과할 때 대략 100만 달러를 내지만, 18,000여 개의 컨테이너가 나누어 내기 때문에 컨테이너 1개당 55달러, 신발 1켤레당 1센트도 안 된다. 운송비가 너무나도 저렴해진 나머지 2019년 중국 재활용 산업계는 저품질 재활용 쓰레기 수입을 제한해야 했다.

휠씬 크고 속도가 느린 선박과 더불어 컨테이너화로 화물 총운송비는 화물의 총비용에서 차지하는 비율이 1퍼센트에 채 못 미치게 되었다. 산업화 이전에 이 수치는 보통 4분의 3이었다. 원양항해 이전에 이 수치는 99퍼센트를 웃돌았다.

런던과 도쿄와 상하이와 시드니와 뉴욕과 리오 사이에 트럭이나 철로로 화물을 운반할 수 없다는 사소한 사항은 논외로 하고, 설사 그런 기간시설이 구축되어 있다고 해도 해상 운송과의 비교 자체가 어처구니없는 짓이다. 열차가 막 확장된 파나마 운하를 겨우 빠져나갈 수 있도록 설계된 선박과 경쟁하려면 열차의 길이가 40마일 이상이어야 한다. 트럭으로 치면 6,500대가 필요하다.

운송비가 이제 거의 0에 가까워지면서 이에 맞춰 다른 모든 계산 방식도 바뀌었다.

효과 4. 도시: 도시의 폭발적 증가

산업 혁명 이전에는 바람, 물, 근력이 도시가 얻을 수 있는 유일한 동력원이었다. 이 때문에 도시의 규모는 엄격히 제한되었다.

산업화 시대의 기술 덕분에 도시의 도달 범위는 몇 배 확장되었고 전례 없이 원자재들이 도시에 집중되었다. 그러나 도시의 팽창 자체가 도시의 식탐을 더욱더 자극했다. 경제활동이 휠씬 활발한 대도시는 그 활동을 뒷받침할 투입재가 더 많이 필요해졌다. 도시의 식탐은 숯을 마련하기 위해서 도시 면적의 100배에 달하는 땅이 필요했던 과거와 비슷하지만, 이번에는 식량으로서의 밀, 강철을 만들 철광석, 연료용 석유, 콘크리트 제조에 필요한 석회석, 전선 만드는 데 필요한 구리 등등이 필요했다.

도시는 불가피하게 도달 범위를 더 넓은 지역들로 확장했다. 지역들도 마찬가지 이유로 도달 범위를 제국들로 확장했다. 미국은 서부를 개척하고 풍부한 농산물과 원자재들을 동부 연안 도시로 보냈다. 일본도 만주로 팽창했다. 새로운 기술이 지닌 속성 자체가 제국적 팽창과 원자재 접근을 둘러싼 갈등을 불가피하게 했고, 경쟁과 서로에 대한 혐오감은 두 차례 세계대전으로 이어졌다.

제2차 세계대전 이후 미국의 주도로 세계질서가 구축되면서 도시의 도달 범위에 가해진 이론적인 제약마저 사라졌다. 석탄, 식량, 심지어 사람도 이제 다른 지역에서 들여올 수 있게 되었다. 어디서든지. 아무 데서나. 이제 도시는 원자재를 확보할 지역을 장악할 필요가 없어졌다. 세계 어디서든 원자재를 확보할 수 있게 된 이상 모든 도시가 규모를 확대할 수 있었다.

효과 5. 공급사슬:
생산은 지역에서, 판매는 세계를 상대로

산업화 이전 세계의 중요한 특징은 제국의 중심지였다. 제국의 중심지는 하나같이 온화한 기후와 비교적 평평한 지형과 바다나 강 또는 바다와 강 모두에 접근 가능한 환상적 지리적 여건을 갖추었기 때문에, 역내 경쟁에서 유리한 입지를 확보했을 뿐만 아니라 다른 지역으로 진출해 정복할 힘과 안정성도 갖추었다. 산업화 시대가 동트면서 제국 중심지는 하나같이 수 세기 동안 축적한 부와 지식을 이용해 대량생산 제조업에 착수했다.

그런데 모두 공통으로 직면한 제약이 있었다. 제조업의 모든 단계에서 똑같은 투입재에 똑같이 접근할 필요는 없다. 철광이 더 필요한 단계가 있는가

하면 노동력이 더 필요한 단계, 석탄이 더 필요한 단계, 박사학위 소지자가 더 필요한 단계도 있다. 그러나 제국들은 서로를 불신했기 때문에 제국 중심지는 각자 알아서 현실을 타개해나가야 했고, 철저하게 독자적으로 구축한 체제 안에서 생산과정의 모든 단계를 수용하려 했다.

미국 주도 세계질서가 동트면서 이 모두가 변했다. 미국은 연합국 사이의 갈등을 금지했을 뿐만 아니라 세계 화물운송의 안전을 자국 내의 상거래처럼 보호하면서, 운송 비용이 저렴한 시대가 도래했다.

모두에게 "안전한" 세계에서는 세계적으로 "성공을 부른" 지리적 여건을 갖춘 지역은 다른 지역 위에 군림하거나 다른 지역을 착취하지 못했다. 이로 인해 한 나라의 성패를 가늠하는 데 있어서 상당히 결정적인 역할을 하던 지리적 여건은 성가신 잡음으로 지위가 격하되는 뜻밖의 부수적 효과를 낳았다. 한때 뒤처졌던 지역들은 안전한 여건에서 활짝 피어날 수 있었다.

기존의 제국 중심지들도 이를 크게 개의치 않았다. 알루미늄으로 전선을 만들거나 신발을 수선하는 등 비교적 부가가치가 낮은 공정처럼 기존의 제국 중심지가 잘하지 못하는 공정은 훨씬 효율적으로 할 수 있는 경쟁력을 갖춘—이제 세계화한 체제에서 떠오르는 신예 참여자—다른 지역에 외주 줄 수 있었다. 운송비가 날이 갈수록 폭락하고 미국이 운송을 성역으로 취급하면서 한 도시에서 모조리 이루어지던 작업 일부가 전 세계 백여 군데 서로 다른 지역들에 맡겨졌다.

한때 "오로지" 원자재와 최종 생산물에 국한되었던 운송은 이제 헤아리기 힘들 정도로 다양한 중간재에도 적용되었다. 그리하여 근대 여러 단계의 제조업 공급사슬 체제가 탄생했다. 1960년대 무렵 그러한 공급사슬은 특히 자동차와 전자제품 부문에서 흔해졌다.

한국, 브라질, 인도, 중국이 갑자기 실제로 역할을 하게 된 수십 개국 가운데 대표적인 4개국이다. 브레튼우즈 체제 이전 수십 년 수 세기 동안 승승장구한 "핵심" 지역—미국의 강철 지대(Steel Belt라 불리는 중공업 지대—옮긴이)

와 운하망을 갖춘 영국—대부분이 듣도 보도 못한 경쟁자들이 대거 등장하면서 녹슨 기억의 저편으로 사라져갔다.

냉전 시대와 탈냉전시대에 세계가 점점 안정되면서 미국이 주도하는 세계질서에 합류하는 나라가 점점 늘어났다. 새로 합류한 나라들은 합류 시기도, 경제적으로 발전한 수준도, 기술적 정교함의 수준도 천차만별이었다.

2022년 현재 서유럽, 일본, 영미권은 선진 기술국가다. 동북아시아와 중부 유럽은 선진 산업화 국가다. 동남부 유럽, 중남미, 아나톨리아, 동남아시아는 급속히 산업화하는 나라다. 중국, 남아시아, 중남미, 구소련은 혼합형 경제 체제다. 날이 갈수록 복잡해지는 공급사슬이 이들을 서로 연결한다. 이 모두가 훨씬 저렴해지고 흔해진 운송 체제 덕분이고, 이로 인해 경제발전과 통합이 활성화되었고, 이는 다시 더 저렴한 운송 체제의 수요를 더 많이 창출했다.

여기에 훨씬 큰 선박, 컨테이너화, 새로운 유형의 항구가 더해지면서 이웃 나라와의 교역을 방해하던 장벽이 낮아졌고, 마침내 그 장벽이 완전히 무너지고 대양을 가로지르는 진정으로 세계적인 여러 단계의 무역이 가능해졌을 뿐만 아니라 일상이 되는 상황에 이르렀다. 2022년 현재 부피로 치면 80퍼센트, 액수로 치면 70퍼센트에 달하는 세계무역 운송을 대양을 가로지르는 선박들이 처리한다.

해체

기술이 성숙하고 운송체계가 두터워지고 다양화하면서 두 가지 대조적인 사고가 서로 얽혀 현재의 체제를 규정하게 되었다.

첫째, 산업기술은 응용하기가 점점 더 쉬워졌다. 강철 단조(鍛造) 작업은 강철로 철로를 만드는 일보다 어렵고, 철로 제작은 철로를 까는 작업보다 어렵고, 철로 매설 작업은 열차를 작동시키기보다 어렵고, 열차 작동은 열차를

156

채우는 일보다 어렵다. 제국 체제가 막을 내리자 네덜란드와 일본이 식민지에 구축한 철도망을 뜯어서 본국으로 가져가지는 못했다. 과거 식민지들은 제국이 두고 간 자산을 취해 직접 작동하기가 쉬웠다. 기술을 터득한 장인이 필요한, 산업화 이전의 기술과는 달리 산업화 시대의 기술—특히 디지털 시대의 기술—은 대부분 특별한 전문지식 없이도 운용하기가 쉬워졌다.

둘째, 산업기술은 유지하기가 점점 어려워지고 있다. 거리와 상관없이 공급체계를 다양화하는 역량을 갖추게 되면 제조업을 수십 개, 심지어 수천 개의 개별적인 단계로 세분화하는 게 경제적으로 유리하다. 어떤 장치의 아주 일부분을 만드는 노동자는 그 일의 달인이 되지만 나머지 공정에 대해서는 전혀 모른다. 이산화규소를 정제하는 일꾼은 실리콘 박편을 만들지도 않고 만들 역량도 없고, 회로판을 만들지도 않고 만들 수도 없고, 코딩을 하지도 않고 할 수도 없다.

도달 범위 확대와 분업화가 복합적으로 작용해 아주 분명한 결론에 도달하게 된다. 특정 지역에서 그 지역인들이 소비하는 상품이 특정 지역에서 그 지역인들이 생산하는 상품과 일치하지 않게 되었다. 소비하는 지역과 생산하는 지역이 분리되었다. 이제는 생산과 소비를 연결하기 위해서뿐만 아니라 생산과 소비 자체를 뒷받침하기 위해서도 안전한 대규모 운송체계가 필요해졌다.

여러모로 이러한 상황은 아주 바람직했다. 산업화에 세계화가 더해지면서 역사상 가장 빠른 속도로 경제가 성장했을 뿐만 아니라 세계 수십억 인구의 생활 수준이 극적으로 향상되었다. 충격적일 정도로 불평등했던 산업화 이전의 세계와는 달리, 산업화/세계화 조합으로 불가능해 보였던, 두 마리 토끼를 잡는 데 성공했다. 역사상 그 어느 시기보다도 인간의 지식과 교육 수준의 한계를 한층 더 빨리, 더 널리 확장하는 한편 변변한 기술이 없는 이들이 근근이 연명하던 생활 수준 이상의 삶을 누리게 되었다.

그러나 훨씬 더 여러모로 이는 처절하게 끔찍하다.

13

대대적인 해체

우선 요점정리에 집중해보자.

- 근대에 출현한 선박은 어마무시한 괴물이다. 컨테이너선은 눈썹을 휘날리며 헤엄쳐도 시간당 29마일을 넘지 못한다. 벌크선 속도는 그 절반이다. 가장 빠른 여객선은 크루즈 여객선이다. 텅텅 빈 공간이 많기 때문이다. 옥수수를 실어나르기 위해 여객선을 개조하기란 만만치 않다.
- 대양을 가로지르는 컨테이너선은 수천 개의 컨테이너를 적재하는데, 그중 절반 이상이 거의 모든 공산품 조립에 필요한 중간재들로 가득 차 있다.
- 이러한 중간재, 특히 품질이 낮은 쪽에 속하는 중간재는 각 품목의 일부분밖에 생산할 줄 모르는 일꾼들이 만든다.
- 기술력이 뛰어난 나라도 자국의 기술력에 못 미치는 작업을 할 수 있다. 서버용 칩을 만드는 반도체 조립 시설은 자동차나 장난감용 칩도 만들 수 있다. 그러나 그 역은 성립하지 않는다.

- 근대 항구는 수가 적고, 서로 떨어져 있고, 규모가 어마무시하고, 보통 해당 항구에서 하역하는 화물을 구매하는 인구 거주지역과 지리적으로 가까이 위치하지 않는다.
- 근대 도시는 그 규모가 방대하고 경제가 세밀하게 분업화되어 있어서 방대한 지역에 안정적으로 접근하는 데 그치지 않고 전 세계에 접근할 수 있어야 한다.

이 모든 작업을 규정하는 핵심적인 특징은 안전하고 저렴한 운송 체제다. 그런 운송 체제가 없으면 전부 무너진다.

산업기술은 채택하기가 쉬워서 쉽게 확산하지만, 그 역도 마찬가지다. 무슨 이유에서든 오늘날 전 세계를 연결하는 운송체계가 끊어지면 오늘날 세계의 산업화를 유지할 수 있는 기술 역량을 갖춘 인구는 거의 없다. 인력은 극도로 분업화되어 있거나 거의 비숙련 기술 인력이며 혹은 이 둘을 조합한 경우가 대부분이다. 설상가상으로 오늘날의 도시는 해당 도시가 전혀 영향을 미칠 수 없는, 전 세계에 흩어져 있는 수많은 이들과 장소에 늘 접근할 수 있어야 한다. 간단히 말해서 지역들은 산업화 속도보다 더 빠른 속도로 탈산업화할 수 있고, 운송 체제가 어떻게 변하는가가 결정적 요인이다.

탈산업화는 생각보다 빨리 일어날지 모른다.

크고 둔하고 느린 선박을 생각해보자.

1980년대에 일어난 이란-이라크 전쟁 사례를 간단히 살펴보자. 1983년 무렵, 전쟁이 교착상태에 빠지면서 두 나라는 상대국을 경제적으로 목 조르려고 상대방의 화물을 실은 배에 미사일을 날렸다. 모두 300여 개의 미사일이 선박을 강타해, 50척이 망가지고 10여 척이 침몰했다. 당시 세계 화물운송의 규모와 비교하면 조족지혈에 지나지 않았다.

그러나 한 줌도 안 되는 사건이 세계 보험업계를 거의 파괴할 뻔했다.

미국의 화물운송의 안보 보장은 철통같다고 믿었다. 수십 년 동안 세계적으로 한 줌도 안 되는 사건이 일어났을 뿐이었으니 말이다. 1950년부터 1975년까지의 기간에는 화물선에 대한 공격이 전무했다. 따라서 해상보험의 손실 보전 규정은 기껏해야 최소액이었다. 해상 공격에 대비해 현금을 두둑하게 마련해두는 행태는 지진이 일어날 가능성이 거의 없는 일리노이주에서 지진에 대비해 수십억 달러를 마련해두는 셈이나 마찬가지였다. 그러나 이란-이라크 전쟁에서 피해를 본 운송업계로부터 보험 청구서가 날아들기 시작하자 보험 회사는 금방 운영자본이 동났다. 그러자 그 보험 회사는 자사가 보험을 든 재보험 회사에 보험금을 청구했고 재보험 회사도 금방 자금이 동났다. 문득 모든 보험 회사는 보험업계 자체가 절벽 끝에서 휘청거린다는 사실을 깨달았다. 화재보험, 자동차보험, 주택담보대출 보험, 건강보험, 상관없이 말이다. 그리고 보험 회사는 대부분 대규모 금융회사를 통해서 채권시장 대부분과 연계되어 있으므로 재앙이 닥쳤다.

대대적인 세계 금융시장의 붕괴를 막은 유일한 해결책은 레이건 행정부의 결단이었다. 이 결단은 세 부분으로 구성되었다. (a) 페르시아만에서 이란 국적이 아닌 화물을 물리적으로 호송한다, (b) 이란 국적이 아닌 화물은 성조기를 게양해 모두 미국 국적선으로 한다, (c) 성조기를 게양한 모든 화물에 대해 미국이 전면적으로 보증을 해준다. 금융 부문이 존재하지도 않고 상업 국가도 아닌 두 나라 간의 역내 군사 갈등이 고조되어 오로지 초강대국만이 세계 금융계 붕괴를 막을 군사적, 재정적, 법적 힘을 행사하는 지경에 이르게 되었다.

오늘날 이와 비슷한 사건이 일어난다고 상상해보자. 1970년부터 2008년에 이르기까지 미국은 거의 항상 페르시아만에 항모전단을 주둔시켰다(그리고 1991년 사막의 폭풍 작전 이후로는 보통 2개의 항모전단을 주둔시켰다). 1983년에 상선을 호송하려면 정찰 패턴만 조금 바꾸면 되었다. 그러나 2015년 이후로 미국은 한 번에 몇 달씩 역내에 규모 있는 항모전단을 전혀 배치하지 않는 경우가 다반사였다. 2021년 말 무렵 미국은 이 지역에서 육상 정규 주둔군을 모두 철수시켰다. 미국을 제외하면 자국의 군자산으로 페르시아만에 도달이라도 가능한 나라—프랑스, 영국, 일본, 중국—는 한 줌에 불과하다. 그중 무력 행사할 기술적 역량을 지닌 나라는 일본뿐이고, 이렇다 할 호송대를 구축할 함대를 보유한 나라는 하나도 없다.

호송 대상인 선박이 벌크선이 아니라 컨테이너선이라고 가정해보자. 선박한 척이 수만 가지(수십만 가지?) 상품을 담은 컨테이너 수천 개를 싣고 있다. 1980년대에 일어난 그 사건에서는 가라앉은 선박마저도 곧 인양되어 계속 생명을 이어갔다. 오늘날 컨테이너화한 화물은 어림도 없다(페르시아만 바닥에 며칠 동안 누워 있던 회로판이 장착된 컴퓨터를 누가 사겠나?)

같은 사건이 다른 지역에서 일어났다고 상상해보자. 1980년대 이란과 이라크는 부가가치를 전혀 창출하지 못하는 경제 체제였다. 지역 소비에 엄격히 국한되어 있었다. 제조업 공급체계에 전혀 참여하지 않았다. 유럽과 아시아 제조업의 중심지인 발트해나 동중국해에서 화물선이 공격을 받으면 어떻게 될까? 오늘날 컨테이너선은 하나의 항구에서 또 다른 항구로 단일 품목을 운송하지 않고 여러 항구를 순회한다. 컨테이너선은 여러 항구를 돌면서 아찔할 정도로 다양한 상품들이 담긴 컨테이너들을 하역하기도 하고 선적하기도 한다. 단 한 척이라도 화물을 운송하거나 하역하지 못하면 여러 지역에서 여러 산업부문에 걸쳐 수천수만 개의 공급사슬 전체에 연쇄적으로 영향을 미친다. 몇몇 항구에서 잠시 지체되기만 해도 실제로 사업을 망치는 건 물론이고 산업 전체의 합리화를 촉발하기에 충분하다. 자동차를 만들려면 3만 개의 부품이 필요하다고 한다. 단 한 개의 부품만 빠져도 자동차가 아니라 야심 찬 크기의 문진(文鎭)에 지나지 않는다.

그런 사건이 단발성 사건이 아니라고 상상해보자. 1983년과 2022년은 규모 면에서 천양지차다. 공급사슬은 더욱 분화하고, 부는 더 많이 축적되고, 산업의 종류는 더욱 다양해진 가운데 오늘날 세계 해운업 총액은 여섯 배로 커졌다. 지난 250년 동안 수집한 자료를 이용해 대충 계산해보면 운송비 1퍼센트가 감소하면 교역량이 5퍼센트 정도 증가한다. 이를 역산해나가면 얼마 지나지 않아서 무역이 뒷받침하는 현대 세계는 소중한 기억의 저편으로 사라진다.

결론: 우리가 알고 있는 세계는 대단히 허약하다. 그것도 설계한 대로 작동할 때조차 그렇다. 오늘날의 경제 환경은 미국의 전략적 전술적 관리 감독에 의존하는 단계를 넘어 심각하게 중독되어 있다. 미국이 없으면 장거리 화물 운송은 규범에서 예외로 격하한다. 인구구조의 붕괴로 대량소비가 사라지면 대대적 통합이 경제에 이득이 된다는 주장은 무너진다. 어떤 식으로든 우리의 "정상적" 삶은 끝나게 된다. 그것도 먼 미래가 아니라 곧 끝나게 된다.

앞으로 닥칠 세계:
위험을 자초—그리고 모면—하기

미국이 주도하는 세계질서가 초래한 가장 기적적이고 어느 정도는 뜻밖인 결과는 대규모로 여러 나라가 참가하는 무역 체제에 거의 참여하지 않았던 지역을 변모시킨 정도다. 세계 대부분 지역은 서유럽이나 북미지역에 공통으로 존재하는 촘촘한 강 수로망이나 온건한 기후같이, 자연스럽게 경제활동을 촉진하는 지리적 이점을 누리지 못한다.

미국 주도 세계질서는 지리적 여건의 중요성을 어느 정도 희석했다. 미국은 다른 나라의 해외 상거래뿐만 아니라 다른 나라의 국경까지도 보호하게 된다. 이 세계질서 덕분에 그동안 발전해본 적이 없거나 이러저러한 제국에게 짓밟혀온 지역들이 독자적인 참여 주체로 등장하게 되었다. 1945년 이후로 인류가 경험한 최고의 경제성장으로 최근까지만 해도 방치되어왔고 최근까지 경제적으로 사망선고를 받은 지역 내에서 기초적인 경제성장이 일어났다. 이는 미국이 내 일 아니면 관여하지 않겠다는 정서에 빠지게 되면, 차질을 겪을 가능성이 가장 큰 지역이자 그러한 차질로 큰 영향을 받을 지역은 다름 아니라 새로 부상한 지역들이라는 뜻이다.

가장 우선 차질이 빚어질 지역은 아시아의 제1 도련선 안쪽에 있는 영토다. 일본, 중국, 한국, 대만, 그리고 정도는 덜하나 필리핀, 베트남, 인도네시아, 말레이시아, 싱가포르가 해당한다. 남쪽에서 북쪽으로 갈수록 부존자원이 희박해지는 반면 제조업 물량과 총액은 북쪽에서 남쪽으로 갈수록 줄어든다. 원자재 수요가 집중되어 있고, 지구상에서 가장 긴 공급사슬이 존재하며 수출의존도가 대단히 높다는 특징을 지닌, 경쟁이 치열한 지역이다. 그 결과 중간재가 온 사방에 산재해 있고 이러한 중간재는 모조리 바닷길로 운송된다.

이러한 취약성과 통합의 조합은 외부 세력이 모두에게 얌전히 굴도록 강제하는 안보 환경이었기 때문에 발생할 수 있었다. 그러나 미국의 관리 감독하에서도 동아시아는 역내 협력 체제를 전혀 구축하지 못했고 외교적인 압력을 해소할 장치도 마련하지 못했다. 중국은 일본을 증오하고 일본은 (아마 이제는 무의식적으로) 한국과 중국 일부를 식민지로 만들려 하고, 대만은 핵억지력을 갖추려 하고, 한국은 아무도 믿지 않는다.

설상가상으로, 일본을 제외하고, 역내 국가들 가운데 자체적인 공급사슬이나 무역 해상로를 안전하게 지킬 역량을 갖춘 나라는 하나도 없다. 어느 나라가 더 불리한 입장인지 평가하기도 어렵다. 한국과 대만은 미국 해군의 전략적 관리 감독에 거의 전적으로 의존하고 있고, 중국은 연안 작전을 수행할 역량밖에 없는 해군을 이용해 대여섯 군데 관문뿐만 아니라 (제1 도련선을 구성하는 모든 나라를 포함해) 적대적인 여러 나라의 영해를 뚫고 나가야 시장이나 중요한 원자재에 접근할 수 있다.[12]

중국의 파시즘 모델은 이 시점까지는 먹혀들었지만, 인구 고령화로 국내 소비가 붕괴하고 탈세계화로 수출시장을 잃어버리는 가운데 경제가 제대로 작동하는 데 필요한 에너지와 원자재 수입 화물선을 보호할 역량이 없는 중국은 자기도취적인 민족주의를 포용하면서 국내 소요를 양산해 공산당의 힘을 소모할 위험이 있다. 중국 역사에서 정부가 인민에게 생필품을 제공하지 못하게 되자 (되풀이해) 일어난 일이다.

일본은 이 지역을 물려받게 될 것으로 보이지만, 미래가 그리 순탄해 보이지는 않는다. 물론 일본은 해군력의 도달 범위가 월등하므로 2-3주면 중국의 목을 조를 수도 있고, 공해상에서 갈등을 일으킬 시간과 장소를 원하는 대로 선택할 수도 있지만, 중국은 해안에서 200-300마일 내에 있는 표적을 타격할 역량이 있다. 일본 본토 섬 일부뿐만 아니라 한국 대부분과 대만 전체가 중국의 사정거리에 들어온다. 중국 정부가 완전히 붕괴(중국 역사를 통틀어 여러 차례 일어났다)하지 않는 한 이 지역 전체가 해상 운송의 위험구역으로 바뀐다.

이 지역은 그 어느 지역보다 미국 주도 세계질서의 혜택을 많이 누린 만큼 그 어느 지역보다 세계질서의 붕괴로부터 고통을 겪게 된다. 그리고 누구든 단 한 척의 상선을 향해 총을 처음으로 발사하는 순간, 우리가 알고 있는 근대 제조업을 구성하는 모든 게 끝장나게 된다.

두 번째로 우려스러운 지역은 페르시아만이다. 그 이유를 설명하기는 그리 어렵지 않다. 이 지역의 기후는 건조한 기후에서 사막 기후를 아우른다. 이런 기후면 보통 인구가 그냥 소규모도 아니고 아주 아주 소규모에 머문다. 그러나 석유가 발견되면서 모든 게 변했다.

세계화 체제 하에서 미국은 군사력으로 페르시아만을 정찰하고 이 지역 정치에 시시콜콜히 개입하는 수밖에 달리 선택의 여지가 없었다. 석유는 세계무역의 원동력이었고, 세계무역은 미국 동맹의 원동력이었으며, 미국의 동맹은 미국 안보의 원동력이었다. 페르시아만이 비교적 평화롭지 않았다면—그리고 역사적 기준으로 볼 때 1950년 이후 페르시아만은 비교적 평화로웠다—미국의 세계전략은 실행과 동시에 무너졌을지 모른다.

석유는 미국의 존재와 더불어 이 지역의 가능성을 변모시켰다. 유목민으로 떠돌며 살거나, 해안을 따라 생긴 마을에 살거나, 천 년 동안 관개용수가 고 갈되어 오래전에 땅이 대부분 염분에 오염된 이 지역이 미래형 도시, 인구과 잉의 초대형 복합도시, 전쟁으로 폐허가 된 도시경관과 낙후 지역, 거의 노예 나 다름없는 하층민 계층이 거주하는 지역이 마구 혼재된 모습으로 변했다.

이 지역은 석유와 천연가스를 수출한다. 거의 그뿐이다. 이 지역은 식량을 수입한다. 기술, 전자제품, 침대보와 식탁보 등 리넨류, 옷, 휴대전화 제품, 컴퓨터 제품, 기계, 항공기, 자동차, 건설자재 등 거의 모조리 수입한다. 노동 력—숙련 비숙련 둘 다—도 수입한다. 심지어 낙타도 수입한다. 수출하는 화 석연료는 거의 다 해상로로 빠져나가고 수입품도 거의 다 해상로를 통해 들 어온다. 세계적 운송체계가 붕괴한 세계에서는 호르무즈 해협의 대안도 별로 도움이 되지 않는다. 그러한 대안은 이란의 위협을 우회하기 위해 설계되었 지, 세계질서의 붕괴를 우회하기 위해 설계된 게 아니기 때문이다.

그렇다고 해서 이 지역이 인류의 집단적 레이더에서 사라진다는 뜻은 아니 다. 페르시아만이 가진 것—석유—은 남아시아, 동아시아, 유럽 모두가 절실 히 필요하다. 그러나 각 지역의 국가들은 하나같이 최종 소비자에게로 향하 는 유조선이나 먼 지역의 공급자들로부터 오는 벌크선이나 컨테이너선을 지 켜주기는 고사하고, 선박들이 호르무즈 해협을 안전하게 드나들도록 인도하 기는 고사하고, 역내 해상 운송을 호송하기는 고사하고, 자국의 해안선을 효 과적으로 정찰할 해군력조차 갖추지 못했다.

이 지역을 미국식으로 질식할 정도로 감싸고 보호해줄 해외 세력도 없다. 필요 이상으로 압도적인 역량이 저평가되었다고 느끼는 미군의 정서가 논쟁 의 여지가 없다는 점은 미국을 제외한 세계 해군력을 모두 합해도 미국 해군 이 힘을 투사하는 역량의 10분의 1에도 못 미친다는 사실이 증명해준다. 이 지역에 규범을 강제할 역량을 지닌 나라가 미국 말고는 없으므로 수십 년 동 안 세계적으로 침체가 계속될 게 불 보듯 뻔하고, 이 끔찍한 혼돈에서 뭐라도 건져보겠다고 몇몇 나라—일본, 영국, 프랑스, 인도, 터키, 중국—가 연이어

애를 써보지만 이렇다 할 성과를 내지 못할 것이다.

눈여겨봐야 할 세 번째 지역은 유럽이다. 근대 유럽 하면 문화, 민주정체, 평화를 연상시킨다. 유혈의 역사에서 탈출한 지역으로 여긴다. 그러나 유럽이 역사에서 탈출할 수 있었던 까닭은 미국이 유럽적인 것을 모조리 구조 조정했기 때문이다. 더할 나위 없이 평온한 역사적 지표면을 들추면 지구상에서 전쟁으로 가장 처참하게 찢기고 전략적으로 불안정한 땅덩어리의 속살이 드러난다. 근대 유럽은 브레튼우즈 체제가 만든 철저히 인공적인 산물의 결정체다.

미래에 유럽이 직면할 문제는 여러 가지지만 네 가지가 특히 두드러진다.

- 첫째는 에너지다. 유럽은 아시아보다 훨씬 더 수입 에너지에 의존하고, 주요 유럽 국가가 생각하는 해결책도 나라마다 제각각이다. 독일은 러시아와 에너지 거래를 안 하면 전쟁이 일어날까 두려워한다. 폴란드는 러시아만 아니면 누구하고든 거래하려 한다. 스페인은 오로지 서반구에 해결책이 있다는 걸 안다. 이탈리아는 리비아를 점령해야 한다고 생각한다. 프랑스는 알제리에 거래를 강요하려 한다. 영국은 서아프리카에 눈독을 들이고 있다. 다 옳다. 다 틀리다.

- 둘째는 인구구조다. 유럽 국가들은 오래전에 이론상의 인구구조 회복 기회조차도 물 건너갔다. 유럽연합은 이제 수출 연합으로서 기능을 하게 된다는 뜻이다. 미국이 주도하는 세계질서 없이 유럽은 상품을 수출할 그 어떤 가능성도 잃어버리게 되고, 따라서 현재의 형태로 유럽 사회를 유지할 가능성도 사라진다.

- 셋째는 경제적 특혜다. 오늘날에는 대체로 잠재의식에나 존재할지 모르지만, 유럽은 그들의 유혈 낭자한 역사를 인식하고 있다. 유럽 지도자들은 자국의 체제를 사회주의 성향으로 재구성해서 자국민이 집단 체제의 존속에 사활을 걸도록 의도적으로 결단을 내렸다. 이는 먹혀들었다. 아주 잘 먹혀

들었다. 그러나 미국이 방위비 대부분을 부담하고 유럽 스스로 촉진해본 적이 없는 경제성장을 가능케 한 미국 주도의 세계질서의 맥락에서만 가능하다. 탈세계화하면, 유럽의 인구구조와 세계에 도달 가능한 범위의 제약으로 볼 때 항구적인 침체에 빠지게 되는데 그나마도 지정학적 운세를 긍정적으로 해석한 축에 속한다. 유럽의 사민주의 모델이 살아남을 길이 내 눈에는 보이지 않는다.

- 네 번째이자 마지막 문제다. 유럽 국가들은 동등하지 않다. 영국 같은 중량급이 있는가 하면 그리스처럼 구제 불능의 사례도 있다. 안보가 튼튼한 프랑스가 있는가 하면 취약한 라트비아도 있다. 안보가 튼튼하거나 부유하거나 힘을 투사하는 전통을 지닌 나라도 있고, 안보가 취약하거나 빈곤하거나 동네북에 지나지 않은 역사를 지닌 나라도 있다. 무엇보다도 최대 경제국가(독일)가 만사의 구심점이 되는 수밖에 달리 선택의 여지가 없고, 독자적인 길을 갈 역량이 가장 뛰어난 두 나라(프랑스와 영국)는 늘 여러 선택지를 쥐고 저울질하면서 나머지 유럽과 결코 진정으로 통합된 적이 없다. 프랑스가 자국의 도달 범위를 유럽에 이득이 되도록 사용하리라는 기대는 거의 안 하는 게 좋다. 그리고 2020년에 유럽연합에서 공식적으로 탈퇴한 영국이 도우리라는 기대는 전혀 하지 않는 게 좋다.

유감스럽게도 역사는 앞으로 우리 앞에 펼쳐질 길을 상당히 분명히 보여준다. 장거리 해상 운송의 안전성이 사라지고 미국—유럽의 역대 최대 시장—이 제 갈 길을 가게 되면, 유럽은 자기가 가진 것과 아는 것—자기 공급사슬과 자기 시장—을 보호하는 데 중점을 두게 된다. 유럽이 미국 주도 세계질서에서 가장 보호주의적인 경제 집단으로 부상하고 있다는 사실도 도움이 되지 않는다.

유럽 주요 국가들이 더 넓은 지역을 경제적, 문화적, 그리고 (경우에 따라서) 군사적으로 자국 영향권에 넣으려고 하면서 몇 개의 미니 유럽으로 쪼개

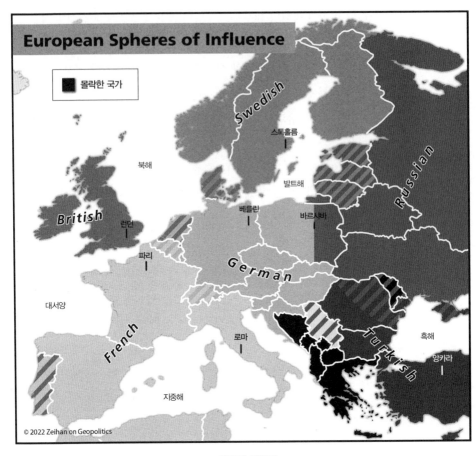

유럽의 영향권

지는 결과가 초래된다. 영국, 프랑스, 독일, 스웨덴, 터키가 하나같이 각자 제 갈 길을 가면서 이웃 나라에 그 길에 동행하라고 유인하든가 강요하든가 어르는 동시에 협박도 하게 된다. 따라서 유럽의 통합은 시련을 맞게 된다. 페르시아, 그리스, 로마, 비잔티움, 오스만, 독일, 영국, 프랑스, 중세, 산업화 초기의 역사를 안다면 심란할 정도로 어디선가 많이 들어본 얘기라는 느낌이 들리라. 역사는 끝나지 않는다.

유럽은 특히 지중해에 집착할 필요가 있다. 미국 주도 세계질서 하에서 지중해는 유럽 대륙의 아름다운 역내 운하였지만, 앞으로는 세계에서 가장 치열한 갈등이 벌어지는 수로라는 역사적 규범으로 되돌아갈 가능성이 아주 크다. 지중해는 수에즈 운하를 통해서 유럽을 페르시아만 석유와 동아시아 제조업과 연결한다. 이집트는 수에즈 운하 구역을 보호할 역량이 없지만, 이집트를 지배할 역량을 지닌 유럽 국가도 없다. 지중해는 터키 해협을 통해 유럽을 구소련 국가들의 에너지와 잉여농산물과 연결한다. 터키는 분명히 이 해협을 장악할 텐데 터키 앞마당에서 터키에게 도전할 역량을 지닌 나라는 없다.

역사를 안다면 이러한 치열한 경쟁은 전혀 생소하지 않다. 그러한 무수한 경쟁을 미국이 억눌러왔다는 사실이 역사적으로 생소한 사건이다. 모조리. 그것도 수십 년 동안.

관리 감독 겸 심판 역할을 하는 나라 없이도 세계화가 지속되리라고 믿으려면, 다음 세 가지 사항도 믿어야 한다.

첫째, 해당 지역의 모든 나라가 그 지역의 가장 막강한 맹주가 요구하는 대로 하기로 동의한다. 일본과 대만은 동아시아의 구조적, 경제적, 정치적, 군사적 합의를 재규정하려는 중국에 동의한다. 프랑스, 폴란드, 덴마크, 네덜란드, 헝가리는 고령화로 쇠퇴하는 독일에 부와 통제권을 자발적으로 이양한다. 사우디아라비아, 이라크, 쿠웨이트, 카타르, 바레인, 아랍에미리트연방은 지역 통제권과 석유 정책 문제를 이란에 맡긴다. 우크라이나, 에스토니아, 라트비아, 리투아니아, 스웨덴, 핀란드, 폴란드, 몰도바, 루마니아, 우즈베키스탄은 이 모두를 다시 장악하려는 러시아에 저항하지 않는다. 파키스탄은 인도가 대국으로서 권한을 행사하는 데 동의한다. 이란, 이라크, 시리아, 러시아, 독일은 터키가 강대국 협상 테이블에 끼어들려 해도 저항하지 않는다. 아프리카 여러 나라가 새롭게 이는 식민지화 물결에 묵묵히 순응한다.

미국은 1945년 이후로 이러한 사태가 닥치지 않게 미루어왔다. 이제 미국의 안보 보장을 걷어내고 새로운 시각으로 지도를 보라. 어느 지도든 새로운 시각으로 보라.

둘째, 국가를 통치하는 데 사용하는 수단 중 일부, 특히 군사적 수단은 여전히 배제된다. 독일, 러시아, 이란, 중국은 이웃 나라에 자국의 의지를 관철하기 위해서 군사력을 사용하지 않는다. 군사적으로 멀리까지 도달 가능한 나라—프랑스, 영국, 터키, 일본 등—는 그러한 자국의 역량을 이용해 기동성이 자국보다 떨어지는 경쟁국들의 행동을 방해하지 않는다. 역사는 이를 반박하는 사례들이 그냥 넘치는 게 아니라 역사 자체가 거의 반증 사례다. 물론, 1945년부터 현재까지의 역사를 제외하고 말이다.

셋째, 지역 맹주들이 충돌하지 않는다고 믿어야 한다. 러시아와 독일, 중국과 인도, 러시아와 중국, 터키와 러시아, 터키와 이란은 한결같이 서로 눈높이를 맞춘다고 믿어야 한다. 1945년 전 단 한 세기 동안에만도 이런 희망 사항이 작동하지 않은 사례가 열 가지 정도 떠오른다. 세계는 불만이 무진장하다. 75년 동안 이러한 불만이 행동으로 옮겨진 사례가 없었다. 그 이유는 오로지 미국이 게임의 규칙을 바꿨기 때문이다.

어떤 일이 벌어지든 상관없이 장거리 운송이 가장 먼저 희생된다. 장거리 운송이 가능하려면 이러저러한 지역이 절대적으로 평화로운 데 그치지 않고 모든 지역이 빠짐없이 절대적으로 평화로워야 하기 때문이다. 장거리 운송은 에너지, 제조업, 농산물의 총운송의 4분의 3을 담당하는데 그 장거리 운송 체제가 붕괴한다고 생각해보라.

14

폭풍이 휘몰아치는 항구

세상이 엉망진창이 되기는 하나, 완전히 만인에 대한 만인의 투쟁은 아니다. 상선이 "안전한 구역"이 있다면 다음 두 부류로 크게 나뉜다.

첫째, 지역 맹주가 역내에 평화를 구축하고 자국이 규정한 안보를 지역에 강제한다. 일본이 동북아시아를 이렇게 만들게 된다. 중국을 엉망인 상태에 머무르게 한다는 목표를 굳이 감추려 하지도 않을 듯싶다. 프랑스는 유럽 서쪽 끝을 장악하게 되면서 영국과 독일이 모멸감을 느끼게 만든다. 터키는 이스라엘과 결탁해 지중해 동부를 짓밟게 된다. 미국은 먼로 독트린을 일신해서 서반구를 미국의 허락 없이는 발도 들여놓지 못하는 자국 놀이터로 만든다. 그러한 지역 장악이 격의 없을지, 철통일지, 역내 교역을 가능케 할지 방해할지, 장악하는 국가가 자비로울지 그렇지 않을지는 문화 규범, 경제적 필요, 전략적 판단, 지역의 요구와 기회가 복합적으로 결정하게 된다. 모두에게 적합한 하나의 해결책은 없다.

둘째, 여러 나라가 힘을 합해 지역을 합동으로 정찰하게 된다. 영국은 스칸디나비아 국가들과 손을 잡고 역내 질서를 설계할 가능성이 크다. 독일은 중부 유럽 국가들과 손을 잡고 역내 질서를 설계하게 된다. 동남아시아는 오스트레일리아와 뉴질랜드 두 나라와 경제적 군사적으로 협력하게 된다.

지역 맹주들 간에 그리고 지역적 권역들 간에 갈등이 일어나는 건 기정사실이다. 그러나 그렇다고 해서 그런 갈등이 고질적이라든가 군사력이 동원된다는 의미는 아니다. 프랑스와 터키는 지중해를 사이에 두고 양쪽 끝에서 분명히 서로를 노려보게 된다. 프랑스와 독일이 지중해 장악을 둘러싸고 유럽연합의 틀 바깥에서 서로 협력할 구실을 찾아낸다. 네덜란드와 덴마크는 영국 주도 권역과 독일 주도 권역 양쪽에 모두 합류할 길을 모색하게 되는데, 이 두 권역 자체가 서로 협력해 러시아에 맞서게 된다. 누구나 오스트레일리아를 좋아한다. 그러나 오스트레일리아는 미국이 누굴 상대로 망치를 휘둘러야 할지 짚어주는 역할을 기꺼이 하게 된다.

그야말로 새 시대를 규정하는 특징은 이제 모두가 같은 편은 아니라는 사실이다. 늘 그래왔다고 주장하는 이들이 있을지 모르지만, 미국 주도 세계질서가 작동한 까닭은 국가 간 경쟁이 어떤 형태를 띨지에 대해 제한이 있다는 데 모두가 동의했기 때문이다. 누구도 경제적 경쟁상대를 대상으로 무력을 행사하지 않는다는 동의가 있었다. 그러나 무엇보다도 상선에 총질하거나 화물을 약탈하면 안 된다는 합의가 가장 중요하다. 더 말할 필요가 없다.

이러한 규범이 폐기되면서 우리는 음험한 길에 들어서게 된다.

장거리 운송의 시대는 대체로 끝난다. 일본과 미국을 제외하면 해군력을 다른 대륙에 투사할 역량이 있는 나라는 단 하나도 없다. 그러한 역량이 있는 세계 최고의 해군 역량을 지닌 두 나라조차도 드넓은 망망대해를 정찰해서 호송함의 호위 없이도 화물 운송이 가능하게 만드는 일은 벅차다. 미국 주도 세계질서가 작동한 까닭은 오로지 미국이 세계에 투사할 수 있는 해군력이 있고 상선을 표적으로 삼지 않겠다고 모두가 합의했기 때문이다. 그런 세계는 이제 사라진다.

지금까지는 장거리 운송으로 이 질서에 합류한 나라가 어떤 나라든 상관없이 공급이 많은 지역에서 수요가 많은 지역으로 무엇이든 실어날랐다. 어떤 상품이든 특정 지역에 공급이나 수요가 집중되어 있는 상품은 시장이 붕괴한다. 특히 공급이 특정 지역에 집중되어 있는 상품은 석유, 대두, 리튬, 중저가 마이크로프로세서 등이다. 수요가 특정 지역에 집중된 상품은 액화천연가스, 보크사이트, 고속열차, 오징어 등이다. 이중고에 직면한 상품은 철광석, 헬륨, 카카오콩, 프린터토너다.

　세계를 서로 연결했던 규모의 경제와 공급사슬이 무너지면서 모두가 영향을 받게 되지만, 영향을 받는 정도는 천차만별이다. 서반구는 식량과 에너지는 걱정하지 않아도 되지만 랩탑컴퓨터에서부터 신발에 이르기까지 다양한 공산품을 제조할 역량을 구축할 필요가 있다. 독일 권역의 제조업 역량은 대체로 자국 내에 있지만, 제조업에 필요한 원자재는 거의 존재하지 않는다. 일본과 중국은 식량과 에너지와 원자재와 시장을 확보하기 위해서 나라 바깥으로 나가야 한다. 일본은 자국의 상품을 판매하는 현지에서 제조하고 장거리까지 도달 가능한 해군력을 보유하고 있으니 유리하다. 중국의 해군은 베트남 너머 멀리까지 진출하기가 불가능하므로 불리하다. 평화로운 시대에도 그랬다.

　각 지역 권역이 가장 우선시하는 화물이 무엇이고 따라서 특정한 날짜에 우선 보호해야 하는 상품이 무엇인지는 정말로 중요하다. 복잡한 제조업 체제는 참여자가 많을수록 효율적이다. 소비자층이 두텁고 공급사슬 체계가 훨씬 분업화되기 때문이다. 지역 권역이 규모가 클수록 역내 제조업은 성공하고 지속될 가능성이 크다. 러시아는 자국의 석유와 천연가스를 수입하는 나라를 상대로 세계가 쪼개진 상황을 분명히 지렛대로 이용하게 된다. 이 때문에 독일과 터키와 영국과 일본과 중국은 에너지 구입처를 바꾸게 되고 따라서 전 세계적으로 경쟁에 불이 붙게 된다. 공교롭게도, 쪼개진 세계에서는 가장 느린 선박—고리타분한 벌크선—이 가장 중요해질 가능성이 농후하다. 컨테이너화 운송 체제가 붕괴하면 세계 대부분 지역은 제조업의 붕괴로 인해 경제적으로 타격을 입게 된다. 그러나—식량과 연료를 운송하는—벌크선 운송이 붕괴하면 세계적으로 수많은 이들이 굶주리게 된다. 홀로. 어둠 속에서.

해상 운송을 두고, 해상 운송을 방해하기 위해 벌어지는 권역 간의 갈등은 새로운 일상이 되지만, 먼 곳까지 힘을 투사할 역량이 있는 해군을 갖춘 나라는 거의 없다는 사실을 유념하라. 해상 운송에 있어서 진짜 흥미진진한 사건은 어느 권역도 장악하지 못한 무주공산에서—그리고 어떤 선박도 안심하고 도움을 요청할 수 있는 곳에서—발생하게 된다는 뜻이다.

그런 환경에서 해운업자들은 세 가지 안보 문제에 직면하게 된다.

가장 뻔한 첫 번째 문제는 해적이다. 역내에 이렇다 할 해군력이 없는 구역은 소말리아 유형의 해적으로부터 괴롭힘을 당할 게 불 보듯 뻔하다. 두 번째 문제는 사략선이다. 사략선은 근본적으로 다른 경쟁국들을 괴롭히기 위해 특정 국가가 후원하는 해적으로서, 이들에게는 동맹관계인 나라의 항구에 구조를 요청하고 연료와 선원을 요청할 권리가 부여된다(그리고 공공연한 비밀이지만 약탈품을 팔아넘길 권리도 누린다). 사략선 후원은 적어도 표면상으로는 부정할 수 있으므로 전면전보다는 한 단계 낮은 차원의 갈등으로서, 너도나도 이에 동참하리라고 봐도 무방하다.

세 번째 안보 문제는 무주공산에만 국한되지 않을 가능성이 크다. 우리는 지금—철광석이든 디젤 연료든 비료든 전선이든 목도리든—무슨 물건이든 수입할 수 있는 능력이 극히 제약되는 세계에 진입하고 있다. 해군을 바다에 내보내 필요한 것을 다른 이들에게서 빼앗는 방법은 콜럼버스가 망망대해를 항해한 비교적 최근의 모험담보다 훨씬 오래전으로 거슬러 올라가는 케케묵은 해결책이다.

- 국가의 약탈행위는 터키 권역에서 특히 활발히 일어나리라고 예상하라. 터키는(이스라엘과 더불어) 두 나라가 보기에 흡족한 수준의 통행료를 내지 않

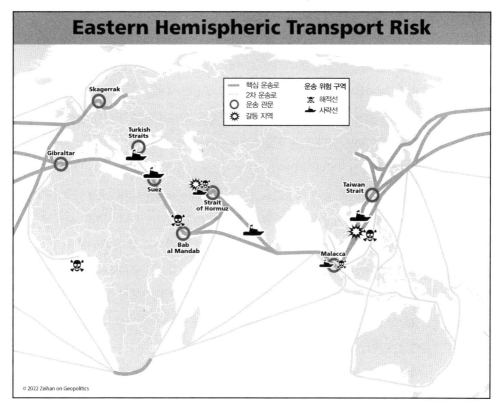

Eastern Hemispheric Transport Risk

핵심 운송로
2차 운송로
운송 관문
갈등 지역

운송 위험 구역
해적선
사략선

Skagerrak
Turkish Straits
Gibraltar
Suez
Strait of Hormuz
Bab al Mandab
Taiwan Strait
Malacca

© 2022 Zeihan on Geopolitics

동반구 운송 위험

고 수에즈 운하와 지중해 동부를 통과하려는 절박한 처지인 유조선은 국적을 가리지 않고 기꺼이 (그리고 무자비하게) 약탈하게 된다.

• 인도도 눈여겨봐야 할 나라지만, 약간 달리 볼 필요가 있다. 인도의 해군은 처참한 수준이지만, 인도양 안에서는 역내에서 인도에 어깨를 견줄 나라가 없다. 인도아대륙은 페르시아만을 출발하는 화물의 첫 번째 기항지다. 해운업자는 누구든 인도가 요구하는 "통행료"를 내는 수밖에 선택의 여지가 없다. 그러한 해운업자들에게는 다행스럽게도 인도는 통행료에 관한 한 매우

유연한 태도를 보이리라고 본다. 인도는 현금 대신 원유를 통행료로 받을 가능성이 매우 크다. 인도는 대규모 정교한 정제시설을 갖추고 있으므로 해운업자의 화물을 전량 흡수하고 정제한 연료를 수출할 수도 있다는 뜻이다.

- 해상 운송이 제약을 받는 세계에서 근대 제조업 체계를 유지하는 데 필요한 투입재—고급 실리콘에서부터 코발트, 니켈, 희토류, 보크사이트에 이르기까지 끝도 한도 없다—는 가장 으뜸가는 표적이 된다. 부존 광물이 풍부한 나라를 점령하기보다 굼뜬 벌크선을 가로채기가 훨씬 쉽다. 아프리카와 동남아시아 연안은 특히 정신없을 것이다. 필수 원자재들이 대부분 이 지역에서 생산되거나 이 지역을 통과하는 데 반해 해적행위—특히 국가의 해적행위—를 저지할 해군 역량을 갖춘 역내 국가가 단 하나도 없기 때문이다.

- 동반구는 전체적으로 볼 때 식량 순수입 지역이다. 동아시아와 서남아시아 변방 지역이 가장 식량부족이 극심하다. 일본은 서반구에서 아시아 본토로 향하는 식량 화물을 "규제"하는 게 큰 사업이자 탁월한 전략적 지렛대임을 깨닫게 되리라고 예상해도 좋다.

- 미국을 잊으면 안 된다. 미국 주도 세계질서가 붕괴한 후 미국의 외교정책은 변덕이 죽 끓듯 하게 된다. 그러나 미국이 세상만사에 흥미를 잃는다고 해서 세계 어디든 도달 가능한 역량의 행사를 포기한다는 뜻은 아니다. 미국의 해군과 해병대는 공세적인 경제제재 집행을 비롯해 2차 임무를 부여받게 되리라고 기대해도 무방하다. 모든 나라와 모든 기업이 적응해야 하는 가장 첨예한 문제는 미국이 세계질서를 보장하는 역할을 단순히 포기하는 데 그치지 않고 무질서를 적극적으로 조장하는 역할로 변신한다는 점이다.

1946년 이후로 우리가 운송에 대해 기대해왔던 바가 모조리 사라진다. 훨씬 크고 느리고 특화한 선박은 마침 그 선박이 지나가는 인근에 있던 사략선이나 (국가의 지원을 받든 안 받든 상관없이) 해적에게는 물에 떠 있는 맛난 뷔페 한상차림에 지나지 않는다. 대형선박은 위협받을 우려가 적은 통합된 세계에서는 효율성을 극대화할지 모르지만, 분열되고 위협받을 우려가 큰 환경에서는 위협을 집중적으로 받게 된다.

차세대 선박은 1945년 이전의 훨씬 규모가 작은 조상 선박과 훨씬 유사한 모습을 하게 된다. 그러한 선박은 필연적으로 운항 거리가 훨씬 짧고 적재 화물량도 훨씬 적다. 크기가 훨씬 작기 때문이기도 하지만 훨씬 빠른 속도로 운항하려면 화물 단위당 더 많은 연료가 필요하기 때문이기도 하다. 또한 갑판에 화물을 적재할 필요가 없도록 설계되어야 한다. 해적선이나 사략선이 멀리서 어떤 선박인지 알아차리게 되면 약탈의 집중적인 표적이 되기가 십상이기 때문이다. 화물을 갑판에 적재하지 않는 사양만으로도 컨테이너선이 적재할 수 있는 화물은 3분의 2가 줄어든다. 해상 운송에 의존하는 통합된 제조업 공급사슬에는 작별을 고하라.

안보 환경의 변화를 논외로 한다고 해도 이러한 변화만으로도 이제 저물어가는 시대의 경제적 규범을 해체하기에 충분하다.

근대 항구—그리고 특히 근대 초대형 항구—는 이제 항해하지 않게 될 초대형 선박의 경유지나 유통 중심축의 기능만 하게 된다. 그렇게 되면 컨테이너화의 인기는 하락하고 필연적으로 소비 지점과 훨씬 가까운 훨씬 작은 규모의 항구가 많아지는 구조로 되돌아가게 된다. 훨씬 안전하냐고? 당연하다. 하지만 훨씬 비용이 많이 들게 된다. 선박과 항구의 특징이 변하는 가운데 운송비는 우리가 그동안 익숙해진 수준보다 적어도 네 배는 되리라고 기대하라. 그나마도 안전이 어느 정도 보장되는, 앞으로 구축될 지역 권역 내에서 얘기다. 최고의 승자는? 위협으로부터 어느 정도 떨어져 있을 뿐만 아니라 자국 영토 내에 배가 다니는 수로망이 촘촘히 연결되어 있어서 산업화 시대에 힘차게 진입한 지역들이다. 미국, 영국, 일본, 프랑스, 터키, 아르헨티나 순서대로다.

설상가상으로 운송비가 오르면서 에너지와 식량 말고 이윤이 낮은 상품은 애초에 운송될 가능성이 작다. 이 때문에 그나마 유지되는 경제적 관계도 훨씬 약화한다. 또한 운송되는 것은 무엇이든 석유나 먹거리거나 아니면 귀중품일 가능성이 크다. 배에 실린 물건이라면 무엇이든 빼앗을 가치가 있다는 구태의연한 사고방식이 되살아난다. 최고의 패자는? 위협에 대단히 노출된 운송 경로의 맨 끝에 있는 나라들로서 자국의 상선을 호송할 해군 역량이 없는 나라다. 한국, 폴란드, 중국, 독일, 대만, 이란, 이라크 순서대로다.

해운업자가 자비로운 안보 환경에 기댈 수 없다면, 그리고 해운업자가 화물을 목적지까지 운반해야 한다고 마음먹는다면, 그 배는 무장해서 스스로 방어할 역량을 갖추어야 한다. 이러한 의사 결정을 하게 되자 선박에 장착 가능했던 최상급 군사기술이 소총과 대포였던 17세기와 18세기에는 건전하지 못한 광경이 수없이 연출되었다. 이제 여기에다가 미사일을 보태자. 그리고 드론도. 그리고 드론으로 미사일을 발사하자. 무장한 상선의 시대가 돌아올 날이 머지않았다. 세상 사람들이 지금 군수품을 무제한 수출하는 나라들이 있다고 걱정한다는데, 한국이나 이스라엘이나 프랑스가 벌크선에 장착하도록 설계된, 바보도 작동할 수 있는 선박 공격용 무기를 인도나 사우디아라비아나 이집트에 팔기 시작하면 어떤 일이 벌어질지 상상해보라.

근대 제조업—특히 근대 기술 제조업—은 수많은 중간재가 순조롭게 유통되는 세계에서만 제 기능을 할 수 있다. 제조업의 공급과 수요가 역내에서 비롯되는 권역에서만 철저한 차질을 모면하게 된다. 이는 독일 제조업에는 큰 문제다. 독일은 제조업에 필요한 중간재나 원자재를 대부분 지평선 너머에서 수입하고, 독일의 상품을 수입하는 주체는 대략 절반이 유럽 내에 있지 않기 때문이다.

아시아 제조업에는 한층 더 심각한 문제다. 중간재는 모조리 바닷길을 통해 들여오고(독일은 적어도 자국의 공급사슬 협력자들 사이에 중간재를 철로로 운송한다), 원자재 시장과 최종상품 판매시장은 대부분 배로 수천 마일 떨어진 거리에 있다. 중국은 특히 다른 대륙에 있는 나라나 중국이 역사적 지정학적으로 한을 품어 불편한 관계인 나라에 자국 제조업에 필요한 고부가가치 부품들을 거의 몽땅 의존한다. 운송비가 급격히 상승하면서 제조업 공급체계에서 가장 크게 차질을 겪을 부분은 저렴한 운송같이 낮은 비용에 의존하는 이윤 폭이 낮은 상품들이다.

앞으로 안보 환경이 유동적이라는 사실도 도움이 되지 않는다. 여러 단계로 구성된 공급사슬을 뒷받침하는 데 필요한 산업시설은 그 정의상 여러 곳에 있고 구축하는 데 수년이 걸린다. 수요의 성격—중간재든 최종재든—이 조정될 때마다 공급사슬 체계 전체를 통틀어 전방과 후방을 재조정하는 데 보통 1년이 걸린다. COVID로 큰 대가를 치르고 얻은 교훈이다. 선박 한 척이 나포될 때마다, 총성이 울릴 때마다, 공급사슬 일부에 차질이 생기고 1년에 걸쳐 공급사슬을 재조정해야 한다. 그러한 환경에서는 지역 안보가 철통같지 않고 지역에 튼튼한 소비기반이 없는 어느 지역이든 그 지역은 다단계 공급사슬 구축이 그다지 타당성이 없다. 그처럼 여러 단계로 이뤄진 공급사슬은 점점 더 좁은 지역 내에 집중되고 대부분은 온전히 특정 국가 안에 존재하게 된다. 그렇지 않고서는 각 단계가 서로 어긋나게 되고 최종상품 생산이 불가능하다.

근대 도시—특히 동아시아의 근대 초대형 도시—는 특히 곤경에 처하게 됐다. 이런 도시들이 존재하게 된 이유는 오로지 미국 주도의 세계질서 덕분에 산업화 체제에 필요한 원자재를 확보하고 수출품의 최종 소비시장에 접근하게 되었기 때문이다. 세계 무역 체제가 해체되면, 세계 운송체계가 해체되면, 도시는 필요한 식량과 에너지와 산업 투입재를 직접 마련해야 한다.

한마디로 불가능하다는 뜻이다. 충분한 도달 범위를 확보한 권역에 속한 도시만이 인구에게 일자리와 식량과 에너지를 공급할 희망을 품을 수 있다. 세계 도시 인구는 대부분 똑같은 운명을 맞게 된다. 대대적인 탈산업화와 귀농하는 사람들이 늘어나면서 생기는 인구이탈이다. 도시 규모가 클수록 처참하게 몰락할 위험이 크다. 적어도 세계 인구의 절반이 수십 년 동안 진행될 도시 해체에 직면하게 된다.

따라서 이 장(章)에서 제기해야 할 마지막 질문은 다음과 같다. 도시가 근대적인 기능을 가능케 하는 데 필요한 토지를 여전히 활용할 수 있는 지역은 어디일까?

미국은 대체로 괜찮다. 부분적으로는 지리적 문제다. 북미 대륙과 중남미 대륙은 역내 인구가 소비하고도 남을 만큼 식량과 에너지가 넉넉하다. 따라서 출발이 좋다.

경제적 문제이기도 하다. 서반구에서(세계에서) 가장 인구구조가 안정적인 개발도상국—멕시코—은 서반구에서(세계에서) 가장 규모가 큰 경제국가이자 인구구조가 가장 안정적인 선진국—미국—과 이미 상당히 통합되어 있다. 두 나라는 근대 세계에서 전대미문으로 여러 면에서 서로 보완적이다.

지정학적 문제이기도 하다. 미국은 동반구의 골치 아픈 문제들이 서반구까지 번지지 않도록 하는 데 이해가 걸려 있고 그리할 역량도 있다. 미국은 자국이 주도해온 세계질서를 사실상 포기할지 모르지만, 서반구의 질서는 여전히 유지하게 된다.

솔직히 말하면 미국이 서반구 질서를 유지할 필요까지는 없다. 미국은 대외 무역이 활발한 세계 경제국가와는 상반되는, 국내 상거래 활동이 활발한 대륙 경제국가다. 미국 국제교역의 절반과 국내 교역의 3퍼센트가 채 못 되는 비율—합해서 겨우 GDP의 10퍼센트—이 물길을 통해 거래된다. 멕시코, 캐나다와의 교역은 대부분 철로, 트럭, 가스관을 통해서 이루어진다. 미국은 식량 공급, 에너지 공급, 또는 국내 공급사슬 또는 국제적으로 의존하는 공급사슬 대부분조차 국제 해상무역에 의존하지 않는다.

미국에서 단연 세계적으로 가장 혼잡한 항구, 캘리포니아주 로스앤젤레스/롱비치는 독특하다. 일차적으로 경유 중심지인 아시아와 유럽의 항구들과는 달리 로스앤젤레스/롱비치는 목적지 항구다. 중간재를 처리하는 항구가 아니라 다른 곳에서 구축되고 조립된 최종 상품의 마지막 기항지다. 그러한 최종 상품은 트럭과 열차에 실려서 미국 전역으로 유통된다. 공급에 차질이 생기면 영향을 받기는 하겠지만, 앞으로 유라시아 대륙 전역에서 일상적으로 겪게 될, 공급사슬 체계가 단절되는 그런 종류의 차질은 아니다.

도시가 살아남도록 돕기 위해서 힘을 "모을" 수 있는, 두 번째로 규모가 큰 지역은 오스트레일리아 대륙과 뉴질랜드 군도다. 태평양 남서쪽에 있는 이 두 나라는 서반구와 마찬가지로 자국 인구가 소비하고도 남을 만큼 자원과 식량이 풍부하다. 그리고 멕시코와 미국이 상호 보완적인 관계를 자랑하듯이, 오스트레일리아와 뉴질랜드도 동남아시아 국가들과 상호 보완적인 관계를 누리게 된다.

동남아시아 국가들은 첨단기술관료 수준의 싱가포르에서부터 산업화 이전 수준에 가까운 미얀마에 이르기까지 부와 기술적 정교함의 수준이 천차만별이다. 어느 모로 보나 이러한 다양성은 결함이 아니라 특징이다. 그러한 다양성 덕분에 역외에 지나치게 의존하지 않고도 여러 단계로 구성된 제조업 체계가 역내에서 구축될 수 있다. 게다가 권역 내에서 식량과 에너지 공급량도 상당한 수준에 달하므로 오스트레일리아와 뉴질랜드가 부족분을 채워주면, 이 지역은 그럭저럭 버틸 수 있다.

동남아시아 권역의 문제는 (a) 이 권역을 책임질 대규모 국가가 없고, (b) 다양한 이익을 보호할 군사 역량이 없다는 점이다. 그렇다고 이 지역이 결국 재앙을 맞고 몰락한다는 뜻은 아니고 그렇게 될 가능성도 적다. 미국과 일본 두 나라 모두 (오스트레일리아와 뉴질랜드를 포함해) 동남아시아와 경제적 전략적 협력 관계를 추구할 이유가 있다. 이 관계의 당사자인 세 지역 모두가 유념해야 할 점은 일본과 미국의 시각이 대체로 일치하는 상태를 유지하는 일이다. 두 나라 관계가 틀어지면 날짜변경선 서쪽에 있는 나라는 어느 나라든 재앙을 맞게 된다.

위에 언급한 권역들을 제외하면 상황은 급속히 악화한다.

러시아는 다른 나라들이 필요한 자원이 풍부하지만, 오래전부터 풍부한 자원을 이용해 자국의 고객들로부터 지정학적인 양보를 이끌어 내왔다. 러시아의 경제적 전략적 정책은… 실패, 이 한마디로 요약된다. 냉전 이전의 시대에 러시아의 전략은 러시아가 앞서 언급한 고객들의 무릎을 꿇리는 결과와 이러한 고객들이 러시아를 침략하는 결과 사이를 오락가락했다. 냉전 시대와 탈냉전시대에 세계에 접근하기 쉬워지면서 다른 공급자들과의 경쟁이 치열해지자 이 전략은 사문화되었다. 오늘날 러시아는 이론상으로 동아시아와 유럽 사이에 물자를 대량으로 운송할 역량이 있는 시베리아 횡단철도가 미국의 해상 장악력을 이완시킬 탁월한 수단이라고 생각한다.

그러나 현실은 러시아의 생각에 동의하지 않는다. 2019년도를 통틀어 시베리아 횡단철도가 한 해 동안 운반한 화물보다 대형 컨테이너선 한 척이 운반한 화물이 더 많다. 결론은 이렇다. 여러 차례 시도했다가 계속 실패한 1800년대 각본을 21세기에도 써먹는 러시아를 나는 오래전부터 신기하다고 생각했다. 러시아의 전략이 마침내 제대로 작동하는 게 아니라, 이전 시대 역사가 반복되리라고 예상한다. 핵무기 사용의 가능성과 더불어.

중동은 에너지가 풍부하지만, 식량 수요의 3분의 2를 수입한다. 세계 상품 교역이 다른 모든 교역과 더불어 붕괴하면서 대대적이고 급속하게 인구가 조정된다. 그 여파로 프랑스와 터키는 이 지역에서 확보한 에너지로 잔치를 벌이면서 자국의 수요를 충족하고 야망을 추구하게 되고, 어쩌면 일본이 객원 출연할지도 모른다. 세 나라 모두 과거의 미국 못지않게 이 지역에서 재미를 보게 되리라고 예상하라.

사하라사막 이남 아프리카 지역은 세계에서 마지막으로 남은 무역 미개척지다. 여러모로 이 지역은 중동이 직면한 제약과 비슷한 제약에 직면한다. 이 지역은—식량 생산의 확대까지 포함해서—부분적으로 산업화했고 세계시장에 꾸준히 참여하지 못하면 현재의 발전 수준도 유지하지 못하게 된다. 여러모로 이 지역은 서반구가 눈독을 들일 만하다. 산업화 수준이 낮으므로 이 지역이 쓰고도 남을 정도로 산업 물자가 풍부하다. 그리고 그 때문에 역외 국가들이 이 지역에 눈독을 들이게 된다.

그 결과 다시 한번 역외 국가들이 아프리카를 차지하려고 앞다퉈 몰려들게 되지만, 지금은 1800년대가 아니다. 사하라사막 이남 아프리카는 유럽만큼 산업화하지는 않았을지 몰라도, 전혀 산업화하지 않은 상태는 아니다. 유럽은 과거 제국들이 무기와 군인의 수에서 대단한 우위를 누리게 해준 그런 종류의 기술적 불균형의 우위를 이번에는 누리지 못한다. 이번에는 아프리카가 제국 식의 정복이나 점령이 유지되기 어려울 정도로 반격을 할 역량이 있고, 반격을 하게 된다. 대신 유럽(주로 프랑스와 영국)은 지역 당국과 협력 관계를 맺고 필요한 투입재에 접근하게 된다. 역외 국가들이 얼마나 빨리 주제 파악을 하고 그런 결론에 도달하게 될지가 향후 20-30년 동안 아프리카 역사의 방향과 기조를 결정하게 된다.

구조가 해체되는 새 시대에 최대 패자는 단연 중국이다.

근대 중국의—산업구조에서부터 식량 조달, 소득추세에 이르기까지—모든 것은 미국이 주도하는 세계질서의 직접적인 결과다. 미국이 손을 떼면 중국은 에너지에 접근하지 못하게 되고, 제조업 매출에서 비롯되는 소득도 사라지고, 애초에 그런 제조업 상품들을 만드는 데 필요한 원자재를 수입할 역량과 식량을 수입하거나 직접 생산할 역량을 잃게 된다. 중국은 가공할 규모의 탈산업화와 탈도시화에 반드시 직면하게 된다. 정치적 해체와 심지어 탈문명화에 직면할 가능성도 농후하다. 게다가 이미 해체 중인 인구구조를 배경으로 이러한 변화가 일어나게 된다.

중국의 모든 것에 대해 던져야 할 질문은 간단하다.

중국은 완전히 붕괴할까? 아니면 중국 일부는 가까스로 버티게 되지만 역외 국가들이 사하라사막 이남 아프리카를 취급하듯이 중국을 취급하게 될까? 후자가 맞는다면, 상하이 같은 몇몇 해안 도시들은 역외 국가에 협조하리라고 기대해도 무방하다. 결국 중국 남부 해안 도시는 베이징보다 오히려 역외 국가들과—특히 식량 확보 같은 사소한 일들에 관한 한—활발히 교류해온 풍요로운 역사를 자랑한다.

심호흡

운송은 세계를 연결하는 결합조직이고, 독자 여러분이 여기까지 소화한 내용은 운송 이야기의 시작에 불과하다. 예컨대, 근대 선박은 하나같이 디젤 연료가 필요하다. 디젤 연료를 만들려면 석유가 필요하다. 석유를 세계에 공급하려면 미국이 주도하는 세계질서의 안정성이 필요하다. 미국 주도 세계질서가 무너진 세계에서도 운송되는 석유의 양과 안정적 공급이 보장되리라고 생각하는가? 석유와 디젤이 부족하면 운송에 어떤 영향을 미치리라고 생각하는가? 의문이 꼬리에 꼬리를 문다. 이 책에는 여러분을 놀라게 할 지뢰가 빽빽하게 매설된 5개의 부가 아직 더 남아있다.

그러니까 여기서 잠시 휴식을 취하라. 낮잠을 자든가. 한 잔 마시든가. 그러고 나서 마음의 준비를 하고 세계를 하나로 연결하는 문제의 나머지 절반을 뽀개 보도록 하자.

바로 돈 문제다.

3부

금융

FINANCE

화폐:
가본 적 없는 길로 나아가기

2022년 초 이 글을 쓰는 현재 세계 모든 나라가 탈냉전시대에 금융위기와 시장 붕괴를 몇 차례 겪었다. 이게 심각한 구조적 문제의 징후라고 생각한다면 제대로 봤다. 도저히 지속 불가능한 체제라고 생각한다면 이번에도 제대로 봤다. 중국이 고속 성장하게 된 이유가 이해 불가라면 이번에도 옳은 방향으로 가고 있다. 달러의 붕괴가 걱정된다면… 좀 더 큰 그림을 보지 못하고 있다.

마음을 조마조마하게 만드는 이런 의문들은 근대 금융 부문에 늘 존재해 왔다.

이러한 의문들에 대해 우리가 생각하는 해답조차 그리 만족스럽지 않다. 그냥 그때그때 임기응변식으로 헤쳐나간다는, 답답한 심정이 드는가? 그 느낌이 정확하다. 금융의 규칙은 미국 주도 세계질서의 초창기가 아니라 한참 후에 급격히 변했다. 2020년대에 금융 부문을 관장하는 규칙들은 또다시 바뀌었는데, 이번에는 우리가 생전 처음 보는 뭔가로 변했다.

이 내용은 조금 풀어헤쳐 설명할 필요가 있다.

이번에도, 처음부터 살펴보자.

화폐로 가는 머나먼 길

미국 달러나 영국 파운드나 이집트 금이 등장하기 훨씬 전에는 교환 매개 수단이 없었다. 교역할 때 교역하는 쌍방은 자신에게 남아도는 게 무엇이든 그것을 상대방이 갖고 싶어 한다고 막연하게 바라는 수밖에 없었다. 그러나 바라는 게 서로 맞아떨어진다고 해도 가치를 제대로 가늠했는지 찜찜했다. 널찍한 삼나무 판자 하나는 얼마나 할까? 내 물건은 구리 원석 한 바구니 가치가 있을까, 두 바구니 가치가 있을까? 올해도 지난해와 같을까? 상대방이 파피루스 한 두루마리에 관심이 있을까? 물물교환 "시장"은 이동했고, 그 시장에 도달해 상품을 선보이기 전까지는 시장이 어느 방향으로 이동했는지 알 길이 없었다.

고대 세계에서는 사람들이 서로 고립되어 살았다는 사실을 생각해보면 이는 심각한 문제였다.

이집트의 사막 완충지대는 고대에 최상의 천혜의 국경 역할을 했다. 이집트의 주요 교역로는 나일강 유역을 따라 수단(누비아라고도 한다)으로 진입했지만, 인구가 집중된 나일강 남쪽은 협곡(나일강 유역을 따라 이동하기가 불가능)과 급물살(배가 다니기 불가능)로 저주받은 지역이었다. 상인들은 확 트인 사막을 가로질러야 했다. 낙타를 길들이기 전인 시대에 말이다. 이러한 지리적 여건 덕분에 이집트는 외부의 침입으로부터 안전했지만, 외지로 나가 교역을 하지도 않았다는 뜻도 된다.

우리는 우리 선조들에 대해 아는 정도만큼도 초기 인더스 문명에 대해 알지 못하지만, 우리가 실제로 알고 있는 사실도 들여다보면 그리 아름답지 않다. 지진이나 홍수(혹은 둘 다)가 발생해서 인더스강 물길이 남동쪽으로 수십 마일 이동함에 따라 범람원에 자리 잡은 막강하고 독립적인 도시국가들이 갑자기 막막한 처지에 놓였다. 모조리 결핵을 앓는 상황도 도움이 되지 않았다. 초기 인더스문명의 사람들이 어떻게 소멸했든 상관없이, 그들이 존재하는 동안 그들은 암흑 속의 불빛이었다. 사하라사막보다도 건조한 사막이 오늘날 파키스탄인과 이란 발루치족이 거주하는 서쪽에 펼쳐져 있고, 갠지스강 유역이나 힌두쿠시산맥 산기슭에 사는 이들은 수렵채집 경제에서 뒤늦게 벗어나고 있었다. 인더스 문명은 나일 문명만큼 고립되어 있지는 않았을지 모르지만, 당시에는 그렇게 느끼지 않았을 가능성이 크다.

이러한 여건에서 메소포타미아에 중개인 역할이 주어졌다.

나일 문명과 인더스 문명과는 달리 메소포타미아 문명은 교역을 해야 했다. 가진 게 식량뿐이었기 때문이다. 목재, 화강암, 금속은 모두 수입해야 했다. 다행스럽게도 메소포타미아는 인류 최초의 3대 문명 가운데 두 문명의 사이에 끼어 있을 뿐만 아니라 메소포타미아 문명의 후손인 아나톨리아(오늘날 터키), 자그로스산맥(오늘날 이란), 레반트(오늘날 이스라엘, 레바논, 시리아, 요르단), 그리고 페르시아만 연안 지역공동체들 사이에 끼어 있었다. 메소포타미아는 이 모든 문명의 중심에 놓여 있었다. 그리고 메소포타미아는 인더스 문명의 도시[1]처럼 도시 기간시설을 널리 확장하지도 않았고 이집트처럼 허영을 충족하기 위한 거창한 역사(役事)[2]에 집착하지도 않았기 때문에, 교역용 보리의 잉여생산량을 나날이 높이는 데 집중할 수 있었다.

보리라니? 보리는 2000년 넘는 기간 동안 기축통화였다. 이유가 뭐냐고?

간단하다. 장소가 중요하다. 무엇과 관련되든지 간에.

인류 최초의 3대 문명 모두, 초기 관개시설은 홍수를 관리하는 게 목적이었다. 봄에 녹은 물을 벌판으로 흐르도록 유도해 모조리 물에 잠기게 했다. 3대 문명 모두 고도가 낮은 저지대이고 위도가 낮은 사막을 흐르는 강 유역에 자리 잡았기 때문에, 수분이 증발하면서 산에서 흘러내린 물에 포함된 소량의 염분이 토양에 축적되었고, 해가 갈수록 토양의 염도는 조금씩 높아졌다. 보리는 그 어떤 작물보다 염분에 강했다. 이 때문에 보리는 초기 3대 문명을 통틀어 인기 작물이 되었다.

이제 가치를 가늠할 기준은 마련됐으나, 운송이 문제가 된다. 보리 1쿼트는 무게가 1파운드 정도 된다. 부피와 무게가 쓸모를 제약했다. 특히나 몇 톤이나 되는 물건을 사막을 가로질러 운반할 계획이라면 말이다. 절실하게 교역의 필요성을 느끼고 있고 교역할 역량이 뛰어난 메소포타미아는 어떻게든 보리가 지닌 한계를 극복할 방법을 찾아야 했다.

기원전 2000년경 찾아낸 해결책이 셰켈(shekel)이다. 1셰켈은 은 11그레인(grain)에 해당한다. 시간이 흐르면서 셰켈은 오늘날 화폐 개념과 같은 개념이 되었다. 1셰켈은 한 달 임금이었다. 20셰켈로는 노예를 샀다. 기원전 1700년 무렵 함무라비 법전 덕분에 손해배상은 눈알을 뽑는 대신 셰켈로 할 선택지가 생겼다. 짠! 금융이 탄생했다.

교환 매개 수단에 서로 합의하게 되자 노동 분업은 일취월장했다. 한때 농사를 짓다가 다른 일로 업종 전환할 때 감수해야 할 위험이 훨씬 줄어들었다. 농사 외에 다른 소득원에서 비롯된 소득은 시가로 환산한 보리로 교환했다. 셰켈은 말 그대로 식량과 교환 가능했다.

이처럼 편리한 돌파구가 마련되면서 셰켈은 널리 사용되었다. 머나먼 과거에 관한 믿을 만한 자료는 얻기 힘들지만, 메소포타미아 문명의 모든 것은—말 그대로 그리고 비유적으로—중심 역할을 했기 때문에, 이집트와 인더스강 유역 문명인들조차도 가뭄에 콩 나듯 이따금 역외 교역을 할 때면 메소포타미아 셰켈 표준을 채택했다.

한동안 잘나갔지만, 문제가 생겼다. 화폐뿐만 아니라 문명도.

최초의 3대 문명은 기원전 4000년에서 3000년 어느 시점으로 거슬러 올라가지만, 그들은 이 얘기의 시작일 뿐이다. 3대 문명과 인접한 지역의 부족들은 이들 문명권이 교역할 때 사용한 비결들을 배워 나름대로 이를 모방한 비슷한 문명을 구축했다. 메소포타미아는 페르시아와 히타이트족에게 영감을 주었다. 이집트의 팽창은 누비아와 페니키아의 부상을 부추겼다. 인더스는 아리아족3 분파를 탄생시켰다. 그러나 이 가운데 오래 지속된 문명은 없다. 그들의 선조 문명을 방어해준, 사각사각한 모래가 깔린 사막이 없었기 때문이다. 침입자들이 그들 문명에 도달할 수 있었다. 신참내기 문명에게는 강수량이 관개시설보다 중요했고 따라서 흉년이 발생했다—그리고 흉작이 들면 몰살당하기 일쑤였다. 아니면 적어도 상당히 많은 이들이 목숨을 잃거나 살던 곳을 떠났으므로 문명이 발전할 여지를 말살했다.

대략 기원전 1600년에서 기원전 800년까지의 기간은 특히 문명이 혼돈에 빠진 시기였다. 이러한 후손 문명들이 서로 다른 시점에 흥망을 겪는 데 그치지 않고 때로는 한 지역 전체를 통틀어 후손 문명들이 한꺼번에 같이 몰락했다. 중국은 그야말로 처참한 붕괴를 겪었다. 이 시기에 몰락한 두 문명은 그 정도가 너무나도 혹독해서 메소포타미아와 인더스 문명까지 몰락에 끌려 들어갔고 인더스 문명은 다시는 회복하지 못했다. 영원할 듯한 이집트조차 한동안 휘청거렸다. 고고학자들은 이 시기를 후기 청동기의 몰락이라고 일컫는다. 기독교, 유대교, 이슬람교는 이를 출애굽기라고 알고 있다.

대략 기원전 7세기 무렵 세 가지 변화가 일어났다. 문명과 금융에서 동시에.

첫째, 어떤 문명이 몰락한다고 해도 인더스 문명의 사례처럼 사람이고 상품이고 사상이 모조리 지구상에서 사라지지는 않았다. 살아남은 이들이 있었다. 생존자는 뿔뿔이 흩어졌다. 뿔뿔이 흩어진 이들은 서로 섞여 새로운 공동체를 구축했다. 사람뿐만 아니라, 생각과 상품과 기술도 섞였다. 사람들은 다양성이 높아지면서 이를 원활하게 할 교환 매개 수단이 필요해진다. 화폐가 등장한다.

둘째, 문명이 몰락한 후 뿔뿔이 흩어졌던 이들이 섞여 공동체들을 형성하면서 이러한 서로 중첩되는 다양한 디아스포라(diaspora)가 보유한 기술이 혼합되어 기술 붐이 일어났고 다른 이들과 다시 연을 잇고자 하는 열망이 일었다.[4] 기술 발전과 상품의 다변화, 외부지향적인 정서가 복합적으로 작용하면서 무게감과 안정감이 생기고 인구가 증가했을 뿐만 아니라 청동기에서 철기 시대로 전환하게 되었다. 이처럼 기술이 급속도로 발전한 결과 새로운 농경 도구와 기법이 발명되었고, 대단히 중요한 기술인 수차(水車)와 함께 고대 그리스의 등장으로 절정에 달했다. 인류 문명은 여전히 크고 작은 수많은 장애물—로마제국의 몰락, 암흑시대, 엉덩이를 미친 듯이 흔들며 추는 춤인 트워킹(twerking), 2020년 미국 대선 후보자 토론 등과 같은 후퇴와 참상—에 직면했지만, 문명이 몰락한 후 생존자들이 서로 섞이면서 기술의 한계를 밀어붙인 결과 인류는 다시는 대대적인 몰락을 겪지 않게 되었다. 그리고 이제 문명의 몰락이라는 늑대가 문밖에서 어슬렁거리지 않게 되자 보리 대신 동전을 지불 수단으로 받아들일 의향이 강해졌다.

셋째, 안정성과 경제적 역동성이 꾸준히 상승하면서 교역 상인들은 길 떠났다가 돌아왔을 때, 자신의 교역 상대인 도시나 나라나 제국이 여전히 그 자리에 건재하리라는 확신을 얻었다. 역사상 처음으로 보리보다 화폐를 발전시킬 지정학적 명분이 생겼다.

여러 지역에서 동시에 교환 수단으로서 금속으로 동전을 만들기 시작했다. 중국, 인도, 지중해 동부 지역이다. 그리고 어떻게 됐는지는, 시쳇말로, 말하면 입만 아프다. 특정 상품의 과잉이나 부족으로 주먹구구식의 헷갈리는 물물교환이 판을 치게 되는 대신, 금속주조 화폐 덕분에 교역에서 한쪽의 가치가 늘 인지되었다. 변덕스러운 기후와 계절과 문화와 결핍과 잉여는 경제활동을 저해하는 장애물이 아니라 경제활동을 활성화하는 연료 역할을 했다.

신뢰 구축

그러나 역사적으로 말해서 사람들은 이러저러한 화폐를 신뢰하는 데 애를 먹었다. 보통 화폐는 아주 특정한 정부가 통치하는 아주 특정한 지역 내에서만 가치를 인정받는다. 그 지역을 벗어나면 그 화폐는 바람에 종이가 날리지 않게 누르는 역할도 못 하는 불량 문진에 불과하다.

이를 해결할 방법이 한두 가지 있다. 첫째, 사람들이 원하는 것을 재료 삼아 주조화폐를 만든다. 금, 은, 금과 은의 합금인 호박금(琥珀金), 구리 등이 다 좋은 선택지지만, 특정 문화권에서 가치를 인정하는 무엇이든 사용될 수 있다. 시대에 따라서 보리, 철 조각, 카카오콩,[5] 돌고래 이빨, 감자 으깨는 도구, 튤립, 파르미지아노 레지아노 치즈 한 덩어리, 그리고 내 개인적인 취향을 저격하는 화폐로는 비버(beaver) 가죽[6] 등이 있다.

그러나 그런 화폐 체계는 절대로 사소하지 않은 결함이 있었다. 가난한 사람은 몇 년 동안 뼈빠지게 일해야 은전 몇 냥을 겨우 손에 넣을지 모르지만, 부자는 말 그대로 몇 톤이고 보유하게 된다. 은 300파운드를 휴대하고 돌아다니기란 현실적이지 않다. 강도의 표적이 된다는 건 말할 필요도 없고.[7]

여기서 두 번째 선택지가 등장한다. 공개적으로 유통되는 화폐를 가치 있는 뭔가와 교환할 수 있게 만든다. 역시 값진 금속이 뻔한 선택지다. 그 가치가 주조화폐 자체에 내장되게 하는 대신 정부의 금고에 실제 금속을 보관한다. 오늘날 중국의 도시인 청두와 충칭이 있는 쓰촨성 근처에 자리 잡은 부유한 상인들은 7세기에 은과 교환할 수 있는 일종의 약속어음을 사용하면서 이런 화폐 체제를 사용하기 시작했다.

구조는 그렇다. 뭐가 문제인지 보이는가? 그대가 값진 물건을 정말로 어딘가에 꼬불쳐 두었고 그 물건은 필요하면 다른 물건과 교환할 수 있다고 다른 사람들을 설득해야 한다.

화폐 체제를 제대로 적절히 현명하게 운용하지 못한 나라가 촉발한 금융 체제 붕괴 사례는 밤하늘의 별만큼이나 무수히 많다. 제대로 작동하는 데 실패한 금융 체제에서는 정부가 자금 능력 이상으로 지출을 하는 상황에 종종 처하게 된다. 그렇게 되면 화폐를 뒷받침할 자산을 더 확보하지도 않고 화폐를 더 발행하려는 유혹에 빠지게 된다. 이를 전문용어로 가치 절하라고 한다. 한동안은 이 방법이 먹히겠지만… 사람들이 더는 정부의 말을 신뢰하지 않게 된다.

정부 금고에 금(혹은 파르미지아노 레지아노 치즈 덩어리)이 얼마나 있는지 정부가 거짓말을 하고 있다는 소문이 퍼지면 사람들은 공식 화폐로 지불받기를 거절하든가 아무 가치도 없는 화폐밖에 지불 수단이 없으면 서비스를 거부하게 된다. 화폐는 신뢰가 바탕이다. 러시아인들이 오래전부터 루블을 독일 마르크나 영국 파운드나 미국 달러로 바꿔 가구 쿠션 속에 채워 넣는 습관이 든 이유도 바로 루블에 대한 신뢰가 없기 때문이기도 하다.

한번 신뢰가 무너지면 사람들이 화폐를 처분하기 위해 대량 방출하기 때문에 유통되는 화폐의 양이 치솟는다. 그러면 화폐의 공급과잉으로 화폐 가치가 폭락한다. 그 시점에 다다르면 지도층 주요 인사들조차 화폐에 대한 신뢰를 잃게 되는 경향이 있다. 퀘벡은 군인의 급여를 카드놀이용 카드로 지급한 적도 있다.[8] 일본제국은 전시 금속 물자 부족으로 판지로 만든 화폐를 발행했다.[9]

화폐에 대한 신뢰를 잃은 국민은 대안을 찾는다. 훨씬 믿을 만하다고 생각하는 물리적 자산이든 다른 나라의 화폐든. 필연적으로 물물교환이—여러 가지 제약이 있음에도 불구하고—다시 유행하게 된다. 그 시점에 다다르면 정부와 민간부문의 붕괴는 그리 머지않게 되고, 지도자들은 역사의 잿더미에 얹혀질 운명에 처하게 된다.

그런데 경제 운영을 잘못하면 당연히 화폐 가치가 붕괴하지만 경제 운영을 잘해도 화폐 가치가 붕괴한다는 사실은 잘 모른다.

성공적인 체제에서 실제 화폐가 제공하는 안정성은 경제적 특화와 성장을 창출한다. 경제가 특화하고 성장하면 점점 활발해지는 경제활동이 활발해지도록 점점 더 많은 양의 화폐가 필요해진다. 통화량이 날이 갈수록 증가하면 화폐를 뒷받침할 물건의 양도 날이 갈수록 더 많이 필요하다.

그 "물건"을 더 많이 확보하기란 말만큼 쉽지 않다.

로마제국이 대표적인 사례다.

로마제국은 지금까지 인류가 창안한 가장 안정적인 정치체였다. 그 안정성 덕분에 로마 체제 안에서 경제발전과 기술발전과 교역이 활발히 일어났다. 이러한 성공으로 화폐가 더 많이 필요했고 화폐를 뒷받침할 귀금속이 더 많이 필요했다. 이러한 필요 때문에 로마는 광산을 확보하기 위해서 자기 영토를 벗어나 처음에는 쉽게 도달할 수 있는 지역으로 그리고 갈수록 더 멀리 떨어진 지역으로 팽창했다.

이베리아반도같이 도달하기 쉬운 거리에 있는 지역들은 비교적 쉽게 로마가 평정하고 통합했다. 아나톨리아 남부의 타우루스산맥처럼 훨씬 멀리 떨어져 있는 지역에서는 수 세기 동안 완강하고 적대적인 현지 세력과 다투어야 했다. 오늘날 사하라사막 주변의 말리를 아우르는 지역은 오늘날 가나와 나이지리아(한때 "골드코스트(Gold Coast)"라고 불렸다)의 일부인 금 생산지에 접근할 수 있는 교역 중심지였다. 로마가 사하라사막을 가로지른 까닭은 피부를 까무잡잡하게 태우기 위해서가 아니라 제국의 재정적 안정성을 유지하려면 그래야만 했기 때문이다. 결국 로마제국은 과도하게 팽창해 영토를 방어하기 버거운 지경에 도달했다. 로마가 (금을 확보하기 위한) 행군을 멈추게 되자 제국의 경제는 작동을 멈추었고, 이와 더불어 단기적인 정치적 안정과 장기적인 군사 역량도 차질이 생겼다.

"진군"이 반드시 군단이 어떤 지역을 공격해야 일어나는 것은 아니다. 관료들이 경제를 공격해도 일어난다. 남의 자원을 집어삼키는 대신 자국 내 인접 부문의 자원을 집어삼키는 정부도 있다. 당나라가 그런 사례다. 더 많은 은을 확보하기 위해 물리적으로 제국을 팽창하는 대신 구리를 포함해 자국 화폐를 뒷받침하는 금속의 목록을 늘렸다. 당나라가 구리를 화폐로 채택하면서 금융체계를 안정시켰지만, 제국 전역에서 금속이 부족해지면서 다른 모든 부문은 활력을 잃었다.

인류 역사를 통틀어 표면적으로 성공한 듯이 보인 화폐 체제는 하나같이 궁극적으로 승리의 문턱에서 패배를 맛보았다. 가장 규모가 크고 가장 성공적인 체제를 포함해서.

특히 가장 규모가 크고 가장 성공적인 화폐 체제일수록 그러했다.

기축통화: 거물

근대 세계가 시작된 장소와 연도를 말한다면, 1545년 볼리비아 고산지대의 페루부왕령(Viceroyalty of Peru)이라고 본다. 디에고 후알파—현지 스페인 정복자의 하청업자 역할을 한 원주민—라는 사람이 말 그대로 강풍에 날려 푸석푸석한 땅에 내동댕이쳐진 연도다. 내동댕이쳐진 후알파는 일어나서 툭툭 흙먼지를 털어냈는데… 그 흙먼지는 은가루로 반짝거렸다. 1년이 채 못 돼 이 횡재는 포토시 광산이라는 물리적 형태를 갖추게 되었다. 6000년 인류 역사상 단일 광산으로는 최대 규모의 은 매장지였다.

자초지종을 차근차근 다 설명할 텐데, 우선 지저분한 사실부터 짚고 넘어가자.

은은 보통 납과 함께 채굴되므로 채굴과정이 인체에 해롭다. 16세기와 17세기에는 은을 정제할 때 수은을 사용했으니, 한층 더 해롭다. 당시 채광 기법은 직업안전보건청에서 승인할 만한 기법이 아니었다. 오로지 이마에 끈으로 동여맨 희미한 촛불에 의지해 수백 파운드의 은광석을 등에 짊어지고 땅속 깊은 곳에서 수백 피트 길이의 사다리를 타고 올라와야 했다.

그런 일을 하겠다고 스페인에서 이주해오는 이는 없었다. 따라서 스페인은 노동력을 구하기 위해 원주민을 툭하면 습격했다. 당시 스페인 법에 따르면, 노동자들에게 세례를 해주는 한 죽든 말든 상관없었다. 설상가상에 점입가경에 화룡점정으로, 포토시는 해발 13,000피트에 있다. 산업화 이전 시대에, 유타주 파크시티보다 고도는 두 배이고 강수량은 절반인 지역에서 식량을 재배하는 일은 지극히 어렵다고나 할까. 다른 난관을 다 극복한다고 해도 굶어 죽기 십상이다.

스페인 제국은 회계장부를 꼼꼼히 기록해두지는 않았지만, 포토시 은광 채굴이 진행되는 동안 사망한 사람이 400만에서 1,200만 사이로 추정된다. (준거점으로 삼을 만한 수치가 있다. 1600년 스페인의 총인구는 겨우 820만이었다.)

스페인은 개의치 않았다. 자기들이 정복자였으니까. 명실상부한 최초의 세계적 체제를 구축하려면 두 가지가 필요했다. 첫째, 여러 대륙을 아우르는 단일한 경제적 군사적 구조였다. 둘째, 세계적으로 통용되는 화폐를 뒷받침할 충분한 양의 귀금속이었다. 포토시는 전자에 돈을 댔고 후자를 뒷받침할 자재를 제공했다. 16세기와 17세기에 수십 년 동안 포토시는 세계 나머지 지역이 생산한 은을 모두 합한 양보다 많은 은을 생산했다.

곧 스페인은 이베리아 안에서 그리고 주변에서 경제적 교류를 윤활하게 했을 뿐만 아니라 전 세계에서 경쟁자들을 물리쳤다. 동맹국, 동반자 관계인 나라, 중립국, 심지어 경쟁국도 스페인이 발행한 직경 38밀리미터 크기의 은전을 유일한 교환 수단으로 사용하기 시작했다. 포르투갈 제국—스페인의 당대 숙적—도 내부 상거래에서는 스페인의 은전을 사용하는 수밖에 없었다.[10] 스페인 제국 시대 말기에도, 그리고 영국이 제국으로 부상하고 나서도 한동안, 스페인 은전은 대량으로 먼 지역까지 유통되었고 은의 순도에 대한 신뢰도가 높아서 영국 식민지 아메리카에서 영국 파운드보다 더 많이 사용되었다. 스페인 화폐는 특히 영국의 아메리카, 카리브해, 아프리카 식민지들을 연결하는 럼-설탕-노예 삼각지대에서 인기가 높았다.

그러나 세월 앞에는 장사가 없는 법이다.

귀금속으로 뒷받침되는 화폐를 가진 다른 나라의 입장에서 항상 넘쳐나는 스페인 은전은 사실상 경제전쟁이었다. 스페인이 전략적으로 골치 아픈 상대라고 간주한 나라 입장에서는 항상 넘치는 스페인 은전은 실제로 전쟁이었다. 이에 못지않은 문제는 스페인이 페루의 은을 이용해 자원과 상품과 노동력을 진공청소기처럼 빨아들이면 늘 같은 결과를 낳았다는 점이다. 스페인뿐만 아니라 스페인이 원하는 걸 공급할 수 있는 영토 어디에서든 물가가 폭등했다. 당시 스페인 제국은 세계적이었다는 사실로 미루어볼 때 물가상승은 어디서든 일어났다. 포토시만 차지하고 있으면 스페인은 그럭저럭 헤쳐나갈 수 있었다. 그러나 나머지 다른 지역들은 달랐다.

2세기 동안 팽창하고 전쟁을 치르고 물가상승을 겪은 후, 구 스페인이 진정으로 창의적인 전략적 패착을 둔 데다가 경제관리도 부실했고 이웃 나라를 침략하는 나폴레옹 보나파르트의 못된 버릇까지 겹치면서, 크게는 스페인 제국이, 구체적으로는 스페인 화폐가 몰락했다. 1820년대 초반에는 페루와 볼리비아가 독립하면서 스페인은 이제 포토시에 접근하지 못하게 되었고 스페인 제국에 무자비하게 종지부를 찍었다.

그러나 세계무역의 가능성은 이미 엎질러진 물이었고 볼리비아의 독립같이 사소한 사건은 엎질러진 물을 주워 담기에는 역부족이었다.

스페인의 몰락과 동시에 영국이 부상했다. 초기 영국 "파운드"는 말 그대로 은 1파운드였다. 그러나 영국은 자국만의 포토시가 없었고 아무리 애써도 스페인처럼 상당한 통화 공급을 뒷받침할 귀금속을 충분히 확보하지 못했다.

다름 아닌 아이작 뉴턴 경이 왕립조폐국을 맡은 30년 동안 이 문제를 해결할 방법을 찾았다. 그는 금을 확보해 비공식적으로 스페인에 대항할 화폐를 만들기 위해 대영제국 전체—오늘날 오스트레일리아, 캐나다, 남아프리카, 아프리카의 골드코스트를 아우르는 영토—를 샅샅이 뒤지는 1세기 이상 걸리는 작업에 착수했다. 1800년대 중엽 무렵 금본위 파운드가 탄생했다.

1800년대 말 무렵 영국의 해상 장악력은 무역 관문 장악력으로 이어졌다. 중부 유럽에서 독일이 부상하면서 물가상승을 통한 성장과 전략적 붕괴의 시기가 여러 지역에서 번갈아 그리고 동시에 일어나면서 유럽 대부분은 유럽 대륙 바깥에서 통용되는 비교적 안정적인 파운드로 눈을 돌리게 되었다. 독일에 이는 싸울 가치가 있는 문제였지만 결국 생각대로 되지 않았다. 제1차 세계대전이 3년째로 접어들 무렵 유럽 대륙의 모든 나라가 전쟁 비용을 대느라 자국의 화폐 가치를 절하하면서 화폐 가치가 붕괴하고 물가가 걷잡을 수 없이 치솟았으며, 유럽은 서둘러 파운드를 유럽에서 유일하게 바람직한 화폐로 사실상 채택했다.

그러나 오래 가지 않았다. 제1차 세계대전 후 혼돈과 경제 붕괴 상황에서 대영제국조차도 유럽의 모든 나라가 필요한 화폐를 뒷받침하기에는 역부족이었다. 앞선 로마제국과 스페인 제국과 마찬가지로 파운드 수요는 세계 관세전쟁에다가 500년 동안 이어진 식민지/제국 경제 체제의 해체에다가 총체적인 경제 혼란에다가 통화기반 물가상승까지 일으켰다. 이러한 문제들이 쌓이고 쌓여서 대공황을 필요 이상으로 심각하게 만들었다.

여기서 미국이 등장한다. 1900년 무렵 미국은 이미 대영제국 전체를 제치고 세계 최대의 단일 경제국가로 부상했다. 게다가 미국은 제1차 세계대전이 발발하고 3년째 가서야 참전했기 때문에 전쟁 비용을 마련하느라 화폐 가치를 절하할 필요 없이 유럽국가에게 채권국 역할을 했다. 영국의 파운드가 프랑스의 프랑이나 독일의 마르크나 러시아의 루블만큼 가치 절하되지 않았다면 달러는 전혀 가치가 절하되지 않았다.[11]

금상첨화로 미국은 제2차 세계대전 연합국이 필요한 것은 무엇이든—석유나 연료, 강철이나 총, 밀이나 밀가루—기꺼이 제공할 의향이 있었다. 그들이 금으로 지급하는 한 말이다. 전쟁이 끝날 무렵 미국 경제는 유럽 경제보다 훨씬 커지고 유럽의 경제는 훨씬 작아지는 데서 그치지 않았다. 미국 달러는 서반구 전체에서 유일하게 합리적인 교환 매개 수단이 되었을 뿐만 아니라 동반구 어디서든 장기적으로 화폐 경쟁자가 등장하게 했을지도 모를 금을 유럽에서 모조리 뽑아냈다. 믿기지 않겠지만 사실이다. 귀금속으로 뒷받침된 유럽의 화폐들은 역사가 동트기 전부터 지구 전역에서 귀금속을 거둘 낸 모든 시대의 모든 인류 문명들의 정점이었으니 말이다.

이제 금은 켄터키주 포트녹스에 있는 미국 정부 금고에 보관되었다.

유럽 대륙은 어려움에 빠지고 영국 파운드는 공급이 달리는 가운데 유럽 국가는 대부분 귀금속으로 뒷받침하는 화폐 체제를 포기하고 자국의 화폐를 다름 아닌 미국 달러로 뒷받침하는 체제로 갈아탔다. (그리고 이 달러는 최근까지만 해도 유럽 소유였던 금으로 뒷받침되었다.)

성공에서 비롯된 실패

1945년 8월 둘째 주가 끝나갈 무렵 마침내 총성이 멈추자 과거 5세기를 주름잡은 강대국들은 모조리 초토화되고, 빈곤해지고, 무력해지고, 세상과 단절되었다. 여러 고통을 동시에 겪은 나라도 있다. 오로지 미국만이 세계적 화폐는 아니더라도 국가적 차원을 넘어서는 화폐를 뒷받침하는 데 필요한 귀금속을 보유하게 되었다. 오로지 미국만이 자국의 화폐가 널리 채택되도록 할 군사적 역량을 갖추고 있었다. 이론상으로라도 세계적인 교환 매개 수단으로 채택될 후보는 미국 달러뿐이었다. 달러를 기축통화로 만들기 위해서 브레튼우즈 협정에서 이를 공식화할 필요도 없었다.[12]

세계적 차원에서 금본위 달러 체제 구축은 기정사실이었다. 금본위 달러화는 실패할 운명이라는 점도 마찬가지로 기정사실이었다.

미국 주도 세계질서가 출범하면서 역사를 통틀어 서로 죽이지 못해 안달이었던 여러 나라 국민은 평화를 누리게 됐을 뿐만 아니라 억지로 같은 편이 되었다. 멀리 떨어진 제국 중심지를 뒷받침하기 위해 제국에 단단히 묶여 있었던 지역 경제는 지역의 발전과 팽창을 토대로 새출발했다. 누구든 그리고 아무나—정말로 누구든 그리고 아무나—무엇이든 그리고 아무거나 교역할 수 있었다. 참여국이 늘어났고, 급속한 재건, 급속한 성장, 급속한 근대화, 급속한 산업화, 급속한 도시화가 일어났고 무역이 활발해졌다. 수년 동안 기간시설을 표적으로 삼은 폭격과 공습을 겪은 독일과 일본 같은 지역은 무엇이든 건설할 수 있다는 사실을 다시 한번 입증했다. 그것도 신속하게.

모두 다 돈이 드는 일이었다. 대부분 경화가 필요했고 경화라고는 하나뿐이었다.

그처럼 급속히 성장하는 체제가 매끄럽게 작동하려면 달러가 많이 필요했다. 특히 중간재 교역이 국내 거래에서 다국적 거래로 전환하면서 더더욱 달러가 필요했다. 미국은 자국 화폐 공급을 늘려 팽창하는 세계 경제의 수요에 부응했고, 그러자니 미국은 점점 더 팽창하는 통화 공급량을 뒷받침할 금이 점점 더 많이 필요했다.

아무리 해도 계산이 맞아떨어지지 않았다. 맞아떨어질 수가 없었다. 인류 역사를 통틀어 인류는 금을 60억 온스(약 4억 2천만 파운드) 이상 생산한 적이 없다. 지금까지 채굴된 금의 마지막 한 톨까지 탈탈 털어 모두 미국 정부가 확보할 수 있다고 가정해도 세계 총통화공급량 2,100억 달러를 뒷받침할 수 있을 뿐이다.[13] 1950년부터 1971년까지 세계무역은 그 수치의 다섯 배로 확대되었다. 게다가 미국 달러는 미국 자체의 화폐이기도 했는데, 미국의 GDP는 이미 세계 총무역액보다 많았다. 미국 주도 세계질서가 조성한 평화와 경제성장으로 세계 인구가 25억에서 38억으로 증가하면서, 미국 달러의 수요가 한층 더 증가할 것임을 예고했다.[14] 정치가 흠잡을 데 없이 순탄했어도 금본위제도는 실패할 운명이었다.

미국은 자산으로 뒷받침되는 화폐는 고속 성장과 양립 불가능하다는 오랜 교훈뿐만 아니라 자산으로 뒷받침되는 화폐는 세계평화—미국의 반소련 동맹 체제의 뼈대를 형성했던 그런 종류의 평화—와도 양립 불가능하다는 새로운 사실을 어설프게 그리고 뼈저리게 깨달았다.

미국은 자국이 세운 거창한 계획의 볼모가 되었고 정치는 절대로 흠잡을 데 없는 인간사가 아니었다.

브레튼우즈 협정 원안에 포함된 조항—새로운 체제에 대한 신뢰를 보장하기 위해 설계된 조항—에 따르면 협정에 조인한 나라는 어느 나라든 요청하면 분량에 상관없이 달러를 금으로 바꿀 수 있다. 1960년대 내내 프랑스가 한 일이 바로 그것이다. 시간이 갈수록 점점 미친 듯이. 보통 금 수요가 그처럼 증가하면 가격이 폭등하겠지만, 금값은 브레튼우즈 협정을 통해 온스당 35달러에 고정되었다. 꼭 필요한, 협정 체제에 대한 신뢰를 구축하기 위해서. 값을 파악하는 "정상적인" 경로가 사라지면 달러 자체의 수요가 증가할 수밖에 없다. 결과는? 교환 매개 수단—미국 달러—이 점점 부족해졌고 전후 미국 주도 세계질서가 이룬 모든 경제적 성과를 무위로 돌릴 위험에 처했다. 프랑스는(그리고 다른 나라들도) 이 체제가 완전히 실패하리라고 확신하고 후폭풍에 대비해 금을 사재기했다.

세계 경제 불황으로 미국이 핵으로 무장한 소련에 홀로 맞서야 할 가능성에 직면하자, 미국은 자국에 남은 유일한 선택지를 꺼내 들었다. 1970년대 초 일련의 조치를 통해 닉슨 행정부는 금과 연동된 달러를 자유롭게 풀어주었다.

처음으로 주요국 정부는 금고가 꽉 찬 시늉도 하지 않았다. 달러를 뒷받침하는 유일한 "자산"은 미국 정부의 "완전한 신뢰와 신용"뿐이었다. 1971년 이후 세계화를 원동력으로 삼은 동맹이라는 책략의 속성 자체가 말 그대로 교활한 닉슨의 "나를 믿으라."라는 말 한마디에 근거했다.

우리 모두 손에 손잡고 가본 적 없는 이 길을 즐겁게 깡충깡충 뛰어 내려가면서도 앞으로 어떻게 될지 아무도 몰랐다. 바로 명목화폐(Fiat Money, 名目貨幣, 물건이 가진 실질적 가치와는 관계없이, 표시된 화폐 단위로 통용되는 화폐—옮긴이)의 길이었다.

16

자본의 모험

1971년 이전 시대에 금융과 관련한 한 가지 법칙이 있다면 그것은 돈은 절대로 넉넉하지 않다는 사실이다. 화폐 가치는 자산과 직접 연동되어 있고, 화폐의 양은 해당 주권국가의 역량과 영향력 도달 범위가 결정한다. 이 두 가지 특징으로 인해 화폐를 발행하는 정부와 그 화폐를 사용하는 사람과 기업(그리고 다른 정부)은 크게 제약을 받는다.

그런데 이 해괴한 신세계에서는 그 유일한 법칙—돈의 양에는 한계가 있다—이 사라졌다. 돈의 양이 제한적이므로 알뜰하게 관리하는 대신 가용 자본에 대한 상한선이 사실상 사라졌다. 제약은 순전히 정치적 문제가 되었다.

미국에 그 "한계"는 단순명료했다. 세계화된 무역 체제를 뒷받침하기에 충분할 때까지 통화 공급을 계속 늘려라. 그러나 미국 달러를 자국 화폐를 뒷받침하는 화폐로 사용한 다른 나라들은 "한계"를 자국 정부 마음대로 해석했다. 이러한 인식의 차이로 자산이 뒷받침하는 화폐의 세계에서는 절대로 존재하지 않았던 수단과 선택지들이 개발되었다. 이러한 수단과 선택지는 다시 명목화폐 시대 이전에는 존재할 가능성이 전무 했었을 관리체제를 탄생시켰다.

공짜 돈: 아시아 금융 모델

이 모두는 일본과 더불어 시작된다.

두 차례 세계대전보다 훨씬 전, 미국의 페리 제독이 일본의 문호를 세계에 강제로 개방하기도 훨씬 전에 일본은 부채에 대해 독특한 시각을 지니고 있었다. 일본에서 자본은 경제적 필요가 아니라 정치적 필요에 부응하기 위해 존재했다. 따라서 군주에게 폐가 되지 않는 한 부채는 허용되었고 심지어 권장되기까지 했다. 7세기로 거슬러 올라가 부채가 만연해 황제나 쇼군이 추구하는 목표를 방해하면 도쿠세이(德政)라는 부채탕감 강령에 따라 빚이 그냥 청산되었다. 가뭄이라고? 도쿠세이! 홍수라고? 도쿠세이! 기근이라고? 도쿠세이! 정부 재정이 적자라고? 도쿠세이… 10퍼센트 수수료 떼고!

따라서 부채는 눈덩이처럼 불어났다. 특히 부채가 이미 만연해 있을 때는 더더욱 그러했다. 전반적인 재정 상황이 나쁠수록 황제가 발코니에 등장해 멋진 홀(笏)을 흔들면서 이러저러한 종류의 부채를 탕감한다고 포고할 가능성이 커졌다. 이런 일이 너무 자주 일어나자 은행가들은 기를 쓰고 자신의 경제적 물리적인 안녕을 방어했다. 그들은 도쿠세이에 관한 단서 조항을 융자 조건에 삽입해 채무자들이 부채탕감에 의존하지 못하도록 했고, 장벽으로 둘러싸인 주거단지에 살아야 했다. 도쿠세이가 포고되면, 폭도가 그들의 자택에 쳐들어와서 그들을 죽도록 두들겨 패고 융자서류를 태워 그런 단서 조항의 집행을 막는 사태를 방지하기 위해서다. 참 즐거운 시절이었다.

아무튼, 내 말의 요지는 경제와 정치는 늘 얽히고설켰고, 일본은 금융을 국가의 수단으로 만든 선두주자였다는 사실이다. 이처럼 일단 봉인이 풀리자, 일본 정부는 정부가 추진하는 프로젝트에 무차별적으로 현금을 들이붓는 일이 다반사가 되었다. 대부분 그런 "현금"은 융자의 형태를 취했다. 이따금 정부도 정부의 부채를 그냥 탕감해버리고 처음부터 다시 시작하는 게 편리했기 때문이다. 도쿠세이 하에서 누군가는 책임을 지게 되었는데, 제2차 세계대전 이전의 살벌한 시대에 일본에서는 보통 중앙정부와 사이가 나쁜 부류가 희생양이 되었다.

제2차 세계대전이 끝나면서 또 한 번 부채탕감이 있었다. 이번에는 황제 칙령이 아니라 모조리 초토화되었기 때문에 부채탕감이 이루어졌다. 가이진(外人)이 일본에 가한 굴욕과 처절한 참화를 생각해보면 전후 일본은 문화적으로 일사불란하게 움직이는 게 지상과제였다. 뒤처지는 이는 없어야 했다.

해결책은 일본이 부채에 대해 지닌 독특한 태도를 포괄적인 국가재건 노력에 적용해 어떤 개발프로젝트에든지 자본을 대거 투입하는 방법이었다. 구체적으로는 물리적 기간시설과 산업시설의 복구와 확장보다는 대규모 고용을 창출하는 수단으로서 시장점유율과 처리량을 극대화하는 데 집중하는 방법이었다. 전시에 국가지도층에게 배신당했다고 생각한 국민의 충성심을 사고 행복을 실현하는 일이 수익을 창출하거나 시설을 구축하는 일보다 훨씬 중요했다. 충성스럽고 행복한 국민이 국가재건에 능하다는 사실도 해가 되지는 않았다.

서구의 경제 관점에서 보면 그런 의사 결정은 "어설픈 자본 배분" 방식이다. 부채를 전액 상환할 가능성이 거의 없기 때문이라는 이유에서다. 일본의 재정 모델은 경제적 안정이 아니라 정치적 안정을 확보하는 게 목표였다.

이런 방식은 치러야 할 대가가 따른다. 시장점유율과 고용 창출이 목표가 되면 비용관리와 수익성은 조용히 배경으로 사라진다. 수익성에 대해 신경 쓰지 않는 부채 기반의 체제에서는 문제가 생기면 더 많은 부채로 덮어버리면 그만이다. 빚을 내 고용을 늘리고 원자재를 구매하면 된다. 빚을 내 새로운 상품을 개발한다. 빚을 내 새로운 고객들에게 그 새로운 상품을 소개한다. 그 새로운 고객들이 그 새로운 상품을 구매할 돈을 빌리도록 돕는다.

빚을 내 빚을 갚는다.

일본만 그런 게 아니다. 전쟁이 끝나면서 일본의 각본을 일부 베낀 새로운 주자들이 등장했다. 한국, 대만, 싱가포르, 홍콩은 수년 동안(어떤 경우에는 수십 년 동안) 일본의 보호국으로서 일본의 문화적 영향을 누렸다(또는 겪었다). 이러한 영향은 재정을 경제 못지않게 정치와 국가의 목표와 관련된 문제로 보는 일본의 시각에까지 연장되었다.

위의 네 나라는 그러한 믿음을 바탕으로 서구 자본(그리고 일본 자본)을 대량 투입해 발전, 산업화, 도시화 전 단계에서 약진했다. 1950년대와 1960년대에는 해외에서 자본을 대량 빌려 자국 체제의 구석구석을 대대적으로 뜯어고쳤다. 독일—뭘 구축하고 뜯어고치는 일이라면 독일도 한가락 한다—이 한 세기 넘게 걸린 산업화 과정이 대만, 싱가포르, 홍콩은 30년이 채 걸리지 않았다. 한국은 20년이 채 걸리지 않았다.

1971년. 갑자기 해외 (금이 뒷받침하는) 자본이 그리 중요하지 않게 됐다. 수익으로 부채를 갚기 어려우면 수출소득이 대신하면 된다. 수출소득으로 불가능하면, 기업이 융자를 더 받으면 된다. 융자가 여의치 않으면 정부가 통화 공급량을 늘려 경제를 앞으로 밀면 된다. (위의 나라들이 통화량 팽창으로 자국 화폐 가치가 절하되면서 수출 경쟁력이 향상되고 따라서 수출소득이 증가했다는 점도 해가 되지 않았다.)

제1차 아시아의 물결이 일었을 때 농업은 섬유와 중공업에 자리를 내주었다. 1971년 이후에 일어난 물결에서는 중공업이 날이 갈수록 발전하는, 상상이 가능한 모든 제조업에 자리를 내주었다. 백색가전, 장난감, 자동차, 전자제품, 컴퓨터, 휴대전화 상품 등등. 자본이 견인한 성장에 자본이 견인한 성장이 더해지면서 두 세대 만에 네 나라 모두 세계에서 가장 발전한 수많은 도시와 어깨를 겨룰 정도로 근대 산업화 체제로 탈바꿈했다. 시작 단계에서는 지구상에서 가장 빈곤한 후진국에 속했던 나라들이라는 점을 고려하면, 그들의 집단적 변신은 역사상 가장 위대한 경제적 성공 신화였다.

세 가지 다 도움이 됐다.

첫째, 미국이 자국의 산업을 꾸준히 위의 아시아 국가에 외주를 주었다. 이는 아시아 상품에 대한 미국의(그리고 곧이어 세계의) 어마어마한 식탐을 불러일으켰을 뿐만 아니라 아시아의 부채 기반 모델을 정당화할 탁월한 명분을 제공했다.

둘째, 해외수요가 활발하고 안정적이어서 아시아 네 나라가 수출로 벌어들이는 수익이 (그럭저럭) 부채에서 벗어날 정도로 충분했다.

셋째, 명목화폐를 가장 적극적으로 채택한 아시아 국가들은 미국과 유럽이 아시아 금융의 속성에 대해 흠칫할 정도까지 한계를 밀어붙였다. 아시아 국가들은 무책임하고 정직하지 못하게 재정을 관리한 데다가 자국의 법적 문화적 장벽을 적극적으로 활용해 자국의 금융계에 외국이 침투하지 못하도록 했다. 예컨대, 아시아 기업들은 대부분 자사 조직 내에 금융기관을 만들었다. 외부인이 그런 금융기관에 투자하기란 불가능하다. 이처럼 성장, 수익, 통제가 복합적으로 작용해 아시아 국가들은 이따금 절반은 자국이 자초해 부채위기를 맞아도 정치 체제나 경제 체제를 위험에 빠뜨리지 않고도 최악의 금융 불균형 사태를 훌훌 털어냈다.

곧 이 모델은 다른 아시아 국가들에도 확산되었지만, 결과는 제각각이었다. 싱가포르는 세계 금융 중심지로 발전하면서 (대체로) 서구의 규범을 따르는 서구 자본은 서구인들이 보기에 합당한 프로젝트에 투자하는 한편, 동남아시아 전역에서 미심쩍은 프로젝트에는 아시아 자본을 투척했다. 말레이시아와 태국은 아시아 금융전략을 이용해 성공적으로 반도체와 전자제품 부문에 진입했고 (그만큼은 성공을 거두지 못했지만) 자동차 부문에도 손을 댔다. 인도네시아는 돈이 공짜일 때 나타나는 부정부패의 기회를 포착하는 데 더 몰입했다. 1997년-1998년 아시아 금융위기로 마침내 터질 일이 터지고야 말자 네 나라 모두 (그리고 한국, 일본, 대만도) 어설프게 자본을 배분하는 결정 방식을 포기했다.

물론 아시아 금융 모델에 가장 집착한 나라는 중국이다. 중국이 이 모델을 근본적으로 새로운 방식으로 적용했다기보다 어느 모로 보나 이 모델을 터무니없을 정도로 극단까지 밀어붙였다.

터무니없는 이유는 나라의 크기 때문이기도 하다. 중국이 1980년 발전의 길에 들어섰을 때 이미 인구가 10억으로 일본에서 인도네시아까지 동아시아 국가들 인구를 모두 합한 규모보다도 컸다.

시기 때문이기도 하다. 중국은 닉슨-마오쩌둥 정상회담이 열리고, 마오쩌둥이 사망하고, 1970년대 말 폭넓은 경제개혁이 시작된 이후에 비로소 세계 질서에 합류했다. 중국이 본격적으로 사업이라는 사업에 모조리 뛰어들 무렵은 금본위제도가 폐기된 지 이미 거의 10년이 지났을 때였다. 근대 공산주의 중국은 명목화폐와 값싼 자본의 시대 외에는 아는 바가 없었다. 애초에 바람직한 습관 자체가 없었다.

중국이 추구하는 통일 목표의 속성 때문이기도 하다. 한국, 말레이시아, 인도네시아는 인구의 절반이 아주 작은 지역에 밀집되어 있다 한국은 서울 광역지대에, 말레이시아는 말레이반도 중부의 서해안 지역에, 인도네시아는 자바섬에 인구가 몰려 있다). 일본은 산업화하기 전에 세계에서 가장 단일한 민족국가였다. 싱가포르는 도시다. 이 아시아 국가들은 산업화에 착수할 때 인구가 비교적 통합된 속성을 지녔었다.

중국은 다르다. 중국은 복잡하다.

인구가 희박한 지역들을 제외해도 중국의 영토는 150만 평방마일 이상으로 대략 서유럽 전체 규모와 같다. 인구가 거주하는 이 150만 평방마일의 기후는 거의 사막에서 거의 툰드라에서 거의 열대까지 다양하다.[15] 중국에서 "평탄한" 지역인 북중국평원조차도 지구상의 그 어느 지역보다 여러 차례 전쟁과 인종청소를 겪었다. 중국의 중심인 양쯔강 유역은 세계 역사상 가장 정교한 경제 체제로 손꼽혀왔다. 지형이 험준한 중국 남부에는 아시아에서 가장 빈곤하고 가장 기술적으로 뒤떨어진 지역부터 최첨단 기술관료 체제인 홍콩에 이르기까지 다양하다.

어느 나라든 정치적 통일을 중요시한다. 어느 나라든 정치적 통일을 달성하기 위해 내전을 치른다. 4000년에 걸쳐 수십 차례 갈등을 겪으면서 중국이 내부를 통합해온 과정은 세계적으로 손꼽힐 정도로 가장 끔찍했다. 가장 최근에 벌어진 소동—마오쩌둥의 문화혁명—으로 적어도 4,000만 명이 목숨을 잃었는데, 이는 모든 전쟁에서 사망한 미국인 수의 25배에 달하는 수치다. 내부적으로 정치적 폭력, 억압, 선전 선동이 필요하다는 중국의 믿음이 갑자기 어디서 뚝 떨어진 게 아니다. 악몽 같은 내전을 피하려는 현실적인 필요로 간주된다. 해결책은?

돈을 풀어라!

중국 정부는 모든 것에 자본을 배당한다. 기간시설 구축. 산업시설 확장. 운송체계. 교육체계. 의료체계. 일자리를 창출하는 것이면 무엇이든 아무거나 다 해당한다. 이 가운데 "현명한 자본 배분"이라고 할 만한 투자는 거의 없다. 효율성이나 수익성이 목표가 아니라 수천 년 역사 동안 통일을 방해해온 지역적 지리적 기후적 인구 구조적 민족적 장벽을 극복한다는 그 한 가지 정치적 목표를 달성하는 게 지상과제다. 그 목표를 달성하려면 어떤 대가든 치른다.

그리고 실제로 대가를 치렀다.

2020년도에 신규 융자는 34조 9천억 위안(대략 5조 4천억 달러)이었는데, 이는 중국 경제학자들조차도 부풀려졌다고 말하는 국가 경제 규모 통계를 이용해도 GDP의 40퍼센트 약간 못 미친다. 2022년도 현재 중국의 기업들이 아직 상환하지 않은 총부채는 GDP의 350퍼센트로서 385조 위안(58조 달러)이다.

중국은 아시아 금융 모델 못지않게 명목화폐 시대도 기꺼이 받아들였다. 중국은 미국이 화폐를 발행하는 속도의 두 배 이상의 속도로 화폐를 발행한다. 때로는 미국 속도의 다섯 배에 달한다. 미국 달러는 세계의 가치저장 수

단이자 세계 교환 매개 수단이지만, 중국 위안화는 홍콩에서조차 2010년대에 가서야 통용되었다.[16]

중국의 금융 모델의 본질적 요소는 한계가 없다는 점이다. 밑 빠진 독에 물 붓는 식으로 돈을 쏟아붓는다. 그 무엇도 발전을 방해하도록 내버려두지 않는다. 가격도 문제되지 않는다. 신용 규모가 문제되지 않기 때문이다. 그 결과 양이 제한된 어떤 상품이든 서로 차지하려는 치열한 입찰 전쟁이 벌어진다. 시멘트, 구리, 석유 수요가 상품가격 인상을 견인하면 간단하게 더 많은 자본을 들여서 물건을 확보하면 그만이다.

1980년대 일본에서도 부동산 부문에서 비슷한 일이 일어났다. 도쿄 도심의 1평방마일이 미국 서해안 전체보다 비싼 기괴한 일이 일어났다. 일본은 뭔가 대단히 잘되고 있는 징후가 아니라 대단히 잘못되고 있는 징후임을 즉각 알아차렸다. 중국은 아직 그런 엄혹한 현실을 깨닫지 못했다. 중국의 경기 활황으로 2003년부터 2007년 사이에 세계 원자재 시장에 부담을 주면서 2007년 유가는 물가상승을 반영한 가격으로 역사상 최고점인 배럴당 약 150달러에 달했다.

대대적인 과잉생산도 또 하나의 결과다. 중국은 수지타산이 아니라 실업을 걱정한다. 중국은 역대 세계 최대의 철강과 알루미늄과 시멘트 수출국이다. 이 세 가지 상품에 대한 어마어마한 식탐을 보이는 중국이 쓰고도 남을 만큼 생산하기 때문이다. 중국의 말 많은 일대일로(一帶一路) 세계 기간시설 구축 프로그램―중국이 다른 나라에 영향력을 행사하려는 전략적 책략이라고 우려하는 비중국인들이 많다―은 여러모로 과잉생산된 생산품들을 처치하는 수단에 불과하다.

아시아 금융 모델에서 파생된 중국 모델이 낳은 가장 중요한 결과는 끝이 없다는 점일지 모른다. 다른 아시아 국가들은 하나같이 대대적인 부채는 결국 이 모델의 붕괴로 이어진다는 사실을 받아들이게 되었다. 일본은 1989년 경제가 붕괴했고 부채에서 빠져나오는 데 30년이 걸렸다. 경제 회복이 너무 오래 걸려서 일본은 인구배당 효과(demographic devidend, 생산가능인구 (15~64세)가 부양하는 (14세 이하 및 65세 이상) 인구의 비율인 부양률이 하락하면서 경제성장이 촉진되는 효과)를 송두리째 잃어버렸고, 다시 이렇다 할 경제성장을 할 가능성이 희박해졌다. 인도네시아는 1998년에 경제가 붕괴했는데, 이 때문에 정부가 무너졌다. 두 번이나. 인도네시아의 정치 체제는 혼돈 상태에 머물러 있다. 한국과 태국도 1998년 경제가 붕괴했고 이를 민영화로 전환하는 기회로 삼았다(태국보다 한국에서 지속되는 결과를 낳았다).

중국은 이 가운데 아무것도 선택지로 고려할 수가 없다. 중국 공산당의 정통성은 오로지 경제성장에서 비롯되고 중국의 경제성장은 오로지 터무니없는 규모의 융자에서 비롯된다. 중국 정부가 융자 규모를 축소하고 경제의 건전성과 지속가능성을 개선하려 할 때마다 성장률이 폭락하고 중국인들이 무리 지어 고난의 행군을 쑥덕거리기 시작하면 중국 정부는 융자 수도꼭지를 끝까지 틀어 제낀다. 중국 공산당은 부채 포기가 근대 중국의 종말, 통일 중국의 종말, 중국 공산당의 종말과 동의어라고 생각한다. 그 점에서 중국 공산당의 생각이 아마도 맞을지 모른다. 그렇다면 중국 공산당이 그들의 부를 저장하는 방법으로 미국 화폐를 중국 바깥에 저장하는 방법을 선호하는 게 당연하다.

대융합: 유로 모델

재정에 관한 한 유럽은 아시아보다 훨씬 신중한 편이지만, 방송진행자 조안 리버스가 가수 셰어 못지않게 성형수술을 싫어했다는 말과 비슷하다. 대동소이 막상막하라는 뜻이다.

수익 창출 동기는 주택 소유에서부터 가용 자본의 제약을 받는 산업 확장에 이르기까지 유럽에 여전히 살아있다. 그러나 유럽인들은 자국 정부가 제공하는 서비스, 안정성, 지원에 대한 수요가 훨씬 높고, 유럽 정부는 대부분 그러한 서비스, 안정성, 지원을 주로 은행을 통해 금융 체제를 만지작거려서 확보한다.

가장 흔한 방법은? "민간" 은행에 지시를 내려 국가가 승인한 프로젝트나 기업에 직접 융자를 제공하거나 채권을 매입해 정부 예산을 뒷받침하는 방식을 통해서 국가 재정을 뒷받침하는 데 자본을 쓰라고 한다. 정부가 부분적으로 금융계를 장악한 이러한 체제는 때로 그다지 바람직하지 않은 여러 가지 결과를 낳는다. 가장 뻔한 결과는 유럽의 증권시장은 미국의 증권시장만큼 규모가 크지 않다는 점이다. 그런 자본 창출 방식을 충족시킬 만큼 가용 민간 자금이 충분하지 않기 때문이다. 그리 분명치 않은 결과는 유럽 공동 화폐, 유로 자체의 존재다.

전통적인(그리고 확실히 비아시아적인) 금융 규범에 따르면, 담보 조건, 신용 접근, 융자 비용 같은 문제들은 개인이나 기업의 이력, 기존의 부채비율, 신뢰성을 토대로 한다. 전혀 복잡하지 않다. 대출을 받고 싶으면 과거에 진 빚을 갚았고, 신규대출에서 비롯되는 융자금을 갚을 능력이 있으며, 대출받은 돈 가지고 멍청한 짓을 할 계획이 없다는 점을 입증해야 한다. 여기에다가 보다 폭넓은 경제의 건전성을 바탕으로 한 의사 결정을 보태고 모든 것에 재정 관련 현재 정부 정책이라는 색깔을 입히면, 짠! 대출 정책이 탄생한다.

이런 체제에서 비롯되는 분명한 특징은 나라마다 경제 체제가 제각각이라는 점이다. 국가 차원의 신용은 규모와 다양성의 영향도 받는다. 독일 국민은 신용 접근이 쉬운 편인데, 그 이유는 그들이 검소하고 대출을 거의 받지 않기 때문이기도 하지만 독일 경제가 신용 1등급이고 고도로 다변화되어 있고 거시경제적으로 안정적이고 생산성이 높고 독일 기업과 정부가 근검절약하는 성향이 있는 독일인에 의해 운영되기 때문이다. 이탈리아에서는 대출 비용이 훨씬 크다. 이탈리아 정부와 국민은 다른 모든 사안에서처럼 부채 상환에 대해서도 느긋하기 때문이다. 그리스 경제는 독일 같은 나라들이 어떻게 작동

212

하는지에 대한 이해가 비교적 부족한 사람들이 이끄는, 관광 수입에 크게 의존하는 구조다. 나라마다 조금씩 다르다. 유럽의 30개 나라는 30가지의 서로 다른 대출 관행을 보인다.

과거 어느 시점부터 유럽은 이러한 기본적인 이해를 망각했다. 그들은 화폐를 통합하면 유럽이 세계적으로 막강해지는 목표를 달성하는 데 추진력이 될 뿐만 아니라 유럽 지역의 경제적 통합을 심화하리라는 허황한 생각을 품게 되었다.

당시에는 그럴듯하게 들린 여러 가지 이유로 인해, 1990년대와 2000년대 초 유럽인은 누구든 유럽에서 가장 양심적이고 가장 빈틈없는 이들에게만 제공되던 조건으로 대출을 받을 수 있어야 한다는 주장이 유럽에서 상식이 되었다. 게다가, 어느 정부나 어떤 수준의 기업이 추진하는 어떤 프로젝트이고 어떤 규모이든 상관없이 대출은 승인을 받았다. 오스트리아 은행은 거의 공짜인 자본을 걸신들린 듯이 집어삼켰고, 헝가리에도 빌려주어 헝가리판 서브프라임 사태를 낳았다. 스페인 은행은 자국의 정치적 유력자들에게 뇌물을 주는 용도로 융자를 해주기 시작했다. 이탈리아 은행은 자국의 조직범죄단체뿐만 아니라 발칸반도의 조직범죄단체에도 대거 융자해주기 시작했다. 그리스 정부는 거금을 빌려 거의 아무에게나 나눠주었다. 아무도 살려 하지 않는 지역에 마을을 통째로 건설했다. 근로자는 열세 번째 달, 열네 번째 달 상여금을 받았다. 국민은 그저 국민이라는 이유로 직불금을 받았다. 그리스는 오로지 신용융자만으로 올림픽을 주최했다. 어마어마한 사기였다. 모두가 숟가락을 얹을 수 있었다(그리고 실제로도 얹었다).

그리스는 뒤이은 금융 참사의 상징이 되었다. 그리스는 2001년에 가서야 유로를 채택했지만, 2012년 국가부채가 GDP의 175퍼센트가 넘었고, 거기에다가 민간금융계 내에서의 상환 불능 융자금이 GDP의 20퍼센트에 달했다. 그리스뿐만이 아니었다. 일이 터지기도 전에 이미 유럽연합 9개 회원국이 구제금융을 요청했다. 유로존에 합류하지 않은 영국도 무사하지 않았다.

유로 융자를 받고 융자에 관한 한 남들에게 뒤지면 안 된다는 심리가 만연한 가운데, 유럽의 금융위기는 결국 영국의 5대 은행 가운데 두 군데를 법정관리에 빠뜨렸다.

정말로 섬뜩한 점은 유럽이 유로 버블 붕괴에서 결코 회복하지 못했다는 사실이다. 2018년에 가서야 유럽은 마침내 금융 부문에서 미국이 2007년에 금융위기가 시작되고 첫 주에 시행한 정도의 위기 완화 조치를 시행했다. 2019년 코로나바이러스 위기가 시작될 당시, GDP의 비율로 볼 때 부채는 2007년과 비교해 전반적으로 높았다. 2020년-2021년 COVID 팬데믹으로 모두가 동시에 물밑으로 가라앉기 전에 유로존 국가는 대부분 이미 여러 차례 경기침체를 겪은 상태였다. 파산을 겪은 나라들—특히 그리스—은 2022년에도 여전히 법정관리를 받고 있다.

COVID에서 회복하려면 더 많은 빚을 내는 길밖에 없었다. 추가로 GDP의 65퍼센트에 달하는 빚을 말이다.[17] 이 빚은 결코 상환되지 않는다. 오늘날의 유럽은 인구구조에서 돌이킬 수 없는 지점을 오래전에 이미 지난 데다가, 유럽 핵심 국가들은 대부분 이미 고령화로 쇠퇴의 길에 진입했기 때문에, 2006년의 경제적 지위를 회복할 나라는 단 하나도 없다. 유럽이 직면한 문제는 한두 가지가 아니지만, 금융 부문을 엉망으로 만들지만 않았어도 적어도 현실을 헤쳐나갈 막강한 수단이 남아있었을지 모른다. 그러나 이제는 없다. 유럽 체제 전체가 이제 공동화폐가 필연적으로 붕괴할 때까지 애쓰는 시늉이나 하는 수밖에 없다.

아시아나 유럽을 비판하기에 앞서, 현재 우리가 사는 세상에서 현금 퍼주기 정책을 십분 활용하는 이들은 그들뿐만이 아니라는 사실을 이해 바란다. 미국도 예외가 아니다.

호황에서 불황으로 그리고 다시 호황으로:
미국 모델

1971년 이전의 세계에서는 자본의 희소성으로 인해 에너지 부문에서의 작업은 대부분 수직적으로 조직화된 체제로 관리되었고, 위기를 관리하기 위해서 가능한 한 참여자 수를 제한했다. 엑손은 외국에서 원유를 생산했다. 엑손은 유조선으로 원유를 미국으로 운송했다. 엑손은 자사 소유의 정유시설에서 원유를 연료로 정제했다. 엑손은 이 연료를 소매 주유소에 유통했다. 엑손의 점포망은 연료를 소비자에게 판매했다.

그러나 1971년 후에는 자본을 관리하는 법이 철폐까지는 몰라도 확실히 느슨해졌다. 새로운 자본 구조는 사실상 기본적으로 위험 감수를 뒷받침했다. 유정에서 소비자까지 유통하는 가맹점보다는 탐사, 운송, 또는 정제 같은 업무만 따로 취급하는 새로운 기업이 등장했다. 이러한 새로운 기업은 주요 에너지 기업의 내부 체제와 나란히—또는 심지어 그 안에서—활동했다.

엔론(Enron) 사태가 터진다. 1980년대 말, 엔론은 미국 에너지 복합체 전체를 통틀어 중개상이 된다는 목표로 확장을 시작했다. 엔론은 생산자와 소비자를 연결하는 역할을 할 천연가스 "은행"을 설립했다. 1971년 이전의 세계에서는 천연가스처럼 휘발성이 강한 상품을 소비 시점이 아닌 어딘가에 저장하려면 그 비용이 어마어마하게 들었을지 모른다.[18] 그러나 1971년 이후에는 온갖 새로운 아이디어를 시도해 보는 데 쓸 자본이 넘쳤다. 천연가스로 출발한 엔론은 사업을 석유로 확장했고, 이를 전기로, 그리고 펄프와 종이로, 통신으로, 데이터 전송으로 확장했다.[19]

그러나 엔론은 사실상 소유한 게 아무것도 없었다. 심지어 전송 수단도 없었다. 대신 엔론은 다양한 상품을 구매해 배달한다는 미래의 약속을 사고팔아 매출을 올렸다. 선물시장은 실제로 존재한다. 상품이 배달되기 전에 소비자와 생산자를 협력자와 연결해 소비자와 생산자 모두에게 신뢰성을 제공한다. 그러나 중개 역할을 하려면 회계처리가 빈틈이 없어야 한다.

엔론은 회계에 능했다. 빈틈이 없었을까? 별로 그렇지 않았다. 사실상 아무것도 소유하지 않고, 아무것도 운반하지 않고, 아무것에도 가치를 부가하지 않으면, 소득원은 오로지 회계장부에서 비롯된다. 엔론은 회계장부 조작에 아주 능해졌다. 소득을 창출하기 위해서 서류상으로 "가치를 부가"했다. 장부 조작에 얼마나 능했던지 많은 이들이 엔론은 미래의 물결이라고 믿었고 따라서 엔론 주식을 사들였다. 엔론은 절정에 달했을 때 미국에서 시가총액 7위의 상장기업이었다.

엔론이 한 짓을 한마디로 말하면 "사기"다.

엔론이 날씨 선물(先物)을 도입하고 사훈을 "세계 최고 기업"으로 바꾸자, 엔론을 가장 열렬하게 찬양하던 이들도 수상한 낌새를 알아챘다. 고공행진을 하던 엔론의 주식은 처음 기밀이 유출되고 다섯 달 만에 겨우 몇 센트로 폭락했고 엔론은 파산했다. 엔론이 보유한 자산은 거의 없었으므로 채권자들은 뜯어먹을 것도 없었다.

이보다 더 생생한 사례가 있다.

2000년-2001년 미국, 엔론 발 경기침체는 장기간 저물가의 활발한 경기팽창에 자리를 내주면서 미국 주택시장은 일취월장했다.

아메리칸드림의 본질은 그대가 선대보다 더 나은 경제적 삶을 누리게 된다는 점이다. 1950년대부터 1980년대 내내, 중산층 백인 미국인은 "아메리칸 드림"을 "내집마련"과 동일시했다. 문화적 규범의 변화와 정부의 권유가 복합적으로 작용하면서 1990년대와 2000년대에 아메리칸드림의 내집마련에 더 많은 이들이 합류했다. 은행이 주택시장에서 하는 역할이 커졌다. 주택건축회사는 수도 늘고 활동 범위도 확장했다. 정부 기관들은 훨씬 직접 시장에 개입해 거래 비용과 이자 비용을 낮춰주었다.

정부와 금융 부문과 문화적 정서의 폭넓은 지원을 받으면서 완전히 새로운 종류의 기업이 나타났다. 이러한 새로운 "융자생성회사(mortgage origination companies)"는 내집마련 희망자들을 찾아내 융자를 받아 집을 마련하게 해주고 나서 그 주택융자를 투자자에게 매각한다. 투자자는 주택융자를 묶음으로 만든 다음 여러 조각으로 쪼개서 증권시장에 유통한다. 주택융자는 가장 안전한 투자(사람들은 무슨 일이 있어도 자기 집과 집을 장만하는 데 쓴 돈을 잃지 않으려 한다)라는 개념이다. 주택융자를 증권(구체적으로 "주택담보증권"이라고 한다)으로 전환함으로써 더 많은 유형의 더 많은 투자자가 더 많은 돈을 이 시장에 투자하면 융자 비용이 낮아진다.

한때 한계가 있었던 자본이 이제 제약 요인이 아닌 상황에서 신용대출 조건은 점점 완화되었다. 내집마련 희망자가 집값의 절반을 계약금으로 내야 하는 시대는 지났다. 절반은 4분의 1이 되었다. 4분의 1은 5분의 1, 5분의 1은 10분의 1, 10분의 1은 20분의 1이 되었다. 그리고 마침내 20분의 1은 0이 되었다. 그러더니 0은 5퍼센트 환급이 되었다. 신용조회도 완화되었다가 결국 완전히 사라졌다. 고객이 새로 산 집의 융자금을 갚을 능력이 없다는 사실을 알면서도 융자를 해준 융자생성회사는 이 사실을 누가 알아챌세라 주택 거래가 성사된 후 며칠 안에, 심지어 몇 시간 만에, 주택융자를 팔아넘기기 시작했다. 주택담보증권은 곧 가장 안전한 투자에서 엔론조차 투자를 주저할 대상으로 변질했다. 신규 주택소유자는 첫 달 할부금을 갚기도 전에 채무불이행하기 시작했다. 결국 전부 파산했다. 2007년-2009년 금융위기가 어떤 경제적 참사를 낳았는지 우리는 잘 알고 있다.

여파가 훨씬 오래간 사례도 있다.

2000년대 미국은 세계 최대 석유 소비국이자 수입국이므로 세계 석유 시장의 부침에 민감했다. 2004년을 시작으로 유가가 급등했다. 4년이 채 안 되는 기간 만에 유가가 네 배로 뛰었다. 이처럼 유가가 폭등하면 미국에서는 새로운 혁신을 통해 국내 에너지 공급량을 늘리려는 동기가 넘칠 정도로 부여된다.

이러한 새로운 혁신 가운데 분명히 들어본 적이 있는 기술도 있으리라. 전통적인 생산기법으로는 접근하지 못하는 새로운 원유 매장지에 접근하는 수평 굴착 기술, 원유를 함유한 암석을 고압수로 파쇄하는 방법, 무수히 많은 원유를 유정으로 끌어올리는 기법, 파쇄용 물을 재활용해 파쇄에 필요한 물의 양을 90퍼센트 줄인 기법, 생산과정에서 지하수층에 독성 자재가 유입되지 않도록 한 파쇄액 관리 기법의 혁신, 탄화수소를 함유한 지점만 타격하도록 정교하게 다듬은 굴착 기법을 가능케 한 데이터관리 혁신 등이다. 이 모든 혁신을 뭉뚱그려서 "파쇄" 또는 "셰일 혁명"이라고 하며, 이러한 혁신으로 미국은 세계 최대 석유와 천연가스 생산국이 되었다.

그러나 셰일에는 대부분이 간과한 측면이 있다. 재무다.

신기술을 개발하는 비용은 만만치 않다. 수직으로 1마일 파고 들어가는 데 드는 비용도 만만치 않다. 수직으로 유정을 판 다음 방향을 틀어 수평으로 2마일 파고 들어가는 비용도 만만치 않다. 지상에서 고압 처리한 파쇄액을 3마일 길이 유정에 주입해 암석을 파쇄하는 비용도 만만치 않다. 진동 감지 신호를 해석해 파쇄과정을 최적화하기 위해 서버 시간을 확보하는 비용도 만만치 않다. 지금까지 해본 적이 없는 작업을 하도록 인부들을 교육하는 비용도 만만치 않다. 그리고 석유산업에서 모든 "통상적인" 작업—특히 생산물을 취합하고 유통할 파이프와 철로를 연결하는 기간시설망을 구축하는 작업—도 딱히 공짜는 아니다. 이 모든 과정에 드는 비용을 합하면, 일찍이 2012년에 셰일층에서 석유 1배럴을 생산하는 데 드는 비용이 배럴당 90달러 정도였다.

미국에서는 통상적으로—셰일 산업처럼—급속히 변하는 산업에서 기술혁신은 대부분 상대적으로 몸집이 작은 기업들이 해낸다. 이러한 소규모 기업들이 지닌 공통점이 한 가지 있다면, 자본이 필요하다는 점이다. 그러나 고유가 환경에서 국내에서 석유를 증산해야 할 절체절명의 전략적 경제적 필요가 있는 데다가, 명목화폐 시대에 자본확보의 무한한 가능성이 보태지면서 자본확보 문제는 눈 녹듯 사라졌다. 월스트리트는 셰일 산업에 돈을 쏟아부었다. 기업융자, 직접 융자, 증권, 주식매입, 굴착 합작투자의 형태로 금융기관이 직접 쏟아부은 현금, 생산연계 계약 등으로. 이 외에도 더 많은 이들이 자본을 성장하는 셰일 산업에 쏟아부었다.

돌이켜보면 말이 안 되는 점도 있었다. 셰일 유정은 20년 정도의 생애주기에서 첫 몇 달 동안 생산량을 대부분 뽑아낸다. 따라서 투입된 자본은 신속히 상환되든가, 결코 상환되지 않든가 둘 중 하나다. 많은 경우 결코 상환되지 않았다. 그러나 십여 년 동안 이로 인해 지탄 받은 기업은 거의 없었다. 오히려 상환하지 않은 바로 그 소규모 기업들이 자본시장으로 되돌아와 더 많은 융자를 받고 더 많이 굴착작업을 했다. 생산에 생산을 거듭하는—그러면서 딱히 수익은 내지 못하는—행태는 기이할 정도로 중국 특징이 묻어났다. 1971년 이전의 세계에서는 그처럼 미심쩍은 융자가 반복해서 승인되는 일은 절대로 일어나지 않았을지 모른다. 하지만 명목화폐의 세계에서는 가능했고, 미국은 절대적 수치로 볼 때 석유생산이 역대 최고로 팽창했다.

미국에서 그 같이 흥청망청 돈을 소비하는 행태가 금융, 부동산, 에너지 부문에 국한된다는 생각은 추호도 말라. 분별 있는 재정에 신경 쓰는 시늉이라도 했던 마지막 대통령은 빌 클린턴이다. 그는 딱히 분별력이 있다고 알려진 자도 아니다. 그의 집권 하에서 미국 정부는 실제로 연방 예산의 균형을 이뤘다. 후임으로 등장한 조지 W. 부시는 제2차 세계대전 이후로 최대 규모의 재정적자로 손꼽히는 기록을 남겼다. 그의 후임인 버락 오바마는 이 적자를 두 배로 만들었다. 그다음 등장한 도널드 트럼프는 이 적자를 또다시 두 배로 만들었다. 2022년 초 이 글을 쓰는 현재, 다음 타자 조 바이든은 온갖 지출 계획에 자기 정치적 생명을 걸었는데, 실행된다면 전임자가 낸 적자를 또다시 두 배로 만들게 된다.

이 가운데 그 어느 사태—유럽의 공동화폐나 국가로서의 근대 중국은 말할 필요도 없고 엔론, 서브프라임, 셰일, 연방 재정적자—도 명목화폐 시대에 거의 무한해진 자본이 없었다면 일어나지 않았을지 모른다.

(17)

재앙은 상대적이다

명목화폐 시대의 결함에 대해 그리 사소하지 않은 통렬한 비판을 세 가지 짚어보자.

첫째, 명목화폐 시대로 크고 작은 경제, 멀고 가까운 나라들이 자국의 문제를 현금으로 은폐했다. 어느 시대든 이러저러한 지역이 선방한 요인들―성공을 부르는 지리적 여건―은 값싼 자본의 무한 공급 앞에서 명함도 못 내민다. 명목화폐 체제 하에서 수없이 많은 재정적 거품이 발생했지만, 가장 중요한 교훈은 그 많은 돈이 경제 역사의 작동을 중지시켰다는 사실이다. 명목화폐 체제 하에서 누구든 어디서든 성공할 수 있다. 돈이 계속 들어오는 한.

둘째, 누구나―그야말로 누구나―하는 짓이다. 오늘날 통화 공급을 늘리지 않고 있는 체제는 오로지 물가안정을 위해서 경제성장을 포기하겠다고 의식적으로 선택한 체제뿐이다. 대체로 이런 이들은 최근에 경제적 충격을 겪고 재기하려는 지역들이다. 자본주의 후기 시대에 그런 예외적 사례는 가뭄에 콩나듯 매우 드물고, 큰 그림에서 볼 때 그리 중요하지 않다.

셋째, 아무도—그야말로 아무도—똑같은 속도로 화폐를 찍어내지 않는다.

미국은 합리적인 수준 이상으로 자국 화폐 공급량을 확대했을지 모르지만, 다음과 같은 사실을 염두에 두어야 한다.

- 미국은 서브프라임 거품이 꺼질 당시 매입 가능한 주택의 수(대략 350만 채)가 기록적인 수준에 달했지만, 그건 그때다. 미국은 여전히 인구가 성장하고 있으므로 사람들은 자기 집을 마련하고 싶어 한다. 주택은 (자산가치가 떨어져 상각되거나 부채로 전환되는) 좌초자산(stranded assets)이 아니라는 뜻이다. 2010년대와 2020년대 초에 단독주택에 입주하는 세대는 밀레니얼 세대로 미국 역사상 두 번째로 머릿수가 많은 세대다. 해마다 주택 비축량의 1퍼센트가 노후, 화재, 철거로 사라진다. 2021년 무렵 매입 가능한 주택 수는 역대 최저인 70만 채 이하로 폭락했다. 2000년대의 어설픈 자본 배분 결정을 무마하려는 건 아니지만, 서브프라임 충동이 아니었다면, 2020년대의 미국 주택 문제는 훨씬 더 심각했을지 모른다.
- 셰일 부문에서도 균형을 회복하는 비슷한 효과가 나타났다. 은행들이 정신을 차려 신용융자 조건을 강화했다. 월스트리트는 신중해졌다. 재정적으로 곤궁해진 그 어떤 기업도 살아남지 못한, 에너지 시장의 가격 충격 때문이다. 2022년 무렵 셰일 채굴기업 수는 2016년과 비교해 3분의 2가 줄었다. 수많은 소규모 기업이 너무 오랫동안 값싼 융자로 버텼지만, 그들의 집단적인 노력으로 미국이 수십 년 동안 활용할 완전히 새로운 세대의 기술이 개발되었다.
- 2007년-2009년 금융위기 동안 미국이 통화를 팽창시킨 까닭은 금융시장 붕괴를 막기 위해서였다. 위기와 관련된 개혁 때문에라도 꼭 필요한 조치였다. 미국 은행은 이제 지구상에서 가장 건전하다. 상대적으로 보면 미국의 금융위기 당시 통화팽창은 그리 큰 규모도 아니었다. 금융위기 전 기간 동

안 총통화팽창은 "겨우" 1조 달러 정도였다—통화 공급량의 15퍼센트에 못 미친다.

이를 유럽과 비교해보라. 2006년 이후로 통화팽창이 일상적으로 일어났다. 세계에서 가장 안정적이고 건전한 축에 속하는 금융 부문을 살려두기 위해서 말이다. 2년이 채 안 되어 유럽 금융위기로 유로 통화 공급량은 80퍼센트 증가했다. 오로지 위기를 완화하기 위해 내린 조치는 아니었다. 유럽과 일본은 달성해야 할 정치적 목표가 있을 때마다 정기적으로 화폐공급량을 늘리는데, 이러한 의사 결정 과정은 유럽인도 일본인도 아닌 이들이 엔화나 유로화를 보유하거나 거래하기 꺼리게 만든다. 따라서 그들의 통화 공급량은 미국의 통화 공급량을 능가하는 경우가 다반사다. 유로와 특히 엔화는 이제 진정한 의미에서 세계적으로 통용되는 화폐도 아닌데 말이다.

그러나 통화팽창을 전가의 보도처럼 휘두르다가 금융계가 완전히 파탄지경에 이른 나라는 중국이다. 2007년—모두가 중국이 지구를 접수한다고 떠들기 시작한 해—이후로 위안 공급량은 800퍼센트 이상 증가했다.

본토 바깥에서 중국의 위안화가 통용되는 지역은 홍콩뿐이다. 그나마도 오로지 홍콩이 중국 본토와 나머지 세계 사이에서 금융거래를 중개하기 때문이다. 홍콩을 제외하고 다른 지역에서 위안화는 거의 존재하지 않는다. 중국에서 가장 초강경 민족주의자들조차 대부분 인정하듯이 중국경제는 여전히 미국 경제보다 그 규모가 훨씬 작지만, 중국의 통화 공급량은 10년 동안 미국의 통화 공급량보다 컸다. 두 배일 때도 종종 있었다. 따라서 당연히 아무도 위안화를 가치저장 수단으로 여기지 않는다. 중국인이 중국 위안화를 미국 달러로 전환해 해외로 도피시키는 액수는 연간 1조 달러에 달한다.

중국의 금융 체제는 시한부 선고를 받은 인구구조와 더불어, 중국을 소비주도도 아니고, 심지어 수출주도도 아닌, 융자주도 체제로 만든다. 이 때문에 중국은 세계 어느 곳에서 원자재 공급, 에너지 공급, 수출경로에 차질을 줄

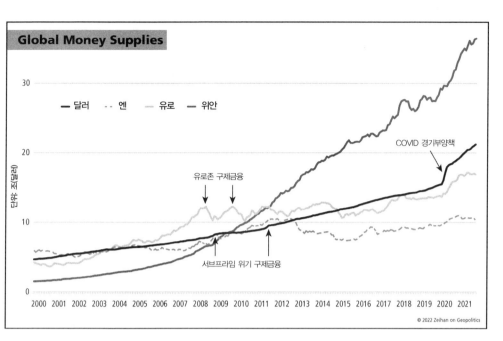

Global Money Supplies

— 달러 ·· 엔 — 유로 — 위안

단위: 조(달러)

30

20

10

0

유로존 구제금융

COVID 경기부양책

서브프라임 위기 구제금융

2000 2001 2002 2003 2004 2005 2006 2007 2008 2009 2010 2011 2012 2013 2014 2015 2016 2017 2018 2019 2020 2021

© 2022 Zeihan on Geopolitics

세계 통화 공급량

만한 그 어떤 사건—중국이 통제하기는커녕 영향도 미칠 수 없는 상황 전개—에도 취약하다. 중국은 거의 반세기 동안 이 파멸의 길을 걸어왔다. 엄격히 통제되고 앞날을 생각하는 유능한 정부라면 수평선 너머 뻔히 보이는 이러한 빙산과 충돌하는 우를 범할 일이 없다.

미국은 무책임한 통화정책을 실행해왔나? 어쩌면. 앞으로 후유증이 있을까? 아마도. 그런 후유증은 견딜 만할까? 아마 아닐 게다. 그러나 유럽과 일본은 이미 수심 깊은 곳까지 들어갔고, 중국은 태풍이 부는 망망대해로 이미 헤엄쳐 들어가 고질라의 아가리인 텍사스 크기의 소용돌이 속으로 곧장 몸을 던졌다. 경제 규모는 중요하다.

더군다나 규칙이 바뀔 때는 더더욱 중요하다.

문제는 명목화폐 시대에 가용 자본이 전체적으로 폭증하는 사태는 문제의 절반에 불과하다는 사실이다. 최근 몇 년 동안 자본공급을 극도로 팽창시키고 자본 비용 증가를 억누른, 훨씬 전통적인 두 번째 부문이 있다. 그리고 이 부문은 함몰하고 있다.

18

덧셈 시대의 종말 재확인하기: 인구구조와 자본

간단히 말해서 나이의 문제다.

문명이 동튼 이후부터 산업화 시대 중엽까지, 서로 다른 연령 집단—아동, 청년 근로자, 장년 근로자, 은퇴자—은 대체로 균형 있게 존재했고 변화는 사소했다. 이 때문에 자본 공급량은 비록 제한적이기는 했지만 매우 안정적이었다. 청년은 소비 욕구를 채우기 위해 돈을 빌리는데 그런 자본이 필요한 젊은이가 많다.

성숙한 근로자들은 덜 지출하는 경향이 있지만, 동시에 사회에서 가장 부유한 집단이다. 그들은 평생 부를 축적해온 동시에 젊었을 때보다 소비를 덜한다. 그들이 보유한 자본—투자의 형태든 납세의 형태든—이 어느 사회든 그 사회의 중추를 형성한다. 그러나 사망률 때문에 수가 많지 않다. 저축하는 사람 수는 적고 소비하는 사람 수는 많다. 공급과 수요의 불균형이다. 돈을 빌리는 비용이 큰 상태에 머문다.

산업화는 이런 자본 게임을 바꾸었다. 초기 산업화 시대에 수명은 늘고 유아 사망률은 하락하면서 인구가 대략 세 배로 늘었다. 이와 동시에 산업화는 대대적인 도시화를 촉발했고, 이는 시간이 흐르면서 핵가족화와 인구 고령화로 이어졌다. 여기서 핵심 문구는 "시간이 흐르면서"이다. 모든 나라가 인구구조의 변화가 동시에 일어나거나 똑같은 속도로 인구구조가 변하지는 않는다. 보통 초기 산업화 국가들이 인구구조의 변화가 가장 천천히 진행된다.

미국은 자국 주도 세계질서를 이용해 세계화와 안정을 중국을 포함한 인류 전체에 확대했다. 모든 나라가 산업화와 도시화의 길에 접어들었다. 후발주자는 산업화의 여러 단계를 건너뛰고 곧바로 철에서 강철로, 알루미늄에서 섬유유리로, 구리관에서 PVC를 거쳐 유연한 관으로, 유선에서 무선 전화에서 스마트폰으로 직진했다. 도시화 과정을 뒤늦게 시작한 나라일수록 도시화 과정은 더 빠르게 전개되었고 출산율도 더 빠르게 폭락했다.

냉전이 끝난 이후로 거의 모든 이들이 훨씬 부유해졌지만, 금융계와 관련해서 더욱 중요한 점은 시간을 압축하는 근대화 과정의 속성 때문에 모든 이들이 더 나이가 들었다는 사실이다. 1990년부터 2020년까지의 세계에서 이는 그저 바람직할 뿐이었다. 세계에서 가장 부유한 나라와 가장 활발하게 상향 이동하는 나라들이 모조리 대체로 동시에, 고령화 과정에서 자본이 풍부한 단계에 놓여 있었기 때문이다. 이 30년 내내―가장 자본을 많이 창출하는 연령대인―40대 후반에서 60대 초반까지의 연령 집단의 머릿수가 많은 나라들이 흔했다. 그들이 투자한 달러와 유로와 엔과 위안이 경제 체제에 쏟아져 들어왔고, 그들의 투자는 국경을 초월하는 사례도 흔했다. 그들의 저축은 자본 공급량을 밀어 올리고 자본 비용은 끌어내렸다. 무엇이든, 어디서든. 1990년부터 2020년까지의 기간 동안 이러한 여러 가지 요인들이 수렴하면서 인류 역사상 가장 저렴한 가격으로 자본이 공급되었고 가장 빠른 속도로 경제가 성장했다. 게다가 명목화폐 시대에 만연한 광기까지 더해졌다. 게다가 미국 주도 세계질서 시대의 초고속 성장까지 더해졌다.

주택융자 이자율이 역사상 최저를 기록했고 선진국에서는 때로 마이너스

이자율로 융자를 받을 수 있었으며, 주요 증권시장은 점점 더 수익률이 더 높은 투자처를 탐색했다. 도처에 역사적으로 유례없이 값싼 자본이 넘쳐나면서 새로운 생산시설을 가동하거나 새로 경작지를 개간하거나, 새로운 소프트웨어를 만들거나, 새로운 선박을 건조하려는 이는 누구든 저렴한 비용에 융자를 받게 됐다. 지난 10여 년 동안 산업 생산량이 폭증하고 기술이 괄목할 발전을 이룬 까닭은 여전히 브레튼우즈 체제가 유지되고 성숙한 근로자의 공급이 넘치는 인구구조의 시기가 복합적으로 작용했기 때문이다. 그리고 그들이 축적한 자본도 한몫했다.

바로 이 자본이 최근 멍청한 투자 행태를 폭등시킨 원인이기도 하다. 2021년 초 게이머 한 무리가 게임스톱(GameStop)이라는 비디오게임 플랫폼에 어마어마한 자본을 투척했고 이 기업은 잠시나마 미국에서 시가총액이 최고인 기업으로 손꼽혔지만, 얼마 지나지 않아 파산신청을 했다. 비트코인 같은 암호화폐(cryptocurrency)는 정부의 뒷받침없이 교환하기가 쉽지 않으며, 유용한 지급수단이 아니고, 내재적인 가치가 없으며, 주로 경제제재를 우회하려는 목적으로 중국의 권력층이 양산하지만, 암호화폐 총 가치는 2조 달러가 넘는다. 내가 개인적으로 좋아하는 암호화폐는 도지코인(Dogecoin)인데, 이는 암호화폐 투자자들이 얼마나 멍청할 수 있는지 보여주기 위해서 말 그대로 장난 삼아 만든 암호화폐. 도지코인의 총 가치가 500억 달러를 찍은 적도 있다. 이 모두가 거의 중국 규모로 과잉 자본화한 전형적인 사례다. 자본이 싸면 해가 서쪽에서 뜰 수도 있다.

딱 한 번.

다시 인구구조로 돌아가자. 호시절이라고 해서 사람들이 나이를 안 먹지는 않는다. 미국의 서서히 고령화하는 인구와 일본과 유럽의 적절한 속도로 고령화하는 인구와 개발도상 지역의 빠르게 고령화하는 인구가 대거 은퇴하는 시기는 2020년대와 2030년대에 수렴한다. 그리고 그들이 은퇴하면—모두가 동시에 은퇴한다—세계 경제에 불을 지핀 자본을 공급하지 않게 된다. 미국이 세계의 천장을 떠받치는 역할을 하지 않게 되는 때와 같은 시기다.

여기서 비롯되는 두 가지 중요한 점이 있다.

첫째, 이처럼 새로 전개되는 상황으로 인해 경제의 현실과는 상관없이 생산과 소비가 증가한다. 이는 정부의 과도한 지출을 부추긴다(오바마케어나 트럼프 행정부의 연방 예산이나 그리스 부채 위기가 그러한 사례다). 이는 소비자의 과소비를 부추긴다(이탈리아 은행 부채나 미국 서브프라임 부동산 사태가 그러한 사례다). 이는 경제성이 미심쩍은 온갖 상품의 과잉생산을 부추긴다(중국 제조업이나 닷컴버블이 그러한 사례다). 정상적인 상황이라면 도저히 융자를 받을 수 없는 개인이나 기업이 저렴한 비용으로 융자를 받으면 뭘 하든 성공하리라는 망상을 품게 된다. 그러나 호시절에 당연해 보이고 현명해 보이고 지속 가능해 보이는 것은 영원히 지속되지 않는다—지속될 수도 없다. 돈줄이 마르고 융자 비용이 증가하면, 전체가 폭삭 무너진다.

둘째, 이만저만한 정도가 아닐 정도로 폭삭 무너진다. 여기서 지정학적인 예측은 필요 없다. 기초적인 산수다. 세계적으로 머릿수가 많은 성숙한 근로자 연령 집단에 속하는 이들 대부분—베이비붐 세대—은 2020년대 초반에 은퇴한다. 은퇴자는 투자할 신규 소득이 없다.

금융계에 이는 듣기보다 실제로 훨씬 심각하다.

이들은 투자할 신규 소득만 없는 게 아니라 투자한 자본도 고수익 주식과 기업 증권과 해외 자산에서 물가상승의 영향을 받지 않고 증권시장 폭락의 영향을 받지 않고 화폐 가치 폭락의 영향을 받지 않는 투자로 이전하는 경향이 있다. 중국 기술 스타트업 펀드, 르완다 기간시설 채권, 볼리비아 리튬 채굴 프로젝트 시대는 가고 국채, 금융시장, 현금의 시대가 온다. 그러지 않으면, 단 한 차례만 시장이 조정되어도, 수십 년 동안 모은 저축이 사라지고 은퇴자는 가진 걸 몽땅 잃을 수 있다. 개인으로서는 현명하고 논리적인 결정이지만 폭넓은 체제의 관점에서는 그리 바람직하지 않다. 두 가지 이유에서다.

첫 번째 이유는 뻔하다. 신용대출은 근대 경제의 생명줄이다. 회사를 경영한다면, 대출로 급여를 주고 기금을 확장하고 기계설비를 구매하고 새로운 시설을 구축한다. 장삼이사도 일상적으로 대출을 받는다. 학자금, 자동차 할부, 주택담보대출, 주택순가치담보대출, 신용카드 등이다. 융자는 모든 걸 가능케 하는 윤활유 역할을 한다. 융자 없이 상품을 구매할 방법은 몇 가지 안 되고, 그 가운데 하나가 현금을 구매 시점에 전액 완불하는 방법이다. 자동차를 사거나 학자금을 내거나, 집 살 돈을 벌려면 얼마나 걸릴까?—구매 시점에 전액 완불하려면 말이다.

대출 비용을 인상하면 모든 게 활기를 잃는다. 그냥 멈춰버리지 않는다면 말이다. 2021 회계연도에 미국 정부는 이자로 5,500억 달러를 냈다. 정부차입 이자율이 단 1퍼센트만 인상되어도 이자 비용 지출은 두 배가 된다. 미국 정부는 그 정도의 인상은 감당할 수 있다. 그러나 브라질은? 러시아는? 인도는? 개인의 차원에서 생각해보자. 표준 주택담보대출의 금리를 2.5퍼센트 인상하면—그래도 지난 반세기 평균 금리보다 훨씬 낮다—여러분이 다달이 내야 하는 할부금은 50퍼센트 증가한다. 그렇게 되면 대부분이 주택마련을 깔끔히 포기하게 된다.

두 번째 이유는 첫 번째 이유만큼 뻔히 보이지는 않지만, 그에 못지않게 주목할 만하다. 성숙한 근로자는 소득과 자본만 많이 창출하는 게 아니라 세금도 많이 낸다. 대체로 세계는 그리고 특히 선진 진영은 최근 수십 년 사이 성숙한 근로자 수가 늘면서 정부의 금고를 역대 어느 때보다도 가득 채워주었다. 아주 바람직하다. 교육과 치안과 의료비와 기간시설과 재난구조 같은 데 드는 비용을 대주니까.

아니면 적어도 성숙한 근로자들이 은퇴하기 전까지는 좋다. 은퇴자들은 체제에 돈을 주입하는 대신 연금과 의료비용의 형태로 체제에서 인출을 한다. 2000년대와 2010년대의 세금을 많이 내는 성숙한 근로자 수가 많은 인구구조에서 2020년대와 2030년대의 세금을 적게 내는 은퇴자들이 많은 인구구조로 바뀌면 제2차 세계대전 이후 시대의 지배적 모델은 단순히 파산하는 데 그치지 않고 사회 전체가 동반자살을 약속하는 셈이 된다.

다시 말하지만, 최근 수십 년은 인류 역사상 최고의 시기였고 다시는 그 시절로 돌아가지 못한다. 설상가상으로 우리는 지금 1950년대 유형의 정부 서비스로 되돌아가지도 못한다—당시에는 청년 근로자, 장년 근로자, 은퇴자들 사이에 비교적 균형이 잡혀 있었다. 이제 세계 대부분 지역은 대부분 정부가 서비스를 제공하기도 전인 1850년대 유형의 정부 서비스를 기대해야 할 처지다. 다만 이번에는 국민이 자력으로 자신을 돌볼 기회를 줄 경제성장도 없이 말이다.

19

융자 전성시대 요약

인구의 폭발적 증가에 명목화폐 시대의 흥청망청 무절제한 낭비가 더해지면서 우리는 인류 역사상 가장 융자금이 격랑처럼 출렁이는 시대를 경험했다. 미국에서 이러한 융자금은 대부분 주로 서브프라임 시대에 쏟아졌다. 서브프라임 산업이 탄생한 2000년부터 막을 내린 2007년까지 미국에서 총 융자금은 대략 두 배가 되었다. 그 같은 비이성적인 과열에 뒤이은 폭락으로 미국 GDP의 약 5퍼센트가 감소했고 경제가 제자리를 잡기까지 2년이 걸렸다.

융자금 두 배, 경제 규모 5퍼센트 수축. 이를 기준선으로 잡고 다른 나라를 살펴보자.

• 그리스라는 엉망진창인 나라에 대해서 다들 알고 있다. 그리스는 유로존에 합류하기 위해서 충족해야 하는 부채와 적자 관련 조건들을 하나도 충족하지 못하는데도 유로존에 받아들여졌다. 유로존에 합류한 그리스는 따로 사는 의붓부모의 플래티넘 신용카드를 마구 긁어대는 대학 중퇴자처럼 행동

했다. 총 융자액이 겨우 7년 만에 일곱 배가 늘었다. 결국은 융자 상환 만기가 도래하고 나라 경제는 폭락했으며, 뒤이은 3년 동안 그리스 경제는, 상대적으로 볼 때, 대공황 시기 동안 미국이 함몰한 정도의 두 배로 함몰했다. 2019년 무렵 상황은… 나아졌다고 말할 수는 없더라도, 적어도 악화하지는 않았다. COVID가 발생했다. 관광 의존도가 높은 경제인 그리스는 또다시 자유 낙하했다. 이 나라가 계속 존재한다면 누군가의 관리 감독을 받아야 할지 모른다.

- 독일은 정반대다. 독일은 국민과 정부 둘 다 금융거래에 있어서 대단히 보수적이다. 주택담보융자를 받을 자격을 갖추려면 우선 소유권분쟁 발생 시에 가압류가 가능한 격리계좌에 수년 동안 정기적으로 융자금 납부하듯 적립을 해서 신의성실을 입증해야 한다. 따라서 독일은 2007년-2009년 유럽에 닥친 처참한 금융 붕괴를 모면했다. 그 결과 독일 경제는 가장 먼저 그리고 가장 **빠르게** 회복했고 독일을 제외한 나머지 유럽이 시들어가는 가운데 유럽 대륙 전역의 앞서가는 기업들은 독일 시장에 투자를 집중했다. 다행이었다. 어느 정도는. 독일이 유럽의 모든 것의 중심이 되면서 유럽 전역에서 분노를 샀다.

- 그러한 분노는 영국에 뿌리를 내렸고, 2007년-2009년 금융위기에서 용기를 얻은 경제적 민족적 내셔널리스트들이 영국의 유럽연합 탈퇴를 밀어붙였다. 뒤이은 갈등으로 영국의 좌익과 우익 모두 함몰했다. 포퓰리스트가 영국의 정치적 우익 진영을 장악했고 오늘날 우리가 브렉시트라고 알고 있는 어설픈 절차로 영국을 인도한 한편, 좌익은 본색을 가까스로 숨긴 네오파시스트에게 한동안 장악당했다.

- 2000년대에 헝가리는 유럽에서 가장 대규모인 무려 여덟 배로 융자를 확대했다. 헝가리 주택시장에 쏟아져 들어온 자본의 양은 미국 서브프라임 금융인들을 무색하게 할 정도였고 소득 수준이나 신용 상태가 불량한 사람들은 자기가 마련할 여력이 있는 시늉조차 할 수 없는 집을 장만하게 되었다. 설

상가상으로, 융자금은 대부분 외환으로 이루어졌기 때문에 필연적으로 환율이 요동치면 정상적인 상황이라면 집을 살 여력이 되는 헝가리인들조차 갑자기 융자할부금이 두 배로 뛰어 부담이 커졌다. 뒤이은 경제적 재정적 혼돈으로 외부인에 대해 정치적으로 냉담해졌고, 빅토르 오르반 총리가 헝가리의 금융과 정치 공간을 완전히 장악했다. 2022년 현재 헝가리는 이제 사실상 민주정체가 아니다.

• 싱가포르는 2000년 이후로 융자가 다섯 배 증가하면서 융자가 폭증할 조짐을 보였다. 그러나 싱가포르는 금융중심지이므로 바깥 지역에 끊임없이 투자한다. "민간부문 융자"는 대부분 외국에 묶여 있다. 게다가 싱가포르는—이 도시국가의 자본을 상당량 해외 프로젝트에 투자하는 업무를 담당하는—테마섹(Temasek)이라는 정부 투자기관이 있다. 해외투자 항목들을 제외하면 그리 거품이 커 보이지는 않는다. 싱가포르는—세계에서 가장 화물선의 통행량이 많은—말라카 해협에 위치하며, 자국의 연료탱크에 어마어마하게 많은 석유를 저장하고 유통을 관리해서 세계가격표준으로 간주될 정도로 세계 최대의 환적 중심지 역할을 한다. 싱가포르가 아무리 금융관리를 잘한다고 해도 세계무역의 속도에 차질이 생기면 이 도시국가의 무역 중심 경제는 단기적으로 타격을 받을 수밖에 없다.

• 상당히 다변화한 경제와 이민을 환영하는 정부 정책이 복합적으로 작용한 데다가 중국의 만족할 줄 모르는 수요를 충족시킬 정도로 각종 광물 매장량이 풍부한 오스트레일리아는 한 세대 동안 경기침체를 모면해왔다. 해외에서 이를 눈여겨본 이들의 자본이 인류 역사상 가장 장기간 지속된 경제성장을 이용하려고 쏟아져 들어왔다. 이 때문에 오스트레일리아는 서구 국가들 가운데 가장 융자금이 과잉인 나라로 바뀌었지만, 아직 신용 붕괴를 겪지는 않았다. 2000년 이후로 신용대출은 여섯 배 증가했다. 주택과 가계 부채는 예상됐던 우려지만, 융자금 유입으로 오스트레일리아 달러 가치가 지속 불가능하고 위태로울 정도로 치솟으면서, 광업을 제외하고 모든 경제 부문의

경쟁력을 잠식했다. 강력한 규제조치로 수요를 줄이려는 정부의 노력은 부동산 소유를 권장할 뿐 아니라 이미 주택을 소유한 이에게 부동산을 더 매입하도록 부추기는 세제에 압도당했다. 이는 어느 지역에서든 문제가 되겠지만 오스트레일리아에서 특히 극심했다. 오스트레일리아는 토지가 풍부한 지역 같지만, 주거용 부동산으로는 무용지물인 땅이 대부분이다. 오스트레일리아 인구의 대부분은 서로 단절된 10개가 채 안 되는 도시지역에 살기 때문에, 신규 주택 건설의 비용이 많이 들고 따라서 가용 주택량을 제한한다. 이는 분명히 폭발한다. 시기가 문제일 뿐이다.

- 콜롬비아에서는 2003년을 시작으로 단 10년 만에 융자금이 다섯 배 증가했지만, 콜롬비아는 모든 면에서 특별한 사례다. 20세기 대부분 동안 서반구에서 최악의 내전에 휩싸인 데다가 유달리 폭력이 난무했던 시기인 1990년대 말 (가용 융자금을 포함해) 경제가 절벽에서 추락했다. 2003년-2014년 융자 팽창은 전쟁과 나란히 전개되었다. 콜롬비아인들이 정치적 공간과 군사전략을 재정비하고 통합하면서 정부는 반군을 점점 더 작은 지역으로 몰아넣는 데 성공했고 2015년 마침내 평화협상을 타결하고 사실상 항복을 받아냈다. 이러한 정치적 군사적 회복은 경제적 회복에도 반영되었다. 콜롬비아의 융자 "잔치"는 굳이 말하자면 잃어버린 입지를 되찾는 방법이었다. 앞으로 극복해야 할 난관은 전쟁 당사자 양 진영이 서로에게 총을 쏘지 않는 게 경제에 바람직하다는 점을 입증함으로써 평화를 달성하는 일이다. 콜롬비아가 택할 가능성이 가장 큰 방법은? 모두가 쉽게 융자를 받도록 해서 기간시설 개발과 소비활동에 활력을 불어넣는 방법이다. 콜롬비아의 융자 잔치는 과거가 아니다. 미래다.

- 인도네시아는 여러 가지 이유로 내가 낙관적으로 보는 나라다. 계층상승 욕구가 강한 젊은 인구가 많다. 인구가 (과잉으로) 밀집된 자바섬에 집중하도록 설계된 정부가 상당히 한정되고 정치적으로 통일된 지역에 정책을 집중할 수 있다. 폭넓게 에너지 안보가 존재한다. 세계에서 가장 물동량이 많은

무역로에 걸쳐 있는 명당자리를 차지하고 있다. 한편으로는 광물과 농산물을 대량으로 수출하는 오스트레일리아와 뉴질랜드와 가깝고, 다른 한편으로는 싱가포르, 태국, 말레이시아처럼 산업적 금융적으로 보완관계인 협력국들과 가깝다. 게다가 융자 정책이 놀라울 정도로 보수적이다. 이 동남아시아 국가의 전체 융자액은 일곱 배 이상 증가했지만, 경제성장의 속도가 이를 앞질렀다. 2000년에 총 융자액은 GDP와 맞먹었다─보통 인도네시아같이 빈곤하고 영토가 널리 퍼져 있는 나라로서는 우려스러운 상황이다. 그러나 그 이후 17년 동안 해마다 전년 대비 절대 융자액이 증가했는데도 불구하고 전체 경제에서 융자액이 차지하는 비율은 오히려 3분의 1이 줄었다. 인도네시아는 여러 가지 중요한 난관─숙련기술 노동력 부족, 허술한 기간시설, 부패(극복해야 할 가장 큰 난관이거나 난관 목록의 상위에 든다)에 직면하고 있지만, 인도네시아의 과잉 융자는 언론에서 호들갑 떠는 만큼 우려스럽지는 않다.

• 브라질의 융자 상황은 그리스와 비슷하다. 여섯 배 증가해 2014년에 절정에 달했다. 그해에 투자자 심리와 브라질 정치 체제가 동시에 붕괴하면서 정치적 위기와 심각한 경기침체를 촉발했는데 이 글을 쓰는 현재도 나아질 기미가 보이지 않는다. 설상가상으로 브라질 헌법과 화폐는 겨우 1990년대로 거슬러 올라간다. 이는 근대 브라질이 직면한 최초의 본격적인 정치적 경제적 위기일 뿐 아니라 브라질을 브라질이게 하는 모든 것의 토대를 강타하는 명실상부한 헌정 위기이기도 하다. 브라질의 정치 체제가 제자리를 찾고 (그럴 기미는 보이지 않는다) 브라질 통치 기구들이 추가로 손상을 입지 않는다고(이는 완전한 망상이다) 가정해도 브라질은 과도한 융자에서 회복하려면 수년 동안 심각한 경기침체에 직면하게 된다. 브라질은 잃어버린 10년이 아니라 적어도 20년을 각오해야 한다.

• 사우디아라비아는 지난 50년 내내 세계 최대 석유 수출국이었다는 사실을 고려해볼 때 사우디아라비아 하면 "융자"라는 단어가 떠오르지는 않는다.

그러나 사우디는 자국의 석유 수출로 벌어들이는 소득을 지렛대 삼아 온갖 융자를 확보하면서 2000년 이후로 750퍼센트에 달하는 융자 잔치를 벌였다. 이 융자는 꾸준한 소득이 뒷받침하므로 브라질이나 오스트레일리아 상황만큼 문제가 되지는 않을 가능성이 크다—당연히 그리스만큼 심각하지는 않다. 그러나 융자 대부분은 사막에서 진행하는 허영심을 충족시키는 프로젝트나 국민의 충성심을 사기 위한 보조금으로 쓰였다. 융자 흐름이 끊기면—그리고 분명히 끊기게 된다—국민의 충성심도 무너지게 된다. 사우디 지도층에게는 다행스럽게도, 이 나라의 국내 안보 조직은 반정부 인사를 제거하는 데는 세계에서 가장 효과적이라고 정평이 나 있다.

- 인도의 융자액은 2000년 이후로 열 배가 증가했고, 내내 거의 하락한 적이 없다. 경제 팽창이 꾸준히 지속되면서 인도는 기근과 종교적 인종적 갈등이 끊임없이 발생하는데도 불구하고 정치적으로 훨씬 안정적인 나라가 되었다. 그러나 필연적으로 조정을 겪게 되고 그렇게 되면 어마어마한 고통을 동반하게 된다. 지정학적 인구 구조적 이유로 인도에 대해 나는 기꺼이 낙관적 전망을 하는 한편, 동시에 어마어마한 금융위기가 닥치게 된다고 경고하고 싶다.

- 터키에 대한 전망은 점점 복잡해진다. 2000년부터 2013년까지 총 융자액은 열두 배 이상 증가했다—세계에서 가장 급격하게 가장 꾸준히 올랐다. 이러한 호황으로 레제프 타이이프 에르도안 총리(이제는 대통령이다)는 툭하면 분열되는 정치 체제를 장악하는 데 필요한 정치적 자본을 확보했고, 그가 이끄는 종교적 보수성향 세력과 이스탄불 광역지대의 친서구적 근대화 세력, 그리고 국가의 수호자라고 자부하는 세속화한 군부 간에 수십 년 동안 이어진 불편한 공존 관계에 종지부를 찍었다. 이제는 오로지 에르도안 뿐이다. 그러나 2013년 융자 확대가 갑자기 멈췄다. 경제적 정당성을 상실하고, 시리아 내전으로 300만 명 난민이 밀려오고, 유럽, 러시아, 이라크, 미국과 터키의 서로에 대한 지정학적 적대감이 깊어지면서, 에르도안의 통

Total Private Credit

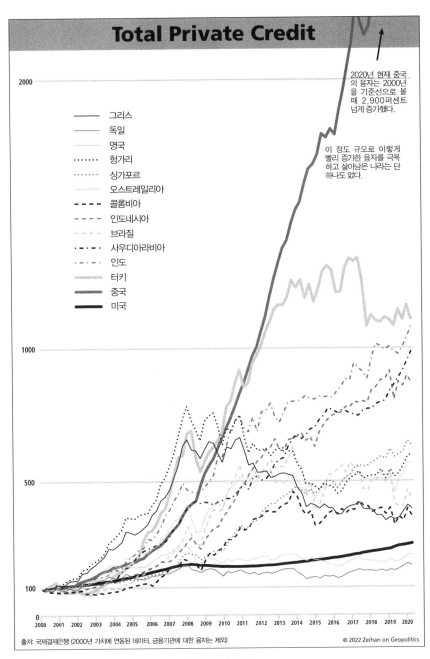

2020년 현재 중국의 융자는 2000년을 기준선으로 볼 때 2,900퍼센트 넘게 증가했다.

이 정도 규모로 이렇게 빨리 증가한 융자를 극복하고 살아남은 나라는 단 하나도 없다.

범례:
- 그리스
- 독일
- 영국
- 헝가리
- 싱가포르
- 오스트레일리아
- 콜롬비아
- 인도네시아
- 브라질
- 사우디아라비아
- 인도
- 터키
- 중국
- 미국

출처: 국제결제은행 (2000년 가치에 연동된 데이터, 금융기관에 대한 융자는 제외)

© 2022 Zeihan on Geopolitics

민간부문 총융자

치는 점점 가혹하고 권위주의적이고 위태로워졌다. 그리고 터키가 필연적으로 융자 조정을 겪기도 전에 이 모든 일이 일어나고 있다.

- 2022년 2월 28일 이 단락을 추가하는 현재, 러시아는 우크라이나 전쟁을 일으킨 벌로 세계 금융 체제에서 쫓겨났다. 러시아 중앙은행을 포함해서. 여러분이 이 글을 읽을 즈음 세계는 명실상부한 금융 체제 해체라는 끔찍하나 눈을 떼기 어려운 사례를 목격하게 된다. 러시아의 문제는 그게 다가 아니다. 인구는 고령화해 몰락의 길에 들어서고 있고 차세대 교육을 포기한 러시아의 융자 붕괴는 러시아라는 국가를 끝장낼 수많은 요인 가운데 하나일 뿐이다. 문제는 러시아가 격렬히 힘을 행사하면서 몰락할지가 아니라—러시아는 우크라이나 침공으로 이를 이미 증명했다—우크라이나 말고 또 누굴 상대로 힘을 행사할지다. 융자 과잉인 나라는 조심하라. 융자 붕괴는 어떤 행위로도 일어날 수도 있고, 행동하지 않아서 일어날 수도 있다. 반드시 전쟁만으로 또는 제재만으로 발생하지는 않는다.

- 장황하게 설명할 필요도 없이, 철저한 재정 붕괴를 겪을 중국은 절대적 척도와 상대적 척도 모든 면에서 인류 역사상 가장 규모가 크고 가장 지속 불가능한 융자 대잔치를 벌였다. 중국은 근대 세계에 등장한 방식대로 퇴장하게 된다. 굉음을 내며. 언제일지가 문제일 뿐이다. 내가 답을 알고 있다면 여러분은 이 책을 읽고 있지 않을지 모른다. 이 책 교정 보느라고 낑낑대는 대신 버진아일랜드의 피터 섬에서 노닥거리고 있을 테니까.

20

미래의 금융 실패 헤쳐나가기

명목화폐 체제가 실패하고 인구구조가 붕괴하는 가운데 융자를 어디서든 싸고 쉽게 얻을 수 있는 시대는 끝나가고 있다. 어떤 영향을 미치고 어떤 결과를 나을지는 속성뿐만 아니라 활용 측면에서도 각양각색일 것이다.

물론, 우선 성공을 부르는 지리적 여건부터 살펴봐야 한다. 자본이 제한된 세계에서는 목표를 달성하기 쉬운 여건을 갖춘 지역과 인구에게 돈이 몰리는 경향이 있다. 산악지대나 열대 기후 지역보다 지형이 평평한 온대 기후 지역이 기간시설을 구축하고 유지하기가 훨씬 쉽고 비용도 적게 든다. 마찬가지로 기술 수준이 낮은 인구를 교육하는 방법보다 이미 교육받은 인구가 보유한 기술을 유지하는 게 훨씬 쉽고 비용이 적게 든다. 미국이 주도한 세계질서의 자본이 풍부한 환경에서는 이런 단순한 법칙이 무색하다. 돈이 너무 많기 때문이다. 그러나 이제 그런 시대는 끝나가고 있다. 2020년대와 2030년대 그리고 그 후에도, 우리가 역사를 통틀어 목격해온 훨씬 익숙한 여건이 거침없이 재현되고, 자본을 창출하고 활용하는 역량도 지역에 따라 제각각으로 나타나게 된다. 사하라사막 이남 아프리카보다 중동이, 중동보다 브라질이, 브라질보다 러시아가, 러시아보다 인도가, 인도보다 남유럽이, 남유럽보다 북유럽이 더 나은 역량을 보이게 된다.

기술은 엉망이 된다. (컴퓨터 서버와 운영시설을 모아 놓은) 서버 팜(Server farm), 스마트폰, 소프트웨어는 저절로 생기지 않는다. 수천 가지의 서로 무관한 추세들이 동시에 일어난 결과다. 폭넓게 보면, 기술 부문이 건전하고 성장하려면 수입을 창출하고 개발을 촉진할 거대한 시장, 두뇌가 필요한 작업을 하는 숙련기술 인력, 그리고 연구, 운용, 대대적인 응용을 촉진할 자금의 거의 무제한 공급이 필요하다.

이 세 부류의 요건이 모두 사라질 위기에 직면한다. 탈세계화로 세계의 크기가 줄고 그나마 남은 세계는 서로 단절된 여러 개로 쪼개진다. 세계적으로 인구가 고령화하면서 숙련기술 공급도 붕괴하고 있다. 그리고 융자가 쪼그라들면서 뭐든 훨씬 비싸지고 하기 어려워진다.

아마도 최악은 자본과 노동력 공급이 줄어들면서 고용을 가장 많이 줄일 수 있는 프로젝트가 융자를 얻게 되는 상황이다—특히 인건비가 저렴한 지역으로 외주를 주던 그런 종류의 제조업일 경우에 말이다.

세계는 새로운 평형상태에 도달하게 되는데, 이는 모두가 발전하게 해주는 기술이상향(techtopia)이 아니다. 아직 기술 부문에 진입하지 못한 나라는 이제 시도조차 하지 못한다. 기술 부문에 이제 막 발을 들여놓은 나라는 발이 잘리게 된다. 앞으로는 선진국은 부유하고 개발도상국은 빈곤한 구조가 아니라, 한 줌도 안 되는 선진국은 부유하고 나머지는 무일푼인 구조가 된다.

앞으로 자본도피와 자본통제가 수시로 거론된다. 미국 주도 세계질서의 비교적 통일된 세계에서 자본은 거의 제약 없이 국경을 넘나든다. 이렇다 할 제약을 하는 나라는 거의 없다. 자본이 자국을 드나드는 데 제약을 가하면 그 나라는 투자금이 메말라버린다는 사실을 잘 알고 있기 때문이다. 자본의 흐름을 제약하면 경제성장, 고용, 관광, 기술 이전, 근대 세계에 참여할 기회를 잃게 된다. 역사적으로 그러한 개방성은 미국 주도 세계질서가 가능케 한 다른 모든 것과 마찬가지로 이례적이다. "통상적으로" 세계는 치열한 경쟁의 장이고 자본은 사재기해놓아야 하는 대상이다.

그처럼 자본이 부족했던 옛 시절이 돌아오고 있다. 게다가 안보 불안과 정세 불안을 보태면 세계 대부분 지역 사람들은 자기 돈을—그리고 많은 경우 자기 신체도—더 안전하고 살기 좋은 곳으로 옮기려 하게 된다.

자본도피는 이미 현 세계질서의 말기 현상으로 나타나고 있다. 미국은 민간 자본에 정부가 간섭하지 않는다는 평판을 얻었고 그 덕분에 자타가 공인하는 세계 금융중심지가 되었다. 중국의 극단적인 융자 모델(그리고 정도는 덜하나 동아시아 전역에서 시행된 이와 유사한 금융 체제)로 미국에는 불시에 돈이 쏟아져 들어왔다. 2000년 이후로 유럽이 휘청거리면서 더 많은 돈이 쏟아져 들어왔다. 이를 보여주는 데이터는 얻기가 대단히 어렵고 데이터의 신뢰성을 확인하기는 더더욱 어렵지만, 2000년 이후로 해마다 1조 달러에서 2.5조 달러의 외국 돈이 미국으로 유입됐다고 추정된다. 미국은 경제가 성장하고 안정적인데 세계는 불황을 겪으면서 불안정해지고, 미국과 세계의 이러한 격차가 더욱 벌어지면서 미국으로 도피하는 자본 액수는 더 커진다. 훨씬 더.

이는 미국에는 바람직하고 자본 비용 상승을 약간 둔화시키겠지만, 돈이 빠져나가는 나라에 재앙을 초래할 가능성이 있다. 은퇴 인구가 급속히 늘어나면 국가지출이 늘어나는 반면 근로 연령 인구가 줄어들면서 자금을 조성할 정부 역량은 거덜 난다. 나라 밖으로 돈을 유출하는 자는 누구든 반역자 취급을 받게 된다. 자본도피를 제약하는 게—자본통제—해결책이다.

결과는 곧 나타난다. 기업이 외국에서 자사의 수익을 이전하지 못한다고 생각하면 애초에 그 나라에서 영업할 가능성이 훨씬 낮다. 자본이 감수해야 하는 위험이 가장 큰 지역은 은퇴 연령 인구가 급속히 늘어날 뿐만 아니라 인구 자체가 가장 빨리 고령화하는 나라들이다. 러시아, 중국, 한국, 일본, 독일 순서다.

여기저기서 물가가 상승한다. 여기서 짤막하게 경제학 기초 원리를 짚고 넘어가자.

비용이 오르면 인플레이션(Inflation, 물가상승)이 발생한다. 누군가 컨테이너선을 약탈해 공급사슬에 차질이 생기거나, 젊거나 배고픈 인구 또는 젊기도 하고 배도 고픈 인구가 살 집과 먹을 음식이 더 많이 필요하거나, 너도나도 갖고 싶은 인형이 유행하거나, 통화당국이 의도적으로 수요를 진작하려고 통화량을 늘리면 발생한다. 2퍼센트 미만의 인플레이션은 보통 별문제 없지만, 그 이상 오르면 점점 불쾌해진다.

디스인플레이션(Disinflation, 물가상승 완화)은 매우 독특한 유형의 가격하락이다. 스마트폰이나 컴퓨터가 업데이트되어서 기능과 속도가 향상되면 이는 물가상승을 완화하는 효과가 있다. 새로 유정이 발견되거나 자동차 제조시설이 신축되거나 구리제련 시설이 신설되면 공급이 는다. 가격이 하락하지만, 시장을 구성하는 요소들의 관계는 크게 바뀌지 않는다. 거의 모두가 어느 정도의 디스인플레이션을 좋아한다. 나도 그렇다.

디플레이션(Deflation)도 있다. 물가가 하락하는데, 뭔가 아주 대단히 잘못됐기 때문이다. 주택시장이나 산업시설이 적응할 수 있는 속도보다 더 빠르게 인구가 고령화하면 발생한다. 수요가 폭락하면서 전기, 콘도, 전자제품 같은 기본적인 상품 공급과잉이 나타나면 발생한다. 생산 부문을 부분적으로 잘라내지 않고는 시장이 조정될 수 없고 그 결과 근로자가 피해를 보고, 이로 인해 다시 수요가 한층 더 위축되면 발생한다. 일본은 1990년대에 경제 붕괴를 겪은 이후로 일종의 디플레이션에 시달려왔고, 유럽연합은 2007년-2009년 금융위기 이후로 계속 디플레이션을 겪고 있다. 그리고 어떤 대가를 치르더라도 생산을 늘리는 게 국가가 수행할 과제라고 생각하는 중국에서도 아마이미 만연하지 않은가 싶다.

기본 원리를 알았으니 이제 미래에 대해 논해보자.

통화팽창은 물가상승 효과가 있다. 자본 부족이 만연하면 융자 비용이 상승한다. 인구 고령화로 소비가 하락하면 디플레이션 효과가 있지만, 공급사슬이 끊기면 인플레이션 효과가 있다. 국제 공급사슬을 대체할 새로운 산업 시설을 구축하면 그 과정이 진행 중인 동안 인플레이션 효과가 나타나지만, 작업이 마무리되고 나면 디스플레이션 효과가 발생한다. 새로운 디지털 기술은 디스플레이션을 가져오는 경향이 있다. 국제 공급사슬을 계속 작동시켜야 할 필요가 없으면 말이다. 작동시켜야 한다면 인플레이션 효과가 있다.

화폐 가치가 붕괴하면 그 나라는 인플레이션을 겪는다. 현금 대신 현물을 사재기하기 때문이다. 그러나 자본이 도피처를 찾아 떠나는 나라에서 화폐 가치 붕괴는 디스인플레이션(Disinflation) 효과가 있다. 현물상품 부족은 십중팔구 인플레이션 효과를 낳지만, 공급사슬이 끊겨서 부족이 발생하면 해당 상품의 생산지 주변은 디플레이션 효과가 나타나고, 이는 가격 인하로 이어지며, 이는 다시 생산감소로 이어지고, 이는 가격 상승으로 이어지고, 이는 다시 인플레이션 효과를 낳는다.[20]

결론은 예측 불가다. 땡땡 플레이션[21] 앞에 어떤 접두어가 붙게 될지 지역마다, 나라마다, 부문마다, 상품마다 다르고, 심하게 요동치면서 변하게 된다. 우리가 예측은커녕 영향을 미칠 수도 없는 다양한 요인들을 바탕으로. 직업이 채권 거래인 사람은 골치 아프게 생겼다.

포퓰리즘이 한층 더 기승을 부리게 된다고 기대해도 된다. 세계 인구구조가 급속히 고령화하고 있고, 나이가 많을수록 살던 방식을 고수한다. 그뿐만 아니라 은퇴자는 연금에 의존한다. 연금은 대부분 세수로 충당하거나 보유하는 대규모 채권에서 비롯되는 배당금으로 충당한다. 채권 관련 소득은 수익이 낮지만 안정적이다. 은퇴자에게는 가격이 안정적이어야 한다는 뜻이다. 경기침체가 장기화하면 채권 관련 소득 흐름은 끊기는 경향이 있다. 이 시점에서는, 많은(대부분?) 나라가 10년 이상 장기적인 경기침체는 사실상 불가피하다. 탈세계화와 인구구조 붕괴가 진행되고 코로나바이러스 사태를 겪으면서 세계 대부분은 2019년 수준을 절대로 회복하지 못하게 된다. 나라마다 다른 수준의 인플레이션을 겪는 세계에서 연금은 대부분 붕괴한다.

몰표를 행사하는 집단으로서 은퇴자는 변화를 두려워하기보다 변화에 대해 끊임없이 불평불만을 토로하므로, 보수적이고 위태로운 문화적 정서가 만연하게 된다. 이로 인해 나타날 한 가지 결과는 정부가 점점 더 포퓰리스트 요구사항에 영합하게 되고 경제적으로 외부와 단절하고 군사적 사안에서 훨씬 더 공격적인 자세를 취하게 된다는 점이다. 여러분 부모나 조부모의 투표 성향을 보고 움찔한 적이 있나? 연금 소득이 무너지면 그들이 어떤 정신 나간 인간을 지지할지 상상해보라.

미국은 예외다. 세계에서 최고 명당자리를 차지하고 있는 미국은 저렴한 개발 비용을 계속 누리게 된다. 선진국 진영에서 최고의 인구구조를 지녔으므로 미국의 자본 비용 증가도 크게 부담되지 않는다. 미국 밀레니얼 세대의 등장으로 2040년대 무렵—밀레니얼 세대가 마침내 자본을 가장 많이 보유한 연령대에 진입하는 시기—자본공급은 다시 늘면서 자본 비용 상승이 둔화된다. 비교적 보수적인 통화정책과 유일한 기축통화로서의 미국 달러의 지위가 복합적으로 작용해 미국은 자본 손실을 상쇄할 운신의 폭이 더 넓어지고 궁지에 빠진 세계에서 탈출하는 도피자본이 대부분 미국으로 유입된다.

그리고 뭐니 뭐니 해도 가장 독특한 점은 미국에서 끊임없이 제기되는 불평등 문제가 오히려 전화위복이 될지 모른다는 점이다.

경력이 늘면 소득도 증가하고 소득에서 투자가 차지하는 비율도 마찬가지로 증가한다는 사실 기억하는가? "평범한" 사람들뿐만 아니라 부자들도 마찬가지다. 두 부류의 성향은 은퇴 시점에서 갈라진다. "평범한" 은퇴자는 보유 자산을 저위험 투자처로 옮긴다. 시장 변동을 감내하기 어렵기 때문이다. 그러나 부자는 축적한 자산이 너무 많아서 평범한 이들과는 다른 행동을 두 가지 한다.

첫째, 극도로 부유한 이들은 보유자산의 극히 일부만 보존하면 기존의 생활 수준을 유지할 수 있다. 그들은 훨씬 높은 수위의 위험을 감수할 수 있으

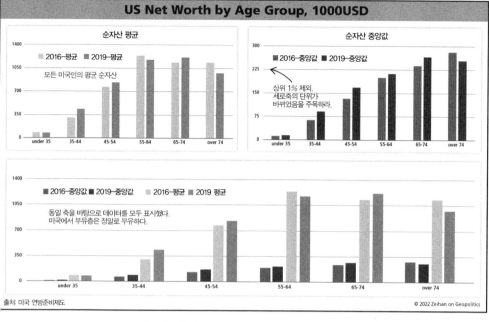

US Net Worth by Age Group, 1000USD

순자산 평균

■ 2016-평균 ■ 2019-평균

모든 미국인의 평균 순자산

under 35 | 35-44 | 45-54 | 55-64 | 65-74 | over 74

순자산 중앙값

■ 2016-중앙값 ■ 2019-중앙값

상위 1% 제외.
세로축의 단위가
바뀌었음을 주목하라.

under 35 | 35-44 | 45-54 | 55-64 | 65-74 | over 74

■ 2016-중앙값 ■ 2019-중앙값 ■ 2016-평균 ■ 2019 평균

동일 축을 바탕으로 데이터를 모두 표시했다.
미국에서 부유층은 정말로 부유하다.

under 35 | 35-44 | 45-54 | 55-64 | 65-74 | over 74

출처: 미국 연방준비제도

© 2022 Zeihan on Geopolitics

미국인들의 연령집단별 순 자산액(단위 1,000달러)

므로 그들의 투자 포트폴리오는 대부분—보통 절반이 훌쩍 넘는 비율—주식
과 채권시장에 계속 남겨둔다. 둘째, 부자는 자기 재산을 죽어서 관 속으로
갖고 들어가지 못한다는 사실을 훨씬 잘 알고 있고 은행에 1억 달러를 예치
해둔 채로 죽을 아무런 이유가 없다. 부자는 자신이 세상을 떠나기 한참 전에
자산을 후손에게 넘겨주거나 자선단체에 기부하기 시작한다.

　대부분 국가에서 이런 차이들은 대세에 큰 영향을 미치지 못하지만, 미국
에서는 상위 1퍼센트가 총 금융자산의 절반 이상을 보유하고 있다. 미국 주
식시장과 채권시장에서 상위 1퍼센트가 보유한 자본의 절반만 처분하지 않
고 그대로 시장에 둔다면(아니면 젊은 세대에게 이전하고 그들이 훨씬 정상적인
유형의 자본 관리를 하게 된다면), 대체로 자본이 제한되는 환경으로 바뀌더라

도 크게 신경 쓰지 않아도 된다. 그러나 이는 자본시장이 크고 불평등이 극심한 선진국에만 적용된다. 그런 나라는 미국뿐이다. 유동자본이 어마어마하게 많다고 해도 모든 문제를 해결하지는 못한다. 그러나 자본이 쪼들리는 세계에서는? 유리한 출발점에 서게 된다.

이 중 어느 하나도 딱히 자본주의적이라는 생각이 들지 않는다면 제대로 봤다. 자본주의를 허락한 여건은 우리 모두 익숙해진 "덧셈"의 일부이다. 그리고 지속적인 경제성장 없이 자본주의가 존재할 수 있을지 대단히 의문스럽다.

자본주의가 죽었다는 뜻이 아니라 세계에서 가장 젊고 가장 부유한 인구—"덧셈"을 하기에 가장 유리한 인구—를 보유한 미국조차 세계화한 자본주의 체제에서 앞으로 닥칠 상황으로 전환하는 과정에 이미 깊이 발을 들여놓았다는 뜻이다.

게다가, 우리가 아는 바, 아니면 적어도 우리가 알고 있다고 생각하는 바가 지금 당장 미국에서 이미 사라지고 있다면, 나머지 세계는 미래를 기약할 무슨 희망을 품을 수 있겠나?

모두의 기분을 북돋웠으니 이제 세상에서 불이 꺼지면 어떤 일이 벌어지는지 얘기해보자.

4부

에너지

ENERGY

21

진보 작살내기

좀 황당한 얘기를 하나 하겠다.

구소련공화국 카자흐스탄에는 카샤간이라고 불리는 석유 매장지가 있다. 카스피해에서 시속 60마일의 강풍이 툭하면 강타하는 구역의 해저 2마일 밑에 있다. 겨울에는 바닷물이 얼어서 생긴 얼음이 떠다닐 뿐 아니라 강풍이 바닷물을 몰고 와 해상 생산시설에 뿌려대기 때문에 시설 전체가 1피트 두께의 얼음으로 뒤덮인다. 카샤간은 단연 세계 최악의 작업환경을 자랑한다.

석유 매장지로서는 이례적으로 카샤간은 수직 매장지로서 맨 위에서 맨 아래까지 2마일이 넘는다. 압력 수위는 천차만별이라서 툭하면—무서울 정도로—분출한다. 유황 함유량이 높은 석유라서 일단 육지로 보내서 가공 처리해야 하는데 그 과정에서 폭이 몇 마일이나 되는 유황층이 생긴다. 카샤간은 단연 세계에서 기술적으로 가장 어려운 환경을 자랑한다.

카샤간의 원유를 뽑아내기 위해서는 업계 최고 기술자들이 이 유전의 독특한 난관에 대처할 완전히 새로운 기술을 개발해야 했다. 이 유전 개발에 공동으로 참여한 기업들은—당시 카자흐스탄의 연간 총 GDP보다 훨씬 높은 액수인—1,500억 달러 이상을 쏟아부었고 14년 만에 비로소 처음으로 상업적 생산을 할 수 있었다. 카샤간의 개발 착수 비용은 단연 세계 최고를 기록했다. 에너지 업계에 널리 퍼진 농담이 있는데 "카샤간(Kashagan)"은 실제로 "캐시-올-건(Cash-all-gone), 즉 현금고갈"이라고 읽는다고 한다.

일단 카샤간의 원유를 퍼올려서 압력을 빼고 가공 처리하면 송유관을 통해 1,000마일 이상 떨어진 흑해로 보내고, 거기서 작은 유조선에 실어 터키 해협을 통과해 지중해로 나가서 이스탄불 도심을 통과한 다음 수에즈 운하를 거쳐 홍해로 나간다. 거기서 다시 장거리 초대형유조선에 선적되면 또다시 8,000마일을 항해해 파키스탄과 인도를 지나 말라카 해협을 통과한 후 베트남과 중국 해안을 따라 항해해 최종 목적지인 일본에 도달한다.

위험한 뱃길이다. 카자흐스탄은 과거 러시아 영토이고 두 나라는 사이가 좋지 않다. 터키는 러시아와 굵직한 전쟁을 열한 번(더 되나?) 했고 두 나라는 사이가 좋지 않다. 이집트는 과거 터키의 영토이고 두 나라는 사이가 좋지 않다. 사우디아라비아는 카자흐스탄을 경제적 경쟁자로 여기고 두 나라 사이는 좋지 않다. 이 뱃길은 서로 사이가 좋지 않은 파키스탄과 인도를 지나가고, 서로 사이가 좋지 않은 베트남과 중국을 지나가고, 중국과 최종 목적지인 일본은 사이가 좋지 않다. 아, 그리고 홍해와 말라카 해협에는 해적도 있다. 카샤간의 수출경로는—단연—세계에서 가장 위험천만하다.

(소비에트 송유관을 얼기설기 엮고 수선해서 중국 서쪽 끝까지 카샤간 석유를 운반하는 미심쩍은 계획이 있긴 한데, 중국 해안의 인구중심지까지 장장 2,000마일을 가로질러야 한다. 이 경로를 따라 설치된 기간시설과 이를 관리하는 인력은 겨울에는 어김없이 화씨 -40도[섭씨 -40도, 화씨를 섭씨로 전환하는 공식은 (°F-32) × 5/9 = °C이다—옮긴이]에서 여름에는 어김없이 화씨 105도[섭씨 40.6도]를 오가는 온도에 노출된다는 사실을 고려해볼 때 뱃길보다 나은 유통경로인지 확실치 않다.)

카샤간의 역사와 기술적 여건과 수출경로를 생각할 때마다 오로지 이 생각만 떠오른다. 지옥???

카샤간과 그 지역의 수출경로라는 해괴망측한 불가사의는 오로지 미국 주도 세계질서의 보호하에서만 일어날 수 있다. 이 질서 덕분에 너무나도 오랫동안 만사가 평화롭고 안정적이고 풍요로워서 여느 시대 같았으면 어처구니없고도 남았을 만한 생산과 운송 체제가 가능했다.

그러나 지속되지 않는다.

카샤간의 일일 생산량 50만 배럴은 이 세계에서는 절대 많은 양이 아니다. 그러나 앞으로 완전한 붕괴에 직면한 생산지는 카샤간뿐만이 아니기 때문에 큰일이다. 일반적으로는 근대 에너지 그리고 구체적으로는 석유가 현재의 세계와 산업화 이전 세계를 구분한다. 우리가 "문명"이라고 규정하는 대상과 그 이전에 등장했던 대상을 구분한다.

6000년이라는 기나긴 역사를 통틀어 인류의 발목을 잡아 온 운송이라는 난제를 생각해보면, 석유는 경이로운 자재이다. 석유에서 나온 액체 운송 연료 덕분에 물건을 먼 거리까지 운반하는 역량이 1,000배가 증가했다. 스위치만 켜면 들어오는 전기는 직간접으로 석유 덕분에 가능해졌고 생산성에도 비슷한 영향을 미쳤다. 역사상 처음으로 우리는 무엇이든 할 수 있고 언제 어디든 갈 수 있었다. 금상첨화로 처음으로 "우리"는 당대의 가장 막강한 제국을 뜻하지 않고 개개인을 뜻했다. 집에 전선을 설치하면 누구든 저렴한 가격에 전기를 쓸 수 있다. 나무나 석탄과는 달리 휘발유나 디젤처럼 석유를 기반으로 한 액체연료는 에너지 밀도가 아주 높고 저장하기가 너무 편리해서 운송수단 안에 저장한다.

석유가 없었다면 미국 주도 세계질서는 절대로 불가능했다. 승용차도 마찬가지다. 세계 식량 유통도, 세계 제조업도, 근대 의료산업도, 우리 모두 신고 있는 신발도 없었다. 석유가 지닌 힘은 여러모로 너무나도 막강해서 우리는 지리 자체를 하마터면 무시할 뻔했다.

하마터면. 석유는 지리를 완전히 무시할 정도로 완벽하지는 않다. 석유가

가하는 제약은 기술적이기보다는 생산지와 관련 있다. 석유는 편의성과는 거리가 먼 지역에 매장되어 있다. 산업화 시대 내내 석유를 매장지에서 필요한 지역까지 운반하려면 극복해야 할 장애물투성이였다. 그런 점에서 카샤간은 예외가 아니다.

이 사연을 처음부터 풀어나가자. 허먼 멜빌의 소설 『모비 딕(Moby Dick)』에 등장하는 에이허브(Ahab) 선장 사연부터.

근대 에너지로 가는 길: 전쟁, 숭배, 고래, 그리고… 뜨개질?

인간이 처한 여건을 개선하는 방법에는 한계가 있다. 큰 땅덩이를 정복해서 자기 소유로 만드는 게 그 한 가지 방법이다. 사회 내에서 가능한 한 많은 이들이 체제를 유지하는 게 그들에게 이롭게 만들어서 정부와 경제의 모든 측면을 지지하도록 하는 방법도 있다. 밤의 길이를 줄이고 그 과정에서 가장 희소성이 높은 상품을 제조해내는 세 번째 방법도 있다. 그 상품은 바로 시간이다.

1700년대 말 무렵 영국은 훨씬 적극적으로 훨씬 큰 규모로 섬유를 제조할 방법을 모색하고 있었다. 신형 베틀과 방추와 다축방적기는 몇 가지 공통적인 특징이 있었다. 당대에 가장 비싼 최신식 기술이었다. 그러한 자산은 자연현상으로부터 보호해야 했고, 이러한 기술을 작동시키려면 제품의 품질을 예리하게 식별하고 손가락이 잘리지 않도록 주의해야 했다. 영국에 가본 적이 있다면 문제가 뭔지 깨닫게 된다. 영국 날씨는 보통 습도가 높고 어둡다. 런던은 상당히 북쪽에 있어서 12월의 평균 일조 시간은 8시간이 채 되지 않는다…. 그것도 비가 오지 않는다는 전제하에.[1] 이로 인해 방적공장 내부는 어두컴컴했다. 기존의 횃불은 실과 천을 오염시켰고, 촛불은 밝기가 충분치 않으며, 배낭 메고 장거리를 오가는 내가 장담하건대 원면(原綿)은 불쏘시개로 안성맞춤이다.

해결책은 고래기름이었다. 고래기름은 깨끗하고 밝고 오래 타고 램프에 담기 쉬웠기 때문에, 직원이 다치는 사례가 줄었고 동시에 교대근무 횟수를 늘릴 수 있었다. 고래기름은 곧 교회 예배에서부터 칵테일파티, 중산층 아파트에 이르기까지 전천후로 쓰였다. 그리고 산업 혁명 초창기에 유럽은 식량을 먹고도 남을 만큼 생산했고 인류는 빠르게 머릿수를 늘리며 공간을 채워나갔으며, 더 많은 예배와 더 많은 칵테일파티와 더 많은 중산층 아파트에 쓸 고래기름이 더 많이 필요해졌다.

고래기름은 불 밝히는 데만 쓰이지 않았다. 산업화 시대 초창기에는 (앞서 언급한 방직기기를 포함해서) 툭하면 작동이 중단되는 부품을 쓰는 기계가 많았다. 인간과 기계가 손상을 입지 않도록 하려면 윤활유를 써야 했다. 고래는 만병통치약이 되었다. 불빛, 윤활유, 곁다리로 고기도 생겼다. 누구에게나 이득이 되었다.

고래만 빼고.

에이허브 선장과 그 같은 이들 덕분에 한때 수백만 마리에 달하던 고래가 금방 수만 마리로 개체 수가 줄었다. 고래가 부족하니 고래기름이 부족해지고 고래기름 가격은 올랐다.

두 가지 유형의 해결책이 나왔다.

첫째, 석탄이다. 탄광의 위험 요소 중 하나가 메탄가스다. 우리는 메탄가스를 천연가스, 소 방귀, 석탄가스로도 알고 있다. 석탄가스를 관리하는 일은 광부들이 끊임없이 극복해야 할 난관이다. 광부가 광맥을 깰 때마다 갇혀 있던 가스가 새어 나올 가능성이 있다. 그러면 보통 광부가 질식하거나 갱내가 폭발한다.

널리 쓰인 두 번째 해결책은 등유다. 석탄가스와는 달리 폭발할 위험이 전혀 없고 석탄 공급지와 가까울 필요도 없고 그 어떤 기간시설을 구축할 필요도 없다. 그저 램프만 있으면 된다.

초창기 등유는 석탄에서 비롯되었지만, 추출 과정은 풍력으로 움직이는 배를 타고 세계를 반 바퀴 돌아 덩치가 어마어마한 고래와 사투를 벌이고 나서 고래 사체에 올라타 내장을 파내고, 타고 간 배에서 잘게 자른 고기조각들을 삶아 기름을 짜내며 돌아오는 내내 폭력적이고 발정한 전과자 무리와 동고동락하기보다 훨씬 비용이 많이 들고 위험했다. 이와 거의 동시인 1850년대 초 미국과 폴란드에서 당시에 "바위기름(rock oil)"이라고 알려진 물건에서 등유를 추출하는 훨씬 값싸고 빠르고 안전한 기술적 돌파구가 마련되었다. 오늘날 우리는 이를 "원유" 또는 "석유"라고 부른다.

그러고 나서 우리는 생산지로 눈을 돌렸다. 인류는 고대부터 "새어 나오는" 원유에 대해 알고 있었다. 비잔티움은 이러한 원유를 이용해 그리스의 불(Greek fire)이라고 알려진 화기를 만들어 적과 싸웠고, 배화교도들은 불이 꺼지지 않도록 하려고 새어 나온 원유에 불을 붙였다. 문제는 양이었다. 새어 나온 기름의 양은 하루에 몇 쿼트밖에 되지 않았다. 인류는 그 백만 배는 더 필요했다. 십억 배는 더 필요했다.

해결책은 미국에서 출현했다. 1858년 에드윈 드레이크는 펜실베이니아주 타이터스빌 외곽에서 기차 엔진 부품을 수직 착암기에 적용했다. 몇 주 만에 뚫린 세계 최초의 유정에서는 유출지에서 1년 동안 새어 나올 양의 원유보다 더 많은 양을 한두 시간 만에 생산했다. 몇 년 안에 등유는 너무나도 값싸고 편리해져서 고래기름은 조명과 윤활유 시장에서 사실상 사라졌다.

그러더니 진짜 기적이 일어났다. 인간은 석탄을 만지작거리면서 습득한 재료과학 전문지식을 이 새로운 석유의 세계에 응용하기 시작했다. 등유가 고래기름을 대체한 지 얼마 지나지 않아 석유가 풍력을 대체하고 휘발유가 말을 대체했다.[2] 석유는 단순히 밤을 밝히고 기계의 윤활유 역할을 하는 상품에 머물지 않았다. 인간이 뭐든 할 수 있게 해주는 자재였다. 우리는 석유가 그냥 많이 필요해진 게 아니라 아주 많이 필요해졌다.

필요한 걸 어디서 찾아야 하나? 당연히 지난번에 본 곳에서. 당대의 제국들은 세계적 차원의 탐색에 나섰다. 고대에 문화를 채색했던 그 유명한 석유 유출지를 찾아 나섰고 거기서 타르를 뽑아냈다. 배화교도 영토(오늘날의 아제르바이잔) 북쪽 유출지는 이제 러시아 손에 들어갔다. 남쪽 유출지는 페르시아 영토에 있지만, 영국인들이 차지했다. 네덜란드는 자바섬의 유출지에 대한 제국적 권한을 확인했다. 미국은 펜실베이니아뿐 아니라 애팔래치아 분지도 있고, 오하이오강 유역과 텍사스도 있었다. 세계적으로 제국이 각축하던 때부터 제2차 세계대전 내내 그런 생산지 장악은 지상과제였을 뿐 아니라 전략적으로 유리한 고지를 확보할지 몰락할지를 가르는 문제였다.

이러한 석유 시대 초창기 몇십 년의 공통점은 단순하다. 석유를 확보해서 근대 군사 장비를 배치하고 그러한 장비가 부여하는 속도와 범위와 공격력을 십분 활용하든가, 말 등에 올라타든가. 그렇게 석유 생산지는 세계에서 가장 철저히 보호되는 지역이 되었다. 그리고 모두가 석유생산 기업을 자국 내에 두었다.

이 마지막 사항이 핵심이다. 나라마다 자국 국적의 석유회사를 두었다—프랑스는 프랑스 석유회사, 영국은 영국-페르시아 석유회사, 미국은 스탠더드 석유회사 등등.[3] 이러한 기업의 최우선적인 책임은 자국에 연료를 공급하는 일이다. 이를 위해 수출은 극히 제한되고 해외에서 생산한 물량은 본국으로 들여왔으며 각 나라는 나름의 내부적 가격책정 구조를 지녔다. 이처럼 서로 격리된 체제들 사이에 가격은 흔히 세 배 이상 차이가 났다. 미국은 필요한 것은 모조리 국내에서 생산했기 때문에, 세계를 아우르는 상선이 필요 없었으므로 가격 면에서 늘 저렴한 편에 속했다.

석유 관련 신기술이 등장하고 석유공급이 중요해지는 가운데, 제2차 세계대전은 인류 역사상 전례 없는 방식으로 에너지의 중요성을 입증했다. 제국들이 후추를 두고 다툰 까닭은 이를 팔면 돈이 되기 때문이었다. 제국들이 석유를 두고 다툰 까닭은 석유 없이는 전쟁에서 싸우지 못하기 때문이었다. 일본은 1942년 자바섬을 장악해 네덜란드의 석유 자원 확보에 성공했지만, 1944년 말 무렵 미국이 무차별적으로 잠수함 전쟁을 벌이면서 일본은 연료가 씨가 말랐다. 소비에트 아제르바이잔에 있는 옛 배화교도 자산을 차지하려고 처절하게 몸부림친 독일은 1942년-1943년 겨울 스탈린그라드 전투에서 고꾸라졌고, 미국은 1943년 8월 루마니아 유전을 폭파해 나치가 그 유전에 접근하지 못하게 차단했다.

한편, 미국은 위험하고 취약한 공급 경로 맨 끝에 달랑달랑 매달려 있는 오지에서 원유를 가져오는 게 아니라 북미 대륙 내에 있는 자국 본토에서 조달한다. 미국은 전쟁 시에 대규모 연료 부족을 겪은 적이 없을 뿐만 아니라 영국과 심지어 소비에트 연합국에까지 연료를 공급해줄 역량이 있었다. 펜실베이니아와 텍사스가 없었다면 이 전쟁의 결말은 매우 달랐을지 모른다.

물론 전쟁 막바지에 미국이 세계를 새롭게 조직화하면서 상황이 완전히 바뀌었다. 석유도 예외가 아니었다.

22

미국 주도 세계질서 하의
석유 질서

미국이 제국 시대에 종지부를 찍으면서, 제국 시대의 석유 유통 체제를 관리했던 제국 경제구조에도 종지부를 찍었다. 구 제국 체제를 역사의 뒤안길로 사라지게 하겠다는 확고한 의지도 있었다. 영국이 페르시아 석유를 완전히 장악하지 못하게 되면 세계에서 영국이 차지하는 비중도 줄어들 테니까.

그러나 미국의 전략적 계산에서 가장 큰 비중을 차지한 요소는 안보를 미국에 맡기는 대신 경제적으로 성장하게 해준다는 조건이었다.

소비에트를 봉쇄하려면 동맹이 필요했고 그 동맹은 경제적 접근과 성장이라는 약속으로 매수해야 했으며, 그러한 접근과 성장에는 연료가 필요했고, 그 연료는 오로지 서로 다른 여러 지역으로부터 구할 수밖에 없었다. 갑자기 영국 석유, 네덜란드 석유, 프랑스 석유는 사라지고 오로지 미국 해군이 보장하는 세계 석유만 존재했다. 서로 격리된 시장에 존재하던 여러 가지 다양한 가격책정 모델은 단일한 세계 가격으로 통합되었고, 이러저러한 유전에서 생산된 원유의 화학적 특성과 거리에 따라서만 가격이 조정되었다.

석유는 즉시 새로운 전략적 환경과 연계되었다.

페르시아와 네덜란드 동인도 같은 유명한 에너지 생산자들은 새출발의 기회를 얻었고 지금 우리가 이란과 인도네시아라고 알고 있는 독립국이 되었다. 명목상으로는 독립국이지만 실제로는 절반은 외국이 관리하는(이라크와 사우디아라비아가 그러한 사례다) 신흥 에너지 생산자도 국가로 인정을 받았다. 당연히 일부 유럽 국가들은 탈식민지화에 저항했지만, 미국은 미국답지 않게 인내심을 발휘해 식민지 내에서 혁명 운동이 임계질량에 도달할 때까지 기다렸다가 동맹국에 압력을 넣거나 양국 관계가 부침을 겪을 때 기회를 엿보았다. 그리하여 나이지리아(1960)와 아랍에미리트연맹(1971)이 영국으로부터 독립했고, 알제리(1962)가 프랑스로부터, 앙골라(1975)가 포르투갈로부터 독립했다. 그리고 의도했던 결과가 나왔다. 세계화—그리고 무엇보다도 미국이 관리하는—체제에 합류하는 독립적인 주요 석유 공급국가가 점점 더 늘었다.

브레튼우즈 질서의 논리가 미국이 세계 석유 시장을 구축하고 보호하고 확대하도록 요구했다는 사실 못지않게 그 과정을 소모적으로 만든 건 바로 브레튼우즈가 낳은 성과였다. 브레튼우즈 체제의 핵심—동맹을 끌어들이고 유지하는 데 그처럼 성공적이었던 까닭—은 미국 시장과 세계 체제의 접근을 통한 안전하고 지속적이고 신뢰할 만한 경제성장이라는 개념이었다. 동맹국들의 경제가 성장하면서 그들은 점점 더 먼 지역으로부터 점점 더 많은 원유를 들여왔다. 미국이 동맹에 끌어들이는 나라가 늘어날수록 미국도 점점 더 먼 지역으로부터 점점 더 많은 원유를 들여왔다. 1970년대 초 무렵 미국 경제는 미국 자체의 에너지 수요가 생산 역량을 넘어서는 지점에 도달할 정도로 성장했다. 미국은 이제 동맹국들에 연료를 공급하지 못하게 되었을 뿐 아니라 자국에 공급하지도 못하게 되었다. 여러모로 이는 금본위제를 거덜낸 문제와 똑같은 문제였다. 성공이 수요를 부르고 수요가 다시 성공을 부르고 성공은 다시 수요를 부르다가 마침내 실패했다. 1973년과 1979년 아랍의 석유 금수조치는 그때까지만 해도 미국에서 가설이라는 전제하에 이루어지던 논의였는데 그 논의가 실현되었다.

석유에 대한 접근을 위협하는 사건들이 발생하자 미국은 세상이 끝나기라도 하듯 반응했다. 왜냐하면, 석유 없이는 세상이 실제로 끝나기 때문이었다. 석유가 충분하지 않으면 미국 주도 세계질서가 완전히 붕괴한다. 미국은(그리고 영국도!) 다음과 같은 행동을 취했다. 1953년 이란에서 쿠데타를 지원해 모사데그 총리 정권을 전복하고 친미 성향인 팔레비 왕가의 모하마드 레자 샤를 국왕으로 복귀시켰다. 미국은 1965년-1966년 인도네시아에서 공산주의 분자들에 대한 인종학살에 가까운 숙청을 지원했다. 미국은 1968년 민주정체 세력에 맞서는 권위주의적인 멕시코 정부를 은밀히 지원했다. 미국은 1992년 쿠웨이트에서 이라크군을 축출하기 위해 제2차 세계대전 이후로 가장 규모가 큰 원정 군사행동을 실행했다.

냉전이 끝나면서 브레튼우즈 체제의 상호연결성은 한층 더 널리 적용되었고 미국은 의도적으로 주도면밀하고 꾸준하게 석유를 확보할 수 있는 영역을 확대했다. 소비에트의 경제 붕괴는 러시아 석유생산보다 러시아 산업을 더욱 심하게 강타했고 남아도는 석유가 세계시장에 흘러나왔다. 미국 기업들은 구소련공화국—가장 두드러지는 사례가 카자흐스탄과 아제르바이잔이다—에 진입해 점점 더 많은 양의 석유를 세계시장으로 끌어냈다. 늘 그러했듯이 공급을 다변화하고 안전하게 하는 게 관건이었고, 클린턴 행정부는 러시아 영토를 이용하지 않고 가능한 한 많은 신규 물량을 세계시장에 공급하기 위해 러시아를 우회하는 송유관 건설을 밀어붙였다.

1945년부터 쭉 이런 과정으로 미국은 거의 모두로부터 무시하지 못할 만큼 분노를 샀다. 유럽은 식민지를 잃게 되어서 분개했다. 신생 독립국들은 자국이 과거에 접촉한 적도 없는 소련을 봉쇄하려고 그들을 단일 진영으로 묶으려는 미국의 정책을 못마땅해했다. 아랍권은 미국이 (자기들을 이스라엘과 우방으로 만들려는 시도뿐만 아니라) 자국의 에너지를 브레튼우즈라는 기계의 부속품으로 이용하려는 행태가 마음에 들지 않았다. 멕시코는 워싱턴의 강압적인 접근방식이 불만이었다. (소련 붕괴 후의) 러시아는 러시아 뒷마당에서 러시아의 영향력을 훼손하려고 노골적으로 설치는 미국이 증오스러웠다. 이란은 미국이 사주한 쿠데타가 전혀 고맙지 않았다.

그러나 석유 시장 규모는 날이 갈수록 커졌다. 브레튼우즈 시대가 동틀 무렵 (미국을 제외하고) 미국 동맹 세력 전체가 사용한 석유는 하루에 1,000만 배럴이었고 대부분 미국에서 조달되었다. 1990년 무렵 미국 동맹국 수가 두 배 이상 증가했는데 석유 소비량의 90퍼센트가 수입으로 조달되었다—그리고 미국 혼자서만도 추가로 800만 배럴을 수입했다. 냉전이 끝나고 미국 주도 세계질서의 규정이 진정으로 세계화하면서 또 한 차례 새로운 국가들이 질서에 합류했다—그리고 한층 더 세계 석유 수요를 늘렸다. 세계 석유 수요는 하루 8,500만 배럴을 찍은 가운데, 유가는 2008년 배럴당 150달러로 역사상 최고를 기록하면서, 10년 전 가격의 열다섯 배가 되었다.

군사동맹을 미국의 원유로 지원하기 위한 조치로서 시작된 정책이 방만하고 지속 불가능하고 무엇보다도 비용이 많이 드는 엉망진창인 정책으로 변질하면서 미국조차 이제 수입 석유에 의존하게 되었다. 냉전이 끝나면서 미국은 세계에 덜 개입하기를 바랐을지도, 손을 떼기를 바랐을지도 모르지만, 단일한 세계 유가 구조에서 그리했다가는 세계정세가 불안정해지고, 석유공급이 줄어들고, 유가가 폭등해서 미국의 경제가 붕괴할 위험에 처했다. 미국의 안보 정책이 시대에 뒤떨어지게 되면서 미국은 경제적으로 덫에 걸렸다.

23

석유 지도:
현 상황

2022년 세계에서 거래되는 원유는 대부분 세 지역에서 생산된다.

가장 중요하고 가장 뻔하고 가장 문제가 많은 첫 번째 지역은 페르시아만이다.

지난 500년 동안 중요성을 지녔던 여러 다양한 지역과는 달리 페르시아만 지역은 전혀 중요하지 않았다. 물론 1500년 무렵에는 모든 것의 중심이었고, 그런 연유로 중동, 즉 동쪽의 "중심"이라고 불렀다. "세계" 교역은 유럽과 극동 사이에 놓인 방대한 영토를 연결하는 수단으로서 페르시아만 주변의 영토와 바다에 의존했다. 그러나 이 지역에 분통을 터뜨린 나라는 미국이 처음이 아니다. 원양항해 기술은 유럽이 중동을 완전히 회피하려는 시도로 탄생했다. 포르투갈이 무력으로 인도로 밀고 들어간 1500년대 초부터 중동을 통과하거나 거쳐 갈 필요가 거의 사라졌고, 이집트에서 페르시아까지 중동 전체가 전략적으로 무용지물이 되었다.

석유가 이 상황을 완전히 바꾸어놓았다. 페르시아가 옛 배화교도의 땅을 금전화하면서 페르시아 정세에 대한 대영제국의 관심을 자극했고, 페르시아의 지위는 1939년-1945년 전쟁 수행에서 중요해졌다. 이 지역에서의 활동이 폭발적으로 증가한 시기는 그 이후였다. 이란 남서부뿐만 아니라 이라크, 쿠웨이트, 사우디아라비아, 바레인, 카타르, 아랍에미리트연맹, 오만을 아우르는 이 지역 전역에서 석유 매장지가 발견되고 이를 이용하게 되면서부터다. 수십 년에 걸쳐 시장과 군사전략이 변하고 조정되면서, 개별적인 국가의 산출량은 천양지차였지만, 이들의 총생산량은 과거 70년 동안 하루 2,000만 배럴로 상당히 안정적으로 유지되었다. 2021년 현재, 그 2,000만 배럴은 세계 공급량의 5분의 1, 세계적으로 거래되는 원유의 절반이다.

이 8개국은 공통점이 두 가지 있다. 첫째, 기술력이 전무하거나, 아무리 좋게 말해도 한심할 정도로 게으르다. 교육 체제는 조롱거리만도 못하고, 역외 지역에서 기술 관련 학위를 취득할 정도로 운 좋은 국민은 자국으로 돌아가지 않는 경향이 있다. 따라서 이들은 전력체계에서부터 건설, 민간 기간시설 구축에 이르기까지 모조리 외국인 인력 수백만 명을 수입해서 그들에게 맡긴다. 8개국 모두—주로 미국, 영국, 프랑스, 러시아, 터키, 알제리, 이집트에서 온—외국인 근로자에게 의존해 원유를 생산한다. 이 지역은 이러한 국적의 외국인들이 모조리 필요하지는 않지만, 이 지역 내의 각국은 적어도 이 가운데 한 나라의 인력은 꼭 필요하다.

둘째, 기술적으로 무능한 이들은 해군력은 한층 더 무능하다. 쾌속정 이상의 선박이라도 국내에서 건조해본 적이 있는 나라가 거의 없고 대부분 쾌속정마저도 건조해본 적이 없다. 특히 이란의 해군 함정은 대부분 공기주입식 고무보트다.[4] 자국의 수입—자국의 존재 자체를 좌우하는—경로인 교역로는 고사하고, 교역로 근처는 고사하고, 자국 해안을 순찰할 역량도 없다. 하나같이 생산된 원유 한 방울까지 최종 소비자에게 전달하기 위해 외국에 전적으로 의존한다. 수출량의 절반은 일본, 한국, 대만, 중국 등 동북아시아 국가들에 돌아간다. 나머지 절반은 유럽이나 북미지역으로 향한다. 이들의 석유가

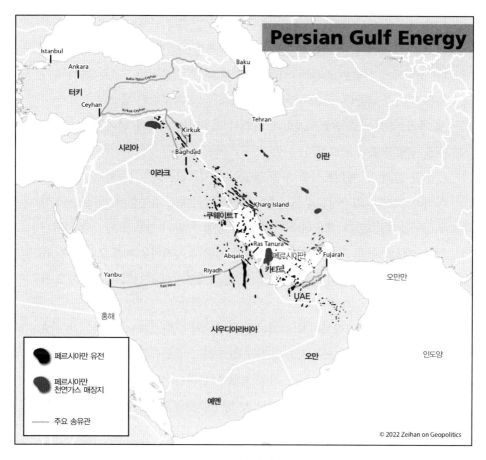

페르시아만 에너지

없었다면 미국 주도 세계질서도 가능하지 않았을지 모르지만, 이 질서를 통해 전략적으로 이들을 관리 감독하지 않았다면 이들도 존재하기 불가능했을지 모른다.

두 번째 주요 석유생산 지역은 구소비에트 영토다.

이 지역은 정치적으로 지정학적으로 페르시아만보다 훨씬 소란스럽고, 엉망진창이고, 비중이 크지만, 석유의 계산법은 훨씬 단순하다. 소련은 석유를 대량 생산하는 나라지만 생산량 대부분을 소련 제국 안에서 소비했다. 소련이 붕괴한 후에야 비로소 산유국으로서 세계적으로 흥미진진해지기 시작했다. 소비에트 산업은 소련과 더불어 붕괴했고, 중부 유럽의 구소련 위성 국가들은 떨어져 나갔다. 러시아 국내 수요가 하락하고 구소련 제국의 수요가 이제 자국 국경 바깥쪽에 위치하게 되면서 러시아는 석유가 남아돌았고 이를 새로 수입할 곳이 필요했다.

소련 붕괴 후 제1차 석유 수출 물결이 일자 러시아는 기존의 소비지역뿐 아니라 자국의 기간시설로 수출이 가능한 지역에도 집중했다. 바로 구소련 위성국들이었고, 그 가운데 하나가 이제 통일 독일의 일부가 된 동독지역이었다. 제2차 석유 수출 물결은 러시아의 기존 소비지역을 바탕으로 중부 유럽에서 서독, 오스트리아, 발칸반도 서쪽, 터키까지 송유관망을 확대하고 확장했다.

제2차 물결을 집행하면서 러시아는 폴란드의 그단스크, 라트비아의 벤츠필스, 루마니아의 콘스탄타 같은 항구들이 러시아 원유를 하역해 세계 곳곳의 고객들에게 배로 운반하는 시설 역할을 한다는 사실을 깨달았다. 제3차 수출 물결을 통해 러시아는 자체적으로 항구들을 구축하고 서로 연결해 수출항으로 사용하는 목표를 세웠다. 발트해의 상트페테르부르크 근처 프리모르스크와 흑해의 투압세와 노보로시스크가 그런 항구들이다.

처음으로 이렇게 세 차례 수출정책이 추진되는 과정에서 다른 구소련 국가들이라고 가만히 있지 않았다. 과거에 주인이었던 소련 제국과 결별한 그들은 이제—가능하다면 모스크바에 발목 잡히지 않은—나름의 소득원을 구축해야 했다. 아제르바이잔과 카자흐스탄은 닥치는 대로 해외투자자들을 유치했고, BP와 엑손이 가장 지대한 관심을 보였다. 해외투자자들은 에너지 업계 역사상 가장 복잡한 탐지, 채굴, 가공처리, 기간시설 구축 작업을 실행했고 가능한 경로를 통해서 원유를 운송하기 시작했다. 구소비에트의 기간시설을 이용해 북쪽과 서쪽의 벤츠필스나 노보로시스크 같은 지역으로 운송하기도

했다. 그러나 시간이 갈수록 유통경로는 아제르바이잔의 바쿠에서 시작해 터키의 지중해 도시 제이한에 있는 초대형유조선 항구에서 끝나는 단일한 송유관에 점점 집중되었다.

이러한 선택지들은 하나같이 유라시아에서 유럽 쪽으로 향한다는 공통점이 있다. 그리고 유럽은 인구구조가 한계에 도달했으므로 유럽의 석유 수요가 앞으로 증가하리라고 예상할 이유가 전혀 없었다. 유럽의 수요에서 러시아 원유가 차지하는 비율이 점점 늘어났지만, 시장이 성숙하면서 러시아가 가격을 책정하는 힘은 점점 줄었다. 러시아는 이런 상황이 아주 못마땅했다. 따라서 네 번째 국면으로 러시아는 동쪽 태평양으로 향하는 길고 비용이 많이 드는 송유관을 건설하는 절차에 착수했다. 동토와 산악지대와 원거리라는 온갖 문제들이 산적했지만, 러시아에 대해 확실하게 한 가지 장담할 게 있다면, 그들은 절대로 크기 앞에서 움츠러들지 않는다는 점이다. 2021년 현재 가동되는 송유관이 두 개 있다. 시베리아 서부에서 출발해 나홋카 러시아 항구까지 이어지는, 아주 길고 무지하게 비용이 많이 들었고 경제성이 대단히 미심쩍은 송유관이 그 하나요, 중국의 정유 중심지인 다칭에 직통으로 운반하는 훨씬 짧은 송유관이 다른 하나다.

이를 모두 합하면 구소련 지역에서 하루 1,500만 배럴의 석유가 나오고, 이 중 족히 1,100만 배럴이 러시아 국경 안에서 생산되는데, 이 가운데 절반을 약간 넘는 분량이 수출된다는 얘기다—국제적으로 거래되는 원유 생산지 가운데 두 번째로 규모가 큰 생산지다.

그런데 문제가 있다.

러시아 유전은 대부분 낡았고 러시아 고객들로부터 어마어마하게 멀다. 북캅카스 지역의 유전은 거의 고갈되었고, 타타르스탄과 바시코르토찬의 유전은 절정기가 지난 지 한참 됐으며, 시베리아 서부에 있는 유전들조차 수확체감의 징후가 나타난 지 10년이 넘었다. 러시아의 신규 발굴 유전은 거의 예외 없이 훨씬 깊고, 규모가 작고, 기술적으로 극복해야 할 난관이 많고, 인구중심지로부터 훨씬 더 멀리 떨어져 있다. 러시아 생산량은 붕괴할 위험에 놓이지는 않았지만, 현재 생산량을 유지하려면 기간시설이 더 많이 필요하고, 선행 투자 비용도 더 많이 필요하며 꾸준히 하락하는 생산량이 더 줄지 않도록 기술적으로 지속적인 유지관리가 필요하다.

러시아는 석유 관련 작업에 관한 한 만만히 볼 상대는 아니지만, 1940년부터 2000년까지 관련 기술 개발에서 벗어나 있었고, 그동안 기술은 장족의 발전을 했다. 외국 기업—특히 메이저사 BP와 서비스 기업 할리버튼과 슐럼버거—이 현재 러시아의 석유 생산량의 절반 정도를 담당한다. 여기서 러시아가 서구진영 기업들을 대거 퇴출하면 구소련 영토 전역에서 석유생산에 심각한 차질을 빚게 된다. 우크라이나 전쟁은 이 이론을 실험하는 장이다.

아제르바이잔과 카자흐스탄에서 진행되는 프로젝트는 단연 세계에서 가장 기술적으로 까다로운(카샤간을 떠올리라!) 일이다. 이런 프로젝트를 하도록 설계된 세계 수퍼메이저급 기업에 근무하는 한 줌 정도 되는 인력 말고는, 이런 프로젝트를 관리할 역량을 갖춘 이는 지구상에 없다.

게다가 수출경로 문제도 있다. 이 넓은 지역 전체에서 생산되는 석유는 우선 송유관—말 그대로 수천 마일 길이의 송유관도 있다—을 따라 흘러 고객이나 하역하는 항구에 도착한다. 송유관은 대피할 수 없다. 송유관 1인치에만 이상이 생겨도 운송이 완전히 중단된다. 미국 주도 세계질서 하에서 이는 별문제가 아니었다. 그 질서가 사라진 세상에서는 별문제가 된다.

생산량의 절반은 독일 같은 최종 소비자에게 직접 운송되고, 나머지 절반은 유조선에 실려 운송된다. 바로 여기서 상황이 복잡해진다. 태평양에서 나홋카 항구는 일본, 중국, 한국의 각각의 영향권들 한복판에 자리 잡고 있다. 이 나라들 가운데 어느 하나라도 이렇다 할 갈등에 휘말리게 되면 나홋카는 점령당하든가 몰락한다.[5] 노보로시스크와 투압세 항구가 있는 흑해를 통해 서쪽으로 수출물량을 내보내려면 선박이 이스탄불 도심을 관통해야 하므로 터키와의 관계가 삐걱거리면 하루 200만 배럴 수출 물동량이 날아간다. 훨씬

러시아 에너지

북쪽으로 가서 프리모르스크에서 비롯되는 석유는 모조리 발트해와 스카게락 해협을 항해해야 하는데, 러시아에 관한 한 뭐든지 증오하고 병적으로 공포심을 느끼는 경향이 있는, 나라의 크기에 비해 월등한 역량을 지닌 해군을 보유한 일곱 나라를 지나가야 한다. 그 일곱 나라에다가 독일도 보태야 한다.

거기다가 영국도 추가해야 한다.

그것도 부족해서 상황을 복잡하게 만드는 요인이 하나 더 있다. 시베리아는 10월에도 코가 얼어서 떨어져 나갈 정도로 춥지만 땅이 꽁꽁 얼 정도는 아니다. 시추 작업을 하려면 더 추워야 한다.

러시아 석유는 대부분 동토에서 생산되고 동토는 거의 여름 내내 접근 불가능하다. 땅 표면이 녹아서 광활한 늪으로 변하기 때문이다. 여기서 석유를 시추하려면 땅이 얼 때까지 기다렸다가, 이 황무지를 가로지르는 둑길을 구축하고, 시베리아가 겨울일 때 시추해야 한다. 러시아 원유 소비에 차질이 생기면, 말 그대로 수천 마일 길이의 송유관이 시추 현장까지 막힌다. 수출에 차질이 생기면—먼 지역에서 전쟁이 터지든, 다른 나라가 러시아를 상대로 전쟁을 일으키든, 아니면 러시아가 다른 나라를 상대로 전쟁을 일으키든 하면—해결책은 한 가지밖에 없다. 생산을 전면 중단해야 한다. 생산시설을 다시 가동하려면 유정에서부터 국경 지역까지 사람이 일일이 모조리 점검해야 한다. 마지막으로 이런 일이 일어난 때가 1989년 소련이 붕괴했을 때다. 이 글을 쓰는 현재 그때 이후로 33년이 흘렀지만, 러시아는 아직도 냉전 시대의 생산 수준으로 복귀하지 못했다. 탈냉전시대에 미국이 주도하는 세계질서 하에서 석유 대량 소비가 안정적으로 유지되는 조건 하에서만이 러시아의 세계화된 석유 복합체를 현재 수준으로 유지하기가 가능하다. 그리고 우크라이나 전쟁과 더불어 이는 이미 끝났다.

마지막 세 번째로 세계 주요 원유 생산지는 북미 대륙 안에 있다.

이 지역의 원유 생산지는 대부분 유서가 깊다. 한 세기 이상 생산을 해온 지역이다. 멕시코에서 최초로 원유를 생산한 시기는 1920년대로 거슬러 올라가고 그때부터 멕시코가 필요한 만큼 공급해왔다. 최근 몇 년 사이 멕시코의 유서 깊은 대규모 유전 대부분이 수명이 다하고 있다. 지질이 원인이기도 하고, 그 못지않게 중요한 요인은 툭하면 외국자본과 전문성과 기술이 제 역할을 하지 못하게 만든 멕시코 국가 정책이다.[6] 아무 간섭도 받지 않고 마음대로 하게 된 멕시코는 유서 깊은 유전의 생명을 유지하지 못했고 지상이든 해상이든 새로운 매장지를 발굴해 개발하지도 못했다. 그런데 이처럼 석유 산업이 취약한데도 불구하고 멕시코 석유 수급은 대체로 균형을 유지했다. 멕시코는 미국에 원유 일부를 수출하고 수출한 양에 맞먹는 양의 정제된 석유 상품을 수입한다. 멕시코는 하루에 약 200만 배럴을 생산하고 사용한다.

더 북쪽으로 가서 캐나다 석유 부문은 1950년대에 시작되었고 1970년대에 세계적으로 주요 생산국이 되었다. 그러나 1980년대에 가서야 비로소 앨버타 지역이 새로운 유형의 석유를 생산하는 비결을 알아냈다. 전통적으로 석유는 투과성 암석층을 통과해 불투과성 암석층까지 이동한다. 예컨대, 원유는 사암은 통과하지만, 화강암 앞에서는 꼼짝하지 못한다. 그렇게 되면 불투과성 암석층 밑에 석유가 점점 고이면서 압력이 높아진다. 천공기로 이 암석층에 구멍을 뚫으면 압력이 해소되면서 석유가 분출한다.

그런데 앨버타의 석유는 대부분 전혀 그렇지 않다.

앨버타의 석유는 단단한 암반 밑에 갇힌 원유가 꽉 차 압력이 높아져 있는 상태가 아니라, 훨씬 무른 암반 전체에 스며들어 고체 형태로 암석층에 통합되어 있다. 이 석유를 추출하려면 암석층에 증기를 주입해서 석유를 녹여 추출하든가 석유가 스며든 암석을 채굴해서 뜨거운 물로 원유를 씻어내야 한다. 그렇게 해서 추출한 매우 끈적끈적한 원유는 훨씬 묽은 원유와 섞어서 희석한 다음 기존의 송유관을 통해 운송한다.

어떤 식으로 측정하든 캐나다는 자국이 쓰고도 충분히 남을 만큼 생산한다. 앨버타의 "오일샌드" 생산량은 대부분 남쪽인 미국으로 운송되어 주로 텍사스주에서 가공 처리한다.

북미 대륙의 중간 위도에 자리 잡은 미국은 주변에 석유가 넘친다. 1970년대에 가서야 본격적으로 가동된, 멕시코만에 있는 유서 깊은 해상 유전이 있다. 지구상에서 그 어느 매장지보다도 오랫동안 석유를 생산해온 유전이 있는 펜실베이니아와 텍사스에서는 아직도 전통적인 원유가 여전히 찔끔찔끔

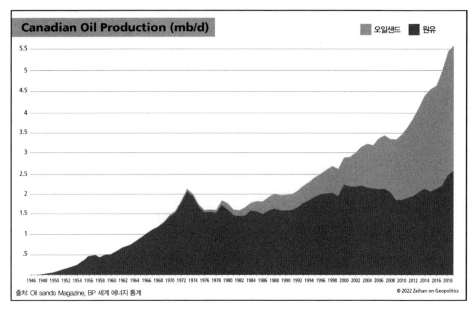

캐나다 석유생산
하루 100만 배럴(mbpd)

흘러나온다. 캘리포니아도 최근까지는 미국 최대 석유 생산지 중 하나였으며, 미국에서 가장 생산량이 높은 유정 하나가 윌셔대로에 있는 쇼핑센터 안에 있고, 다른 하나는 유대교 예배당으로 교묘하게 신분을 위장하고 있다.

전체적으로 미국의 유서 깊은 전통적 생산지는 여전히 상당한 양을 생산한다. 하루 400만 배럴을 아직도 뿜어내고 있는데 이는 이란의 생산량이 1970년대 절정에 달했을 당시에 버금가는 양이고, 오늘날 캐나다의 총생산량과 거의 같다.

그러나 이 이야기의 본론은 새로운 부류다. 바로 미국의 셰일 부문이다.

2000년대 초, 서로 무관한 네 가지 사건들이 동시에 석유 업계를 강타했다. 첫째, 미국의 서브프라임이 이미 통제 불능 수준에 도달하면서 목재, 콘크리트, 구리, 철강 그리고 석유 등 주택건설에 필요한 모든 자재에 대한 수요가 미친 듯이 증가했다. 둘째, 중국의 경기 활황이 광적인 수준으로 치닫고 있었다. 가격에 민감하지 않은 수요가 석유를 비롯해 세계 모든 가용 원자재 가격을 몽땅 끌어올렸다. 셋째, 2002년 베네수엘라에서 쿠데타가 불발하면서 이 나라의 국영 석유기업에 대한 정치적 숙청으로 이어졌다—석유를 생산하는 기술 전문 관료들이 집중적으로 숙청당했다. 그 이후로 베네수엘라의 에너지 부문은 결코 회복하지 못했다. 넷째, 2003년 미국이 이라크를 침공하면서 이라크의 모든 석유 생산시설 가동을 중단시켰다. 이라크는 그 후 16년 동안 전쟁 이전 수준의 생산량을 회복하지 못했다. 수요는 늘고 공급은 줄어드는 가운데 유가는 꾸준히 상승해 1998년 배럴당 10달러를 밑돌던 유가가 2008년 배럴당 거의 150달러로 상승했다.

일한 대가가 10달러라면 틀림없는 일만 고수하는 경향이 있다. 그런데 150달러를 벌게 되면 온갖 종류의 시도를 해볼 여유가 생긴다.

미국 에너지 업계는 몇 년의 실험 끝에 지금 우리가 "셰일 혁명"이라 일컫는 비법의 암호를 해독하게 되었다. 셰일 작업자들은 통상적인 방법대로 유정을 뚫어 내려가지만, 석유가 풍부한 암석층에 도달하면 방향을 급격히 꺾어 수평으로 암석층 전체를 뚫는다. 그리고 나면 뚫은 암석층에 물과 모래를 섞은 파쇄액을 고압으로 주입한다. 액체는 압축되지 않기 때문에, 압력이 증가하면서 암석 안에서부터 균열이 생기면서 암석층의 무수히 많은 주머니에 갇혀 있던 천연가스와 원유가 터져 나오는데 이 주머니들은 전통적인 방법으로 채취하기에는 너무 작다. 그래서 모래를 함유한 파쇄액을 주입해 모래가 균열을 완전히 쪼개면, 이제 암석에서 흘러나온 원유가 역으로 압력을 높여 파쇄액을 파이프를 따라 위로 밀어 올린다. 물이 완전히 제거되면 원유가 계속 흘러나온다. 짠! 셰일 유정이 탄생했다.

셰일 시대가 동튼 2005년 무렵, 이러한 수평 유정은 시추대 길이가 겨우 600피트였고 하루에 겨우 몇십 배럴을 생산했다. 2022년 현재 새로 시추된 수평 유정은 깊이가 2마일이 넘으며, 그 2마일 끝에서 다시 수평으로 사방으로 뻗은 가지가 1마일이 넘는다. 파쇄액 관리에서부터 시추 장비, 데이터 처리, 진동 영상, 펌프 동력에 이르기까지 모든 것이 개선되면서 이제는 유정 하나가 하루 5,000배럴을 뿜어내는 경우가 다반사다. 미국 셰일 유정이 이라크와 사우디아라비아에서 가장 생산량이 많은 유정과 맞먹는 수치다.

이러한 변화들이 복합적으로 작용해 하루 1,000만 배럴을 추가로 보태면서, 미국은 세계 최대 산유국이 되는 동시에 석유 순 자급자족 국가가 되었다. 그렇긴 하나 원유의 품질, 천연가스, 기간시설, 기후변화 등 복잡한 문제들은 어쩌냐는 온갖 단서 조항들이 붙고 앞으로 이런 문제들을 모두 다루게 되겠지만, 핵심적인 결론은 쉽게 파악할 수 있다. 2022년의 세계 에너지 지도는 불과 15년 이전과 비교해 완전히 다르다는 점이다. 세계 최대 수입국이 순 수출국이 되었기 때문이다.

셰일 혁명은 세계 에너지 부문을 뒷받침하는 전략적 계산을 바꿔놓았고, 이와 더불어 세계화도 완전히 변모시켰다. 단도직입적으로 간단히 말해서, 페르시아만과 구소련 영토에서 비롯되는 생산과 수출은 미국의 세계 안보 설계도와 외국인 기술자들이 이 두 지역에 접근할 역량, 이 두 가지 모두에 의존한다. 반면 북미 대륙 내에서의 생산은 어느 한 가지에도 의존하지 않는다.

이 부문이 아주 잘못될 가능성은 무한하다. 여기 몇 가지 예시를 들어보자.

- 미국은 페르시아만에서 군사력—육군과 해군 모두—을 철수시키고 이란과 사우디가 역내 패권을 두고 다투게 내버려 둔다. 하루 2,650만 배럴이 위험에 처한다.
- 유가가 상승하자 인도가 동아시아로 향하는 유조선을 가로챈다. 인도의 적극적인 협조 없이는 페르시아만에 해군력을 투사할 역량을 지닌 동아시아 국가는 하나도 없다. 호르무즈 해협으로부터 오는 하루 2,100만 배럴과 나이지리아와 앙골라에서 아시아로 향하는 하루 150만 배럴이 위험에 처한다.
- 이집트가 수에즈 운하를 경유하는 화물을 제한한다. 예전처럼 또다시. 하루

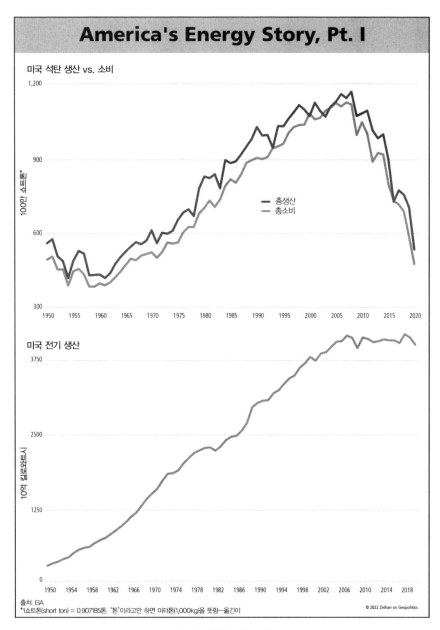

America's Energy Story, Pt. I

미국 석탄 생산 vs. 소비

100만 쇼트톤*

- 총생산
- 총소비

1,200

900

600

300

1950 1955 1960 1965 1970 1975 1980 1985 1990 1995 2000 2005 2010 2015 2020

미국 전기 생산

10억 킬로와트시

3750

2500

1250

0

1950 1954 1958 1962 1966 1970 1974 1978 1982 1986 1990 1994 1998 2002 2006 2010 2014 2018

출처: EIA
*1쇼트톤(short ton) = 0.907185톤. "톤"이라고만 하면 미터톤(1,000kg)을 뜻함—옮긴이

© 2022 Zeihan on Geopolitics

미국의 에너지 이력 1부

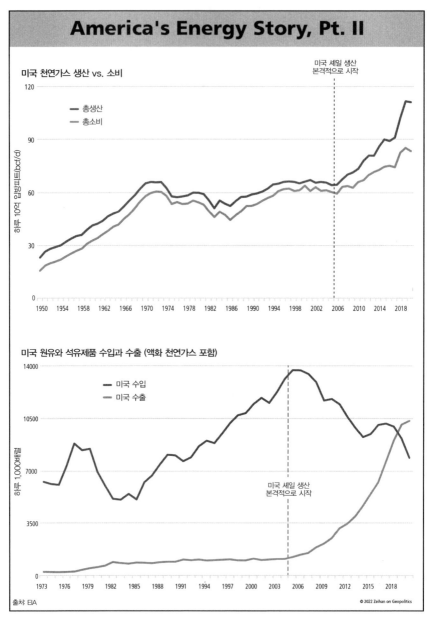

America's Energy Story, Pt. II

미국 천연가스 생산 vs. 소비

미국 셰일 생산
본격적으로 시작

120

— 총생산
— 총소비

90

하루 10억 입방피트(bcf/d)

60

30

0

1950 1954 1958 1962 1966 1970 1974 1978 1982 1986 1990 1994 1998 2002 2006 2010 2014 2018

미국 원유와 석유제품 수입과 수출 (액화 천연가스 포함)

14000

— 미국 수입
— 미국 수출

10500

하루 1,000배럴

7000

미국 셰일 생산
본격적으로 시작

3500

0

1973 1976 1979 1982 1985 1988 1991 1994 1997 2000 2003 2006 2009 2012 2015 2018

출처: EIA

© 2022 Zeihan on Geopolitics

미국의 에너지 이력 2부

425만 배럴 수출물량이 위험에 처하는데, 이 가운데 약 60퍼센트는 운하를 우회하는 송유관을 통해 환적되므로 이집트 내부의 정치적 폭력 사태에 취약할 수 있다.

- 미국의 해군력이 없으면 서아프리카와 동아프리카 연안에 해적이 들끓게 된다. 서아프리카 하루 수출물량 350만 배럴과 페르시아만에서 유럽으로 향하는 길에 무모하게 해안 가까이 항해하는 장거리 화물이 위험에 처하게 된다.

- 러시아는 역내 안보 문제를 해결하는 방법과 관련해 노르웨이, 스웨덴, 핀란드, 폴란드, 에스토니아, 라트비아, 리투아니아, 덴마크와 매우 다른 시각을 지니고 있다. 발트해를 경유하는 러시아 수출물량 하루 200만 배럴과 노르웨이 생산량 하루 200만 배럴이 위험에 처한다.

- 산업 전문기술을 공급하는 주요 국가—영국과 미국—와 러시아의 관계가 나빠진다. 아마도 전쟁 때문에. 러시아 석유생산 하루 500만 배럴과 아제르바이잔과 카자흐스탄에서 각각 비롯되는 하루 100만 배럴이 위험에 처한다.

- 서부와 중부 아프리카 국가들의 국내 정치에서 폭력이 난무한다. 1967년부터 1970년까지 나이지리아는 석유를 누가 장악할지를 두고 내전을 벌였고 그 결과 200만 명 이상이 사망했다. 미국의 감시가 사라지면 상황은 급속히 악화한다. 나이지리아산 하루 200만 배럴과 다른 역내 산유국들로부터 나오는 하루 150만 배럴이 위험에 처한다.

- 미국에 대한 증오를 바탕으로 중국과 러시아가 결속을 다지지 않는 한 러시아에서 중국으로 가는 석유는 불가침의 성역이 절대로 아니다. 이 두 나라는 영토분쟁을 둘러싸고 1960년대에 거의 핵 폭격을 주고받을 뻔했고, 두 나라 국민은 상대방에 대해 대단히 인종차별적인 정서를 품고 있으며, 러시아가 중국을 상대로 에너지를 지렛대로 활용하지 않는다면, 중국은 이때까지 러시아가 유일하게 그 카드를 사용하지 않은 상대가 된다. 러시아로부터 직접 수출되는 하루 180만 배럴에 러시아가 마음만 먹으면 쉽게 방해할 수

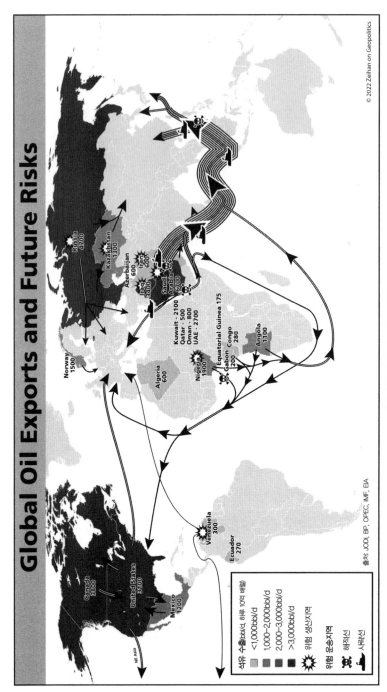

세계 석유 수출과 미래의 위험

있는 중앙아시아 물량 하루 20만 배럴이 위험에 처한다.

위에 열거한 목록조차도 미국이 현재의 질서를 일부러 훼손하지 않고, 그저 세계에서 완전히 손을 떼기만 한다는 가정을 하고 있다. 미국은 툭하면 제재를 가한다. 기술에, 운송에, 금융에, 보험에. 이 가운데 어느 제재든 언제 어디서 누구에게든 상품의 흐름에 영향을 미칠 수 있다. 그리고 서반구의 지속적인 안보 보장 주체로서 서반구에서 비롯되는 그 어떤 지역 석유든 그 석유가 실제로 목적지까지 도달할지는 전적으로 미국에 달려 있다.

이 가운데 어느 제약이든 현재 질서 하에서도 일어날 수 있었겠지만, 몇 가지 유념해야 할 사항이 있다.

첫째, 미국은 폭넓은 전략적 목표뿐만 아니라 자국의 경제적 안녕을 위해서도 세계적으로 석유가 원활하게 유통되도록 하는 데 이해가 걸려 있었다. 이러한 우려는 이제 적용되지 않으며, 미국의 첨단 에너지 기술력이나 군사력의 도달 범위에 필적할 나라는 없다.

둘째, 석유생산은 절대 공짜가 아니고 싸지도 않다. 베네수엘라 석유는 생산하기가 매우 어려워서 선행 투자 비용이 장기간에 걸친 석유생산의 경우 배럴당 4,000달러 정도가 든다. 현재의 세계질서 시대 말기에는 자본이 저렴해 거뜬히 감당할 만한 가격이었다. 그러나 무질서 시대의 제한된 금융 여건 하에서는 그렇지 않다.

셋째, 공급지가 특정 몇몇 지역에 집중되어 있으므로 최종 목적지까지 가장 먼 거리를 항해하는 상품이 석유다. 항해 거리가 멀수록 평화로운 안보 환경이 더욱 중요하다.

넷째, 석유 프로젝트는 단시간에 완성되지 않는다. 보통 육상 프로젝트는 최초 타당성 평가에서 최초 생산까지 3년에서 6년 정도 걸린다. 해상 프로젝트는 보통 10년 이상 걸린다.

현재의 세계질서 시대 동안 위의 네 가지 요인들이 복합적으로 잘 작동한

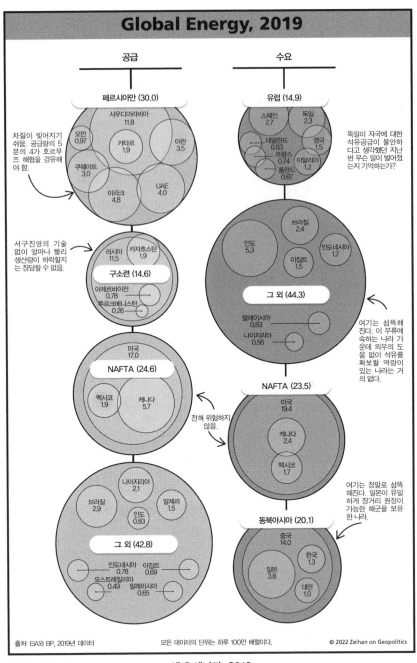

세계 에너지, 2019

최고의 사례가 바로 카샤간이다. 그러나 구소련 영토와 페르시아만 전역에서의 에너지 생산에도 똑같은 논리가 적용된다.

앞으로 세계에서 어떤 불상사가 발생하든 그 이전 상태로 회복하기는 매우 힘들다. 안보 요인, 투입재 비용, 기술력 접근성, 애당초 원유를 생산하기에 충분히 긴 기간 등 여러 가지 조건들이 마법처럼 착착 맞아떨어지는 일은 세계 대부분 지역에서는 일어나지 않는다. 일단 생산이 중단되면 대부분 생산지역은 원상 복귀가 불가능하다. 단시간 안에 원상 복귀는 더 말할 필요도 없고.

현재 질서가 무너지고 세계가 혼돈에 빠지면 어떻게 될지 구체적인 내용은 예측 불가능하지만, 세계 공급량의 40퍼센트가 카샤간 유형의 생산 여건에 놓이게 된다고 가정하는 게 적절한 출발점이다. 즉, 세계화의 종말에서 살아남기에는 너무 위험한 수출경로이고, 외부의 자금 유입 없이는 유지하기 너무 비싼 프로젝트이고. 역외 근로자 군단 없이는 가동하기가 기술적으로 너무 어렵다는 뜻이다. 그러한 프로젝트는 사라지게 되고, 수십 년 동안은 돌아오지 않는다. 돌아온다고 가정해도 말이다. 수십 년은 고사하고 몇 주만 석유가 없어도 우리가 알고 있는 근대 문명이 몰락하기에 충분하다.

이는 앞으로 빚어질 차질이 어느 정도인지를 그 심각성을 보여주기에는 턱없이 부족하다.

24

석유에는 석유 이상의
의미가 있다

석유는 "평범한" 상품이 아니다. 석유의 특징은 수없이 많지만, 앞으로 상황이 완전히 바뀔 세상에 대비해 염두에 둬야 할 일곱 가지 특징을 짚어보자.

비탄력성

경제학 기초원리부터 짚고 넘어가자. 정상적인 상황에서 가격은 공급과 수요의 관계가 낳은 결과다. 공급이 증가하는데 수요는 그대로라면 가격은 하락한다. 마찬가지 원리로 수요는 증가하는데 공급은 그대로라면 가격은 상승한다. 두 문장의 역도 성립한다. 이 개념을 가격탄력성이라고 하고 스케이트보드에서 빵, 화분, 건축 현장 인부에 이르기까지 모든 것에 적용된다.[7]

석유는 다르다. 석유는 지붕널에서부터 휴대전화, 부엌에서 쓰는 고무 주걱, 배관 파이프와 호스, 아기 기저귀, 벽에 칠하는 페인트, 일상적인 출퇴근,

상품이 바다를 건너오는 수단에 이르기까지 모든 것의 중심이다. 석유 수요가 조금만 증가하거나 공급이 조금만 감소해도 유가가 미친 듯이 요동친다. 무엇보다도 석유는 운송용 연료라는 사실이 중요하다. 석유 없이는 자동차가 작동하지 않는다. 거대한 컨테이너선이 한국으로부터 반들반들한 신형 세탁기를 싣고 오지도 못한다. 석유는 절대로 없으면 안 된다. 세부 사항은 지역에 따라 시기에 따라 다르지만, 대체로 수요가 10퍼센트 변하면 가격은 75퍼센트 정도 변한다.

공급과 수요가 특히 부침이 심했던 2000년대 동안 유가가 500퍼센트 인상되는 데 그리 오래 걸리지 않았다. 마찬가지로 세계 금융위기의 맥락에서 미국의 서브프라임 거품이 꺼지면서 뒤이은 수요 감소로 유가 상승분의 5분의 4가 다시 하락했다.

차질이 빚어질 가능성

모든 상품은 바다를 건너기 때문에 모든 상품은 어느 정도 위험에 직면하지만 모든 상품에 똑같이 적용되지는 않는다. 통나무의 공급사슬을 살펴봐도 그릇의 공급사슬을 살펴봐도, 어떤 상품을 살펴봐도 시장 상황에 따라 원자재 확보나 공급 경로가 달라진다.

석유는 다르다. 누구나 필요한 상품이고 수출 가능한 규모로 생산할 수 있는 지역이 몇 군데밖에 없으므로, 운송 경로가 훨씬 더 집중되어 있다. 한술 더 떠 이러한 공급 선 중에 가장 운송물량이 많은 공급 선은 아주 길다. 페르시아만에서 출발하는 물량은 동아시아 목적지까지 5,000에서 7,000마일을, 유럽 목적지까지는 3,000에서 6,000마일을, 북미 목적지까지는 5,000에서 9,000마일을 항해한다. 이보다 적은 물량을 수출하는 지역도 사정이 낫지는 않다. 예컨대, 베네수엘라는 이따금 남미 대륙을 돌아 태평양을 가로질러 북

중국까지 원유를 운송한다—세계에서 가장 긴 장장 12,000마일 길이의 공급선으로 지구 반 바퀴보다 길다.

당연히 이는 문제다. 유조선은 쉽게 눈에 띄고 항해 속도가 느리며 안 그래도 공급 선이 길므로 최단 거리를 고수하는 수밖에 없다. 이러한 운송물량은 대부분 대안이 없다. 페르시아만에서 비롯되는 석유는 거의 전량 호르무즈 해협을 통과해야 한다. 호르무즈 해협을 우회하는 송유관의 쓸모도 제한적이다. 송유관이 호르무즈 해협의 동쪽이나 홍해에서 끝나고, 여기서 운송물량은 여전히 수에즈 운하나 바브 엘 만데브 해협(홍해에서 아라비아해로 빠져나가는 관문—옮긴이)을 통과해야 하기 때문이다. 말라카 해협을 우회하는 경로도 여전히 인도네시아 군도를 지나가야 한다. 그리고 결국 이러한 운송물량 대부분의 종착지는 남중국해, 동중국해, 지중해, 또는 북해 등 하나같이 피할 수 없는 험지다.

불가분

미국 주도 세계질서는 수많은 변화를 일으켰는데 세계 전체를 단일 시장으로 통합한 변화도 그중 하나다. 거의 예외 없이 상품은 공급량이 많은 지역에서 수요가 많은 지역으로 이동한다. 대부분 상품의 경우 이로 인해 가격이 급변하는 상황이 완화된다. 보통 어딘가에는 여분이 있으므로 이를 수요가 넘쳐 곤경에 처한 지역으로 보내면 되기 때문이다.

가격 비탄력성을 보이는 석유는 정반대다. 공급이나 수요나 갑자기 변하면 전체 체제에 그 영향이 급속히 전파된다. 예컨대, 1997년-1998년 아시아 금융위기는 세계 석유 수요에 극히 사소한 영향을 미쳤고 변화는 오로지 특정 지역에 국한되었지만, 그러한 사소한 변화로 유가가 절반 이상 폭락했다. 전 세계에서. 한 지역에서 수급 차질이 빚어지면 세계 대부분 지역을 물귀신처럼 끌고 들어간다. 어느 생산구역이든 운송 경로를 따라 어느 부분에서 차질이 빚어지든 그 여파는 전 세계가 겪는다.

앞으로 위와 같은 상황을 모면할 몇 가지 예외적인 사례가 있는데, 크게 두 부류로 나뉜다.

첫째, 과거의 제국들이다. 그들은 군사력을 이용해 자국과 가까운 생산지에서 물량을 확보해올 수 있다. 그러한 방법은 깨끗하지도, 쉽지도 않고 해당 산유국의 환영을 받지도 못하겠지만, 그래도 일어난다. 두 번째 예외는 필요한 원유를 자국 내에서 생산하는 주요 국가들인데, 그들은 손가락만 까딱하면 수출을 막을 수 있다.

이 두 가지 유형의 예외가 적용되는 지역 체제에서 석유의 경제적 원리는 미국 주도 세계질서 이전의 세계에 구축된 모델을 재현하게 된다. 각 지역 체제는 나름의 수요와 공급 체계, 나름의 안보 위험, 나름의 원유등급 책정, 무엇보다도 나름의 가격책정 원리를 지니게 된다.

- 이러한 지역들 가운데 가장 예측하기 쉬운 지역이 미국이다. 대부분의 전통적인 유정은 생산하기까지 몇 년이 걸리지만, 셰일 유정은 몇 주 만에 가동된다. 곧 외부와 단절될 미국 시장에서는 가격이 급등해도 쉽게 완화되고 가격 구조가 대체로 안정적이어서 최고가는 배럴당 대략 70달러를 찍게 된다. (캐나다의 수출 기간시설의 종점은 미국 영토에 있으므로 캐나다는 미국을 따라가게 된다.)

- 미국 다음으로 예측하기 쉬운 두 번째 지역이 러시아다. 러시아 민간 기술력은 냉전이 끝난 이후로 거의 붕괴했고, 러시아의 산업역량도 붕괴했다. 그 결과 에너지가 남아돌아 하루 원유 500만 배럴과 천연가스 100억 입방피트를 수출하게 되었다. 러시아는 근대 자본주의 규범에 종속되었던 적이 없고 앞으로도 그럴 가능성은 없다. 자본, 노동, 기술력의 부족으로 러시아의 수출은 때가 되면 완전히 잠식된다고 나는 거의 확신한다. 그러나 여기

서 핵심 문구는 "때가 되면"이다. 핵폭발로 버섯구름이 뭉게뭉게 피어오르
거나 민중봉기가 일어나지 않는 상황에서 러시아는 적어도 2040년 초까지
는 에너지가 자국의 수요를 충족시키기에 충분하리라고 본다. 그리고 러시
아는 사실상 폐쇄된 체제이므로, 국내 에너지 가격은 러시아 정부가 원하는
대로 책정하게 된다.

- 아르헨티나가 겪게 될 석유 체제는 미국의 석유 체제와 별반 다르지 않다.
아르헨티나는 경제정책에서 매우 창의적인 접근방식을 취하지만, 아르헨티
나의 셰일 부문은 이미 세계에서 두 번째로 발달해 있고, 국내 셰일 생산 물
량을 인구 중심지로 운송하는 데 필요한 기간시설도 모두 갖추고 있다.

- 프랑스와 터키도 전망이 상당히 밝아 보인다. 두 나라 모두 역내 에너지 생
산국과 지리적으로 가깝다. 프랑스는 알제리와 리비아, 터키는 아제르바이
잔과 이라크와 가깝다. 게다가 해당 생산국에 있는 생산시설을 운용하는 데
필요한 기술력도 갖추고 있다. 단, 해당 생산국의 생산량을 확보하려면 그
지역들에 대한 신식민주의적 접근방식이 필요하고 그렇게 되면 극적인 사
건들이 연출된다.

- 그다음은 영국, 인도, 일본이다. 세 나라 모두 에너지를 확보하기 위해 바깥
으로 진출해야 하지만, 모두 잠재적인 에너지원까지 도달하기에 대체로 적
합한 규모의 해군력을 보유하고 있다. 이 가운데 영국이 에너지 확보하기가
가장 쉽다. 역내에서는 노르웨이로부터 공급물량을 확보하고, 나머지는 영
국 해군이 서아프리카로부터 들여오면 된다. 인도도 전망이 밝아 보인다.
페르시아만이 엎어지면 코 닿을 거리에 있다. 일본은 약간 까다롭다. 물론
일본은 세계에서 두 번째로 막강하고 도달 범위가 먼 해군력을 보유하고 있
지만, 페르시아만 유전은 7,000마일이나 떨어져 있다. 필요한 물량을 확보
할 수 있는 나라들 가운데 운송 과정에서 차질을 빚거나 확보량이 부족하거
나 고유가를 겪을 위험이 가장 큰 나라는 일본이다.

이처럼 몇몇 나라들 말고는 여러모로 전망이 암울하다. 1945년 이후로 세계에는 에너지가 넘쳤고 공급 선도 다양했지만, 이제 그런 환경이 바뀌면, 단 한 차례 에너지 운송에 차질이 생겨도 즉시 가격이 폭등한다. 설상가상으로 세계 산유국이 위치한 지역은 대부분 딱히 정세가 안정된 지역이 아니다.[8] 유전이—군사 공격을 받든, 전쟁이 발발하든, 무능해서든, 관리부실이든, 무슨 이유에서든—훼손되면 수년 동안 생산을 못 하게 된다.

앞으로 유가가 미친 듯이 요동친다고 각오하라. 배럴당 150달러 이하로 떨어지는 일은 가뭄에 콩 나듯 일어난다. 그나마도 공급량을 확보한다는 가정 하에서 하는 말이다.

대비책 아닌 대비책

세계 석유 시장에는 페르시아만, 구소련, 북미지역의 주요 생산지역 말고도 생산지가 있다. 이들 가운데는 앞으로 생길 문제들을 완화하는 데 도움을 줄 지역이 있을지도 모른다. 어느 정도 사실이기는 하나 크게 도움은 되지 않는다.

도움을 줄 수 있는 후보자들을 살펴보자.

우선 희소식부터. 콜롬비아, 페루, 트리니다드토바고 등 서반구 국가들이다. 이 가운데 생산량이 많은 나라는 없지만 비교적 안정적이다. 현재의 세계 질서가 사라진 이후의 세계에서 미국은 유라시아 국가들이 서반구에 접근하지 못하도록 서반구 전체에 안보 경계선을 빙 두르게 된다. 교역은 허락된다. 중남미 석유 상품을 동반구로 수출하는 행위도 해롭지 않다고 간주한다—동반구 국가가 미국이 전략적으로 중요하다고 여기는 곳에 발을 들여놓지만 않는다면. 위의 세 나라는 주요 산유국은 아니지만—세 나라 생산량을 합하면 하루 100만 배럴이 넘지 않는다—서반구에 있으므로 운송물량에 대해 미국이 해상 안전을 보장할 수 있고, 실제로 보장하게 된다.

브라질은 좀 복잡하다. 브라질 생산지는 대부분 해상에 있고 가장 전도유망한 유전은 대부분 수심 2마일 바닷속에 있을 뿐 아니라 해상(海床)에서 2마일 깊이에 묻혀 있다. 브라질 에너지 부문은 작업하기 매우 어려운 환경이고, 생산비용이 매우 높으며, 정치적으로 매우 난관이 많은 상황이다. 브라질이 미래에 하나의 국가로 존재할 수 있을지 의문이 들 정도다. 미국 주도 세계질서는 브라질에 더할 나위 없는 축복이었다. 드넓은 세계시장에 접근하고, 식을 줄 모르는 중국의 수요에 부응하고, 세계 자본을 싼값에 빌릴 수 있었다. 브라질은 험준한 지형과 열대기후라는 지리적 여건 때문에 무엇이든 개발하려면 세계에서 비용이 가장 많이 드는 나라로 손꼽히는데, 지금까지는 정말 호시절이었다. 이제 이런 여건은 모두 사라진다. 현재의 세계질서가 무너지고 나면 기술력 있고 자본이 풍부한 외국 협력자를 충분히 확보하게 될지 불확실하다. 확실하다고 해도, 대량으로 수출할 물량을 창출하기에 충분할 정도로 브라질이 대규모로 생산하려면 최소한 20년이 걸리고 수천억 달러의 투자 비용이 든다.

베네수엘라는 한때 중요한 나라였다. 세계에서 가장 안정적으로 석유를 생산하고 공급하는 나라로 손꼽혔다. 여러모로 베네수엘라가 내린 결정으로 결국 1970년대 아랍 석유 금수조치가 깨졌다. 그런 시절은 오래전에 끝났다. 20년 넘게 의도적이고 끔찍하고 날이 갈수록 창의적이고 광폭한 실책으로 베네수엘라 에너지 복합체는 거의 파괴되었다. 생산량은 절정일 때에 비해 90퍼센트 이상 감소했고, 채굴과 운송 기간시설은 무너지고 있으며, 정부 내에서 유출된 정보에 따르면 베네수엘라의 석유 매장지는 회복 불가능할 정도로 훼손되었다.

베네수엘라 석유는 대부분 미국으로 수출되었었지만, 미국 정유업계는 베네수엘라가 수출시장에 복귀한다는 희망을 포기했고 따라서 정유시설을 다른 지역 물량을 처리하도록 개조했다. 미국이 베네수엘라 원유에 관심을 끊자 베네수엘라는 등급이 매우 낮은 자국 원유를 지속해서 살 구매자가 사라졌다. 게다가 정부 재정이 붕괴하면서 식량 생산과 식량 수입 체제도 함께 붕괴했다. 이 나라가 맞게 될 최상의 시나리오는 기근이고, 철저하게 문명적 붕괴를 겪을 가능성이 훨씬 크다.

만약—그럴 가능성은 희박하지만 "만약"이라는 가정하에서 하는 말이다—베네수엘라가 세계 석유공급에 일조하려면, 누군가가 군사력을 그 나라에 파병해서 안보를 지키고 몰락을 막고 수십억 달러어치의 물자를 조달해 국민에게 지원하고 수백억 달러를 들여 에너지 기간시설을 재건해야 한다. 불가능하다고? 그렇지는 않다. 그러나 최소한 30년이 걸리는 재건 사업이다. 이보다 가능성이 조금 더 큰 전망은 다음과 같다. 베네수엘라의 석유 생산지 가운데 하나—구체적으로는 마라카이보—가 베네수엘라에서 분리해 외국의 보호—미국이나 이웃 나라인 콜롬비아가 가장 가능성이 크다—를 요청한다면 300억 달러의 투자 비용으로 "겨우" 몇 년 만에 하루 100만-200만 배럴을 시장에 내놓게 될 가능성이 있다.

나이지리아, 적도기니, 앙골라 등 서부 아프리카 국가는 외국 석유회사가 활동하기에는 항상 불확실한 환경이었다. 대체로 안보 문제다. 이 아프리카 국가들은 자국 영토 장악력이 형편없으므로 외국인들이 납치되거나 운영시설이 파괴되거나 그보다 더한 일도 일어난다. 그나마도 석유생산이 국내 정치적 갈등의 희생양이 되지 않는다는 전제하에서다. 그런데 그런 일은 일어난다. 끊임없이. 현재의 세계질서 이후의 세계에서 그러한 국내 안보에 대한 우려가 점증할 가능성이 크고, 따라서 외국인 생산자들은 아주 특정한 여건을 갖춘 생산에 집중하게 된다. 해안선에서 수십 마일 떨어진 바다의 수심이 깊은 생산지 말이다. 이 같은 해상 생산시설은 해적의 공격을 막으려면 불가피하게 군사화해야 한다. 위의 서아프리카 국가들과 가장 지리적으로 가깝고 그 나라들에 도달할 기술적 군사적 역량을 갖춘 서구진영 나라들—영국과 프랑스—이 생산에 참여할 가능성이 가장 크다. 아프리카의 이들 세 나라는 분명히 앞으로 격랑을 헤쳐나가야 하지만, 그나마 이들이 동반구에서 향후 몇십 년 동안 목격하게 될 석유 시장에서의 희소식이다.

동남아시아에서는 오스트레일리아, 브루나이, 인도네시아, 말레이시아, 태국, 베트남이 모두 안정적인 산유국이다. 그러나 최근 몇십 년 사이 이 나라들이 경제적으로 성장하면서 역내 석유 수요가 증가해 역내 공급량을 거의 다 소비했다. 이들 나라는 이제 비중 있는 석유 순수출국이 아니다. 그러나 지정학적 장점을 고려하기 전의 얘기다. 이 지역은 제조업으로 통합되어 있을 뿐 아니라 대체로 우호적이고 협력적인 일련의 정치 및 안보 협정을 체결해 서로 긴밀하게 연계되어 있다. 이들은 점점 혼돈에 빠지는 바깥 세계가 자기들 지역에 간섭하지 않기를 진심으로 바란다. 그들은 가능하다면 구멍을 파고 들어앉아서 그 구멍을 뚜껑으로 막아버리고 싶을지 모른다.

북해는 유럽에서 유일하게 비중 있는 생산지역으로 남게 되는데, 생산량은 대부분 북해의 노르웨이 영해에 매장되어 있다. 노르웨이는 가장 중요한 이웃 해양 국가인 영국뿐 아니라 문화적으로 사촌인 스웨덴, 핀란드, 덴마크와 대단히 우호적인 관계를 유지하고 있다. 추호의 거짓도 없이 솔직히 말하면, 앞으로 이들 전체가 프랑스와 독일 두 나라의 정반대 편에 서게 될 가능성이 크고, 러시아와는 이미 철조망을 치고 반대편에 서 있다. 이들은 자국을 보존하기 위해 북해산 원유는 자기들 외에 다른 곳으로 절대로 빠져나가지 못하도록 공동으로 집단행동을 취할 가능성이 크다. 그들 중에 속한 나라에는 대단히 바람직하지만, 역외 국가에는 별로 바람직하지 않다.

알제리는 수십 년 동안 주요 산유국이었고 페르시아만이 툭하면 조성하는 가격변동을 일부 완화하는 데 일조했다. 앞으로 그런 일은 없다. 현재의 질서가 무너진 후의 세계에서는 자국의 경제와 안보를 스스로 책임질 역량이 있는 나라가 극소수이고 그중 하나가 프랑스인데, 프랑스는 지중해를 가로질러 알제리 바로 맞은편에 있다. 프랑스는 과거에 알제리를 식민지 삼았었고 알제리가 독립하는 과정은 우여곡절이 많았다. 알제리에 최상의 수는 스페인이나 이탈리아에 접근해 석유를 공급해주겠다고 하고 프랑스를 상대할 필요가 없는 여건을 만드는 일이다. 먹혀들지 모른다. 프랑스가 알제리의 에너지 수출 역량을 통째로 집어삼킬 미래를 알제리가 학수고대하지 않는다면 말이다. 그렇다고 해도 최소한 프랑스는 돈을 내고 사 가게 된다. 아마도.

리비아는 앞으로 점점 더 엉망진창이 된다. 왜냐고? 리비아니까. 내전이 벌어지는 와중에 적어도 세 차례 굵직한 반란이 일어난 이 나라는 그냥 완전히 무시해도 된다는 직감이 든다. 그러나 또 이탈리아가 있다. 구소련과 페르시아만 원유가 제한되고 프랑스가 사실상 알제리 유전을 접수하는 세계에서 리비아는 이탈리아의 유일한 석유 공급원이 된다. 이탈리아는 자국이 지구상에 존재하기를 포기하지 않는 한 리비아의 주요 항구들과 사막 한가운데 있는 생산시설과 그 둘을 연결하는 모든 기간시설을 확보하는 수밖에 선택의 여지가 없다. 특유의 산만한 성향에 오랫동안 써먹지 않아서 녹슨 식민지 점령 기술에 아랍에 대한 노골적인 인종차별 정서를 보인다는 점을 생각해볼 때, 역사의 한 귀퉁이를 장식할 이 부분은 앞으로 흥미진진하다고 장담한다. 그리고 끔찍하고.

차 떼고 포 떼고 나면 얼마나 남을까?

이미 갈 곳이 정해진 북미, 북해, 북아프리카, 동남아시아 같은 지역의 공급물량과 툭하면 운송이 차질을 빚을 페르시아만과 구소련 지역의 공급물량을 빼고, 북미와 러시아 같은 지역의 역내 수요를 충족시킬 공급물량을 별도로 취급하면, 수출이 가능하고 그럭저럭 안정적인 세계 총 공급물량은 기껏해야 겨우 하루 600만 배럴이다. 세계 수요는 하루 9700만 배럴인데 말이다.

석유에는 석유 이상의 의미가 있다

원유를 그냥 연료탱크에 넣는 사람은 없다. 우선 정유소에서 가공 처리해야 한다. 석유의 공급사슬은, 예컨대 컴퓨터 공급사슬만큼 복잡하지는 않을지 모르지만 결과물은 훨씬 더 변화무쌍하다. 원유는 생산지마다 화학적 구조가 다 다르다. 끈적끈적하고 불순물—유황이 가장 흔한 불순물이다—이 많이 함유된 원유는 전체 원유 분량의 3퍼센트를 차지한다. 이러한 원유를 "헤비 사워(heavy sour)"라고 한다. 원유 가운데는 캐나다의 오일샌드처럼 너무 헤비해서 상온에서 고체인 것도 있다. 순도가 매우 높아서 색깔과 질감이 매니큐어 제거제 같은 원유도 있는데 이를 "라이트 스위트(light sweet)"라고 한다.

이 양극단 사이에는 수없이 많은 가능성이 존재하고 각 가능성이 나름의 독특한 화학적 구조를 보인다. 세계 수백 개의 정유시설은 각각 선호하는 혼합비율이 있고, 오래된 정제시설일수록 특정한 유전에 맞춤형으로 설계되었다. 이 또한 현재의 세계질서가 낳은 결과다. 안전한 세계에서는 아무것도 특정한 유전에서 생산된 원유가 특정한 가공처리시설에 도달하지 못하게 막지 못했다. 그러나 현재의 세계질서가 사라진 세계에서는? 생산과정의 상층부나 운송과정의 중간 부분에 어떤 차질이 생기든 에너지 부문의 하층부인 정유 과정은 엉망진창이 된다.

최악의 경우 "엉뚱한" 원유를 처리하다가는 수십억 달러짜리 시설이 심각하게 훼손될지도 모른다. 최상의 경우에조차 처리 손실이라는 현상을 일으킨다. 어려운 용어가 아니다. 말 그대로 가공처리 하기 위해 정유시설에 투입한 원유의 혼합비율이 부적절해서 일정 비율이 손실되는 현상을 말한다. 정유시설이 처리하도록 설계되지 않은 자재를 처리하거나 원유 배합률이 "정확"하지 않으면 처리 손실은 금방 증가한다.

예컨대, 유럽은 디젤을 좋아하고, 러시아의 우랄 혼합액(헤비와 라이트 중간/사워 등급의 원유)은 디젤을 정유하기에 꽤 괜찮은 원료다. 우랄 혼합액 공급에 차질이 생겨서 이를 다른 등급의 원유로 대체하면 유럽은 디젤 생산에 심각한 차질이 생긴다. 정제시설을 설계된 대로 가동한다고 해도 말이다. 석유의 가격 비탄력성을 생각하면, 정유시설에서 처리 손실이 1퍼센트만 되어도 고객에게 어마어마한 영향을 미친다.

앞으로는 처리 손실이 1퍼센트를 훌쩍 넘으리라고 예상한다. 세계 정유시설은 대부분 비교적 라이트하고 스위트한 원유를 처리하도록 설계되었다. 불순물이 적을수록 처리하기 쉽기 때문이다. 오늘날 세계에서 비교적 라이트하고 스위트한 고급 원유는 대부분 미국의 셰일 매장지에서 비롯된다. 정제시설을 개조할 수는 있지만 그러자면 앞으로 공급부족을 겪게 될 새로운 세계에서는 두 가지가 필요하다. 시간과 돈이다. 게다가 정제시설을 개조한다고 해도 새로 정해진 혼합비율의 원유밖에 정제하지 못한다. 불안정한 세계에서 특정한 원유를 꾸준히 공급받으려면 안전한 생산지와 아주 가까이 있어야 한다. 이런 조건을 충족하는 정제시설은 거의 없다.

석유에는 석유 이상의 의미보다
더 큰 의미가 있다

천연가스는 원유와 더불어 전형적인 화석연료다.

여러모로 이 둘은 비슷하다. 둘 다 공급이 똑같은 세 지역에 집중되어 있다. 페르시아만, 구소련, 북미지역이다. 둘 다 수요가 똑같은 세 지역에 집중되어 있다. 동북아시아, 유럽, 북미지역이다. 둘 다 쓰임새가 비슷하다. 운송 연료에서 석유화학제품 원료까지 다양하게 쓰인다.

그러나 이 둘 사이에는 결정적인 차이가 있고 이 차이가 용도와 보급률과 영향력을 구체화한다.

원유는 액체다. 송유관이나 바지선이나 유조선이나 트럭으로 운반할 수 있고 비압력 탱크에 저장할 수 있다. 주요 항구에 설치된 거대한 원유 저장 탱크에는 부유 덮개(floating lids)가 있고 채운 용량의 수위에 따라 오르내린다.

천연가스로는 절대로 그렇게 못 한다. 기체이기 때문이다. 기체는 저장하고 운반하기가 어렵다. 그리고 기체 자체가 불붙지 않는다고 해도(천연가스는 확실히 불이 붙는다) 압력을 가하면 폭발하는 경향이 있다.

이 차이는 몇 가지 직접적인 결과를 초래한다.

- 기체는 액체보다 훨씬 더 철저히 연소하기 때문에 천연가스는 세계에서 전기를 생산하는 최적의 연료로 손꼽힌다(전력생산에 원유를 사용하는 나라는 이제 거의 없다[9]). 천연가스는 전력시설에서 연소하면 보통 석탄과 비교해 겨우 절반 정도 이산화탄소를 발생시킨다. 2005년 이후 미국에서 이산화탄소 배출량이 줄어든 까닭은 발전용 연료를 석탄에서 천연가스로 대체해왔기 때문이다. 세계 각지에서도 비슷한 현상이 일어나고 있다. 주로 유럽과 중국에서 두드러지는 현상이다.

- 인간이 사용하는 천연가스는 대부분 가스관으로 운송되는데, 이는 생산자와 소비자 간에 훨씬 친밀한 경제적 연계가 필요하다. 이처럼 가스관으로 운송되는 천연가스는 생산되는 나라에서 직접 확보되므로, 천연가스의 지정학은 원유의 지정학보다 훨씬 매력이 없다. 물론 예외는 있다. 러시아는 세계 최대 천연가스 수출국인데, 소비에트 시대로부터 물려받은 기간시설 덕분이다. 그러나 러시아 정부는 가스관으로 운송하는 천연가스가 지정학적 의존성을 창출한다고 생각하고(전혀 근거가 없지는 않다), 천연가스관 연결망을 독일, 이탈리아, 터키, 중국으로 확장했다. 이 나라들의 전략적 정책을 조종하겠다는 목적으로. 그 결과는 (러시아 관점에서 보면) 대체로 긍정적이었다. 고객인 나라의 이웃 나라를 침공하기 전까지는. 천연가스는 냉각하고 압축해서 배로 운송할 수도 있지만, 그렇게 하려면 비용이 많이 들고 특화된 기간시설이 필요하므로 총운송량의 15퍼센트 정도만 이 방식으로 운송된다. 이러한 "액화천연가스(Liquefied Natural Gas, 이하 LNG로 표시)"의 수급 계산 방식은 원유와 비슷하다. LNG는 대부분 카타르, 오스트

292

Natural Gas Trade

© 2022 Zeihan on Geopolitics

세계 천연가스 교역은 대부분 LNG로 이루어진다. 가스관은 육로 운송되는 교역 세계는 세계에서 세 세 균데뿐이며, 구소련과 북 아프리카에서 유럽으로 가는 가 스관이 단연 가장 규모가 크다. 이보다 작지만, 북미와 동남아시 아에도 가스관 운송체계가 있다.

북해 지역의 여러 개 가스관이 천연가스를 양국과 북유럽으로 운송한다.

세계 액화천연가스
공급/수요 비율

■ 수출국
■ 수입국
— 가스관

*동남아시아는 여러 개의 섬으로 쪼개진 성으로 쪼개진 여건 지리적 여건 때문에 수입이자 수출국이 나타도 있다.

천연가스 교역

레일리아, 나이지리아, 미국에서 비롯되어 유럽, 그리고 특히 동북아시아로 향한다. LNG 운송에 관한 한 생산자와 소비자 모두 원유와 마찬가지로 천연가스 공급도 차질이 생긴다고 각오해야 한다는 뜻이다.

총체적으로 보면, 이러한 세 가지 차이점으로 인해 세계 에너지 체제에서 이 부문의 전망이 딱히 훨씬 밝다고 말할 수는 없지만, 다른 유형의 어두운 면이 있다. 어둡다는 게 핵심적인 단어다. 원유는 주로 운송 연료로 쓰이므로 부족한 경우 인간의 왕래와 교류가 서서히 멈춘다. 천연가스는 주로 발전에 사용되므로 부족하면 말 그대로 불이 꺼진다. 가장 취약한 지역은 그다지 안정적이지 않은 나라의 영토나 수역에서 나오거나 그런 지역을 지나는 천연가스에 대한 의존도가 가장 높은 지역이다. 한국, 대만, 터키, 중국, 우크라이나, 독일, 오스트리아, 스페인, 일본, 프랑스, 폴란드, 인도이고 취약한 정도도 대략 그 순서다.

재미있는 사실 하나 더. 천연가스는 천연가스가 없는 지역에 꼭 필요하다. 동북아시아와 서유럽이 가장 두드러진다. 그들은 1,000입방피트당 10달러를 지급하는데, 까탈스러운 생산자를 상대해야 하고 그보다 더 까탈스러운 국가들을 경유해야 하며, 이웃 나라들로부터의 노골적인 적대감을 극복해야 한다. 우크라이나 전쟁이 시작되자 가격은 40달러로 급등했다.

그러나 미국에서는 천연가스가 셰일 부문에서 원유를 생산하는 과정에서 나오는 부산물인 경우가 흔하다. 미국은 천연가스를 모두 포획해 유통할 기간시설을 확장하는 속도가 생산 속도를 따라잡지 못해서 그냥 태워버려야 하는 경우가 종종 있다. 일단 포획한 천연가스는 보통 에너지 공급망을 통해 거의 공짜에 가까운 가격에 판매되는데, 가공처리와 운송비를 추가해도 미국 최종 소비자는 대부분 세계 다른 지역의 판매가격의 4분의 1이 채 안 되는 가격에 천연가스를 사용한다. 세계 에너지 공급 체계가 바뀌어도 미국은 자국의 천연가스 설비를 약간만 손질해서 생산량을 좀 더 늘리고 이를 최종상품으로 가공해서 해외에 판매하면 된다.

마지막으로 곧 닥칠 불길한 얘기를 해보자.

기후변화

에너지에 관한 얘기를 이 정도까지 깊이 파고들었는데 어떻게 기후변화는 언급조차 하지 않는지 궁금한 분들이 많으리라. 수치를 안 믿는 게 아니다. 과거에 나는 유기화학을 공부했다. 기체마다 각각 열을 가두는 특징과 빛을 반사하는[10] 특징이 다르다는 개념은 기초적인 과학이고 한 세기 넘게 증거로 뒷받침되어왔다. 그건 문제가 아니다.

문제는 훨씬 더 복잡하다.

첫째, 나는 '지' 정학 분야에 종사한다. '지' 는 지리를 뜻한다. 위치를 뜻한다. 장소를 연구한다. 수십 가지의 지리적 요인들이 서로 얽히고설켜 어떻게 문화, 경제, 안보, 인구의 상호작용에 영향을 주는지를 연구한다. 여러분이 내게 전 세계 기온이 4도 상승한다고 하면 나는 그 현상이 어떻게 전개되는지 설명할 수 있다. 그러나 그게 지금 일어나고 있는 현상이 아니다.

기체의 종류에 따라 열을 가두고 빛을 반사하는 특징이 다르듯이, 기후도 마찬가지다. 지표면에 따라, 위도와 경도에 따라 다르다. 골고루 뜨거워지는 게 아니라 육지와 바다, 북극과 열대지방, 도시와 삼림의 기온 상승 정도는 차이가 매우 심하다. 이는 지역 기온뿐 아니라 바람이 부는 유형, 해류에도 영향을 미친다. 이러한 편차는 위도, 고도, 습도, 기온, 토양의 성분, 표면 각도 등에 변수를 하나 더 보태는 정도 이상으로 영향을 주고 내가 지구 전체를 파악하도록 해준다. 모든 것의 전체적인 지도가 바뀌고 있다. 과거 몇 년 동안 기후변화의 지역적 특성을 분석하기 시작했을 뿐이다. 에너지를 다룬 이 장에서는, 기후변화가 초래할 구체적인 경제적 전략적 결과가 아니라, "오로지"에너지 생산과 대체재의 각도에서 친환경 기술의 기술적 특성과 응용 가능성만 다룬다.[11] 모든 게 변하고 있으므로 우선 기준선을 확고하게 구축할 필요가 있다. 그게 기후변화를 처음이 아니라 마지막으로 다루는 이유다.

둘째, 정치적으로 또는 기술적으로 무슨 일이 생기든, 우리는 석유 "없이" 사는 시대의 근처에도 가지 못했다. 원유에 대한 가장 큰 환경적 우려는 이산화탄소 배출이지만, 내연기관처럼 석유 제품을 연소해 그 같은 기체를 배출하는 기술만 석유를 사용하는 건 아니다. 석유는 세계의 석유화학제품의 원료이기도 하다. 이 부문은 반올림 오차 수치처럼 미미하지 않다.

근대 석유화학제품은 오늘날 우리가 "당연"하게 생각하는 것 대부분을 차지한다. 식품 포장, 의료기기, 세제, 냉각제, 신발, 타이어, 반창고, 스포츠 장비, 여행 가방, 기저귀, 페인트, 잉크, 씹는 껌, 윤활제, 단열제, 비료, 살충제, 제초제에 들어가는 투입재 대부분을 망라하고, 종이, 의약품, 의복, 가구, 건축재, 유리, 전자제품, 자동차, 가전제품, 비품 등을 제조하는 데 쓰이는 투입재 가운데 두 번째로 많이 들어가는 재료다. 석유에서 유래한 운송 연료가 석유 용도의 대부분—구체적으로 거의 5분이 3—을 차지하지만, 석유화학제품도 족히 5분의 1을 차지한다. 이는 페르시아만 전역의 통상적인 한해 총수출량에 맞먹는다.

이러한 상품은 대부분 사실 대체 가능한 투입재가 있지만, 거의 모든 경우 그 대체재는 천연가스다. 화석연료를 제외하고 다른 대체재를 쓰면 원래 투입재보다 비용이 열 배 이상 증가하거나, 탄소 족적이 원래 투입재보다 열 배 이상 증가하거나, 아니면 둘 다 발생하는데, 둘 다 발생할 가능성이 더 크다. 그나마도 대체재가 존재한다고 가정할 때 얘기다.

셋째, 친환경 기술이 있다고 해서 그 나라가 지정학의 영향으로부터 자유롭지는 않다. 단지 시야가 바뀔 뿐이다. 기후, 기온, 지표면, 원자재 위치, 거리, 해상 관문(maritime choke points)은 지정학적 요인의 일부일 뿐이다. 위도, 고도, 습도, 기온, 표면 각도, 풍속, 바람이 꾸준히 부는지 여부, 태양 복

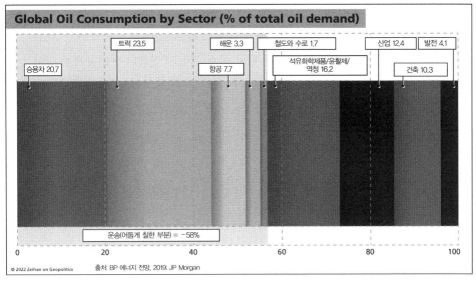

출처: BP 에너지 전망, 2019; JP Morgan

부문별 세계 석유 소비(석유 총수요의 %)

사, 계절적 기후변화 등도 있다. 서로 다른 지리적 특징이 원양항해와 산업화 혹은 제조업과 금융에 서로 다른 영향을 미치듯이, 서로 다른 지리적 특징이 친환경 기술과 재래식 발전에 미치는 영향도 제각각이다. 지역에 따라 친환경 기술의 유용성이 달라진다면 상대적인 승자와 패자가 발생한다. 해운이나 산업화나 석유 부문에서도 승자와 패자가 있듯이 말이다.

나 개인적으로는? 나는 텍사스주 오스틴에서 살다가 콜로라도주 덴버 외곽으로 이주했다. 양쪽 집에 모두 태양광 시설을 설치했다. 기온이 높고 화창한 텍사스에서는 8년 만에 투자 비용을 회수했다. 콜로라도에서는 그보다 더 짧은 기간 만에 투자 비용을 회수할 가능성이 크다. 덴버는 미국에서 해가 가장 쨍쨍하게 내리쬐는 도시지역이고 고도가 높기 때문에 햇빛을 차단할 습기가 없다. 기술이 지리적 여건과 제대로 맞아떨어지면 대단히 유용하다고 나는 굳게 믿는다.

그러나 지리적 여건과 "맞아떨어지는" 기술이 별로 없다.

세계 대부분 지역은 바람이 그다지 불지도 않고 그리 맑지도 않다. 캐나다 동부와 유럽 북부와 중부는 한 해 평균 아홉 달이 흐린데다가 겨울에는 낮이 매우 짧다. 바람이 불어야 가능한 카이트보드(kiteboard) 즐기러 플로리다나 브라질 북부로 가는 사람은 아무도 없다. 중국의 동부지역 3분의 2, 인도의 대부분, 동남아시아의 거의 전체—세계 인구의 족히 절반에 해당—에는 태양이나 바람을 에너지로 활용할 잠재력이 거의 없으므로 대규모 친환경 설비는 탄소배출을 줄이기는커녕 오히려 더 늘린다. 서아프리카도 마찬가지다. 안데스산맥 북쪽도, 구소련에서 비교적 인구가 밀집된 지역도, 캐나다 온타리오도 마찬가지다.

오늘날 친환경 기술이 환경적으로 경제적으로 효용이 있는 지역은 인구가 거주하는 대륙의 육지 부분의 5분의 1이 채 안 되고, 대부분은 주요 인구 중심지로부터 멀리 떨어져 있다. 풍력은 파타고니아, 태양광은 아웃백을 떠올려보라. 유감스럽게도 현 상태의 친환경 기술은 대부분 지역의 대부분 사람에게 탄소배출을 줄이는 방법으로도, 현재 질서 붕괴 후의 혼란스러운 세계에서 에너지 투입재의 대체재로도 유용하지 않다.

넷째, 밀도 문제다. 나는 농촌 지역에서 살고 있고, 내 집은 공간이 널찍하다. 나는 10킬로와트 태양광 시설을 설치했는데, 이 시설은 남쪽과 서쪽을 면한 지붕 대부분을 덮고 내 필요를 거의 충족시킬 정도로 충분히 에너지를 생산한다. 그러나 내가 도시에 산다면 어떻게 될까?

지붕이 작을수록 태양광 패널을 설치할 공간이 작다. 아파트에 산다면? 내 "지붕"은 공유면적이므로 패널을 설치해서 얻은 태양광을 여러 세대에게 공급해야 한다. 고층빌딩에 산다면? 지붕 면적이 작고, 많은 사람이 적은 수의 패널에 의존해야 한다.

화석연료는 매장지가 몇몇 지역에 지나치게 집중되어 있고 말 그대로 물리적인 형태로 존재하는 "에너지"다. 반면 모든 친환경 기술은 공간이 필요하

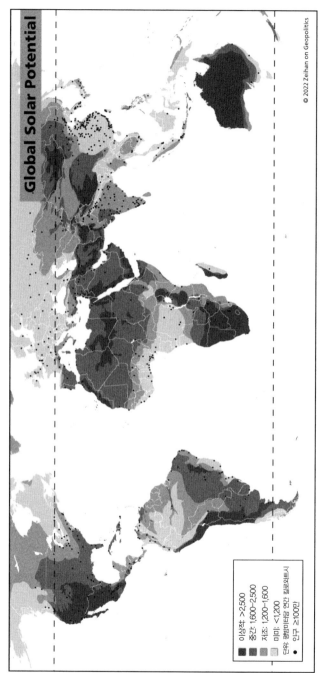

세계 태양광 에너지 잠재력

이상적: >2,500
중간: 1,600~2,500
저조: 1,200~1,600
미미: <1,200
단위: 평방미터당 연간 킬로와트시
● 인구 ≥100만

세계 풍력 에너지 잠재력

이상적: 6.6+
중간값: 5.5-6.5
저조: 4.5-5.4
미미: <4.5
단위 고도 80미터에서 초속 미터
● 인구 ≥100만

출처: NREL, DOE, IRENA, EPA

다. 그 가운데 태양광이 최악이다. 전통적인 방식으로 작동하는 시스템보다 밀도가 1,000배 낮다. 북쪽의 보스턴에서부터 남쪽 워싱턴D.C. 광역지대까지 도시들이 빽빽하게 들어선 미국 대도시 지역을 생각해보자. 해안을 따라 줄지어 있는 이 도시들의 면적을 모두 합해도 아주 작지만, 그 작은 지역에 미국 인구의 약 3분의 1이 산다. 게다가 태양광과 풍력 잠재력이 매우 낮은 지역이다. 그 지역 내에서 필요한 만큼 충분한 양의 에너지를 생산할 수 있다고 생각한다면 정신 나간 소리다. 이 도시들은 에너지를 다른 곳에서 들여와야 한다. 태양광 잠재력이 그나마 양호한(그냥 "양호한" 게 아니라 "그나마 양호한"임을 명심하라) 지역은 버지니아주 중남부다. 이 지역은 보스턴에서 600마일 떨어져 있고, 이 지역에서 태양광 에너지를 만든다고 해도 워싱턴D.C., 볼티모어, 필라델피아, 뉴욕, 하트포드, 프로비던스 등이 전기를 공급받고 나서 맨 나중에야 보스턴에 차례가 온다.

단순히 흐리고 바람 한 점 없는 지역에 있는 도시만 문제가 아니다. 어디 있는 도시든 다 문제다. 산업화 도시화된 현재를 가능케 한 기술적 발달을 모조리 재평가해야 오늘날의 친환경 기술이 제대로 기능할 수 있다. 그러나 단연 가장 큰 난관은 바로 도시의 존재 자체다. 도시는 하나같이 그 정의상 인구가 밀집한 지역이고, 친환경 기술은 그 정의상 밀도가 낮다. 맑고 바람 부는 지역과 도시를 억지로 끼워 맞추려면 밀집된 인구와 넓은 지역에 퍼져 있는 친환경 기술 발전시설을 연결할 어마어마한 기간시설이 필요하다. 네모난 구멍에 둥근 물건을 끼워 맞추려는 셈이다. 그런 기간시설은 인류가 아직 시도해본 적이 없는 규모와 범위의 시설이 될지 모른다. 대안은 도시를 텅텅 비우고 인류 역사를 6000년 전으로 되감으면 된다. 나더러 회의적이라고 해도 할 수 없다.

다섯째, 안정적인 공급 면에서 태양광과 바람이 석유, 천연가스, 석탄에 상응하는 기술이라고 해도 전력망의 탈탄소화는 여전히 지극히 풀기 어려운 과제다. 현재 전 세계적으로 발전의 38퍼센트가 무탄소 발전이다. 그렇다면 바람직하지 않은 방식을 버리고 이 방법을 약 세 배로 "늘리기만 하면" 될 것 같지만 전혀 그렇지 않다. 수력발전이 가능한 지리적 여건은 이미 전 세계적으로 모두 이용되고 있다. 원자력발전은 우선 대대적인 홍보를 통해 대중이 지닌 부정적인 인식을 바꾸어야 한다. 태양광과 바람으로만 화석연료를 완전히 대체하려면 그러한 친환경 시설을 아홉 배로 확장해야 한다.

여섯째, 친환경 기술이 적합한 지리적 여건이라고 해도 기껏해야 부분적인 해결 방법일 뿐이다. 친환경 기술은 오로지 전기만 생산한다. 바람과 태양광은 이론상으로는 특정 지역에서 석탄을 대체할 수 있을지 모르지만, 그 어떤 유형의 전기도 석유에서 파생된 액체연료를 사용하는 기존의 기간시설과 자동차와는 호환 불가능하다.

이러한 제약 때문에 자연히 내연기관으로 움직이는 자동차를 완전히 전기자동차로 대체하자는 얘기가 나온다. 하지만 말처럼 쉽지 않다.

세계 발전 부문 전체가 생산하는 동력은 액체 운송 연료가 생산하는 동력에 얼추 맞먹는다. 계산해보자. 운송을 모조리 내연기관에서 전기로 바꾸려면 인류가 전기를 생산하는 역량이 두 배가 되어야 한다. 다시 말하지만, 수력과 원자력은 도움이 되지 않으므로 앞서 아홉 배로 늘려야 한다고 했던 태양광과 풍력을 이제는 스무 배로 늘려야 한다. 얘기가 끝나려면 아직 멀었다. 이제 태양광과 풍력발전 시설이 있는 지역과 그런 시설에서 만든 전기를 최종적으로 소비할 지역을 연결할 어마어마한 전송 시설이 필요하다. 유럽과 중국의 경우 그러한 전송 시설은 대륙을 건너뛰어야 한다. 게다가 늘 바람이 불어야 한다든가, 해가 절대로 지지 말아야 한다든가, 리비아 사막에서 베를린까지, 혹은 아웃백에서 베이징까지 전기를 전송하는 데 차질이 생기지 않는다든가, 여러 가지 사소한 조건들이 해결된다고 가정해야 한다. 오늘날의 기술로 전기자동차가 제구실을 하려면 발전 체계에서 완전히 제거해야 한다고 환경보호론자가 주장하는 바로 그 에너지원을 두 배로 늘리는 방법뿐이다.

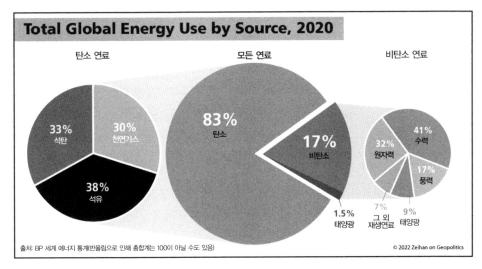

Total Global Energy Use by Source, 2020

탄소 연료   모든 연료   비탄소 연료

33% 석탄

30% 천연가스

38% 석유

83% 탄소

17% 비탄소

32% 원자력

41% 수력

17% 풍력

1.5% 태양광

7% 그 외 재생연료

9% 태양광

출처: BP 세계 에너지 통계(반올림으로 인해 총합계는 100이 아닐 수도 있음)

© 2022 Zeihan on Geopolitics

에너지원별 세계 총 에너지 사용, 2020

전혀 외람되지 않은 내 의견으로는, 가장 먼저 해야 할 일부터 해야 한다. 전력망을 확장하기 전에 전력망부터 친환경으로 만들어야 한다. 유감스럽게도 그러한 노력이 진행되는 속도가 너무 느리다. 태양광 붐이 시작된 2014년부터 2020년까지 태양광이 총 에너지 사용에서 차지하는 비중은 늘어난 게 겨우 1.5퍼센트다.

일곱째, 에너지원을 태양광과 풍력으로 완전히 대체하는 데 따르는 현실적인 문제는 기술적 난관과 비용 측면에서 극복하기가 거의 불가능하다. 태양광 패널과 풍력발전 터빈을 충분히 설치해서 2010년부터 2021년까지 친환경 기술이 생산한 발전량의 약 일곱 배인 43,000테라와트시(terawatt-hour, 시간당 1조 와트 발전에 상응하는 에너지 단위—옮긴이) 분량의 전기를 만들어내야 하는데, 다음 난제들에 비하면 이는 비교적 간단한 작업이다.

• 근대 세계가 원활히 돌아가는 데는 수요에 따라 공급조절이 가능한 전기도

한몫한다. 그러자면 신속 처리 역량이 필요하다. 발전소가 수요에 맞춰 발전량을 조절하는 역량 말이다. 풍력과 태양광은 이러한 역량이 없을 뿐 아니라 공급도 간헐적이다. 발전량은 가장 변덕스러운 날씨라는 요인에 따라 들쭉날쭉하다. 하드웨어를 업그레이드하면 들쭉날쭉한 발전량으로 인해 산업수요나 가정수요에 대한 공급을 번갈아 중지하거나 전압이 낮아지는 불상사를 막을 수 있지만, 비용이 든다.

- 신속 처리 역량이 중요한 까닭은 전기 수요는 오르내리기 때문이다. 구체적으로 말하면, 대부분 지역에서 전기 '수요'는 하루 중 오후 6시부터 오후 10시에 가장 높고, 계절로 치면 '겨울'에 수요가 훨씬 높다. 그러나 태양광 전력 '공급'은 하루 중 오전 11시부터 오후 3시에 가장 높고, 계절로 치면 '여름'에 공급이 훨씬 높다. 게다가 똑같은 태양광 패널이라도 지역에 따라 생산하는 전력량이 다르다. 콜로라도주 고지대에 있는 내 집에 설치한 태양광 패널을 캐나다 토론토 같은 지역에 설치하면 발전량이 5분의 1 이하로 줄어든다. 아무리 많은 돈을 쏟아부어도 이런 사소한 지리적 문제는 해결하지 못한다.

- 소비지역과 지리적으로 가까운 곳에서의 발전을 가능케 하는 석탄이나 천연가스와는 달리, 풍력은 바람이 부는 곳에서, 태양광은 해가 내리쬐는 곳에서 전기를 생산해야 한다. 그렇게 친환경 기술로 생산한 전기를 소비지역까지 전송해야 한다. 이 또한 공짜가 아니고, 전력을 전송하는 데 드는 비용이 두 배(또는 그 이상) 증가한다(전력이 어디서 전송되는지, 어디서 소비되는지, 생산지와 소비지를 연결하는 기간시설의 속성이 어떤지, 국경을 가로질러야 한다면 해당 지역의 정치적 상황이 어떤지 등등에 따라 세부 사항들이 천차만별이다). 인류의 족히 95퍼센트가 자신이 거주하는 곳에서 50마일을 넘지 않는 거리에 있는 발전소에서 전기를 공급받는다는 사실은 놀랄 일이 아니다.

- 이러한 문제들을 해결하려면 병행 전력시설이 필요하다. 2022년 현재의 친

환경 기술 여건에서는 그 병행 시설은 대부분 천연가스나 석탄으로 가동하는 구태의연한 전통적인 발전 시설이다. 다음 문장에 밑줄 쫙 긋자. 오늘날 친환경 기술은 총수요가 절정일 때 명실상부한 전통적인 발전 시설을 친환경 시설과 동시에 가동하는 수밖에 선택의 여지가 없다—비용을 온전히 다 들여서.

친환경 기술은 현재의 형태로는 화석연료 수요의 10퍼센트 남짓한 정도밖에 줄이지 못한다. 그나마 이런 "성과"조차도 지리적 여건이 완벽하게 맞아떨어지는 지역에서나 가능하다. 친환경 기술을 적용하기에 적합한 몇몇 지역이 기존의 전통적 방식으로 생산한 발전량의 절반을 친환경 기술로 대체하려 했지만, 전력망이 수요에 따라 공급을 조절하는 역량과 간헐성과 운송 문제를 해결하려면 전기료가 네 배가 되고 만다.[12]

그렇긴 해도, 이러한 문제들을 해결할지도 모르는 보완 기술이 있기는 하다—"해결할지도 모르는"에 밑줄 쫙 긋자. 바로 배터리다. 친환경 기술로 생산한 전력을 배터리에 저장했다가 필요할 때 사용하는 방법이다. 간헐성? 신속 처리 역량? 공급과 수요의 불일치? 전부 해결된다! 심지어 경우에 따라 전송 거리도 줄일 수 있다.

유감스럽게도, 이론적으로는 완벽한 해결책이지만 현실적으로는 몇 가지 문제가 있다. 첫째, 공급사슬이다. 석유생산이 특정 지역에 집중되어 있듯이 현재 배터리와 가장 찰떡궁합인 주요 투입재 리튬도 마찬가지다. 석유는 정유 과정을 거쳐야 유용한 상품이 되듯이, 가공하지 않은 리튬은 농축하고 정제해서 금속으로 만들어 배터리에 장착해야 한다. 오늘날 리튬 공급사슬은 오스트레일리아, 칠레, 중국, 일본에 무제한 접근해야 가능하다. 석유 공급사슬보다는 좀 더 단순하지만, 대동소이하다. 동아시아에 무슨 일이라도 터지면—그리고 동아시아 전역은 파란만장한 미래를 앞두고 있다—배터리에 가치를 부가하는 시설의 대부분은 다른 지역에 다시 만들어야 한다. 그러려면 시간이 걸린다. 돈도 필요하다. 아주 많이. 특히 리튬 배터리 기술을 대규모로 응용하는 게 목표라면 더더욱 그러하다.

바로 그 규모가 두 번째 문제다. 리튬 배터리는 비싸다. 평균적인 스마트폰에서 두 번째나 세 번째로 비싼 부품이고 몇 와트시(watt-hour)밖에 저장하지 못한다. 리튬은 전기자동차에서 비용의 4분의 3, 무게의 4분의 3 이상을 차지하고 몇 킬로와트시(kilowatt-hour)밖에 저장하지 못한다.

도시-전력망 배터리는 저장용량이 메가와트일(megawatt-day)이어야 한다. 친환경 기술로 이렇다 할 수준의 전력 저장용량을 달성하려면 하루 중 수요가 높은 시간대 대부분을 감당할, 최소 네 시간 분량을 저장할 전력망급 배터리 체계가 필요하다. 1990년 이후로 시작된 배터리 업계에서의 기술 향상이 2026년까지 계속된다고 가정할 때, 네 시간 리튬 전력망 저장 체계 구축에 드는 비용은 메가와트시당 약 240달러, 현재 미국에서 가장 흔한 발전 시설인 표준 천연가스 복합발전 시설의 여섯 배가 든다. 여기서 중요한 사항은 그 여섯 배라는 수치는 실제로 배터리를 충전하는 발전 시설 비용이나 배터리에 전력을 보내는 전송 시설 비용은 포함하지 않는다는 것이다.

2021년 현재 미국에는 발전용량 1,100기가와트 시설이 있지만, 전력 저장용량은 겨우 23.3기가와트다. 23.2기가와트의 약 70퍼센트는 "양수식 발전(pumped storage)"이라고 일컫는 저장 방법인데, 전력 소비가 적을 때 물을 퍼 올린 다음 전력 소비가 많을 때 흘려 내려보내 전력을 생산하는 방법이다. 나머지 30퍼센트의 대부분은 소비자 가정에 있는 저장시설이다. 저장용량 중 겨우 0.73기가와트가 실제로 배터리의 형태로 저장된다. 미국에서 친환경 미래라는 이념에 가장 집착하는 주는 캘리포니아다. 주 전체로 보면 총 저장용량—배터리 저장용량이 아니라 총 저장용량이다—이 1분의 전력에 해당한다. 전력망 차원의 저장시설 설치를 가장 적극적으로 추진하고 있는 미국 대도시인 로스앤젤레스는 2045년에 총 저장용량이 1시간에 도달할 것으로 예상된다.

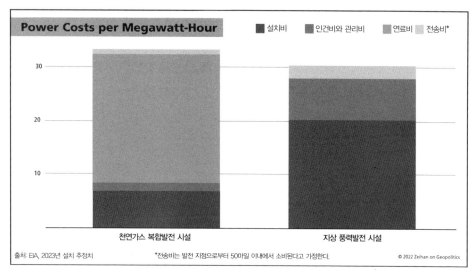

Power Costs per Megawatt-Hour　　■ 설치비　　■ 인건비와 관리비　　■ 연료비　　전송비*

| | 천연가스 복합발전 시설 | 지상 풍력발전 시설 |

출처: EIA, 2023년 설치 추정치　　*전송비는 발전 지점으로부터 50마일 이내에서 소비된다고 가정한다.　　© 2022 Zeihan on Geopolitics

메가와트시당 발전 비용

　이는 로스앤젤레스의 현재 전력체계에서 1시간의 저장용량임을 명심하라─승용차와 경트럭을 모두 전기차로 대체한다는 꿈을 실현하려면 저장용량은 그 두 배가 되어야 한다.

　그 마법의 네 시간 저장용량도 머나먼 고난의 길을 앞둔 첫걸음일 뿐이다. 명실상부한 탄소중립 전력체계로 전환하려면 바람이 불지 않거나 해가 내리쬐지 않는 계절에 쓸 전기를 몇 달치 저장할 수 있어야 한다. 우리가 에너지 세계에 대해 다 알지는 못하지만, 세계 전체는 고사하고 미국 같은 부유한 나라가 그러한 목표에 도달하려 해도 지구 전체에 매장된 리튬으로도 부족하다는 사실은 확실히 안다.[13]

　여덟째. 이 논의 자체를 무의미하게 만들어버리는, 거의 논의가 되지 않는 재정 문제가 있다.

　태양광이나 풍력 자원이 풍부한 지역에서 현재 평가된 가격을 살펴보면 대부분 전력시설 설치부터 관리, 연료 등 전 생애 동안 드는 비용을 다 합하면 친환경 기술과 전통적 발전 시설은 별 차이 없다. 재정적 관점에서 보면 가장 큰 차이는 자본이 투입되는 시기다. 전통적인 발전 시설의 전 생애 동안 드는 총비용의 약 5분의 1은 부지를 확보하고 시설을 구축하는 데 드는 선행 비용이고, 나머지는 수십 년에 걸쳐 연료를 구입하고 시설을 관리하는 데 나뉘어서 쓰인다. 반면 친환경 기술은 전 생애 동안 드는 총비용의 거의 전부를 선행 비용으로 지출해야 한다. 지상 풍력터빈의 경우는 선행 비용이 전 생애 총비용의 3분의 2다. 친환경 기술은 연료비가 전혀 들지 않기 때문이다.

자본이 풍부한 현재 세계질서 하에서 이는 딱히 중요하지도 않은 지엽적인 문제에 불과하다. 자본을 구하는 비용이 쌀 때는 25년 동안 드는 비용을 미리 지급해도 별문제 아니다. 그러나 자본이 귀해지는 무질서 시대에, 이는 가장 중요한 문제다. 투자자본을 확보하기 점점 어려워지거나 융자 비용이 상승하면, 선행 투자 비용은 부담할 만한 비용에서 위험하고 비싼 투자로 강등된다. 그런 세계에서는 설치비용이 훨씬 적게 드는 전통적인 발전 시설이 훨씬 합리적이다.

지금 형태로서의 친환경 기술은 대부분 지역에서 대부분 사람에게 체감할 정도의 변화를 가져올 정도로 성숙하지도 않았고 싸지도 않다. 친환경 기술 사용은 대체로, 자본 공급량이 풍부한 선진국에서 어쩌다 보니 해가 쨍쨍하거나 바람이 쌩쌩 부는 지역과 상당히 가까운 곳에 자리 잡은 대규모 인구중심지에 사는 이들에게 제한되어 있다. 미국 남서부 지역은 전망이 밝다. 미국 대평원, 오스트레일리아, 북해 연안 지역도 전망이 밝다.

다른 지역은 거의 다 에너지 수요 대부분을 충족시키기 위해 전통적인 연료에 의존하는 처지에 계속 머물게 된다. 온실가스 배출의 관점에서 보면 실제로는 상황이 훨씬 나쁘다. 이러한 지역 대부분은 국제적으로 거래되는 석유와 천연가스에도 접근하지 못하게 되기 때문이다. 석유나 천연가스를 확보하지도 못하고 태양광과 풍력을 사용할 만한 지리적 여건도 갖추지 못했다면, 남은 선택지는 간단하다. 첫 번째 선택지는 지난 2세기 동안 인류 발전을 가능케 한 상품들 없이 사는 방법이다. 상품과 식량 생산에 대한 접근이 처참하게 줄어들면서 생활 수준과 인구가 대대적으로 하향 조정되는 상황을 감수해야 한다. 전기 없이 살아야 한다. 탈산업화하게 된다. 탈문명화하게 된다.

아니면 두 번째 선택지가 있다. 거의 모든 나라가 자급할 수 있는 단 한 가지 에너지원, 바로 석탄이다. 유독 운이 나쁜 이들은 갈탄이라는 연료밖에 없다. 갈탄은 가까스로 석탄 취급을 받는 연료로 무게의 5분의 1이 수분이고 효율성은 단연 최저이며 오염물질을 가장 많이 배출하는 연료다. 독일은 이미 갈탄을 발전 시설용 연료로 쓰고 있다. 친환경 기술은 독일의 지리적 여건에 지독할 정도로 맞지 않기 때문이다. 그런데도 독일은—환경을 보호한다며—다른 선택지들을 대부분 폐쇄했다.[14]

지구 전체로 볼 때, 우리는 대대적인 경제 붕괴와 탄소배출 대량 폭등을 동시에 겪을, 흠잡을 데 없는 역량을 갖추었다.

(25)

미래에 연료 공급하기

우리는 페르시아만과 구소련 변방에서 비롯되는 에너지 공급이 첨예한 전략적 갈등에 노출되는 시대에 진입하고 있다. 이 지역의 갈등이 정규전으로 번지지 않는다고 해도, 이 지역의 정세 불안과 안보 불안으로 석유와 천연가스 생산과 유통은 확실히 수년 동안 차질을 빚게 된다. 아니, 수십 년 동안 차질을 빚게 될 가능성이 더 크다. 그나마도 동아시아에서 전략적인 경쟁이 벌어지지 않고, 동남아시아나 아프리카 연안을 따라서 해적이—국가가 후원하든 아니든 상관없이—활개 치지 않는다는 가정하에서다. 안정적이고 합리적인 가격으로 석유를 운송하는 시대는 이제 대단원의 막을 내리고 있다.

심각하게 들리겠지만 실제로는 더 심각하다. 특정한 나라에서 일어난다는 차원에서뿐 아니라 아주 개인적인 차원에서도 말이다.

중국이 세계 체제에 합류한 시점부터 냉전이 종식될 때까지, 1980년 이후로 세계 석유 총수요는 두 배가 되었다—주로 산업화와 도시화 여정에 착수한 신흥 국가들 때문이다. 세계 인구 대부분이 산업화되고 도시화된 근대적인 생활방식을 영위하려면 석유가 필요한데, 미국이 세계에 흥미를 잃어버리면, 그 석유는 구하지 못하게 된다. 운송망이 쪼그라들면, 이는 제조업 공급사슬의 연계성에서부터 식량 유통에 이르기까지 전부 영향을 미친다. 전력시설도 연료가 부족해 가동이 중단된다. 도시화라는 물리적 집중 현상―비교적 탄소의 영향을 낮게 유지하고 가치가 부가된 삶을 살도록 해준 현상―은 풍부한 에너지 없이는 불가능하다. 세계화가 종말을 맞으면 우리가 알고 있는 세계가 끝나게 될지 모르지만, 세계 에너지 공급이 끊기면 우리가 알고 있는 삶이 끝난다.

가장 극심한 부족을 겪게 될 지역은 취약한 공급 경로의 가장 끄트머리에 있는 주요 소비국들이다. 동북아시아, 중부 유럽이 그런 나라들이고 독일, 한국, 중국이 단연 가장 심각한 위협에 놓이게 된다. 이 가운데 자국 근처에서 석유나 천연가스를 구하거나 다른 나라로부터 확보하기 위해 바깥으로 진출할 군사적 역량을 지닌 나라가 하나도 없다. 세 나라는 모두 자국 수요를 충족시키기 위해 원자력, 천연가스, 석탄 발전을 병행하는데, 모두 수입 연료를 토대로 한다. 이 가운데 단연 중국이 가장 취약하다. 30년 동안 경제성장을 하면서 중국의 전력체계는 한계에 도달했다. 중국은 여분의 발전 역량이 전혀 없으므로―투입하는 연료가 무엇이든 상관없이 모든 발전 시설을 가동한다―어떤 투입 연료라도 부족해지면 최소한 소비자들이 차례로 돌아가면서 등화관제를 해야 한다. 이미 일어나고 있는 현상이다. 2021년 말 중국이 COVID와 엄격해진 환경 규제라는 이중의 타격을 받으면서, 중국 GDP의 3분의 1을 생산하는 지역들이 돌아가면서 등화관제와 전기 배급에 직면했다.

운신의 폭이 좀 더 넓은 나라들의 경우 전망이 훨씬 밝지만, 여전히 문제가 많다. 영국, 프랑스, 일본, 인도 같은 나라는 군사력과 지리적 여건을 이용해 바깥으로 진출해 에너지를 확보할 역량을 갖추고 있지만, 어마어마하게 폭등한 가격에 직면하게 된다. 해결책은 뻔하다. 공급 체계를 신제국주의 수준으로 장악해 모든 공급분을 자국 체제 내에서 해결하고, 혹독할 정도로 비싸든가 미친 듯이 요동치는 세계 유가의 악순환에서 벗어나는 방법이다. 과거에 원조 제국이었다가 다시금 제국이 될 나라로서는 다행이겠지만, 그들의 그러한 행동 때문에, 그들을 제외한 나머지 세계에서 쓸 물량은 더 줄어든다.

결론은 공교롭게도, 장기적인 에너지 위기를 겪지 않을 뿐 아니라 석유와 천연가스 대체재를 대규모로 시도할 역량이 있는 겨우 한 줌 정도에 속하는 나라가 미국이라는 사실이다. 적도에 가장 가까운 선진국인 미국은 세계에서 두 번째로 태양광 시설을 대량으로 설치하기에 적합한 나라다(오스트레일리아가 단연 첫 번째다). 미국대평원에는 바람이 세차게 몰아치는 드넓은 땅이 있으므로 세계 최고의 풍력 에너지원이다. 심지어 미국은 석유 수요에서 으뜸 패를 쥐고 있다. 셰일 유전에서 비롯되는 부산물 가운데 하나가 꾸준히 솟아나오는 천연가스다. 미국은, 사실상 오로지 미국만, 석유화학제품 생산에서 석유 대신 천연가스를 사용할 수 있다. 게다가 비교적 안정적으로 충분히 공급되는 자본에 오스트레일리아와 칠레에 있는 리튬 매장지에 대한 접근까지 확보하면 미국은, 마음만 먹으면, 현재의 기술로도 배터리 체계와 전기자동차 시설 구축까지도 시도할 수 있다.

지금까지 다룬 모든 주제—운송, 금융, 에너지—에서 미국은 운 좋은 나라다. 그 운은 지리적 여건에 깊이 뿌리를 내리고 있고, 이는 다른 상황에도 적용된다. 이 세 가지 부문에서 미국의 미래는 이미 결론 났다고 생각할지 모르지만, 앞으로 다룰 세 가지 부문에서 미국이 얼마나 운이 좋은지 알게 될 때까지 최종적인 판단은 보류하라.

5부

산업 자재

INDUSTRIAL MATERIALS

26

역사 분해하기

이 장의 도입부를 멋들어지게 쓸 만한 거리가 없다. 우리가 사용하는 기술과 우리가 사는 세계를 가능케 하는 재료들은 말하자면 우리가 살아온 시대의 이름에 내재하기 때문이다. 석기 시대. 청동기 시대. 철기 시대. 21세기 초기는 실리콘 시대에 속한다고 말하는 이들이 많다.

꼬치꼬치 따지고 싶지는 않지만, 철기 시대에 사는 그대에게 철이 없으면 역사는 그대를 잊는다. 무슨 말을 하고자 하는지 감이 잡힐 것이다. 석유든 구리든, 지니고 있든가, 어디서 구할 수 있든가, 없든가 세 가지 중 하나다. 없으면 역사에 동참하지 못한다.

최근 몇십 년 사이에 각종 산업 자재 교역이 얼마나 다변화되었고 그러한 자재에 우리가 얼마나 의존하는지는 크게 눈에 띄지 않을지 모른다.

다시 시간을 처음으로 되돌려 보는 게 상책이다.

초창기에 원자재를 두고 벌어진 갈등은 제국이나 국가적 문제가 아니었다. 이렇다 할 제국이나 국가 자체가 없었다. 그러한 투쟁은 주로 씨족, 부족, 가족 간에 벌어졌다. 게다가 싸워서 차지할 만한 대상도 별로 없었다. 석기 시대에는 돌을 구하러 멀리까지 나가지 않았다. 물론 뭘 절단하기 좋은 돌덩이도 있고 화살촉—흑요석—도 있었다. 그러나 이동 수단이 여의치 않아서 그 누구도 멀리까지 진출하지 못했다. 구할 수 있는 재료를 구했고 그게 문화의 면모를 결정했다. 그리고 인간은 돌덩이보다는 식량(그리고 식량을 안정적으로 수확할 수 있는 땅)을 차지하려고 싸웠을 가능성이 훨씬 크다.

석기 시대가 가고 청동기 시대가 동트자 갑자기 계산법이 바뀌었다. 이집트는 밀, 보리, 돌, 모래, 갈대, 구리 조금, 거의 무한한 노동력밖에 없었던 것으로 명성이(악명이) 높았다. 파견한 교역 사절이란 교역 사절은 족족, 싸운 전쟁이란 전쟁은 족족 앞의 목록에 없는 원자재를 확보하려는 시도였다. 이집트가 가장 필요했던 품목은 청동기를 제련하는 데 필요한 비소와 주석이었다. 메소포타미아 도시국가들도 마찬가지로 밀과 보리는 풍부했지만, 자원이 빈곤했기 때문에 고대에 오늘날의 아이폰에 상응하는 품목을 확보하려고 강 상류와 산악지대 이웃과 툭하면 전쟁하고 교역을 했다.[1]

다음 시대—철기 시대—로 시간을 빨리 감기 하면 계산은 다시 빡빡해진다. 구리는 본래 금속의 형태로 발견되기도 하는 몇 안 되는 자재 가운데 하나라는 점에서 매우 독특하다. 철은 절대로 그런 법이 없다. 철은 구리만큼 흔하지도 않다. 그러나 딱히 희귀하지도 않았다. 특히 기원전 800년 정도에는 말이다. 제국 시대가 절정에 달하자 당대의 통치체제는 온갖 다양한 원자재 광산에 도달할 역량을 갖추었다. 가장 큰 우려는 자재의 부족이 아니라 기술 부족이었다. 철광석은 그 자체로는 쓸모가 없고 이 철광석을 실제 철로 변모시키는 기술이 필요한데 그러려면 기술자 수백 명이 필요했다. 정부는 대부분 철광석이나 구리광산을 확보하기 위해서보다 대장장이들을 납치하기 위해 공격을 감행할 가능성이 훨씬 컸다.

기술적 관점에서 보면 또 한 차례 1000년이 어영부영 흐르고 나서야 비로소 석기, 청동기, 철기 시대 하에서 서서히 점진적으로 기술이 진보하다가 기원후 476년 갑자기 로마제국이 몰락하면서 중단되었고, 622년-750년 이슬람 성전, 그리고 무엇보다도 16세기에서 17세기 내내 유럽 암흑시대에 문화적 기술적 불씨가 꺼졌다. 이 세 시대가 얼추 연달아 이어지면서 기술 발전은 고사하고 이미 존재하는 기술의 보전도 쉽지 않았다.

일종의 구원이라고 할 만한 사건이 가장 해괴한 모습으로 다가왔다. 대량 학살이다. 1345년-1346년 몽골의 황금 군단이 그들의 전형적인 수법인 '우리 방식대로 하지 않으면 너는 우리 손에 죽는다. 아 참, 교역도 하자. 차 한 잔 할래?' 식의 군사행동으로 크림반도의 몇 개 요새 도시를 포위했다. 몽골은 투척기로 시신을 카파 도시를 향해 쏘기 시작했고, 한 무리의 제노바 상인들은 싸움이 끝날 때까지 지켜보지도 않고 떠나기로 했다. 그들은—아무 생각 없이—바닷길을 통해 빠져나갔다(물론 떠나기 전에, 갑자기 도덕적 가식조차 증발한 도시에서 마지막으로 나중에 팔아먹을 노예들을 배에 태우는 일도 잊지 않았다).

인류 역사를 통틀어 선박이란 선박은 죄다 그랬듯이, 제노바 상인의 선박도 쥐가 들끓었다. 제노바인들은 몰랐지만, 이 쥐들은 흑사병 병원균을 지니고 있었다. 제노바 상인들의 첫 기항지는 당대의 싱가포르인 콘스탄티노플이었다. 5년 만에 거의 모든 유럽, 러시아, 북아프리카 지역이 지역 역사상 최악의 전염병과 싸우게 되었다. 결국 이 지역 인구 3분의 1이 멸절했고, 인구밀도를 회복하는 데 150년이 걸렸다.[2]

아무튼, 흑사병이 아니었다면 인간은 아마 암흑시대에 발이 묶인 상태에 머물렀을지도 모른다.

대량 사망 사건들은 묘한 면이 있다. 살아남은 자들에게 삶은 계속된다. 여전히 식량을 재배해야 하고, 말굽을 망치로 두들겨 만들어야 하고, 헛간도 지어야 하고, 돌도 다듬어야 한다. 흑사병은 무차별적으로 목숨을 앗아가지만, 결과적으로 이러저러한 일련의 기술들에서 지역적 격차가 나타나게 된다. 흑사병이 물러가자 직공, 목공, 벽돌공 등이 부족한 지역이 태반이었다. 뭔가가

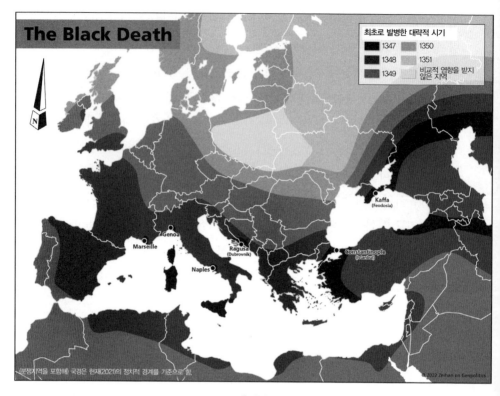

흑사병

부족할 때면 두 가지 현상이 발생한다.

첫째, 공급과 수요다. 전문 직종 종사자가 집으로 가져가는 품삯이 증가하면서, 숙련기술 노동력이라는 근대 개념의 발판을 마련했다. 둘째, 그러한 일련의 기술들로 생산량을 확대할 필요가 생기자 지역 노동자들, 조합들, 통치자들이 함께 생산성을 증대했다. 신참 일꾼들에게 직업훈련을 시키는 이들도 있었다. 새로운 기법을 개발하는 이들도 있었다. 로마제국의 멸망 이후 아랍인들이 보존한, 오래전에 잊힌 지식을 수입하는 이들도 있었다.[3]

15세기 무렵, 가공과정과 학습에서 일어난 진전이 임계질량에 도달하면서 우리가 지금 르네상스라고 알고 있는 시대가 개막되었다. 사회사상, 문화, 수학, 과학에서의 진전으로 암흑의 1000년 끝에 기술적 발전이 재개되었을 뿐만 아니라 또 다른 기술 시대에 접어들었다. 바로 산업화 시대다. 자연계에 대한 지식과 이해가 널리 확장되면서 수많은 결실을 낳았고 이러저러한 원석에서 이러저러한 재료를 탐지하고 분리하고 정제하는 기술이 꾸준히 개선되었다.

십수 세기를 거슬러 올라가면 인간의 지식은 구리, 납, 금, 은, 주석, 비소, 철, 아연을 다루는 데 국한되었었다. 화학과 물리학에서 법칙을 발견하면서 인간은 이 목록을 확장해 코발트, 백금, 니켈, 망간, 텅스텐, 우라늄, 타이타늄, 크롬, 탄탈륨, 팔라듐, 나트륨, 요오드, 리튬, 실리콘, 알루미늄, 토륨, 헬륨, 네온을 추가했다. 인간은 이러한 자재들을 알게 되고 암석에서 이 자재들을 분리하는 방법을 터득하고, 쓸모 있게 정제하는 방법을 터득하게 되자, 다시 이 자재들을 통제된 환경하에서 서로 섞고 짝짓는 역량을 개발했다. 결과적으로 이제 우리는 화염방사기에서부터 화염방사기에 노출되어도 녹지 않는 강철, 중세시대 지식인 전체가 보유한 지식보다 많은 정보를 한 손에 쥘 수 있는, 구리와 금과 실리콘으로 만든 얇은 칩, 파티용 풍선에 이르기까지 무엇이든 누리게 되었다.

과거에서 얻은 교훈, 미래를 위한 교훈

어떤 자재든 나름대로 쓸모가 있다. 다른 자재와 결합된 자재는 어떤 것이든 더욱더 쓸모가 많다. 대체 불가능한 자재도 있고 대체 가능한 자재도 있다. 그러나 하나같이 단순한 특징을 공유한다. 건축이든 전쟁이든 도시화든 제조업이든, 어디에 쓰이든지 모두가 산업화 시대가 낳은 자재들이다. 이 자재들을 생산하고 운송하고 정제하고 제련하고 합금하고 재배열해서 부가가치 상품으로 만들려면 산업화 시대 기술이 필요하다. 산업화 기술의 지속성이나 도달 범위에 무슨 불상사라도 생기면 이 모든 자재가 그냥 사라진다—그리고 그러한 자재들이 주는 이득도 모두 함께 사라진다.

이런 일은 과거에도 겪어본 적이 있다. 아주 여러 번.

과거에 세계의 제국들은 대부분 이러저러한 자재를 확보하기 위해 특정한 군사행동을 개시했고, 이러저러한 자재에 대한 장악력을 지렛대 삼아 돌파구를 마련했으며, 그들의 지리적 여건이 허락하는 정도 이상의 뭔가가 된 이들도 있다.

폴란드는 소금 광산 하나에서 얻은 소득으로 유럽의 강대국이 되었다(1300년대에 대량의 고기나 생선을 저장하는 유일한 방법은 염장이었다). 스페인은 포토시 은광을 확보하면서 세계 초강대국의 지위를 1세기 연장했다. 1800년대 말, 칠레는 아타카마 사막과 그곳에 풍부한 구리, 은, 질산염(산업화 초기의 화약) 매장지를 두고 페루, 볼리비아와 전쟁을 했다. 영국은 영국이 탐내는 자재를 가진 이가 있다면 그게 누구든 때와 장소를 가리지 않고 배를 타고 가서 공격하는 나쁜 습관을 들였다. 영국은 특히 맨해튼이나 싱가포르나 수에즈나 감비아나 이라와디강 같은 접근지점을 장악하는 데 입맛을 들였는데, 이러한 지점을 기반으로 영국은 상할 염려가 없는 상품의 역내 교역 물량을 가로챘다.

이러한 경쟁들 가운데, 보다 최근에 발생한 사례들도 있다.

제2차 세계대전은 여러모로 투입재를 차지하려다가 벌어진 전쟁이다. 농경지와 석유를 두고 벌어진 전략적 경쟁에 대해서는 우리 대부분이 적어도 어렴풋이나마 알고 있지만, 산업 자재를 차지하려는 전투도 그 못지않게 중요했다.

프랑스는 철광석이 있었다면 독일은 석탄이 있었다. 두 자재 모두 강철을 제련하는 데 필요하다. 문제가 뭔지 보이리라. 독일이 1940년 5월 프랑스를 침공하면서 문제가 해결되었다. 적어도 독일로서는 말이다. 종전 후 프랑스는 철광석은 여기 있는데 석탄은 저기 있는 바로 이 문제를 총탄이 아니라 외교로 해결하기 위해 유럽석탄철강공동체(ECSC) 결성에 앞장섰다. 이 단체를 오늘날 유럽연합(EU)이라고 한다.

1941년 6월 독일이 러시아를 침공하면서 독러 동맹은 종지부를 찍었지만, 두 나라 관계에 큰 쐐기를 박아넣은 첫 번째 사건은 그보다 열아홉 달 앞서 일어났다. 당시 러시아는 핀란드를 침공했고 나치가 전쟁을 수행하는 데 있어서 고급 강철 제조에 꼭 필요한 투입재인 니켈의 주요 공급원에 대한 독일의 접근을 위협했다.

1904년-1905년 일본이 한국을 점령한 여러 가지 이유 가운데 하나가 건설에 쓸 목재를 확보하기 위해서였다. 뒤이어 일본이 동남아시아로 팽창한 이유는 흔히—그리고 정확하게—석유를 차지하려는 시도로 간주된다. 그러나 일본 본토 섬은 단순히 에너지가 빈곤한 데 그치지 않고 물리적 팽창을 통해서만 구할 수 있는, 철광석에서부터 주석, 고무, 구리, 보크사이트에 이르기까지 다른 핵심적인 산업 자재들도 부족했다.

이 모든 경우에서 당대의 지배적인 기술로는 어느 나라든 이 모든 투입재에 충분히 접근할 방법을 마련하든가 다른 나라에 지배당하든가 둘 중 하나의 선택지밖에 없었다.

그러한 "필수적인" 자재들의 목록은 미국이 누구나 무엇에든 안전하게 접근할 수 있는 세상을 만든 1945년 이후로 폭증했다. 미래에 이러한 자재들을 차지하기 위한 경쟁은 훨씬 광범위하고 다변적이며, 그러한 자재들에 접근하는 데 실패함으로써 겪는 고통은 훨씬 더 혹독하리라는 뜻이다.

이러한 산업 자재들 가운데 세계 전역에 골고루 분포된 자재는 단 하나도 없다. 석유와 마찬가지로 각 자재마다 나름대로 그 자재에 대한 접근을 좌우하는 지리적 여건을 갖추고 있다.

전자제품 만드는 데 필요한 투입재에는 접근이 가능하나 강철을 구하기 어려운 아프리카, 원자력은 있지만 친환경 기술은 없는 유럽, 구식 배터리는 있지만 전기를 전송할 역량은 없는 중국 등을 머릿속에 그리면서 형성 가능한 무역지대를 따라 점선을 긋는 일은 쉽다. 그런데 이처럼 단절된 상황이 그대로 방치되지는 않는다.

근대 체제를 유지하는 데 필요한 모든 것을 두고 갈등이 벌어진다. 따라서 이를 차지하기 위한 모든 수단이 고려된다. 물물교환을 시도하는 이들도 있을 테고, 훨씬 더 열성적으로 필요한 것을 확보하려는 이들도 있을 것이다.

이제 내가 국가적 차원의 약탈에 집착하는 이유가 이해가 가는가? 국가가 아니라도 일반적으로 약탈행위가 앞으로 흔해지리라는 게 이해가 가는가? 우리 모두 그냥 각자 나름대로 자기만의 작은 세계 안에서 살길을 찾고, 바깥으로 진출해 수중에 없는 걸 차지하려고 시도조차 하지 않으리라고 생각한다면, 인류의 역사를 있는 그대로가 아니라 매우 창의적으로 해석하는 셈이다. 우리는 영화 〈캐리비안의 해적〉 주인공 잭 스패로가 매우 친숙하게 느낄 세계에 진입하고 있다. 심신미약자가 가담할 만한 경쟁이 아니다.

기후변화라는 이미 극복하기 힘든 난관에다가 여러 가지 자재에 대한 접근이라는 난관들 가운데 가장 중요한 난관까지 겹치게 된다. 돌이켜보면 석유의 지정학은 놀라울 정도로 직관적이었다. 석유는 오로지 몇몇 지역에서만 상업적으로 접근 가능했고 대량으로 존재했다. 페르시아만이 대표적이다. 그런 지역들이 일으키는 난관이 못마땅하고 그러한 난관들이 산업화 후기와 세계화 시대에 지나치게 우리의 관심을 차지했을지 모른다. 무엇보다도 석유의 경우에는 대체로 석유만 확보하면 끝이다.

탈세계화 시대에 친환경 기술은 전혀 다른 방식으로 작동하게 된다. "석유에서 벗어나게" 되면 복잡하고 툭하면 폭력적이고 항상 중요한 공급과 운송 체계에서 벗어나게 되기는커녕 그보다 적어도 열 배는 더 복잡하고 폭력적인 체제로 대체될 뿐이다.

메가와트 규모의 발전 역량을 비교해보면, 친환경 기술을 이용한 발전 방식은 전통적인 발전 방식보다 구리와 크롬이 두 배에서 다섯 배 필요할 뿐 아

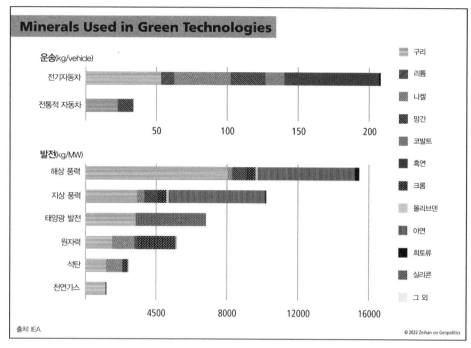

출처: IEA

친환경 기술에서 사용되는 광물들

니라, 망간, 아연, 흑연, 실리콘을 필두로 현재의 발전소에서는 전혀 필요하지 않은 여러 가지 다른 자재들도 필요하다.

그럼 전기자동차는 어떨까? 석유 때문에 전쟁이 일어나는 게 마음에 안 든다고? 전기자동차의 (엔진과 구동륜(驅動輪) 사이의) 회전력 전달 장치에 필요한 투입재는 내연기관에 필요한 투입재의 여섯 배다. 모조리 전기로 바꾸는 친환경 전환을 진정으로 하고 싶다면 이 모든 자재를 열 배 이상 소비해야 한다.

설상가상으로 이러한 투입재의 복잡한 공급사슬은 석유의 공급사슬처럼 "단순"하지 않다. 우리는 "간단하게" 러시아와 사우디아라비아와 이란만 상대하면 되는 게 아니다. 칠레와 중국과 볼리비아와 브라질과 일본과 이탈리아와 페루와 멕시코와 독일과 필리핀과 모잠비크와 남아프리카와 기니와 가봉과 인도네시아와 오스트레일리아와 콩고, 아 그리고 여전히 러시아도 지속적으로 상대해야 한다.

친환경 기술은 대부분 지역에서 기후변화에 대한 우려를 유의미하게 해소하는 데 보탬이 될 정도로 충분한 전기를 생산하지도 못할 뿐 아니라 애초에 투입재도 없는 대부분 지역에서 필요한 부품을 제조할 수 있다는 생각도 소가 웃을 일이다. 참으로 유감스럽게도 대부분 지역에 실제로 존재하는 한 가지 상품이 있다면 바로 저질 석탄이다. 세계화가 막을 내리면 우리는 인류 역사상 가장 긍정적인 경제 환경만 뒤로하는 게 아니다. 2010년의 탄소배출은 호시절로 생각하게 되는 날이 온다.

본론에 뛰어들기 전에 유념해야 할 사항

이 장의 남은 부분에서는 이러한 자재들이 우리의 삶에서 얼마나 중요한지를 탐색하도록 하겠다. 이러한 자재들은 어디에서 비롯되고 어디에 사용되는지, 그리고 쇠퇴하는 세계에서 어떤 문제가 있는지 짚어보겠다.

그러기 위해서 다음 네 가지를 유념하자.

첫째, 세상에 존재하는 모든 자재의 모든 속성에 대해 처음부터 끝까지 낱낱이 다루기란 불가능하다. 기본적인 형태로 존재하는 자재가 말 그대로 수백 가지이고, 이러한 자재들이 서로 결합해 수천 개의 중간 형태의 합금과 혼합물이 만들어지고, 이들이 다시 수백만 개의 최종상품으로 탄생한다. 따라서 세계시장에서 주로 거래되는 상위 열다섯 가지 자재에 집중하겠다. 바라건대, 이 정도면 현재를 진단하고 미래를 일별하기에 충분하리라고 본다.

둘째, 이 모두를 관통하는 공통적인 맥락이 있다. 오늘날 산업 자재의 이야기는 대대적인 산업화 이야기와 일맥상통하고, 이는 다시 미국 주도 세계질서와 중국 이야기와도 일맥상통한다.

현재 질서는 자재에 대한 접근을 제약하는 지리적 여건을 대부분 제거했다. 누구든 언제라도 무엇에든 접근 가능했다. 현재의 세계질서는 수많은 다른 부문에서와 마찬가지로 성공을 부르는 지리적 여건의 개념까지도 세계적 공유재로 탈바꿈시켰다. 이 단순한 사실이 이러한 수많은 자재를 지속 불가능한 중국의 현재와 엮었다. 중국은 이러한 수많은 자재를 세계에서 가장 많이 수입하고 소비하는 동시에 가공하는 나라가 되었다.

세계는 중국의 몰락을 극복하고 살아남게 되겠지만—산업 자재의 세계도 중국의 몰락을 극복하고 살아남게 된다—여러 가지 고통을 겪게 된다. 심하게. 모든 고통의 강도가 똑같지는 않다. 산업화 시대가 성숙하면서, 그리고 산업 자재의 종류가 많아지고 쓰임새가 분리되고 특화하면서, 이러한 자재를 생산하고 가공하는 지리적 위치는 우연히 숲을 산책하다가 구리를 발견하고 긁어내던 시절보다 훨씬 중요해졌다.

셋째, 산업화와 미국 주도 세계질서가 이야기의 끝이 아니다. 대략 1980년을 시작으로 인간이 처한 여건은 그다음 단계의 기술 시대에 진입했다. 바로 디지털 시대다. 청동기 시대는 석기 시대 없이는 일어나지 못했듯이, 청동기 시대 없이 철기 시대도, 철기 시대 없이 산업화 시대도, 대대적인 산업화 없이 대대적인 디지털화도 일어나지 못했을 것이다. 근대 사회를 작동하게 하는 자재를 규명하고 찾아내고 파내고 제련하고 정제하도록 해준 주인공은 바로 산업화다. 세계 많은 지역이 탈산업화할 위기에 놓여 있는데, 이는 여러 가지 의미를 지니지만 그 가운데 산업 자재에 대한 접근이 가능한 날이 얼마 남지 않았다는 뜻이기도 하다. 무엇보다도 세계를 갈래갈래 쪼개놓을 장본인은 바로 이러한 자재에 쉽게 접근하지 못하게 되는 상황이다.

넷째, (끔찍한) 비보만 있는 건 아니다. 역사적으로 보면 우리는 재료과학에서 일련의 대대적인 돌파구를 마련하기 직전에 놓여 있을지 모른다—단정할 수는 없다. 현재 진행되고 있는 인구구조 붕괴로 향후 20-30년에 걸쳐 흑사병 효과만큼 인구가 감소할 위기에 놓였다. 근로 연령 인구에 미칠 영향은 훨씬 크다. 미래가 구체적으로 어떻게 되든 우리는 모두 훨씬 적은 수의 근로자들만으로 버텨나가야 한다.

얘기를 풀어나가다 보면 새로운 경제 모델의 장점도 발견하게 되겠지만, 역사적으로 보면 근로자 수가 줄어들면 당연히 임금은 훨씬 비싸진다는 게 증명되었다. 그렇게 되면 모자란 노동력을 훨씬 생산적으로 만들 방법을 누구나 고심하게 된다. 흑사병으로 노동 생산성이 향상되면서 우리는 재료과학에서 돌파구를 찾았고, 이는 르네상스 시대와 산업화 혁명을 가능케 했다. 인구구조 붕괴는 전방위적으로 일어나고 있지만, 지평선 너머에서 밀려오는, 폭우를 쏟아부을 먹구름 속에 한 줄기 희망의 은(아니면 백금, 아니면 바나듐) 빛이 숨어 있을지 모른다.

이 한 줄기 희망은 탈세계화 시대에 탈산업화하지 않을 지역에 달려 있는데, 제2의 르네상스 시대에 내가 어떤 역할이든 하기에는 때늦기 전에 이 한 줄기 희망을 인지할 가능성은 희박하다. 하지만 사람 일은 모르는 일이다. 이 세계는 나를 깜짝깜짝 놀라게 하니까. 한결같이 늘.

자, 그 점을 분명히 밝히고 지침을 제시했으니, 이제 본론으로 뛰어들어 보자.

27

필수 자재

가장 먼저 다룰 가장 중요한 자재는 건축에서부터 도로, 통신탑에 이르기까지 모든 것의 기본적인 재료인 철광석이다. 종류와 품질에 상관없이 철광석은 인간이 사용하는 강철의 대부분—보통 90퍼센트 이상—을 구성한다. 이때문에 철광석의 세계를 이해하기는 매우 간단하다. 중국만 이해하면 된다.

중국은 근대의 두 가지 필연적인 추세가 만나는 지점 한복판에 놓여 있다. 한편으로는 급속한 산업화와 도시화, 그리고 다른 한편으로는 중국의 전형적 특징으로서 무지막지한 융자다. 산업화와 도시화가 성공하려면 새로운 도로, 새로운 건물, 새로운 산업시설을 지어야 하는데, 이 모두가 어마어마한 양의 강철이 필요하다. 돈을 쏟아부으면 이 모두 달성하는 데 도움이 되지만, 그러는 과정에서 뭐든지 지나치게 많이 짓게 된다. 더 많은 강철이 필요한 도로와 건물뿐만 아니라 애초에 강철을 제조하는 산업시설도 더 많이 짓게 된다.

중국의 산업화는 너무나도 규모가 어마어마하고 너무나도 속도가 빠르고 너무나도 많은 재정이 투입돼 중국은 단순히 세계 최대의 강철 생산국인 데 그치지 않고 세계 강철 수입국 4위 안에 들기까지 한다. 특히 품질 면에서 높은 축에 속하는 강철 제품을 수입한다. 그러나 강철 생산에 과잉 투자해 국내 수요 상황을 고려하지 않고 강철 생산을 밀어붙였고, 그 결과 중국은 세계 최대의 강철 수출국에 등극했다. 특히 주로 품질이 낮은 축에 속하는 강철 상품을 수출한다.

그러자면 철광석이 어마어마하게 많이 필요하다. 중국은 단순히 세계 최대 철광석 수입국일 뿐 아니라, 나머지 세계가 수입하는 양을 모두 합한 양보다 많이 수입하는 데 그치지 않고 나머지 세계의 수입량을 모두 합한 양의 세 배를 수입한다. 중국 자체가 세계 철광석 시장이다. 생산 면에서 보면, 오스트레일리아가 세계 철광석 생산량의 절반을 수출하고 브라질이 나머지 절반을 수출한다. 놀랄 필요도 없이 중국은 남반구 국가들이 수출하는 철광석 거의 전량을 집어삼키고, 추가로 러시아, 인도, 남아프리카의 수출물량도 상당량 차지한다.

강철을 사용하는 나라는 중국 말고도 있다. 그러나 강철에 적용되는 경제 원리가 완전히 상궤를 벗어나는 나라는 중국뿐이다. 나머지 대부분 나라는 자국과 비교적 가까운 지역에서 생산된 철광석을 사용한다. 그리고 부족분은 아주 규모가 큰 강철 재활용 업계가 충당한다. 선진국 진영에서 대략 건물의 1퍼센트가 해마다 철거되는데, 재활용 업계는 여기서 나온 강철 조각을 모조리 녹여서 제련해 제2의 삶을 부여한다. 제3의 삶까지 부여받기도 한다. 열여덟 번째 삶을 얻는 강철도 있다.

이처럼 철광석 시장은 가실 줄 모르는 식탐을 보이는 중국과 비교적 수급이 일정한 나머지 지역 간에 이중 구조를 보이므로 전망하기가 비교적 간단하다.

세계 철광석 생산량은 대부분 세계가 탈세계화해도 안보 위협을 전혀 받지 않거나 극히 제한적인 안보 위협에 직면하는 나라들에서 나온다. 제한적이나마 안보 위협을 받는 수준이 높은 나라 순으로 오스트레일리아, 브라질, 인도, 남아프리카, 캐나다, 그리고 미국이다. 그러나 세계 강철의 상당 부분을 수출하는 나라들은 "심각한 혼란에 직면한다"와 "철저하게 파탄한다" 사이의 어딘가에 위치한다—그나마 상황이 가장 나은 나라 순으로 우크라이나, 독일, 러시아, 한국, 일본, 그리고 단연 중국이 가장 상황이 나쁘다. 세계는 강철의 극심한 부족을 겪게 되고, 이와 동시에 강철을 제조하는 데 필요한 원자재 공급량은 넘치게 된다.

해결책은 간단하지만—세계는 제련 시설이 더 많이 필요하게 된다—강철이라고 해서 다 같지는 않다는 사실을 유념해야 한다. 다른 자재와는 달리 강철은 100퍼센트 재활용이 가능하지만, 재활용 강철은 처녀 강철(virgin steel)과 같지 않다.

강철을 알루미늄포일이라고 생각해보자. 구겼다가 다시 반듯하게 편다. 제기랄, 다림질도 해보자. 그리고 난 다음에 세척하고 이 과정을 다시 반복한다. 재활용 강철은 처녀 강철만큼 강하긴 하지만 미모는 뒤처진다. 따라서 재활용 강철은 철근, 형강((形鋼, H형, L형 등 일정한 단면 모양으로 미리 성형된 긴 강철의 총칭—옮긴이), 자동차 부품 제조에 쓰이지만, 처녀 강철은 가전제품 외장과 지붕 등 노출돼 눈에 띄는 부분에 쓰인다.

처녀 강철은 탄소 성분을 높이기 위해 석탄을 때는 용광로에서 만든다. 탄소가 강철의 강도를 높이기 때문이다. 처리 과정은 극도로 탄소 집약적이다. 석탄을 사용하니까. 게다가 강철을 제련하려면 그냥 아무 석탄이 아니라 불순물을 태워 없앤 석탄 파생 상품인 점결탄(粘結炭)이 필요하다. 사실상 석탄을 두 번 태워야 한다.

이와 어느 정도 비슷한 용광로도 재활용 강철을 만들어낼 수는 있지만, 훨씬 효율적인 처리 과정은 아크 용광로(arc furnace)라는 시설을 사용한다. 강철 조각에 전류를 흘려 말 그대로 전기충격을 가해 녹이는 방식이다.[4] 가장 경제성 높은 방법으로써 재활용 강철을 제조하려면 지리적으로 가깝고 안보가 보장되는 지역에서 원자재를 확보해야 할 뿐 아니라 아주 더럽게 싼값에 전기를 쓸 수 있어야 한다.

앞으로 이 세 가지 조건 모두에서 승자는 미국이 된다. 특히 멕시코만 연안이 가장 전망이 밝다. 전기료가 싸고, 산업 부지가 넉넉하고—특히 항구 입지 잠재력이 풍부하다—지역과 역내 시장(텍사스, 동부 해안지역, 멕시코)과 가까운데다가 석탄 공급량도 충분하니 미국은 처녀 강철 생산도 가능하다.

강철 재활용에 전망이 밝은 두 번째 지역은 스웨덴(수력발전), 프랑스(원자력발전)다. 오스트레일리아는 철광석을 채굴하는 저가치 작업에서 처녀 강철을 제련하는 고가치 작업으로 상향 이동할 절호의 기회를 잡을 수 있다. 그러려면 오스트레일리아 내에서 철광석과 석탄을 생산지에서 맞은편 지역으로 "운반하기만 하면" 된다. 해가 내리쬐고 바람이 세차게 부는 아웃백에 태양광 패널과 풍력터빈을 쫙 깔면 저렴한 비용으로 강철을 재활용할 수도 있다.

이 네 나라가 능력 이상의 성공을 거둔다고 해도 현재 수준의 세계 강철 공급량을 유지하기에는 충분치 않다는 느낌이 든다면 제대로 봤다. 어림도 없다. 그러나 현 공급량을 유지하는 게 가능한지, 심지어 필요한지는 갑론을박할 필요도 없다. 중국이 없는 세계에서 강철 수요는 지금의 절반도 안 된다. 미래 세계에서 건축과 산업화 속도가 훨씬 둔화한다는 사실을 고려하지 않고도 말이다.

근대 세계에서 빼놓을 수 없는 또 다른 자재가 알루미늄의 원료인 보크사이트다.

알루미늄 제련 공정은 간단하다. 노천광에서 채굴한 보크사이트 원석을 수산화나트륨에 넣고 끓이면 중간 생성물인 알루미나가 탄생한다. 코카인처럼 보이는 이 백색 가루는 요업, 필터, 방탄복, 단열재, 페인트 등 용도가 다양하다. 알루미나의 약 90퍼센트는 사실상 영화 〈조스 2〉에서 전도체인 바닷물에 전기를 흘려 전기충격으로 죽은 상어처럼 전기충격을 가하면 알루미늄이 되고 이 알루미늄을 틀에 넣고 구부리고 사출 성형해서 항공기에서부터 자동차 부품, 탄산수 캔, 액자, 배관, 피복, 기계, 전선에 이르기까지—무게가 가볍고 저렴한 비용으로 전도율이 있는 제품을 만드는 게 일차적 고려사항인—온갖 물건을 만들어낸다. 품질이 준수한 원석을 쓴다면 공정은 뻔하다. 보크사이트 4-5톤으로 알루미나 2톤이 제조되고 이는 다시 최종 금속 1톤이 된다. 보통 보크사이트 광산과 알루미나 공정시설을 동일 기업이 소유하고 알루미늄 제련업자들은 별도의 기업으로서 여러 나라에 흩어져 있다.

중국은 오래전부터 고급 보크사이트를 채굴해왔으므로 거의 고갈되어 이제는 저급 보크사이트가 매장된 광산에서 미미한 양만 생산된다. 이러한 저급 원석은 불순물을 훨씬 여러 번 걸러내고 훨씬 많은 에너지를 들여야 하지만 원석 1톤당 훨씬 적은 양의 최종상품이 만들어진다. 이 때문에 중국은 아무 데서든 닥치는 대로 보크사이트를 수입하게 되었다. 2021년 현재 중국은 국제 시장에서 거래되는 보크사이트 총량의 3분의 2를 흡수하고, 알루미늄 전량의 5분의 3을 제련한다. 그리고 전형적인 중국 특유의 방식대로, 자국이 생산한 알루미늄 대부분을 거의 즉시 세계시장에 헐값에 쏟아낸다.

이는 좋기도 하고 나쁘기도 하다. 공급사슬을 이해하기 쉽다는 점에서 좋다. 중국이 알루미늄 제조 시설과 생산에 돈을 들이부어 과잉 생산하므로 알루미늄 하면 중국만 생각하면 된다. 그러나 세계에서 가장 활용도가 높은 금속으로 손꼽히는 알루미늄의 세계 공급사슬이 몰락하는 경제 체제인 중국에 발목 잡혀 있는 상황은 바람직하지 않다. 중국이 무너지면 세계는 알루미늄 부족을 겪게 된다. 앞으로 부족하게 될 분량 가운데 몇 퍼센트 이상 생산할 만한 제련 시설이 다른 지역에는 없기 때문이다.

보크사이트 원석에 접근하기는 큰 문제가 아니다. 탈세계화 시대에 대체로 상황이 괜찮을 나라들에서 주로 생산되기 때문이다. 오스트레일리아는 세계 수출량의 4분의 1 이상을 생산하고, 브라질, 기니, 인도가 각각 10분의 1을 보탠다. 문제는 전기다. 원석 채굴에서부터 최종 금속을 생산하기까지 전기는 총 생산비용의 약 40퍼센트를 차지한다—제련을 하는 대부분 지역에서 전력은 헐값이거나 정부가 보조금을 대거 지원하거나 둘 다라는 사실을 이미 반영한 통계치다. 수력발전 역량이 풍부한 나라들—노르웨이, 캐나다, 러시아—이 주요 국가다.

이러한 제약이 새로운 제련 시설이 들어설 입지를 제한한다. 새로 최대의 제련 공정을 맡게 될 명관은 구관이다. 셰일 혁명 덕분에 미국은 이미 세계에서 전기료가 가장 싸다. 게다가 세계에서 친환경 기술 적용 잠재력이 최상이므로 미국 대부분 지역의 전기료는 앞으로 수년 동안 더 내려갈 가능성이 크다. 가장 큰 경쟁우위를 누리게 될 지역은 텍사스다. 셰일 관련 추세와 친환경 발전 추세가 활발하고 항구가 들어설 입지도 충분해 제련 시설이 다섯 개까지 들어설 여유가 있다.

노르웨이는 수력발전 역량이 풍부한데다가 수요의 3분의 1밖에 생산하지 못하는 유럽 대륙 바로 위에 위치하므로 이 부문을 확장할 이유가 충분하다. 모두에게 다행스럽게도 알루미늄은 재활용하기가 매우 쉽다. 유럽에서 재활용으로 수요의 3분의 1을 충분히 공급할 수 있다.

인류의 출발점은 구리였다. 제련하는 데 토기 이상으로 복잡한 기술이 필요하지 않고, 손과 돌만 있으면 쉽게 모양을 만들 수 있는 구리는 인류가 가장 처음 사용한 금속이다. 이따금 운이 따르면 실제 금속 상태로 자연에서 발견하기도 한다.

인간의 구리 사랑은 식은 적이 없다. 구리에 비소나 주석을 약간 먹이면 청동이 되는데 단단해져서 도구 만들기에 훨씬 낫다. 배관이나 용기로 만들면 구리가 지닌 천연의 방부 항균 특성 덕분에 음식과 음료수를 장기간 보관하고, 질병을 줄이고, 수명을 연장할 수 있다. 여기서 역사를 빨리감기 해서 산업화 시대로 가보면 구리는 훌륭한 전도체라는 사실이 밝혀졌고 고대를 빛낸 자재에서 산업화 시대의 자재로 승격되었다.

오늘날 채굴되는 구리의 약 4분의 3이 전기 관련 제품에 쓰인다. 전구 전선에서부터 발전소의 발전기, 휴대전화의 반도체, 전자레인지의 자석에 이르기까지 쓰임새가 다양하다. 나머지 4분의 1은 건설 현장에서 쓰이는데 배관과 지붕 재료가 가장 큰 부분을 차지한다. 나머지는 대부분 전기모터에 쓰인다. 세계적으로 전기자동차가 각광을 받으면서 앞으로 수십 년간 훨씬 더 많은 구리가 필요하게 된다.

그러나 그건 미래 얘기다. 당장은 온통 중국 얘기다. 규모가 크고 인구도 많고 급속히 산업화하는 나라 중국말이다. 중국은 모든 부문에서 대량의 구리가 필요하고 따라서 중국은 전 세계에서 구리 완제품과 구리 광석을 긁어모으고 있으며, 세계 20대 제련소 가운데 열 개를 보유한다.

그런 의미에서 구리 생산자들은 중기적 관점에서 어두운 미래에 직면하게 된다. 구리 수요와 구리 가격은 전화(電化), 건설, 운송 부문의 수요와 직결된다. 세계에서 가장 거대하고 가장 빠르게 팽창하는 시장인 중국을 이 세 부문 모두에서 뚝 떼어내면, 대부분 생산자는 수년 동안 적자운영에 직면한다.

물론 핵심은 "대부분"이다. 칠레와 페루는 아타카마 사막의 수많은 단층선을 따라 세계에서 가장 품질이 좋은 광산을 운영하고 있는데, 이 광산은 단위 산출당 가장 낮은 운영비가 든다. 이 두 나라는 합해서 세계수요의 5분의 2를 공급한다. 칠레는 원광을 대부분 직접 구리 금속으로 제련하는데, 중국 붕괴 이후의 세계에서 채굴에서 최종상품 생산까지 전 공정을 관장하는 나라가 된다. 칠레는 안보 관점에서도 안전한 지리적 여건이고 중남미에서 가장 정치적으로 안정적이기도 하다. 그러나 지진을 유념해야 한다.

28

미래에 각광받을 자재

코발트의 미래는 애매하다.

다른 모든 자재와 마찬가지로 코발트도 금속 합금을 비롯해 자잘한 여러 가지 용도가 있는데, 이러한 용도를 모두 다 합해도 가장 수요가 많은 부문과 비교하면 무색하다. 바로 배터리다. 구체적으로 에너지 전송의 핵심인 재충전 배터리다. 비교적 큰 용량의 아이폰 한 대에 2분의 1온스가 들어있고, 평균적인 테슬라(Tesla) 한 대에 50파운드가 들어있다.

미래에는 모조리 전화(電化)하고 친환경으로 바꾸는 길로 가야 한다고 생각하는가? 2022년 현재 코발트는 재충전 배터리를 이용해 기술로써 기후변화의 난관에서 벗어나게 될지도 모른다는 암시라도 해주는, 에너지 밀도가 높은 유일한 자재이다. 코발트 없이는 불가능하다—시도조차 불가능하다. 그리고 현재 우리가 접근 가능한 양보다 훨씬 많은 양이 필요하다. 다른 모든 여건이 똑같다고 가정해도(이 책의 주제를 생각해보면 물론 이는 박장대소할 어처구니없는 조건이다), 2022년부터 2025년까지의 기간에만도 친환경 목표와 보조를 맞추려면 연간 코발트 금속 수요가 22만 톤으로 두 배로 증가한다.

그런 일은 일어나지 않는다. 일어날 수가 없다.

철광석/강철의 관계와 마찬가지로 코발트 원광을 정제해 최종 금속으로 만드는 공정은 중국의 극초 과잉 투자 모델에 완전히 묶여 있다. 세계에서 규모가 가장 큰 14개 코발트 원산지 가운데 여덟 군데를 중국이 소유하고 있고, 코발트 제련 공정은 거의 전부 중국에서 이루어진다(캐나다가 한참 뒤처지는 2위다).

설상가상으로 "코발트 광산"이란 존재하지 않는다. 코발트는 다른 자재와 비슷한 시기에 비슷한 여건하에서 형성되는 묘한 자재이다. 세계 코발트 생산의 98퍼센트는 니켈과 구리를 생산하는 과정에서 생기는 부산물이다. 현실은 그보다 훨씬 복잡하다. 니켈과 구리광산이라고 해서 모조리 코발트가 산출되지는 않기 때문이다. 상업적으로 쓸모 있는 코발트 절반 이상은 한 나라에서 비롯된다. 콩고민주공화국이다(민주적이지도 않고 공화국도 아니고 완전히 몰락할 날이 그리 멀지 않은 독재에 가까운 국가다). 그나마도 대부분 영세한 광부들(삽을 쥐고 철조망을 넘어 잠입해, 보이는 대로 총을 갈기는 경비의 눈을 피해 원광 몇 쪼가리 긁어내는 개인들을 뜻하는 전문용어)이 몇 푼에 중국 중개상에 팔아넘기는 불법적인 방법으로 생산된다.

점점 힘이 분산되는 세계에서 콩고는 "살아남을" 나라의 목록에 오르지 못할 게 분명하며, 콩고의 미래는 기근이 만연한 만인에 대한 만인의 투쟁의 무정부 상태일 가능성이 크다. 콩고가 무너지면 세계 코발트에 대한 접근도 함께 붕괴한다.

미래에는 오직 네 가지 선택지밖에 없는데, 어느 하나도 녹록지 않다.

선택지 1: 각각 세계 세 번째와 네 번째 생산국인 오스트레일리아와 필리핀에서 사력을 다해 채굴한다. 지리적으로 험난한 오지로 생산을 대대적으로 확대한다고 해도 오스트레일리아와 필리핀은 기껏해야 세계 수요의 5분의 1

밖에 생산하지 못한다. 오스트레일리아와 필리핀과 관계가 아주 돈독한 나라들—주로 미국과 일본—이 제일 먼저 차지하고 나면 남는 게 거의 없다. 그렇게 되면 세계에서 가장 안정적으로 코발트를 공급할 역량이 있는 나라들이 안정적 공급을 신경 쓸 나라들의 명단에서 삭제된다.

선택지 2: 누가 대규모 군대를 이끌고 콩고민주공화국을 침략해 광산으로 가는 경로를 장악한다. 유감스럽게도 콩고의 코발트는 해안 근처가 아니라 남쪽 밀림지대 깊숙이 들어가 있다. 가장 상책은 남아프리카와 제휴해 남아프리카의 척추인 고지대까지 아주 긴 회랑을 구축하는 방법이다. 영국이 20세기 초 세실 로즈(Cecil Rhopdes)의 지휘하에 택했던 바로 그 경로다. 1915년 남아프리카가 독립한 후 이 프로젝트를 철로와 함께 접수하면서—독립 국가라고 간주되는 짐바브웨와 잠비아를 관통하는 지역을 포함해—전 구역을 전격적으로 장악해 식민지처럼 관리했다. 제국의 끊임없는 개입으로 이 경로는 아파르트헤이트가 막을 내린 1990년대 초까지 개방되어 있었다. 그 이후로 철로는 급속하게 파손되었다.

선택지 3: 코발트가 필요 없는(아니면 적어도 필요한 양이 지금보다 훨씬 적은) 더 나은 배터리를 만들 자재들의 조합을 찾아낸다. 듣기는 그럴듯하고 이 선택지에 투여된 투자 액수도 크지만, 수년 동안 이 선택지에 많은 돈이 투자되었어도 이렇다 할 돌파구는 거의 마련되지 않았다.[5] 돌파구가 마련된다고 해도 실제로 운용이 가능해지기까지는 시차도 있다. 여러분이 이 단락을 읽을 때 즈음 어떻게든 더 나은 배터리를 만들 해법을 찾아낸다고 해도 대량생산을 위해 공급사슬을 구축하기까지 10년 이상이 더 걸린다. 최상의 시나리오에서도 적어도 2030년대까지는 코발트밖에는 대안이 없다.

선택지 4: 친환경 전환에서 꼭 필요하다는 대대적인 전화(電化)를 포기한다.

마음에 드는 걸 골라잡아라. 여러 나라를 상대로 제국 행세하면서 특정 자재를 빼앗는 한편 부스러기라도 챙기려는 절박한 지역 주민들을 착취하든가 쏴버리든가, 해당 자재는 포기하고 석탄과 천연가스를 고수한다. 미래는 그런 재미있는 선택지가 가득하다.

허접한 배터리 조합 얘기가 나온 김에 리튬 얘기도 한번 해보자.

리튬은 주기율표에서 세 번째 자리를 차지하는데, 이는 전자가 세 개뿐이라는 뜻이다. 이 가운데 전자 두 개는 내부 원자 껍질(inner atomic shell)이라고 하는 궤도 구역에 갇혀 있다. 쉽게 말하면 집 안에 틀어박혀 있는 걸 좋아해서 밖에 절대로 나가지 않는다는 뜻이다. 그렇다면 리튬 금속 안에서 돌아다닐 수 있는 능력을 지닌 전자 하나가 남는데, 이 전자가 기분 내키는 대로 원자에서 원자로 옮겨다닌다. 싸돌아다니는 전자는 "전기"를 약간 비전문적으로 일컫는 표현이다.

리튬 원자당 한 개의 전자가 그렇게 돌아다닐 수 있다. 더럽게 쪼잔하다. 리튬은 지구상에서 우리가 얻을 수 있는 자재 가운데 가장 에너지 밀도가 낮은 자재로 손꼽히는데, 테슬라 한 대가 제대로 작동하려면 리튬 140파운드가 필요한 이유도 이 때문이다—그리고 코발트 없이 리튬 배터리를 만드는 게 친환경 측면에서 헛수고에 불과한 이유이기도 하다.

다행스럽게도 리튬 공급 체계는 코발트보다는 훨씬 양호하다. 세계 리튬 원광은 대부분 오스트레일리아 광산에서 나거나 칠레와 아르헨티나에 있는 물이 증발한 연못에서 난다—이 가운데 어느 나라의 생산도 세계질서 이후의 시대가 초래할 난관에 직면하지 않는다. 그러나 코발트와 마찬가지로—그리고 철광석과도 마찬가지로—가공하는 총량의 80퍼센트는 시설에 과잉 투자한 중국에서 가공된다. 리튬 가공처리의 미래는 철광석의 미래와 닮을 가능성이 크다. 원료 공급선은 양호하지만, 제련과 가치 부가 공정은 전기가 싼 새로운 지역에서 이뤄져야 한다. 철광석과 마찬가지로, 미국, 스웨덴, 프랑스, 그리고 아마도 오스트레일리아가 전망이 밝아 보인다.

한편 리튬 생산, 금속으로 제련하는 공정, 그리고 이 금속을 재충전 배터리 판에 끼우는 공정은 인류가 고안해낸 산업 공정 가운데 가장 에너지 집약적인 공정에 손꼽힌다는 심란한 사실을 곱씹어볼 필요가 있다.

더러운 친환경 산수 문제 하나 풀어보자.

보통 100킬로와트시 리튬-이온 배터리는 중국에 있는 석탄 발전 시설에 의존해 제조된다. 그같이 에너지 집약적이고 탄소 집약적인 제조 공정은 이산화탄소 13,500킬로그램을 배출하는데 이는 전통적인 휘발유 자동차가 33,000마일을 달리면 내뿜는 탄소 오염물질 양에 상응한다. 그 33,000마일이라는 수치도 테슬라가 오로지 100퍼센트 친환경 기술로 생산된 전기만으로 배터리를 재충전했을 경우를 가정한다. 더 현실적인 수치는? 미국 전력망은 40퍼센트 천연가스, 19퍼센트 석탄을 연료로 사용한다. 다소 전통적인 이러한 발전 연료 구성은 테슬라의 "탄소 손익분기"점을 55,000마일로 확대한다. 굳이 따지자면 이는 전기자동차가 얼마나 친환경적인지를 과대평가하고 있다. 자동차는—전기자동차를 포함해서—대부분 낮에 움직인다. 친환경 기술인 태양광 발전이 발전 연료 구성에 포함되지 못하는 밤에 배터리를 충전해야 한다는 뜻이다.[6]

그러나 당장은 우리가 가진 거라곤 리튬과 코발트가 전부다. 현재로서는 오로지 이 두 가지가 우리가 재충전 배터리를 대량으로 만들 방법을 찾아낸 자재들이다. 지금 우리가 가고 있는 "친환경"의 길은 지속 불가능하다는 사실을 우리는 알고 있다. 재료과학이 진전을 이룰 때까지는 더 나은 대안이 없다.

은은 근대에 그 역할에 상응하는 대접을 제대로 받지 못한 영웅이다. 은은 장신구, 정교한 그릇, 정부의 화폐저장 수단으로 사용되고, 전자제품에서부터 사진, 촉매제, 의약품, 통신탑, 제트기 엔진, 전기도금, 태양광 패널, 거울, 해수 담수화 시설, 키보드, 유리 반사 코팅에 이르기까지 어디에나 사용되지만, 눈에 띄지 않을 정도의 소량이 쓰인다. 친환경 기술 재료과학이 발전해 더 성능이 뛰어난 배터리를 만들거나 장거리 전기 전송선이 현실이 되면, 은은 의심의 여지 없이 그러한 기술이 기능하도록 만들 초전도체에 꼭 필요한 자재가 된다.

공급 면에서는 낭보도 있고 비보도 있다. 우선 비보부터. 중국의 초고속 산업화와 초과잉 투자는 다른 산업 자재에서와 마찬가지로 은 생산 부문에도 비슷한 영향을 미쳤다. 특정 지역 내에서 대량 생산되는 원광을 대량으로 수입하고 금속으로 대량 가공하고, 대량 수출한다.

이제 낭보다. 은 생산량의 약 4분의 1은 오로지 은만 나오는 광산에서 나오고 나머지는 납이나 구리나 아연과 함께 생산된다. 은 금속—특히 장신구에 쓰이는 은—은 재활용 가치가 크다. 추출하고 처리하고 제련하고 재활용하는 측면에서 은의 생산 과정은 지리적으로 잘 분산되어 있다. 따라서 중국은 은을 공급하는 전 과정에서 중요한 참여국—사실상 최대 참여국—이지만, 절대적인 영향을 미칠 정도의 참여국 근처에도 가지 못하며 중국이 강해서든 약해서든 다른 나라에 은을 공급하는 데 차질을 빚게 할 정도의 입장도 아니다.

㉙

변함없는 자재

인간은 늘 금을 사랑해왔다. 금은 부식되지 않는 성질 때문에, 이집트 파라오 시대부터 보석상들에게 쓸모가 있었다. 부의 상징이고 반짝반짝 빛나기 때문에, 근대까지 가치저장 수단이자 명목화폐를 뒷받침하는 역할로서 각광받아왔다. 두 차례 세계대전과 미국 달러가 부상하기 전까지는 대부분 나라가 자국의 경제 체제를 뒷받침하기 위해 금을 보유했다. 달러가 기축통화 지위를 누리는 시대에조차 금은 대부분 나라의 국고에서 3위나 4위를 차지한다.

근대—구체적으로 디지털 시대—에는 좀 더 시시한 사용처를 찾아냈다. 금이 부식하지 않는 성질과 전도율이 매우 높다는 성질을 조합해 반도체에서 전력 관리와 정보 전송에 응용하게 되었다.

산업에서 쓸모가 있나? 있다. 개인에게 쓸모가 있나? 있다. 정부에게 쓸모가 있나? 있다. 고가인가? 그렇다. 가치저장 수단이 되나? 그렇다. 예쁜가? 당근 그렇다.

그러나, 그러나, 그러나 금은 더할 나위 없이 멍청하다. 인류가 사용하는 모든 자재 가운데 거의 유일하게 야금에 쓰거나 가치를 부가할 방법이 거의 없다. 금을 더 나은 자재와 섞어서 전도율을 높이지도 못한다. 금은 이미 최고의 전도체이기 때문이다. 금보다 못한 자재와 섞어서 전도율을 낮추지도 못한다. 더 저렴한 대체재를 써도 똑같은 결과를 얻기 때문이다. 금을 합금하는 유일한 사례는 반지를 끼고 있는 동안 구부러지지 않게 하기 위해서다. 그 외에는, 금은 그냥 금일 뿐이다. 오로지 금만 사용해 상품을 만들지 않으면 아무 소용이 없다. 사용처가 너무나도 제한적이어서 운동선수들에게 주는 메달이 연간 수요의 10위 안에 든다.

따라서 공급사슬이 단순하다. 원광을 채굴하고, 불순물을 제거하고, 순수한 금속으로 만들면 끝이다. 아주 사소한 절차가 남아있긴 하지만.

금에 가치를 부가하기 위해서가 아니라 금이라는 사실을 공인받는 유일한 방법은 그대가 신뢰하거나 존중하는—계산이 분명하고 냉철한—누군가에게 금이라는 금속을 상업적으로 거래되는 금괴로 만들어달라고 맡기는 것이다. 그런 금괴는 제임스 본드 영화에서 모두 본 적이 있으리라. 미국 정부가 보유한 금으로 가득 차 있는 켄터키주 포트녹스 미군 기지를 상상해보면 된다.[7] 제련 업자와 재활용 업자들은 금을 비행기에 실어 이 마지막 절차를 위한 장소로 날아간다. 금은 굼뜨게 움직이는 배에는 절대로 싣지 않는다. 금의 순도를 보증하는 이 냉철한 사내들은 금을 모두 녹여서 순도를 확인하고 주괴(鑄塊)로 만들어 최종상품을 보증한다는 자신만의 문양을 찍는다. 이 중요한 일을 하는 사내들은 스위스인이든가 에미리트인이다. 앞에서 말했듯이 냉철하다.[8]

중국은 수십 년 동안 이 마지막 절차에 비집고 들어가려고 무던히 노력해 왔다. 얼핏 보면 중국에 기회가 있을 듯하다. 중국은 세계 최대 금 원광 매장지이고 제련 중간과정을 담당하는 제련소가 많이 있다. 그러나 사람들이 중국을 찾는 이유는 대량생산이나 모조품 때문이지 고급품이나 진품과는 거리가 멀다. 주괴를 제작하는 제련소에서 대단히 유감스러운 불상사가 연속해서 발생해 앞서 언급한 냉철한 사내들이 대부분 세상을 떠나지 않는 한 중국이 금 업계의 이 절차에 끼어들 여지는 없다.

중국 없는 세상에서는 원광 유입이 가장 타격을 받겠지만, 금이 입는 타격은 다른 자재가 입는 타격만큼 심하지 않다. 아마 금이 지닌 가장 중요한 특징은 금은 금일 뿐이라는 사실이지 싶다. 절대로 부식하지 않는다는 점 말이다. 전반적인 경제 상황에 따라, 재활용으로 얻은 금은 "생산량"의 6분의 1에서 절반까지 차지하는데 이 수치는 경제 상황이 안 좋을 때 늘어난다. 탈세계화로 경제가 어려워지면 분명히 많은 이들이 졸업 반지를 녹이게 된다. 세계적인 공급사슬, 단순한 정제 공정, 그리고 금괴를 제작하는 가장 기술적인 과정이 중국이 아닌 다른 곳에서 진행된다는 사실을 고려해 볼 때, 중국이 금의 공급사슬 전체에서 빠져도 아무런 피해가 발생하지 않는다.

납은 오래전부터 마법의 자재였다. 채굴하기 쉽다. 제련하기 쉽다. 모양을 만들기 쉽다. 합금하기 쉽다. 다른 자재와 섞어서 원하는 특징을 나타내도록 만들기도 쉽다. 납은 특히 물의 침식에 강하다. 산업화 시대 중엽 무렵 우리는 자동차와 페인트와 지붕과 유리와 파이프와 유약(釉藥)과 도장(塗裝)과 휘발유 제조에 납을 이용했다.

납은 단점이 딱 한 가지 있었다. 사람을 돌게 만든다는 점이다. 납의 독성은 해리(解離) 장애나 폭력적 행동을 포함해 인간의 뇌에서 온갖 건강 문제를 일으킨다. 미국에서는 1970년대부터 납을 서서히 퇴출하면서 상품에 납을 사용하지 못하도록 했다. 그 후 반세기에 걸쳐 공기 중의 납 함유량은 90퍼센트 이상 줄었다. 이와 동시에 기록적으로 증가했던 폭력 범죄 사례가 기록적으로 줄었다. 상관관계가 있을까? 물론이다. 인과관계도 있을까? 아마도 그럴 가능성이 크다고 해두자.[9]

사람이 흡입할 가능성이 있는 경우 납을 쓰지 못하도록 하자 사용처는 아주 아주 극히 줄었다. (사람과 접촉할 일이 없는) 금속 합금, (납의 독성이 오히려 장점이 될지 모르는) 탄약, 그리고 요업과 일부 유리 제품에 조금 쓰였다. 그러나 가장 소비량이 많은 사용처는 납축전지로서 이는 자동차의 크기와 상관없이 거의 모든 자동차의 핵심부품이다. 1970년 이전에는 납 생산량의 3분의 1이 이 배터리 제조에 쓰였다. 이제 이 배터리 제조에 납 생산량의 5분의 4 이상이 소비된다.

이 때문에 납은 공급사슬의 관점에서 보면 약간 독특하다.

수십 년 동안 자동차를 사용해온 선진국에서는 배터리 교체하는 공정에 재활용 규정을 삽입했다. 미국을 비롯한 선진국에서는 납 수요의 90퍼센트를 재활용된 납 상품으로 충족한다.

중국을 필두로 비교적 최근에 산업화한 나라는 이 공정을 선진국만큼 공식화하지 않았다. 중국의 자동차 배터리는 대부분 수거되지만, 공식적인 재활용 비율은 겨우 3분의 1이다. 나머지 3분의 2는 중국에 만연한 위조 행위의 희생양이 되어 새로운 상표가 부착돼 신상품으로 팔리는 것으로 보인다.[10] 낡고 여러 번 사용한 납 배터리는 새는 경향이 있고 그 납은 여전히 독성을 띤다는 점을 생각해보면, 이는 바람직하지 않다.

어쨌든 선진국 진영은 납을 대량으로 재활용하므로 좌고우면하지 않고 계속 가던 길을 가면 된다. 그리고 중국이 수입산 납 원광에 접근하지 못하게 된다고 해도, 재활용 정책을 개선하면 공급부족 물량을 해소하는 동시에 건강에 훨씬 바람직한 생활환경도 조성하게 된다는 사실을 위안 삼을 수 있다.

다음은 몰리브데넘, 몰리버튬, 몰리부데늄, 이런 제기랄, 몰.리.브.덴. 에라 모르겠다. 걍 "몰리"라고 하자.

이름을 발음하려면 짜증 난다는 사실 말고, 몰리는 사람들이 대부분 들어본 적도 없는 자재로 손꼽힌다. 그럴 만한 이유가 있다. 자동차 범퍼나 문손잡이같이 우리가 흔히 접하는 물건에 쓰이지 않기 때문이다. 몰리는 초고온에서도 형태가 크게 변하지 않는 성질이 있어서 그 가치를 평가받는다. 8월에 라스베이거스에서 휴가를 보낼 때 견뎌내야 하는 정도의 고온이 아니라 네이팜탄 공격을 받을 때 같은 극도로 높은 온도를 말한다. 제대로 처리하면 몰리-합금 강철은 초합금이 되는데, 이는 실제 용융점에 가까워져도 기존의 특징들을 모두 유지하는 자재이다.

군에서는 장갑차와 전투기와 카빈 총신(銃身)에 몰리를 애용한다. 민간부문에서 몰리는 최고급 산업 장비와 모터 외에도 건축, 롤케이지(경주용 자동차/승용차에서 운전자를 보호하는 금속 프레임—옮긴이), 아시아에서 사용되는 고급 부엌칼, 최고급 전구 등, 가능한 한 물리적으로 강하게 만들 필요가 있는 스테인리스스틸에 쓰인다. 가루 형태의 몰리는 콜리플라워 재배용 비료로 쓰인다?[11,12]

몰리의 미래는 전망이 괜찮을 듯하다. 몰리는 일련의 단계를 거쳐 생산되는데 원광의 종류에 따라, 시설에 따라 생산 절차가 다르고, 주로 서반구에서 생산되며, 주로 몰리를 합금하는 특정한 강철 주조 시설과 연계된다. 그 결과 공급 체계가 보크사이트 같은 자재보다 매우 분산되어 있고 공정의 수직적 통합에 대한 저항이 크다. 몰리의 목줄은 중국이 잡고 있지 않다.

30

독특한 자재

백금 완제품은 정말 예뻐서 반지 같은 고급 장신구에 주로 쓰인다. 백금류에 속하는 다른 금속들—예컨대 팔라듐, 로듐, 이리듐—은 백금만큼 윤이 나지는 않지만 그렇다고 쓸모가 없다는 뜻은 전혀 아니다.

화학반응을 촉진하거나 조절할 필요가 있으면 어디든 백금류 전체가 단골로 등장한다. 몇 가지 사용처를 예를 들면, 어떤 연소기관이든 배출가스 성분을 독성을 줄이는 방향으로 바꾸는 작업, (특히 고온에서) 부식을 막는 도금작업, (시간이 감에 따라 인간의 타액은 치아를 비롯해 거의 뭐든 파괴할 수 있으므로) 치과 치료, 그리고 전류의 흐름을 선택적으로 촉진하거나 방해할 필요가 있는 어떤 상품에든 사용되고, 특히 모든 유형의 반도체에 눈에 띄게 사용되는데, 이 외에도 사용처는 많다.

세계적으로 백금류 금속(Platinum-group metals, 이하 PGM으로 표기)은 단한 나라—남아프리카—에 있는 부쉬벨드화성암복합체(Bushveld Igneous Complex)라고 불리는 단일한 암석층에서 거의 전량(75퍼센트)이 채굴된다.

여섯 살짜리 아이가 20단짜리 케이크를 만든 다음 밑에서부터 위로 크림을 주입해 케이크 층과 크림 층이 번갈아 생기게 하고 겉에도 크림으로 뒤덮는 다고 상상해보라. 이제 그 작업을 마그마로 한다고 생각해보라.

그게 바로 부쉬벨드다. 이 암석층은 전 인류가 중지를 모은다고 해도 지구 상 그 어디에서도 재현하지 못할 괴상망측한 지질학적인 기현상이지만, 경도 (硬度)와 변이가 묘하게 조화를 이뤄 인류가 지금까지 발견한 금속 가운데 단 연 가장 가치 있다고 평가받는다. 부쉬벨드에는 크롬, 철광석, 주석, 바나듐 도 묻혀 있지만, 남아프리카는 세계적 수준의 이러한 광석들은 본 척도 않고 곧바로 최상급 자재인 백금으로 직행한다. 이곳—오로지 이곳—에 있는 백금 류 원광은 그놈의 타이타늄같이 급이 떨어지는 다른 원광과 전혀 섞이지 않 은 순수한 형태로 부존한다.

그 외에 다른 지역에서 발견되는 PGM은 모조리 다른 원광들, 주로 구리와 니켈을 채굴할 때 딸려 나오는 부산물이다. 남아프리카 다음으로 러시아가 단연 세계 최대 생산국인데 세계 PGM의 거의 5분의 1(20퍼센트)이 소련이 극지방에 구축한 죄수 유형지로 수감자들이 지하 1마일 아래에서 중노동하 는 노릴스크에서 나온다. 최근 몇 년 사이 노릴스크에서는 수많은 참사가 발 생했는데 유형지 전체가 산업폐기물 처리장과 혹독하게 추운 티베트 지옥을 섞어놓은 듯하다.

3위부터 꼴찌까지 합한 생산량은 나머지 5퍼센트다.

품질 좋은 원광을 확보한다고 해도 난관에서 벗어난 게 아니다. 백금이나 백금류 금속 1온스를 추출하려면 최소한 원광 7톤이 필요하고 작업이 여섯 달 걸린다.

간단히 말해서 백금이나 백금류 금속을 구하려면 남아프리카나 러시아를 상대하든가 그냥 없이 살든가 둘 중 하나다. 그리고 없이 살기로 마음먹는다 면, 미풍이 부는 화창한 날 여러분이 모는 자동차는 최악으로 기록된 끔찍한 스모그보다 더 끔찍한 배기가스를 내뿜게 된다. 백금류의 희귀한 특징들 가운데도 가장 드문 특징은 백금류의 원광이든 완제품이든 막론하고 중국이 생산국, 수입국, 수출국 그 어느 부문에서도 상위 5위 안에 들지 않는다는 점이다. PGM에 사용되는 기술은 중국이 범접하기가 불가능하다.

희토류(稀土類)는 매우 복잡한 동시에 매우 단순하다.

복잡한 이유는 "희귀한 흙"이 한 가지가 아니기 때문이다. "류"라는 글자가 의미하듯이, 희토는 특정한 부류의 자재로서 란타늄, 네오디뮴, 프로메튬, 유로퓸, 디스프로슘, 이트륨, 스칸듐 등을 아우른다.

복잡한 또 한 가지 이유는 희토류는 선글라스에서부터 풍력발전 터빈, 컴퓨터, 금속 합금, 전등, 텔레비전, 정유, 자동차, 컴퓨터 하드 드라이브, 배터리, 스마트폰, 강철, 레이저[13]에 이르기까지 거의 모든 것에 사용되기 때문이다. 복잡한 이유는 근대의 삶은 희토류 없이 불가능하기 때문이다. 복잡한 이유는 우라늄이 붕괴할 때 또는… 기대하시라… 별이 폭발할 때 생성되기 때문이다.

그러나 희토류는 단순하기도 하다. 우선 희토류 가운데 몇 가지는 전혀 희귀하지 않기 때문이다. 세륨은 지표면에서 구리보다도 흔히 발견된다. 희토류 원광은 수많은 다른 자재를 채굴하는 과정에서 종종 부산물로 나오기 때문에 단순하다. 여러 가지가 마구 섞인 원광에서 희토류 자재 하나하나를 개별적으로 뽑아내는 방법이 있으므로 단순하고, 아무도 이 일을 안 하려 한다는 문제가 있다는 점에서 단순하다.

문제는 두 가지다.

첫째, 정제 공정은 수백—때에 따라서는 수천—단위의 용리액(큰 통에 담긴 주로 산성인 액체 대량을 뜻하는 전문용어)으로 특정한 희토를 밀도가 비슷한 다른 희토류로부터 서서히 분리하는 작업이다. 대단히 위험한 작업이라는 사실 외에도, 정제 공정에서 아무런 문제도 발생하지 않는다고 해도, 폐기물이 어마어마하게 많이 나온다. 실제 지구상에서 희토류의 주요 원천은 우라늄의 방사성 붕괴에서 비롯되기 때문이다. 이 업계 종사자들은 익히 알고 있는 사항이다. 희토류 추출 기법은 제2차 세계대전 이전으로 거슬러 올라간다. 기업 비밀 같은 건 없다.

둘째, 중국이 우리 대신 궂은일을 도맡아 해왔다. 2021년 세계 희토류 생산과 가공의 90퍼센트는 중국이 했다. 중국의 환경 규제는 허리케인으로 환경이 초토화된 루이지애나를 무색하게 할 정도로 엉망이고, 중국의 시설 과잉 투자와 정부 보조금 정책으로 세계 그 어느 지역도 중국과 경쟁상대가 안 된다. 중국은 1980년대 말 희토류를 대량으로 생산하기 시작했고, 2000년대 무렵 다른 모든 생산자를 사실상 시장에서 몰아냈다.

어찌 보면 중국이 우리를 도운 셈이다. 중국이 오염물질 배출과 위험을 전부 감수하면서 1980년 이전 비용의 대략 4분의 1에 해당하는 비용으로 희토류 금속을 정제해 세계에 공급했으니 말이다. 이처럼 저렴한 희토류가 충분히 공급되지 않았다면 디지털혁명은 지금과 매우 다른 경로를 택했을지 모른다. 컴퓨터와 스마트폰의 대중 보급은 결코 안 일어났을지 모른다.

문제는 세계가 돌이킬 수 없을 정도로 중국의 생산에 의존하게 됐는지, 그리고—중국이 붕괴하든 중국이 못되게 굴어서든—중국의 생산량이 갑자기 사라지면 우리 모두 망하게 되는지다. 중국은 2000년대에 희토류 생산을 줄이면서 처음으로 일본 기업들(그리고 암묵적으로 미국 기업들)을 공개적으로 협박했다.

앞으로도 중국이 희토류로 세계를 협박할지 모른다는 우려에 대해서는 나는 "아니"라는 데 걸겠다. 첫째, 희토류의 실제 가치는 (상당히 흔한) 원광에 있지 않고, (거의 한 세기 전에 완성된) 정제 공정에도 있지 않으며, 희토류 금속을 최종제품에 들어갈 부품으로 만드는 작업에 있다. 중국은 그 작업 역량이 아무리 좋게 말해도 그저 그렇다. 중국은 온갖 위험을 감수하고 보조금을 지급해 희토류를 생산하지만, 부가가치 작업을 통해 그 결실을 챙기는 중국 기업은 단 하나도 없다.

둘째, 희토류 원광은 희귀하지도 않고 가공 과정은 비밀도 아니며 중국이 처음으로 희토류 갖고 협박한 지 10년도 더 됐기 때문에 이미 남아프리카, 미국, 오스트레일리아, 말레이시아, 프랑스에 예비용 채광과 가공 시설이 존재한다. 단지 중국 희토류를 여전히 싼 가격에 확보할 수 있으므로 시설을 활발하게 가동하지 않을 뿐이다. 중국산 희토류가 내일 당장 세계시장에서 사라진다면 대기하고 있는 가공 시설들이 즉시 가동에 착수하고 수 개월 안에 중국의 수출물량 전체를 대체할 가능성이 크다. 길게 잡아도 1년이면 차고 넘친다. 희토류를 사용하는 기업을 경영하는 자가 완전히 멍청이가 아닌 한 몇 달치 희토류를 쌓아놓는다. 자잘한 차질이 빚어지겠지만 대재앙은 없다.

희토류는 세계가 중국이 몰락하기를 기다리는, 그리고 다른 자재들과는 달리 중국의 몰락이라는 사태에 대해 실제로 대책이 마련되어 있는 좋은 사례다.

(31)

공급이 안정적인 자재

　니켈은 그 자체만으로는 사용처가 거의 없지만 다른 한 가지 자재와 섞는 단일한 공정에 필수적이므로 모든 경제 부문에 꼭 필요하다. 표준 강철은 구부러지고 녹슬고 부식하고 뒤틀리고 고온이나 저온에서 결합성을 일정 부분 상실한다. 그러나 강철에 니켈 3.5퍼센트와 크롬을 약간 섞으면 훨씬 강하고 이러한 우려를 대부분 불식시켜주는 합금이 탄생한다. 이 상품을 우리는 흔히 "스테인리스"라고 부른다─어디에든 사용되는 거의 모든 강철의 뼈대다. 그러한 스테인리스를 제련하는 작업에 세계 니켈 총수요의 3분의 2 이상이 쓰인다. 또 다른 니켈 금속 합금에 니켈 수요의 5분의 1이 쓰인다. 수요의 10분의 1은 전기도금에, 그리고 나머지는 배터리에 쓰인다.

　예상했겠지만, 중국은 세계에서 니켈을 가장 많이 수입하고 정제하고 사용하지만, 강철은 어디든 무엇에든 존재하는 속성이 있으므로 급속한 대규모 산업화와 도시화를 추진한 중국조차도 시장 전체를 지배하지 못한다. 중국은 완제품 알루미늄을 대부분 수출하지만 니켈 원광을 강철과 섞은 완제품의 경우 대부분 국내에서 소비한다. 따라서 중국이 알루미늄 시장에 미치는 영향은 전 세계에서 경쟁자들의 역량을 초토화할 만큼 크지만, 중국이 니켈이 섞인 강철과 관련해 보이는 습성은 "겨우" 시장을 매우 왜곡하는 정도다.

세계 교역이 함몰해도 자동으로 해당 금속의 시장이 함몰하지는 않는 극소수 자재가 있는데 니켈도 그 가운데 하나다. 세계 5대 생산국 가운데 4개국—인도네시아, 필리핀, 캐나다, 오스트레일리아—이 역내에서 니켈을 판매할 대체 시장을 지니고 있다. 5개국 가운데 나머지 한 나라—프랑스령 뉴칼레도니아—는 생산이 폭락할 가능성이 매우 크다. 몰락한 식민지가 되느냐 몰락한 나라가 되느냐를 두고 벌어질 내부 논쟁이 다른 모든 논의를 덮어버리기 때문이다.

6위는 러시아에 돌아가는데, 그 끔찍한 도시 노릴스크 근처에 있는 단일한 복합체에서 거의 전량을 생산한다. 러시아의 지정학적, 재정적, 인구 구조적, 운송상의 복잡한 문제들을 고려해볼 때 지금으로부터 20–30년 안에 노릴스크가 세계적인 주요 금속 공급원이 되리라고 생각하지는 않는다.

이런 요인들을 모두 합해보면 니켈 시장은 앞으로 닥칠 세계에서 매우 생소해질 현상을 실제로 달성할지도 모르겠다. 수급균형이라는 현상 말이다.

개나 소나 다 아는 실리콘 사용처에 대해서는 굳이 언급하지 않겠다. 유리에 들어가는 실리콘은 보통 모래에서 비롯된다. 물론 정제 공정이 필요하지만, 인류는 로마제국보다 거의 2000년 앞서 그 공정의 해법을 찾아냈고, 근대에는 유리를 양산하는 데 딱히 정교한 산업기반이 필요하지 않다. "모래"가 많이 쓰이는 사용처—이례적인 석유 생산 공정에서 투입재로 쓰이는 사용처("파쇄"라고도 알려져 있다)도 언급하지 않겠다. 석유 서비스 기업들은 2–3년 시도해본 끝에 거의 어떤 모래든 파쇄용으로 사용 가능하다는 사실을 깨달았다. 대신 부가가치가 높고 현대 세계에서 일상에 꼭 필요한 실리콘 상품에 초점을 맞추도록 하겠다.

첫째, 희소식이다. 정말 좋은 소식이다. 실리콘은 지구 표면의 4분의 1을 차지할 정도로 아주 흔하다. 사람들은 실리콘 하면 모래를 가장 흔히 떠올리는데, 모래 하면 즉시 해변과 호수를 연상하고 감정적으로 애착을 느끼기 때문이다. 그러나 사실 세계 실리콘은 대부분 석영과 실리카 암석에 갇혀 있다. 그런 암석은 해변의 모래보다 훨씬 질이 좋다. 해조류, 플라스틱, 피하주사바늘, 또는 소변에 오염되어 있지 않기 때문이다. 유리를 만든다면 순도 98퍼센트도 쓸 만하지만, 실제 산업 투입재로 쓰이는 실리콘의 최저등급이 순도 99.5퍼센트다. 그 정도 순도를 달성하려면 용광로가 필요하고, 용광로는 보통 어마어마한 양의 석탄이 필요하다. 대체로 공정은 그다지 복잡하지 않기 때문에—기본적으로 실리콘이 아닌 자재가 모두 연소해버릴 때까지 석영을 굽기만 하면 된다—이러한 첫 단계 공정의 90퍼센트는 러시아와 중국같이, 산업시설 역량이 남아돌고 환경문제에 전혀 개의치 않는 나라들에서 이루어진다.

이 정도 수준의 품질은 실리콘이 쓰이는 대부분의 사용처에 적합하고도 남는다. 대략 생산량의 3분의 1은 우리가 실리콘(silicone, 규소와 산소를 주축으로 하는 중합체(重合體), 따로 영어를 병기하지 않은 경우는 모두 실리콘(silicon, 규소)으로 간주할 것—옮긴이)—밀봉제에서부터 조리도구들, 틈막이, 도료, 가슴 보형물까지 망라하는 넓은 범주—이라고 알고 있는 자재와 요업, 시멘트, 유리에 들어가는 규산염(silicate)에 쓰인다. 거의 절반은 알루미늄과 섞여서 실루민(silumin)이라는 창의적인 이름의 자재를 만드는 데 쓰이는데, 이 자재는 열차와 자동차 프레임처럼 무게를 줄이는 게 탱크 포탄을 견디는 것보다 훨씬 중요한 상품에 강철 대신 널리 쓰인다.[14]

그런 상품들은 중요한 동시에 어디서든 발견되지만, 그게 이 이야기의 묘미는 아니다. 그 묘미는 마지막 두 가지 상품에서 비롯된다.

첫째는 태양광 패널이다. "표준" 실리콘 99.95퍼센트 순도는 전혀 만족스러운 수준이 아니다. 용광로에 한 번 더 넣으면 순도가 99.99999퍼센트까지 올라간다.[15] 2차 처리는 구워서 순도를 높이는 1차 처리보다 훨씬 더 정교하다. 중국 GCL 그룹은 그 정도 정밀한 작업을 대규모로 해내는 유일한 중국 기업으로 세계 공급량의 3분의 1을 맡고 있다. 나머지는 선진국 진영의 몇몇 기업들로부터 비롯된다. 이 순도 높은 실리콘은 태양전지에 통합되어 태양광 패널이 제 기능을 하게 해주는데, 조립 작업은 대개 중국에서 이루어진다.

둘째는 반도체로서, 실리콘이 가장 비중이 큰 투입재다. 그리고 비교적 신형 반도체 일부는 거의 원자 수준에서 모양이 형성되므로, 실리콘은 순도가 99.99999999퍼센트여야 한다.[16] 이런 작업은 중국에서는 절대 불가능하다. 선진국 진영의 한 기업이 순도를 극도로 높인 전자 등급의 실리콘을 만들면, 이 실리콘은 동아시아 어느 곳인가로 보내서 청정실에서 녹인 다음 모든 반도체 제조의 토대를 형성하는 크리스털로 만든다.

탈세계화 세계에서는 이처럼 왔다 갔다 왔다 갔다 왔다 갔다 하면서 중국을 적어도 두 번 거치는 공정은 전혀 바람직하지 않게 된다. 중국과 러시아는 안보와 공급사슬 단순화 차원에서 세계 처리공정에서 대체로 누락되리라고 예상한다. 태양광 패널과 전자제품에 사용하는 경우를 제외하면 대체로 큰 문제는 없다. 기본적인 작업은 기술적으로 어렵지 않다.

희소식은 여기까지다. 지구상의 인구 절반이 태양광 패널에 작별을 고한다고 생각해보라. 문제는 석영이 아니다. 태양광 패널 등급의 석영은 이미 오스트레일리아, 벨기에, 캐나다, 칠레, 중국, 프랑스, 독일, 그리스, 인도, 모리셔스, 노르웨이, 러시아, 태국, 터키, 미국에서 생산되고 있다. 문제는 정제다. 정제 공정은 중국, 일본, 미국, 독일, 이탈리아에서만 이루어진다.

그러나 앞으로 진짜 문제는 반도체다. 궁극적으로 전자제품 등급의 실리콘을 만드는 세계 고급 석영의 80퍼센트는 단 하나의 광산에서 나온다. 그 광산은 미국 노스캐롤라이나주에 있다. 현대적 삶의 방식을 유지하고 싶은가? 그럼 미국과 사이좋게 지내야 한다. 반드시. 미국은 곧 과거에 가져본 적이 없는 것을 차지하게 된다. 바로 디지털 시대의 토대인 원자재에 대한 장악력이다. (미국은 앞으로 고급 반도체 부문도 지배하게 되지만, 구체적인 분석은 다음 장에서 하도록 하겠다.)

우라늄은 표준을 약간 빗나가는 자재다. 최근까지 우라늄 수요는 대부분 단추를 눌러서 지구를 폭파하려는 시도에 쓰였기 때문이다. 인류는 여전히 이 문제를 안고 있고, 현재의 세계질서가 대단원의 막을 내리면 훨씬 더 많은 문제가 발생하겠지만, 적어도 전략적 원자탄두 수만 기를 쌓아놓으려는 이는 없다. 심각하게 들릴지 모르지만 실제 상황은 훨씬 낫다. 1993년을 시작으로 미국과 러시아는 탄두를 발사체계에서 분리하기 시작했을 뿐 아니라 탄두에서 우라늄 노심을 제거하고 원자력 발전소용 연료로 전환될 수 있도록 원심 분리했다. 메가톤을 메가와트로 전환하는 이 프로그램이 완성된 2013년 무렵, 미국과 러시아 두 나라는 약 2만여 기의 탄두를 연료로 전환하면서 양측에 각각 "겨우" 6,000기의 탄두가 남았다.

세계평화를 위해서 바람직하지 않은가? 물론이지! 그러나 이러한 노력으로 우라늄 시장이 왜곡되었다. 미국과 러시아는 탄두를 연료로 전환하는 프로그램을 이용해 자국의 민간 원자로를 가동했다. 미국에서는 이같이 원심분리된 무기 자재로 거의 20년 동안 전력망의 10퍼센트를 가동했고, 원자력 연료는 대부분 재활용이 가능하므로 우라늄 시장은 앞으로 수십 년 동안 왜곡된 상태에 머무르게 된다.

그대가 미국인도 러시아인도 아니라면 원자력 연료는 오로지 우라늄 원광을 갈아서 옐로케이크라고 불리는 가루로 만들고 열을 가해 기체 상태로 만들어 우라늄을 폐기물과 분리한 다음, 우라늄 기체를 원심분리기에 여러 차례 돌려서 우라늄의 서로 다른 여러 가지 동위원소들을 적어도 부분적으로나마 분리해야 한다. 동위원소들을 부분적으로 분리하면 대략 3-5퍼센트 분열 물질인 민간용 등급의 우라늄 혼합물을 얻게 되고 이를 가공하면 원자로 연료봉이 된다. 그대가 이 연료봉을 90퍼센트 분열 등급으로 원심분리기에 돌려 탄두를 만들면, 미국 정부는 극도로 각성(覺醒)된 특수군과 몇 차례 실시간으로 정밀 유도되는 탄두로 완비된 깜짝파티를 그대에게 열어준다.

탈 미국 주도 세계질서의 세계에서 우라늄은 발전 연료로 훨씬 인기를 끌

전망이다. 1기가와트 석탄 발전소는 연간 320만 톤의 석탄이 필요하지만, 1기가와트 원자력 발전소는 발전 연료 농축 우라늄 금속이 겨우 25톤만 있으면 되므로, 석탄, 천연가스, 수력발전용 물은 비행기로 실어나를 수 없지만, 우라늄은 이론상으로는 세계 어디든 비행기로 실어나를 수 있는 유일한 발전용 투입재다.

세계 민간 원자력발전 부문에 엄청난 지각변동이 일어날 가능성은 희박하다. 적어도 접근의 제약 때문에 일어나지는 않는다. 세계 4대 원자력발전 국가는 미국, 일본, 프랑스, 중국이다. 미국은 이미 다루었다. 일본과 프랑스는 자국 바깥으로 진출해 도움받지 않고 자력으로 수요를 구할 역량을 갖추고 있다. 중국은 이웃 나라 카자흐스탄과 러시아에서 우라늄을 사 온다.

앞으로 충분한 공급량을 확보하지 못할 가장 큰 위험에 직면하게 되는 지역은 스스로 투입재를 구할 군사적 역량도 부족하고 안전한 운송이 전혀 보장되지 않는 지리적 위치에 있는 중진급 국가들이다—스위스, 스웨덴, 대만, 핀란드, 독일, 체코공화국, 슬로바키아, 불가리아, 루마니아, 헝가리, 우크라이나, 한국 등의 순으로, 뒤로 갈수록 공급량 부족을 겪을 가능성이 커진다.

비천한 아연은 오래전부터 인류와 함께해왔다. 아연 원광은 흔히 구리와 섞여 발굴되고, 이 둘을 같이 제련하면 놋쇠가 된다. 인류는 이 자재를 적어도 4000년 동안 (의도적으로) 만들어왔지만, 가장 최근의 1000년에 와서야 이 자재의 화학적 성질을 제대로 파악했다(구리와 아연 이온은 금속 합금의 결정 격자(格子) 구조에서 서로 대체할 수 있다).

아연의 독특한 성질은 부식하지 않는다는 점이 아니라—매우 쉽게 부식한다—산소가 깊이 침투하지 못하도록 표면에 동록(銅綠)을 형성한다는 점이다. 짠! 부식이 보호막을 형성한다! 아연이 금속 물체 전체에 실제로 달라붙지 않고 그냥 있기만 하면 되는 응용사례도 있다. 예컨대, 선박의 방향타나 땅에 묻는 프로판 탱크에 아연판을 감아놓거나 묶어놓으면 아연은 완전히 부식해 사라지지만 탱크나 방향타는 보호된다. 누가 아니래! 별난 일도 다 있지!

인류 역사를 빨리 감아서 산업화 시대로 오면 이 시기에 전기와 화학에 대한 이해가 깊어지면서 인류는 아연을 각종 상품에 널리 사용하게 되었다.

아연은 앞서 언급한 프로판 탱크를 보호하는 전기적 특성 때문에 알칼라인 배터리 재료로도 쓰인다. 아연 비율이 높은 놋쇠도 여전히 쓰인다. 아연은 부식을 관리하는 특징을 유지하는 한편 구리보다 작업하기 쉽고 강하기 때문이다. 통신탑에서부터 배관, 트롬본까지 다양하게 쓰인다. 아연은 구리와 합금하기가 수월할 뿐 아니라 상온에서 압연(壓延)해 얇은 판이나 주조하는 상품에는 약방의 감초처럼 등장한다. 아연은 강철을 비롯해 다른 산업용 금속에 도금하는 데도 쓰인다. 가능한 한 납을 쓰지 않기로 하면서 아연이 안전하고 안정적으로 공급되는 대체재로 등장했다.

아연이 가장 많이 쓰이는 공정—아연의 거의 절반이 이 공정에 쓰인다—이 아연 동록을 더하는 아연 도금 공정이다. 날씨와 해수의 부식 효과로부터 금속을 보호하는 데 특히 효과적인 공정이다. 자동차 차체, 교각, 철제방호책, 철사를 엮어 만든 울타리, 금속 지붕 등등, 우리가 일상적으로 마주치는 거의 모든 금속에 사용되는 공정이다.

총체적으로 아연은 강철, 구리, 알루미늄에 이어 네 번째로 인간이 좋아하는 금속이다. 아연은 앞으로 수십 년 동안 그 지위를 유지하게 된다.

아연은 재활용률도 탁월하다. 아연 생산량의 대략 30퍼센트가 재활용 자재에서 비롯되고, 전체 아연의 약 80퍼센트가 두 번째 삶을 얻는다. 아연은 매장지에서 단독으로 발견되거나 세계 곳곳에서 납과 함께 발견되기도 한다. 중국은 아연 최대 생산국이긴 하나, 중국이 생산한 아연은 거의 모두 자국이 소비한다. 페루, 오스트레일리아, 인도, 미국, 멕시코가 6대 생산국이다. 따라서 공급 체계는 폭넓고 널리 분포하므로 아연은 구리처럼 더 잘 알려진 금속들보다 낮은 가격에 팔린다. 공급사슬이 끊어진 세계에서도 여전히 아연은 구하기 어렵지 않을 전망이다.

Industrial Materials

자재	생산 가치 (단위: 100만 달러)	주요 사용처	주요 생산국	주요 소비국*
철광	280,375	강철	호주(38%), 브라질(17%)	중국(73%), 일본(6%), 한국(5%)
보크사이트	4,160	알루미늄	호주(30%), 기니(22%), 중국(16%), 브라질(9%)	중국(74%), 아일랜드(3%), 우크라이나(3%), 스페인(3%)
구리	120,000	배선/전자제품/배관	칠레(29%), 페루(11%), 중국(9%), 콩고민주공화국(7%), 미국(6%)	중국(56%), 일본(15%), 한국(7%)
코발트	4,200	배터리/합금/산업용	콩고민주공화국(68%), 러시아(5%), 호주(4%)	중국(56%), 미국(8%), 일본(7%), 영국(4%), 독일(4%)
리튬	5,390	배터리	호주(49%), 칠레(22%), 중국(17%)	한국(46%), 일본(41%)
은	14,985	귀금속/합금/전자제품/산업용	멕시코(22%), 페루(14%), 중국(13%), 러시아(7%), 칠레(5%)	중국(62%), 한국(11.2%)
금	148,500	귀금속/합금/부식되지 않는 고전도 도장	중국(12%), 호주(10%), 러시아(9%), 미국(6%), 캐나다(5%), 칠레(4%)	스위스(34%), 미국(12%), 중국(12%), 터키(10%), 인도(9%)
납	10,440	배터리/합금/산업용	중국(43%), 호주(11%), 미국(7%), 멕시코(5%), 페루(5%)	한국(36%), 중국(30%), 네덜란드(6%), 독일(6%)
몰리브덴	7,540	강화 강철 합금/산업 윤활제	중국(40%), 칠레(19%), 미국(16%)	중국(22%), 한국(11%), 일본(10%)
백금류 금속	20,718	전자제품/금속 도금/촉매제	남아프리카(50%), 러시아(30%)	미국(18%), 영국(15%), 중국(13%), 일본(11%), 독일(11%)
희토류	210	소비재와 평면패널 스마트폰 충전용 배터리를 포함한 전자제품	중국(58%), 미국(16%), 미얀마(13%)	일본(49%), 말레이시아(17%), 태국(5%)
니켈	29,700	합금(스테인리스스틸)/금속 도금	인도네시아(30%), 필리핀(13%), 러시아(11%)	중국(74%), 캐나다(6%), 핀란드(6%)
실리콘	18,502	유리/실리콘 재료/세라믹스/도금/반도체/태양전지	중국(68%), 러시아(7%), 브라질(4%)	중국(34%), 일본(21%), 대만(10%), 한국(8%)
우라늄	2,565	연료/무기/연구	카자흐스탄(41%), 호주(31%), 나미비아(11%), 캐나다(8%)	**
아연	35,100	부식되지 않는 합금/안료/자외선차단제	중국(35%), 페루(11%), 호주(10%)	중국(27%), 한국(15%), 벨기에(10%), 캐나다(7%)

*수치는 제련 상품의 최종소비자를 뜻한다. 예컨대, 리튬과 희토류의 경우 중국은 원광 소비국이지만 가공되고 제련된 자재를 최종상품을 제조하는 다른 나라에 수출한다.
**우라늄 사용은 민감하고 전략적인 속성이 있어서 공개된 데이터가 세계 소비를 정확히 반영하지 않는다.

출처: USGS, DEC, UNCTAD, World Nuclear Association　　　　　　　© 2022 Zeihan on Geopolitics

산업 자재

32

세계는 이렇게 끝난다

미국이 주도하는 세계질서가 유지되는 동안—전례 없고, 짧고, 무엇보다도 인류 역사상 가장 활력 있는 시기—이러한 자재들을 비롯해 수많은 자재가 대체로 자유롭고 공정한 세계시장에서 구매 가능했다.

이러한 자재들이 소용에 닿았다는 사실은 근대 삶의 토대일 뿐 아니라 선순환 구조를 만들어냈다. 미국 주도 세계질서는 안정을 구축했고, 안정은 경제성장을 촉진했으며, 경제성장은 기술발전을 가능케 했고, 기술발전으로 이러한 자재들이 소용에 닿게 되었으며, 이러한 자재들은 상품, 근대화, 근대의 생활방식에 사용되었다.

미국 주도 세계질서 하에서 이러한 자재들에 대한 접근을 두고 벌어진 경쟁은 오로지 시장 접근을 둘러싼 경쟁뿐이었다. 원자재를 확보하기 위해 다른 나라를 무력 침공하는 행위는 철저히 금지되었다. 돈을 내고 사는 방법밖에 없었다. 따라서 자본이 풍부한 체제 하에서는 이러한 자재들을 확보하기가 쉬웠다. 과잉 투자 모델을 추구한 아시아 국가들은 편법을 쓴 셈이고 어마무시한 극초과잉 융자 체제인 중국은 온갖 자재를 닥치는 대로 집어삼켰다.

미국 주도 세계질서의 규칙과 제약이 작동하지 않고는, 돈만으로는 어림도 없다.

미국 주도 세계질서 없이는 그 모든 게 완전히 해체된다.

심각하게 들릴지 모르겠지만 실제로는 훨씬 심각하다.

미국 주도 세계질서가 유지된 지난 75년 동안, 우리가 근대적이라고 규정하는 삶에 꼭 필요한 자재의 목록은 10배 이상 확대되었다. 세계 어느 지역에도 도달할 역량이 있는 군사력을 보유할 뿐만 아니라 앞으로도 여전히 서반구와 오스트레일리아에 무제한 접근하게 될 미국을 제외하고, 그 어떤 나라도 필수적인 모든 자재에 접근하지는 못하게 된다. 역내에 매장지가 있거나 바깥으로 진출할 군사적 역량을 갖춘 나라는 시도는 할 수 있겠지만, 그런 나라는 극소수다. 영국, 프랑스, 터키, 일본, 러시아 등이 그런 나라다. 그 외의 나라는 1939년 이전에 만연했던 경제적 기술적 수준도 아니고 산업 혁명 자체가 일어나기 전의 수준으로 돌아갈 위험이 매우 크다. 산업 투입재가 없으면 산업적 성과를 내지 못한다. 어쩔 수 없이 원광, 가공된 자재, 완제품에 대한 밀매매가 판을 치게 된다.

다시 말하지만, 이러한 퇴화를 부를 핵심적 요인은 미국의 무관심이다. 미국은 대대적으로 군사적 개입을 하지 않고도 자국에 필요한 자재에 접근할 수 있다. 이렇게 되면 미국의 강압적인 군사개입을 못마땅해하는 나라는 없어지겠지만, 대신 대부분 나라는 미국이 대체로 세계에서 손을 떼는 상황에서 공포에 빠지게 된다. 세계 초강대국이 관여하면 적어도 어느 정도 규칙이 지켜진다. 그러나 앞으로는 어느 역내에서 예측 불가능한 경쟁이 벌어져도 미국은 대체로 관여하지 않게 된다. 경쟁이 예측 불가능하면 필요한 산업 자재에 대한 접근도 예측 불가능해지고, 이는 다시 기술적 응용의 예측 불가능으로 이어지고, 이는 다시 경제적 역량의 예측 불가능으로 이어진다. 인간은 경제적 기술적으로 급격히 내리막길에 들어서게 되면 치열하게 경쟁하고 전쟁까지도 감수할 역량을 충분히 갖추고 있다.

이렇게 세계는 붕괴한다. 장담은 못하지만 수습책이 있을지도 모른다. 이제 그 방법을 알아보자.

6부

제조업

MANUFACTURING

33

우리가 알고 있는 세계 만들기

2021년도는 세계화의 시대에 걸맞지 않은 독특한 해였다. 뭐든 부족했다. 화장지. 휴대전화. 목재. 자동차. 과카몰리(Guacamole). 종이갑에 든 주스. 이 책을 인쇄할 종이도!

이게 다 COVID 탓이다.

전면 봉쇄령이 내려지거나 전면 봉쇄령이 해제될 때마다 사람들은 소비행태를 바꿨다. 전면 봉쇄 때는 소일거리를 찾기 위해 주택개량이나 전자 공구용 자재들이 많이 팔렸다. 전면 봉쇄가 해제되면 여행을 떠나는 이들과 식당에서 밥 먹고 종업원에게 팁 주는 이들이 늘었다. 이처럼 소비행태가 바뀔 때마다 세계 각 산업부문은 바뀐 수요 구성에 맞추기 위해 재조정에 들어갔다. 새 변이가 나오거나 새 백신이 나오거나 새롭게 백신 반대 역풍이 불 때마다 수요 구성은 다시 바뀌었다. 수요 구성이 바뀔 때마다 변화에 맞춰 재조정하는 데 1년이 걸렸다.

이는 달갑지 않은 상황이었지만 앞으로 닥칠 상황에 비하면 아무것도 아니다. 2021년에 겪은 공급사슬 차질은 일차적으로 수요 급변에서 비롯되었다. 탈세계화는 공급 불안정으로 우리 머리와 어깨를 강타하게 된다.

블루진이라고 알려진 데님 의류라는 "단순한" 사례 하나를 통해 공급사슬이 얼마나 취약한지 알아보자.

2022년 현재 미국에 데님을 가장 많이 공급하는 나라는 중국, 멕시코, 방글라데시다. 한 단계 뒤로 가면 데님 직물은 독일에서 개발하고 제조한 화학염료를 이용해 스페인이나 터키나 튀니지에서 염색됐을 가능성이 크다. 데님 직물을 짜는 실은 인도나 중국이나 미국이나 우즈베키스탄이나 브라질에서 나온다. 더 뒤로 가면 실의 원료인 목화는 아마도 중국이나 우즈베키스탄이나 아제르바이잔이나 베냉에서 비롯됐을 가능성이 크다.

그러나 얘기는 여기서 끝나지 않는다─여기서 시작하지도 않는다. 옷을 디자인하는 작업은 미국, 프랑스, 이탈리아, 일본에서 이뤄질 가능성이 크다. 디자인 재능을 한껏 뽐내는 신흥 국가들이 많기는 하지만 말이다. 방글라데시는 특히 머리를 쓰는 디자인 작업에 적극적으로 달려들고 있다.

물론 데님 의류에는 직물과 염료와 디자인만 필요한 게 아니다. 구리와 아연으로 만든 리벳과 단추도 필요한데, 이들은 아마 독일이나 터키나 멕시코에서 왔을 가능성이 크다(솔직히 이런 부품들은 어디서든 구할 수 있다). 이런 반짝반짝한 부품들을 만드는 데 필요한 원광은 아마 브라질, 페루, 나미비아, 오스트레일리아, 또는 중국에 있는 광산에서 채굴될 가능성이 크다. 지퍼는 어떤가? 이가 빠지지 않는 지퍼를 사고 싶다면 일본산을 사야 한다. 이가 쉽게 빠지는 지퍼를 생산하는 나라가 어딘지 세 번의 기회를 줄 테니 맞춰보라. 그리고 실도 있다. 실은 아마도 인도나 파키스탄 산이겠지만, 이런 상품은 어디서든 흔히 구할 수 있다. 마지막으로 근로자들이 "메이드 인(made in)" 꼬리표를 박아넣는 지역이 있다. 보통 그 지역에서 "만들어진(made)" 건 하나도 없다. 조립했다고 하는 게 맞다. 평균적인 데님 한 벌은 적어도 10개국을 거친다. 그리고 엉덩이에 반짝이를 박아 눈부시게 만드는 데 필요한 그 앙증

맞은 투입재를 구하려면 사실상 우주에 갔다 와야 한다.

꼬치꼬치 따지고 들자면 이 모두가 "고객" 측면만 다룬 셈이다. 재봉틀은 그냥 땅에서 솟는 게 아니다. 전 세계에서 구한 구리와 강철과 기어와 플라스틱으로 만든다. 이 모든 재료를 운송하는 배도 마찬가지다.

몸에 걸치는 용도뿐인, 천으로 만든 물건의 공정 과정이 이 정도로 복잡하다. 평균적인 컴퓨터는 1만 개 부품으로 구성되고, 이 가운데 일부 부품은 그 자체가 수백 개의 부품으로 구성된다. 근대 제조업은 경이와 괴이의 경계선을 왔다 갔다 한다. 제조업에 대해 알면 알수록 그 경계선의 어느 쪽에 있는지 확신이 서지 않는다. 근대 제조업은 무질서 세계가 초래할 가능성이 있는 모든 차질의 모든 측면에 대단히 취약하다.

이 모두를 가능케 한 현상을 전문용어로 "중간재 무역"이라고 한다. 사실상 세계화에 물리적 형태를 부여한 현상이다.

역사적으로 보면 중간재 무역은 절대 금기사항이었다. 이는 설명이 좀 필요하다.

다시 한번 맨 처음부터 시작해보자.

맨 처음부터 시작하기

〈시드 마이어의 문명(Sid Meier's Civilization)〉이라는 컴퓨터 게임을 해본 사람이라면 너무나도 잘 알겠지만, 최초의 이렇다 할 제조업 기술 두 가지는 도기와 구리였다. 불에 구운 도기 덕분에 인간은 수확한 식량을 저장하고 곤궁한 시기를 견뎠다. 구리는 인간이 녹여서 도구를 만드는 원료로 사용한 최초의 금속이다—최초의 도구는 밀을 수확하는 데 사용한 낫이다. 이 두 상품을 만드는 데는 딱히 특별한 장비도 필요하지 않았다. 진흙은 손으로 빚으면 되고(고급 기술을 쓴다면 도자기 물레로 만든다), 구리는 원광을 진흙으로 만든 그릇에 넣고 열을 가해 녹이면 된다. 구리만 구하면 돌로 쳐서 원하는 모양으로 만들 수도 있다. 초창기 제조업자는 요즘 은퇴자들이 몰리는 도예 취미생활반에 등록해도 어색하지 않았을 법하다.

조금씩 조금씩 인간은 재료를 가공하는 실력도 향상되고 새로운 재료를 발굴해 가공을 시도하는 실력도 향상되었다. 구리로 만든 낫은 청동으로 만든 큼지막한 낫으로 교체되었다. 진흙 도기는 도자기로 대체되었다. 청동으로 만든 창은 철로 만든 칼로 대체되었다. 나무로 만든 잔은 유리병으로 대체되었다. 모직물은 면직물로 대체되었다. 그러나 어찌 보면, 문명이 동튼 후부터 1700년대에 이르기까지 모든 것은 공통적 특징이 있다. 조직이 단순했다.

부품을 구하려고 (되풀이해서) 달려가는 홈 디포(Home Depot) 같은 대형 매장도 없었다. 거의 모든 걸 직접 만들었다. 이웃에 대장장이가 살면 운이 좋은 셈이고, 대장장이가 재료를 구하는 공급 체계도 복잡할 수가 없었다. 그냥 장정 한 사람, 대장간, 망치, 집게, 물 한 통이 전부였다. 미래를 내다보는 안목이 있는 이라면 조수와 문하생을 두었다. 그게 다였다. 이처럼 영세한 가내공업은 제약이 많았다. 대장장이와 그 같은 기술자들은 마을 광장에 가서 일손을 구할 수 없었다. 직접 직원을 훈련해야 했다. 수년 동안. 신속한 기술적 진보는 없었다. 급격한 시설 확장도 없었다.

산업 혁명은 세 가지 중요한 면에서 계산 방식을 바꾸어놓았다.

첫째, 산업 혁명은 인간에게—철보다 강하고 작업하기 쉽고 내구성이 강한—강철을, 그것도 대량으로 안겨주었고 근로자들은 직접 제련하지 않고도 바로 원자재로 쓸 금속에 접근하게 되었다. 더럽고 비용이 많이 들고 위험한 공정이 해결되자, 숙련 기술자들은 자재에 가치를 부가하고 한층 더 분업화하는 데 집중하게 되었다. 인류 역사상 처음으로 여러 분야의 전문가들이 이렇다 할 협업을 하게 되었다. 전문가들의 상호교류는 발전으로 이어졌다.

둘째, 산업 혁명으로 도구와 금형 모두에서 정밀제조업이 탄생했다. 영세 가내공업의 가장 큰 약점은 부품의 규격이 제각각이라는 점이다. 따라서 완제품도 제각각이다. 뭔가가 망가지면 그걸 대체할 부품이 없다. 망가진 물건을 그냥 통째로 버리든가 솜씨 좋은 대장장이에게 갖고 가서 부품을 새로 맞춰야 했다. 이는 특히 전쟁에서는 대단히 성가신 일이었다. 소총은 부품 하나만 오작동해도 질 낮고 비싼 몽둥이로 변했다. 정밀공업의 발달로 이러한 제약을 극복할 길이 생겼다. 이제 똑같은 부품을 10여 개, 더 나아가 1,000개 만들게 되었다. 인류 역사상 처음으로 제조업이 규모를 갖추게 되었다.

셋째, 산업 혁명으로 화석연료를 쓰게 되었다. 전기를 생산하고 근력과 풍력에서 벗어나는 과정에서 화석연료가 한 역할을 이미 다루었지만, 석유와 석탄에는 그 이상의 의미가 있다. 이 한 쌍의 "발전 연료"에서 파생된 상품은 대부분 에너지와 전혀 무관하다. 페인트, 안료, 항생제, 용매, 진통제, 나일론, 세제, 유리, 잉크, 비료, 플라스틱 등이 그러한 파생 상품들이다. 인류 역사상 처음으로 인간은 청동기에서 철기로 "소박하게" 한 발짝 전진하는 데 그치지 않았다. 재료과학 응용 방법이 폭발적으로 증가했다.

세 가지 개선이 서로 잘 맞물렸다. 숙련 기술자는 전 과정을 모두 터득할 필요가 없이 한두 가지 과정만 잘하면 된다. 짠! 기술 묶음이 점점 다양해지고 상품은 점점 복잡해진다. 이러한 고도의 숙련기술 역량을 대규모로 적용하면 거의 어떤 상품이든 대량생산이 가능하다. 짠! 조립공정, 기계류, 자동차, 전화가 탄생한다. 이러한 개념을 수십 가지 새로운 재료에 적용하면 인류가 처한 여건 전체가 재창조된다. 이러한 세 가지 개선—분업화, 규모화, 상품 종류의 확대—이 복합적으로 작용해 가능성의 셈법을 바꾸어놓았고, 오늘날 우리가 제조업이라고 부르는 대상을 처음으로 살짝 엿보게 해주었다.

그래도 여전히 많은 제약이 있었다. 모든 지역이 하나같이 질 좋은 석탄이나 질 좋은 철광석이나 그 밖의 모든 다른 산업 투입재가 부존하지는 않는다. 그리고 교역은 미심쩍은 사업에 머물렀다. 필요한 걸 구하겠다고 외국에 의존하게 되면 필요한 투입재를 가진 대상만 신뢰한다고 다가 아니고, 그 대상을 항상 신뢰할 수 있다고 해도 다가 아니며, 모든 외국을 늘 신뢰할 수 있어야 한다. 어떤 공급사슬의 어느 부분에 끼어들 역량이 있는 어느 나라라도 공급사슬 전체를 끊어놓을 수 있었다. 종종 본의 아니게. 불가피하게 현실적으로 어떤 형태의 제조업이든 하나같이 전부 각자 자국 내에 두어야 했다.

이러한 여건은 자연히 특정한 지리적 여건을 갖춘 지역에 이득이 되었다. 규모의 경제는 단 한 부류의 기술자들만 가지고는 불가능하다. 산업화로 산업 시설의 발전이 가능해져서 (a) 각 근로자가 특정한 작업에 특화하면서 숙련 노동력이 작업 성과를 몇 배로 늘리고, (b) 비숙련 노동력이 조립공정에 참여할 수 있게 되었다.

산업화의 비결을 해독하게 되면서 직면하게 된 문제는 다음과 같다. 산업 시설은 얼마나 크게 지을 수 있나? 숙련 기술자들은 얼마나 더 세분화, 분업화할 수 있나? 자국 체제 안에서 얼마나 큰 영토와 인구에 접근할 수 있나? 이러한 문제들을 해결하는 과정에서 운송이라는 옛 셈법이 등장했다. 산업화 이전의 시대에 재화와 용역을 실어 나를 수 있는 그 어떤 지역도 이제 중간재를 실어나르게 되었다. 온갖 이점과 더불어 제국 내의 지리적 여건이 유리한 제국 체제는 이제 제조업을 구축하고 다른 이들은 꿈이나 꿀 규모의 경제를 달성하게 되었다.

최초의 승자는 운하가 있는 영국이었고, 그 뒤를 독일 루르강 유역이, 궁극적으로 미국의 중공업지대(Steel Belt)가 이었다. 산업 중심지인 이들 간의 경제적 경쟁이 1850년부터 1945년 사이에 벌어진 지정학적 갈등의 핵심이었다.

그러나 영국, 독일, 미국 체제가 규모가 크고 중요한 만큼이나 지정학은 각국 국경 내에서의 규모의 경제 달성을 제약했다. 제2차 세계대전이 끝난 후에야 비로소 지구 전체가 단일한 체제로 통합되고 세계 대양은 배가 안전하게 다닐 수 있는 하나의 거대한 물길로 변했다. 미국이 모든 국제 상업활동의 안전을 보장하고, 동맹국들끼리 서로 싸우거나 식민지 제국을 보유하지도 못하게 만들고, 미국 소비시장을 세계질서에 합류한 모든 나라에 개방하면서, 산업화는 꿈도 뭐볼 수 없었던 나라들이 갑자기 산업화가 가능해졌다. 갑자기, 지리적 여건이 유리한 "안전한" 지역이 지금까지 낙후되고 산업화에서 소외되었던 지역들과 경쟁해야 했다.

규칙이 바뀌었다. 제조업도 덩달아 바뀌었다. 성공을 가늠하는 새로운 기준이 생겼다.

작동하는 방법과 이유

경제발전의 과정은 변덕스러워서 나라마다 제각각이다. 영국이 처음 산업화했고, 프랑스와 베네룩스 3국이 함께 두 번째, 독일이 세 번째, 미국이 대략 네 번째, 그리고 그 뒤를 일본이 따랐다. 그러나 산업화 관련 기술들이 끊임없이 진화하므로, 초창기에 산업화한 이 나라들조차 나라마다 택한 길이 달랐다. 영국의 경제발전 과정은 더뎠다. 첫 주자라서 그때, 그때, 임기응변을 발휘해야 했기 때문이다.

독일의 발전 속도는 훨씬 빨랐는데, 이는 단순히 영국이 앞서 길을 닦았기 때문만은 아니다. 독일은 전략적 경제적 경쟁자들로 둘러싸인 지정학적인 요충지에 자리하고 있다. 설상가상으로 라인강, 다뉴브강, 베저강, 엘베강, 그리고 오데르강 유역의 거주 가능한 지역들은—기껏해야—느슨하게 연결되어 있다. 독일 주변의, 독일보다 내부적으로 훨씬 결속된 나라들이 독일을 쪼개기란 쉬운 일이다. 독일은 경제발전 전 과정을 극한까지 밀어붙이지 못하면 이웃 나라들에 압도당한다. 따라서 1800년대 말과 1900년대 초 독일은 미친 듯이 산업화를 밀어붙였다.

독일은 자본 창출과 공급사슬 구축에 관한 한 영국보다 지리적으로 훨씬 유리했다. 독일 수로망—특히 독일 서부의 라인-루르강 수로망—은 세계에서 가장 밀도가 높은 천혜의 수로망이다. 산업화에 안성맞춤이다. 특히 루르강 유역은 유럽에서 최고 품질의 석탄 매장지로 손꼽힌다(그리고 영국의 발목을 잡은 성가신 지하수층 문제도 없다). 이러한 점들을 모두 더하면 독일 산업화 과정은 갈지자걸음이라기보다 뒤에서 누가 따라올세라 냅다 내달리는 형국이었다.

한편, 미국의 산업화 과정은—거의 영국의 속도에 맞먹을 정도로—훨씬 더 뎠는데, 그 이유는 영국과는 전혀 다르다. 독일의 산업화 과정은 1830년대에 가서야 본격적으로 시작되었고, 가장 집중적으로 이뤄진 시기는 1880년대부터 1915년까지다. 인간의 생애보다 훨씬 짧다. 미국도 산업화 과정의 시작—철도 시대의 개막—은 1830년으로 독일과 비슷했지만, 미국 도시는 1930년대에 가서야 완전히 산업화했고, 농촌은 1960년대에 가서야 산업화했다. 여러모로 미국의 산업화 과정은 독일의 과정을 뒤집어놓은 모양새다. 지정학적인 압박이 없으므로 속도를 낼 필요도 없었다. 독일은 수로망을 따라 사람의 발길이 잦은 지역에서 집중적으로 산업화가 이루어졌지만, 미국은 넓은 지역에 펼쳐져 있다. 미국에서 쓸모 있는 땅의 면적은 제1차 세계대전 이전의 독일의 쓸모있는 땅의 면적의 스물다섯 배에 달하고, 미국은 제2차 세계대전에 참전하기 전까지는 국가 주도의 산업 정책 비슷한 것조차 없었다.

미국은 모든 게 굼뜨고 느리다—예전부터 늘 그래왔다.

일본은 산업화 선발주자들 가운데 후발주자인데, 1868년 메이지유신으로 구 봉건 질서가 거덜나고서야 비로소 산업화가 탄력을 얻기 시작했다. 그러나 독일과 마찬가지로 일본도 불가피하게 서둘러야 했다. 일본 본토 섬들은 석유든 보크사이트든 상상이 가능한 모든 원자재가 빈약했고, 따라서 산업화에 필요한 원자재를 확보하기 위해서 제국을 구축하는 수밖에 도리가 없었다. 그러자면 남의 것을 빼앗는 방법밖에 없었으므로 일본은 매우 신속히 움직이는 수밖에 선택의 여지가 없었다.

한국은 일본이 팽창하던 초창기 피해자로서 식민지에 머무르다가 히로시마와 나가사키에 원자폭탄이 떨어지고 나서야 해방되었다. 그러고 나서 한국은 미국 주도 세계질서에 가장 열성적으로 참여하는 나라로 손꼽히게 되었고, 산업화 제2의 물결에 앞장선 전위대가 되었다. 한국의 산업화 과정은 공포에 사로잡혀 죽기 살기로 달리는 단거리 경주라고 묘사하겠다. 한국은—심지어 오늘날에도—일본에 관한 한 무엇이든 경기를 일으키면서 주권을 수호하려고 필사적이다. 한국인은 초대형유조선을 건조하기에 충분한 규모의 건선거(乾船渠, drydock)가 없어서 선박을 반반씩 나누어 건조한 다음 그 주변에 건선거를 지어서 선박 건조를 마무리한 이들이다.

동남아시아 국가들은 다양한 산업화 과정을 망라한다. 싱가포르는 한국과 비슷한 이유로 한국과 거의 비슷한 길을 택했다. 싱가포르의 경우 일본의 악역은 말레이시아가 했다. 베트남은 경제발전보다 정치적 통일을 우선시했고 따라서 1990년대까지는 산업화 이전의 빈곤한 나라에 머물렀다… 호치민 시(사이공이라고도 한다)만 빼고. 호치민 시는 프랑스 자본의 유입으로 한 세기 전에 산업화했다. 2022년 현재도 베트남은 서로 다른 두 나라가 아니라 서로 다른 두 행성으로 구성된 듯한 느낌이다. 태국은 역사적으로 침략자들을 물리치는 자국의 역량에 대해 상당한 자신감을 보여왔고(이 나라의 핵심 지역은 밀림 산악지대로 둘러싸여 있다), 산업화 속도와 결과 측면에서 둘 다 중간 어디쯤 위치한다.

지금까지 하던 얘기에서 샛길로 빠져 경제 이론의 실제적 결과를 이처럼 간단히 짚고 넘어가는 이유는 발전 측면에서 시작할 때의 수준도, 발전 속도도 제각각이라는 사실을 보여주기 위해서다. 이는 끔찍할 수도 있다. 산업화가 훨씬 더 진행된 나라는 생산성, 부, 다변화 측면에서 경제 체제가 더 많은 추진력을 갖게 되고 그 추진력으로 뒤처진 나라들 위에 군림할 수 있기 때문이다. 고로 식민지 팽창이 일어난다. 신식민지든 뭐든.

그러나 이러한 차별화는 긍정적일 수도 있다. 거시 전략적 환경—예컨대, 미국이 주도하는 세계질서—이 전통적 식민주의를 용납하지 않으면, 제조업을 통합하자는 주장에 무게가 실리기 때문이다.

미국 주도 세계질서로 지리 전략적 환경이 바뀌고 컨테이너화 운송이 등장한 가운데, 국경을 초월하는 의미 있는 통합을 방해해온 안보와 비용 걱정이 마침내 해소되었다.

한 가지 부품 이상으로 이루어진 제조 상품이라면 무엇이든 효율성을 제고할 기회를 얻는다. 아주 간단한 예를 들어보자. 팽이다. 원뿔 모양의 뾰족한 몸체와 막대기 같은 심을 접착제로 붙여서 만든다. 원뿔 모양 몸체와 막대기 모양의 심은 목수가 만든다고 가정해도 합당하지만. 이 목수는 접착제를 만들지는 않는다. 두 가지 서로 다른 기술이다. 두 가지 서로 다른 가격 체계다. 몸체에 페인트를 칠한다면 벌써 세 가지 기술이 필요해진다.

분업이라는 기본적 개념을 휴대전화에 적용해보자. 디스플레이 스크린. 배터리. 변압기. 배선. 센서. 카메라. 모뎀. 데이터 처리기. 시스템 온 칩(System On Chip, 이하 SoC로 표기). (마지막에 열거한 SoC는 비디오 프로세서, 디스플레이 프로세서, 그래픽스 프로세서 등을 아우르는 작은 첨단 장치로서 휴대전화의 중앙처리 장치다) 아무도 한 사람이 이 모두를 만든다고 생각하지 않는다. SoC는 몇 배는 더 많은 다양한 일손이 필요하다. 비교적 저급 기술인 배선을 하는 사람이 센서를 미세 조정하는 사람과 같은 수준의 급여를 받는다고 생각하는 이는 아무도 없다. 이 모든 부품이 1인당 GDP가 41,000달러인 일본에서 제조된다고 가정해보자. 그 SoC는 성능이 우수하겠지만—당연히 그래야 한다. 일본은 복잡한 초소형전자 기술이 뛰어나다—시급 1달러에 형틀에 원료를 주입해 휴대전화 케이스를 만드는 일본 사내가 있으리라고 생각하는 건 무리가 있다. 이는 마치 가수 레이디 가가(Lady Gaga)가 네 살짜리 아이에게 피아노를 가르치는 셈이다. 그녀가 잘 가르칠 수 있을까? 당연하다. 훌륭하리라 장담한다. 그러나 그녀의 노고에 시급 5만 달러를 줄 사람은 아무도 없다.[1] 저렴하고 아무도 침범하지 못하는 성역인 운송과 거의 무한한 다양한 노동력이 복합적으로 작용하면서 제조업자들은 공급사슬을 잘게 쪼개 점점 더 복잡하고 훨씬 개별적으로 분리된 단계들로 만들었다.

여러분이 자동차의 공급사슬 전체를 추적해보려면 내가 들인 비용보다 훨씬 많은 예산이 필요할 테지만, 간단히 몇 가지만 열거하면 다음과 같다.

백금과 크롬과 알루미늄을 비롯한 금속류, 납땜한 피복 전선, 총체적 진단과 성능개선을 맡은 컴퓨터 시스템, 타이어용 고무, 석유로 만든 합성섬유, 내장재용 플라스틱, 유리와 거울, 기어와 피스톤, 볼베어링, 라디오 볼륨을 11까지 올릴 수 있는, 틀에 주입해 만든 버튼. 이러한 부품들 각각, 그리고 이 외에 표준 승용차에 들어가는, 여기 열거하지 않은 다른 3천 가지 부품들 하나하나에 모두 고도의 맞춤형 인력과 나름의 공급사슬이 있다. 각 부품을 각기 나름의 인력이 중간 상품(에어컨, 엔진, 조명 등)에 조립해 끼워 넣고, 각기 나름의 인력이 이러한 중간 상품을 또 다른 중간 상품(대시보드, 자동차 차체)으로 조립해 끼워 넣고, 그런 식으로 여러 차례 반복해 만들어진 중간 상품들로 최종 완성품 조립공정에 들어간다. 미국 자동차 제조사 포드의 공급사슬은 현존하는 그 어느 기업보다도 복잡한데, 60개국에 흩어져 있는 1,300개의 직접 공급자가 4,400개 이상의 제조시설에서 부품들을 제조한다.[2]

각 단계에서 필요한 투입재는 늘어난다. 각 단계에서 투입재 유통의 다변화는 확대된다. 각 단계에서 뒷받침하는 기간시설 수요도 늘어난다. 각 단계에서 연료로 쓸 석유 수요도 늘어난다. 이 모두가 1950년대, 1960년대, 1970년대, 1980년대, 1990년대를 통틀어 미국과 냉전의 핵심 동맹국들 사이에 간간이 일어났지만, 냉전이 끝나면서 다변화의 범위가 진정으로 세계화하고 빛의 속도로 가속화되었다.

이처럼 점점 복잡해지고 가치가 부가되는 현상은 모든 제조 상품 전반에 걸쳐 나타났다. 결과적으로, 1996년 이후 20년 만에—대대적인 경기침체를 포함하는 시기—세계 해운 무역은 부피로 치면 두 배, 가치로 따지면 세 배 증가했다. 이 지점까지 무역을 구축하는 데 5천 년이 걸렸다.

세계화한 탈냉전 세계에서는 모든 게 커졌을 뿐만 아니라 빨라지기까지 했다.

적시생산방식(Just-In-Time)

일찍이 1970년대에 중간재는 대량 구매를 통해서만 확보할 수 있었다. 컨테이너가 없었던 고단한 옛날에 해상운송은 훨씬 비쌌을 뿐 아니라 어설펐다. 한 번 구매하고 재구매하기까지 시간이 오래 걸렸기 때문에 한 번에 대량으로 구매해서 창고에 쌓아놓는 게 훨씬 더 비용 효과적이었다. 저장하는 비용은 싸지 않았지만, 자잘하게 여러 번 주문하고 들쭉날쭉한 배달 시간표를 믿는 것보다는 쌌다. 무엇보다도 생각하기도 싫은 불상사—특정한 부품이 동나서 제품 생산을 중단해야 하는 사태—를 막으려면 그 많은 재고가 꼭 필요했다.

컨테이너화로 운송이 안정적으로 바뀌면서 기업이 재고를 줄이고 소량을 자주 주문하게 되었고, 소량을 훨씬 합리적인 비용에 생산하게 되면서 셈법이 바뀌었다. 특히 도요타는 운송 규범이 바뀌면서 한꺼번에 대량 생산하는 모델에서 지속적인 상품유통 모델로 제조업이 진화할 수 있다는 사실을 깨달았다. 이러한 새로운 "적시생산" 재고관리 체제로 기업은 며칠 동안 필요한 부품 공급량을 짧게는 한 달 미리 주문하게 되었고 새로운 공급분은 마지막 주문이 바닥날 때 맞춰 도착했다.

이러한 체계가 존재하는 몇 가지 이유가 있다.

가장 중요한 이유는 기업의 현금 흐름에 도움이 되기 때문이다. 간단히 말하면, 기업이 보유하는 재고가 적을수록 특정 시점에 묶인 현금이 적으므로 여유자금으로 투자, 생산 역량 확대, 종업원 직업훈련, 연구개발 등 다른 일들을 할 수 있다. 이를 아이폰을 예를 들어 생각해보자. 2020년 애플은 9,000만 대의 아이폰을 판매했다. 적시생산 체제를 통해 한 대당 1페니만 비용을 절감해도 100만 달러가 절약된다. 2004년도 한 해에 미국 기업들이 그런 재고 비용을 절감한 액수는 연간 800-900억 달러에 달했다.

세계화한 체제에서, 공급사슬은 단순히 규모의 경제를 달성 가능케 하는 데 그치지 않고, 각 부품과 공정을 그 작업을 가장 짧은 시간에 가장 효율적으로 할 국가와 인력과 짝지어준다. 근대 컴퓨터와 전화와 전자제품을 가능케 하는 수많은 요인 가운데 하나는 세계에 서로 다른 발전 단계에 놓인 인력과 국가들이 넘치는 한편, 이와 동시에 거시 전략적 환경이 이 모든 다양한 체제들이 평화롭고 순탄하게 서로 교류하도록 해준다는 점이다.

적시생산 체제는 한때 매우 중요한 역할을 한 대장장이처럼 기술 특화가 가능한 사람들을 뒷받침해줄 식량을 충분히 생산하게 된 인류가 내린 논리적 결론이었다. 그리고 일반적으로 중간재 제조와 마찬가지로 이는 오로지 세계 운송체계가 안정적이기 때문에 가능하다.

이게 바로 적시생산 체제가 작동하는 방법이고 이유다. 이제 어디서 작동하는지 알아보자.

34

현재의 지도

동아시아의 제조업: 구체화한 세계화

우선, 동아시아는 주로 미국 주도 세계질서 덕분에 제조업의 중추가 되었다. 미국이 해상로를 누구나 안전하고 자유롭게 오가게 만들자, 운송비가 급락하면서 제조업체들은 주요 도시나 수로망이 가까운 강 유역 바깥으로 시설을 이전하는 데 그치지 않고 아예 주요 국가 바깥으로 시설을 이전했다. 항구를 건설하고 주변 기간시설을 구축할 수 있는 나라라면 누구든 저숙련 기술, 저부가가치, 식품가공과 섬유, 시멘트, 저가 가전제품, 장난감 생산 제조업계에 참여하는 한편, 자국의 산업시설과 기술 역량도 확대하게 되었다. 게다가 컨테이너화가 이루어지자 이 과정에 가속도가 붙었다. 1969년도에 최초로 일본에서 캘리포니아까지 연중 컨테이너 서비스가 이루어졌고, 일본의 대미 수출은 거의 4분의 1 증가했다.

아시아 국가들은 서구진영의 소비를 안정과 풍요로 가는 길로 인식했고,

수출을 기반으로 한 제조업을 중심으로 자국의 경제와 사회 규범을 재편했다. 일본은 이 과정에서 앞섰지만, 곧 대만, 한국, 동남아시아, 중국이 그 뒤를 따랐다. 수십 년 동안 수출하고 경제성장을 하고 안정을 구가하면서 아시아 국가는 대부분 꾸준히 가치사슬을 따라 상향 이동했다. 예컨대, 일본은 싸구려 스테레오[3] 생산하던 나라에서 세계 최첨단의 기술 제품을 생산하는 나라로 변신했다. 대만은 플라스틱 장난감의 원조였지만 이제 세계 최첨단 컴퓨터 칩을 생산한다. 중국은 21세기에 접어들면서 이 부류에 본격적으로 진입했지만, 세간의 이목을 한몸에 집중시켰다. 중국은 다른 아시아 국가들보다 저렴한 국내 운송망의 덕을 보았고, 경제에 투입될 원자재도 더 많았으며, 나머지 아시아 국가들의 노동력을 모두 합한 것보다 큰 노동력 기반이 있었다.

2022년 현재, 아시아의 제조업 지형은 다음과 같다.

일본, 한국, 대만이 백색가전에서부터 자동차, 기계에 이르기까지 거의 모든 부가가치 제조업 상품에서 고부가가치 제품들을 담당한다. 이 세 나라는 디스플레이 스크린과 반도체 제조에서 발군의 실력을 발휘하고 있고, 특히 고용량 칩의 디자인과 제조에 뛰어나다. 한국은 특히 휴대전화 제조에서 무서울 정도로 실력이 뛰어나다.

일본과 한국 모두 각각 게이레츠(系列)와 재벌이라고 불리는 일련의 방대하고 수직적으로 통합된 대기업들을 통해서 제조업을 운영하고 있다. 도요타와 미쓰비시, 삼성과 엘지를 떠올리면 된다. 이 대기업들이 뭐든 다 한다. 하나만 골라서 살펴보자. 한국의 SK는 정유, 석유화학, 필름, 폴리에스터, LED 조명, 전기차 배터리, DRAM과 플래시 메모리칩 부문에서 주요 기업인데다가, 곁다리로 건설, 토목, IT, (휴대전화 제조가 아니라) 휴대전화 서비스도 하고 있다. 거대한 고래가 따로 없다!

반면 대만은 피라미 떼다. 대만의 기업 환경은 경쟁이 극도로 치열하다는 사실을 고려할 때 피라냐 떼라고 하는 게 더 적합할지도 모르겠다. 그래도 대만이 육성한—반도체 선도기업 TSMC 등—몇몇 대기업은 세계적 등급보다 한 수 위다. 방대한 반도체 산업에서 하나의 특정한 부품만 집요하게 파고드는 수천 개의 작은 기업들이 보유한 기술을 이용하기 때문인 이유도 있다. 본질적으로, 외국 기업이나 미디어테크(MediaTek)처럼 규모가 비교적 큰 대만 기업은 새로운 칩 설계마다 수천 가지 자잘한 개선방안을 작은 기업들에 하청 주고, 그 몸집이 작은 피라냐 떼는 전체 공정의 아주 작은 부분을 가능한 한 확실히 개선하느라 분주히 움직인다. 그러면 비교적 규모가 큰 기업들은 대만 전역의 연구개발 기업들로부터 최상의 결과만을 조합해 세계 최고의 칩을 만든다. 이보다 더 고부가가치일 수는 없다.

품질과 가치 척도에서 가장 밑에 있는 나라가 중국인데, 중국은 수십억 달러를 들여 애를 썼지만, 현시점까지는 고급품 시장 진입에 실패했을 뿐 아니라 중간급 시장의 상품 대부분을 제조하는 기계설비를 만드는 데도 실패했다. 중국은 저임금 노동력으로 조립 상품 시장은 압도하게 되었지만, 거의 모든 고급 부품들(그리고 중간급 부품 상당량)은 다른 나라에서 수입해온다. 중국이 (조립하는 상품이 아니라) 만드는 상품은 대체로 저급이다. 강철과 플라스틱과 주조하거나 틀에 주입해 만드는 물건은 무엇이든 만든다.

여러 가지 척도로 따져볼 때 중국은 후퇴하고 있다. 중국의 제조업이 GDP에서 차지하는 비율은 2006년 이후로 계속 하락해왔는데, 기업 수익률 수치로 판단해볼 때 2006년이 생산 효율성 측면에서 중국이 정점을 찍은 해인 듯하다.

중국은 해안지역의 가용 노동력이 고갈됐기 때문에 2000년대 말 제조업에서 경쟁력을 상실했어야 맞다. 그런데 중국 해안지역은 적어도 3억 명—4억 명일 가능성도 있다—의 노동자를 내륙지방으로부터 들여왔다.[4] 그 덕에 중국 경제는 15년 시간을 더 벌었지만, 억지스러운 정책으로 해안지역 내에서도, 해안지역과 내륙지역 사이에서도 소득의 격차와 산업발전의 수준이 급격히 벌어졌다.

이렇게 되면 국내 시장 지향, 국내 소비 주도, 세계로부터 차단된 경제라는 중국의 목표는 달성하기가 불가능하다. 중국이 수출에서 얻는 소득 가운데 노동자들(특히 내륙지방 노동자들)에게 돌아가는 몫은 미미하므로, 소비 진작에 거의 도움이 되지 않는다. 중국은 이제 소비도 한계에 도달했고—무엇보다도—자녀를 두지 않은 해안지역 인구가 급속히 고령화하고 있다. 해안지역 인구는 내륙에서 이주한 계층의 끓어오르는 반감에 직면하고 있다. 내륙에서 해안으로 이주한 이들은 어마어마하게 비좁은 거의 빈민가 같은 거의 불법적인 여건에서 녹초가 되도록 장시간 일하므로 자녀를 두는 일은 꿈도 꾸지 못한다. 이런 지역은 공동화된 내륙지역과 인접해 있는데, 공동화된 내륙지역 경제활동의 주요 원천은 경제성이 미심쩍은 산업시설에 국가가 퍼붓는 투자 자금이고 인구는 자녀를 두기에 너무 나이가 든 구조다. 수십 년 동안 실시한 한 자녀 정책으로 선택적인 낙태가 만연했고, 애초에 40세 이하 가임 연령 여성이 모자라는 나라에서 벌어지는 현상이다.

세계가 주목한 해안지역에 집중된 초고속 성장의 물결이 이어지면서 중국의 부상은 불가피해 보였다. 그러나 사실 중국은 역사적으로 볼 때 아주 단기적인 경기부양을 달성하기 위해 내륙지역과 인민들로부터 돈을 빌려왔다. 중국이 장기적인 전략에 탁월하다는 말은 절대로 믿지 말라. 3500년 중국의 역사에서 대대적으로 영토를 손실하지 않고 가장 오랫동안 지속된 제국의 수명이 70년이다. 그 제국이 바로 지금의 중국이다. 중국이 아무런 손을 쓰지 못하는 외부의 힘이 조성한 지정학적 시대에 존재하는 중국 말이다.

다시 중국의 제조업으로 돌아가 보자. 맞다, 중국 인력의 기술력은 향상되어왔고, 어쩌면 두 배로 향상되었을지도 모르고, 데이터를 우호적으로 해석해, 2000년 이후로 효율성이 세 배로 증가했다고 하자. 그러나 중국의 인구 구조 붕괴가 가속화하고 있으므로 임금은 열다섯 배 올랐다. 21세기에 접어든 이후로 중국의 경제성장은 대부분 수출이나 소비가 아니라 극초과잉 투자에서 비롯되었다.

그렇다고 해서 중국이 별 볼 일 없다거나 낙후되었다는 뜻은 아니다. 단지 이런 상황이 중국이 할 수 있는 것과 없는 것을 결정한다는 뜻이다. 10억 인구를 동원해 무엇이든 정부가 집중적으로 보조금을 지원하는 체제 때문에 중국은 저급품 제조의 왕이자 조립공정의 황제 지위에 등극했다. 여러분의 스마트폰으로 고기가 잘 익었는지 알려주는 사물인터넷(Internet of Things, 이하 IoT로 표기) 고기 온도계를 사고 싶다면 중국산 싸구려 칩이 장착된 온도계도 괜찮다. 여러분이 편집한 동영상을 틱톡에 올리는 데 쓸 스마트폰을 사고 싶다면 대만해협을 사이에 두고 중국의 맞은편에 있는 나라에서 만든 칩을 쓰는 게 안전하다.

태국과 말레이시아는 전자제품에서부터 자동차, 반도체에 이르기까지 모든 제품에서 중간 등급이다. 이들은 최종 조립공정은 거의 하지 않고 중량이 나가는 부품을 제조하는 일을 도맡아 한다. 일본, 한국, 대만이 뇌의 신경들을 연결한다면, 중국은 몸을 만들고, 태국과 말레이시아는 배선, 중간급 프로세서, 그리고 자동차나 크레인, 온도조절기용 반도체 등과 같은 부품을 조립한다. 필리핀은 중국조차 기피할 정도의 아주 저급한 작업을 한다. 정반대로 싱가포르는 금융, 물류, 첨단 석유화학, 소프트웨어, 그리고 정밀 제조에 탁월한 실력을 보이는, 지구가 아닌 다른 세상에서 온 듯한 신비한 존재로 진화했다.

그 주변에는 자국 나름의 틈새를 찾으려는 신흥 국가들이 있다. 인도네시아는—2억 5천만 인구로—중국이 차지한 공간을 조금씩 잠식하고 있다. 베트남은 인구밀도가 높은 몇몇 지역들, 최적의 항구들, 급속히 발전하는 교육체계, 반론을 허락하지 않는 상명하달식 정치 체제 등을 지렛대 삼아 중국을 완전히 뛰어넘어 제2의 태국으로 도약하기를 희망하고 있다. 국내 사정이 변화무쌍한 인도는 모든 부문에서 한몫 끼기를 희망한다.

굳이 따지자면, 위에 언급한 내용은 아시아 경제 체제의 복잡한 특성을 대단히 과소평가하고 있다. 미국의 캘리포니아주 안에서만도 경제가 얼마나 다양한지 생각해보자. 샌프란시스코는 관광과 금융중심지고 미국에서 가장 경제적으로 불평등한 도시지역이다. 실리콘밸리는 아시아 전역—심지어 최첨단 기술을 보유한 일본도 포함해—에서 생산되는 상품들을 설계하고 혁신하지만, 콘크리트, 강철, 전력, 식량, 물, 노동력 등 필요한 건 모조리 수입해야 한다. 넓게 퍼진 로스엔젤레스 도시 곳곳에는 수많은 소규모 산업생산 시설이 숨어 있다. 센트럴밸리는 농업 중심지이자, 미국에서 가장 빈곤한 지역공동체들이 존재하는 지역이다. 미국의 한 주만 해도 이렇게 경제가 다양하다.

이와 비슷한 유형과 다양성이 아시아 전역에서도 나타나는데 특히 중국 본토의 드넓은 지역 안에서 두드러진다. 홍콩 광역지대와 상하이 광역지대는 단연 중국의 금융과 기술 중심지다. 북중국평원—중국 인구의 절반 이상이 거주하는 지역—은 뇌를 쓰는 일보다 머릿수가 필요한 일이 중요하다. 준거점으로 미국과 비교해보자. 미국에서 가장 부유한 주와 가장 빈곤한 주—메릴랜드와 웨스트버지니아—의 1인당 소득 격차는 2대 1에 조금 못 미친다. 중국에서 가장 부유한 지역과 가장 빈곤한 지역—연안 대도시 홍콩과 내륙 깡촌 깐수성(甘肅省)—의 1인당 소득 격차는 거의 10대 1이다. 그나마도 시너지 효과의 가능성을 과소평가한 수치다. 1995년 이후로 중국 주요 도시들에는 5억 인구가 추가되었는데, 대부분 중국에서 찢어지게 가난한 내륙지방에서 온 이주자들로서, 도심은 하나같이 푼돈 임금을 받는 노동자들로 넘친다. 중국 내에서뿐 아니라 각 도시 내에서도 다양한 비용 구조와 노동의 질이 존재한다. 중국이 세계의 작업장이 된 게 놀랍지 않다.

중국 내에 존재하는 다양한 선택지들과 아시아 전역에 존재하는 다양한 선택지들이 어우러져서 이 지역이 세계 제조업 공급사슬 단계의 족히 절반을 차지하고 있다는 사실—게다가 세계 전자제품, 휴대전화, 컴퓨터 제품의 4분의 3을 공급한다는 사실—이 놀랍지 않다.

이 모두가 제대로 작동하기 위해서는 선박들이 위험에 처할 걱정 없이 항해하고, 이 지역의 수없이 다양한 임금체계가 별 탈 없이 작동하고 상품들을 만들어내면서 완벽한 시너지 효과를 내도록 해주는 전략적 환경이 필요하다.

독일 중심 유럽의 제조업:
더 똑똑하고, 더 낫고, 더 빠르고… 그리고 수출이 목적

여러모로 유럽은 동아시아 체계를 그 규모와 다양성을 약간 줄여서 재해석한 형태다. 유럽 국가들은 늘 자국 내에서 어느 정도 경제적 평등을 추구해왔고, 따라서 한 나라 안에서 고임금과 저임금 구조가 공존함으로써 비롯되는 잠재적 이득을 줄여왔다.

총인구가 "겨우" 5억인 유럽이 14억 인구의 중국처럼 방대하고 다양한 경제 체제를 구축할 역량은 이론상으로도 존재하지 않는다. 그러나 유럽은 유럽 나름의 일본, 한국, 대만(독일, 네덜란드, 오스트리아, 벨기에)이 있다. 유럽 나름의 태국과 말레이시아(폴란드, 헝가리, 슬로바키아, 체코공화국)도 있다.

유럽 특유의 방식으로 자기 몫을 하는 국가들도 있다. 루마니아, 불가리아, 그리고 특히 터키는 그런 점에서 베트남과 비슷하다. 이들은 (특히 터키는 더더욱) 저임금 국가지만 상품의 품질은 뜻밖에 괜찮다. 스페인은 금속 프레임과 관련해 궂은일을 도맡아 한다.

이탈리아는, 뭐, 이탈리아다. 강 유역을 따라 정부의 관할권을 점점 규모가 큰 정치체로 확대함으로써 국민을 통합하고 자연스럽게 공급사슬 같은 문제들에 접근한 북유럽과는 달리, 이탈리아는 로마제국이 몰락한 때부터 1800년대 말 공식적으로 통일할 때까지 서로 단절된 일련의 도시국가들로 이루어졌다. 이탈리아의 제조업은 지역 차원에서 이루어지고, 산업이라기보다는 예술적 자부심으로 간주된다. 이탈리아는 조립공정에는 손도 대지 않고 심지어 지역통합도 하지 않는다. 이탈리아는 제조하지 않는다. 장인 솜씨를 발휘한다. 따라서 이탈리아반도에서 나오는 상품은 하나같이 품질과 미적 감각에 있어 타의 추종을 불허하거나(람보르기니를 생각해보라), 아니면 품질과 미적 감각의 결여에 있어 타의 추종을 불허한다(피아트 자동차를 생각해보라).

유럽은 유럽답게 뭐든 지나치게 복잡하게 만드는 경향이 있으므로, 이 지역은 세 가지 서로 다른 제조 구역들로 구분된다.

1. 프랑스는 네덜란드 그리고 특히 벨기에로부터 조금 수입하고, 독일의 교역망에도 어느 정도 참여하지만, 대체로 프랑스는 자국의 제조업을 나머지 유럽의 다른 협력 국가들로부터 분리된 상태를 유지하는 데 집착한다. 유럽연합 회원국들 가운데 프랑스는 단연 가장 통합이 덜된 나라다.

2. 인구가 겨우 1,000만 명인 스웨덴은 나름의 방식으로 한가락 하는 나라다. 임금 수준이 스웨덴과 거의 비슷한 덴마크, 핀란드와 협력하는 한편 에스토니아, 리투아니아, 폴란드, 그리고 특히 라트비아의 저임금 구조에 의존한다.

3. 영국은… 결정 장애를 앓고 있다. 2015년에 유럽연합 탈퇴를 결정했지만 2020년에 가서야 탈퇴 절차를 마무리했는데… 이를 대체할 교역망도 구축해놓지 않았다. 영국은 이제 오래전에 유럽 대륙과 구축한 공급사슬의 연결고리가 끊기는 광경이 빤히 보이는데도 딱히 이를 대체할 방안을 마련하지 않고 있다. 그 결과? 부족해진다. 뭐든지.

기업의 구조도 나라마다 천차만별이다. 프랑스는 오래전에 국가 투자, 배타적인 무역 관행, 그리고 프랑스 경제 전체를 통틀어 기업들을 합병해 국가 챔피언 기업이 부상하도록 장려하는 노골적인 첩보 활동(espionage)을 혼용하기로 했다. 네덜란드도 비슷한데 배타적인 무역 관행과 첩보 활동은 하지 않는다. 극도로 효율적인 독일은 특정한 제품(예컨대, 난방설비나 지게차)에 특화한 중간 규모의 기업을 선호하고, 자국의 공급사슬을 작동시키기 위해 중부 유럽 전역의 비교적 소규모 기업들로부터 구매한다. 영국 제조업은 터키 제조업이 극도로 일반화된 만큼이나 극도로 특화되어 있다.

제조업 경쟁에서 유럽이 지닌 가장 큰 약점은 저임금과 고임금의 격차가 아시아만큼 크지 않으므로 더 다양한 노동 구조로부터 이득을 얻는 상품에서 경쟁력이 아시아를 따라가지 못한다는 것이다. 선진국 독일과 산업화가 덜 된 터키의 임금 격차는 46,000달러대 9,000달러인 데 반해, 일본-베트남의 임금 격차는 40,000달러대 2,700달러다. 유럽은 아시아와는 달리 "저가 상품"을 사실상 제조하지 않으므로 비용 구조상 부분적으로라도 저임금에 의존하는 상품들 대부분—기초적인 섬유에서부터 첨단 컴퓨터에 이르기까지 전부—은 유럽에서 전혀 제조되지 않는다. 전체적으로 유럽의 제조업 생산 총액은 대략 동아시아 제조업 생산 총액의 절반이다.

대신 유럽은 복잡한 정도가 덜한 제조업 체계에 뛰어나다. 그렇다고 해서 급이 떨어지는 제품을 생산한다는 뜻이 아니라—독일이 제조하는 물건의 품질은 최상급이다—숙련기술 인력과 비숙련 기술 인력 간의 임금 격차가 적은 투입재 비용 구조를 요구하는 상품을 제조한다는 뜻이다(고성능 컴퓨터 칩에서부터 플라스틱 케이스까지 생산하는 구조가 아니라, 고급 트랜스미션에서부터 통합형 충격 흡수 범퍼까지 생산하는 구조라는 뜻이다). 자동차와 항공기 제조가 두드러지지만, 독일이 타의 추종을 불허하는 실력을 발휘하는 부문은 다른 물건들을 만드는 기계류 제조다. 2005년 이후로 팽창한 중국의 산업기반 대부분은 오로지 독일이 제조한 핵심적인 기계류가 있었기에 가능했다.

북미지역의 제조업: 차고 넘치는 선택지

세계 세 번째 주요 제조업 지역은 캐나다, 멕시코, 미국의 경제동맹인 북미자유무역협정(NAFTA) 지대다. NAFTA 체제는 경쟁자인 다른 지역들과 전혀 딴판이다. 단연 압도적으로 지배적 지위를 누리는 회원국—물론 미국—이 있고, 이 나라는 또한 기술적으로 가장 앞서가는 나라다. 캐나다는 임금과 기술 수준이 미국과 비슷하므로 제조업의 통합은 주로 미국 미시건주 디트로이트와 캐나다 온타리오주 윈저가 만나는 지역에 집중되어 있다—북미 자동차 제조업 중심지로서 지도상으로 북쪽에 돌출된 부분의 핵심 지역이다. 이 두 도시를 연결하는 다리가 하나 있는데, 미국의 최상위 3개 교역국을 제외한 나머지 교역국들과의 총 교역액보다 많은 액수의 화물이 이 다리를 오간다.

북미지역의 제조업에는 두 가지 마법 같은 요소가 있다. 첫째는 미국 자체 내에 있다. 미국은 큰 나라다. 쓸모 있는 평지로 치자면, 험준하거나 사막이거나 툰드라 기후라서 쓸모없는 방대한 땅이 있는 유럽이나 중국의 족히 두 배다. 유럽과 중국 모두 나름대로 대규모 인구를 구축했지만, 미국은 자국 인구가 두 배로 늘어나도 여전히 여분의 땅이 많다(21세기 말 무렵에 정확히 이런 현상이 발생한다). 미국은 아시아 전역에 존재하는, 그리고 정도는 덜하나 유럽에 존재하는 다양한 임금 구조는 없지만, 지리적 다양성으로 이를 상쇄하고도 남는다. 미국은 지역에 따라 식품, 전기, 석유제품, 토지 가격이 천차만별이다.

미국은 지역마다 나름의 특징이 있다.

- 캐스캐디아(Cascadia, 태평양 연안 북서부—옮긴이)는 정치적으로 좌익 성향이고, 규제가 심하며, 노동조합의 입김이 강하지만, 무엇보다도 도시 지가가 천정부지다. 시애틀은 지협(地峽, 두 육지를 연결하는 좁고 잘록한 땅—옮긴이)에 위치하고, 포틀랜드는 고지대 사이를 비집고 자리 잡았다. 두 도시의 교통량은 부동산 가격 못지않게 끔찍하다. 비용 관점에서 유일한 장점은 저렴한 전기료뿐이다.[5] 태평양 북서부가 제조업계에서 하는 유일한 역할은 시장 상층부로 이동해서 가능한 한 가장 높은 부가가치를 제공하는 일이다. 이 지역은 보잉과 마이크로소프트의 본거지다.

- 미국 북동부는 정말 비좁아서 옴짝달싹할 수가 없다. 지가가 어마어마하다. 임금도 높다. 기간시설은 과부하다. 규제 장벽도 높다. 노조의 입김이 어마어마하다. 인구가 밀집된 도시들이 많다. 녹지가 거의 전무하다. 제조업은 대부분 이미 오래전에 이 지역에서 철수하면서 해괴한 이중 구조를 남겨 놓

았다. 첫째는 거의 미국의 산업화 시대로 거슬러 올라가는 유서 깊은 기업들, GE, 레이시언, 써모피셔사이언티픽 등이 있다. 이러한 기업들은 이 지역 내에서 생산은 거의 하지 않지만, 매사추세츠주에 있는 기업 본사에서 설계 업무를 한다. 둘째, 여전히 이 지역에 들어서는 사업은 부지, 임금, 규제 관련해 점점 오르는 비용이 결정해왔다. 산업과 두뇌 업무가 결합한 분야로 생의학, 시스템 컨트롤, 과학 도구, 항공과 항해 장비, 전기 시스템, 설계, 최종 조립, 그리고 다양한 항공, 해운, 해군 장비의 개조 등이다. 무엇보다도 동북부는 미국 전역의 모든 제조업을 뒷받침하는 두뇌 업무를 할 인재들을 양성한다. 동북부에는 예일, 하버드, 그리고 공학도들의 가장 신성한 전당인 MIT가 자리 잡고 있다.

- 프론트 레인지(Front Range, 콜로라도주 중부와 와이오밍주 남동부에 있는, 로키산맥 동쪽 기슭—옮긴이)—요즘 내가 사는 곳—와 애리조나 선 코리도 (Arizona Sun Corridor, 애리조나 남부 대도시 지역—옮긴이)는 위의 지역들과는 천양지차다. 땅값은 갯값이다. 규제를 담은 책자는 불쏘시개로 쓴다. 그러나 인구가 그다지 많지 않고 도시도 서로 밀집해 있지 않다. 이 두 지역의 도시 인구를 합하면 1,000만을 넘지 않고, (아주 드넓은) 덴버 도시지역의 남쪽 끝인 콜로라도 스프링스에서부터 앨버커키까지는 족히 네 시간[6]이 걸린다. 규모의 경제를 달성하는 데 제약이 많고 역내 운송비가 비싸므로 표준적인 제조업 공급사슬 구축은 불가능하다. 해결책은? 기술 서비스와 다른 지역에서 공수하는 게 부적합한 상품에 한해 미국의 나머지 지역과 깊이 통합하지 않아도 되는 일체형 제조업의 중심지다. 이곳이 바로 미국이 일본과 대만 유형의 고성능 반도체 제조에 진입하는 지역이다.

- 걸프 코스트(Gult Coast, 미국 남부 멕시코만과 접한 지역—옮긴이)는 에너지 중심지다. 석유와 천연가스가 모두 이곳에서 생산되고 가공된다. 셰일 혁명으로 저렴한 고품질의 탄화수소가 어마어마하게 쏟아져나와 이 지역은 프로필렌이나 메탄올 같은 중간재뿐 아니라 안전유리, 기저귀, 타이어, 나일

론, 플라스틱, 비료 같은 자잘한 품목을 생산할 산업시설까지도 확장하느라 분주하다. 가장 큰 문제는? 부지를 구하려면 개고생이다. 대규모 정유시설은 바다에 접근할 수 있어야 하고 넓은 공간이 필요하다. 그래도 이 지역은 두 가지 면에서 운이 좋다. 첫째, 텍사스주 해안지역은 방어벽이 되어주는 섬들이 둘러싸고 있으므로 바다로부터 보호되는 항구 입지가 아시아 전체의 항구 입지보다도 풍부하다(그리고 루이지애나 남부를 흐르는 미시시피강 하류도 절대로 초라하지 않다). 둘째, 미국의 석유화학 시설은 대부분 안전거리를 많이 확보하고 짓는다(석유와 천연가스를 고온에서 대량으로 취급하는 일은 위험한 작업이다). 적어도 그 공산 일부는 산업시설을 확장할 부지로 전환할 수 있다(그리고 현재 전환되고 있다).

- 뜻밖에 장점을 여러 가지 지닌 지역은 피드몬트(Piedmont, 애팔래치아산맥과 대서양 연안 사이에 있는 고원지대—옮긴이)다. 평균 이하인 교육체계, 운송비와 지가를 상승시키는 한편 통합과 규모의 경제 기회를 제약하는 험준한 지형을 갖고 있다. 강을 이용한 운송도 제한적이다. 그러니 이 남쪽 지역은 크게 성공하지 못해야 마땅할 듯싶다. 그러나 이 지역 주민들은 이러한 단점들을 상쇄하고도 남을 정도의 뿌리치기 힘든 매력을 지니고 있다. 남부인들은 가만히 앉아서 투자자들이 이 지역을 찾을 때를 기다리지 않고 직접 세계를 돌아다니며 잠재적 투자자를 물색하는데, 보통 투자유치 대표단은 자기들 몸무게를 합한 만큼의 버번을 준비해가서 상대방과의 사이에 놓인 문화적 장벽을 허문다.7 남부인들이 거나하게 취하면, 다시 말해서 투자자를 확보하면, 귀국해 완벽한 맞춤형 기업 환경을 조성할 채비를 갖춘다. 기간시설을 확장하고, 인력은 투자자의 사업뿐 아니라 특정한 작업에 안성맞춤으로 준비시키고, 세법을 개정하고, 남부인들이 지닌 비장의 무기를 꺼내든다. 바로 외부인을 한식구처럼 느끼게 해주는 친화력이다. 미국 투자자는 창피할 정도로 남부를 등한시하지만, 외국 투자자는 남부 온 사방에 천지다. 미국 남부는 독일 폭스바겐과 메르세데스벤츠, 일본의 혼다, 마즈다, 닛

산, 도요타, 한국의 현대와 기아, 스웨덴의 볼보의 놀이터가 되었다. 까탈스러운 에어버스조차 사우스캐롤라이나주의 찰스턴과 앨라배마주의 모빌에 제조시설이 있다.

- 플로리다. 해수욕, 디즈니월드, 은퇴 후 여생을 즐기기 위해 가는 곳이다. 제조업이 아니라. 그냥 통과….

- 5대호(Great Lakes) 지역은 한때 미국의 중공업지대(Steel Belt)로 알려졌다. 1800년대 중엽 운하를 파서 북동부를 5대호, 미시시피 광역지대와 연결하면서 이 지역은 지구상에서 가장 통합된 제조업 지대가 되었다. 한동안은. 대공황 시대에 미국은 존스 법안(Jone Act)이라는 정책을 채택했는데, 미국의 두 항구 사이에 운송되는 어떤 화물이든 미국이 건조하고 소유하고 선장과 선원이 미국인인 선박으로만 운송되어야 한다는 법이었다. 이 법안으로, 미국의 해상 운송비가 적게 잡아도 다섯 배가 올랐다. 이 지역을 특별하고 성공적으로 만든 특징이 사라졌다. 게다가 세계화 시대에 국제 경쟁까지 덮치면서 이 지역은 그 이후로… 녹슨 지대(Rust Belt)가 되었다. 미국에서 최고의 교육체계를 갖추었는데도 말이다. 물론 아직도 제조업이 존재하기는 한다. 일리노이는 다름 아닌 존 디어(John Deere)의 본거지이고, 중서부에서 생산되는 대규모 농기구가 상당량 이곳에서 생산된다. 디트로이트도 만만히 볼 도시는 아니지만, 이 지역의 표준은 아니다. 이 지역 기업들은 통합 정도가 높은 대량생산 체제라기보다 비교적 규모가 작은 축에 속하고 고도로 기술적인 맞춤형 작업을 중점적으로 하고 있으며 특수 부품들을 아래 언급한 지역에 공급한다.

- 바로 텍사스다! 텍사스 삼각지대는 휴스턴, 댈러스-포트워스, 오스틴, 그리고 샌안토니오로 구성된다. 제조업의 관점에서 보면 이 삼각지대는 뭐든 다 갖췄다. 저렴한 식품, 싼 전기, 싼 토지, 소득세는 없고 법인세는 미미하며, 규제는 새털처럼 가볍다. 그리고 그런 상황은 앞으로도 변하지 않는다. 텍사스 의회는 격년으로 겨우 35일 소집되며, 의원들은 이 기간 초반에는 그

어떤 법안도 논의하지 못하도록 금지되어 있다. 온갖 유형의 미국 제조업자들이 이 지역으로 몰려든다. 제조업에서 단일한 하부 부문으로는 단연 자동차가 가장 규모가 크지만, 이는 아찔할 정도로 다양하고 역동적인 이 지역의 특징을 지나치게 단순화하는 셈이 된다. 오스틴은 실리콘밸리가 내놓은 개념들을 운용 가능케 만든다. 댈러스-포트워스는 금융중심지라는 지위를 이용해 오스틴에서 한 두뇌 작업을 대량 제조업으로 바꾸어놓는다. 샌안토니오는 텍사스주의 평균보다 낮은 비용과 오스틴의 기술을 결합해 대량생산 가능한 것은 무엇이든 만들어낸다. 그러나 텍사스에서 진정한 스타는 휴스턴이다. 휴스턴은 기술에서는 오스틴과, 자동화에서는 댈러스-포트워스와, 대량제조업에서는 샌안토니오와 협력하며, 금융 수도이고, 미국의 에너지 중심지이고, 걸프 코스트 지역에 있고, 가치로 따져서 미국의 최대 항구이고, 큼직한 금속 덩어리들을 운반하는 실력이 아주 뛰어나다. 독일이 발군의 실력을 발휘하는 기계 제조업 있잖나? 휴스턴은 그 부문에서 세계 2위다. 휴스턴은 〈포춘500〉에 속하는 기업의 본사의 밀집도가 미국에서 두 번째로 높은 지역이다.

미국의 지역들은 대부분 독자적으로도 선전하지만, 반드시 그래야 할 필요는 없다. 미국에는 중간재들을 운송하는 광범위한 규모의 도로망과 철도망이 존재하고 미국 제조업 체계는 여러모로 아시아보다도 훨씬 다양하다. 북쪽과 남쪽의 이웃 나라들 없이도 말이다.

이제 NAFTA 제조업이 지닌, 마법과 같은 두 번째 특징을 살펴보자. 미국은 실제로 미국의 경제 체제를 보완하는 이웃 나라가 있다. 멕시코다. 미국과 멕시코의 평균 임금 차이는 대략 6대 1로 아시아의 역내 격차보다는 덜하지만, 유럽의 역내 격차보다는 크다. 그러나 그게 전부가 아니다. 멕시코는 지금까지 이 책에서 다룬 다른 나라들과는 전혀 다르다. 반미정서는 1990년대까지 멕시코 산업 정책에 영향을 주었고, 2000년에 가서야 산업화가 본격적

Freight Flows by Highway, Railroad, and Waterway: 2012

고속도로, 철로, 수로를 통한 화물 유통: 2012

으로 시작되었다—우연히도 중국이 세계무역기구(WTO)에 가입하기 바로 직전이다.

멕시코는 후발주자로서 여러 가지 문제들을 겪었지만, 지형만큼 멕시코의 발목을 잡은 게 없다. 멕시코는 저위도에 위치해 열대기후 한복판에 놓여 있다. 열대지방의 뜨거운 열기와 습도와 열대 곤충들이 복합적으로 작용해 멕시코 열대지역은 산업화하기에 최악의 지리적 여건이다. 건축자재들이 손상되고 콘크리트는 습도가 높아 잘 굳지 않으며, 아스팔트는 뜨거운 열기에 녹아내리고, 국민은 열대 질병과 사투를 벌여야 한다. 멕시코는 이러한 문제들을 해결하기 위해서 시에라마드레산맥 사이에 놓인 드넓은 고원지대로 이동했지만 이로 인해 새로운 문제가 발생했다. 고지대에 거주하면 해안에 접근할 수 없고, 멕시코에는 배가 다니는 강도 없으며, 지형과 싸워가며 기간시설을 인공적으로 구축해야 한다. 열차는 경사도가 0.25퍼센트만 되어도 적재량이 절반으로 깎인다. 그런데 멕시코의 산악지대는 대부분 경사도가 0.25퍼센트를 훌쩍 넘는다. 모든 게 삽시간에 매우 비싸진다.

산으로 올라가면 생기는 또 다른 문제는 고도가 높아질수록 습도와 물의 증기압이 낮아진다는 사실이다. 해수면 지대와는 달리 고도가 높으면 물이 금방 증발할 뿐 아니라 물이 끓는 온도도 낮아진다. 예컨대, 멕시코시티에서 물이 끓는 온도는 마이애미에서보다 15도 낮다.

이러한 특징들로 인해 두 가지 결과가 생긴다. 첫째, 멕시코는 동아시아를 제대로 작동하게 만드는 그런 종류의 격차가 심한 임금 구조가 형성되지만—멕시코의 단절된 지형 때문이다—그러한 구조를 활용하기가 쉽지 않으므로 멕시코의 기간시설이 따라와 주지 않으면 격차가 큰 임금 구조는 있으나 마나다.

둘째, 멕시코시티에서 북쪽으로 갈수록 고위도와 서로 다른 풍향과 해류에다가 산악지대의 양상도 바뀌면서 이 땅은 사막으로 바뀐다. 통상적으로 이는 바람직하지 않다. 멕시코 북부는 강수량이 너무 낮아서 관개용수 시설 없이 농사를 짓는 경우는 거의 없다. 도시들은 자구책을 마련해야 한다는 뜻이다. 미래에 오지에서 끌어올 인구도 없다.

그러나 이로 인해 정치적 경제적으로 흥미진진한 역동성이 조성된다. 도시들이 사실상 사막의 오아시스면, 통상적으로 한 사람이나 소규모 집단이 거의 모든 것을 장악하게 된다. 기간시설이나 산업시설을 구축해야 하고 누군가가 돈을 대야 한다면, 돈을 대는 사람이 누구든 그 사람은 시설을 장악하고 싶어 한다. 도시가 숲이나 농장으로 둘러싸여 있지 않다면 반항하는 무리가 숨을 곳이 없다. 이로 인해 멕시코 체제—특히 북부 멕시코 도시—는 상당히 과두체제다.

보통 과두체제는 부유하지도 역동적이지도 않다. 우두머리들이 현금을 독점하기 때문이다. 그러나 북부 멕시코의 경우 이러한 우두머리들은 미국과의 국경 지역에 몰려 있고 이러한 국경 지역은 세계 최대 산업과 소비자 시장인 미국으로 가는 관문 역할을 한다. 이로 인해 셈법이 바뀐다. 북부 멕시코 사업가들은 적어도 자기들이 공유하는 도시지역에서는 여전히 협력하고 있지만, 미국의 공급 체계, 특히 부유한 텍사스 삼각지대 공급 체계에 진입하는 게 훨씬 중요하다.

무엇보다도, 미국은 선진국 진영에서 가장 건전한 인구구조를 지니고 있고 멕시코는 개발도상국 진영에서 최상의 인구구조를 지녔다는 점이 가장 큰 장점이리라. 미국과 멕시코 양쪽 모두 소비가 성장할 여지가 매우 풍부하다.

결론: 텍사스-멕시코 축은 일본의 기술적 정교함, 중국의 임금 격차, 독일과 그 이웃 나라들의 통합이 세계 최대의 소비시장 내에 모두 존재하는 지역이다.

이상이 바로 '지금' 우리가 처한 여건이다. 그러나 '지금'이 미래는 아니다.

35

미래의 지도

3대 주요 제조업 지역 가운데 아시아가 단연 지속가능성이 가장 낮다. 어디서부터 얘기를 꺼내야 할지 좀 막막하다.

아시아 Inc.의 종말

이웃이라는 각도에서 보자.

동북아시아 4개국은 사이가 좋지 않다. 오로지 가장 큰 규모의 해외 주둔 미군—한국과 일본—만이 역내 국가들이 서로 너 죽고 나 죽자며 달려드는 사태를 막는 역할을 한다. 오로지 미국 해군력의 위협만이 중국이 괜한 짓을 못 하게 막는다. 역사적인 앙금이나 분노 때문이든 미국의 철수 때문이든, 이 지역에서 전개되는 상황을 보면 동아시아 국가들이 폭넓고, 다양하고 통합되고 평화로운 제조업 공급사슬을 가능케 하는 생산적인 협력을 할 역량은 전혀 없다. 동북아시아 국가들은 유럽연합의 특징인 합동 의사 결정은 고사하고, 정치적으로 전략적으로 문화적으로 그들 나름의 NAFTA를 결성하는 데 필요한 정도로 서로 신뢰할 역량도 없다.

인구구조의 각도에서 보자.

2019년도에 중국은 출산율이 역대 최저를 기록했다. 유감스럽게도 예상되었던 바다. 한 자녀 정책은 너무 오랫동안 중국의 출산율을 억눌러왔기 때문에 중국은 이제 자녀를 두는 연령대인 20대가 동나고 있다. 청년층이 줄어드니 신세대는 자녀를 많이 두지도 못한다. 이들을 모두 도시의 비좁은 주거공간에 구겨 넣으면 자녀를 둘 수 있는 이들도 자녀를 원하지 않게 된다.

앞으로 상황은 더 악화한다. 2020년 데이터를 보면 출산율이 더 떨어졌다. 코로나바이러스 때문인 듯한 직감이 들지만, 아기를 낳으려면 아홉 달이 걸린다는 사실을 고려해야 한다. 따라서 2020년의 출산율 하락은 2019년의 주변 여건과 사람들이 한 선택 때문이다. 공식적으로 중국의 출산율은 1978년 이후로 최저이고, 상하이와 베이징—중국 최대 도시들—의 출산율은 이제 세계 최저. 이 글을 쓰는 현재 아직 2021년 데이터가 나오기를 기다리고 있지만, 중국 전역에서 나오는 사례들로 미루어볼 때 지배 민족인 한족에게는 끔찍한 정도를 넘어선 상황이다.

한족이 아닌 이들에게는 상황이 더욱 심각하다. 마오쩌둥에 대해 이러쿵저러쿵 말이 많지만, 마오쩌둥식 공산주의는 그래도 중국의 소수 민족에 대해 마음 한구석에 약간 애틋한 감정이 있었고[8] 그들에게는 한 자녀 정책을 면제해주었다. 그러나 마오쩌둥식 공산주의는 오래전에 소멸했고 강압적인 신 파시스트 초 극단적 민족주의로 대체되었다. 중국이 탈세계화 시대에 해체될 위기에 직면하면서 중국공산당은 소수 민족을 체계적으로 탄압하기 시작했고 심지어 중국공산당 관리들을 인민의 가정집에 배치해 그들이 자녀 만드는 행위를 못 하게 했다. 신장 위구르 지역의 출산율은 2018년부터 2020년 사이에 반토막 났다. 중국의 일부 소수 민족은 한 자녀 정책을 면제받기는커녕 사실상 무자녀 정책의 대상이 되었다. 이 모든 현상으로 인해 중국은 이제 세계에서 가장 빠른 속도로 고령화하고 있다.

동아시아 다른 나라의 인구구조는 중국만큼 상황이 심각하지는 않지만, 그렇다고 훨씬 낫다는 뜻은 아니다. 일본은 이미 세계 최고령의 인구구조이고 (그리고 2020년에 중국에 왕좌를 빼앗기기 전까지는 가장 빠르게 고령화하는 사회였다), 한국의 출산율은 일본보다 20년 후에 하락하기 시작했지만, 훨씬 빠른 속도로 진행되고 있다. 대만과 태국은 한국보다 10여 년 뒤처져 있다. 합해서 4억에 달할 정도로 인구 규모가 큰 인도네시아와 베트남은 도시화에 박차를 가하고 있다. 아직 "돌이킬 수 없는" 지점에 근접하지는 않았지만 2021년 두 나라의 인구구조는 1980년대 중국의 인구구조와 놀라울 정도로 비슷하다.

급속한 고령화로 아시아는 세 가지 제약을 받게 된다. 첫째, 중장년층 근로자는 보통 훨씬 생산성이 높기는 하지만 임금도 비싸다. 중국의 저숙련 노동력 공급은 2000년대 초에 절정에 달했다. 중국의 숙련 노동력 공급은 이 글을 쓰는 현재 절정에 달하고 있다. 이는 불가피한 결과를 낳는다. 임금 상승이다. 중국은 이제 저비용 생산국이 아니지만, 고품질 생산국이 될 만큼 빠르게 가치사슬을 따라 상향 이동하지도 못했다.

둘째, 아시아 국가의 급속한 고령화—특히 중국—는 그들이 추구해온 수출 주도 모델로부터 탈피하지 못하게 방해한다. 아시아가 생산하는 것을 모조리 소화할 만한 소비 수요가 역내에 존재하지 않기 때문이다. 그리고 아시아가 전 세계에 수출하도록 미국이 뒷받침해주지 않으면, 아시아 경제 모델 전체가 하룻밤 사이에 무너진다. 마지막으로 셋째, 급속히 고령화하는 노동력이 대거 은퇴하면서 스스로 무게를 견디지 못하고 붕괴할 가능성이 농후하다.

투입재 접근이라는 문제도 있다.

중국은 하루 석유 필요량인 1,400만 배럴 가운데 70퍼센트 이상을 수입한다. 대만, 한국, 일본은 각각 하루 필요량 100만, 200만, 400만 배럴의 95퍼센트 이상을 수입한다. 이들이 수입하는 석유의 3분의 2 이상이 페르시아만에서 비롯된다. 이 지역은 미국 주도 세계질서 하에서도 딱히 정세가 안정적인 지역이 아니었고, 미국이 이 지역에서 철수한 후 훨씬 정세가 안정되리라고 기대하기는 더더욱 어렵다. 중국은 모든 산업재의 최대 수입국이고, 일본과 한국은 상위 5위 안에 단골로 등장한다.

에너지 말고 거의 모든 산업재는 남반구에서 비롯되고, 오스트레일리아, 브라질, 사하라사막 이남 아프리카 지역이 가장 큰 수출국들이다. 이 나라들이 수출하지 않는 산업재는 러시아에서 비롯된다. 그리고 중국-러시아 간의 갈등을 앞으로 발생할 불상사 목록의 상위에 올리지는 않겠지만 그렇다고 순위가 바닥 근처는 절대로 아니다. 러시아는 자원 유통을 지렛대 삼아 지정학적 양보를 받아내는 유구한 전통을 자랑한다.

앞으로 중국의 가장 큰 골칫거리는 일본이다. 중국 해군은 해안을 벗어나지 못하고, 수상 전투 함정은 겨우 10퍼센트만이 해안에서 1,000마일 이상 항해할 역량을 갖추고 있다. 2,000마일 이상 항해할 역량은 거의 없다. 중국은 사실상 (아마 북한을 제외하고) 동맹이 없다. 따라서 중국이 어디에든 힘을 투사할 가능성이 있다고 한다면 소가 웃을 일이다. 반면 일본 해군은 대륙 하나 또는 둘 건너서까지도 항해할—그리고 싸울—역량이 충분하다. 여차하면 일본은 그저 소규모 군단을 싱가포르를 지나 인도양까지 파병해 중국에서부터 멀리 떨어진 곳에서 원격으로 중국의 원자재 유입을 차단할 수 있다—그리고 그와 더불어 중국도 차단하게 된다.

규모의 경제 각도에서 살펴보자.

아시아 제조업 모델이 지닌 비결은 이 지역의 매우 다양한 노동시장과 미국이 제공하고 뒷받침한 안보 환경과 세계 교역망이 버무려져 나온 결과다. 인구구조 붕괴는 전자를 강타하고, 미국의 철수는 후자를 끝장내고 있다. 비용을 끌어올리거나 안보 우려를 강화하는 사태는 무엇이든 동아시아가 제조업계에서 협력할 역량을 훼손한다. 아시아를 특별하게 만든 특징을 잃게 되면 아시아가 제조업에서 가장 다변화된 시장인 전자제품과 컴퓨터 제품의 세계 중심축 지위를 계속 고수할 이유가 사라진다.

공급사슬 각도에서 바라보자.

제조업이나 운송의 한계비용을 올리거나 제조업이나 운송에서 불안정성과 위험을 조장하는 것은 무엇이든 적시생산 재고관리가 이론상으로조차 작동할 가능성을 없애버린다. 따라서 제조업은 최종 소비 지점에 가까이 위치하게 된다. 아시아 Inc.는 세계 최대 제조업자이자 수출업자이므로 앞으로 제조업과 소비지가 같은 지역에 위치하는 추세로 가면 아시아가 가장 피해를 보게 된다. 그리고 적시생산이라는 개념 자체가 재고를 많이 쌓아놓지 않는다는 뜻이므로 적시생산이 붕괴하면, 전부 다 붕괴한다. 한꺼번에.

아시아의 인구구조와 지정학으로 인해 역내 생산 과정이 복잡해지면(혹은, 파괴되면 이 가능성이 훨씬 크다) 전자제품, 휴대전화, 컴퓨터 제품 등 제조업 하위 부문들을 이 지역에서 독점할 아무런 경제적 이유가 없게 된다. 이러한 부문들에 대한 아시아의 시장 장악력이 조금이라도 약해지면, 동아시아를 논란의 여지가 없는 세계의 작업장으로 유지해온 규모의 경제는 사라지게 된다.

중국은 그 후속타로 겪는 난관도 있다.

세계의 작업장으로서의 중국은 수입한 기술과 부품들에 완전히 의존한다. 중국은 반도체, 전화, 항공우주 같은 고부가가치 부문 전체에서 세계를 선도하는 국가가 되겠다는 국가 계획을 수립했지만, 나노미터 칩이나 제트 엔진 같은 고부가가치 부품들을 자력으로 제조할 역량을 대체로 입증하지 못했다.[9] 중국이 세계를 압도한다고 우리가 대부분 그냥 추측하는 물품들—가전제품, 사무용 기기, 컴퓨터—은 실제로 중국 바깥에서 부가되는 가치가 90퍼센트 이상이다. 선박의 경우 그 수치는 87퍼센트다. 통신 장비와 대부분의 전자제품의 경우는 83퍼센트다. 제지, 플라스틱, 고무처럼 아주 기본적인 제품들도 가치의 절반 이상이 다른 지역에서 부가된다.[10]

중국이 발전에 실패하면서 중국의 산업 모델은 어느 정도 단순화되고 있다. 중국은 과잉투자 모델을 이용해 자국이 생산할 수 있는 부품들의 가격을 낮춘다. 생산하지 못하는 부품은 수입한다. 이들을 조립해 완제품을 수출한다. 그러나 이 모델이 제대로 작동하려면 외부의 공급자들이 적극적으로 참여해야 한다. 안보 위기에서부터 경제제재에 이르기까지 어떤 불상사가 일어나든 이 방법은 곧 불가능해진다. 중국은 이미 휴대전화 기술(화웨이)과 항공우주(C919 여객기) 부문에서 진입이 막혔다. 정치 상황이 어떻게 전개되는지에 따라, 이러한 종류의 차질은 거의 모든 상품 부문에서 일어날 수 있다(그리고 분명히 일어나게 된다).

마지막으로 시장 근접성 문제가 있다.

아시아에서 제조한 완제품이 향하는 2대 최종목적지는 머나먼 미국과 유럽이다. 미국은 태평양을 가로질러 7,000마일 떨어져 있고, 유럽은─출발지, 경로, 목적지에 따라서─9,000-14,000마일 떨어져 있다. 탈세계화 시대에도 교역은 부분적으로 지속되겠지만─예컨대, 프랑스와 북아프리카, 터키와 메소포타미아, 독일과 스칸디나비아─가까운 역내에서 이루어진다는 게 핵심이다.

운송 경로가 길고 특정 경로를 따라 위치한 관여자 수가 많을수록, 더 많은 거래가 필요하고 운송이 방해받을 가능성이 커진다. 비단길을 통해 운반된 상품이 그처럼 비쌌던 까닭은 어느 한 나라가 비단길 전 구간을 장악하지 못했기 때문이기도 하다. 보통 수백 명 중개인이 자기 몫을 물건값에 보탰으므로 상품의 가격은 1,000배 이상 불어났다.

아시아에서 일본을 제외하고, 두 거대 소비시장 가운데 어느 한 곳에라도 도달할 해군 역량을 지닌 국가는 단 하나도 없다. 그리고 탈세계화 체제에서는 아시아 상품이 애초에 그리 환영받을 가능성도 희박하다. 게다가 대부분 아시아 국가들이 서로에 대해 품은 혐오감까지 더하면, 아시아 지역을 빈곤과 전쟁에서 구해낸 경제 모델 전체가 함몰될 지경에 처했다. 이 가운데 얌전히 몰락하지 않고 발버둥이라도 쳐볼 나라가 있을지가 유일한 관건이다. 그리고 분명히 말해두는데, "발버둥"은 공급사슬 안보에는 매우 바람직하지 않다.

유럽의 해체

얼추 비슷하게 유럽 체제도 여러 가지 이유로 무너지게 된다. 첫 번째 이유는 가장 뻔하고 적어도 관리 가능성이 있다. 유럽의 출산율 하락은 아시아보다 먼저 시작되었고, 인구구조는 21세기에 접어들기 전에 이미 돌이킬 수 없는 지점을 지났다. 벨기에, 독일, 이탈리아, 오스트리아 인구는 모두 2020년대 초반에 대거 은퇴하게 되고, 에스토니아에서 불가리아까지 중부 유럽의 거의 모든 나라 인구는 한층 더 빨리 고령화하고 있고 2020년대 후반에 은퇴하게 된다.

설상가상으로, 인구구조만으로도 우리가 아는 유럽은 비슷한 시기에 붕괴하게 된다. 중부 유럽 국가들은 2000년대에 유럽연합에 가입할 당시 서유럽에 노동시장을 개방하라고 설득하는 데 성공했다. 중부 유럽 지역의 젊은 노동자 인구의 4분의 1에서 3분의 1 정도가 더 나은 경제적 미래를 찾아 서유럽으로 떠났다.

결론: 서유럽의 인구구조는 보기보다 실제로 훨씬 심각하다. 2008년 이후로 유럽의 경제가 제대로 기능하도록 한 노동력의 균형은 곧 증발하게 된다. 그 이유가 중부 유럽인들이 삶이 팍팍해지면서 자기 나라로 돌아가자 서유럽이 노동력이 부족해지기 때문이든, 아니면 자국에서의 삶이 팍팍해지면서 더 많은 중부 유럽인들이 그나마 일자리가 남아있는 서유럽으로 향하기 때문이든 상관없이 말이다.

인구구조는 또 다른 측면에서 문제를 낳는다. 유럽 인구는 나이가 들어서 역내에서 생산한 상품을 소비하지 못하는 지경에 이르렀다. 유럽은 지금의 경제 체제를 유지하려면 계속해서 수출을 많이 해야 한다. 가장 큰 수출시장은 미국인데, 미국은 그 어느 때보다도 안으로 움츠러들고 있고, 이 글을 쓰는 현재 이미 미국과 유럽연합은 서로를 상대로 한 폭넓은 무역전쟁에 점점 다가가고 있다. 미국은 (이 글을 쓰는 현재) 영국과 이에 버금가는 정도로 폭넓은 무역 협정을 모색하고 있다. 앞으로 미국과 영국의 관계가 더욱 긴밀해지게 되므로 미국이 유럽연합과 어떤 무역 협상을 하든 영국의 의견을 반영해야 하고, 브렉시트를 둘러싸고 영국과 유럽연합 간의 반목이 계속되는 상황에서, 유럽연합과 미국의 무역 협상은 순탄하지 않을 전망이다.

미국으로 향하지 않는 유럽 상품은 멀리 동북아시아로 향하게 된다. 동북아시아 체제(그리고 동북아시아의 유럽 상품 수요)가 그 모든 어려움을 극복하고 살아남는다고 해도, 미국은 민간 해운 화물을 위해 항해의 안전을 보장하지 않게 되므로 문제다. 상하이에서 함부르크까지는 12,000해리(海里)다. 컨테이너선이 보통 시속 17마일로 항해하는데, 그 속도로 족히 35일이 걸린다. 가장 빠른 상선의 속도가 25노트다. 그래도 족히 3주가 걸린다. 해적, 사략선, 적대 국가의 해군, 혹은 이 셋의 조합이 만연한 바다를 무사히 헤쳐나가기에 아주 긴 시간이다.

설상가상으로, 중국과 가장 활발한 교역 관계를 유지하고 있는 유럽 국가는 독일이다. 독일이 중국에 파는 상품은 중국이 수출을 목적으로 제조하는 상품을 만드는 데 사용되는 기계류에 집중되어 있다. 독일과 중국이, 모든 난관을 극복하고, 두 나라가 직접 교류할 전략적 역량이 없는 세계에서 양국의 교역 관계를 유지할 수 있다고 해도, 중국의 수출품에 대한 독일의 수요는 지금과 같지 않으므로 독일과 중국의 그 어떤 교류든 그 교류를 뒷받침하는 근거는 손상된다.

아시아가 직면한 바로 그 폭넓은 전략적 문제들을 유럽도 직면하고 있다. 특정한 문제가 어느 정도 우려를 낳는지는 지역이나 관점에 따라서 다소(多少) 차이가 나겠지만 말이다.

첫째, "다(多)"인 경우부터 살펴보자. 유럽 국가는 대부분 1800년대에 산업화하기 시작했고, 후발주자들—대부분 구소련 위성 국가들—도 늦어야 1950년대에 산업화에 착수했다. 유럽의 광산은 적어도 수십 년 동안 채굴되어왔다는 뜻이다. 유럽은 최소한 두 세대 동안 산업화해왔으므로 이제 아시아만큼 원자재를 많이 소비하지는 않지만, 생산은 훨씬 더 적게 한다. 중국이 자국이 필요한 원자재를 대부분 수입한다면, 유럽은 보통 몽땅 수입한다.

이제 "소(小)"에 대해 논해보자. 근대 삶에 필요한 산업 원자재 대부분은 동아시아보다 유럽과 훨씬 가까운—서반구나 아프리카 같은—지역에서 비롯된다. 일부 유럽 국가들—프랑스와 영국이 먼저 떠오르지만, 스페인, 네덜란드, 이탈리아, 덴마크도 마찬가지다—은 해당 지역을 오가는 화물을 보호할 해군력을 충분히 갖추고 있다. 이 못지않게, 이러한 지역에서 유럽까지의 항해는 위험한 해역을 통과하지 않을 가능성이 크다는 장점도 있다. 서반구에서 원자재를 구하는 경우에 대해 말하자면, 미국은 자국이 위치한 서반구에서 그 어떤 해적 행위나 사략 행위도 용납하지 않을 게 분명하므로, 유럽의 상선은 군사적으로 무장하지만 않는다면 서반구 진입을 금지당할 가능성이 작다.

문제는 유럽 대륙의 극서 지역에서 훨씬 멀리 떨어진, 접근성도 해군력도 갖추지 못한 유럽 국가들이다. 그들은 전혀 다른 "인접한" 지역에서 원자재를 확보해야 한다. 바로 러시아다. 독일은 미국 없이는 부유하고 자유로운 나라라는 지위를 유지하지 못하지만, 러시아 없이는 근대 산업화 국가의 지위 또한 유지하지 못한다. 독일과 러시아의 역사는 마지못한 협력과 첨예한 갈등이 번갈아 가며 일어난 사연들로 빼곡하다. 그러한 사연이 독일과 러시아에 고통스러운 만큼이나 두 나라 사이에 낀 나라들—독일의 제조업 공급사슬에 꼭 필요한 나라들—에게는 훨씬 더 고통스럽다. 우크라이나 전쟁은 이미 이 사태에 관련된 모든 나라에 난제를 던지고 있다.

그리고 물론, 이 모두가 유럽 안에서는 아무런 불상사도 일어나지 않는다고 가정했을 때의 얘기다. 유럽 대륙은 지리적으로 평평한 땅도 충분하고 배가 다니는 강 수로망도 잘 갖춰져 있으며 걸어서 가로지르기도 비교적 쉽지만, 또 그 때문에, 대륙의 일부 지역은 자국이 지역을 통합할 역량과 명분이 있다고 확신하기도 하는 한편, 반도나 산악지대나 섬에는 언제라도 그런 꿈을 박살 낼 반대 세력이 자리를 잡고 있는 묘한 지역이다. 미국 주도 세계질서가 구축되고서야 비로소 세계평화와 번영이 유럽에 대한 이 두 미래상 사이의 해묵은 갈등을 잠재웠다. 잠만 재웠다. 퇴치한 게 아니라. 75년 동안 갈등이 치유되고 경제가 성장하고 안전해지고 안보가 보장되고 근대화되고 자유와 민주정체가 번성했지만, 내심 불안감과 불만은 여전히 존재한다. 세계화의 절정에서 일어난 브렉시트가 바로 그러한 사례다. 미국이 철수하면 유럽은 잠에서 깨어난다.

간단히 말해서 독일 중심의 체제는 성장은 고사하고 현재의 지위를 유지하기도 불가능하고, 세계에서 그 체제를 구제하는 데 전략적 이해가 걸린 나라는 하나도 없다. 중부 유럽이 직면한 도전은 독일이 "정상" 국가처럼 행동하지 못하게 막는 일이다. 독일이 정상 국가처럼 행동했던 과거 일곱 차례 사례에서 유럽은 피의 역사가 작동했다.

약간 희망이 보이는 측면이 있다. 유럽의 부차적인 교역망들은 독일 중심 체제보다는 상황이 훨씬 나아 보인다.

스웨덴 중심 체제는 그대로 유지될 가능성이 있다. 북유럽의 공급사슬은 잠재적인 위협에 덜 노출되어 있고, 에너지 공급은 주로 역내에서 이뤄지고 있으며, 인구구조는 고령화 정도가 덜하고 고령화 속도도 더 느리며, 수요와 공급의 균형 상태가 훨씬 나으므로 애초에 역외 수입과 수출의 필요를 제한한다. 스칸디나비아반도는 역내의 수요를 거의 다 충족시키기에 충분한 석유와 천연가스를 북해에서 조달할 수 있다. 그들은 대륙 건너에서 다양한 산업 투입재를 어떻게든 확보해오기만 하면 된다.

그들에게는 두 가지 선택지가 있다.

첫 번째는 적어도 부분적으로나마 프랑스 체제와 협력하는 방법이다. 프랑스는 자국의 생산을 흡수할 만한 국내 소비가 존재할 뿐만 아니라 지리적으로 안보가 보장될 만큼 충분히 격리되어 있고 필요한 투입재에 도달 가능한 위치를 점유하고 있다. 게다가 원정에 나설 군사적 역량도 있고 은하계를 꽉 채울 정도로 자존심이 넘치는 프랑스는 자국 나름의 갈 길을 갈 수 있다. 스웨덴을 비롯한 인접 국가들은 프랑스와 협력할 길을 모색하는 게 바람직하다.

두 번째 선택지가 스칸디나비아 국가들에게는 훨씬 편안하게 느껴질지 모른다. 영국과 협력하는 방법이다. 유럽 대륙에 맞서 스칸디나비아-영국이 협력한 역사는 유서가 깊다. 영국이 미국과 (조직화 측면에서 볼 때) 동행하게 되면서 흥미로운 가능성이 표면화하고 있다. 미국은 당연히 프랑스가 내세울 만한 그 무엇보다도 훨씬 막강한 군사력과 경제력을 지니고 있다. 미국은 또한 훨씬 멀리까지—필요한 원자재가 있는 그 어느 곳이든—도달할 수 있다. 미국-멕시코 시장은 단연 최상이지만, 영국 시장은 여전히 (인구 구조적으로 보면) 프랑스를 제외하고 유럽에서 가장 건전하다.

북미의 세기

NAFTA 체제는 전망이 밝다. 대부분 지표가 대단히 긍정적으로 보인다.

기본 구조부터 시작해보자. 미국의 제조업자들이 세계화에 속았다고 생각하는 이유는 그게 세계화의 본래 계획이었기 때문이기도 하다. 미국 주도 세계질서는 미국이 안보를 장악하기 위해 경제적 역동성을 포기하는 게 그 핵심이다. 미국 시장은 희생되게끔 되어 있었다. 미국 노동자는 희생되게끔 되어 있었다. 미국 기업들은 희생되게끔 되어 있었다. 따라서 미국이 여전히 제조하고 있는 게 무엇이든 그것은 미국 시장, 미국 근로자, 기업 구조의 경쟁력이 월등한 상품들이다. 게다가 의도적인 희생이란 미국이 제조한 상품은 대부분 수출이 목적이 아니라 북미지역 내에서의 소비가 목적임을 의미한다.

중국은 그런 식으로 작동하지 않는다. 중국은 정부 보조금, 기술 절도, 그리고 외교를 통한 강요를 이용해 자국이 기술적으로 제조 가능한 것은 무엇이든 만들어서 가능한 한 최대한 자국이 생산하는 상품 목록을 확대한다. 그리고 미국과는 달리, 그러한 상품을 대부분 수출한다. 다시 말해서, 중국이 만드는 상품은 이유를 막론하고 미국이 만들지 않기로 선택한 물건들이다.

중국 통신기업 화웨이가 그러한 사례다. 화웨이는 자사가 직접, 그리고 외국 기업을 해킹하는 데 도가 튼 중국 정부 조직을 통해, 20년 동안 이중 전략을 추구해왔다. 훔칠 수 있는 기술은 무엇이든 훔친다. 복제할 수 없는 기술은 무엇이든 구매한다. 트럼프 행정부가 부과한 (그리고 바이든 행정부가 한술 더 뜬) 경제제재로 화웨이로의 합법적 기술 이전이 봉쇄되었고 이와 동시에 미국 기업들은 정신을 차리고 해킹 위협에 대해 경계를 강화했다. 결과는? 화웨이의 기업 위상은 2년이 채 안 돼 함몰되었고, 세계 최대 휴대전화 제조업체에 등극하기 직전까지 갔다가 중국 내에서도 5위 안에도 들지 못하는 처지로 전락했다. 중국 기업은 대부분 미국의 적극적인 참여 없이는 제 기능을 못 한다.

그 역은 성립하지 않는다. 미국은 앞으로 잃게 될 저비용 공급자들을 대신할 산업시설을 확장해야 하고, 실행보다는 말이 훨씬 쉽고 빠르긴 하지만, 미국이 알루미늄을 제련하거나 유리를 제련하거나 강철을 구부리거나 카뷰레터를 제조하거나 마더보드를 조립하는 방법을 모르는 것도 아니다.

그리고 무역 접근 문제도 있다. 미국은 수출입을 모두 합해도, 경제의 약 4분의 3은 국내에서 비롯되므로 국제 교역에 노출되는 정도가 제한적이다. 캐나다와 멕시코는 세계 시장과 훨씬 통합되어 있어서 각각 경제의 대략 3분의 2와 4분의 3이 무역에서 비롯되지만, 그 무역량의 대략 4분의 3은 미국과의 교역에서 비롯된다. 북미지역을 하나의 단위로 보면 10달러(혹은 페소) 중 8달러(혹은 페소) 이상이 북미 대륙 내에서 창출된다. 이는 단연 세계에서 역외지역과 가장 단절된 체제다.

그 밖에 미국은 일본, 한국과의 무역 협정을 이미 승인하고 작동시키고 실행해왔다. 이 두 나라는 미국 6대 교역국에 속한다. (또 하나의 6대 교역국인) 영국과 진행 중인 무역 협정까지 더하면 미국의 무역 포트폴리오의 절반은 족히 탈세계화 체제에 이미 진입했다.

그다음은 원자재 공급이다. NAFTA 협정에 조인한 나라들 가운데 산업 원자재나 에너지 생산에 관한 한 만만하게 볼 만한 나라는 하나도 없다. 모두 다양한 산업 원자재들, 천연가스, 석유를 세계적으로 상당량 생산한다. 더 있다. 세계 민간 해상운송이 붕괴하면, 미국의 걸프 코스트(Gulf Coast) 지역에서 생산하고 가공하는 원자재와 중간재를 세계 시장에 내다 팔 가능성이 제한된다. 그 이유가 완성품 시장 붕괴 때문이든 안보가 보장되지 않기 때문이든 두 이유 모두 때문이든 상관없이 말이다. 그렇게 되면 더 많은 생산품이 북미지역에 갇히게 된다. 에너지를 생산하거나 가공하는 나라에 바람직한 상황은 아니지만, 에너지 상품 사용자에게는 그야말로 희소식이다. 대부분 제조업자에게도 마찬가지로 희소식이다.

무엇이든 더 많이 필요하다면, 남아메리카야말로 확실한 출발점이다. 서반구 바깥에서 원자재를 확보하기가 점점 골치 아파지는데, 다른 제조업 중심 지역들과는 달리, 북미지역은 소비기반 시장, 자본, 연료, 그리고 바깥으로 진출해 필요한 것을 확보할 군사력을 모두 갖추고 있다.

공급사슬 얘기를 해보자.

지난 5년 동안 발표된 대부분 연구에 따르면, 2021년 무렵 제조업 공정은 대부분 아시아나 유럽보다 북미지역에서 하는 게 훨씬 저렴하다고 결론이 나와 있다. 뜻밖이라고 생각할지 모르지만, 이러한 결론을 이해하기 위해서는 심층 분석도 필요 없다. 북미 체제는 임금수준이 다양하고 에너지 비용이 낮고 최종소비자에게 운반하는 운송비용도 낮으며, 부지 선택지가 거의 무한하고, 산업 투입재 공급이 안정적이고, 자본공급이 안정적이고 양도 많다.

금상첨화로, 북미 대륙에서는 자국의 연안과 물자를 공급할 잠재력이 있는 나라의 연안 사이에 안보 위협이 거의 존재하지 않는다. 평균적으로 북미 상품은 독일이 겪을 공급사슬 차질의 3분의 1 그리고 아시아가 겪을 공급사슬 차질의 10분의 1에도 직면하지 않는다. 산업시설은 공짜로 생기지도 않고 하룻밤 새 뚝딱 지을 수도 없지만, 북미 제조업체들이 겪을 차질은 감당할 만하고 극복할 수 있을 정도다.

북미 제조업의 생존 가능성과 아시아와 유럽 제조업의 생존 가능성의 격차는 주로 발전 부문에서 꾸준히 일어나는 변화 때문에 앞으로 수십 년 동안 점점 벌어지게 된다. 미국과 멕시코는 세계 최적의 친환경 기술 선택지를 지니고 있다. 대평원의 바람, 남서부의 태양광, 멕시코, 특히 미국 체제와의 통합이 깊어지는 멕시코 북부는 바람과 태양광 둘 다 잠재력이 크다.

그러나 무엇보다도 북미지역에서 아직은 너도나도 제조업 경쟁에 뛰어들지는 않았다는 게 중요하다.

우선 밀레니얼 세대다. 그들이 지닌 결함은 한두 가지[11]가 아니지만, 선진국들 가운데 미국의 밀레니얼 세대는 근로 연령 인구에서 차지하는 비율이 가장 높다. 그들의 소비는 현재 북미지역 체제를 견인하고 있고, 20년 후면 그들의 투자가 북미지역 체제를 견인하게 된다. 그들 덕분에 북미지역은 곧 아시아와 유럽이 겪을 소비와 자본 위축 같은 현상은 겪지 않는다.

둘째, 미국의 제조업 지역들은 그다지 통합되지 않았다(오로지 걸프 코스트와 텍사스 삼각지대만 예외다). 앞으로 세계무역이 차질을 빚게 될 경우 바로 미국 연방, 주, 지방 정부들이 그러한 상호연계성을 개선하는 데 확고한 이해관계를 갖게 된다. 그러한 상호연계성으로 미국 내 제조업 체계가 훨씬 순조롭고 효율적으로 통합되게 된다.

셋째, 멕시코 전체가 통합에 참여하지는 않고 있다. 아직은. 멕시코 북부 도시들은 미국과의 통합에 명운을 걸었지만 멕시코 중부는 그 자체로서 독자적인 제조업 지역이다. 중부에서도 미국과의 통합이 일어나긴 하지만, 멕시코 북부만큼 전방위적으로 일어나지는 않는다. 멕시코 남부도 백기 투항하지는 않는다. 남부는 멕시코에서 가장 빈곤하고 기술적으로 가장 낙후된 지역으로서, 남부를 나머지 멕시코와 연결할 수도 있는 도로와 철도뿐만 아니라 남부 지역 내의 도로와 철도 기간시설도 최악이다.

캐나다, 미국, 멕시코 북부가 훨씬 통합된 체제를 추진함에 따라 그 체제는 자연스럽게 통합의 범위를 훨씬 남쪽까지 확장하게 된다. 멕시코시티 핵심부는 인구가 7,000만이 넘고, 멕시코 북부 도시들끼리 서로 연결된 정도보다 훨씬 더 내부적으로 긴밀히 연결되어 있다. 앞으로 퇴락하게 될 세계에서 7,000만 명의 중간소득층이 더해질 경제 체제는 어떤 체제든 횡재한 셈이다.

넷째, 약간 더 큰 횡재가 기다리고 있을지 모른다. 영국은 2016년에 국민투표로 유럽연합을 탈퇴하기로 했지만, 2020년에 가서야 탈퇴를 마무리했고, 2021년에 가서야 탈퇴 이후를 대비하지 않았다는 사실을 깨달았다. 전혀 대비하지 않았다. 유럽 대륙 국가들은 영국에게 탈퇴 시한을 연상해줄 의향이 전혀 없었고, 영국은 세계무대에서 독자적으로 주요 국가로 인정받을 만큼 규모가 크지도 안정적이지도 다변화되지도 않았다. 그러나 영국과 영국의 정교한 선진국형 제조업 역량을 NAFTA에 보태면 셈이 상당히 달라진다. NAFTA 같은 무역 체계를 멕시코와 한층 더 깊이 연결해도 바람직하겠지만, 인구 6,600만인 영국과 통합한다? 금상첨화다. 둘 다 준비가 되어 있다.

문제가 있기는 하다. 너무나도 중요한 인력의 다양성이다. 영국의 인력이 보유한 기술 묶음과 임금은 미국, 캐나다와 비슷하고, 멕시코 중부는 멕시코 북부와 비슷하다. 20년 동안 지속된 적절한 정도의 경제성장과 적절한 속도로 고령화하는 인구구조를 보이는 멕시코는 이제 저비용 제조업 협력자가 필요하다. 다시 말해서, 멕시코는 또 다른 멕시코가 필요하다.

선택지가 두 가지 있다. 첫 번째 선택지는 의문점이 많다. 온두라스, 과테말라, 엘살바도르, 코스타리카, 니카라과, 파나마 등 중앙아메리카 국가들은 이미 중앙아메리카자유무역협정(CAFTA)으로 미국과 통합되었다. 문제는 기간 시설이다. 중앙아메리카의 저임금 저숙련 노동력을 미국 시장과 연결하자고 멕시코의 험준한 지형에 도로와 철도망을 건설하는 일은 좀 무리다. 텍사스 삼각지대와 멕시코 북부 사이의 비교적 짧은 거리만큼 수지가 맞지도 않는다.

그러면 해상으로 연결하는 선택지가 남는다. 중앙아메리카 국가들은 관목으로 빽빽이 둘러싸여 있는, 사실상 도시들—나라당 한두 개 도시—이다. 비책은 이러한 노동력으로 수출을 정당화하기에 충분한 수익성을 달성할 만한 산업을 찾아내는 일이다. 그럴 만한 산업이 있는지 불분명하다. 섬유산업조차도, 마무리 작업 말고는, 안성맞춤이 아닐 가능성이 크다. 따라서 이 지역은 열대 농작물 생산과 가공에 국한된다. 아예 없느니보다 낫지만 그렇다고 찰떡궁합도 아니다. 그리고 그러한 부문들은 이러한 나라가 "거의 몰락한" 부류에서 벗어나게 할 정도로 지역 주민들을 충분히 고용할 수도 없다.

훨씬 가능성이 있는 선택지는 콜롬비아다. 중앙아메리카와 마찬가지로 콜롬비아는 이미 미국과 무역 협정을 체결했다. 중앙아메리카와는 달리 콜롬비아는 오늘날 멕시코 임금의 약 3분의 2 수준이지만 그보다 훨씬 숙련된 노동력이 있다. 가장 큰 난관은, 라틴아메리카 전역이 공통으로 직면한 난관인데, 바로 기간시설이다. 융기한 단일한 중앙 고원이 있는 멕시코와는 달리 콜롬비아는 V자 형의 고산지대로서 서쪽에 있는 메데인과 칼리 같은 도시들은 태평양 쪽 항구들을 통해서 통합할 가능성이 크고, 동쪽에 있는 수도 보고타는 북쪽의 카리브해 연안으로 눈을 돌릴 가능성이 크다.

지금 이 시점까지 세계화는 콜롬비아의 꿈을 무참히 짓밟았다. 콜롬비아의 험준한 산악지대를 오르내리며 물건을 운반하는 데 드는 비용과 어려움으로 인해 콜롬비아 내에서뿐 아니라 콜롬비아와 바깥세상 사이에 이렇다 할 공급사슬이 형성되지 못했다. 따라서 콜롬비아는 주로 석유, 초경질 석탄 (superhard coal), 커피 수출로 알려져 있다. 그러나 불안정해지면서 생산비용이 폭등할 세계에서—노동력을 포함해—온갖 종류의 산업 투입재 수요가 북미지역에서 급증하게 되면 콜롬비아에도 볕들 날이 올지도 모른다.

콜롬비아가 지구상에서 북미지역이 아닌 다른 지역에 있다면, 북미지역과 이렇다 할 통합을 논한다는 건 쓸데없는 짓일지 모른다. 그러나 콜롬비아의 독특한 가격체계, 독특한 지리적 여건, 그리고 북미지역과 비교적 가까운 거리 덕분에, 북미 체제에서 아시아 같은 역할을 담당하게 될지도 모른다. 바로

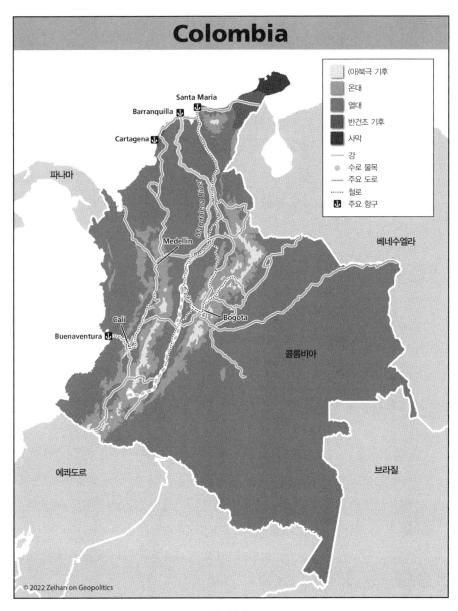

Colombia

지도 범례:
- (아)북극 기후
- 온대
- 열대
- 반건조 기후
- 사막
- 강
- 수로 물목
- 주요 도로
- 철로
- 주요 항구

지명:
- Santa Maria
- Barranquilla
- Cartagena
- 파나마
- Medellin
- 베네수엘라
- Cali
- Buenaventura
- Bogota
- 콜롬비아
- Magdalena River
- 에콰도르
- 브라질

콜롬비아

적시생산방식이다.

적시생산방식 재고관리의 기본 전제는 각종 제조 협력사들이 안정적이고 신뢰할 만하므로 다음에 도착할 선적분, 적시에 도착할 선적분에 기업의 미래를 맡길 수 있다는 점이다. 아시아 대부분 지역에서 이 개념은 완전히 붕괴하기 직전이다. NAFTA 지역에서는 그렇지 않다. 캐나다, 미국, 멕시코는 온갖 결함에도 불구하고 아무런 구조적 난관에도 직면하지 않고 있으므로 마음만 먹으면 적시생산방식을 계속 이용할 수 있다. 콜롬비아도 마찬가지다.

게다가, 앞으로 살아남을 아시아(그리고 유럽) 제조업이 무엇이든 대량 조립 공정 방식이 요구하는 규모의 경제를 달성하지 못하게 될 가능성이 크지만, 북미지역은 통합된 기간시설과 소비 증진 덕분에 조립생산 시설을 유지하고 자동화를 제한적으로 적용하는 게 가능하다. NAFTA 세 나라는 일부 저가 부품과 관련해 약간의 도움만 받으면 된다. 다시 여기서 콜롬비아가 등장한다.

사람들은 대부분 브레튼우즈 체제를 일종의 팍스아메리카나로 생각한다. 미국의 세기라고 해도 좋다. 그러나 사실은 그렇지 않다. 미국이 주도하는 세계질서의 총체적인 개념은 미국이 세계 동맹의 충성심을 사기 위해서 경제적 불이익을 스스로 감수한다는 개념이다. 그게 바로 세계화다. 지난 수십 년은 미국의 세기가 아니었다. 미국이 희생한 세기였다.

그런 희생은 이제 끝났다. 미국이 세계에서 손을 떼면서 아시아 체제와 유럽 체제 전체를 인위적으로 지탱해준 다양한 구조적, 전략적, 경제적 요인들이 사라지고 있다. 그나마 남은 소비력은 북미지역에 집중되어 있다. 오로지 북미지역만이 근본적으로 새로운—근본적으로 미지의—금융 현실에 즉시 적응할 필요가 없는 인구구조를 보인다. 따라서 제조업이 미국 체제로 대거 귀환하는 현상이 이미 진행되고 있다.

진정한, 실질적인 미국의 세기는 이제 겨우 시작일 뿐이다.

그렇다고 해서 다른 어떤 지역에도 제조업은 존재하지 않게 된다는 뜻은 아니다.

신흥 중심지

부가가치 제조업의 약 95퍼센트는 동아시아, 유럽, 혹은 북미지역에서 이루어진다. 그 이유는 우리가 이미 다룬 여러 가지 요인들, 즉 지리적 여건, 인구구조, 운송, 세계화 등이 복합적으로 작용했기 때문이다.

그러나 정책 때문이기도 하다.

냉전 시대 동안 두 지역은 대체로 세계화에서 벗어나 있었다. 첫 번째 지역은 소련이다. 소련은 세계화의 설계상 소외될 수밖에 없었다. 세계화는 소련을 고립시키기 위해 조성되었다. 두 번째 지역은 라틴아메리카의 브라질로서 여러 가지 정치적 이념적 이유로 인해 자국의 체제를 세계화와 분리해 유지했다.

냉전이 끝나자 두 지역 모두 스스로 체제를 개방했다. 특히 동아시아 국가의 저렴한 전자제품과 컴퓨터 제품에 시장을 개방했다. 수십 년 동안 보호받아온 러시아와 브라질은 경쟁력이 없었다. 설상가상으로 중국이 이 두 나라에 진입해 합작투자를 구성하고 페이스북 뺨칠 정도로 온갖 기업으로부터 지적 재산권을 싹싹 긁어갔다.

2005년 무렵이 되자 이제 중국은 훔칠 게 남아있지 않았다. 2010년 무렵 중국은 훔친 기술을 모조리 자국의 대규모 제조업 체제에 완전히 통합했고 훨씬 저렴한 비용으로 생산한 상품들을 한때 "동반자 관계"였던 이 두 나라의 목구멍에 쑤셔 넣었고, 한때 세계를 선도했던 이 두 나라의 기업들을 박살냈다. 정도는 덜하지만 이와 비슷한 일은 개발도상국 지역에서도 일어났다. 무엇보다도 이러한 이유로 인해 동아시아의 제조업이 세계 제조업의 절반 정도를 차지하고 있고, 유럽과 북미지역이 나머지 제조업을 거의 전부 차지하고 있다.

앞으로 닥칠 세계에서, 러시아와 브라질은 제조업 부활을 약간 맛볼지도 모른다. 공급사슬이 짧아지고 단순해지고 소비자에게 가까이 있도록 하는 변화는 무엇이든 동아시아나 유럽 외의 지역에 있는 어떤 제조업 체제에든 이득이 된다. 첫째, 제조업을 회복하려면 러시아와 브라질은 교육체제에서부터 기간시설에 이르기까지 제조업과 무관한 여러 가지 문제들을 해결해야 한다. 둘째, 제조업을 되살린다고 해도 대체로 고객은 러시아와 브라질 내의 국민이나, 기껏해야 지리적으로 가까운 나라에 제한된다. 아예 없는 것보다는 낫지만, 둘 중 어느 나라도 제2의 중국, 제2의 멕시코, 심지어 제2의 베트남이 될 가능성은 이론상으로도 존재하지 않는다.

마찬가지로 중국의 몰락은 대체로 비제조업 중심인 사하라사막 이남 아프리카지역에도 도움이 될지도 모른다. 이 지역 국가들 가운데 어떤 나라도 중국 중심의 제조업에서 중국의 저비용과 경쟁할 꿈도 꾸지 못하지만, 중국이 몰락한다면? 역내에서 성공할 여지가 생길지도 모른다. 여전히 (많은) 문제가 있기는 하다. 아프리카 대륙은 죽 늘어선 일련의 고원들로 구성되어 있기 때문에 여러 나라가 기간시설을 서로 연결하고 규모의 경제를 달성하기가 불가능하다. 서로 사이가 좋은 나라도 없다. 독자적으로 기간시설을 구축할 풍부한 자본도 없다. 그러나 중국이 몰락하게 되면 일말의 희망이 생긴다. 가장 잠재력이 큰 나라는 자국 내에서뿐 아니라 바깥 세계와도 비교적 쉽게 통합할 지리적 여건을 갖춘 나라들이다. 세네갈, 나이지리아, 앙골라, 남아프리카, 케냐, 우간다 등이다. 이 가운데 나이지리아—적절한 인구 규모, 젊은 인구구조, 풍부한 에너지 생산량—가 가장 전망이 밝다.

좀 더 낙관적인 면을 보면, 전략적 여건이 바뀌면서 이를 이용해 제조업계에 진입하거나 다시 진입하게 될 가능성이 큰 세 지역이 있다. 앞서 언급한 여러 가지 요인들—인구구조, 노동력의 다양성, 안보, 원자재 접근, 안전한 운송—이 어느 나라가 이를 해낼지 결정한다.

첫 번째 지역은 중국을 뺀 동남아시아다. 여러 가지 유리한 요인들을 갖추고 있다.

- 노동력의 다양성 하면 단연 동남아시아다. 싱가포르는 최첨단 기술과 금융 부문에서 앞서 있고, 베트남과 인도네시아는 저급 제조업을 책임질 수 있는 젊고 활기 있는 사회이고, 태국과 말레이시아는 중간 지대를 점유하고 있지 만… 여기서 중간 지대란 아시아에서 그렇다는 뜻이다. 실제로 태국과 말레이시아는 유럽 일부 국가들과 미국의 일부 주들보다 기술적으로 훨씬 뛰어나다.
- 인도네시아, 말레이시아, 필리핀, 태국, 베트남 등 동남아시아 국가들은 매우 급속하게 도시화하고 있다. 이 지역의 도시들은 인구가 넘쳐나서 세계 평균과 비교해 임금 상승을 억제하기 때문에 농남아시아는 비슷한 여건인 다른 나라들에 비해 유리하다.
- 이 지역은 다양한 산업 원자재들의 공급이 비교적 원활하다. 석유와 천연가스는 거의 자급자족이 가능하다는 점이 가장 두드러진다. 미얀마는 특히 아직 대량 생산하지 않고 묻혀 있는 광물들이 많이 있고, 파푸아뉴기니는 쓸모 있는 원자재들이 너무 많아서 주체 못 할 지경이다. 이 지역이 직접 생산하지 못하는 것은 오스트레일리아에서 구하면 된다. 오스트레일리아는 석탄, 리튬, 철광석, 니켈, 우라늄 생산에서 세계적으로 앞서가는 나라다.
- 이 지역의 국가들이 항상 사이가 좋다고 한다면 무리겠지만, 이 지역의 지리적 여건 자체—밀림, 산악지대, 반도, 섬이 많다—가 이 지역에서 국경 분쟁 이상의 분란이 일어나기 매우 어렵게 한다. 이렇다 할 마지막 분쟁이 일어난 때가 베트남이 캄보디아를 침공한 1980년대다. 그리고 단도직입적으로 말하자면, 그 갈등은 경제 상황에 아무 영향도 미치지 못했다. 캄보디아는 그때도 영향력이 없었고, 지금도 영향력이 전혀 없는 나라다.

이 지역은 중요한 단점도 한두 가지 있는데, 내 생각으로는 충분히 보완할 수 있는 단점이다.

첫째, 도시에 거주하는(그리고 도시로 이주하는) 이들이 계속 늘고 있고, 열대기후인 이 지역의 토양은 경작이 제한적이므로 식량을 자급할 길이 없다. 다행스럽게도 오스트레일리아와 뉴질랜드같이 농산물을 대량 수출하는 나라가 바로 이웃하고 있고, 태평양을 직선으로 가로지르면 농산물의 보고인 서반구가 있다.

둘째, 동남아시아에는 명백한 지역 맹주가 없다. 싱가포르는 가장 부유하지만 가장 규모가 작기도 하다. 인도네시아는 가장 규모가 크지만 가장 빈곤한 축에 속한다. 태국은 군사쿠데타에 정신만 팔리지 않는다면[12] 가장 자격요건을 갖추었다. 베트남은 가장 조직화가 잘 되어 있지만, 그 이유는 정부가 독재의 경계선상에 있기 때문이다. 이는 단순히 누가 이 지역을 대표하느냐의 문제뿐만이 아니라 누가 해상로의 안전을 유지할 수 있느냐의 문제이기도 하다. 이 임무는 이 지역이 자체적으로 해결하기는 난망하다.

다행스럽게도, 이 문제도 도움을 받을 길이 있다. 일본의 해군은 장거리 원정이 가능하고—국방전문가들이 쓰는 전문용어로 말하자면 대양해군(blue-water navy)이고—따라서 이 지역을 상당히 수월하게 순찰할 수 있다. 지금은 일본제국 시대가 아니다. 제국적 침략은 일어나지 않는다. 동남아시아는 대부분 경제발전 단계에서 볼 때 일본보다 한두 세대 뒤떨어져 있을지 모르지만, 이 지역 주요 국가들은 모두 완전히 산업화했다. 따라서 점령이 아니라 방위 동반자 관계가 된다.

다음은 인도다. 인도는 작동하는 방식이 중국과 약간 비슷하다. 넓게 펼쳐진 거대한 영토에 인구가 집중된 지역들 사이에 편차가 크다. 벵갈루루 회랑은 기술 서비스 부문에 일찍이 입문했고, 정유, 중화학, 특허가 만료된 약품 생산, 교체 주기가 빠른 소비재 생산에도 뛰어나다.

인도의 문제는 인구 구성이 너무 다양하고 인구가 너무 많다는 점이다. 인도는 중국이나 베트남이나 프랑스나 폴란드처럼 특정한 민족집단이 인구와 정부를 지배하는 민족국가가 아니라, 아프리카를 제외하면 그 어느 대륙보다도 민족이 다양하고 언어도 다양하다. 이러한 민족들은 대부분 자기들만의 문화만 있는 게 아니라 자기들만의 정부도 있다. 이러한 정부들은 국가 정책에 대해—때로는 공식적으로 때로는 비공식적으로—거부권을 행사한다. 그 반대 경우도 종종 일어난다. 국가가 결속하고 기업 관계가 순탄할 만한 여건이 아니다.

지난 1500여 년 동안 인도는 이런 모습이었다. 우리가 알고 있는 세계의 붕괴 같은 사소한 사건도 이런 인도를 바꾸지는 못한다. 그러나 세계를 하나로 만든 관계망이 붕괴하면, 엉망진창인 인도의 관료집단들은 장거리 해상운송의 부재만큼 큰 문제가 되지 않는다. 적어도, 여건이 변하면 인도는 14억 인구의 소비를 충족시키기 위해 제조업 역량을 확대하게 된다. 인도는 세상사에 가담하지 않아도 그 규모만으로도 세계적으로 비중 있는 나라다.

앞으로 동남아시아와 인도의 공통적인 문제는 자본공급이다. 두 지역 모두 인구가 비교적 젊으므로 역내에서 창출되는 자본은 좀 빈약하다. 두 지역 모두 지형이 복잡하고 단절되어 있으므로—그 수많은 밀림과 산악지대와 반도와 섬을 생각해보라—이를 상쇄할 기간시설을 구축하는 데 많은 자본이 필요하고, 이 지역의 다양한 노동력을 서로 연결할 육로기반 기간시설 구축의 기회는 아무리 좋게 말해도 빈약하다. 중국이 붕괴하게 되면 두 지역 모두 제조업 사슬의 해체된 파편들을 주워 담겠지만, 그러자면 산업시설을 구축해야 한다—그리고 이는 공짜가 아니다. 싱가포르를 제외하면, 경화를 보유하거나 안정적인 주식시장이 있는 나라는 단 하나도 없다. 이들이 정치적 거시경제적 안정을 유지한다고 해도 탈출한 자본이 향할 목적지들은 아니다.

이들은 하나같이 해외 직접투자가 필요하다. 해외 직접투자의 개념은 간단하다. 특정한 상품을 생산하기 위해 특정한 시설—보통 산업시설—을 매입하거나 구축할 돈이다. 동남아시아와 인도의 자본 문제는 똑같은 방법으로 해결할 가능성이 크다. 해법은 일본이다. 일본의 노동력은 급속히 고령화해서 사라지기 직전이고, 소비는 30년 전에 이미 절정에 달했다. 그러나 일본은 여전히 자본이 풍부하다. 자국의 노동력은 내수용으로 직접 뭔가를 구축하지는 않겠지만, 다른 지역에서 제조될 제품을 설계하거나 제조를 가능하게 할 산업시설에 자본을 투자할 역량은 여전히 뛰어나다. 일본의 기술과 군사력과 자본을 인도와 동남아시아의 제조업 잠재력과 인구구조와 산업시설과 접목하면 21세기의 가장 막강한 동맹으로 손꼽히게 된다.

문제는 이 동맹에 동참하라고 어느 나라를 초청할지다. 논리적으로는 한국이 적합한 후보지만, 한국은 첨단기술 제조업에서 보이는 전문성 못지않게 1905년-1945년 일본의 한국 점령에 대한 원한을 떨치지 못하는 실력도 뛰어나다. 자국을 스스로 돌볼 해군 역량이 전혀 없는 한국이 미국이 손을 뗀 세계에서 일본에 기꺼이 손을 내밀지 불확실하다. 반면 대만이 일본과 손을 잡게 되는 건 따 놓은 당상이다. 대만과 일본은 본능적으로 중국에 대한 적대적 시각을 공유하고 있고 한국전쟁 종전 이후로 산업 전반에서 협력해왔다.

눈여겨봐야 할 나라가 하나 더 있다. 아르헨티나다.

아르헨티나를 잘 아는 사람이라면 아마 이런 말을 하는 내가 제정신이 아니라고 생각할 게 틀림없다. 아르헨티나는 세계에서 투자자에게 가장 적대적인 규제와 관세 정책으로 악명이 높고, 정부가 눈에 불을 켜고 사유재산을 몰수하는 바람에 자국 내 제조업 기반이 붕괴했다. 다 사실이다. 지금 세계에서는 모두 타당한 주장이다. 그러나 앞으로 탄생할 세계에서는, 여러 지역으로, 심지어 국가적 무역 체계로 쪼개질 세계에서는, 아르헨티나의 사회주의 겸 파시스트적 산업 정책이 훨씬 잘 작동하게 된다. 저렴한 제조업 상품을 동남아시아로부터 쉽게 수입하지 못하게 되면 아르헨티나는 그런 제품 없이 살든가 자국에서 일부 만들어야 한다. 그리고 아르헨티나는 없이 사는 걸 끔찍이 싫어한다.

이로 인해 아르헨티나는 상당한 산업 붐이 일게 된다. 아르헨티나는 세계에서 가장 교육 수준이 높은 축에 속하므로 지적인 역량은 전혀 문제가 된 적이 없다. 부에노스아이레스 지역은 파라과이, 우루과이, 브라질 남부의 저렴한 노동시장과도 가깝다. 4,500만 인구의 이 지역 시장을 겨냥할 가치가 있고 남아메리카 나머지 나라들—이미 아르헨티나와 기존의 기간시설로 연결된 지역—의 인구를 보태면 거의 2억 5천만에 달한다. 남아메리카는 태양 아래 존재하는 거의 모든 농산물과 공산품의 주요 생산지이고, 미국이 서반구에 두른 안보의 밧줄을 끊을 역량을 지닌 나라는 동반구에 하나도 없다. 식량에서부터 산업가공, 연관성 있고 지속 가능한 제조업 체제에 이르기까지 무엇이든 부족해질 여건에 직면할 세계에서 아르헨티나와 그 우방들은 필요한 조건을 다 갖추게 된다.

지금까지 "어디"를 다루었으니 이제 "어떻게"를 살펴보자. 우리가 앞으로 맞게 될 세계에서는 물건이 제조되는 장소와 규모만 바뀌는 게 아니라 세조되는 방식도 바뀌게 된다.

(36)

새로운 세계 제조하기

공급사슬이 복잡하고 길수록 회복 불가능하고 처참한 붕괴에 직면하게 될 가능성이 크다.

이 한 문장에는 어마어마한 불안과 심각한 차질이 담겨 있다.

세계화한 세계의 제조 관행에서 탈세계화한 세계의 새로운 제조 관행으로 바뀌는 현상은 자동차를 분해해서 새로운 장소에서 다시 조립하는 일과는 다르다. 자동차를 분해해서 제빵기, 사과 수확기, 제트기로 다시 조립하는 셈이다. 환경이 바뀌므로 물건을 제조하는 공정도 바뀌게 된다. 세계적 규모의 경제는 사라지게 된다. 세계화 체제 하에서 상품을 제조하는 데 사용한 기술은 대부분 다가오는 분열된 세계에서는 적용하지 못하게 된다.

2022년 현재 우리가 보유하고 있는 산업시설은 대부분 써먹지 못하게 된다는 뜻이다.

중국을 예로 들어보자. 2021년 중국에서 생산된 제조업 총 부가가치는 4조 달러 정도였는데, 이 가운데 4분의 3 정도는 수출과 관련된 가치였다. 이

418

를 생산하는 산업시설의 가치는 족히 열 배는 된다. 그것도 이를 뒷받침하는 운송과 전력시설, 투입재를 국내에 반입하고 완제품을 국외로 반출하는 수천 척의 장거리 운송 선박, 그리고 동아시아 전역의 다른 나라들이 관여하는 상호의존적 공급 체계들의 가치도 전혀 고려하지 않은 수치다.

이 모두가 차질을 빚게 된다. 탈세계화는—미국이 세계에서 손을 떼기 때문에 촉발되든 인구구조가 붕괴하기 때문에 촉발되든 상관없이—중국 중심의 제조업을 가능케 한 공급사슬을 끊게 된다. 게다가 소비 국가들은 자국의 시장을 더욱 악착같이 보호하게 된다. 거의 전적으로 수출을 겨냥한 산업시설은 대부분(그리고 국내 소비를 겨냥한 산업시설의 적잖은 비율도) 쓸모없게 된다. 완전히.

전부 다 완전히 대체할 필요는 없다. COVID 발생 전인 2019년에 이미 세계 소비는 정점을 찍었고 인구는 감소하고 있으므로 세계화 체제의 분열은 세계 소득과 부의 수준을 한층 더 끌어내리게 된다. 그러나 분열된 수많은 작은 지역들 내에서는 대체 산업시설을 구축할 필요가 반드시 생기게 된다. 완제품을 세계 시장에서 구하기가 어려워지기 때문이다.

이 새로운 산업시설의 특징은 거시경제적, 전략적, 재정적, 기술적으로 근본적으로 다른 환경을 반영하게 된다. 해당 시설이 어디에 구축될지에 따라 약간 다르겠지만, 지역을 막론하고 공통으로 보일 특징이 몇 가지 있다.

1. 대량생산 조립시설은 대부분 사라진다. 어떤 유형의 대량생산이든 대대적인 규모의 경제가 있어야 한다. 미국, 캐나다, 멕시코 세 나라 경제를 합해 25조 정도인 북미 시장 안에서도 그러한 생산시설은 "겨우" 5억 인구의 필요를 충족시키기만 하면 된다. 어마어마하지만, COVID 이전의 세계총액의 3분의 1에 불과하고, NAFTA 국가들은 세계 시장이 아니라 주로 NAFTA 역내 소비를 겨냥해 생산하게 된다.

2. 규모의 경제가 축소되면 자동화 기회도 줄게 된다. 신기술을 제조 공정에 적

용하려면 비용이 추가되는데 자동화도 예외가 아니다. 그래도 자동화가 일어나기는 하겠지만, 섬유나 첨단 반도체같이 구체적인 부문을 겨냥해 일어나게 된다. 그와 같은 자동화 기술 응용은 이미 인력보다 저렴하다.

3. 제조업에서 기술의 향상 속도가 둔화한다. 더 폭넓게 말하자면, 기술이 향상하는 속도는 하나같이 둔화한다. 기술이 급속히 발전하려면 고숙련 인력과 그 인력이 대대적으로 협업할 기회와 신개념의 개발, 운영, 응용에 투입할 어마무시한 자본이 필요하다. 인구구조의 붕괴로 첫 번째 조건인 고숙련 인력이 거덜나고, 탈세계화로 두 번째 조건인 협업할 기회가 박살나고, 이 두 현상이 힘을 합해 세 번째 조건인 자본을 끝장내게 된다.

4. 공급사슬이 훨씬 짧아지게 된다. 서로 단절된 세계에서는 위험에 노출되는 어떤 지점이든 끊어지게 되고 복잡성을 스스로 해결하지 못하는 그 어떤 제조업 체제도 살아남지 못하게 된다. 지리적으로 서로 떨어진 수십 개 공급자가 하나의 기나긴 공급사슬을 구성하는 모델은 사라지게 된다. 대신 상호보완적인 두 가지 유형의 제조업 체제가 등장하게 된다. 첫 번째는 공급사슬이 처하는 위협을 가능한 한 제거하기 위해 개별적 지역 내에서 처리하는 공정이 훨씬 많아지게 된다. 그러한 핵심 시설은 규모가 훨씬 더 커지게 된다는 뜻이다. 두 번째는 맞춤형 부품을 공급하는 소규모 시설들이다. 특히 기계공작 시설이 번성하게 된다. 이들은 자본과 기술과 새로운 설계와 신규 인력을 재빨리 흡수해 규모가 더 큰 핵심 시설에 공급할 주문형 부품이나 급속히 변하는 부품을 쏟아낸다.

5. 생산과 소비가 같은 지역에서 일어나게 된다. 세계 지도가 쪼개지면서, 소비자 시장의 요구를 충족시키기 위해 그 시장 안에서 상품을 생산한다는 뜻이다. 규모가 작고 훨씬 단절된 시장에서는 규모의 경제를 달성하지 못하기 때문에 생산 비용이 급증하고 필요한 투입재를 확보하는 데 어려움을 겪게 된다. 규모가 비교적 큰 체제(예컨대, NAFTA)는 훨씬 선전하게 된다. 미국 유타주에서 구한 투입재로 캐나다 토론토에서 물건을 만들고 멕시코 유카탄에

서 판매할 수 있기 때문이다. 생산과 소비가 "같은 장소에서" 이루어진다는 개념은 상대적이다.

6. 구체제가 비용 절감과 효율성을 우선했다면 신체제는 단순함과 안보를 우선하게 된다. 적시생산 체제가 사라지면서 제조업자들은 둘 중 하나를 선택해야 한다. 선택지 A는—완성품을 포함해—가능한 한 제조 과정의 마지막 단계까지 필요한 부품을, 가능하면 주요 인구중심지에 인접한 창고에 대량으로 저장하는 방법이다. 선택지 B는 가능한 한 전통적인 제조 공정을 포기하고 가능한 한 최종소비자와 물리적으로 가까운 곳에서 모든 제조 공정을 처리하는 방법이다. 후자에 적합한 기술 하나가 3D 제조 공정인데, 가루형이나 액체형 자재를 분사해 얇은 층을 첩첩이 쌓아서 상품을 "인쇄"하는 방식이다. 상품 한 단위당 단가는 비싸지만 앞으로 생산비용이 오르게 되면 비용을 판단하는 기준이 바뀐다. 비용은 이제 제조업을 결정하는 초점이 아니고, 3D 인쇄로 제작한 상품은 그 특성상 창고유지 비용이 거의 제로에 가깝다.

7. 인력의 속성도 매우 달라진다. 맞춤 제작에 역점을 두고 한 장소에서 여러 가지 제조 공정을 수행하게 되면 기술이 없는 사람들은 설 자리가 없어진다. 산업화 시대에 얻은 많은 이득 가운데 하나가 바로 저숙련 노동력이 조립공정에 참여하면서 괜찮은 소득을 올렸다는 점이다. 그러나 이제는 어떻게 될까? 제조업 내에서 숙련도가 가장 낮은 일자리 수요는 증발하는 한편, 숙련도가 가장 높은 기술 일자리에 대한 보상은 폭증하게 된다. 가난한 나라에 이는 재앙이다. 부가가치 사슬의 상층부로 이동하려면 밑바닥에서부터 시작해야 한다. 그동안 정지되었던 지정학적 요인이 다시 작동하게 되고, 인구구조가 역전되고, 기술이 변하는 가운데 그러한 일자리는 대부분 사라지게 된다. 게다가 공급사슬이 훨씬 단순해지고 짧아지면서 생산되는 상품 한 단위당 필요한 일자리라는 측면에서 보면 제조업에서의 고용은 줄어들게 된다. 그 결과는? 한 나라 내에서 그리고 나라들 사이에 소득 격차가 벌어진다.

8. 누구나 숟가락을 얹게 되지는 않는다. 세계의 분절된 지역마다 그 지역 나름

의 내부 제조업 체제를 구축하려 할 텐데, 그럴 만한 역량이 없는 지역들이 많다. 산업시설을 구축하는 데 자본이 상당히 많이 필요하게 된다. 인구 고령화로 유럽 내에서는 선택지가 제한된다. 자본의 이전이 제한되면서 동아시아 외의 개발도상국 진영 전체적으로 선택지가 제한된다. 외자를 유치할 전망이 가장 밝은 지역은 원자재를 확보하고, 상품을 안정적으로 생산하고, 역외에도 얼마간 팔 가능성이 가장 큰 지역들이다. 동남아시아, 인도, 그리고 아르헨티나의 부에노스아이레스 광역지대가 그런 지역이다. 역내에 산업시설을 구축하는 데 필요한 자본을 역내에서 충당할 수 있는 지역은 오로지 NAFTA뿐일 가능성이 크다.

9. 마지막으로, 참으로 울적한 얘기를 하자면, 우리가 앞으로 진입하게 될 이 세계에서는 사뭇 다른 유형의 패자들이 나오게 된다. 앞으로 전개될 시대에 이러저러한 장치를 만드는 데 훨씬 적합한, 성공을 부르는 지리적 여건을 지닌 다른 누군가가 등장해서 당신의 나라가 제조업 체제를 잃게 되는 건 별개의 문제다. 운송이나 금융이나 에너지나 산업 원자재의 지도가 바뀌면 승자와 패자의 목록도 바뀐다. 패자에게는 탐탁한 결과가 아니지만, 그렇다고 세상이 끝나는 건 아니다. 접근 비용이 오르는 상황과 접근 자체가 불가능한 상황 사이에는 차이—그것도 큰 차이—가 있다. 전자의 경우 산업 공동화가 일어난다. 후자의 경우 철저한 탈산업화가 일어난다. 에너지의 경우와 마찬가지로 근대 산업사회를 구성하는 기초적인 요소에 접근하지 못하는 나라는 단순히 경기침체에 빠지는 데 그치지 않고 시장참여 역량 자체를 잃게 된다.

이제 상품 얘기를 해보자.

제조업 부문 전체에 걸쳐 말 그대로 수백 가지의 하부 부문이 있고, 각 하부 부문마다 수천 가지의 중간재와 완성품들로 구성된다. 이를 일일이 열거하려면 이 책 한 권을 만드는 데 든 나무보다 훨씬 많은 나무를 벌목해 종이를 만들어야 한다. 간결성을 추구하고 환경을 보호하기 위해, 국제적으로 거래되는 가치로 따져서 상위 11개 부문을 집중적으로 살펴보도록 하자.

국제 제조업 무역에서 가장 큰 비율을 차지하는 부문은 자동차다. 자동차한 대당 필요한 30,000가지 부품들은 각각의 공급사슬이 존재한다. 부품마다나름의 필요한 인력 요구사항과 비용 구조가 있으므로, 수많은 나라가 수많은 생산 단계에 참여하고 서로 다른 브랜드와 서로 다른 시장에 공급자 역할을 하기도 한다. 포드 자동차에 독일 트랜스미션이 쓰이고, 지리 자동차에 멕시코 엔진블록이 쓰이고, BMW에 말레이시아 배선이 들어가는 게 보통이다.

물론 이런 수준의 산업적 상호교류는 완전히 사라지게 된다. 큰 재앙처럼들리겠지만 실제로는 그렇게 큰 재앙은 아니다. 누구나 모든 걸 조금씩 만들기 때문에 기존의 공급사슬 체계가 집중되어 있는 곳이라면 어디든 상당한네트워크 효과를 창출한다. 물론 최종상품에 대한 소비자 수요가 충분하다고가정했을 때 얘기다. 2018년에 자동차 매출이 정점을 찍은 중국에 나쁜 소식이다. 수십 년 전 정점을 찍은 유럽에는 한층 더 나쁜 소식이다. 그런데 텍사스-멕시코를 잇는 축에는 더할 나위 없이 완벽한 소식이다. 25,000가지 부품을 세계 최대의 자동차 시장 내에 있는 상당히 협소한 지역에서 이미 생산(또는 조립)하고 있으므로 나머지 부품을 추가로 생산하기는 크게 버겁지 않다.

중장비 차량 제조—주로 농장, 광산, 건축 장비—도 여러모로 자동차와 똑같은 패턴을 따른다. 많은 나라가 많은 부품을 생산하고 중간재를 서로 사고판다. 부품은 부품일 뿐이다. 어느 정도까지는. 수십억 사람들이 중장비를 산다고 해도, 누구나 달려 나가서 최신의 최고급 굴착기를 사지는 않는다. 콤바인 크기의 물건을 표준 규격의 컨테이너에 구겨 넣을 수 없다는 절대 사소하지 않은 문제도 있다. 운송이 어렵다는 사실만으로도 농업 장비나 광업 장비나 건축 장비가 필요한 대부분 지역은 많은 부분을 직접 생산해야 한다.

종합해보면, 중장비는 자동차의 축소판이다. 자동차와 마찬가지로 중장비제조도 3대 핵심 제조 지역—동아시아, 유럽, 북미지역—이 존재하고, 각 지역이 역내 시장의 수요를 대부분 충족하지만 서로 다른 제조 지역에 5분의 1

이상의 부품도 공급한다. 2차 제조국—아르헨티나, 브라질, 러시아—은 관세 장벽과 필요 때문에 자국의 중장비 제조 체계를 보존해왔다.

앞으로 독일 체제는 말끔히 씻겨 내려간다. 독일의 인구구조는 재기불능이라 생산을 유지할 수 없고, 마찬가지로 인구구조가 재기불능인 나라들과 너무 통합되어 있어서 공급사슬을 유지하기가 어려우며, 산업 원자재 수입에 너무 발목이 잡혀 있어서 대규모 제조를 시도조차 하기 힘들고, 유럽 역외 수출에 지나치게 의존하고 있으므로 수익 흐름을 유지하기가 어렵다.

브라질은 독일과는 천양지차다. 에너지를 확보하기 쉽고 원자재에 접근하기가 쉽다. 다른 나라의 문제에 거의 노출되지 않고 바퀴에서부터 다른 부품들까지 제조하는, 대체로 자생적인 산업이 존재한다. 게다가 건설과 농업과 광업 장비에 대한 국내 수요가 두터우므로, 다른 나라가 이 산업에서 탈락하면 브라질은 해외로 판매를 확장할지 모른다.

공급사슬의 안정성, 국내 수요, 원자재 접근의 안전성, 인구구조와 관련해 독일과 브라질 사이에 놓인 나라가 이탈리아, 프랑스, 일본이다. 이탈리아는 국내 사정으로 인해(경작지 규모가 훨씬 작고 도시는 혼잡하므로 비교적 소형 장비가 필요하다) 비교적 소형 모델의 생산 비중이 높은 경향이 있는데, 따라서 수출하기가 훨씬 쉽다. 프랑스의 체제는 거의 모든 내수를 차지해왔지만, 여전히 대단히 수출지향적이다. 프랑스와 일본은 두 나라의 가장 큰 최종상품 시장인 미국과 아주 우호적인 관계를 유지하지 못한다면 두 나라의 모델은 날개가 꺾이게 된다. 극복해야 할 난관은 필요 충족이 아니라 시장접근 확보다. 정도는 덜하나 중국도 비슷한 문제에 직면하게 된다(중국 내수는 프랑스나 일본보다는 훨씬 높다).

그러나 광업용 트럭을 80퍼센트 생산하는 것과 100퍼센트 생산하는 것은 큰 차이가 있다. 다행스럽게도 자동차 제조에 일가견이 있는 이라면 누구든 중장비에도 상당히 일가견이 있기 마련이다. 요구되는 기술들과 기간시설 조건이 비슷하다. 북미지역 내에서 광업과 건설 장비는 텍사스-멕시코를 잇는 축, 특히 휴스턴이 두드러진다. 농업 장비는? 여전히 중서부 지방이 강세다.

임업(lumber Industry)은[13] 농업과 제조업 사이에 걸쳐 있는 복잡하고 변화무쌍한 부문이다. 나무에서 목재에서 펄프로—또는 얇은 판자나 방향제나 두꺼운 판자로—가치를 부가하는 공정에서 2,500억 달러는 족히 더해진다. 그것도 나무를 가구나 합판이나 방향제나 주택 골재나 석탄으로 변모시키는 본격적인 작업에 들어가기도 전의 얘기다. 예상했겠지만, 임업의 미래를 예측하기란—임업의 현재를 예측하기조차—매우 복잡하다.

따라서 뻔한 사실에 초점을 맞추자.

누구나 나무를 사용한다. 사용하는 정도는 다르지만, 누구나 건설과 가구와 연료와 제지 등에 나무를 사용한다. 목재는 인간이 존재하는 데 필요한 기본적인 자재이고 인류가 존재해온 역사만큼이나 오랜 역사를 자랑한다.

그러나 아무나 목재를 대량 생산하지는 못한다. 중위도에서 고위도까지 숲으로 이루어진 온대 기후의 거대한 나라 미국은 단연 세계 최대 목재 생산 국가지만, 가구가 빼곡히 들어찬 널찍한 단독주택이 인기가 많아서 목재 순 수입국이기도 하다. 미국이 국내 생산으로 충족시키지 못하는 나머지 수요를 캐나다와 멕시코가 거의 다 충족시킨다. 탈세계화 시대가 북미지역에 초래할 변화에 대해서 걱정하지 않아도 된다. 북미지역은 이미 이 부문을 알아서 해결하고 있다.

탈세계화 세계에서 임업이 직면하는 문제는 세 가지다.

첫째, 미국은 펠렛(pellet), 톱밥, 파티클보드, 합판 같은 판자, 제지용 펄프 등 세계적으로 거래되는 목재 제조 품목들의 주요 공급원이다. 분절된 세계에서는 부피는 크고 가치는 낮은 이런 상품들은 멀리까지 배로 운반되지 않는다. 미국 피드몬트 지역의 삼림관리자나 가공업자들에게는 문제가 되겠지만, 나머지 북미지역은 눈치채지도 못하고 지나치게 된다. 유럽과 아시아 전역의 소비자들에게는 아찔할 정도의 가격 폭등은 따 놓은 당상이다. 거의 모든 대체재가 석유를 기반으로 하므로 더더욱 그렇다.

둘째, 미국에서 비롯되지 않는 상품들은, 내가 끊임없이 주절거리는, 지정학적 요충지를 가로지르는 경향이 있다. 울창한 동남아시아에서 동북아시아로, 러시아에서 중부 유럽과 서유럽으로 목재가 운반된다. 목재 무역에서 앞으로 발생할 차질은 목재 품목 조합만큼이나 다양하다. 어쩌면—아마도?—별 문제가 없을 운송 경로는 스칸디나비아반도에서 출발해 같은 유럽 내의 다른 어느 지역에 도착하는 경로다.

셋째, 환경 문제가 크게 부각된다. 2019년 목재와 다양한 목재 부산물은 유럽의 발전(發電)에서 2.3퍼센트를 차지했는데, 목재가 연소할 때 석탄보다도 더 많은 이산화탄소를 배출한다는 논쟁의 여지가 없는 사실에도 불구하고, 유럽연합은 목재와 목재 부산물 연소를 탄소중립이라고 간주하는 더할 나위 없이 멍청한 규정이 있기 때문이다.

구체적으로 말하자면, 벌목되는 나무의 절반 정도가 직접 연료로 쓰이는데, 대부분 숲의 가장자리에서 걸어서 하루 정도 거리 내에서 태워진다. 탈세계화 세계에서는 목재를 연료로 사용하는 행위는 거의 금지되지 않는다. 굳이 따지자면 오히려 정반대 현상이 일어나게 된다. 사람들은 천연가스나 디젤처럼 세계적으로 거래되는 에너지 상품을 못 구하게 되면, 요리나 난방을 포기하든가, 아니면 나무를 태우든가 선택해야 한다. 세계 인구의 절반이 나무를 태우는 방식으로 되돌아가면 탄소배출, 지표면 보호, 생물다양성, 스모그, 수질, 안전 등의 측면에서 어떤 결과가 생기고 어느 정도나 삼림이 황폐해질지는 가늠하기조차 힘들다.

그다음 아시아 Inc.이 몰락하면서 반도체 부문은 면모를 달리하게 된다.

반도체 제조는 매우 어렵고 비용이 많이 들고 정확하고—무엇보다도—집중된 공정이 필요하다. 이산화실리콘 분말을 녹이는 작업에서부터 액상 실리콘을 결정으로 만드는 작업, 그 결정을 웨이퍼로 얇게 저미는 작업, 그 웨이퍼를 에칭하고 도핑하고 굽는 작업, 그 웨이퍼를 개별적인 반도체 조각으로 쪼개는 작업, 믿기 어려울 정도로 부서지기 쉬운 조각들을 보호 틀에 조립하고 포장해 게임보이와 스마트 전구와 랩탑에 삽입하는 작업에 이르기까지 전 과정이 보통 같은 시설에서 이루어진다. 단계마다 청정실 조건이 충족되어야 하므로 청정한 운송 시설을 이용해 공정 단계가 바뀔 때마다 상품을 운반하기보다 같은 장소에서 모든 공정을 처리하는 편이 훨씬 안전하고 안정적이다.

대만, 일본, 한국이 반도체 제조에 일가견이 있다. 말레이시아와 태국은 중간 시장을 취급한다. 중국은 떨이 시장이다. 반도체 제조시설은 이동하지 않는다. 아니, 적어도 지금까지는 이동하지 않았다. 그러나 세계는 변하고 있고 이제 반도체 시설도 이동하고 있다. 고숙련 기술 인력과 극도로 안정적인 전기 공급, 여러 가지 대규모 제조업 지원 체계가 필요하다는 제약이 있음에도 불구하고 최첨단 시설들은 미국으로 이전하는 수밖에 달리 선택의 여지가 없다.

이 점이 문제를 극명하게 드러낸다. 미국 제조업—특히 정보기술 부문—은 대단히 고부가가치다. 서버, 랩탑, 스마트폰에 사용되는 고급 칩의 대량생산에 미국은 참여할 수 있고 또 실제로 참여한다. 탈세계화가 절정에 달해도 미국은 칩의 수량으로 따지면 겨우 9분의 1을 생산하지만, 가치로 따지면 총 가치의 대략 절반 생산을 여전히 담당하게 된다.

불행히도, 제조업에서는 앞으로도 최고급에 못 미치는 등급의 칩이 대량 필요하다. 미국 근로자는 보조금을 상당히 지원해줘야 그런 낮은 등급의 칩 생산을 감수한다. 멕시코도 도움이 되지 않는다. 멕시코는 칩 제조 인력을 양성하는 데 필요한 정밀한 작업을 가르치는 문화가 없다. 최근 몇십 년 사이에 디지털화한 뭔가를 제조하는 게 목표라면 이는 아주 큰 문제다. 사물인터넷은 포기하는 게 좋다.[14] 그리고 디지털이 아니라 아날로그 자동차 시대에 대비해야 할지 모른다.

물론 반도체에는 반도체 이상의 의미가 있다. 반도체 칩은 그 자체만으로는 무용지물이다. 배선 장치와 제어판에 집어넣은 다음 다른 상품에 설치해야 한다. 이러한 중간 단계 공정을 하려면 사람의 눈과 손이 필요하다. 앞으로 중간 제조 단계에서 멕시코와 콜롬비아가 제휴를 맺게 될 가능성뿐만 아니라 일반적으로 그리고 특히 컴퓨터, 스마트폰, 가전제품 등 반도체를 중심으로 구축된 산업 부문 전체에 걸쳐 대대적인 제휴 관계가 조성될 가능성에 대해 생각하게 만드는 대목이다.

컴퓨터 조립은 놀라울 정도로 단순하고(중요한 부품은 대부분 사실 반도체다) 결국은 가격 문제로 귀결된다. 품질이 낮은 상품이라면, 예컨대 손으로 조립할 수 있는 마더보드라면, 멕시코가 제격이다. 훨씬 정밀한 작업이 요구되고—예컨대 디스플레이 설치—따라서 자동화가 필요하다면 미국이 제격이다.

탈세계화 후 첫 10년은 스마트폰 사용자들에게 고난의 시기가 된다. 현재 공급사슬 체계 전체가 유럽이나 아시아에 있다. 유럽 체제는 아마 별문제 없을지 모른다. 유럽 휴대전화 제조업체들은 대부분 스칸디나비아에 있고 그들의 역내 공급 체계는 그리 많은 난관에 직면할 가능성이 작다. 그러나 아시아 공급사슬 체계는? 한국은 가장 대표적인 제조업자이고, 한국이 휴대전화 제조업의 강자로 계속 존재할지 뿐 아니라 한국이 제대로 기능하는 국가로서 계속 존재할지도 한국이 일본과 화해할지에 달려 있다. 단 한 번 잘못 삐끗했다가는 안드로이드 운영체제 전체에 필요한 하드웨어를 대부분 잃게 된다.

애플 생태계로 말하자면, 애플은 상품 설계는 캘리포니아에서 하지만 생산은 중국 중심의 제조 체계에 전적으로 외주를 준다. 그런데 이 연결망은 그리 멀지 않은 장래에 확실히 붕괴한다. 그렇게 되면 제조 체계 전체를 미국에서 처음부터 새로 만들어야 한다. 동남아시아 국가들은 규모가 없고 멕시코는 정밀 공정의 역량이 없다. 최상의 시나리오에서조차도 세계에 균열이 가기 시작하면 아이폰 신상 출시까지는 몇 년이 걸릴지 모른다.

전자제품—백색가전에서부터 팩스기기, 라우터, 블렌더, 헤어드라이어에 이르기까지 모조리 망라하는 범위가 매우 넓은 부문—은 누구나 가리지 않고 모조리 참여하고 있다. 그러나 자동차와는 달리 숨은 비결이 많지 않다. 천장에 다는 팬(pan)이나 차고 문 개폐기를 만드는 데 필요한 기업 비밀을 훔치거나 지적 재산권을 둘러싸고 법정투쟁이 벌어지지도 않는다.

전자제품 부문을 규정하는 특징은 현재 세계질서의 너무나도 중요한 특징인 노동 분업이다. 사무용 전화기의 플라스틱 껍데기를 만드는 데 필요한 기술—그리고 무엇보다도 가격—은 전화에 전선을 연결하거나 디지털 인터페이스를 구축하는 데 필요한 기술과 다르다. 앞으로 성공할 전자제품 제조업체들은 다양한 노동력 수준과 다양한 가격 체계가 지리적으로 가까이 존재하는 지역에 있는 업체들이다. 동남아시아와 미국-멕시코 국경이 그런 지역이다. 다른 부문들과는 비교가 안 될 정도로 전자제품 부문은 아주 중요하다. 전자제품은 자동차나 컴퓨터보다 훨씬 거대한 상품 부문이고 제조업 부문에서 가장 노동집약적이다. 반도체를 생산한다고 하면 뭔가 고급지고 세련돼 보일지 모르지만 몇백만 명에게 일자리를 주고 싶다면 전자제품 부문이 제격이다.

제조업에서 또 하나 중요한 하부 부문이 항공우주 부문이다. 자동차와 마찬가지로 현재의 세계질서 하에서는 3대 지역이 있고 각자 나름의 공급 체계가 존재한다. 북미지역은 보잉, 유럽은 에어버스, 중국은 중국상용항공기유한공사 코맥(Comac)이 있다. 그러나 이런 삼파전은 계속되지 않는다. 코맥은 수십 년 동안 다른 나라 기업에 기술 이전을 강요하고 기업 비밀을 훔쳤지만 제 기능을 하는 제트기를 만드는 데 필요한 모든 부품을 만들 역량이 없는 것으로 드러났다. 탈세계화 시대에 코맥은 필요한 부품들을 수입하지 못하고 그냥 몰락하게 된다.

에어버스도 상황이 그다지 낫지는 않다. 에어버스는 스페인, 프랑스, 독일, 그리고 영국의 항공우주 기업들로 구성된 다국적 거대 기업인데, 영국은 날개나 엔진 같은 중요한 부품을 만든다. 브렉시트 이후의 세계에서 에어버스의 미래는 이미 불확실해졌다. 현재 진행 중인 미국-영국 무역 협정이 체결되고 나면 영국의 항공우주 사업은 보잉으로 흡수된다. 설상가상으로 에어버스 항공기의 가장 큰 고객은 에티하드, 에미리트, 카타르 에어 등 페르시아만 장거리 항공사들이다. 이들의 항로는 모두 페르시아만이 출발지이거나 페르시아만이 도착지다. 미국이 페르시아만의 운명을 페르시아만에 맡기고 손을 떼면 민간 항공이 그 지역에서 영업을 계속할 리가 없다. 에어버스가 미래를 담보하려면 미국의 전략적 보호에 의존하지 못하게 되는 유럽에 대한 군수 공급자로 거듭나야 한다.

탈세계화의 여파로, 보잉은 세계 항공 부문을 접수하게 된다. 세계 항공 시장은 훨씬 작아지겠지만 최후까지 남은 기업은 상당한 이점을 누리게 된다.

기계 부문으로 오면 예측하기가 좀 까다로워진다. 기계 부문을 하나의 부문으로 취급해 데이터를 수집하지 않기 때문만은 아니다. 독일은 단연 세계 최고다. 꼼꼼하고 치밀함을 추구하는 독일의 문화가 바로 훌륭한 기계를 만드는 원동력이다. 그러나 세계에 불행한 일이지만 문화는 다른 지역으로 이전되지 않는다. 아무리 돈을 쏟아부어도 안 된다. 중국에 물어보면 된다. 중국은 독일 설계도를 베끼고 독일 상품을 모방하려고 노력했지만 번번이 실패했다.

이는 세 가지 결과로 이어진다. 첫째, 미국은 별문제 없다. 대체로. 미국은 이런 종류의 작업에 독일만큼 뛰어나지는 않지만, 휴스턴이 얼추 비슷하게 한다. 둘째, 중국의 산업적 입지는 철저히 무너진다. 아무 문제도 발생하지 않아도 중국은 자국의 거대한 산업계를 유지하기 위해 독일 기계에 철저히 의존한다. 셋째, 세계적으로 기술발전 속도가 둔화한다. 독일이 더 좋은 기계를 만들기 위해 집요하게 그 한계를 밀어붙이지 않으면—무엇을 제조하든 꼭 필요한—이 부문에서의 기술발전은 정체된다.

그건 고급 품목 얘기이고, 저급 품목에서도 완전한 재조직화가 임박했다. 가장 대대적인 변화를 겪게 될 두 가지 하부 부문은 섬유와 배선이다. 섬유는 저숙련 노동집약적 산업이라면 배선은 저숙련 전기집약적 산업이다. 산업화 시대가 동튼 이후로 이 두 부문은 신흥 산업화 국가들이 산업화에 발을 들여놓는 관문 역할을 해왔다.

이제는 그렇지 않다.

자동화가 발전하면서 이제 방적, 직조, 의복 제조는 방글라데시 사람들 임

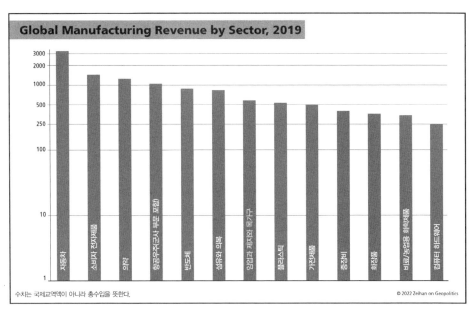

부문별 세계 제조업 총수익, 2019

금보다 훨씬 싼 비용으로 선진국에서 기계로 할 수 있다. 천연 섬유로 만든 천과 옷 제조는 양모와 면을 수확하는 지역으로 이전된다. 특히 미국 남부, 오스트레일리아, 뉴질랜드가 그런 지역이다. 합성섬유로 치자면 미국 걸프 코스트 지역을 제치기 어렵다. 이러한 "일자리"가 미국으로 돌아오면 1980년 대와 1990년대에 미국을 떠날 때와는 매우 다른 모습이리라는 점을 유념해야 한다. 시스템 엔지니어 한 명이 혼자서 1에이커 크기의 직조 시설을 관리할 수 있다.

배선으로 말하자면, 셰일 혁명으로 미국은 세계에서 가장 싼값에 전기를 쓰고 있다. 금속 제련이 미국으로 돌아오고 있을 뿐 아니라 공정의 그다음 단계인 배선도 돌아오고 있다. 직조에서 마무리 작업과 후속 제조 공정에 쓸 배선 장치를 조립하려면 여전히 인간의 손이 필요하지만, 한때 산업화의 관문 역할을 한 이 산업 부문은 환골탈태했다.

여기에는 양말 몇 켤레보다 훨씬 많은 게 걸려 있다. 섬유와 신발과 배선은 보통 경제발전 과정에서 가장 초기 단계에 속한다. 빈곤한 나라는 제조업의 이러한 하부 부문들을 이용해 소득을 창출하고 도시화에 착수할 뿐 아니라 조직화와 직업훈련의 경험을 얻어 훨씬 정교한 제조업과 체제로 부가가치 사슬을 상향 이동하게 된다. 이러한 하부 부문들이 일반적으로는 훨씬 발전한 나라로, 구체적으로는 점증하는 자동화로 이전하게 되면, 아직 발전 과정에 착수하지 못한 나라는 이 과정의 가장 초보 단계에 접근할 기회조차 박탈당하게 된다. 해당 국가가 볼리비아든 라오스든 콩고든 그 나라는 1939년 이전의 세계가 아니라 1800년 이전의 세계로 퇴락할 위험에 처하게 된다.

붕괴 분석하기

굳이 따지자면, 이번 장은 제조업 부문이 붕괴하면서 일어날 파장을 과소평가하고 있다. 운송의 한계비용을 증가시키는 그 어떤 요인도 운송체계 전체에서 마찰을 증가시킨다. 부수적인 부분에서 비용이 1퍼센트 상승하기만 해도 기존의 공급사슬은 대체로 경제성을 상실하게 된다. 앞으로 대부분 지역은 운송비용이 100퍼센트만 올라도 운이 좋은 축에 속한다.

이런 세상으로 우리는 진입하고 있다. 운송, 금융, 에너지, 산업 투입재에 대한 접근에 변화가 일어나면서 더 빈곤해지고 더 분열되고 근대와 연관되었던 진보는 대부분 후퇴하게 된다. 그나마도 모두가 필요를 계속 충족시킬 수 있고 그 과정에서 근대 국가로 살아남을 수 있다는 가정하에서 하는 얘기다.

유감스럽게도, 이게 얘기의 끝이 아니다. 이제 앞으로 과연 누가 살아남아서 변한 미래를 목격하게 될지 논할 차례다. 다른 모든 활동에 우선하는 한 가지 활동에 누가 가담하게 될지 논해야 한다. 바로 먹는 일이다.

이제 농업에 대해 논해야 한다.

7부

농업

AGRICULTURE

37

무엇이 걸린 문제인가

이번 장은 단연 가장 중요하다. 부품 하나를 구하지 못하면 자동차를 제조하지 못하게 될지 모른다. 주유소에 휘발유가 떨어지면 삶이 엉망이 된다. 그러나 먹을 게 넉넉하지 않으면 목숨을 잃는다. 이웃도 사망한다. 마을 사람 전체가 사망한다. 나라가 사망한다. 전쟁이나 질병이나 정치적 내전으로 몰락한 나라를 다 합해도 식량을 확보하지 못해 몰락한 나라가 훨씬 더 많다. 그리고 사악한 농담처럼 들릴지 모르지만, 음식은 부패한다. 우리에게 꼭 필요한 단 하나가 아무리 신경 써도 몇 달이면 썩어서 내다 버려야 하는 물건이다. 신경 쓰지 않으면 며칠밖에 못 간다. 음식은 일시적이지만 굶주림은 영원하다.

군이 따지자면 장기적인 전망은 훨씬 더 어둡다. 어떤 이유에서든 식량 공급 체계가 무너지면, 그냥 더 만들어내면 해결될 문제가 아니다. 생장이 빠른 귀리도 파종해서 수확하기까지 석 달이 걸린다. 옥수수는 여섯 달이 걸린다. 여섯 달은 보통 돼지를 키워서 가장 빨리 도살하는 데 걸리는 기간이다. 소는 아홉 달이다. 열두 달이 더 바람직하기는 하지만―그나마도 자연 방목이 아니라 사육장에서 키우는 경우를 가정했을 때다. 유기농에 자연 방목이라면? 24개월이 걸린다. 최소한. 과수원 과실수들은 첫 3년 동안은 열매를 맺지 않는다. 첫 열매를 맺기까지 8년이 걸리는 과실수도 있다.

아무나 할 수 있는 일도 아니다. 대량으로 운반하기 가장 어려운 게 물이다. 물 분자는 한쪽은 (+)전하, 다른 한쪽은 (-)전하로 극성을 띠는데, 이로 인해 물 분자는 모든 자재에 들러붙는 경향이 있고 심지어 물 분자끼리도 들러붙는다.[1] 물을 뽑아 올리려면 이러한 마찰을 극복해야 하고 이는 끊임없이 에너지를 소비해야만 가능한 일이다. 지구상의 얼지 않는 지표면의 약 절반이 경작에 적합하지 않은 가장 큰 이유이고, 실제로 우리가 농사짓는 땅 가운데 반을 이렇다 할 정도로 개간하려면 우선 산업화 시대의 펌프 기술이 필요한 이유이기도 하다. 탈산업화는 산업의 종말만을 뜻하지 않는다. 식량의 대량 생산이 종말을 맞고 대규모 기근을 겪는 시대로 돌아간다는 뜻이기도 하다.

굳이 따지자면, 나는 지금 탈세계화 세계에서 식량 생산이 직면하게 될 난관들을 듣기 좋게 포장하고 있다. 미래가 실제로 얼마나 처절할지 이해하려면 진정으로 혹독한 이 마지막 장이 꼭 있어야 한다. 무질서한 미래에 배를 채우게 될 운 좋은 이가 누군지 이해할 필요가 있다.

이제 마지막으로 한 번만 더 처음으로 돌아가 보자.

풍요 구축하기

옛날 옛적 겁나 머나먼 곳에서 인간은 처음으로 식물을 재배했다.[2] 바로 밀이다. 한 가지에 성공하자 나머지도 모두 가능해졌다. 도기. 금속. 문자. 집. 도로. 컴퓨터. 레이저 검. 모조리.

식용작물로 치자면 밀은 흠 잡을 데 없다. 생장이 비교적 빠르므로 생장하는 계절의 길이에 상관없이 주식으로 적합하다. 다른 작물과 교배해 서로 다른 고도, 기온, 습도에 쉽게 적응시킬 수 있다. 가을에 파종해 봄에 수확할 수 있는 품종도 있으므로 춘궁기의 어려움을 덜어준다. 그러나 무엇보다도 밀은 재배하기가 까다롭지 않다. 많은 농부가 반농담조로 "밀은 잡초"라고 한다. 서리가 늦게 내리든 일찍 내리든, 홍수가 나든 가뭄이 들든 상관없다. 날씨가 농사에 협조해주지 않으면 경작할 수 있는 작물은 밀밖에 없는 때도 있다. 따라서 오래전부터 밀은 인류 대부분이 선택한 곡물이었다. 한 해 두 해 모여 천년이 흐르면서 거의 모든 문화권, 모든 지역에서 밀을 상당량 재배하게 되면서 밀은 인류의 식량 역사의 중심에 놓이게 되었다.

밀은 단순히 인간을 먹여 실리는 데 그치지 않고 인간을 변화시켰다. 밀의 생물학적인 특성들이 인류의 기술적 지정학적 경제적 면모를 결정지었다. 밀은 기후에만 까탈스럽지 않은 게 아니다. 애면글면 돌볼 필요도 없다. 밀을 땅에 뿌리고 수확할 때까지 기다리기만 하면 된다. 그리고 밀이 알아서 무럭무럭 자라는 동안 농부는 한 해의 90퍼센트 기간 동안 다른 일을 할 수 있다.

고대에 재배한 다른 곡물들—파로, 서곡, 아마란스, 테프—도 있지만 모두 밀보다 땅이나 물이나 노동력이 (보통 세 가지 모두 다) 훨씬 많이 필요했고 얻는 열량은 밀보다 적었다. 모두가 몸이 좀 두툼해지는 요즘이라면 바람직한 작물이겠지만 굶주림이 항상 문밖에 늑대처럼 버티고 있었던 산업화 이전의 세계에서는 그렇지 않았다. 밀을 기반으로 하지 않은 문화권은 밀을 주식으로 한 집단과 접촉하면 종종 사망선고를 받았다. 밀을 재배한 문화권은 갈등에 투입할 군인 수가 훨씬 많았다. 단순히 열량이 더 높은 밀을 주식으로 하므로 인구 규모가 더 크기 때문만이 아니라 한 해의 상당 기간 농부들이 손에 창을 쥐고 전투 훈련을 할 수 있었기 때문이기도 하다. 밀을 재배하면서 안정적으로 섭취할 수 있는 열량이 점점 늘었다. 농부들이 "여가"을 이용해 추가로 다른 작물을 재배할 수 있었기 때문이다. 그리고 이는 훨씬 더 큰 규모의 인구를 뒷받침할 수 있는 더 많은 열량 생산으로 이어졌다. 양은 특히 중동에서 주로 키웠고 유럽은 소를 주로 키웠다.[3] 여가가 많아지면서 노동 분업이 더욱 세분화했고 그 덕분에 기술 진보가 빨라졌다. 밀을 먹지 않는 이들은 따라오기가 벅찼다.

알아서 자라게 내버려둔 밀 생산—땅에 파종만 하면 그만이다—이 지정학적 힘을 창출했다면, 세심히 관리한 밀 생산은 밀을 기반으로 한 문화권을 아찔한 수준까지 끌어올렸다. 그 비법은 종종 간과되는 관개라는 개념이다. 우리는 식물의 생장에 물과 햇빛이 필요하다는 사실을 잘 알고 있지만, 단순히 물을 관리하는 데 그치지 않고 물을 지배하는 데서 비롯되는 기적을 대부분 잘 이해하지 못한다.

나는 아이오와주 출신인데, 이 지역은 비가 주기적으로 내리고 토양은 수분이 풍부하며 관개는 거의 하지 않는다. 아이오와주 농업은 생산성이 높고 활기 있고 일상적이다. 특별할 게 없다.

지형과 사람들과 문화가 마음에 들어서 내가 즐겨 찾는 지역 중 하나가 워싱턴주 내륙지방이다—알았다, 알았어, 인정한다. 사실은 포도주가 좋아서 간다. 워싱턴주 내륙은 대부분이 건조 기후에서 사막 기후다. 연간 강수량은 미국과 멕시코 국경에 있는 치와와 사막에 맞먹는다. 겨울 기온은 영하로 떨어지는 법이 거의 없는 반면, 여름 기온은 보통 37도 이상 올라간다. 토양의 수분은 더할 나위 없이 낮다.

산업화 이전의 여건하에서는 거의 아무것도 자라지 못했다. 그러나 캐나다 브리티시컬럼비아 남부에서 워싱턴과 오리건을 거쳐 캘리포니아 북부까지 이어지는 캐스케이즈(Cascades) 산악지대와 로키산맥에서 흘러내려 야키마, 스네이크, 콜럼비아 강을 형성하는 물이 이 지역에서 합쳐진다. 그 결과 서반구에서 가장 건조하다고 손꼽히는 지역의 한복판에 물길이 핏줄처럼 뻗어나간 방대한 녹지대가 생긴다. 햇빛도 풍부하다. 거의 날마다 해가 내리쬔다. 관개시설에 필요한 물은 북미에서 가장 수량이 많은 수원에서 비롯된다. 구글 어스에서 한번 찾아보라. 야키마와 왈라왈라와 모지즈 레이크를 연결하는 얼추 삼각형 모양의 지역은 평평한 강기슭에서 얻은 관개용수로 조성한 무성한 녹지이든가 메마른 갈색 사막이다.[4]

아이오와는 옥수수와 대두 재배에 최적이다―습도가 높고, 일모작에, 온대 기후 작물이다. 겨울이 오기 전 "표준" 여섯 달에서 여덟 달이 생장기이다. 그러나 워싱턴주에서는 거의 무엇이든 재배할 수 있다. 옥수수, 대두, 견과류, 사과, 배, 핵과(核果), 밀, 감자, 포도, 사탕무, 호프, 민트, 그리고 하늘 아래 존재하는 거의 모든 채소가 재배된다. 에이커당 생산성은 돌아버릴 지경으로 높다. 원하는 만큼 물을 얻을 수 있을 뿐 아니라 거의 날마다 작열하는 태양이 내리쬐기 때문이다. 상품 선택지가 거의 무한하고, 생산자들은 거의 1년 내내 작물을 재배할 수 있다. 사막은 불모지다. 온대 기후는 재배 가능한 계절이 있다. 그러나 사막과 관개용수를 더하면 따를 자가 없다.

고대 메소포타미아, 이집트, 인더스강 유역 모두 해당 지역을 흐르는 강 유역에 평지가 충분하므로 산업화 수준의 기술이 필요하지 않았다. 산업화 이전에는 물길을 유도해 바꾸는 방법이면 충분했다. 당시에는 성공을 부르는 지리적 여건으로서 더할 나위 없이 완벽했다. 이 첫 3대 문명은 모두 밀의 잠재력과 관개용수를 접목해 세계 최초로 식량을 대규모로 생산하면서, 남아도는 식량을 저장할 도기를 만들었고, 잉여농산물을 수거할 도로를 깔았고, 잉여 식량이 얼마나 되는지 기록하기 위해 문자와 산술을 발명했으며, 잉여농산물을 먹어 치울 사람들이 가득한 도시가 생겼다. 그리하여 메소포타미아는 아나톨리아와 자그로스로 팽창해 들어가고, 이집트는 수단과 레반트 지역으로, 인더스 문명인들은 마히에서부터 옥서스를 거쳐 페르시아만 입구까지 팽창했다.

고대 최초의 3대 문명에서 시작된 기술이 넓은 세계로 흘러나오면서 관리하지 않은 밀 생산과 관리한 밀 생산 방식이 복합적으로 작용해 수많은 식민지가 각자 나름대로 잉여 식량을 생산하는 자녀 문화권으로 바뀌었고, 이는 다시 손자손녀 문화권을 양산했다. 그러나 어떤 경우든 식량 확보는 여전히 공통적인 제약이었고 인구, 도시화, 기술 진보, 문화팽창에 상한을 설정했다. 그리고 밀은 대체로 인간에게 협조적인 곡물이었지만, 그래도 여전히 파종하고 수확할 노동력이 필요했다(그리고 관개용수를 관리하려면 많은 노동력이 필요했다).

이러한 제약을 극복할 방법은 믿기 어려울 정도로 간단했다. 대규모로 밀을 관리 생산하는 지역을 정복하고 그 지역 사람들에게 식량을 재배하게 해 점점 팽창하는 제국을 먹여 살리면 되었다. 대개 경우 이런 지역은 최적으로 관리된 밀 재배 체계를 갖추고, 인구 대부분이 밀을 재배하는 노예살이하는 지역이었다. 인류 문명의 시조들이다.

기원전 6세기 키루스왕이 이끄는 아케메네스 제국의 페르시아인이 메소포타미아 선조들을 정복하면서 메소포타미아—페르시아의 대립이 시작되었고, 이는 오늘날까지 계속되고 있다. 그 직후 키루스의 후손들—캄비세스왕과 다리우스왕—은 이집트와 인더스를 제국에 보탰다. 아케메네스 제국의 팽창이 멈춘 까닭은 단순히 정복할 가치가 있는 식량 생산지를 이미 모두 정복했기 때문이었다. 전쟁을 멈춘 군인들은 내분을 일으켰고 이는 크세르세스 황제의 토벌로 이어졌으며,[5] 이는 다시 반란으로 이어졌고, 이는 기원전 4세기 알렉산더 대왕의 통치하에서 마케도니아가 부상하는 계기가 되었고, 알렉산더 대왕은 앞서간 아케메네스 제국처럼 식량 생산지를 모조리 정복했다. 그리고 앞서간 아케메네스 제국처럼 알렉산더 대왕도 최초의 3대 문명의 곡창지대를 모두 손에 넣고 나서야 비로소 정복을 멈추었다.[6]

역사는 그렇게 전개되었다. 그 후 2500년 동안 등장한 제국들은 팽창에 필요한 식량을 제공할 땅을 확보하기 위한 정복을 중심으로 구축되었다. 로마는 스페인을, 러시아는 우크라이나를, 독일은 폴란드를, 영국은 남아프리카를, 그리고 인류 역사를 통틀어 서로 다른 시점에 누군가 이집트를 차지했다.

밀이 유도한 정복의 수레바퀴를 부러뜨린 세 가지 폭넓은 상황이 전개되었다.

첫째, 산업화 시대에 인류는 농업에 합성 투입재를 도입했다. 가장 중요한 비료를 비롯해 살충제, 제초제, 살균제도 등장했다. 이미 농사를 짓고 있던 땅은 얼마 지나지 않아 산출량이 두 배가 되었지만, 역사를 통틀어 경작지로 서는 수준 미달이라고 버려졌던 땅들은 산출량이 산업화 이전 수준의 네 배가 되었다. 농경지가 세계 전역에서 늘어났다. 이러한 신기술 시대에 성공을 부르는 지리적 여건은 바뀌었다. 한때 방치되었던 땅이 곡창지대로 변했다. 서늘하고 축축하고 해도 잘 나지 않는 독일 북부지역이 갑자기 프랑스 북부와 거의 맞먹는 식량 생산지로 변했고, 시베리아에서 작물을 재배하게 되면서 러시아에서의 삶은 약간 덜 비참해졌다.

그래도 제국들은 여전히 이집트를 정복했다.[7] 그러나 산업기술에 접근하게 되면서 수많은 문화권은 이제 자기 영토 내에서 안정적으로 식량을 대량 생산하게 되었다. 한때 제국이 진군해 들어간 지역들은 빠르게 성장해 기존의 실력자들에 대한 합법적인 도전자가 되었다. 구 세력들이 이처럼 근본적으로 바뀐 힘의 균형에 대응하기까지 수십 년이 걸렸다. 이 같은 대응의 시대가 우리가 아는 1800년대의 독일 통일 전쟁과 곧 뒤이어 벌어진 훨씬 대대적인 갈등의 시대다.

산업 투입재로서 단순히 비료와 살균제만 중요한 게 아니었다. 전기와 강철도 산업화 농업기술이었다. 이들을 조합하면 수압이 탄생하고, 수압을 이용해 고지대로 물을 끌어올리거나 대수층으로부터 물을 뽑아 올렸다. 염분을 제거하는 기술을 이용해 담수를 만들 수도 있다. 산업화로 에이커당 산출량이 증가했을 뿐 아니라 이전에는 척박했던 땅에서도 식량을 생산하게 되었다.

냉장 기술도 절대로 사소하지 않은 기적을 행한 산업화 수준의 농경 기술이다. 이제 고기는 몇 시간이나 며칠이 아니라 몇 주 동안 저장할 수 있다. 부패 가능성이 완전히 사라지지는 않았지만 관리할 수 있게 되었다. 산업화 시대에는 사과같이 부패하는 식품은 거의 동결하는 수준의 온도에 산소를 모조

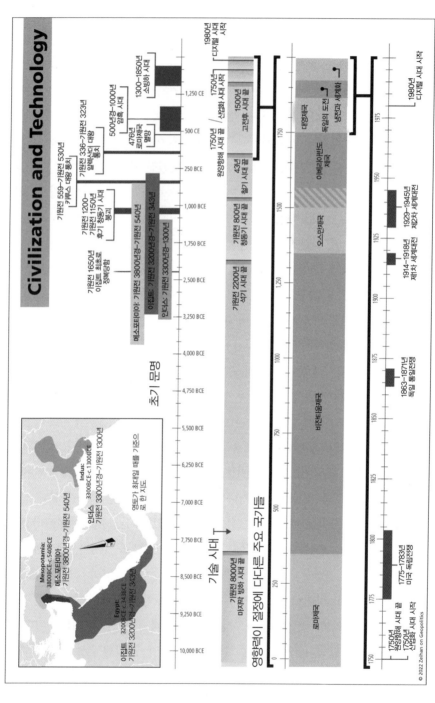

Civilization and Technology

문명과 기술

© 2022 Zeihan on Geopolitics

리 뽑아낸 어두운 창고에 두면 1년 이상 저장 가능했다. 밀은 서늘하고 어둡고 밀폐되고 건조한 저장소에 두면 8년까지도 저장 가능했다. 신선식품의 경우 근대 유전학의 발전으로 온도의 변화를 견디고 부패를 지연시키는 능력이 향상되었다. 이 모든 게 저렴하고 안정적인 산업적 운송이 가능한 지정학적 여건과 만나면 세계 어느 곳으로든 어떤 화물이든 정기적으로 운송할 수 있다. 심지어 건초도 배로 실어나른다.

밀의 세계를 붕괴시킨 두 번째 요인은 놀랄 것도 없이 미국 주도 세계질서다. 미국은 모두가 안전하게 바닷길을 다니게 만들고 제국주의적 팽창을 금지함으로써 과거 1000년 동안 계속된 농업을 원동력으로 한 정복 행태를 뒤엎었다. 인류 최초 3대 문명권은 모두 제국으로부터 독립을 달성하거나 독립을 굳혔다. 한때 메마른 한계 토지였던 지역은 수입한 기술과 투입재 덕분에 땅이 지닌 가능성의 속성이 바뀌면서 폭발적으로 성장했다. 이러한 "녹색혁명"은 궁극적으로 오늘날 우리가 개발도상 지역이라고 알고 있는 지역의 농업 생산량을 거의 네 배로 끌어올렸다. 이러한 변화에서 단연 가장 큰 승자는 세계 인구의 절반이 사는 남아시아, 동남아시아, 동아시아였다. 미국 주도 세계질서와 산업기술의 보급이 복합적으로 작용해 30억 명의 삶이 근근이 연명하는 삶에서 식량이 안정적으로 공급되는 삶으로 바뀌었다. 투입재가 개선되고 제국 시대의 제약은 줄어들고 더 많은 토지에 더 많은 농지가 개간되면서, 더 많은 종류의 농산물이 더 많이 수확되었다. 온 사방에 승자가 넘쳐났다.

그 같은 다양성 확대가 밀의 시대를 끝낸 가장 중요한 세 번째 요인이다. 사람들이 이제 밀을 재배하지 않기로 마음 먹었다.

오랜 세월 계속된 제국주의 시대에는 산출량이 많은 밀 생산지를 장악하는 게 곧 성공이었다. 안정적인 식량 공급은 곧 안정적인 인구 성장과 안정적인 군사적 팽창으로 이어졌다. 그러나 산업화한, 미국 주도의 세계질서 시대에는 전략적 셈법이 급격히 바뀌었다. 세계무역으로 인해 밀 자급자족에 집착할 절체절명의 필요성이 완화되었다. 미국의 전략적인 관리 감독으로 제국의

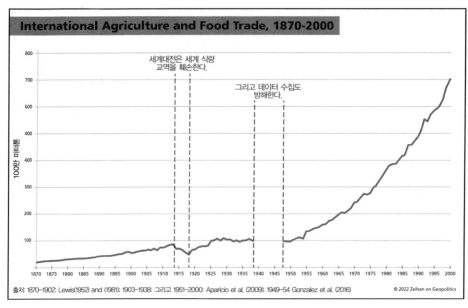

International Agriculture and Food Trade, 1870-2000

세계대전은 세계 식량
교역을 훼손한다.

그리고 데이터 수집도
방해한다.

100만 미터톤

출차: 1870-1902: Lewis(1952) and (1981); 1903-1938: 그리고. 1951-2000: Aparicio et al, (2009); 1949-54 Gonzalez et al, (2016)   © 2022 Zeihan on Geopolitics

세계 농업과 식량 교역, 1870-2000

습격에 대비해야 할 필요가 없어졌다. 새로운 투입재에 녹색혁명이 더해지면
서 세계적으로 밀 안보를 달성했다. 따라서 전 세계 농업전문가들은 특화에
초점을 두고 세계 식량 생산의 지리적 여건을 재편하는 데 착수했다.

옥수수, 대두, 렌틸콩, 귀리 같이 고열량에 단백질 함유율이 높은 작물들은
잡초처럼 퍼져나갔다. 방목지로 적당한 지역은 축산으로 전환했다. 관개용수
를 댄 땅—이라크든 캘리포니아의 센트럴밸리든—은 산업 규모의 과수원으
로 바뀌었다.

산업기술이 생소했던 개발도상 지역에서는 온갖 유형의 식량 생산이 대대
적으로 확대되었지만, 밀은 여전히 중심적인 역할을 했다. 밀은 산업화 이전
시대에 쓸모없다고 여겨졌던 땅에서 경작될 가능성이 커졌다.

산업기술이 자리를 잡은 선진국 진영에서 밀은 점점 주변으로 밀려났고 생

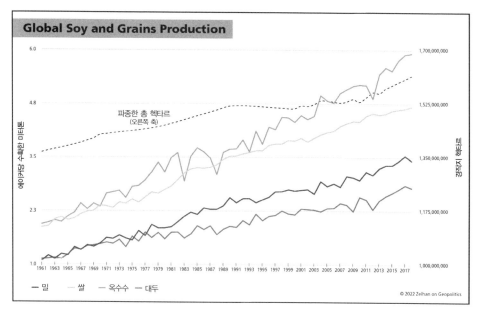

Global Soy and Grains Production

파종한 총 헥타르
(오른쪽 축)

에이커당 수확한 미터톤

경작지 헥타르

― 밀 ― 쌀 ― 옥수수 ― 대두

© 2022 Zeihan on Geopolitics

전 세계 대두와 곡물 생산

산성이 높은 땅은 밀을 제외한 모든 작물, 어떤 작물이든 경작하는 데 사용되었다.

미국 주도 세계질서로 규모의 경제가 촉진되면서 완전히 하나로 통일된 세계 시장의 수요에 맞춰 토지란 토지는 모조리 그 지역의 국지적인 기후에 가장 알맞은 한 가지 작물만 생산하는 경향이 생겼다. 옥수수와 대두는 생장에 열기와 습도가 필요하므로 대륙의 내륙지방에 적합하다. 감귤류는 단 한 차례만 서리가 내려도 농사를 망치게 되므로 아열대 기후에서 재배한다. 쌀은 열기와 습도를 좋아하는 정도가 아니라 대부분 품종이 생장 단계마다 물속에 잠겨야 하므로 따뜻하고 축축한 땅이 안성맞춤이다. 귀리와 보리는 비교적 서늘하고 건조한 기후를 좋아하므로 고위도 지역에서 재배한다. 곡물은 하나같이 수확 전에 무르익을 건조한 시기가 필요하다. 보통 고위도는 특정한 품

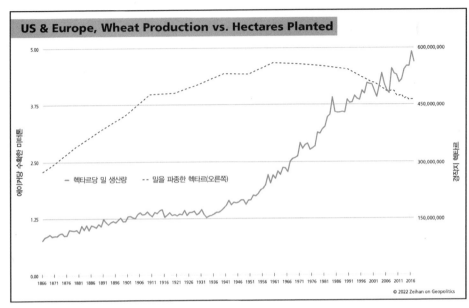

US & Europe, Wheat Production vs. Hectares Planted

에이커당 수확한 미터톤

경작지 헥타르

— 헥타르당 밀 생산량　-- 밀을 파종한 헥타르(오른쪽)

© 2022 Zeihan on Geopolitics

미국과 유럽, 밀 생산 vs. 파종된 헥타르

종의 밀이나 비트를[8] 제외하고 그 어떤 작물이 자라기에도 너무 춥고, 열대지방은 대부분 작물이 싹이 트고 적당히 마를 정도로 선선해지거나 건조해지지 않으므로 망고에서부터 얌에 이르기까지 전혀 다른 작물들이 재배된다.

식생활이 변했다. 개발도상 지역의 사람들은 세계무역에 접근하게 되면서 예상대로 행동했다. 자국 내에서 농업 산출량이 증가하고, 식민지였을 때보다 원자재 몫을 더 많이 챙기게 되면서 도시화하고 제조업으로 다변화하고 더 많은 돈을 벌게 되면서, 점점 더 머나먼 지역에서 들여온 질 좋은 음식을 더 많이 먹게 되었다. 동아시아에서는 쌀에서 밀로 조금씩 전환하고 돼지고기 수요가 폭증하는 형태로 나타났다. 중국 북동부, 카리브해, 사하라사막 이남 아프리카 지역에서는 수수, 기장, 뿌리채소 섭취를 점점 줄이고 쌀, 닭고기, 소고기 섭취를 점점 늘리는 형태로 나타났다.

기본적인 식량 안보를 해결하고 나자, "농업"은 이제 그저 주식을 생산하는 데 그치지 않았고 많은 경우 심지어 음식을 뜻하지도 않게 되었다. 우리는 이제 옥수수와 밀과 대두와 쌀뿐 아니라 감자와 렌틸콩과 사과와 체리와 헤이즐넛과 아몬드와 아보카도와 딸기와 블루베리와 퀴노아와 호프와 목재와 목화와 아마와 꽃과 대마초도 생산한다. 작물마다 생장에 적합한 온도와 습도와 토양이 다 다르고, 현재의 세계질서 덕분에 각 지역은 그 지역의 장점을 극대화하고 작물을 대량 생산해서, 배고프고, 부유하고 점점 커지는 세계 시장에 팔게 되었다. 경작하는 작물을 밀에서 다른 작물로 대대적으로 전환하는 일이 흔해졌다.

　지리적 여건이나 역사나 기후나 문화나 경제구조에 관한 한 공통점이 거의 하나도 없는 두 나라를 살펴보자. 뉴질랜드와 이집트다. 뉴질랜드는 매우 습한 나라이고, 인구밀도가 높은 이집트는 작물을 돌볼 노동력이 남아 돌아간다. 오늘날에는 두 나라 모두 필요한 만큼 충분한 양의 밀을 쉽게 재배할 수 있다. 사실 마음만 먹으면 두 나라는 세계에서 가장 수익성이 높은 밀 생산국에 손꼽힐지도 모른다.

　그러나 둘 다 그런 마음은 먹지 않는다.

　대신 이 두 나라는 자국의 환경과 노동 여건에 적합한 생산물—세계적으로 수요가 매우 높은 생산물—을 생산한다. 뉴질랜드는 매우 온화한 기후 덕분에 낙농, 목재, 과일을 세계에서 가장 효율적으로 생산하는 나라이고, 수익성이 떨어지는 밀밭을 밀어내고 소 방목장, 산업용 임업과 과수원이 들어선다. 마찬가지로 이집트는 국내 소비용 밀을 재배하지 않고 수출용 목화와 감귤류를 재배한다. 두 나라 모두 최고가에 자국 농산물을 수출하고, 세계 농경제 상황이 자급자족의 방향으로 가도록 만들었다면 직접 재배했을—밀처럼—상대적으로 저렴한 식품들을 수입한다.

　이처럼 밀이 주변부로 밀려나면서 이제 세계 밀의 대부분은 소수의 지역에서만 재배된다. 미국대평원, 캐나다 프레리 제주(諸州)(마니토바, 서스캐처원,

앨버타 등 캐나다의 곡창 및 유전 지대—옮긴이), 오스트레일리아의 머리—달링 유역과 남서부 주변, 아르헨티나 중부의 육지, 영국 남동부, 농업에 관한 한 매우 보호주의적인 프랑스의 수많은 소규모 농장들, 중국 북부에 있는 만두의 본고장, 대규모 인구를 먹여 살리고 식량을 수입할 필요를 제한하는 데 중점을 두는 파키스탄과 인도, 벨라루스, 우크라이나, 카자흐스탄을 아우르는 드넓게 펼쳐진 러시아 밀 재배 지대 등이다. (이 가운데 오로지 프랑스, 파키스탄, 인도만이 다른 작물들을 훨씬 효율적으로 재배할 수 있는 땅에서 밀을 재배하는데, 이 세 나라에게 효율성은 정부가 추구하는 목표가 아니다.)

산업화한 미국 주도 세계질서 덕분에 1945년 이후로 작물에서 얻는 총열량이 일곱 배 증가했을 뿐만 아니라 이전에는 지리적인 여건만으로는 뒷받침하지 못했을 대규모 인구가 세계 곳곳에서 가능해졌다. 북아프리카 인구는 1950년 이후로 다섯 배 증가했고, 이란은 여섯 배, 사우디아라비아와 예멘은 열 배 이상 증가했다. 대륙 하나(또는 그 이상) 건너에서 온 식품이 이제는 흔해졌다.

농업 부문에서 산업기술은 어디서 어떻게 얼마나 재배할 수 있는지를 바꿔 놓았고, 현재의 세계질서는 접근 가능성과 도달 범위를 바꿔놓았으며, 재배 작물의 대대적인 전환은 무엇을 얼마나 다양하게 재배할 수 있는지를 바꿔놓았다. 115억 에이커에 달하는 토지가 농경지로 쓰이면서 인류 역사상 가장 많은 땅에서 농작물을 재배하게 되었다. 인류 역사상 그 어느 시기보다 많은 종류의 작물이—2020년에 농작물 총생산액은 8조 달러어치였다—생산되고 있다. 이는 대략 세계 GDP의 10퍼센트로 그 어느 경제 부문보다도 큰 액수다. 인류 역사상 그 어느 때보다도 많은, 가치로 따져서 3분의 1이 넘는 먹거리가 국제적으로 거래된다. 나머지도 대부분 생산지역 내에서 소비되지 않는다(플로리다 주민이 오렌지를 먹으면 얼마나 먹겠나?).

효율성과 생활 수준 향상이 목표라면 이 모든 게 쉽게 이해된다. 그러나 세계무역이 작동하는 방식이 조금만 바뀌어도 이처럼 상호연관된 체계는 무너질지 모른다. 접근할 수 있는 지리적 범위가 축소되면 "가장 쉽게 이해"되던 상황이 급격히 변한다.

제조업과 에너지와 금융은 멋지고 다 좋다. 이 부문들의 힘이 합해져 인류 전체를 근대에 진입시켰다. 그러나 농업이야말로 과거의 막연한 공포에서 우리가 아는 세상으로 향하게 된 첫걸음이었다. 현재의 농업이 해체되면, 먹거리의 생산량과 종류와 확보 가능성과 안정적 공급이 대대적으로 위축된다. 근대 농업기술과 시장을 이용해 산업화 이전 시대에서 벗어난 나라들이 모조리 산업화 이전의 과거로 회귀하게 된다. 그리고 산업화 이전의 인구 수준으로 돌아가게 된다.

⓷⑧

취약성의 지정학

이 책에서 지금까지 다룬 내용을 다시 점검해보자. 이번에는 농업의 관점에서.

제조업부터 살펴보자. 미국 주도 세계질서는 효율성, 규모의 경제, 그리고 산업기술이 파급되는 범위를 확대하면서 특정한 작물이 경작되는 지역뿐 아니라 경작 방식에도 영향을 미쳤다. 가장 큰 영향을 받은 작물이 이랑 작물이다. 중장비로 파종하고 비료를 주고 제초하고 수확하는 등 산업적 방식으로 경작하는 작물들 말이다.

가장 생산량이 많은 이랑 작물은 밀, 대두, 옥수수, 감자, 캐놀라, 콩, 완두, 메밀, 사탕무, 아마, 해바라기, 잇꽃이다. 비탈이나 습지에서 중장비를 작동하다가는 잘못하면 산업재해로 어마어마한 비용을 치러야 한다. 중장비로 이랑 작물을 경작하려면 드넓은 평지인 농경지여야 하고, 따라서 이러한 중장비는 캐나다, 미국, 브라질, 아르헨티나, 오스트레일리아, 남아프리카, 네덜란드, 폴란드, 루마니아, 불가리아, 벨라루스, 우크라이나, 러시아에서는 꼭 필요하며, 영국, 프랑스, 독일, 스페인, 벨기에, 알제리, 볼리비아, 멕시코, 중국, 뉴질랜드에서는 지역에 따라 중장비의 중요성이 다르다. 이러한 나라들에서 재배되는 이랑 작물들을 모두 합하면 세계 식량 생산의 약 4분의 1을 차지한다. 농장의 규모가 클수록 훨씬 크고 특화된 중장비를 사용한다. 특화된 장비는 특화된 제조업 공급사슬을 통해 제조된다. 그리고 특화된 공급사슬은 차질에 매우 취약하다.

이랑 작물 대량 생산자들에게 장비를 공급할 수 있는 제조업자는 소수다.

세계화 시대 말기인 현재, 이랑 작물 대량 생산에 필요한 고급 장비를 대량 생산하는 지역은 네 군데뿐이다. 유럽의 제조 역량은 다국적이고 유럽연합의 결속(또는 유럽연합의 부재)에 따라 달라진다. 중국의 장비는 규모가 작은 편에 속한다. 중국의 밀이나 옥수수 경작지는 보통 1에이커 정도로 미국의 경작지 규모의 350분의 1이 채 안 된다. 북미지역의 제조 역량은 건재하지만, 컴퓨팅 부품들을 동아시아에 크게 의존하고 있다. 브라질은 장비 생산 역량이 제한적인데 주로 내수용으로 생산하고, 남아시아와 사하라사막 이남 아프리카 지역에 약간 수출한다.

탈세계화한 세계에서 유럽의 공급사슬은 심각한 제약에 직면하게 된다. 독일이 제조하는 농경 중장비는 독일 자동차와 마찬가지로 중부 유럽 전역을 연결하는 공급사슬을 통해 세계 시장에 판매된다. 앞으로 이는 불가능하다. 프랑스의 중장비 제조 역량은 내수를 완전히 장악하고 있고 북미지역에 접근하기가 훨씬 덜 복잡하므로 가까스로 바늘구멍을 통과하는 데 성공할 가능성이 있다. 중국의 농경 중장비는 생산과 수출 모두 사망선고를 받았다. 브라질이 중국이 떠난 공백을 일부 메우게 된다.

모든 농업 생산자들이 하나같이 직면하게 될 난관은 앞으로 살아남을 장비 공급업자들 가운데 하나와 연결될 수 있을지다. 다행히도 제조업 중심지로부터 단절된 대규모 이랑 작물 경작지역은 소수다. 알제리와 불가리아와 폴란드와 루마니아와 스페인과 영국이 모조리 역내 지정학적 불상사에 휘말린다면 놀랄 일이지만, 이 가운데 단 한 나라에서도 그런 일이 일어나지 않는다면 더욱 놀랄 일이다. 오스트레일리아, 뉴질랜드, 남아프리카는 중장비 생산지와 전혀 가깝지 않지만, 공급 경로가 크게 위험에 직면하지 않는다.

이랑 작물 경작에 필요한 덩치가 큰 중장비 외에, 남아시아와 동남아시아는 비교적 규모가 작은 밭에 적합한 비교적 작은 장비가 필요하다. 중국이 소형 장비 공급자 목록에서 탈락하면 딱히 대체할 공급자가 없다. 인도는 소형 작업용 트럭과 트랙터를 대량 생산하지만, 부품을 수입하는 공급사슬이 (중국을 포함해) 세계를 아우른다. 자국 내에 공급사슬을 갖추고 적절한 크기의 부품을 제조하는 나라—예컨대, 브라질과 이탈리아—는 모조리 너~~~~~~~무 멀다. 아마도 태국과 말레이시아가 자동차 부문의 장비들을 일부 개조해서 앞으로 생길 소형 영농장비 공급의 공백을 메우는 게 낫다. 그러나 이런 일은 하룻밤 사이에 일어나지 않는다—일어날 수도 없다.

가장 큰 영향을 받게 될 지역은 구소련 공화국들, 우크라이나, 카자흐스탄, 벨라루스다. 대부분 중장비와 마찬가지로 농경 중장비도 대부분이 자국 근처에서 제조된다. 그러나 러시아산 트랙터에 대해 시중에 떠도는 농담은 모조리 허구보다 사실에 가깝다. 러시아는 너무나도 처절하게 쇠락해서 소련 붕괴 이후 장비를 새로 장만한 농부는 거의 없다. 러시아 농부들이 쓰는 기계는 낡았다. 그리고 구소련 지역은 수준 미달인 장비를 제조한다고 알려진 만큼이나, 수입 부품들을 자국 장비에 끼워 맞춰 계속 가동하는 것으로도 유명하다. 설상가상으로 구소련에서 가장 생산성이 높고 성공한 농장은 다른 지역에서 장비를 수입하는 규모가 큰 농장들이다. 낡은 장비가 마침내 고장이 나든 아니면 새로운 장비를 확보하지 못하게 되든 이 지역의 농업은 그야말로 절박한 처지에 놓이게 된다. 그로 인한 고통은 이 지역 내에 머무르지 않는다. 현재의 세계질서의 끝자락에 있는 지금 이들 나라는 세계 밀 수출의 약 40퍼센트를 차지한다.

운송업계를 보면 전망은 한층 더 어두워진다.

농산물은 대부분 부피가 크므로 운송하려면 거대한 화물선이 필요하다. 거대한 농경 중장비는 특화된 속성 때문에, 특화된 운송체계가 필요하다(거대한 콤바인을 앙증맞은 화물컨테이너에 구겨 넣을 방법은 없다). 현재의 세계질서 하에서는 특화 상품의 생산이 극대화된 데다가 비료 같은 투입재를 집약적으로 사용하는 농업 생산의 속성까지 겹치면서 이를 운송할 상선도 어마어마하게 많이 필요해졌다. 세계적으로 운송되는 곡물과 대두는 "겨우" 20-25퍼센트지만 세계적으로 운송되는 투입재는 80퍼센트에 달한다.

이러한 유통—이 모든 유통—은 어떤 식으로든 위험에 처하게 되고, 어느 유통에 어떤 차질이 생기든 공급사슬의 아래위로 그리고 최종소비자의 식탁에까지 처참한 결과가 초래된다. 카뷰레터가 석 달 늦게 조립시설에 도착해도 자동차는 완성할 수 있다—석 달 늦게 완성하면 된다. 살충제나 비료나 디젤 연료나 대두나 냉장 시설 도착이 석 달 지연되면 먹거리는 대부분 파종-경작-수확-가공-운송의 공급사슬 어느 부분에선가 유실된다.

전 지구의 지리적 여건이라는 절대 사소하지 않은 문제도 있다. 세계 인구의 약 3분의 2는 북반구의 온대 기후와 온대 기후에 가까운 지역에 거주한다. 북반구는 식량 순수입 지역이다. 희소식이라면 오로지 남반구 온대 기후 지역—앞으로 닥칠 지정학적 폭풍을 대체로 비껴갈 지역—이 북반구보다 인구가 훨씬 적다는 사실이다. 따라서 남반구는 세계적인 식량 대량 수출 지역이다. 그러나 남반구의 농경지를 모두 합하면 북반구의 5분의 1이 채 안 된다는 사실을 고려해볼 때 남반구는 크게 도움이 되지 않는다. 북반구에서 식량 생산에 직접적으로 차질이 생기거나 지원 산업에 간접적으로 차질이 생기면 인류가 지금까지 겪어본 적이 없는 규모의 식량부족 사태로 즉시 이어진다.

또 다른 차원의 문제도 있다.

세계화한 현재 질서 하에서 대부분 나라는 식품 말고도 온갖 종류의 상품들—예컨대, 아일랜드는 경공업, 우즈베키스탄은 목화, 알제리는 석유, 일본은 전자제품—생산에 특화하고 있고 수출로 벌어들인 소득으로 세계적으로 거래되는 먹거리를 수입한다. 앞으로는 이런 종류의 거래는 지금처럼 쉽지는 않게 된다. 이러한 공급 체계의 어느 부분—석유나 연료를 운반하는 유조선, 천연가스를 운반하는 LNG 유조선이나 가스관, 제트기에 쓰이는 반도체 같은 고가 부품, 자동차를 운송하는 컨테이너, 칼륨을 운송하는 거대한 화물 선박, 곡물 재배에 필요한 비료—에서든 차질이 생기면 그 파장은 공급사슬 위쪽의 농업 생산의 핵심부뿐만 아니라 공급사슬 아래쪽인 식량 수입국들이 먹거리값을 지급할 능력에까지 미친다.

가장 큰 고통을 겪게 될 지역과 부문은 지금까지 거론한 바와 같다.

- 동아시아와 북유럽에서 비롯되는 제조 상품
- 페르시아만, 동아시아, 북유럽에서 비롯되는 가공한 산업재
- 북아프리카, 동북아시아, 페르시아만, 남아시아로 향하는 먹거리
- 페르시아만, 홍해, 발트해, 흑해, 남중국해, 동중국해를 경유하는 에너지 화물

이 가운데 가장 중요한 부문은 단순히 연료로 전환되는 데 그치지 않고 산업화 시대의 모든 것을 가능케 하는 상품들로도 전환되는 투입재다.

여기서 다시 에너지 수급 차질로 돌아가게 된다.

너무나도 뻔하게 보이는 문제도 있다. 석유와 석유파생 상품은 농업에 꼭 필요하다. 이런 상품들이 충분하지 않으면, 먹거리를 생산하고 운송하는 데 꼭 필요한 트랙터, 콤바인, 트럭, 열차, 터미널, 선박과 그 투입재의 유통이 제대로 되지 않는다. 요즘 사람들이 열광하는 전기차는 포기하는 게 좋다. 수확기가 되고 농부들이 들판에 나가 18시간(혹은 그 이상) 일하는데, 배터리는 한 번 충전하면 겨우 6시간(혹은 그보다 더 짧게) 지속되는 세상에서 그 정도의 충전용량을 감당할 배터리는 없다는 사소한 사실은 차치하고, 전기를 연료로 하는 선박은 망망대해 한복판에서는 충전이 불가능하고, 중장비나 장거리 해운에 걸맞은 동력을 만들어낼 전기화 기술은 아직 존재하지 않는다는 훨씬

덜 사소한 사실도 있다. 농업 부문에서 쓰이는 석유와 천연가스를 대체할 기술도 현재로서는 없고 그런 기술적 혁명이 일어날 기미도 보이지 않는다.

소셜미디어에 복요일마다 올라오는 '그때를 아십니까' 포스팅으로 적합한 얘기가 있다. 인류에게 근대뿐 아니라 기본적인 문명까지 선사한 위대한 기술적 진보, 바로 곡물을 가루로 빻기 위해서 물레방아와 풍차를 통해 흐르는 물과 공기에서 에너지를 만들어낸 역량이다. 지금은 이러한 분쇄 작업을 전기로 제분소에서 한다. 발전용 에너지 투입재에 대한 접근이 차질을 빚을 세계에서는 산업화 시대의 생활방식을 유지하기는커녕 물레방아 이후의 생활방식을 유지하기만 해도 감지덕지해야 할지 모른다. 이 책의 첫 장으로 다시 돌아가 보라. 세계이 다양한 지리석 여건들 가운데 물레방아 돌리는 데 적합한 지리적 여건을 갖춘 곳이 얼마나 되나? 80억 인구를 먹일 가루를 빻을 만큼 물레방아가 넉넉한가???

또한, 불행히도, 에너지 문제는 "단순히" 연료의 문제가 아니다. 무슨 말인지 설명하려면 농업에 가해질 그다음 제약에 대해 알아봐야 한다. 바로 산업 원자재다.

석유와 천연가스는 단순히 물건을 이동하게 만드는 연료 이상의 의미가 있다고 한 말 기억하는가? 석유는 보통 살충제, 제초제, 살균제의 가장 중요한 재료이고, 비료를 만드는 기본 원료에는 천연가스가 포함된다. 1800년대 말 선진국 진영에서 단체로 이러한 화학 물질 투입재를 농업에 도입하면서 곡물 생산량이 약 네 배로 증가했고, 개발도상국 진영은 제2차 세계대전 후, 특히 냉전이 끝난 후, 이러한 풍요에 동참했다. 이러한 투입재 없이 인류는 과거로 역주행하게 된다.

토양의 속성—작물의 종류—에 따라 필요한 비료의 종류와 양은 천차만별이다. 각각의 비료마다 그 나름대로 지정학적으로 복잡한 문제들을 안고 있으므로, 여러 가지 결과를 낳는다.

천연가스는 질소 비료를 제조하는 전체 공정에서 중심적인 역할을 한다.

잎이 무성하게 자라게 하려면 질소가 영양분으로 제격이므로, 질소 유형의 비료는 과일과 채소(꽃은 특화된 "잎"이다)뿐 아니라 옥수수와 밀 같은 풀 종류에도 꼭 필요하다. 자국 내에서 정제할 원유를 구하지 못하면 질소 비료를 생산할 수 없다.

동반구 전체가 이 문제를 겪게 되는데, 특히 문제가 심각할 지역은 에너지 문제에서와 마찬가지로 한국, 중부 유럽, 그리고 사하라사막 이남 아프리카 대부분 지역이다. 농업 생산량이 가장 크게 줄어드는 상황에 직면할 나라는 중국이다. 중국은 뭐든지 대량 생산할 뿐아니라 토양과 수질이 형편없어서 중국 농부들은 보통 그 어떤 나라보다도 생산물의 단위 열량당 사용하는 비료의 양이 많다—질소 비료의 경우 세계 평균의 다섯 배를 사용한다.

지역보다 작물에 더 관심이 많은가? 아래 열거한 각 작물의 상위 5대 생산자 가운데 적어도 둘이 질소 비료의 만성적 부족을 겪게 된다.

아몬드, 사과, 콩류, 블루베리, 브로콜리, 양배추, 당근, 캐슈, 카사바, 콜리플라워, 체리, 코코넛, 옥수수, 오이, 커런트(currant), 무화과, 포니오(fonio), 포도, 가지, 깍지콩, 키위, 상추, 기장, 귀리, 오크라, 올리브, 양파, 복숭아, 완두콩, 파인애플, 자두, 감자, 펄스(pulse), 퀸스(quince), 퀴노아, 라즈베리, 쌀, 호밀, 깨, 스쿼시(squash), 딸기, 고구마, 순무, 밀, 얌.

이는 유감스럽게도 이 부문에서 열릴 지옥문의 맛보기에 불과하다.

비료 제조에 쓰이는 연료는 석유나 천연가스뿐만이 아니다. 인산염이라는 물질을 기반으로 한 비료도 있다. 인산염은 간단히 말해서 화석화한 새똥인데, 인분 대신 쓰기에 적합하다. 약간 지나치게 단순화한 설명이지만, 화석화한 새똥을 채굴해서 산 처리하고 분말을 만들어 작물에 뿌린다. 상품화해서 산업용 수준으로 대량 생산한 인산염은 산업화 농업의 부상에 결정적인 역할을 했다. 특히 (a) 1945년에 비해 식량이 필요한 사람이 훨씬 많아졌고, (b) 인간이 싼 똥을 저장하고 작물에 뿌리는 일은 정말 하기 싫다는 데 인류 대부분이 대체로 동의하기 때문이다. 이러한 사실을 보여주는 증거가 있냐고? 인산염을 기반으로 한 비료의 생산과 사용이 1960년 이후로 여덟 배 증가했다.

인구 문제에 대해[9] 여러분이 어찌 생각하든, 세계 최대 인산염 공급자는 미국, 러시아, 중국, 모로코다. 이쯤 됐으면 미국과 러시아가 생산하는 공급분이 어떻게 될지 내가 말하지 않아도 짐작하길 바란다. (미국은 자국이 사용하느라 반출을 안 하고, 러시아는 꿈이 좌절된 소련 제국에서 비롯된 어떤 것이든 작별을 고해야 한다.) 중국의 인산염은 서부 내륙 깊숙이 들어간 지역에서 생산되는데, 이 지역은 대부분 분리주의 성향이라서 인산염을 세계 시장에 판매하려면 바늘구멍에 실을 한 가닥이 아니라 세 가닥을 끼워야 할 정도로 어렵다.

그렇다면 세계의 유일한 희망은 모로코인데, 이번에는 실제로 희망이 있다. 모로코는 이미 생산성 있는 인산염 생산시설을 갖추고 있고 서부 사하라 영토도 점유하고 있는데, 이 지역은 세계에서 아직 개발되지 않은 가장 큰 인산염 공급지로서, 대부분이 해안에서 몇 마일 내에 위치한다.[10] 러시아와 중국의 공급량이 시장에서 완전히 사라진다면, 미국과 모로코가 북미, 남아메리카, 유럽, 아프리카 모두의 수요를 충족시키기에 충분한 양을 공급할 수 있을지 모르겠다. 판매자에게는 희소식이겠지만 나머지 지역은 망연자실이다.

심각하게 들릴지 모르지만, 실제로는 더 심각하다. 고도로 특화하고 세계화한 농업 부문이 자초한 많은 문제 가운데 하나가 이 단일한 체제 내에서 작물이나 가축은 가장 경제적으로 키울 수 있는 지역에서 키우게 되었다는 점이다. 예컨대, 소 방목은 대평원으로 이동했고, 옥수수와 대두는 중서부를 장악했다. 현재 세계질서 이전 시대에 이 두 부문은 대체로 같은 장소에 존재했다. 현재 세계질서 이전의 체제에서 농부들은 소의 배설물을 밭에 뿌려 인산염을 공급했다. 동물의 배설물을 가까이서 구하지 못하게 된 농부는 인공적인 인산염 유형의 비료를 사용하는 수밖에 없게 되었다. 그러자면 인산염을 조달하고 가공할 국제 공급사슬과 그 비료를 농경지까지 운반할 휘발유와 디젤 연료가 필요하다. 탈세계화 체제에서는 이 모델 전체가 붕괴한다.

질소와 인산염 비료가 아무리 중요해도 칼륨 비료 앞에서는 명함도 못 내민다. 산출물 측면에서 보면, 수확기 작물은 대부분 무게의 05퍼센트에서 2.0퍼센트 사이가 칼륨인데, 칼륨이 집중적으로 함유된 부분이 인간이 섭취하는 부분이다. 어느 작물이든 해마다 많은 칼륨이 필요하다. 칼륨 확보 측면에서 보면, 세계의 칼륨은 거의 다 화분재(potash)라고 알려진 광물에서 비롯되는데, 국제적으로 거래되는 화분재는 단 여섯 지역에서 비롯된다. 요르단, 이스라엘, 독일, 러시아, 벨라루스, 캐나다이다. 요르단은 미국이 무한정 안보를 보장해주고 경제적으로 지원해주고 사실상 이스라엘이 관리해왔지만, 몰락의 경계선상에 있는 나라다. 미국이 중동에서 손을 떼면 이스라엘은 다른 건 몰라도 중동에서 "무역 중심축" 역할은 하지 않는다. 독일 공급량은 독일과 인접한 나라들 외에는 그 어떤 나라도 돕기에 부족하다. 러시아와 벨라루스는 이미 새롭게 드리운 철의 장막 저편에 있다. 그렇다면 캐나다밖에 남지 않는다. 천만다행이다! 남미와 오스트레일리아—그 지역 인구 대비 가장 많은 식량을 생산하고 수출하는 대륙—는 화분재가 거의 없다. 중국은 자국 수요의 절반을 수입한다. 남아시아, 유럽, 사하라사막 이남 아프리카 지역은 화분재와 인산염 모두가 태부족이다.

앞으로 닥칠 세계 비료 부족 사태—그리고 여기서 비롯되는 식량부족 사태—에서 한 줄기 희망이 있기는 하다. 농업 과학자들이 실시한 대부분 연구에 따르면, 대부분 농부가 수십 년 동안 비료를 과도하게 사용해왔다. 특히 칼륨 비료는 더하다. 그렇다면 현재 대부분 지역의 대부분 농장의 토양은 칼륨 함유량이 지나치게 높다는 뜻이다. 더 나아가서 대부분 농부가 투입하는 비료의 양을 줄여도 수확량이 크게 줄지 않는다는 뜻이다. 문제는 그 방식이 얼마나 오랫동안 지속될지다. 대부분 자료에 따르면 10년까지다. 그 정도 시간은 충분치 않을지 모른다. 충분치 않다. 대단히 불충분하다. 그러나 누군가가 화물선 한 척을 약탈하자마자 곧바로 대륙 규모의 기근에 돌입하는 상황을 맞기 전에 해결책을 모색할 시간이 조금은 있다는 뜻이다.

이러한 고무적인 논의는 농업과 금융 간의 상호작용을 살펴봄으로써 마무리하도록 하자. 뻔한 소리로 들릴지 모르지만, 농업종사자는 상품이 배달되고 나서야 비로소 판매대금을 받는다. 다음 발언은 더 뻔한 소리로 들릴지 모르지만, 농업종사자는 근무시간을 두 배로 늘리거나, 남들이 쉬는 꼭두새벽이나 오밤중에 일하거나, 재배기가 아닌 계절에 일해도 생산량을 늘리기는 힘들다. 날씨가 허락해줘야 파종을 하고 싹을 틔울 수 있다. 날씨나 계절이 허락해줘야 작물을 키우고 재배할 수 있다. 일단 작물이 무르익거나 가축이 자라면 수확하거나 도축하는 계절은 따로 정해져 있다. 그러고 나서, 오로지 그러고 나서야 비로소 판매대금을 받는다.

그러나 산업화 이전 시대는 이미 오래전이다. 당시에는 농사에 쓸 투입재라고 해야 오로지 지난번 추수 때 따로 떼어놓은, 껍질 벗기지 않은 밀 몇 자루뿐이었거나, 가축을 키우는 데 드는 비용이라고 해봐야 주의가 산만하고 딴생각하는 게 취미인 목동에게 줄 품삯뿐이었다. 오늘날 산업화 농업은 아찔할 정도로 수많은 투입재가 필요하다. 이러한 투입재는 크게 세 부류로 나뉜다.

원료(raw stock). 파종용 씨앗이라고 하면 간단하게 들릴지 모르지만, 교배되거나 유전적으로 변형되거나 특화한 종자는 대부분 단순히 지난해 수확물 중 일부를 비축해놓는 방법보다 훨씬 비싸다. 이같이 특화한 종자는 옛날 방식으로 재배했을 때보다 수확량이 세 배로 는다. 2021년 1에이커에 파종할 분량의 옥수수 씨앗은 약 111달러였다. 과수원 묘목도 구매해야 한다. 더 크고 더 생산적이고 더 맛있는 고기를 생산하기 위한 끊임 없는 선택적 교배의 과정은 흠잡을 데 없는 황소를 확보하려는 끊임없는 노력이 요구된다. COVID 전인 2019년 물가상승률이 낮았던 때, 훌륭한 수컷 양 한 마리는 600달러였던 반면, 그저 그런 발정기 황소 한 마리는 1,500달러를 호가했다. 모든 게 부족한 경제 상황인 이 글을 쓰는 현재, 이들 수치는 두 배가 되었다. 특별한 놈을 한 마리 구해야겠다 싶으면, 최상급 블랙앵거스 교배용 황소는 경매에서 족히 7,000달러는 된다.

성장 투입재. 비료, 제초제, 살충제, 살균제, 작물 경작용 관개용수, 그리고 사일로에 저장할 꼴, 방목권, 축산에 필요한 의약품 등이 여기에 포함된다. 이러한 비용은 한 번만 지출하면 끝이 아니다. 작물을 재배하든 축산을 하든, 밀을 제외하면 전부 사계절 내내 보살펴야 한다—그리고 투입재가 필요하다.

장비. 콤바인을 장만하려면 족히 50만 달러는 든다. 낙농용 소는 궂은 날씨로부터 보호해야 할 뿐 아니라 하루에도 몇 번씩 젖을 짤 시설이 필요하다. 노동력이 절감되는 거의 자동화된 새로운 시설은 1,000만 달러가 넘게 든다. 세계 인구가 고령화하고 임금이 상승하면서 과수원은 나무에 비료를 분사하고, 관개용수 확보를 자동화하고, 과일을 따고 분리하고 세척하고 포장하는 등의 작업을 하는 기계에 투자해 노동력을 절감해왔다.

이 모두가 연료와 임금 같은 기본적인 비용 외에 추가로 드는 비용이다.

미네소타에 있는 전형적인 200에이커 옥수수 농장은 해마다 85,000달러 정도를 투입재 구입에 쓴다. 몬태나에 있는 전형적인 5,500에이커 규모의 기업형 밀 농장은 연간 100만 달러를 들여야 한다. 모조리 융자를 받지 못하면 모조리 불가능하다. 그 융자에 차질이 생기면 전체 체제가 붕괴한다.

선진 경제 체제에서는 농업에 대한 금융지원이 정부 체계와 직접 통합되어 있다. 재정부담, 경기순환, 기후의 변덕에서 비롯되는 비정함으로부터 농부와 축산업자들을 보호하고 융자를 순조롭게 하기 위해서다. 예컨대, 미국 농산물 생산업자들을 지원하는 농업 신용 체계는 설립 취지와 권한과 활동을 명시한 헌장까지 있고 미국 최대 금융기관으로 손꼽힌다.

대부분 나라는 이 정도로 조직화되고 재정적으로 기반이 잡힌 체제가 없고 세계 금융시장의 변덕과 추세에 훨씬 더 노출되어 있다. 1990년부터 2020년까지는 그런 상황이 별문제가 되지 않았다. 구소련 지역을 탈출한 자본, 중국의 과잉 융자, 유럽과 일본의 막대한 농업 보조금에다가 베이비붐 세대 덕분에 창출된 어처구니없을 정도로 저렴한 융자가 더해져 자본이 홍수를 이루었

Average Productivity and Cost of Inputs by Crop

	연작 옥수수	윤작 옥수수	윤작 대두	밀	이모작 대두
에이커당 평균 산출량(부셸)	169	180	55	77	38
수확 가격	3.80	3.80	10.10	5.70	10.10
연간 수익	642달러	684달러	556달러	439달러	394달러
변동이 적은 비용					
비료	120	111	47	71	35
종자	111	111	67	44	78
살충제	58	58	50	30	45
건조기 연료	33	27	0	0	5
기계 연료	12	12	8	8	5
기계 수리	22	22	18	18	15
운반	17	18	6	8	14
이자	12	11	7	6	6
보험료와 잡비	38	38	34	9	9
총 유동 비용	423달러	408달러	237달러	194달러	202달러
에이커당 순이익	219달러	276달러	319달러	245달러	192달러

출처: Purdue Crop Cost and Return Guide 2020   가격은 모두 미국 달러   © 2022 Zeihan on Geopolitics

작물별 평균 생산성과 투입재 비용

고 농업전문가들은 원하는 대로 족족 융자를 받을 수 있었다. 그러나 탈세계화와 세계 인구구조 역전 현상이 일어나는 가운데 이러한 환경은 완전히 뒤집히고 있다. 융자 조건은 까다로워지고 유동성은 사라지는 가운데 융자 비용도 오르게 된다. 농산물 생산자들도 다른 모든 이들과 마찬가지로 고통을 겪게 되지만, 문제는 농산물 생산자들이 자금을 융통하지 못하게 되면 식량 부족 사태가 벌어진다는 점이다.[11]

간단히 말해서, 어느 부문에 차질이 생기든 즉시 농산물 생산의 차질로 이어지고 처참한 결과를 맞게 된다.

39

최악의 사태 모면하기
혹은 수용하기

순위를 한번 매겨보자.

첫 번째 부류의 식량 수출국은 융자에서부터 비료, 연료에 이르기까지 모조리 자국 내에 공급 체계를 갖추고 있으므로 현재 생산하는 품목들을 약간만 조정하면 계속 생산할 수 있는 나라들이다. 이 모든 조건을 충족시키는 나라는 오로지 프랑스, 미국, 캐나다뿐이다. 러시아는 아깝게 탈락이다. 러시아의 영농장비는 러시아산이다. 고령화하고 붕괴하는 인구구조 때문에 러시아는 현재의 농산물 생산량을 유지할 노동력이 부족하고 따라서 거대한 중장비가 꼭 있어야 하는데 이런 중장비는 러시아가 제조하지 못한다.

그다음 부류는 이러한 조건들을 대부분 역내에 갖춘 수출국이다. 이들 나라는 투입재 수요를 모두 충족시키기 위해서 친구와 가족 등 연줄을 동원해야 하지만, 무질서한 세계라도 이는 가능하리라 본다.

가장 사소한 난관에 직면하는 나라부터 가장 큰 난관에 직면하는 나라까지 순서대로 나열하면 다음과 같다. 뉴질랜드, 스웨덴, 아르헨티나, 오스트레일리아, 터키, 나이지리아, 인도, 우루과이, 파라과이, 태국, 베트남, 미얀마, 이탈리아, 스페인. 하나같이 단점이 있지만—장비, 비료, 에너지에 대한 접근이 가장 두드러진 단점이다—이들보다 훨씬 취약한 지역이 생산에서 직면하게 될 그런 종류의 공급이나 안보 관련 극단적인 난관에 직면할 나라는 하나도 없다.

벨라루스, 카자흐스탄, 우크라이나도 이 부류에 속한다. 투입재 부족과 더불어 러시아가 이들에 대한 장악력을 재확인하는 가운데 잉여농산물을 어디로든 수출한다는 게 현실성이 있는지 의문이다. 러시아는 한계 토지에서 대량으로 밀을 재배한다는 사실을 유념하라. 현재의 세계질서가 절정기일 때도 러시아는 흉작이 들면 자국민에게 공급할 식량을 충분히 확보하기 위해 위의 3개 밀재배 국가의 수출을 방해한 이력이 있다.

세 번째 부류는 지금까지 해온 대로 계속 농사를 짓는 데 필요한 투입재를 구하지 못하게 되는 수출국들이다. 이들이 계속 수출하려면 그들 역량으로는 어쩔 수 없는 지정학적 요인들이 완벽하게 우호적으로 조성되어야 하는데 그렇게 될 가능성은 거의 없다. 이들 나라는 생산량이 처참한 수준으로 폭락하지는 않겠지만 농업이 지정학적 위협 요인들과 얽히고설키게 되는 여건에 적응해야 한다—작물이 제대로 자라지 못하는 해도 있다는 뜻이다. 브라질, 크로아티아, 덴마크, 네덜란드, 파키스탄, 남아프리카의 미래다.

네 번째 부류는 미국 주도 세계질서 하에서 농업 대국의 지위를 확보했지만, 무질서 시대에는 중요한 역할을 할 가능성이 전혀 없는 수출국들이다. 이들의 공급사슬은 자국이 도달 가능한 영토 바깥에 있고 대부분 안보 우려에 직면하므로 지금까지 해오던 대로 계속하기가 불가능한 나라들이다. 불가리아, 에스토니아, 체코공화국, 에티오피아, 핀란드, 독일, 헝가리, 라트비아, 리투아니아, 말리, 루마니아, 슬로바키아, 잠비아, 짐바브웨가 이 네 번째 부류에 속하는 나라들이다.

그러나 정말로 절박한 상황에 놓일 나라는 수입국이다.

첫 번째 부류는 지리적으로도 외교적으로도 수출국과 가까운 나라들로서 그들은 식량 수입이 끊길까봐 지나치게 우려하지 않아도 된다. 칠레, 콜롬비아, 에콰도르, 아이슬란드, 인도네시아, 말레이시아, 멕시코, 노르웨이, 페루, 필리핀, 포르투갈, 싱가포르, 영국이다. 일본도 이 부류에 속하지만, 식량 수출국들과 가까워서가 아니라 바깥으로 진출해 필요한 것을 확보할 역량이 있는 해군력을 보유하고 있기 때문이다.

두 번째 부류에서 상황이 심각해진다. 식량을 확보하긴 하지만 대가를 치러야 한다―순전히 금전적 비용만을 뜻하는 게 아니다. 이들 수입국은 수출국이 요구하는 대로 해야 한다. 그렇지 않으면 식량은 다른 곳으로 향하게 된다.

- 러시아는 이 식량 "외교"를 이용해 몽골, 타지키스탄, 투르크메니스탄, 키르기스스탄에 대한 장악력을 공고히 하게 된다. 중앙아시아를 흐르는 강들이 향후 10-30년에 걸쳐 얼마나 빨리 메마를지에 따라서, 러시아는 중앙아시아 지배권을 놓고 우즈베키스탄과 경쟁하든가 영원히 가뭄에 시달리게 돼 절박해진 우즈베키스탄을 제압하게 된다.[12]
- 식량 안보가 확고한 프랑스는 신식민주의를 밀어붙이게 된다. 프랑스는 벨기에를 상대로 종주국 관계를 구축하고 스위스와도 그런 관계를 구축하려고 시도하며, 그런 관계 구축에 기꺼이 동조할 모로코와 튀니지, 저항할 알제리와의 관계를 공고히 한다. 프랑스는 또한 제국주의 시절에 프랑스령 서아프리카라고 알려진 지역의 일부인 산유국들 가운데 가능한 한 많은 나라들, 특히 가봉, 콩고(브라자빌), 차드(Chad)와 주종관계를 구축하게 된다.
- 인도는 식량을 이용해 방글라데시를 소유하려 할 텐데, 방글라데시는 여러 가지로 최악의 상황에 직면하게 된다. 히말라야 남부의 강수량이 줄면서 방글라데시 쌀농사의 생산성이 하락하게 된다. 게다가 비는 대부분 봄에 내릴 가능성이 크고, 이때 내리는 비는 논에 필요 이상으로 물이 넘치게 할 가능성이 있고, 그렇게 되면 식량 생산은 이중으로 타격을 받게 된다.
- 나이지리아는 아프리카에서 유일하게 외부로부터 큰 도움 없이 농업 생산

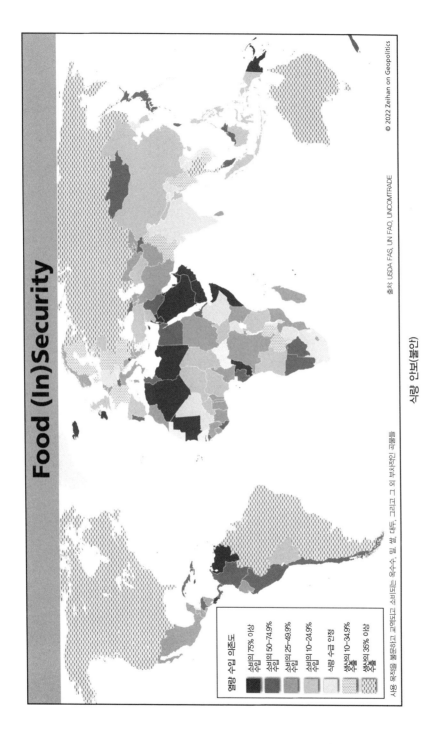

Food (In)Security

출처: USDA FAS, UN FAO, UNCOMTRADE

© 2022 Zeihan on Geopolitics

열량 수입 의존도

- 수비의 75% 이상 수입
- 수비의 50~74.9% 수입
- 수비의 25~49.9% 수입
- 수비의 10~24.9% 수입
- 식량 수급 안정
- 생산의 10~34.9% 수출
- 생산의 35% 이상 수출

식량 목적을 불문하고 교역되고 소비되는 옥수수, 밀, 쌀, 대두, 그리고 그 외 부차적인 곡물들

식량 안보(불안)

량을 유지할 역량이 있는 나라로서, 적도기니, 카메룬, 차드, 니제르, 부르키나파소, 가나, 토고, 베냉을 아우르는 영향권을 구축하게 된다. 석유와 천연가스가 풍부한 나이지리아는 서아프리카 전역에서 프랑스의 신식민주의에 대해 복수는 정당하다는 마음가짐으로 맞서 다투게 되고, 이러한 대결에서 상당히 선전하게 된다.

- 터키는 이미 지중해 동부의 강자로 부상하고 있다. 터키는 탁월하게 비옥한 토양, 온화한 기후, 이 지역의 석유와 무역 흐름을 좌지우지하는 지정학적 역량을 이용해 자국의 농업 체계를 원활하게 할 뿐 아니라 아제르바이잔, 조지아, 그리스, 이라크, 이스라엘, 레바논, 시리아로부터 지정학적 양보를 얻어내게 된다.

- 미국은 여러 가지 이슈와 관련해 중앙아메리카와 쿠바를 비롯한 카리브해 도서 지역들의 협력을 얻는 대가로 식량을 수출하게 된다. 미국은 베네수엘라에 대해서는 덜 우호적인 태도로 식량을 지렛대 삼아 베네수엘라를 미국 마음에 드는 모습으로 바꾸게 된다. 콜롬비아에 대해서는 훨씬 우호적인 태도로 콜롬비아를 최단기간에 친선국가이자 동맹국으로 변모시키게 된다.

- 일본과 영국은 둘 다 해외에서 식량을 수입해야 하지만, 식량을 여러 가지 다른 수단들과 묶어서 각각 한국과 아일랜드에 자국의 의지를 관철하는 데 사용하게 된다.

나머지 지역으로 말하자면, 그들에게 돌아갈 만큼 식량이 충분하지 않다. 현재의 세계질서 하에서조차 국내 생산을 확대해 자급하지 못한 지역들이다. 그나마 수입하게 될 식량도 자국에 아주 불리한 양보를 한 대가로 받든지, 천우신조(天佑神助)로 수입하게 된다고 해도 이런 우연은 미리 계획할 수도 없고 계속 믿고 의지할 수도 없다. (농업 역량 대비 가장 인구가 과잉인) 중동지역과 사하라사막 이남 아프리카 지역에 속하는 국가로서 아직 언급하지 않은 나라는 모조리 대체로 각자 알아서 해야 한다. 세계에서 농업 투입재들을 안

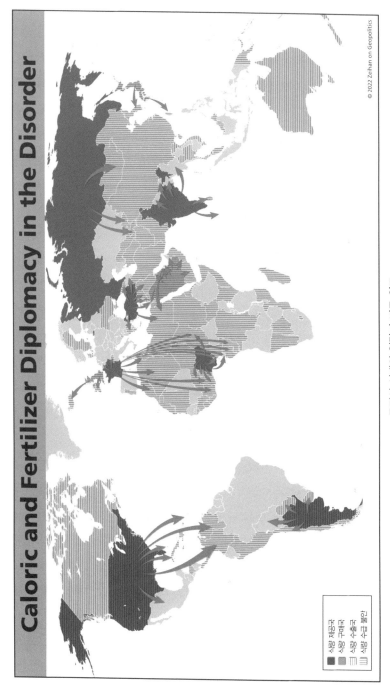

Caloric and Fertilizer Diplomacy in the Disorder

© 2022 Zeihan on Geopolitics

무질서 시대의 열량과 비료 외교

정적으로 확보하지 못하게 되면 인구 감소는 불가피하다.

굳이 따지자면, 앞에 열거한 나라들에 대한 진단은 지나치게 낙관적이다. 1945년 이후로, 특히 1992년 이후로 세계는 극단적인 열량 과잉 상태에서 살아왔다. 가축으로부터 열량을 창출하는 데 드는 투입재는 작물로부터 열량을 창출하는 데 드는 투입재의 아홉 배다. 그리고 제2차 세계대전 이후의 시대에 인류는 대부분 동물성 식품의 섭취를 급격히 늘렸다. 그러나 풍요로운 시대에조차 일부 지역은 그들에게 돌아갈 몫이 없었다. 이는 경제적 문제다—아니, 현재의 세계질서가 만든 경제적 문제다.

만성적으로 낙후된 나라인 아이티가 전형적인 사례다. 1980년대 중엽까지 아이티인의 식생활은 주로 구근류, 옥수수, 밀 약간, 딱히 열량의 밀도가 높지도 않고 아이티의 열대기후에서 재배하기에 적합하지 않은 작물들로 구성되었다. 아이티는 툭하면 기근의 위기에 놓였다. 그러나 아이티는 세계적인 농업 초강대국인 미국의 연안 바로 건너편에 있고 2010년 무렵 미국이 재배한 쌀이 아이티 식생활의 가장 중요한 주식이 되었다. 미국의 쌀은 아이티가 자국에서 생산한 식량보다 훨씬 안정적으로 공급되고 열량도 풍부할 뿐 아니라 미국의 산업화한 농업의 경제성 덕분에 미국의 쌀은 아이티가 직접 재배할 수 있는 그 어떤 작물보다도 값이 싸다.

이러한 가격 단절 현상은 후속으로 세 가지 결과를 낳았다. 첫째, 저렴한 가격이 안정적으로 유지되는 식량이 안정적으로 수입되면서 생산 자체뿐 아니라 앞으로 생산을 직접 하는 데 필요한 기술의 보존 측면에서 아이티의 농업은 대체로 파괴되었다. 둘째, 대체로 농업이 중심인 사회 전체에서 갑자기 생계가 무너지면서 점점 절박해진 국민이 뗏목을 만들어 미국으로 건너가려고 숲의 나무를 베어 민둥산으로 만들었다. 셋째, 값싼 식량 덕분에 아이티 인구는 두 배로 늘었다.

아이티는 극단적인 사례도 아니다. 이보다 나라 경영 상태가 훨씬 심각한 지경이거나 농업이 훨씬 심각하게 붕괴했거나, 둘 다 겪고 있는 나라들도 많다. 딱히 순서대로는 아니지만, 특히 우려스러운 나라는 다음과 같다. 아프가니스탄, 쿠바, 북한, 이란, 베네수엘라, 예멘, 시리아, 리비아, 짐바브웨, 온두라스, 과테말라, 라오스, 투르크메니스탄, 이라크, 수단, 남수단, 니제르, 말리. 이들 나라는 하나같이 자국이 먹여 살릴 역량을 넘어설 정도로 인구가 폭증하는 한편, 이와 동시에 현재의 세계질서 이전의 인구를 뒷받침했던 산업화 이전의 기술 역량을 상실했다. 이들은, 머지않아, 현재의 세계질서와 산업화 이전에 근근이 연명하던 시절을 다시는 돌아가지 못할 전성기로 여기게 된다.

수입 식량 유통에 무슨 일이라도—어떤 일이든—생기면 문명이 붕괴하고 인구 "조정"을 수반하는 무정부상태에 빠지게 되는 결과는 단순히 가능성이 있는 게 아니라 일어날 확률이 높다. 자국민을 먹여 살리지 못하는 정부는 몰락하게 된다.

이상이 상대적으로 가장 큰 패자들이다. 절대적으로 가장 큰 패자는 단연 중국이다. 중국은 수요의 80퍼센트를 수입하는 석유를 비롯해 수입하는 품목이라는 품목은 거의 다 세계에서 가장 긴 공급 경로의 끝에 위치한다. 중국 해군은 교역을 통해서든 정복을 통해서든 바깥으로 진출해 농산물을 확보하는 데—아니면 직접 재배를 위한 투입재를 확보하는 데—필요한 역량이 없다.

중국은 인구구조의 붕괴로 노동력과 자본공급이 모두 붕괴한다. 그리고 현재의 세계질서 하에서 형성된 기존의 농업 체계는 이미 역사상 가장 과잉투자된 중국 경제에서도 가장 과잉투자된 부문이다. 앞으로 닥칠 세계에서 이런 체제가 작동할 아무런 이유가 없다. 현재의 세계질서가 무너진 이후의 세계에서는 기근이 흔해진다. 10억 이상이 기아로 사망하게 되고 20억이 만성적 영양실조에 시달리게 된다. 중국 인구의 3분의 2 정도가 사망과 기아 이 두 가지 운명 중 하나에 직면하게 된다. 그리고 잊지 말아야 할 사실은, 중국은 역사상 가장 빠르게 고령화하는 사회이기도 하다는 점이다. 대대적인 영양실조와 기근을 관리하게 될—또는 겪게 될—이들도 나이가 들게 된다.

기근 완화하기

이번 장에서 거론한 종류의 대대적인 참상을 모면할 방법이 그리 많지 않다. 다행스럽게도, "많지 않다"는 "전혀 없다"와 같은 뜻이 아니다.

투입재의 기교와 과학

기근을 막을 첫 번째 방법은 과거에 쓰인 적이 없는 방법이나 기술로써 산출량을 늘리는 방법이다. 기존의 다양한 투입재들이 점점 더 확보하기 힘들어질 미래에는 고사하고 2022년 이 글을 쓰는 현재에도 이를 해낼 수 있는 지역은 몇 군데뿐이다. 이 방법이 순전히 산업화 시대의 농업 법칙에 따라 작동할 지역이 딱 한 군데 떠오른다. 미얀마다.

20세기 초 제국주의 시대가 저물기 시작하면서, 당시 버마로 알려진 미얀마(1989년에 미얀마로 국호를 변경―옮긴이)는 유럽의 아시아 식민지들 가운데 기술적으로 가장 낙후된 나라로 손꼽혔다. 제2차 세계대전 중 일본이 영국으로부터 버마를 빼앗을 당시 버마는 대체로 산업화 이전이었다. 영국은 버마로 되돌아가지 않았다. 버마는 1948년 공식적으로 독립했다. 그러더니 1962년 쿠데타가 일어나 민주적으로 선출된 정부를 축출했다. 새로운 군사정권은 전기도 자동차도 없는 국민이 반란을 일으킬 가능성이 적다고 보고 의도적으로 탈산업화 정책을 추진했다. 2010년 말 잠시 민주정체가 다시 회복되었지만 2021년 또 일어난 쿠데타에 짓밟혔다. 간단히 말해서, 붕괴하고 난 후의 세계는 2021년의 미얀마를 매우 닮게 된다면, 미얀마는 대체로 지금 그 모습을 그대로 간직하게 된다.

그러나 미얀마는 세계에서 쌀농사에 가장 적합한 지형이고, 임금이 가장 싸고, 배가 다닐 수 있는 강—이라와디—이 전도유망한 농업 지대를 관통해 흐른다. 현재 서구진영은 외교적 이유로 이 나라 전체를 기피 대상으로 만들었지만, 어디선가 누군가가 이 나라의 농사짓기에 완벽한 여건을 보고 나서 "누가 비료 몇 자루 들여오면 쌀을 더 많이 생산해서 수출할 수 있겠네."라고 생각하는 데 큰 상상력이 필요하지 않다. 미얀마의 권위주의적이고 학살의 경계선을 넘나드는 국내 정책을 견뎌낼 의향이 있는 해외 국가가 "있기만 하면" 된다. 인도나 태국이 그런 의향이 있을지 모른다. 두 나라 모두 (a) 미얀마의 이웃 나라이고, (b) 산업기반과 에너지 확보 선택지를 갖추고 있어서 농업에 필요한 투입재를 일정 부분 공급할 수 있으며, (c) 오늘날의 미얀마와의 사이에 큰 문제가 없다. 세계적으로 식량이 부족해지면 이 두 나라는 적극적으로 미얀마를 식량 생산에 억지로 끌어들일 가능성이 크다. 어쩌면 미얀마가 협력적 태도를 보일지도 모른다.

장비와 비료 같은 투입재들을 적어도 부분적으로나마 대체 가능한 또 다른 투입재가 있다. 노동력이다. 이런 점에서 가장 눈여겨봐야 할 나라가 중국이다.

마오쩌둥 이후 1979년 근대화가 시작되기 전, 중국 농촌에는 트랙터라고는 찾아보기 힘들었다. 인공 비료 같은 것도 거의 없었다.[13] 농촌 인구는 정치적으로, 경제적으로, 영적으로, 영양적으로 문화혁명 때문에 거덜이 났는데, 문화혁명은 사실상 그때그때 마오쩌둥의 머리를 스치고 지나가는 뒤틀린 생각이 무엇이든 그 생각과 맞지 않는 그 어떤 행위를 한 그 누구라도 제거하는 국가적 차원의 대대적인 숙청이었다. 중국 인구는 기본적으로 억압받는 소작농으로서 과거 2세기 동안 개발되어온 그 어떤 기술도 박탈당한 채, 작은 땅뙈기를 손으로 일구고 작물 한 포기 한 포기를 보살피면서 농사를 지었다. 정확히 말하자면 농사라기보다 정원 가꾸기였다.

산업화 이전 시대의 정원 가꾸기는 멍청한 짓은 아니었다. 사실 아주 생산적이었다. 선진국 진영에서 이를 취미나 보조적 수단으로 여길 뿐이다. 그러나 정원 가꾸기가 하나의 직업이고 식량을 생산하는 유일한 방법이고 노동력이 무한하고 공짜라면, 에이커당 산출량 수준에서 볼 때 산업화한 농업 못지않은 구색을 갖출 수 있다.

이제 곧 중국이 처하게 될 세계에서 중국은 매우 어려운 선택을 해야 한다. 석유를 자동차에 쓸지 트랙터에 쓸지 선택해야 한다. 천연가스를 발전에 쓸지 비료에 쓸지 선택해야 한다. 소비할 고객도 없는 물건을 만드느라 대량생산 제조업에 노동력을 투입할지 아니면 식량 생산에 투입할지 선택해야 한다. 어느 하나도 달가운 주제는 아니지만, 국가가 해체되거나 기근이 발생하는 상황도 달갑지 않기는 마찬가지다. 중국에 최선의 방책은 문화혁명과 유사한 국가 주도의 무자비한 탈도시화 정책으로 5억 인민을 다시 정원사의 삶으로 돌아가게 만드는 일이다. 지난 40년 동안 중화인민공화국이 추진해온 과도한 도시화로 인민에게서 식량 생산과 관련된 기술들이 말살되었는지 여부가 곧 드러나게 된다. 어떤 결과가 나오든, 탈도시화만으로는 국가적 차원의 기근을 막기에는 역부족이다─중국은 식량과 농업용 투입재를 공급해주는 세계체제에 완전히 접근하지 않고서는 현재의 인구를 유지할 방법이 없다─그러나 대대적인 탈도시화를 통해 정치체로서의 중국이라는 개념을 보존할 만큼의 식량은 생산할 수 있을지도 모른다.

어쩌면.

대량 기근에 직면할 세계 다른 지역에서도 탈도시화 정책으로 농업 일손을 늘리는 현상이 일어날 가능성이 크다. 이런 암울한 상황에 놓일 가능성이 가장 큰 나라가 이집트다. 사하라사막 이남 아프리카 지역도 대부분 그 뒤를 따른다. 여기서 사하라사막 이남 아프리카 지역은 이집트만큼 두려운 미래에 직면하지는 않을지 모른다. 이집트 인구의 절반 정도는 산업화 시대의 기술로 개간된 사막에 거주한다. 이집트의 사하라사막 일부를 녹지로 바꾼, 전기로 가동하는 펌프에 불상사라도 생기면, 그걸로 끝난다. 사하라사막 이남 아프리카 지역의 농지는 세계 최고는 아니지만(그 근처에도 가지 못한다), 적어도 농지 대부분은 비가 내린다.

전혀 다른 지리적 여건에서 매우 유용하게 쓰일 가능성이 큰 "투입재"가 하나 더 있다. 세계에서 가장 농사짓기 좋은 온대 기후 지역의 농지는 주로 심각한 차질을 겪게 될 가능성이 작은 선진국 진영에 국한되어 있는 농지로서, 농업에 디지털 기술을 적용하게 된다.

보통 디지털화 하면 온라인으로 대출을 신청하거나, COVID가 만연한 동안 재택근무를 하거나, 스마트폰으로 주절주절 수다를 떠는 모습을 연상하지만, 디지털화는 대단히 농업 중심적인 몇몇 기술에도 적용된다.

첫째, 뻔한 응용 방법이다. 게놈학(genomics)이다. 유전적으로 변형된 유기체(Genetically Modified Organism, 이하 GMO로 표기)라고 다들 들어봤겠지만, 작물의 특성을 변형시켜서 염분, 가뭄, 더위, 추위, 해충, 병균에 훨씬 강하게 만드는 일련의 디지털 기술의 금자탑이다. "유전자 편집(gene editing)"이라는 기술도 있는데, GMO 만드는 방식과 비슷하지만, 게놈 조작의 대상이 훨씬 구체적이고—적어도 이론상으로는—자연적으로 발생하거나 교배처럼 보다 전통적인 방식을 통해 일어날 수도 있다. 유전자 편집은 수십 세대가 걸리는 과정을 한 세대 만에 해낸다.

결론은 작물의 유전적 특성을 해킹해서 인간이 섭취하는 부분에 에너지를 훨씬 많이 소비하도록 만드는 기술이 현재 존재한다는 말이다. 이러한 기술은 경작에 필요한 투입재를 줄이는 한편 산출량을 늘린다. 교배에서부터 선택적 육성, 유전자 변형, 유전자 편집에 이르기까지 모든 기술을 적용할 수 있는 가장 대표적인 사례가 옥수수다.

우리가 옥수수라고 알고 있는 작물(유럽에서는 메이즈(maize)라고 한다)은 테오신테(teosinte)라고 하는 볏과식물의 후손이다. 야생 품종에서 식용 가능한 부분은 딱딱하고 거칠고 조개껍데기처럼 단단한 씨주머니에 들어있는 약 1인치 크기의 겉이 뾰족뾰족한 낟알이다. 에이커당 산출량으로 따졌을 때 단연 가장 생산성이 낮은 고대 작물이었다. 그러나 11000년 동안 인간이 만지작거린 데다가 산업화 시대의 투입재까지 더해지면서, 이제 옥수수는 에이커당 산출량이 가장 높은 작물이 되었다. 농업 산출량이 줄고 투입재를 확보하기 어려워질 세상이 곧 닥치면, 옥수수가 지닌 장점들을 직접 깨닫게 된다.

둘째, 첫 번째만큼 뻔한 응용 방식은 아니다. 바로 안면인식 기술이다. 민주정체 국가에서는 스마트폰 잠금 해제로 가장 널리 쓰인다. 중국에서는 여러분이 어디 있는지, 누구와 있는지, 언제 무엇을 하고 있는지, 정부가 감시하는 데 가장 널리 쓰인다. 농업 부문에서는 트랙터에 장착한 컴퓨터가 들판을 지나가면서 작물 한 포기 한 포기를 진단하는 데 쓰이고 있다. 우선 어떤 작물인지 확인한 다음, 어떤 조치가 필요한지 결정하면, 장착된 장치에 행동을 취하라고 신호를 보낸다. 작물이 잡초다? 제초제를 분사한다. 해충에 감염됐다? 살충제를 뿌린다. 누렇게 떴다? 비료를 분사한다. 농부들은 농지 전체에 한 가지 투입재를 일괄적으로 무차별 살포하고 또 다른 투입재를 또 일괄적으로 무차별 살포하는 과정을 반복할 필요가 없다. 장비에 서로 다른 투입재가 든 여러 개의 캐니스터를 여러 개 장착한 다음 사실상 알아서 작동하게 내버려두면 장비가 작물 한 포기 한 포기마다 맞춤형으로 필요한 투입재만 살포하면서 농지를 한 차례만 지나가면 된다. 산업화 농법이라기보다 디지털 정원 가꾸기다. 작물 한 포기마다 세심한 보살핌을 받되 그 보살핌을 사람이 하지 않을 뿐이다.

종합해보면, 유전적으로 조작한 종자에 디지털 정원 가꾸기를 더하면, 2030년 무렵 에이커당 산출량이—최소한—두 배로 증가하는 한편, 이와 동시에 필요한 화학 투입재와 연료를 최대 4분의 3까지 줄이게 된다.

그러나, 이는 농부가 새로운 투입재를 사용할 재정 능력이 있다는 가정하에서 하는 얘기다. 영농장비는 민간인이 구매할 수 있는 가장 비싼 장비로 손꼽히고, 새로운 디지털 정원 가꾸기 장비도 디지털화하지 않은 기존의 산업용 장비와 비교해볼 때 구매 비용이 세 배로 증가하고 관리유지 비용은 세 배 이상 증가한다. 이 정도 투자를 정당화하려면 농장 규모가 크고 자본공급이 충분한 이랑 작물이어야 한다. 미국, 캐나다, 오스트레일리아가 디지털 투입재를 대규모로 응용하기에 안성맞춤이다. 프랑스, 독일, 네덜란드, 뉴질랜드도 이 방법이 통할지 모르는 대규모 이랑 작물 농장이 몇 군데 있다. 정치적 연줄이 탄탄한 브라질 대형 농장 몇 군데도 가담하게 될지 모른다. 아르헨티나는 디지털 영농기법과 더할 나위 없는 찰떡궁합이다. 단, 아르헨티나 정부가 이런 종류의 장비는 국내 생산이 불가능하다는 사실을 인정하고 관세를 낮춰 장비를 수입할 수 있게 해야 한다.

다만 투입재 문제를 개선할 여지가 있는 나라는 모조리 해당한다.

뒷걸음치는 "진보"

기근을 완화할 두 번째 방법은 세계 수요가 아니라 지역 수요에 맞춰 농산물을 생산하는 방법이다. 지난 몇십 년 동안 세계의 건강을 증진하고 부를 창출하는 데 보탬이 된 대체 작물들은 대부분 사라지게 된다.

기후, 지리적 여건, 문화를 바탕으로 세 가지 유형이 나타나게 된다.

첫째, 수출 위주의 대규모 단일품종 경작 방식은 가고 지역 위주의 소규모 다품종 경작 방식이 온다. 이 방식으로 지역 공동체의 열량과 영양 필요를 충족하는 대신 규모의 경제를 포기하는 대가를 치러야 한다. 투입재나 도달 범위나 기술이나 자본이나 선호하는 경작 방식 등 어떤 관점에서 보든 지구상에서 생산되는 먹거리의 총량은 반드시 줄어든다.

둘째, 썰물처럼 사라졌던 밀 재배가 밀물처럼 되돌아온다.

산업화 시대에 모든 농작물 재배에 적용된 바로 그 투입재 셈법—보다 나은 조건의 융자, 개선된 장비, 합성 비료, 살충제, 제초제—이 밀에도 적용된다. 재배하기가 전혀 까다롭지 않은 밀의 특성과 고강도 산업 투입재가 결합하면서 지난 수십 년 동안 세계 밀 산출량이 폭증했다. 그처럼 밀이 꾸준히 대량 공급되면서 밀의 가격은 하락했다. 이로 인해 밀은 전혀 매력적으로 보이지 않지만, 밀은 대개 한계 농지에서 재배되므로, 밀을 재배하는 농부 가운데 밀 말고 다른 작물을 경작할 선택의 여지가 있는 이는 거의 없다.

이제 이 책에서 다룬 모든 내용—운송, 금융, 에너지, 산업 자재, 제조업—을 종합해보자. 밀은 대부분 밀밖에 자라지 못하는 곳에서만 재배하지만, 그런 곳에서도 오로지 투입재 유입이 차질이 생기지 않아야만 재배할 수 있다. 탈세계화가 일어나면 대부분 지역에서 어마어마한 차질이 빚어지게 된다. 세계적으로 인류의 가장 중요한 먹거리가 부족해질 위기에 직면하고 있다.

그뿐만이 아니다. 투입재가 부족해지면 수출용 작물이나 환금작물은 살아남을 가망이 없다. 세계 운송체계가 무너져 그런 작물이 최종 구매자에게 전달되지 못하는 상황을 고려하지 않더라도 말이다. 밀을 수입하지 못해서든 아보카도를 먹는 데는 한계가 있어서든, 전 세계 농부는 재배 작물을 전환하는 수밖에 달리 선택의 여지가 없다. 대규모 밀 재배와 서늘한 기후에서 재배하는 귀리, 보리, 호밀과 열대기후에서 재배하는 카사바같이 기후가 재배를 좌우하는 주요 먹거리의 증산이 미래에 닥칠 농업 물결이다.

이 점을 생각해보자. 영국, 러시아, 아랍에미리트연합, 폴란드, 몽골 같은 나라는 현재 요리의 다양성 측면에서 역사적 정점에 도달해 있다. 앞으로 이들 나라는 다른 누군가의 교역망에 합류하지 않는 한, 각각 식민지와의 교역 관계를 이용해 접근 가능해진 수입품을 자국에서 경작하는 볼품없는 작물들에 보태지 않고서는, 아무리 좋게 얘기해도 19세기 중엽의 식생활로 돌아갈 위험에 놓인다. 곡물이나 옥수수로 쑨 멀건 죽으로 배를 채우게 된다—일요일에 별식으로 양배추를 곁들이고.

셋째, 농촌 지역에 빈곤이 만연하게 하기에 딱 좋은 여건이 조성된다. 단일 품종 경작을 못 하게 되면 규모의 경제도 줄어든다. 밀을 다시 재배하게 되면 환금작물과 그러한 작물에서 비롯되는 소득을 포기해야 한다. 1945년 이후로 농업 종사자 수는 80퍼센트 폭락했는데 농촌의 총소득은 증가했다. 1인당 농촌 소득이 아니라 에이커당 농촌 소득을 말한다. 1인당 소득으로 치면, 농지는 인류 역사상 가장 높은 소득을 기록했다. 세계화한 투입재 유통이나 세계 수출이라는 선택지가 없으면 이러한 진보는 이제 뒷걸음질친다.

앞서 언급한 뉴질랜드와 이집트 사례를 확대해보자. 미래의 산출량 감소, 작물 전환, 농촌에 미치는 영향의 양극단을 깔끔하게 보여준다.

- 태평양 지역에서 무역을 관장하는 규범이 무너지면 뉴질랜드는 팔지 못한 유제품과 과일은 남아 돌아가고 빵을 만들 밀은 부족하게 된다. 지중해 지역의 무역 규범이 무너지면 이집트는 목화가 남아 돌아간다—그리고 굶게 된다.[14]
- 해당 지역의 지리적 여건도 중요하다. 뉴질랜드는 오스트레일리아와 서반구의 농산물이 풍부한 지역으로부터 쉽게 식량 공급을 받으므로 어느 정도 작물의 특화와 식품 교역이 가능하다. 오스트레일리아와 뉴질랜드는 특히 서로 가장 신뢰할 만한 교역 동반자 관계를 지속하기에 최적화되어 있다. 반면 이집트는 지중해와 동아프리카가 만나는 곳에 있는데, 이 두 지역은

이미 식량이 빈곤하다.

- 인구구조도 한몫한다. 자국의 식량 공급의 관점에서 볼 때, 뉴질랜드는 인구가 겨우 500만 명으로 이들을 먹여 살리는 데 그리 많은 식량이 필요하지 않지만, 이집트 인구 1억 명을 부양하기란 간단한 문제가 아니다. 이집트 인구는 너무 규모가 커서, 산업 투입재를 확보할 수 있고 생산성 있는 토지를 모조리 밀 재배로 전환한다고 해도 충분한 열량을 공급하기에 충분치 않다. 그러나 이집트는 시도는 해봐야 한다. 그렇지 않으면 죽는 길밖에 없다.
- 앞으로 너도나도 재배 작물을 밀로 전환하면 다른 농산물의 생산은 급격히 줄어든다. 특히 이집트의 경우 세계 시장에 판매할 목화와 감귤류 재배를 줄여야 한다는 뜻이다. 그러나 이 두 품목은 교역량이 대단히 많지는 않다. 세계적으로 거래되는 작물들 가운데 목화와 감귤류의 교역량은 각각 17위와 16위다. 그보다는 밀과 더불어 인류가 섭취하는 열량 대부분을 차지하는 세 가지 작물들이 훨씬 중요하다.

41

식단 확대하기,
식단 축소하기

우선 옥수수와 대두를 살펴보자. 이 두 작물은 세계적으로 거래되는 농산물 가운데 각각 4위와 1위인 작물이다.

밀과 마찬가지로 옥수수와 대두도 선사시대에 최초로 재배되었다. 수백 세대에 걸쳐 선택적 교배를 한 결과 옥수수는 마야 제국과 아즈텍 제국의 원동력이 되었고, 대두는 이리저리 떠돌아다니다가 틀림없이 동북아시아 어디에선가 재배되기 시작했지만,[15] 콜럼버스의 탐험 시대에 이르기까지 교역로라는 교역로는 모조리 섭렵한 작물이다. 콜럼버스가 서반구에 발을 디딘 시점에 대두는 서반구에 최초로 소개되었고, 모든 게 변했다.

옥수수와 대두는 오늘날 서반구의 진수를 보여주는 작물로 매우 독특한 성질이 있다.

- 옥수수는 뜨거운 열기와 습기를 좋아한다. 서늘하거나 건조하거나 혹은 둘 다인 유럽이나 동북아시아보다 미국 중서부, 아르헨티나의 팜파스, 브라질

의 세라도에서 훨씬 잘 자란다.

- 옥수수와 대두는 둘 다 전형적인 이랑 작물이다. 따라서 기계화 영농에 적합하고, 장비에 투자한 비용을 회수하기 위해서 점점 더 넓은 경작지를 추구하게 된다. 우연히도 동반구에는 지평선까지 끝없이 펼쳐지는 드넓은 경작지가 그리 많지 않다. (동반구의 대규모 경작지는 대부분 오스트레일리아나 러시아에 있는데, 이 두 나라의 경작지는 대두를 재배하기에는 너무 건조하거나 너무 습하거나 너무 춥다.)

- 옥수수는 번식하려면 도움이 필요하다. 과거에 인간이 길들여 재배한 옥수수는 인공수분(受粉)이 필요했지만, 오늘날 잡종은 옥수수수염 제거(detasseling, 제꽃가루받이를 못 하게 수꽃 이삭을 제거하는 과정—옮긴이)를 통해 가루받이를 관리한다. 경작지에 심은 옥수수 작물 가운데 일부의 꽃을 제거해서 원하는 유전적 조합이 열매를 맺게 하는 방법이다. 이는 대규모 농장, 젊은 인구구조, 소규모 마을 단위의 문화, 신세계(아메리카 대륙) 농업의 노동 경제성에 걸맞은 계절성 작업이다.[16] 러시아나 오스트레일리아는 기후는 적합하지만, 경작에 필요한 노동력을 공급하기에 충분할 만큼 농촌 지역이 인구밀도가 높지 않다.

- 대두는 일조 시간이 12.8시간 이하로 떨어지면 생물학적으로 꽃이 피게 되어 있지만, 옥수수와 마찬가지로 열기와 습기를 좋아한다. 동반구에서 유일하게 열기와 습도의 완벽한 조합과 계절적 변화를 갖춘 지역은 흑해의 서부와 북부 연안이다. 그러나 이 지역에서 대두 재배 지역을 모두 합해도 서반구에서 대표적인 대두 생산지인 아르헨티나의 코르도바, 미국의 아이오와, 브라질의 파라나 등, 대두 재배에 적합한 온대 기후 지역의 7퍼센트가 채 안 된다. 당연히 세계 옥수수 수출의 70퍼센트와 대두 수출의 85퍼센트는 아르헨티나, 브라질, 미국, 세 나라가 차지한다.

- 동반구에서 옥수수와 대두의 최대 수출국은 세계가 의지해서는 안 되는 나라, 우크라이나다. 이유는 많다. 일단 너무 빈곤해서 옥수수와 대두 재배에

필요한 기계화 영농을 할 만한 경제적 여유가 없고, 에너지, 정유, 제조업 역량이 너무 빈약하다. 그러나 무엇보다도 안보가 가장 큰 문제다. 2022년 2월 28일 이 책 교정을 보는 현재, 러시아의 우크라이나 침공이 한창 진행되고 있다. 전쟁이 어떤 방식으로 전개될지 장담하지는 못하지만, 적어도 2022년 파종기는 차질이 생기고, 세계는 미래에 닥칠 식량부족의 예고편을 미리 보게 된다. 2010년 구소련 지역의 농산물 수출에 차질이 생긴 적이 있다. 당시 밀 가격이 두 배로 뛰었다. 이로 인해 여러 가지 일이 벌어졌는데, 아랍 지역에서 반정부 시위가 이어지면서 정부가 붕괴하는 아랍의 봄 사태도 일어났다. 앞으로는 이보다 훨씬 심각한 사태가 일어나게 된다.

대체로 이러한 재배 작물 전환과 차별화는 긍정적인 결과를 낳게 된다. 서반구의 공급사슬은 대체로 서반구 내에 있으므로 차질이 생겨도 그 영향은 매우 제한적이고 관리하기 쉽다. 다시 말해서 탈세계화가 일어나도 옥수수와 대두의 세계적 생산 구조는 붕괴하지 않는다는 뜻이다.

그렇다고 해서 생산 구조가 바뀌지 않는다는 뜻은 아니다. 바뀌게 된다. 아주 급격히 바뀐다. 다만, 투입재에 대한 접근에 차질을 초래하는 탈세계화로 인한 고통과 충격이 그 이유는 아니라는 뜻이다. 시장의 수요가 바뀌기 때문에 생산 구조가 바뀌게 된다.

옥수수는, 시쳇말로, 인생 조졌다. 여러분이 굽거나 쪄 먹으려고 사는 옥수수는 미국 네브래스카, 아이오와, 일리노이의 지평선 너머로 끝없이 펼쳐진 경작지를 뒤덮은 그 옥수수가 아니다. 여러분이 먹는 옥수수는 스위트 콘(Sweet corn)이라고 불리는데, 미국에서 재배하는 옥수수의 1퍼센트가 채 안 된다. 미국 중서부 지역 전역에서 흔히 보이는 옥수수는 필드 콘(field corn), 또는 알갱이 가운데가 움푹 들어갔다고 해서 덴트 콘(dent corn)이라 불리는 가축 사료용 옥수수다. 열을 가하고 일종의 알칼리 용액을 사용해 닉스타말화(nixtamalization)라는 공정을 거치면, 필드 콘은 마사(masa) 같은 음식으로 전환될 수도 있지만, 이 옥수수는 직접 섭취하기보다는 다른 용도로 훨씬 많이 쓰인다.

세계에서 필드 콘을 가장 많이 가장 창의적으로 소비하는 나라가 미국인데, 미국은 필드 콘을 어마어마하게 많이 생산하므로 이를 가공해 콘 시럽에서부터 모조 플라스틱병, 스파크플러그 세라믹, 분필에 이르기까지 수천 가지의 상품을 만든다. 그 가운데 가장 대량 생산하는 상품이 에탄올로 알려진 바이오 연료다. 미국의 휘발유는 정부 보조금과 의무적 사용을 혼용한 정책에 따라 옥수수를 기반으로 한 에탄올이 10-15퍼센트 포함되어야 한다. 별로 많은 느낌이 안 들지 모르지만, 에탄올 수요가 절정일 때 미국은 수확한 옥수수의 절반 정도를 휘발유 첨가물로 만든 적도 있다. 이러한 의무화 정책으로 소비되는 옥수수가 어마어마하게 늘자 옥수수 가격만 인상된 게 아니라 농장들이 너도나도 재배 작물을 옥수수로 전환하면서 다른 작물들의 가격이 모조리 올랐다. 밀, 대두, 목화, 건초 가격이 인상되었고, 사료 비용이 인상되면서 돼지고기와 소고기 가격도 올랐다.

미국 외에 세계 나머지 지역에서 옥수수는 주로 가축의 사료로 쓰인다.

소득이 증가한 세계화 후기 시대에 이는 문제가 아니다. 사람들은 돈을 더 많이 벌고 고기를 더 많이 먹는다. 그러나 소득이 붕괴하는 탈세계화 시대에 세계 대부분 사람은 날마다 동물성 단백질을 즐길 정도의 경제적 여유를 누리지 못하게 된다. 자국이 생산하는 고기가 역내에서 소비되지 않거나 가축을 살찌우기 위해 수입 옥수수에 의존하는 나라는 대규모 축산과 더불어 옥수수 수요도 붕괴하리라고 각오해야 한다. 이렇게 되면, 전자에 속하는 우루과이와 오스트레일리아 같은 육류 생산국과 후자에 속하는 한국과 중국 같은 육류 소비국이 타격을 받게 된다.

옥수수의 손해는 대두의 이익이다. 대두도 가축 사료다. 사실 단백질 함량이 훨씬 높으므로 대두가 훨씬 나은 사료다. 그러나 필드 콘과는 달리 대두는 인간의 식용으로 가공하기가 쉽다. 대두는 작물이므로, 대두를 기반으로 한 단백질은 햄버거나 포크찹보다 싸다. 현재의 세계적인 규모의 축산업을 유지하려면 생활 수준이 상향되어 육식하는 이들이 계속 늘어나야 하는데, 탈세계화하고 단절된 세계에서는 이런 육식가들이 줄어들게 된다. 이같이 고비용 동물성 단백질에서 저비용 식물성 단백질로 전환해야 굶어 죽을 위기에 처하게 되는 10억 정도의 인구를 구할 수 있을지 모른다.[17] 여러분이 서반구, 유럽, 또는 오스트레일리아에 살고 있지 않다면, 두부 섭취를 늘리는 게 좋다.

그러나, 대규모 옥수수 생산이 그보다 훨씬 대규모인 대두 생산으로 대체된다고 해도, 대두는 여전히 충분하지 않다. 문제는 세계화 시대 말기의 최대 대두 수출국인 브라질이다. 브라질이 대두 최대 수출국 지위를 차지한 요인은 다음 다섯 가지다.

1. 브라질 과학자들은 대두의 게놈을 해킹해서 자국의 적도 가까이 위치한 농경지에서 잎 작물이 꽃피고 무르익을 수 있도록 대두에게 필요한 일조 시간을 조작했다. (적도 근처에서는 여름과 겨울의 낮 길이가 거의 똑같으므로, 대두는 적응하지 못해 무르익지 않는다.) 이러한 과학적 기교 덕분에 브라질은 대두 생산지를 리오 그란데 도술 같은 남부의 온대 지역을 넘어 마토 그로소 같이 적도와 가까운 열대지방까지 확장했다. 이 단 하나의 조작 덕분에 세계 대두 수출의 3분의 1이 가능했다.

2. 지구상에서 브라질이 대두를 수출하기가 물리적으로 가장 먼 시장이 아시아다. 수출 화물은 남아메리카 남쪽 끝을 따라 돌든가 아니면 대서양 남쪽을 가로질러 희망봉까지 간 다음, 태평양이나 인도양을 가로질러야 하는 최장거리다. 식량은 대부분 무게나 부피 대비 가치가 매우 낮다. 금 50파운드의 가치는 25,000달러 정도이고 손에 쥘 수 있다. 알루미늄 50파운드의 가치는 50달러 정도로 양동이에 채울 수 있다. 대두 50파운드의 가치는 10달러 정도이고 외바퀴 손수레가 필요하다. 제국 내부에 훌륭한 수로망이 갖춰진 운 좋은 제국 중심지를 제외하고 18세기까지만 해도 인류는 대부분 생산지로부터 몇 마

일 이상 떨어진 곳에서 식량을 구할 엄두도 내지 못했다. 산업화한 현재 세계 질서 하에서 이는 문제가 되지 않는다. 저비용 장거리 운송이 흔했다.

3. 브라질의 열대에 가까운 토양은 영양분이 아주 부족하고 브라질의 대두 주산지는 해충이 죽는 겨울이 없다. 겨울이 없으므로 브라질 대두(그리고 옥수수) 재배업자들은 대부분 이모작을(심지어 삼모작까지도!) 한다는 장점이 있다. 반면, 해충과 잡초와 곰팡이가 골칫거리일 뿐만 아니라 농지를 조성하기 위해 삼림을 깨끗이 벌목하면서 자연이 해충을 처치하는 역량이 거의 제거되었고, 각종 해충이 농약에 대한 저항성을 기르게 되었다. 미국 중서부에서는 10년마다 개량해야 하는 살충제, 제초제, 살균제를 브라질에서는 2-3년마다 개량해야 한다. 따라서 브라질의 이랑 작물 농사는 단위 산출량당 비료, 살충제, 제초제, 살균제 등 투입재 비용이 세계 최고가 되었다. 투입재를 구하기가 쉽고 생산물을 판매하기는 그보다 더 쉬운 세계화 시대에 투입재 비용은 별문제가 되지 않는다.

4. 아르헨티나와 미국과 마찬가지로 브라질도 대두 생산지는 대부분 내륙 깊숙이 위치한다. 그러나 아르헨티나와 미국과는 달리 브라질은 농산물을 운반할 저렴한 철도-수로 운송체계를 구축하기에 적합한, 해안까지 평지로 이어지는 지리적 여건이 없다. 브라질의 대두는 대부분 트럭으로 운반한다. 따라서 외자를 값싸게 들여와 필요한 기간시설을 구축해야 한다. 머릿수가 많은 베이비붐 세대가 자본을 대거 창출하고 중국이 과잉 투자해 자본이 넘치는 세계에서는 이게 문제가 되지 않는다.

5. 어떤 작물이든 과잉 공급과 저조한 수요의 순환을 겪는다. 그러나 1990년 이후의 세계에서 공통점이 있다면, 세계 인구가 꾸준히 증가하고 부유해졌고, 따라서 더 좋은 음식을 더 많이 먹게 되었다는 점이다. 규모가 커지고 부유해진 인구 가운데 가장 큰 비율을 차지하는 나라가 바로 가격에 둔감한 중국이다. 중국이 선호하는 별미는 돼지고기이고, 중국이 키우는 돼지 머릿수는 나머지 세계의 돼지들을 모두 합한 머릿수보다 많으며, 중국의 농지는 이 돼지

들에게 줄 사료를 생산하기에는 역부족이고 돼지를 가장 빨리 살찌우는 방법은 대두를 먹이는 방법이다. 그러니 2000년 이후로 브라질 대두 수출이 성공의 가도를 달린 게 전혀 놀랍지 않다.

인간이 두뇌를 써서 유전자를 조작한 경우를 제외하고, 탈세계화한 세계에서 이 모든 요인은 브라질에 불리하게 작용하게 된다. 그렇다고 해서 브라질의 농업 생산량이 붕괴한다는 뜻은 전혀 아니다. 다만, 생산량이 줄어들고, 공급이 훨씬 덜 안정적이 되고, 경기순환에 훨씬 취약해지며, 아르헨티나와 미국이라면 전혀 문제가 되지 않을 국내 운송에서 난관을 겪으며 씨름하게 된다는 뜻이다.

그다음은 쌀이다. 국제무역 측면에서 보면, 쌀은 가치로 따져서 "겨우" 9위를 차지하지만, 9위라는 순위는 쌀이 밀에 이어 세계에서 두 번째로 선호하는 곡물이라는 중요성을 간과한다. 문제는 이탈리아 음식인 리조또에 쓰는 아르보리오에서부터 인도 요리에 쓰는 바스마티, 인도네시아의 찹쌀, 태국의 자스민, 중국의 흑미에 이르기까지 품종이 매우 다양하다는 사실이다. 쌀에 대한 아시아의 생각은 바비큐에 대한 미국의 생각과 같다. 품종마다 제대로 요리하는 방법이 정해져 있고, 그 방법대로 하지 않으면 난리가 난다. 이런 태도 때문에 거래되는 양이 줄어드는 경향이 있다.

세계적으로 쌀의 품종은 밀의 품종만큼 다양하지는 않은데, 그 가장 큰 이유는 쌀은 여러모로 밀과 정반대이기 때문이다. 쌀농사는 어렵고 비용이 많이 든다. 그 어떤 주요 식량보다 투입재, 노동력, 기계장비가 많이 들고 가공하기가 어렵다.

쌀은 쌀농사를 짓는 문화의 면모를 결정할(그리고 문화 구축을 방해할) 정도로 물과 노동력이 많이 들어간다. 밀은 파종 한 가지 작업만 하면 끝이다. 탈곡까지 치면 두 가지 작업만 하면 끝이다. 쌀은 어떨까? 언감생심이다. 쌀농사에서는 물 관리가 가장 중요하다.

세계 거의 모든 품종의 쌀은 이랑 작물이 아니라 논에서 자란다. 논은 땅을 파내서 진흙을 발라 물이 새지 않게 해야 한다. 논은 경작지라기보다 물을 담아놓은 거대한 노천 단지다. 따로 못자리를 만들어 모를 길러야 한다. 이러한 모는 대개 물을 댄 논에 사람 손으로 일일이 심은 다음, 며칠 후에 논에서 물을 빼 어린 벼가 숨을 쉬게 하고 햇빛을 충분히 받아 뿌리 내리고 성장하게 한다.

그다음부터 본격적으로 물과의 전쟁이 시작된다. 논을 반복적으로 물에 잠기게 해 잡초와 해충을 익사시킨 다음 물을 빼 수생 잡초와 수생 해충을 박멸한다. 어느 단계에서든 물이 너무 많으면 벼가 익사한다. 물이 너무 적으면 논이 메말라 갈라진다. 품종에 따라서 다르지만, 물을 대고 물을 빼는 주기를 많게는 네 차례까지 반복한 다음 수확에 앞서 마지막으로 물을 빼고 건조해야 한다. 수확한 다음에 볏 자루는 다시 말려야 한다. 쌀은 두 차례 탈곡해야 한다—한 번은 낟알을 자루와 분리하기 위해서, 또 한 번은 낟알에서 겉겨를 벗겨내기 위해서 한다. 여기까지 하면 현미가 된다. 백미를 만들려면 속겨를 벗겨내야 한다.

볍씨를 몇 줌 땅에다 뿌리고 몇 달 만에 와보면 벼가 자라 있는 일은 없다. 쌀농사는 쌀농사 말고는 다른 일할 겨를이 없는 작업이다. 밀을 재배하는 문화권에서는 전쟁에 농부들을 징집해도, 농부들이 추수에 맞춰 전쟁에서 돌아오는 한 문제 없다. 쌀을 재배하는 문화권이 전쟁하게 되면, 한 해는 굶을 각오를 해야 한다.

얼마나 많은 변종이 있는지 생각해보면, 지역에 따라 품종에 따라 변종들이 수없이 많은 게 놀랍지 않다. 인도아대륙의 몬순 기후에서는 쌀농사에 적합한 우기도 있고 밀 농사에 적합한 건기도 있다(그러나 논은 논이므로 농부는 둘 중 어느 작물을 재배할지 결정하고 경작지를 정비해야 한다). 일본은 기계로 모내기를 하는 편이다. 미시시피주에서 쌀은 끊임없이 집중적으로 관리하는 관개용수로 재배하는 이랑 작물이다. 캘리포니아는 비행기로 볍씨를 파종한다.

현재의 세계질서는 밀 농사만큼 쌀농사를 변모시키지는 않았다. 밀은 아무데서나 자라므로 현재의 세계질서 하에서 밀 농사는 밀밖에 재배할 수 없는 지역에 국한되었다. 그러나 쌀농사를 하려면 아주 독특한 여건들을 조성해야 하고, 쌀농사 외에 다른 일은 거의 하지 않는 초저임금 노동력과 어마어마한 양의 물이 필요하고 보통 한 계절 이상의 시간이 필요하다. 현재의 세계질서가 어디에 어떤 변화를 일으키든, 쌀농사를 짓는 지역과 방법에서는 대대적인 격변이 일어나지 않았다. 쌀농사는 오래전부터 주로 남아시아에서 동남아시아를 거쳐 동아시아까지 초승달 모양의 지역에 국한되어왔다. 이 초승달 지역이 쌀 총생산의 약 90퍼센트를 생산하는데, 거의 전부 논농사다.

앞으로 쌀농사가 직면할 난관은 두 가지다.

첫째, 인분이다.

일본, 홍콩, 싱가포르를 제외하고, 남아시아와 동남아시아와 동아시아에서 1945년 이전에 산업화한 나라는 매우 드물다. 따라서 쌀농사를 지을 때는 대부분 인분과 동물의 분뇨를 거름으로 썼다. 쌀농사 짓는 이들은 종일 똥물 속에 발을 담그고 휘젓고 다녀야 했으니 쌀농사가 그들의 수명에 어떤 영향을 미쳤을지 짐작이 가리라.[18]

중국에서는 문화혁명의 참상이 일어나면서 초기에 비료를 도입해 이룬 진보를 무위로 돌렸고, 중국 농부들은 다시 인분을 쓰게 되었다. 1990년대에 가서야 비로소 투입재로 인분을 쓰지 않게 되었다. 수확과 관개용수 관련 몇 가지 다른 산업기술이 도입되면서 중국의 많은 농부는 마침내 식량 안보를 누리게 되었고 쌀농사를 접고 대거 도시로 향했다. 소득이 증가했다. 질병 발생률은 급감했다. 수명이 연장되었다.

그러나 이 과정이 해체되고, 수입한 투입재에 접근하지 못하게 되면, 쌀농사는 심각한 어려움에 놓이게 된다. 인산염 비료 없이는 세계 그 어디서도 쌀을 필요한 만큼 수확하지 못한다. 수십 년 동안 대대적인 도시화가 진행되면서 인분과 논의 관계는 끊겼다. 그렇다면 20억 인구는 쌀을 포기하든가, 이들이 사는 지역들이 도시화했던 속도보다 훨씬 빠른 속도로 탈도시화해서 "천연" 비료와 쌀이 다시 한번 같은 지역에서 생산되도록 해야 한다.

이 점에 있어서 중국은 괜찮지 않을까 싶다. 동아시아와 동남아시아 대부분 지역과는 달리 중국은 인산염을 자국 내에서 조달할 수 있다. 중국이 하나의 국가로 그대로 남아있는 한 말이다. 중국의 인산염 광산은 서쪽 맨 끝—특히 티베트와 신장—에 있다. 중국공산당이 1950년대 이후로 잔혹함의 정도와 강도를 달리해가면서 민족 학살을 자행해온 지역이다. 이 지역들은 또한 허허벌판을 사이에 두고 쌀 주산지이자 한족이 압도적 다수인 인구 밀집 지역으로부터 1,000마일 이상 떨어져 있다. 중국이 무슨 이유에서든 분열되면, 쌀을 웬만큼 수확하려면 인분 거름을 원동력으로 삼는 생명의 순환 방식으로 되돌아가야 한다.

제조업 역량을 확대하기 위해 인구를 대량 이주시키면 어떤 효과가 발생할지 뻔히 보인다. 노동력이 엉뚱한 데 투입되고 제조와 상관없는 일을 하게 된다. 쌀 증산을 위해 도시 거주자가 대거 농촌으로 이주하면 어떤 효과를 낳을지는 불분명하다. 중국의 급속한 도시화로 인구가 너무 빨리 고령화해서 애초에 귀농할 장정들이 많지 않다. 인구 규모에 미친 영향은 그저 끔찍할 따름이다. 1980년부터 2020년 사이에 늘어난 중국 인구 증가분—약 5억 명—은 거의 다 건강이 증진되어 수명이 연장됐기 때문이지 출생이 증가해서가 아니다. 중국이 합성 비료에서 천연 비료(인분)로 전환해야 한다면 수명 연장으로 얻은 이득—지난 40년 동안 일어난 인구 증가—은, 다른 불상사가 일어나지 않는다고 해도, 10-20년 만에 손실된다.

쌀농사가 직면할 두 번째 난관은 덜 역겹지만, 훨씬 심각한 문제다. 바로 물 확보다.

쌀은 까탈스럽고 물이 집중적으로 필요한 속성이 있으므로 밀과는 달리 한계 토지에서는 절대 재배하지 못한다. 이러한 까탈스러움 때문에 쌀은 기후변화에 매우 취약하다. 쌀농사 지역의 물 분포도가 아주 조금만 변해도 쌀 생산량은 급감한다.

중국에서 쌀을 가장 많이 생산하는 지역은 양쯔강 하류로, 이곳에서 1만 년 전 최초로 쌀이 재배되기 시작했다. 중국이 도시화하고 이 강 유역의 도시들이 팽창하면서 논이었던 토지를 흡수했다. 쌀을 재배하는 농지는 거의 전적으로 관개용수에 의존하는 고지대밖에 남지 않았다. 이로 인해 양쯔강 쌀 농사는 다양한 기후대에 걸쳐 있는 양쯔강 상류 유역에 내리는 비에 의존하고 있는데, 거의 다 사막화하고 있다. 중국 남부—또 다른 주요 쌀 생산지—는 훨씬 강수량이 높지만, 험준한 지형 때문에 여러 가지 국소기후로 잘게 나뉜다. 이 지역의 전체적인 강수량이 변하지 않는다고 해도, 여기저기 습한 지대와 건조한 지대가 등장하면서 물이 부족하거나 엉뚱한 곳으로 흐르는 구역이 생긴다. 국소기후의 미세한 차이는 보통 내 관심을 끌지 못한다. 그러나 중국 인구는 14억이고, 쌀은 너무나도 까탈스러운 작물이라 국소기후에 관심을 두지 않을 수가 없다.

중국이 직면하는 물 확보 문제는 기후변화가 초래할 폭넓은 문제들의 축소판일 뿐이고, 기후변화는 이보다 훨씬 폭넓은 주제다.

42

농업과 기후변화

이번 장은 우선 몇 가지 불편한 사실을 짚고 넘어가자.

첫째, 평화는 지구의 환경에는 대단히 바람직하지 않다. 미국이 설계한 세계질서는 단순히 소련에 맞서 싸울 동맹을 구축하는 데 그치지 않았다. 이 전략적 결단으로 인류 대부분이 산업화의 길에 들어섰고, 인류 대부분이 석탄, 석유, 천연가스를 대량으로 사용하기 시작하면서 온실가스 배출이 폭발적으로 증가했다.

둘째, 탈냉전시대에 이 세계질서가 거의 모두에게 확대 적용되면서 온실가스 배출은 가속도가 붙었다. 세계 산업화 체제에 프랑스, 독일, 일본, 한국, 대만이 포함된 것만으로도 온실가스 배출 문제가 심각해졌는데, 인도네시아와 인도와 나이지리아와 중국까지 합류하니 차원이 달라졌다. 제2차 세계대전 전까지만 해도 산업화 과정을 시작할 엄두도 내지 못한 나라들이 1945년 당시보다 온실가스를 일곱 배 이상 배출하면서 이제 현재 배출량의 절반 이상을 차지하고 있다.

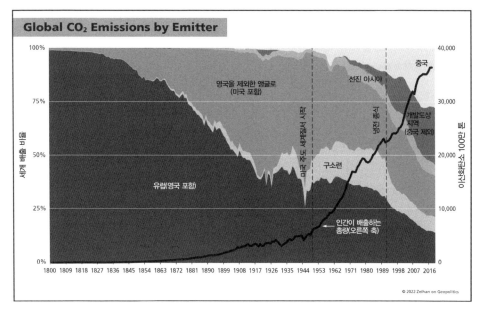

Global CO₂ Emissions by Emitter

배출 주체별 세계 이산화탄소 배출

셋째, 인류 대부분이 전기 같은 문명의 이기를 누리게 된 지금, 설사 세계화가 붕괴한다고 해도, 산업화 이전으로 되돌아가는 생활방식을 의도적으로 선택할 리는 없다. 오늘날 환경보호 운동은 석유와 천연가스가 세계적으로 저탄소 화석연료일 뿐만 아니라 세계적으로 거래되는 연료이기도 하다는 사실을 간과하는 경향이 있다. 탈세계화한 세계에서는 대부분 나라가 자국 내에서 구할 수 있는 일차적 원료가 석탄이다. 그냥 아무 석탄이 아니라 저열량 저온 연소에 오염물질을 많이 배출하는 유연탄이나 갈탄으로서, 이들은 어떤 연료보다도 탄소를 많이 배출한다. 인류는 쪼개지고 암울하고 빈곤하고 굶주린 세계로 퇴락하는 한편 여전히 온실가스 배출을 늘릴 가능성이 다분하다.

넷째, 인간이 예측한 기후변화는 쪽팔릴 정도로 빗나간다.

가장 최근의 사례가 2021년 중반의 미국이다. 고기압으로 인해 태평양 북서부 상공에 더운 공기가 갇혔다. 이 가운데 일부가 캐스케이즈산맥(캐나다 브리티시컬럼비아 남부에서 미국 워싱턴과 오리건을 거쳐 북부 캘리포니아로 이어지는 지역)으로부터 하강하면서 압축 효과를 촉발했다. 그 결과 어떻게 됐을까? 보통은 흐리고 비 내리고 우중충한 지역 날씨가 몇 주 동안 화덕처럼 펄펄 끓었다. 오리건주 포틀랜드는 기온이 화씨 120도(섭씨 48.9도)를 웃도는 날이 이어졌다. 사막이나 미국 남부의 기후가 필연적으로 더욱 뜨거워진다고 주장하는 수많은 기후변화 모델을 봤지만, 포틀랜드—다른 데도 아니고 제기랄, 포틀랜드라니—가 라스베이거스 기록을 깰 정도로 더워진다고 예측한 모델은 단 하나도 없다.

이같이 예측이 빗나가는 근본적인 이유는 간단하다. 현재로서는 우편번호 수준의 지역별로 세분화해 기후변화를 예측하기에 충분한 데이터가 없기 때문이다. 누가 그런 예측을 시도하든지 기껏해야 그저 지식을 바탕으로 한 추측에 불과하다.

나는 추측하기를 좋아하지 않는다. 가능한 한 하지 않는다. 따라서 수많은 기후 예측 자료 대신 날씨 데이터로 눈을 돌린다. 현재나 미래의 날씨 데이터가 아니라 과거의 날씨 데이터 말이다. 날씨 기록은 족히 한 세기 이상 거슬러 올라가 전 세계 수십만 지역에서 하루에 수십 번 측정한 일기 기록을 토대로 한다. 이 데이터는 논란의 여지가 없다. 정치가 개입된 자료가 아니다. 예측도 아니다. 그리고 이 데이터에 변화의 추세가 나타난다면 이미 발생한 추세이므로 이 추세를 바탕으로 앞으로 조금만 더 나아가면 된다.

이 책의 목적을 위해, 나는 120년 동안의 날씨 데이터가 보여주는 추세를 이용해 앞으로 30년만 예측해보겠다. 너무 따분하고 재미없다고? 어디 두고 보자.

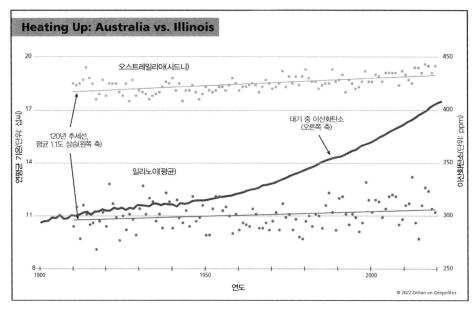

기온상승: 오스트레일리아 vs. 일리노이

두 지역 이야기

제1 세계에 속하는 두 지역과 관련된 두 가지 실제 사례들을 살펴보자. 태평양 남서쪽에 있는 오스트레일리아(구체적으로 이 나라 인구 대부분이 거주하고 농산물 대부분이 생산되는, 이 나라의 남동쪽 3분의 1 지역)와 미국 중서부 일리노이주다. 1900년 이후로 두 지역 모두 평균기온이 섭씨 1.1도 상승했다. 또한—다시 말하지만 실제로 측정한 데이터다—이러한 기온상승으로 두 지역이 어떻게 변했는지도 잘 파악되어 있다. 두 지역에 나타난 기온상승의 효과는 천양지차다.

오스트레일리아는 기온상승으로 여름이 더 덥고 더 건조해졌다. 2019년–2020년 여름 오스트레일리아는 가뭄을 겪었다. 이 가뭄으로 거의 지구 종말과 같은 산불을 겪었다. 이 나라의 삼림 5분의 1이 전소되고 동물 10억 마리가 목숨을 잃었으며 방목지 7분의 1이 파괴되었다. 반면 일리노이주에서는 기온 상승으로 수분이 증가했고 2012년과 2020년 여름도 예외가 아니었다. 일리노이주에서는 산불이 아니라 옥수수와 대두의 생산량이 조금씩 증가했다.

왜 이런 극명한 차이가 나타났을까? 한마디로 지리적 여건 때문이다.

10여 가지 해류가 오스트레일리아 대륙을 감싸고 돈다. 차가운 해류도 있고 계절에 따라 흐르는 해류도 있다. 오스트레일리아의 북쪽 끝은 열대기후 한복판에 놓여 있다. 남동쪽 끝은 온대 기후대의 추운 쪽과 맞닿아 있다. 그 결과 기후가 극단적으로 대조되는 특징을 보인다. 오스트레일리아 대륙의 가운데 4분의 3은 삭막한 사막일 뿐 아니라 계절마다 해마다 기후가 극적으로 바뀌기 때문에 홍수와 가뭄이 번갈아 나타난다. 마치 오스트레일리아 대 사막이 심장처럼 요동치면서 2-3년마다 비가 내륙지방으로 몰려갔다가 빠져나오는 듯하다. 오스트레일리아는, 멋진 단어를 만들어내는 실력을 십분 발휘해, 이러한 현상을 대 우기(Big Wet)와 대 건기(Big Dry)라고 일컫는다. 이러한 유형의 기후는 1990년 이후의 세계에서 지구의 대기권에 탄소가 축적되는 속도가 빨라지기 훨씬 전에, 오스트레일리아가 산업화에 착수하기도 전에 나타났다고 기록되어 있다. 이는 기후변화가 아니다. 이는 오스트레일리아이기 때문에 나타난 현상이다.

이제 여기에 섭씨 1.1도 기온상승을 보태보자. 오스트레일리아의 지리적 여건은 건조하다. 건조한 공기는 빨리 더워지지만 빨리 식기도 한다. 오스트레일리아의 기온상승은 대부분 낮 기온의 상승으로 나타난다. 이 때문에 이슬점(dew point)이 상승해 비가 내릴 확률이 낮아진다. 이로 인해 땅이 메마르고 가뭄과 산불에 취약해지면서 농업 잠재력이 줄어든다. 오스트레일리아의 농업 지역은 대부분—가장 두드러진 지역이 이 나라 동부 블루 마운튼 서쪽 기슭과 남동쪽에 있는 머리—달링 유역의 상당 부분—황진(黃塵) 지대로 퇴화할 가능성이 크다. 2019-2020년 산불은 오스트레일리아에 종말을 예고

하는 전령 같은 느낌을 주었다.

이를 일리노이의 지리적 여건과 비교해보자. 일리노이는 북미 내륙 깊숙이 있으므로 시계처럼 규칙적으로 뚜렷한 사계절이 찾아온다. 일리노이는 온대 기후 한복판에 놓여 있고 달마다 상당히 비슷한 강수량을 보이며, 가장 건조한 달(2월)에는 강수량이 2인치에 못 미치는 경우가 거의 없고, 가장 강수량이 많은 달(5월)에는 강수량이 5인치 넘는 경우가 거의 없다.

이 강수량 가운데 일부는 멕시코만에서 열대 기류로 출발한다. 멕시코만 상공의 공기는 수십 년 동안 꾸준히 데워져 왔다—다시 말하지만, 이는 실제로 측정한 기온이다. 공기가 따뜻할수록 더 많은 수분을 함유하므로, 일리노이는 열대 폭풍에서 비롯되는 비가 내릴 가능성이 커지지만, 일리노이는 매우 대륙적인 특성을 보이므로 이러한 폭풍은 이동식 주택을 옮겨놓을 정도의 위력을 발휘하는 허리케인으로 발전하지 않고 그냥 비만 뿌린다. 20세기 초반과 비교해 추가된 수분은 일리노이주의 어느 지역인지에 따라 3인치에서 9인치 사이의 비를 뿌리는데, 이로 인해 일리노이 농업 생산량은 점점 늘어나고 있다.

그렇다면 기온상승은 어떤 영향을 미쳤을까? 지금까지는 긍정적이었다. 일리노이의 지리적 여건은 습하다. 수분이 많은 공기는 훨씬 천천히 더워지고 훨씬 오랫동안 열기를 보존한다. 따라서 일리노이의 기온상승은 대부분 밤 기온상승으로 나타난다. 이로 인해 작물의 냉해를 일으키는 밤의 일수가 줄어들고 농업 잠재력이 늘어난다. 현재의 기온상승 추세가 유지된다면 2020년대 어느 시점에 가서 일리노이 대부분 지역은 서리 내리지 않는 밤이 늘어나 한 해에 두 가지 작물을 재배하기가 가능해진다.

기후변화에 대한 상식에 따르면, 오스트레일리아가 처한 곤경은 불 보듯 뻔하고 예측 가능하고 따라서 모면할 수 있다. 그러나 일리노이의 현실은 그러한 상식에 일격을 가한다. 순 에너지 증가분이 같을 때조차 지리적 여건에 따라 기후에서 서로 다른 결과가 나타난다.

오스트레일리아의 변화에 숨은 긍정적인 측면을 포착하려면 상상력을 발휘해야 하고, 마찬가지로 일리노이의 변화에서 부정적인 측면을 포착하려 해도 상상력을 발휘해야 한다.

같은 변화가 매우 다른 결과로 이어진다는 게 바로 핵심이다.

날씨 데이터와 관계없이 구체적이고 국지적인 기후 예측을 할 수는 없지만, 날씨 데이터를 이용하면 내 구미에 맞는 극적인 변화에 국한되지 않는 폭넓은 평가를 할 수는 있다.

그리고 이 모두가 농업에 영향을 미친다.

기후변화 이해하기 1: 열기가 아니라 습도가 문제

첫 번째로 가장 포괄적인 요인을 설명하려면 기본적인 화학적 지식이 필요하다. 더운 공기가 수분을 더 많이 함유하지만, 수분이 있어야 더운 공기가 비를 뿌릴 수 있다는 뜻도 된다. 더운 공기는 습도가 낮은 지역에서는 강수량을 줄이지만(오스트레일리아), 습도가 높은 지역에서는 강수량을 늘린다(일리노이). 이는 가장 극단적인 차이를 만들어낸다. 사막은 대부분 더워지고 더 건조해지고(그리고 더 넓어지고), 이미 건조한 지역은 대부분 사막화할 위험이 있으며, 열대지방에서 강우량이 증가하면 평지는 습지로 바뀌게 된다. 사막과 습지는 식량을 재배하기에는 쓸모없는 땅이다.

기온이 겨우 몇 도 차이가 나면 습도는 겨우 몇 퍼센트 정도 바뀐다. 큰 변화가 아닌 듯이 보인다. 실제로 큰 변화가 아니다. 그러나 앞으로 운송과 공급사슬이 취약해지거나, 완전히 끊기는 지역도 생길 그런 세계에 대해 논하고 있다는 점을 기억하라. 그런 환경에 놓인 농업 체계에 약간 더 압박을 가하면 그 효과는 증폭된다. 타격을 받는 지역 목록을 보면 낙관적이지 않다. 이러한 첫 번째 요인에서 비롯되는 기후변화로 가장 큰 타격을 받을 가능성이 있는 지역들은 다음과 같다.

- 마토 그로소: 브라질의 대두 생산지, 세계에서 가장 밀도가 높은 대두 생산 지대.
- 레반트 지역(시리아, 레바논, 이스라엘 등 지중해 동부—옮긴이), 사헬 지역 (사하라사막 주변 사바나 지대—옮긴이), 중앙아메리카: 이미 세계에서 가장 식량 안보가 취약한 지역들.
- 우크라이나 남부: 러시아의 밀 곡창지대 가운데 가장 생산성이 높은 지역.
- 캘리포니아의 센트럴밸리: 생산 총액 가치로 쳐서 지구상에서 가장 생산성이 높은 농업 지대.
- 갠지스강 유역: 5억 인구가 거주하는, 세계에서 가장 인구밀도가 높은 강 체계.
- 아르헨티나의 멘도자 와인생산 지대: 몸이 느끼는 쾌락의 원산지.

기후변화 이해하기 2: 바람을 예의 주시하라

두 번째로 포괄적인 요인은 온난화가 지역에 따라 들쭉날쭉하다는 사실이다. 극지방은 열대지방의 약 세 배의 속도로 더워지고 있다. 온도 차이는 바람을 생성하고, 온도 차이가 클수록 바람을 더 많이 생성한다. 이러한 현상이 바람직한지 아닌지는 여러분이 있는 위치와 적도 사이에 있는 지역이 어떻게 생겼는지에 달렸다. 열대 해류가 흐르는 큰 바다가 있다면 세찬 바람이 더 많은 비를 몰고 오게 된다. 훨씬 더 많은 비를.

일본, 대만, 한국, 북한, 멕시코, 중국은 앞으로 더 많은 비를 맞게 될 각오를 해야 한다. 앞에 열거한 여섯 나라 모두 물 관리가 문제가 된다. 각 나라에서 강수량이 증가하게 될 지역은 모조리 대단히 험준한 지형이기 때문이다. 일본, 대만, 한국은 고도로 발전한 나라이므로 이미 물 관리 체계를 잘 갖추고 있고 일리노이처럼 농업 산출량이 증가하는 현상을 누리게 될지도 모른다.

멕시코, 중국, 북한은 그렇게 운이 좋지는 않을 가능성이 크다. 멕시코의 남서부 해안은 촉촉이 젖는 게 아니라 흠뻑 젖게 된다. 문제는 멕시코는 대부분 험준하고 고도가 높다는 점이다. 강수량이 늘어 농업이 얻는 이득은 산사태로 인한 파괴로 상쇄될 가능성이 크다. 중국 남부는 기온과 습도가 가장 크게 상승할 지역으로서 이미 중국에서 기온과 습도가 가장 높은 지역이다. 이 지역의 쌀농사에 과부하를 걸 그런 종류의 폭우와 습지를 보게 되고 수확량이 늘기는커녕 줄게 된다. 북한은 이미 툭하면 큰 홍수를 겪고 있다. 1990년대에 일어난 홍수로 인한 기근으로 거의 200만 명이 사망했다.

강수 유형이 바뀌면 단위시간당 흐르는 물의 양에 영향을 준다. 특히 이미 인간 활동으로 침해를 받아온 물의 흐름이라면 더더욱 그렇다. 세계 주요 강들 가운데 수량과 유속이 가장 크게 변한 강은 동남아시아의 메콩강이다. 중국은 티베트고원에 있는 경작지에 물을 대기 위해 메콩강 상류 물을 끌어다 써왔고, 라오스와 태국은 수력발전을 하려고 미친 듯이 댐을 건설해왔으며, 캄보디아는 메콩강과 계절에 따라 범람하는 저지대가 만나는 지점에 그들의 문명을 구축했으며, 베트남은 메콩강의 삼각주 전체를 하나의 거대한 논으로 바꾸었다. 강 흐름이 조금만 낮아져도 지반이 약간 침하하고 바다가 내륙으로 밀고 들어온다. 해수면이나 지반의 높이가 조금만 바뀌어도 메콩 삼각주의 대부분이 바닷물에 노출되고 벼가 자라지 못하게 된다. 1억 이상의 인구가 식량 공급을 이 삼각주에 의존하고 있다.

인도아대륙도 걱정된다. 인구가 어마어마하게 많은 이 지역은 적도와 인접한 위치라서 바람이 부는 여건이 사뭇 다르다. 인도양의 기온이 상승하면서 바다와 육지의 온도 차이가 줄어들고 있다. 온도의 차이가 줄어들면 바람의 강도가 약해지고, 한 세기 전부터 진행되어온 몬순 바람이 약해지는 현상이 계속된다. 이처럼 바람이 약해지면서 인도아대륙에는 이미 지난 세기에 걸쳐 강우량이 10-20퍼센트 줄었다.

이처럼 오랜 기간에 걸쳐 생긴 변화는 제한적이고 크게 걱정할 만한 수치는 아니다. 녹색혁명의 기술과 현재의 세계질서를 통한 원자재 접근이 복합적으로 작용해 상쇄하고도 남는 정도의 변화다. 그러나 앞으로는 그런 기술과 원자재들을 지금처럼 안정적으로 확보하기가 어려워진다. 그보다 더 우려되는 점은, 인도의 인구 3분의 1이 이미 반건조 지역에 살고 있고, 인도의 인구는 지난 한 세기 동안 네 배로 늘었으며, 1인당 물 공급량의 측면에서 볼 때 세계에서 가장 물이 빈곤한 나라다. 몬순 기후가 약해지면 힌두 지대(Hindu Belt)에 강우량이 줄고 히말라야 남부의 설괴빙원(雪塊氷原, 여름에 조금씩 녹는 얼음으로 굳은 고원—옮긴이)도 줄어든다. 후자의 경우 파키스탄에 특히 비보다. 파키스탄은 뭘 하든 히말라야에서 녹아내린 눈을 관개용수로 쓰기 때문이다. 인도아대륙에서 파키스탄 맞은편에 있는 방글라데시는 갠지스강 삼각주 자체다. 갠지스강에서 흐르는 물줄기가 약해지면, 인구 1억 6천만인 방글라데시 전체가 메콩 삼각주와 비슷한 운명을 맞게 될지 모른다. 이 지역은 실수할 여지가 많지 않다. 특히 강수량이 줄면 쌀 생산량도 줄어든다.

지중해는 수분 효과를 창출할 만큼 규모가 크지도 않고 열대기후도 아니다. 그러나 적도-극지방 바람이 강해지면서 이미 북유럽의 강수 전선 일부를 바다로 밀어내고 있다. 프랑스 동부에서 우크라이나 서부에 이르기까지 북유럽은 60년 동안 조금씩 건조해져 왔다. 현재의 세계질서 하에서 이는 문제가 되지 않았다. 유럽은 특화 작물 생산으로 전환하고 그 작물을 모든 지역이 서로 연결된 풍요로운 세계에서 비싼 가격을 받고 팔면 그만이었다. 유럽이 예전에 재배하던 작물로 다시 전환할 수 있을지 불분명하고, 전환하는 데 성공하려면 세계시장에서 판매하던 많은 농산물 재배를 포기하고 유럽 역내에서 선호하는 농작물로 전환해야 한다.[19]

러시아 밀 재배지의 동쪽 4분의 3은 내륙 사막의 북쪽에 있다. 적도-극지방의 강한 기류로 러시아 밀 재배지의 동쪽 절반이 건조해지고 특히 카자흐스탄 북부가 큰 영향을 받는다. 설상가상으로 바람이 일으키는 어떤 건조 현상이든 현재 진행 중인 전혀 다른 기후 재앙을 악화시키게 된다.

소련은 아무 다리야 강과 시르 다리야 강의 물줄기를 바꿔서 중앙아시아 사막에 있는 목화밭의 관개용수로 사용했는데, 이로 인해 이 지역의 주요 수분 공급원인 아랄해가 거의 파괴되었다. 기후변화로 인한 기온상승이 일어나지 않아도 이 지역에서 현재 진행 중인 건조화 현상으로 인해 10-20년 안에 텐산산맥 서부와 파미르산맥 서부의 설괴빙원이 사라지게 된다. 그렇게 되면, 투르크메니스탄, 우즈베키스탄, 타지키스탄, 키르기즈스탄, 카자흐스탄 남부, 아프가니스탄 북부에서는 농사를 거의 짓지 못하게 된다. 관개용수에 전적으로 의존해 농사를 짓는 사막 지역은 물이 사라지면 식량도 사라진다. 그리고 사람도 사라진다.

이러한 바람이 부는 양식의 변화로 가장 이득을 보는 승자는 단연 미국 중서부다. 일리노이가 지금까지 기후변화의 혜택을 누리고 있는 이유는 여러 가지이지만, 바로 이러한 적도-극지방 사이에 부는 바람의 변화도 한몫하고 있다. 여러분이 아이오와나 인디애나에 거주한다면 희소식이겠지만, 걸프 코스트에 거주한다면 그다지 희소식이 아니다. 이 지역은 해마다 허리케인의 위협을 받기 때문이다.

기후변화 이해하기 3: 둘은 하나보다 낫다

비 공급원이 둘인 게 낫다는 뜻이다. 미국 중서부의 농산물 생산이 안정적인 이유는 멕시코만에서 불어오는 몬순 기후뿐 아니라 북미지역 서쪽에서 동쪽으로 흐르는 제트기류로부터도 비를 공급받기 때문이다. 같은 해에 두 공급원이 모두 비를 뿌리지 못하는 경우는 아주 드물다.

그러나 미국 중서부는 대체로 이렇다고 해도 미국 전체가 이렇지는 않다. 서쪽에서 동쪽으로 흐르는 제트기류는 미국의 대부분 날씨 유형에 영향을 주는데, 대략 (본초자오선에서 서쪽으로 100도 떨어진) 서경 100도에서 제트기류

The American Climate

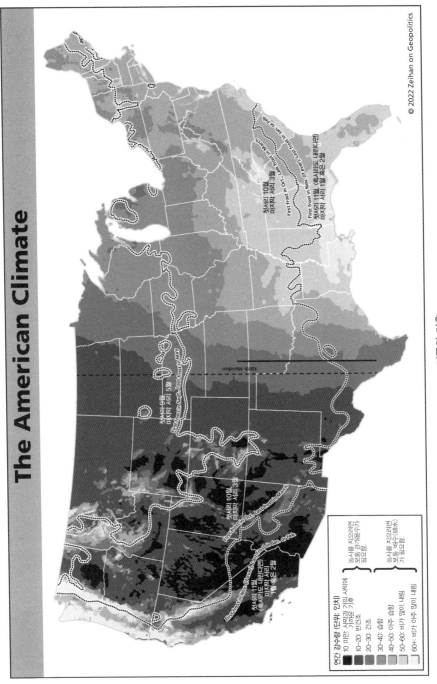

연간 강수량 (단위: 인치)

- 10 미만: 사막과 거의 사막에 가까운 기후 건조
- 10–20: 반건조
- 20–30: 건조
- 30–40: 습함
- 40–50: 아주 습함
- 50–60: 비가 많이 내림
- 60+: 비가 아주 많이 내림

농사를 지으려면 보통 관개(관수)가 필요함.

농사를 지으려면 보통 배수(排水)가 필요요함.

첫서리 9월, 마지막 서리 5월
First frost in Sept., last frost in May

첫서리 10월, 마지막 서리 3월
First frost in Oct., last frost in March

첫서리 11월, (혹시라도 내린다면) 마지막 서리 1월 혹은 2월
First frost in Nov. (frost at least) last frost in Jan. or Feb.

첫서리 10월, 마지막 서리 3월
First frost in Oct., last frost in March

첫서리 11월, (혹시라도 내린다면) 마지막 서리 1월 혹은 2월
First frost in Nov. (frost at least) last frost in Jan. or Feb.

100번째 자오선
100th Meridian

미국의 기후

© 2022 Zeihan on Geopolitics

가 열대 폭풍의 흐름을 압도해 열대 폭풍이 서쪽으로 더는 진행하지 못하게 막는다.

점점 기후가 변하는 세계에 점점 가까워지는 상황에서 서경 100도 선의 동쪽은 어디든 이미 건조하고 앞으로 훨씬 더 건조해진다. 대평원의 농업 공동체들은 대부분 관개용수에 의존하고 로키산맥 동쪽에 내리는 계절성 강설로 형성된 강 유역을 따라 옹기종기 모여 있다. 앞으로 이 강설은 빈도와 강도가 줄고 훨씬 빨리 녹을 가능성이 크다.

미국대평원에서는 유감스러운 정도에 그칠 현상이 주로 몬순 기후에서 수분을 공급받는 인도나 브라질이나 오스트레일리아나 동남아시아, 또는 주로 제트기류로부터 수분을 공급받는 구소련 지역이거나 사하라 사막 이남 아프리카 지역에서는 궤멸적인 결과를 초래한다.

미국 중서부 지역을 제외하고 제트기류와 몬순 수분의 혜택을 모두 누리는 지역은 농업 대국인 프랑스, 아르헨티나, 뉴질랜드 세 지역뿐이다. 이 세 나라 가운데 장비든 석유든 투입재를 확보하느라 크게 고생할 나라는 하나도 없다. 금상첨화는, 일반적으로는 삶을 구체적으로는 농업 생산을 위태롭게 만들지도 모르는, 이렇다 할 안보 위협에 직면할 나라도 없다는 사실이다. 세 나라 모두 지정학적 양상과 기후 양상이 바뀌면서 생산량이 상당히 증가할 가능성이 크다.

그러나 이 정도 증가분은 80억 인구를 먹여 살리기에는 태부족이다.

그리고 아직 마지막 남은 네 번째 포괄적인 요인을 반영하지도 않았다.

기후변화 이해하기 4: 한계 토지의 종말

농업 역량에 가장 큰 타격을 입을 지역은 이미 한계 토지인 지역이다. 건조하지만 사막은 아니고, 덥고 습하지만 아직은 쓸 만한 지역이다. 습한 지역보다 건조한 지역이 훨씬 극심한 고통을 겪게 된다. 이유는 간단하다. 에너지와 기간시설 측면에서 보면, 지나치게 건조한 지역에 물을 공급하기보다 지나치게 습한 지역에서 물을 빼기가 훨씬 쉽기 때문이다.

그러한 한계 토지들은 이중고에 직면한다. 이러한 한계 토지를 녹지로 변모시키려면 산업기술이 필요했다. 그러한 산업기술이 애초에 그런 한계 토지들에 도달하려면 현재의 세계질서가 필요했다. 대량 관개용수로 쓸 강이나 대수층이 없는 이러한 지역은—대부분이 그런 지역이다—어디든 경작지가 급격히 줄고 그나마 남은 경작지에서 에이커당 농업 생산량도 처참하게 폭락하게 될 위기에 직면하고 있다.

불행히도 볼리비아에서부터 브라질, 파라과이, 이탈리아, 스페인, 포르투갈, 알제리, 나이지리아, 콩고, 파키스탄, 인도, 태국, 중국, 베트남, 인도네시아, 오스트레일리아, 멕시코, 남아프리카에 이르기까지 농업 대국을 포함해 지표면의 어마어마하게 넓은 지역이 이런 상황에 놓여 있다. 이로 인해 적게 잡아도 40억 인구를 먹여 살리는 농업 생산지역이 기후변화가 초래할 난관에 직면하게 된다.

여기서 다시 밀로 돌아가게 된다. 오늘날 밀은 대부분 한계 토지에서 재배된다. 한계 토지는 다른 작물을 재배하기에는 이미 너무 건조하기 때문이다. 여기서 핵심 단어는 "건조"다. 지난 30년 동안 우리는 작물은 대부분 사람과 같다는 사실을 발견했다. 물이 있는 한 온도는 상당히 잘 견뎌낸다. 이 같은 물과 온도의 균형이 농업에서 가장 중요하다. 와이오밍 동부와 몬태나 동부는 강수 양상은 같지만, 와이오밍이 약간 더 기온이 높고 아무것도 재배하지 못하지만, 몬태나는 밀 재배지 한복판에 위치한다. 열기의 압박은 관개용수가 충분하면 관리할 수 있다. 그러나 오늘날 밀 재배지가 지금보다 물이 훨씬 많다면, 밀보다 훨씬 가치 있는 다른 작물을 재배하고 있을 게 분명하다. 워싱턴주 내륙지방을 다시 생각해보자. 이 지역에 다양한 작물 재배를 가능케 하는 바로 그 강 때문에 이 지역에서 생산하는 작물들 목록에서 밀이 탈락했다.

발전량이 충분하고 자본이 풍부한 지역에서는 담수화가 부분적인 해결책이 될지도 모른다. 담수화 기술은 최근 몇 년 사이 꾸준히 개선되어서 전력 비용이 2005년에 들던 비용의 3분의 1로 줄었다. 그러나 밀을 재배하는 한계 토지들 가운데 근처에 바다가 있는 지역은 많지 않다—대부분이 상당히 내륙 안쪽에 위치한다. 캐나다의 서스캐처원이든, 미국의 캔자스든, 우크라이나의 루간스크든, 오스트레일리아 남부든, 러시아의 크라스노다르든 에티오피아의 슈아든 터키의 가지안텝이든, 캘리포니아주의 산타크루즈든, 펀자브 지방의 파키스탄 쪽이든 인도 쪽이든, 이미 건조하고 이미 한계 토지인 지역 대부분은 곧 물 부족에 직면하게 된다.

심각하게 들리겠지만, 굳이 따지자면 실제로는 훨씬 심각하다. 인류에게 가장 중요한 두 가지 작물이 가장 큰 위험에 직면하고 있다. 물 순환에 차질이 생기면서 위험에 처하게 된 쌀과 이미 건조한 지역에서 재배하고 있는데 그 지역이 앞으로 더 건조해지면서 위험에 처하게 된 밀이다.

조금 더 멀리까지 내다보기

이는—이 모두는—날씨 데이터로부터 얻은 비교적 단기적인 예측에서 비롯되었다. 수년, 수십 년 후에는 훨씬 심각한 기후변화가 일어날까? 어쩌면. 아마도. 알았다, 거의 확실하다고 하자. 그러나 구체적인 내용을 제시할 데이터가 내게는 없다. 따라서 제시하지 않겠다. 그러나 과거를 되짚어보면 앞날을 가늠하는 데 도움이 될지 모른다. 기후변화는 인류에게 생소한 현상이 아니잖나.

- 오늘날 고고학자들의 가장 신빙성 있는 추측에 따르면, 지역적인 기후변화로 인더스강 문명은 끊임없이 홍수에 시달렸고, 인더스강의 물줄기가 이 문

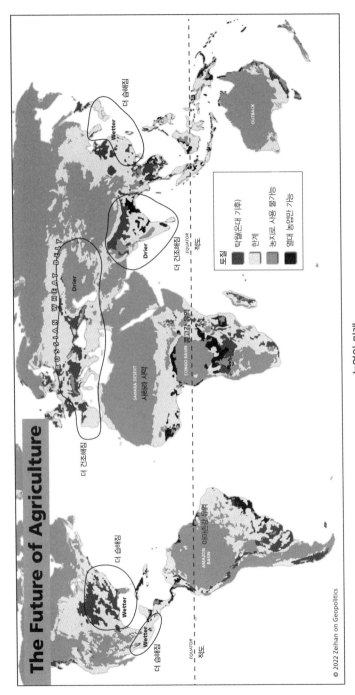

농업의 미래

© 2022 Zeihan on Geopolitics

명의 도시국가들로부터 멀어지는 쪽으로 방향을 틀었으며, 뒤이은 수십 년 동안의 가뭄으로 모두가 곤경에 처했다. 이 문명에 속한 도시국가들은 함께 결속해 이러한 난관에 대처하기는커녕 서로 죽고 죽이는 동족상잔의 참상을 연출하면서 그들의 집단 문화를 완전히 파괴했다. 1800년대에 영국이 파키스탄 중부에서 우연히 유적을 발견하게 되면서 비로소 인더스문명이 존재했다는 사실을 알게 되었다. 그리고 한 세기 후 하라파 도시 근처에서 유적을 발굴하고 나서야 비로소 이 발견의 의미를 깨닫게 되었다.

- 이 책의 앞부분에서 청동기 후기의 붕괴에 대해 언급했었다. 기원전 1200년부터 기원전 1150년 사이에 있었던 (아마도 화산활동으로 일어난) 가뭄 시기 말이다. 그 시점에 인류는 이미 기록을 남길 정도로 발전했으므로 우리는 그 당시의 기후변화 효과에 대해 어느 정도 알고 있다. 매우 힘겨웠던 게 틀림없다. 서구 문명의 선조를 모조리 포함해서 지구상의 거의 모든 문명이 무릎을 꿇었다.

- 보다 최근에는, 소빙하기인 기원후 1300년부터 1850년까지의 기간 동안, 그 이전 시대와 비교해 기온이 섭씨 0.3도 하락했다(그리고 1900년보다 섭씨 0.8도 낮았다). 안 그래도 서늘한 지역들이 가장 큰 고통을 겪었다. 스코틀랜드, 스웨덴, 러시아, 중국, 한국, 일본 같은 지역에서의 고단했던 삶을 기록한 (비교적 최근의) 역사적 문헌들이 많이 있다. 전 지역이 "여름이 없는" 해를 겪었다는 기록도 많다. 당시 식생활이 어떠했는지 짐작이 가리라. 특히 여름이 없었던 해 가운데 1816년은 당시로서도 이례적으로 추웠다. 코네티컷만큼 남쪽인 지역들 기온이 8월에 화씨 40도(섭씨 4.4도) 초반까지 떨어졌고, 런던은 7월에 눈이 6인치 내렸다. 메리 셸리는 끊임없이 내리는 차가운 비, 진눈깨비, 눈을 피해 집 안에 틀어박혀서 오늘날 우리가 프랑켄슈타인이라고 알고 있는 음침하고 암울한 이야기를 써 내려갔다.

43

새로운 세계 먹여 살리기

4대 작물, 밀, 대두, 옥수수, 쌀 말고도 수많은 먹거리가 있고 각자 나름의 미래가 기다리고 있다. 그 가운데 상위 17개 먹거리에 대해 분석해보자.

농업에서, 적어도 비교적인 측면에서, 가장 큰 영향을 받을 부문은 축산이다. 인간이 최초로 발명한 기술은 동물을 가축으로 길들이기로서 밀과 쌀을 재배한 시기보다도 앞선다. 그리고 인간과 가장 가까운 친구와 수염 난 곡물 창고지기를 선물해준 바로 그 기술에서 햄버거에서부터 닭 날개, 베이컨, 거위 간에 이르기까지 모조리 비롯되었다.

그러나, 다른 모든 것과 마찬가지로 산업 혁명에 세계화한 질서가 겹치면서 대중도 고기를 접하게 되었다.

산업화 이전 시대에는 고기를 먹으려면 세 가지 난관에 직면했다. 첫째, 집에서 동물을 길렀다. 투입재가 제한적이라 동물의 빠른 생장을 저해했으므로 규모는 작았다. 음식 찌꺼기를 닭에게 주고, 소는 방목했고, 소는 우유를 생산했다. 우유와 달걀을 제외하고, 동물성 단백질은 식생활을 보완하는 정도였지 날마다 먹는 게 아니었다. 산업화 시대에 비료로 농업 생산량이 폭증해 대두와 곡물이 남아 돌아가게 되면서 비로소 가축에게 사료를 주게 되었다.

두 번째 난관은, 늘 그렇듯이, 운송이었다. 살아있는 동물을 떼로 장거리 운송하는 일은 절대 금물이었다. 운송하는 동안 먹이를 줘야 하기 때문이었다. 유일한 예외가 양이었는데, 양은 풀을 소화하는 능력이 뛰어나고 따라서 방목하면 살찌울 수 있었다. 그러나 이 경우에조차도 양(그리고 목동)은 마을까지 걸어가야 한다. 철도와 증기선과 트럭이 등장하면서 빠른 운송이 가능해졌지만, 육류 운송은 냉장 시설을 갖춘 저렴한 운송 수단의 등장과 함께 20세기에 가서 비로소 일어났다. 이제 가축은 운송하기 전에 도축하고 냉장 보관하게 되었고, 사체이니 먹이를 주지 않아도 됐다.

세 번째는 비용이었다. 같은 조합의 단백질과 열량을 얻는다고 할 때, 가축에서 얻는 게 채소에서 얻는 것보다 투입재가 아홉 배 들어간다. 농장에서 벗어나 다른 지역으로 이주하면 동물성 단백질은 사치재가 된다. 그러나 현재의 세계질서 시대에는 인구와 더불어 소득이 폭증했다. 온갖 종류의 육류 수요가, 특히 1990년 이후에, 폭발적으로 증가했다.

물론 탈세계화한 세계에서는 이 가운데 어느 것도 지속되지 않는다. 사료용 작물—특히 옥수수—생산이 폭락한다. 사료로 쓸 옥수수와 대두를 사육장으로 운반하고 도축한 고기를 세계 각지로 운송하는 체제는 붕괴한다. 세계적으로 소득이 하락하면서 동물성 단백질은 세계 대부분 인구에게 사치재의 영역으로 되돌아가게 된다. 여기서 핵심적인 단어는 "대부분"이다. 새로운 세계(신대륙)에서는 여전히 곡물과 대두가 과잉 생산되고, 축산에 관한 한 산업화 농업 모델을 계속 추구할 수 있게 된다.

이게 가장 큰 큰 그림이다. 이보다 훨씬 작은 그림들도 있다. 작다고 말하긴 했어도 여전히 크지만 말이다.

가장 많이 거래되는 육류는 돼지인데(가치로 따지면 세계에서 세 번째로 가장 많이 거래되는 농산물이다), 그 사연은 너무나도 간단하다. 돼지고기는 동아시

508

아에서 선호하는 동물성 단백질이다. 세계 전체 돼지 머릿수의 절반은 중국이 사육하는데 최근 중국은 세계 최대 돈육 수입국이 되었다. 축산 농장의 명운을 중국의 장기적인 수요에 거는 양돈업자는 누구든 그 농장을 잃게 된다. 두 번째 돼지고기 생산 중심지인 덴마크와 스페인은 돼지 축산을 계속하게 되지만—이 두 나라는 중부 유럽과 동부 유럽에 혼란이 생겨도 그로 인해 안보 문제에 영향을 받지는 않을 만큼 아주 멀리 떨어져 있다—투입재 비용 증가로 산출량은 줄어든다. 그렇게 되면 미국이 이 시장의 나머지를 지배하게 되는데, 특히 중국 못지않게(1인당 소비량으로 치면 베트남이 이미 중국보다 돼지고기를 더 많이 먹는다) 돼지고기를 즐겨 먹는 동남아시아 시장을 지배하게 된다.

그다음은 닭고기다(가치로 치면 세계에서 열 번째로 많이 거래되는 농산물). 닭고기는 동물성 단백질 중 단연 가장 저렴하고 가장 까탈스럽지 않지만, 이는 오로지 산업화 시대의 투입재 덕분이다. 역사적으로 닭은 작고 비쩍 말랐었다. 주로 음식 찌꺼기, 벌레, 풀씨를 먹었기 때문이다. 하지만 곡물 사료를 대량으로 먹으면서 어마어마하게 몸집이 커졌다. 닭을 가둬 기른다는 이유로 미국 양계업자들을 비판하는 이들도 있지만, 닭을 동물성 단백질 중 가장 저렴한 공급원으로 유지하려면 그렇게 키우는 방법밖에 없다. (진짜로 자연 방목한 닭은 대부분 소고기보다 파운드당 가격이 더 높고, 뼈와 껍질을 발라낸 닭가슴살은 필레미뇽을 제외한 모든 부위의 소고기보다 파운드당 가격이 높다.[20]) 미국이 유일하게 이렇다 할 만한 닭고기 수출국인 이유도, 미국 밖에서 닭고기 가격은 미국 내에서보다 세 배 이상인 이유도, 바로 미국식 양계장 축산 때문이다.

이는 미래를 전망하는 관점에서 볼 때 상황을 단순화한다. 미국 양계업은 탈세계화에 따른 부정적인 영향을 전혀 받지 않는다. 세계적으로 많은 이들에게 미국산 닭고기는 그들이 확보할 수 있는 유일한 수입고기가 될지 모른다.

낙농 우유(가치로 따지면 세계 8위)는 천 년 동안 인간의 식생활에서 중심적 역할을 해왔다. 특히 동아시아, 현재 나이지리아 북부와 케냐인 아프리카 지역, 그리고 서구진영을 통틀어 그러했다. 우유는 부패하기 쉬우므로 생산된 나라 밖으로 나가는 일이 드물다. 유일한(그리고 규모가 큰) 예외가 유럽연합 단일 시장인데, 이 시장은 좀 독특하다. 유럽연합에는 공동농업정책 (Common Agricultural Policy, 이하 CAP로 표기)이 있다. 유럽연합에서 단연 최대 규모의 예산이 배정되는 보조금 정책이다. CAP는 경쟁력이 없는 농업 생산자가 계속 영업하도록 도와줄 뿐만 아니라 본의 아니게 역사적으로 주요 낙농업 국가가 아니었던 나라들, 특히 네덜란드, 독일, 폴란드 같은 나라들에서 대규모 낙농업자들이 등장하도록 부추겼다. 그 결과 어마어마한 과잉 투자와 과잉 생산, 그리고 온갖 낙농제품, 특히 치즈(가치로 따지면 세계 5위)를 세계적 차원에서 덤핑하는 사태가 발생했다. 그러나 유럽연합을 없애면 CAP가 없어지고 유럽의 낙농제품과 치즈의 과잉 생산이 대부분 사라진다.

미국은 유럽보다 고품질의 저렴한 낙농 우유를 생산하지만 부패할 가능성 때문에 미국 낙농제품 수출은 저가의 우유 가루에 국한된다. 미국은 예컨대 프랑스 같은 치즈 문화를 발전시키지 않았다. 프랑스와 이탈리아—CAP의 대대적인 수혜 국가—는 틈새시장을 노린 고품질의 치즈 생산에 집중해왔다. 이러한 치즈에 대한 수요는 유럽연합이 어떻게 되든 상관없이 계속 이어지게 된다. 내가 많이 먹어서 직접 그렇게 되도록 하고야 말겠다. 그러한 치즈가 도달하는 판매 지역은 축소되겠지만, 여전히 북미 지역과 북아프리카 지역에는 쉽게 접근할 수 있다.

세계 낙농업의 진정한 미래는 뉴질랜드다. 뉴질랜드는 시원한 여름과 따뜻한 겨울, 그리고 비가 많이 내리고 천적이 없는 온화한 기후라서 소들이 외양간에 갇혀 있을 필요가 없다—심지어 사료도 필요 없다. 뉴질랜드 낙농업은 미국의 낙농업보다 비용구조가 훨씬 낮고 미국보다 훨씬 질 좋은 우유를 생산하며, 가치가 어마어마하게 부가되는 프랑스 유형의 치즈 문화를 한창 발전시키고 있다.[21] 한 가지 더. 젖소가 젖을 생산하지 못하게 되면 도축장으로 보낸다. 이 사소한 사실 하나가 뉴질랜드를 세계 5위의 소고기 수출국으로 만든다.

소고기(가치로 따져서 세계에서 열한 번째로 많이 거래되는 농업 생산물) 주요 생산 수출국은 뉴질랜드 외에도 미국, 오스트레일리아, 네덜란드, 캐나다, 아일랜드가 있다. 이 여섯 나라 가운데 미국이 최상의 입지에 놓여 있다. 축산업자들이 연방정부 소유의 방대한 땅을 빌려 방목지로 쓸 수 있기 때문이다.[22] 한편 오스트레일리아는 기후가 불안정해서 장기적으로 볼 때 주요 수출국들 가운데 가장 불안하다. 네덜란드와 아일랜드의 축산은 오로지 CAP 관련 소득 지원이 있으므로 가능하다.

엄밀히 말하자면, 인도와 브라질도 주요 생산국이자 수출국이다. 비록—굳이 전문적으로 따지자면—이 두 나라의 "소고기"는 소에서 비롯되는 게 아니라 제부(zebu)라고 하는, 열대지방의 무더위에 훨씬 적합한 동물에서 비롯되지만 말이다. 이로 인해 이 두 나라의 상품은 저품질로 분류되지만, 탈세계화한 세계에서는 이들이 시장에서 사라질 이유가 없다. 굳이 따지자면, 브라질의 기간시설이 지닌 제약으로 인해 대두가 브라질 내륙지방에서 바깥으로 운송되지 못하게 되면 이를 사료로 먹인 제부 고기 생산과 수출이 늘어나게 된다. 대두보다 훨씬 부가가치가 높기 때문이다. 제부는 소고기 기준으로 보면 질이 낮을지 모르지만, 비용 절감의 시대에 상대적으로 값싼 고기는 그 자체로 매력 있는 상품이다.

소고기는 선택지가 매우 적다. 보통 미국의(그리고 캐나다와 오스트레일리아와 브라질의) 육우는 도축할 당시 무게가 1톤이 거뜬히 넘어가는 어마어마하게 큰 짐승이다. 게다가 몇 달 만에 그만한 크기로 자란다. 덩치를 키우고 생존율을 높이기 위해 항생제와 호르몬을 정기적으로 주입하고 옥수수와 대두를 꾸준히 먹이기 때문이다. 방목해서 사람 손을 덜 거치는 전통적인 방식으로 사육하면 성체가 되기까지 세 배에서 다섯 배 시간이 걸리고, 어깨까지의 키가 1피트 작으며, 보통 도축 당시의 무게가 사람 손을 많이 거친 육우보다 3분의 1이 덜 나간다—이로 인해 가장 고비용 동물성 단백질이 된다. 그러한 "전통적" 육우는 일부 사람들의 입맛에 더 맞을지는 모르지만, 무역과 시장 접근이 제한되는 세계에서는 생산성이 훨씬 낮은 이러한 육우는 인류 대부분이 이따금 즐기는 음식에서 거의 먹지 못하는 음식으로 격상하게 된다.

나는 커피(가치로 치면 7위) 없이는 사람 구실을 못 하는데, 그래서 걱정스럽다. 커피는 매우 특정한 고도, 온도, 습도의 조합이 필요한 작물이다. 너무 건조하면 작물이 시들어버린다. 너무 습하면 썩는다. 너무 더우면 맛이 씁쓸해진다. 너무 추우면 꽃이 피지 않는다. 대략 해발 7,500피트가 이상적인 고도인데, 이는 인간이 거주할 수 있는 가장 높은 고도보다도 훨씬 높고 따라서 재배하고 운송하기가 까다롭다. 대중 커피 문화는 그처럼 거의 접근 불가능한 지역까지 투입재가 도달할 수 있는 세계화한 체제에서만 가능하다. 맥도널드에서부터 여러분의 단골 에스프레소 전문점에 이르기까지 어디서든 여러분이 접하는 아라비카 커피는 가장 큰 난관에 직면하는 한편, 인스턴트 제품에 들어가는 로부스타 커피는 더위와 가뭄을 훨씬 잘 견딘다. 탈세계화와 기후변화가 진행되면서 세계 대부분 지역은 질 낮은 커피를 마시게 된다.

야자유(가치로 치면 세계적으로 거래되는 농산물 6위)는 어디에나 있다. 비누, 샴푸, 탈취제, 치약 등 식품이 아닌 품목에도 쓰인다. 가공식품에는 거의 빠지지 않고 들어간다. 버터와 올리브유는 소량으로 음식을 조리해 지역 내에서 유통하는 데 사용되고, 첨단 가공기술이 없으면 과도한 열이나 움직임에 취약해 부패하거나 쓴맛이 나게 된다. 그리고 야자유는 버터와 올리브유보다 싸다. 따라서 식감을 유지하고 보존 기간을 연장하기 위해, 특히 무엇에 발라 먹는 식품을 만드는 경우, 투입재는 야자유로 전환해야 한다. 야자유가 없으면 마가린, 피자 반죽, 인스턴트 국수, 아이스크림, 그리고 누텔라도 없다.

야자는 토양이 비옥하고 전혀 춥지 않고 늘 어마어마한 양의 물이 있어야 하므로 열대 해안지역에서 재배하기 안성맞춤이다. 최대 생산국은 단연 동남아시아다. 앞으로 가장 큰 문제는 토양의 비옥도이다. 동남아시아는 토양의 영양분을 만들기 위해 화전(火田) 농법을 쓰는데, 이는 오로지 한 번밖에 효과가 없다. 그다음부터는 비료를 쓰든가 농사를 망치든가 둘 중 하나다. 그런데 앞으로 동남아시아는 비료 부족을 겪게 될 가능성이 크다. 특히 칼륨과 인산염이 문제다.

미봉책이 있기는 하다. 야자유를 쓸모 있게 만드는 것은 지방이다. 기름 분자의 탄화수소 중추를 구성하는 탄소 원자에 수소를 첨가하면 상온에서 고체가 된다(이게 바로 대부분 가공식품 성분 표시에 등장하는 "경화유(硬化油)"다). 야자유는 이 공정에 가장 적합하지만(그리고 가장 비용이 적게 든다), 대두, 옥수수 또는 면실유로도 가능하다. 맛은 덜하지만—그래서 유럽인은 대두유와 옥수수유를 많이 쓰는 미국 가공식품만 보면 탄식하면서 장황하게 불만을 늘어놓지만—그래도 소기의 목적은 달성한다. 그러나 온대 기후 지역을 벗어나면 이러한 선택을 하기가 훨씬 어려워진다. 특히 세계무역이 붕괴한다면 말이다.

선진국 진영이 야자유를 수입하지 못하게 되면 겪게 될 문제는 선진국적인 문제다. 바로 맛과 식감의 문제다. 개발도상국 진영이 겪게 될 문제는 보존 기간이고, 보존 기간이 짧아지면 편의성이 공포로 바뀐다. 가공식품에 누구나 쉽게 접근하면서 비만이 증가했다고 많은 이들이 생각하고 있고 틀린 말은 아니다. 그러나 가공식품에 쉽게 접근하게 된 점 또한 현재의 세계질서가 이룬 성과로 손꼽힌다. 개발도상국 진영은 대부분 보존 기간이 긴 식품 없이 대규모 인구를 유지해본 경험이 전혀 없다. 직접 조리용 기름을 생산하지 못하는 지역에서 야자유를 없애면 계절적 기근은 따 놓은 당상이다.

이베리아반도 사람들이 해상력으로 무장하고 향신료 무역으로 비단길을 무너뜨린 후, 유럽의 많은 제국은 설탕(가치로 따지면 세계 12위)을 두고 다투기 시작했다. 사탕수수 설탕은 대단히 호들갑스러운 작물이다. 끊임없이 물을 줘야 하고 더워야 하며 충적토 범람원을 좋아하고 염분이 없어야 한다. 지구상에서 그런 기준을 충족시키는 지역은 극소수다. 대부분 브라질과 카리브해에 있다. 1800년대에 독일은 영국과 티격태격하면서 따뜻한 지역에서 생산되는 모든 상품에 대한 접근권을 상실했다. 독일은 이에 대한 해결책으로서 독일에서 자라는 작물을 이종 교배 해서 지금 우리가 사탕무라고 일컫는 작물을 탄생시켰다. 사탕무는 보통 무처럼 비교적 추운 기후에서도 자란다.[23]

따라서 비교적 서늘한 온대 기후 지역—독일, 러시아, 터키, 캐나다, 프랑스, 미국 북부—도 사탕무를 재배할 수 있다.

사탕수수 사탕 생산의 제왕—인정할 건 인정하자. 사탕수수 설탕이 사탕무 설탕보다 훨씬 맛있다—은 이 까다로운 농산물을 재배하는 데 최적의 기후를 보이는 쿠바다. 쿠바와 정상적인 경제 관계를 유지할 수 있는 나라라면 어디든 이 달콤한 작물의 쓰나미를 누릴 수 있지만… 이는 훨씬 비싸고 질은 더 낮은 사탕무의 경제성을 완전히 박살내게 된다.[24]

담배(가치로 세계 14위)는 가지속 식물로서 너무 덥지도 않고 너무 습하지도 않은 정도의 온화한 기온과 습도가 필요하다. 따라서 재배가 가능한 지역이 제한되어 있다. 미국의 사우스캐롤라이나주와 노스캐롤라이나주, 아나톨리아, 브라질, 인도네시아의 비교적 건조한 지역, 아프리카의 대지구대(大地溝帶, 아시아 남서부 요르단강 계곡부터 아프리카 남동부 모잠비크에 이르는 세계 최대의 지구대—옮긴이)에서 비교적 서늘한 지역, 인도 해안지역 일부, 중국의 위난, 후난, 쓰촨 지역 등이다. 세계무역 체제가 무너지면, 석유와 제조업뿐 아니라 담배 교역도 사라진다. 여러분이 골초인데 이 생산지들 가운데 어느 한 지역에도 직접 접근하지 못한다면, 탈세계화의 도움으로 금연할 수 있다. 프랑스, 폴란드, 러시아의 니코틴 중독자들은 암을 유발하는 죽음의 담배 개비에 접근하기가 특히 어려워진다.

바나나(가치로 치면 18위)는 품종이 각양각색이지만, 세 가지 핵심적인 특징을 공유한다. 첫째, 전형적인 열대기후에 고온다습한 지역에서 자라고 끊임없이 물이 필요하며 겨울이 없어야 한다.

둘째, 바나나를 재배하고 수확하는 일은 가장 노동집약적이고 비료가 많이 드는 농사다. 열대기후만 필요한 게 아니라 찢어지게 가난하고 인구밀도가 무척 높으며 세계 시장에 안정적으로 접근할 수 있는 나라가 필요하다.

셋째, 바나나—특히 미국인이 좋아하는 캐번디시 품종—는 복제 작물이므로 병충해, 특히 곰팡이에 위험할 정도로 취약하다. 바나나 나무 단 한 그루

514

만 감염되어도 농장 전체를 갈아엎어야 한다. 인공적인 게 닿기만 한 먹거리라도 절대로 손도 대지 않는 유기농 식품 열혈 애호가들에게 말해두는데, 그대의 취향을 충족하기 위해서 유기농 바나나 농장 주변 반경 0.5마일은 (전혀 유기농이 아닌) 살충제와 제초제와 살균제로 사실상 초토화된다는 사실을 유념하길 바란다. 유기농 작물은 또한 해충을 어느 정도 억제하기 위해 건조한 고지대에서 재배되는 경향이 있는데, 이 때문에 어마어마하게 많은 관개용수가 필요하다. 그 결과 바나나는 화학물질 족적과 탄소 족적을 가장 많이 남길 뿐만 아니라 그 어떤 산업에서 생산되는 그 어떤 상품보다도 생산 과정에서 사망으로 인한 직원 대체율이 높은 작물이다. 맛있게 드시기를.

목화(가치로 치면 17위)는 괴상한 작물이다. 물과 햇빛이 어마어마하게 많이 필요한데, 지구상에 무지하게 습한 사막 같은 게 있을 리 없다. 따라서 해결책은 관개용수다. 이집트는 나일강 물을 끌어다 쓰고, 파키스탄은 인더스강, 투르크메니스탄과 우즈베키스탄은 아무강과 시르강 물로 목화를 재배한다. 탈세계화만으로도 이 네 나라는 자국이 해외에 내다 팔 목화 대신 자국민이 먹을 작물을 재배하게 된다. 그리고 탈세계화가 일어나지 않는다고 해도 기후변화로 인해 이 네 나라가 관개용수로 사용할 물이 줄어들게 된다.

중국의 목화 재배는 훨씬 심각한 문제들에 직면하고 있다. (단순히) 신장에 있는 인종 말살적 강제수용소 노예들이 재배하기 때문만이 아니라 신장의 강들은 바다로 흘러나가지 않고 내륙을 향해 오래전에 사막화한 타림강 유역으로 흐르기 때문이기도 하다. 이 강들은 기후가 아주 조금만 바뀌어도 있으나마나일 정도로 말라버리고 신장 지역의 메마른 목화밭에 관개용수를 댈 그어떤 희망도 사라지게 된다. 인도의 목화 재배는 지속될 가능성이 훨씬 크지만, 몬순 기후에 전적으로 의존하기 때문에 생산의 안정성은 상실된다.

어떻게 머리를 짜내도 해결책이 없으므로 세계는 목화 부족을 겪게 된다.

목화를 계속해서 대규모로 재배할 수 있는 나라는 둘 뿐이다. 서반구에 있는 브라질과 미국이다. 두 나라가 생산하는 목화는 세계가 선호하는, 섬유가

긴 품종이 아닐지 몰라도 안보가 보장되는 서반구에서 생산되고 관개용수가 다른 지역들만큼 필요하지는 않으므로, 브라질과 미국이 생산하는 목화는 앞으로 다가올 세계에서 훨씬 안정적으로 공급된다.

감귤류(16위)는 고온과 많은 물이 필요하다는 점에서 목화와 비슷하다. 그러나 목화와는 달리 다행히도 습도를 좋아하기 때문에 재배가 가능한 지역이 확대된다. 감귤류의 미래는 분명하다. 기후가 적당하고, 관개용수가 필요하지 않을 만큼 비가 내리는 지역—주로 플로리다와 브라질 북부—은 전망이 밝다. 그러나 현재의 세계질서에 힘입어 자본과 비료와 관개용수를 대량으로 사용해 재배가 가능해진 지역들—특히 이집트와 스페인—은 오렌지와 자몽에 작별을 고하는 게 좋다.

그냥 먹는 포도든 포도주용 포도든(가치로 치면 20위) 상관없이 덩굴에서 자라고 즙이 풍부한 포도는 꾸준히 물을 조절해서 공급해야 한다. 물이 너무 적으면 포도알이 쪼그라든다. 물이 너무 많으면 포도알이 쪼개진다. 물 조절이 핵심이다. 건조한 기후에 관개용수가 필요하다는 뜻이다. 세계에서 최상품 포도는 건조한 지역에서 생산된다. 특히 캘리포니아 사막지대, 이탈리아, 스페인, 아르헨티나, 오스트레일리아, 칠레, 이란, 워싱턴주의 컬럼비아강 유역이 주요 생산지다.

공급량은 줄어들게 된다. 관개용수를 확보하려면 자본이 필요한데, 지난 30년 동안 포도주 업계에서 자본확보는 문제가 아니었다. 그러나 곧 문제가 된다. 그래도 공급량은 아주 조금 줄어든다. 대부분 생산자가 신대륙에 있거나—남아프리카와 프랑스처럼—적어도 부분적으로나마 앞으로 닥칠 혼돈을 비껴갈 지역이기 때문이다.

반면 수요는 공급보다 훨씬 감소한다. 세계 경제성장이 타격을 받으면서 고급술의 수요도 함께 타격을 받게 된다. 포도주는 농산물 가운데 흔치 않게 가격이 하락할지도 모르는 품목이다. 유감스럽게도, 포도주 질이 향상될지 예측할 만한 전문성이 내게는 없다.[25]

해바라기(가치로 치면 19위)와 카놀라(23위)—기름을 짜내는 이랑 작물—는 서늘한 반건조 지역에서 재배된다. 세계 최대 공급자는 우크라이나인데, 이 나라는 시장에서 사라질 가능성이 크고, 캐나다의 프레리 제주는 거의 전량을 중국에 수출하는데, 중국 시장은 몰락하게 된다. 캐나다에는 다행스럽게도 해바라기와 카놀라를 재배하는 지역은 대부분 밀 경작지로 전환할 수 있다.

사과와 배(합한 가치로 치면 21위)는 재배하기 쉬운 작물이었지만, 세계화한 현재 질서 하에서 사람들은 테니스공 크기의 사과가 성에 차지 않았다. 머리통 크기만 한 사과를 수확하려면 비료와 관개용수가 필요하다. 그 결과 국가들 사이에 뿐만 아니라 각국 내에서도 시장이 어마어마하게 세분화했다. 이러한 다양한 품종은 대부분 서로 다른 국소기후가 필요하고, 서로 교류가 활발하지 않을 세계에서 그러한 품종의 다양성은 제한된다. 세계 시장에서 사라지게 될 최대 수출국들은 상품을 자국 바깥으로 반출할 역량이 없는 나라들이다. 주로 유럽 국가들과 중국이다(안 그래도 이들 나라 사과는 맛대가리가 없기는 하다). 크게 성장하는 동남아시아와 중남미 과일 시장은 별문제 없다. 이는 미국, 아르헨티나, 칠레의 재배업자들에게는 대단한 희소식이다.

마지막으로, 더할 나위 없이 찬연(燦然)한 초콜릿을 가능케 하는 원료 코코아(가치로 치면 22위)에 대해 알아보자. 커피와 비슷하지만, 커피보다 고온을 잘 견디고 고도가 낮은 곳을 좋아하며 열대의 습한 기후를 좋아하는 작물이라고 보면 된다. 오로지 두 지역에서 거의 전량이 생산된다. 서아프리카의 생산 시장은 안보와 시장 접근과 투입재 확보와 자본확보 측면에서(그리고 기후변화로 인해) 제약에 직면하게 되는 한편, 멕시코는 전혀 문제가 없어 보인다. 약간 과일 풍미가 나는 중앙아메리카 품종을 좋아한다면 안심해도 된다. 그러나 초콜릿 하면 밀도가 높고, 망치처럼 무겁고, 정신이 번쩍 들게 해주고, 초콜릿이 아니면 당장 죽음을 달라고 할 정도로 흥분시키는 서아프리카 코코아 정도는 돼야 한다 생각한다면, 곧 삶이 훨씬 쓸쓸해진다.

Value of Primary Global Agricultural Trade, 2020

품목	가치(단위: 10억 달러)
대두	64.3
밀	44.8
돼지고기	37.0
옥수수	36.6
치즈	32.8
야자유	32.5
커피	30.4
낙농 우유	28.9
쌀	25.5
닭고기	24.5
소고기	23.3
설탕	23.1
베리	19.5
담배	19.2
견과류	18.1
감귤류	16.0
목화	14.1
바나나	13.7
해바라기유	13.4
포도	10.6
사과/배	10.0
카카오콩	9.3
카놀라유	4.0

출처: UNCTAD

© 2022 Zeihan on Geopolitics

세계 주요 농산물 교역액 2020

세 번째 기수(The Third Horseman)의 대장정[26]

2020년 COVID 봉쇄령으로 실존적 공포가 만연한 가운데, 나는 지난 10년 동안 내가 한 일을 종합해보았다. 600차례 이상 강연을 했다. 매번 다른 주제로. 매번 다른 청중을 대상으로. 매번 다른 나라에서. 그처럼 폭넓은 주제로 다양한 지역에서 강연하다 보면 끊임없이 떠오르는 의문이 한 가지 있었다. 무엇이 나로 하여금 밤잠을 설치게 만드는가?

그리고 참 별난 의문이라는 생각을 늘 했다. 나는 낙관적이고 듣기 좋은 말을 하는 사람으로 알려지지 않았다.

아무튼, 이번 장은 그 의문에 대한 나의 답변이다.

신청만 하면 금방 승인이 떨어지는 융자에서부터 스마트폰, 주문형 전기에 이르기까지 우리에게 모든 것을 안겨준 바로 그 성스러운 상호연결망이 80억 인구의 배를 채웠을 뿐 아니라 제철이 아닌 때에 아보카도도 먹게 해주었다. 그런 시대는 이제 거의 끝났다. 연결망은 붕괴하고 있다. 지평선 너머로 어렴풋이 농산물의 품종도 줄고 산출량도 불안정한 세상이 보인다. 에너지 공급이 줄고 제조 품목이 줄어들면 부유하고 안전한 세상에서 빈곤과 갈등이 만연한 세상으로 바뀐다. 식량이 줄어들면 인구도 줄어든다.

전쟁보다도, 질병보다도, 기근이야말로 나라를 붕괴하는 궁극적인 파괴자다. 그리고 인간이 빨리 쉽게 적응할 수 있는 성질의 것이 아니다.

근대성을 가능케 한 주인공은 산업화와 도시화라는 마법의 조합이었고, 크게 위협받고 있는 대상은 바로 그같이 서로 얽히고설킨 요인들이다. 이 두 요인이 붕괴는 고사하고 약화하기만 해도, 80억 인구를 먹이는 자본과 제조업 공급사슬과 기술진화와 노동력은 위기에 처하고 이러한 조합을 다시 구축하려면 최소한 한 세대가 걸린다. 그리고 그리하는 사이에 80억 인구는 그대로 유지되지 않고 줄어든다.

향후 50년의 역사는 다가올 식량 부족 사태에 우리가 어떻게 대처하느냐(혹은 대처하는 데 실패하느냐)의 이야기다. 그러한 식량부족 사태—그 범위가 대륙 전체인 경우도 있다—가 어떤 변화를 초래할까. 전 세계 국가들이 다른 모든 품목의 부족 사태를 다 합한 것보다 자국에 중요한 단 한 가지 즉, 식량 부족 사태에 정치적 경제적으로 어떻게 대처할까.

바로 그러한 근심이 나로 하여금 밤잠을 설치게 한다.

자, 이상이 앞으로 벌어질 사태의 요약판이다. 여기까지 참고 읽어줘서 감사하다.

(훨씬) 길고 자세한 설명은 앞으로 크고 작은 청중을 대상으로 미래의 이러저러한 부분에 대해 구체적으로 부연해가며 내가 할 일이다. 바라건대, 약간의 유머를 곁들였으니 이 주제를 논하면 생기기 마련인 비관론적인 정서를 누그러뜨리게 됐으면 한다.

『붕괴하는 세계와 인구학』으로 가는 여정에서 장애물을 몇 가지 만났는데, 개인적으로 가장 중요한 장애물은 내 믿음을 잠시 접어두는 일이었다.

역사학도로서 나는 장삼이사보다 훨씬 더 지난 75년 동안 일어난 어마어마한 발전을 소중하게 생각한다. 국제주의자로서 나는 우리가 얼마나 멀리까지 왔는지 이해하고 있다고 생각한다. 환경보호주의자로서 나는 앞으로 가야 할 길이 보인다고 생각한다. 비록 그 길이 대부분 환경보호주의자가 확신하는 길이 아니라고 해도 말이다. 그리고 (민주당이 아니라) 민주정체의 지지자로서, 나는 대중이 참여하는 정부가 그나마 "가장 덜 나쁜 정부"라는 사실을 알고 있다. 믿거나 말거나, 나는 나 자신을 낙관주의자로 여긴다.

그러나 이는 내가 하는 일에 별로 중요하지 않다. 예측은 어려운 일이다. 개인적 호불호와 이념을 접어두기는 힘들다. 내가 일어나기를 바라는 일이 아니라 실제로 무슨 일이 일어날지 여러분에게 알리는 게 내가 할 일이다. 청중이 어떤 이들이든 상관없이 말이다. 정부든, 군대든, 민간인이든 상관없다. 제조업이든 금융이든 농업이든 상관없다. 나도 사람들에게 비보를 전하는 일이 즐거울 리가 없고 나는 (종종) 사람들을 울적하게 한다.

하지만 시간이 지나면서 나아졌다. 상황이 호전됐다는 뜻이 아니라 달갑지 않은 내용을 사람들에게 알리는 게 수월해졌다는 뜻이다. 현실과 지독할 정도로 유리(遊離)된 버락 오바마의 지도력과 그에 못지않게 현실과 단절된 도널드 트럼프의 지도력 덕분에, 지금 우리는 내가 원하는 세상과는 너무 동떨어져 있어서 내 개인적인 호불호는 묻어버리고 현재 세계의 상황을 진단하는 일에 몰입하는 편이 훨씬 쉬웠다. 그래서 이 책을 쓰고 있다.

이 책은 어떤 행동을 하자고 호소하는 게 아니다. 내 생각으로는, 다른 길—더 나은 길—로 들어설 기회는 이미 10여 년 전에 놓쳐버렸다. 지금 내게 실현 가능성 있는 계획이 있다고 해도 보다 밝은 미래를 목표로 세계를 다시 다듬기 위해 건설적인 역할을 하겠다는 관심이라도 보일 미국인들은 지난 여덟 차례 대통령 선거에서 모두 패했다. 유일한 예외가 가장 최근에 치러진 선거였다. 트럼프-바이든 대결에서 나 같은 국제주의자들은 지지할 후보조차 없었다.

이 책은 우리가 도달할 수도 있었을 세계를 애통해하려는 것도 아니다. 냉전이 끝나자 미국은 거의 뭐든 할 기회를 얻었다. 그런데 좌우 양 진영 모두 나태하게 자기도취적인 포퓰리즘에 빠져들기 시작했다. 클린턴과 조지 W. 부시와 오바마와 트럼프와 바이든을 당선시킨 대통령 선거 결과는 일탈이 아니라 더 넓은 세상에 대한 적극적인 무관심이었다. 무관심이 우리의 새로운 규범이다. 이 책은 그 규범이 세계를 어디로 끌고 가는지를 논하는 책이다.

미국을 넘어서는 지도력도 없다. 대기 중인 새로운 패권국도 없고, 공동의 미래상을 뒷받침하기 위해 분연히 떨쳐 일어설 나라들도 없다. 행동에 나설 기회를 엿보는 구세주도 없다. 세계 여러 나라는 서로 반목하는 구태의연한 버릇이 이미 도졌다.

역사상 가장 평화롭고 풍요로운 시대를 구가한 유럽은—공동의 전략적 정책은 고사하고—공동의 치즈 정책, 공동의 금융 정책, 공동의 외교정책, 혹은 공동의 난민 정책을 마련하기 위해 중지를 모을 역량도 없다는 사실을 입증해왔다. 세계화 없이는 거의 3세대 동안 이룬 성과가 증발하게 된다. 어쩌면 우크라이나 전쟁에 대한 유럽의 대응이 내가 틀렸음을 입증할지도 모르겠다. 그러길 바란다.

중국과 러시아는 자국의 파란만장한 역사에서 얻은 교훈을 등한시한 채 본능으로 이미 회귀했다. 탈냉전시대에 두 나라는 미국이 세상에 관여한 덕분에 가장 큰 혜택을 입었다. 수 세기 동안 두 나라를 빈곤하게 만들고 파괴하고 정복한 강대국들이 힘을 과시하지 못하도록 미국 주도 세계질서가 막는 한편, 이와 동시에 지금까지 그 어느 시기보다도 경제적 안정을 보장할 여건을 조성했기 때문이다. 두 나라는 그러한 마법의 순간을 보존하기 위해 미국과 화해를 모색하기는커녕, 그나마 남은 세계체제를 훼손하려고 무던히도—거의 병적으로—애썼다.

미래의 역사는 두 나라의 암울하고 위태로웠던 과거와 마찬가지로 그들에게 무자비하리라.

굳이 따지자면, 인류가 써 내려갈 역사의 다음 장은 훨씬 더 혹독할 텐데, 인구구조의 문제까지 보태지고 있다. 대부분 나라는 1980년경 돌이킬 수 없는 지점을 지났다. 20대에서 30대가 자녀를 두지 않기로 마음먹은 시기다. 시간을 40년 빨리감기 해서 현재로 와보면 자녀를 두지 않은 이 세대가 이제 은퇴하고 있다. 선진국 진영은 대부분 소비, 생산, 그리고 재정이 동시에 붕괴할 위기에 직면하고 있다. 개발도상국 진영에서 발전한 나라들—중국 포함—은 상황이 훨씬 심각하다. 이런 지역에서는 도시화와 산업화가 훨씬 빠르게 진행되어서, 출생률이 훨씬 빨리 붕괴했다. 한층 더 빠르게 고령화하는 인구는 한층 더 빠른 붕괴를 부채질한다. 통계수치를 보면 이 모두가 2020년대에 틀림없이 일어난다. 통계수치들은 2020년대에 이 모든 일이 일어나리라고 늘 경고해왔다.

나는 앞으로 더 나은 길이 뭔지 제시할 수 없다. 일어나지 않은 일을 칭송할 수도 없다. 지리적 여건은 변하지 않는다. 인구구조는 거짓말하지 않는다. 그리고 한 나라와 그 나라 국민이 자국의 환경에 어떻게 반응하는지를 보여주는 사례들은 인류 역사에 빼곡하다.

내가 할 수 있는 일은 여러분에게 지도를 제시하는 일이다. 책의 형태로.

미리 경고하면 미리 대비할 수 있다.

거기까지 하자! 먹구름 얘기는 이만하면 충분하다. 이제 그 먹구름 지도에 숨은 한줄기 눈부신 희망에 대해 논해보자.

전작(前作) 세 권을 포함해 내 책을 관통하는 주제는 역사상 특정한 이 시점—세계화의 해체—이 일시적인 전환기에 불과하다는 점이다. 정치적 공백기간 말이다. 역사적으로 그러한 시대는 낡은 것이 새것으로 대체되면서 불안정했던 것으로 유명하다(악명이 높다). 영국-독일의 경쟁과 냉전 사이의 정치적 공백기에는 두 차례 세계대전과 대공황이 일어났다. 프랑스-독일의 갈등과 영국-독일의 갈등 사이의 정치적 공백기에는 나폴레옹이 등장했다. 구체제가 몰락하면, 혹은 막강한 난관에 직면해 "겨우" 버티는 정도면, 사달이 나게 되어 있다. 아주 크게.

2020년대와 2030년대는 대부분에게 극도로 불편하겠지만, 그 또한 지나가리라. 그래도 다행스럽게 이미 구름 사이로 해가 비치는 게 보이기 시작한다. 몇 가지 살펴보자.

자본의 안정적 확보는 인구구조의 함수다. 베이비붐 세대가 2020년대에 대거 은퇴하면 미국에게는 큰 타격이다. 은퇴하면서 그동안 투자한 자본을 회수하기 때문이다. 그러나 2040년 무렵 밀레니얼 세대 중 가장 어린 연령대가 40대가 되면서 그들이 투자하는 자본으로 경제 체제는 다시 한번 풍성해진다.

인구구조에서는, 2040년대에 두 가지 고무적인 결과가 동시에 일어나게 된다. 가장 어린 연령대의 밀레니얼 세대의 자녀들이 노동시장에 진입하면서 미국 노동시장은 "정상"으로 돌아가게 된다. 이 못지않게 중요한 점은, 멕시코의 인구구조가 2000년의 미국 인구구조와 비슷한 굴뚝 모양이 된다는 사

524

실이다. 미국에서 아동과 청년 근로자와 중장년 근로자의 수가 비슷해 자본도 풍부하고 소비도 활발하고 생산성도 높은 동시에 여전히 미래 세대를 낳을 계획을 세우고 희망을 걸었던 마법의 순간이 바로 2000년이었다. 멕시코 만세!

지금부터 2040년 사이에 미국의 재산업화가 완성된다. 멕시코-미국 연계는 미국이 북쪽 이웃 나라 캐나다와 맺었던 그 어떤 관계보다도 긴밀하고 훨씬 중요한 결과를 낳게 된다. 미국의 정유시설은 대부분 대륙 바깥에서 들여온 수입 원유보다 북미지역에서 생산된 원유를 사용하게 된다. 산업시설을 단기간에 두 배로 늘리는 데서 비롯되는 물가상승과 체제에 가해지는 압박은 완전히 해결되어 과거가 된다. 탈세계화의 충격을 2007년 서브프라임 위기와 거의 똑같이 그저 달갑지 않은 기억에 불과하다고 생각하게 된다. 2040년대는 북미지역에는 호시절이다.

또한 2040년 무렵 농업계는 정밀 농업 기법의 어설픈 부분을 모두 해결하게 된다. 디지털, 유전학, 자동화, 공학의 발전이 뒤섞이면서 미국 농부들은 열량 산출을 세 배로 늘리게 된다. 여전히 체리와 아스파라거스는 손으로 따고 있을지 모르지만, 식품 생산과 가공의 거의 모든 측면에서 자동화는 일상화된다. 2020년대와 2030년대에 동반구가 겪을 식량부족의 참상에 대한 기억을 지우기에는 충분치 않을지 몰라도, 이러한 발전과 그 이상의 진보는 앞으로 나아갈 안정적인 토대가 되어준다.

평균적인 수준을 뛰어넘는 희망도 있다. 재료공학 분야에서 장족의 발전이 일어나 우리가 훨씬 뛰어난 장거리 전기 전송 능력뿐만 아니라 리튬 배터리보다 더 나은 배터리를 갖게 되리라 본다. 게다가 2040년대는 천연가스를 연료로 쓰는 발전 시설을 폐기할 때가 된다. 믿고 의지해온 화석연료 시설이 가고 새로 믿고 의지할 친환경 시설이 온다. 절실하고 간절하게 희망컨대, 이러한 신기술을 세계 전역에 대량으로 적용할 수 있을 만큼 가격이 낮아지기를 바란다. 그렇게 되면 마침내 본격적으로 에너지 전환에 착수하게 된다.

무엇보다도, 위의 희망 사항은 많은 일이 잘 안 풀렸을 경우를 가정하고 있다는 사실이 고무적이다. 이 책 내용 대부분—내가 쓴 책 모두 대부분—앞으로 일어날 일들 가운데 그다지 상서롭지 않은 부분을 담은 기록이다. 자본과 농업과 문화가 붕괴하고 운송과 제조업과 국가가 산산조각 난다. 그러나 북미 대륙은 지리적으로 인구 구조적으로 다가올 혼돈을 비껴간다. 북미지역은 과거에 이룬 성과를 보존하는 저장고인 동시에 다가올 시대를 실험하는 연구실 역할을 하게 된다.

진짜 의문—진짜 수수께끼—는 그다음 어떻게 되는가이다. 정치적 공백기가 지구 전역에 걸쳐 그토록 수많은 나라와 문화권을 강타한 적은 인류 역사상 한 번도 없었다. 청동기 후기의 붕괴도 그처럼 철저하지는 않았다. 20세기를 "미국의 세기"라고 하는 이유는 1945년 미국이 세계적인 패권국으로 부상했기 때문이다. 앞으로 다가올 시대에 북미지역과 나머지 세계의 간극은 훨씬 더 극명해진다. 지나간 시대의 초강대국이 그다음 시대가 시작되는 시점에 난공불락의 지배적인 국가로 부상했던 적은 인류 역사상 단 한 번도 없었다.

난관과 기회가 공존한다. 문화적으로, 경제적으로, 기술적으로, 기후 면에서, 인구 구조적으로, 지정학적으로. 바로 그 미래를 탐색하는—경이로운 신세계를 탐험하는—작업은 엄청난 프로젝트가 되리라.

다음에 내가 할 일이 그 일 아닐까.

| 감사의 말 |

이 책을 완성하는 일은 방대한 프로젝트였다. 지난 5년 동안 여기저기 조금씩 내용에 손을 대왔고, 크고 작은 여러 가지 방식으로, 분명하고 모호한 여러 가지 방식으로, 내가 지금까지 해온 모든 게 이 책을 쓰는 데 보탬이 되었다.

나 혼자 쓴 책이 아니라는 뜻이다. 절대로. 나는 앞서간 거인들이 이룬 업적에서만 도움을 받은 게 아니라 모든 이가 이룬 성과에서 도움을 받았다. 내가 하는 일에서는 무엇이든 다룬다. 운송과 금융과 에너지와 제조업과 산업 원자재와 농업만 속속들이 다루는 게 아니라 무엇이든 다 다룬다. 어떤 식으로든 이 책을 완성하는 데 정보를 제공하거나 기여한 모든 이들을 일일이 언급하면, 그 명단은 아마 여러분이 지금까지 참을성 있게 읽은 이 책 전체 분량보다도 길지 모른다.

그렇긴 하나, 이 책의 완성에 기여한 정도는 차이가 나는 건 사실이니, 특별히 감사의 말씀을 퍼부어드리고 싶은 분들이 있다.

우선 가장 방대한 자료를 취합하고 갱신하는 일을 담당한 분들부터 시작하자. 도로와 철도 운송 통계에서부터 미국의 강을 토대로 한 운송망의 지도에 이르기까지 모든 정보를 제공한—그리고 늘 최신 정보로 갱신하는—미국 운송국과 미 육군 공병단에 무한한 감사를 드린다. 해운 무역에서 미국의 지리적 장점을 살릴 뿐 아니라 통계자료와 분석자료를 공유해준 미국의 여러 항만관리 당국에 감사드린다.

나는 미국노동부, 특히 노동통계국에서 통계수치를 입력하는 이들의 열혈 팬이다. 소중한 고견을 제시해준 미국 연방 준비 제도와 미국 국세청에도 감사드린다. 세계 최대 경제국가와 세계무역의 기축통화를 계량화하기란 만만한 작업이 아닌데, 궂은일을 도맡아 해주니 고맙다.

인구통계는 나의 지정학적 이해를 돕는 핵심적인 요소다. UN 인구국과 미국 인구조사국의 마법사들 덕분에 머리 쓸 일을 크게 덜었다. 그들은 단순히 미국이나 세계 인구의 머릿수를 세는 데 그치지 않고, 각국의 인구구조, 역사적인 추세, 미래에 대한 예측 등과 관련해 신뢰할 만한 좋은 정보를 제공해준다. 간단히 말해서 그들은 "우리"에 대한 자료를 수집하고 관리한다.

인구통계자료에 맥락과 묘미를 더해주는 각국의 정부 기관과 비영리 단체들이 있다. 우리는 수많은 이들과 대화하고 그들이 제공한 정보에 의존했는데, 특히 기꺼이 도움을 준 캐나다, 일본, 한국, 오스트레일리아 정부의 통계 당국들, 유로스태트(Eurostat)에게 감사하다. 그들은 각각 자기 나라에 대한 정보를 취합하느라 눈코 뜰 새 없이 일하고, 우리가 수없이 여러 번 정보를 요청할 때마다, 심지어 우리가 찾는 자료를 제공하지 못하는, 아주 드물지만 골치 아픈 경우에도, 기꺼이 솔직하게 대응해주었다.

특히 리처드 호킨슨과 폴 몰런드에게 감사드린다. 호킨슨은 인구구조를 경제학에 접목하는 길로 오래전에 나를 이끌어준 분이다. 몰런드는 인구통계학, 역사, 국가의 힘이 교차하는 영역에 대한 최고의 명저 『인간의 물결(The Human Tide)』의 저자다.

에너지 관련 이론이 얼마나 현실성이 있는지 알아볼 필요가 있다면 마니토바 대학교의 바츨라프 슈밀만 있으면 된다. 그는 에너지의 현황에 대해서 내가 가진 양말 켤레 수보다 훨씬 많은 책을 썼는데, 양말 켤레 수로 치자면 내가 캐나다 총리 트뤼도를 거뜬히 물리친다. 이 책을 쓰는 데 가장 도움이 된 그의 저서는 『에너지와 문명: 역사와 세계화의 원동력(Energy and Civilization: A History and Prime Movers of Globalization)』이다. 마찬가지로 도움을 준 저서는 호프스트라 대학교의 진-폴 로드리그가 쓴 『운송체계의 지리적 여건

(The Geography of Transport Systems)』으로, 내가 읽은 책 가운데 책 분량 대비 담긴 정보의 양이 가장 높은 책이다.

에너지 데이터가 필요한가? 미국 에너지 정보국 없이는 불가능하다. 그들은 전통적인 석유와 셰일 생산부터 정유 생산량, 전력생산에 관한 역사적 데이터, 위스콘신주에서 바이오매스 발전에 얼마나 많은 나무를 사용하는지에 대한 자료에 이르기까지 모든 통계자료를 제공해준다.

미국을 벗어나서, 국제에너지기구, BP 세계 에너지 통계 편람, UN 합동 석유 데이터베이스 구상, 석유수출국기구가 세계 석유생산과 소비 추세에 대한 소중한 혜안을 제시해준다. 에너지 통계를 조사하는 기구의 수만큼이나 에너지 통계를 조사하는 방법도 다양하지만, 이러한 자료를 제공하는 이들은 모든 것을 작동시키는 연료들에 대해 설득력 있는 시각을 제시해준다.

발전 시설이 제대로 기능하려면 갖춰야 할 조건과 금기사항이 뭔지 속속들이—인내심을 가지고—알려준 엑셀 에너지와 서던 컴퍼니에 감사드린다. (전기는 정말 이해하기가 어렵다!)

전자(電子)보다 자재에 관심이 있다고? 그럼 미국 지질 조사국과 전미광물 정보센터를 찾아라. 이 두 조직은 채굴 가능한 모든 원자재의 국내외 생산 현황뿐 아니라 쓰임새까지도 추적한다.

농업과 제조업에 대한 의문은 세계의 입맛과 물욕(物慾)의 제약을 받지만 않으면 끝도 한도 없이 이어진다. 세계은행, 국제 결제 은행, 경제협력개발기구, UN 국제무역 통계 데이터베이스, UN 식량농업기구, IBISWorld, 그리고 매사추세츠 공과대학의 경제 복잡성 관측소 등을 검색하면 정보의 성찬(盛饌)을 만끽할 수 있다. 이들은 인간이 체험하는 모든 것의 가격과 크고 작은 수많은 물건의 가격을 추적한다. 팜 크레딧(Farm Credit), 미국 농무부의 경제조사국, 그리고 특히 소중한 시간을 내준 네이션 차일즈와 마이클 매코널에게 감사드린다.

에릭 스노드그래스는 기상학자에서 대학교수로 변신했다가 농업경제학자로 변신한 정말 재미있는 분이다. 그를 만날 때마다 나는 찢어진 옆구리 꿰매고 빠진 배꼽 찾느라 정신없다는 사실에 덧붙여, 그는 기후변화에 관해 우리가 예측할 수 있는 것과 없는 것, 수십 년 동안 축적된 기존의 데이터 기록이 뒷받침하는 관측 가능한 추세가 어떻게 이미 현실화하고 있는지에 대한 내 생각의 원천이다. 특히 이 책의 농업을 다룬 부분에서 오스트레일리아와 일리노이를 비교하는 대목은 그의 업적임을 부인할 수 없다.

이제 내 주변 가까이 가보자.

『붕괴하는 세계와 인구학』의 마무리 작업을 하면서 자료 조사하는 직원—퀸 카터—을 새로 뽑았는데, 이 친구 채용되자마자 내 잘못을 지적하면서 주저 없이 들이받기 시작한다. 잘 뽑았다. 환영한다, 퀸!

멜리사 테일러는 6년 동안 자료조사를 진두지휘해왔다. 그녀가 새 삶을 찾아 떠나기 전 마지막으로 참여한 프로젝트가 이 책의 운송 부분의 초안 작성에 필요한 자료를 수집하는 일이었다. 그녀가 없었다면 운송을 다룬 장이 어떤 모습이 됐을지 생각만 해도 몸서리쳐진다. 그녀가 아니었다면 내가 최근에 한 일 상당 부분이 어떤 모습이 됐을지 생각만 해도 아찔하다.

애덤 스미스는 수년 동안 내 책에 수록할 시각적 자료들을 담당해왔다. 뭐든지 명료하고 멋지게 구현해내는 그의 역량을 높이 사지만 그가 내 고객과 독자들에게 제공하는 서비스는 한층 더 중요하다. 그의 상식 덕분에 정신 사납게 산만한 내가 보통 사람들에게 일일이 설명할 필요가 없어졌다. 그는 내 일을 저~~~~~엉말 많이 덜어주었다.

웨인 워터즈와 내가 함께한지도 이제 18년이 되었는데, 동성애자들 세계에서 이는 조 바이든 나이보다 긴 세월이다. 내 영혼의 동반자이자 내 의견에 대해 사람들이 어떤 반응을 보일지 시험해보는 실험대상이자, 가장 친한 친구이자, 회계 담당자인 그가 없는 내 삶은 상상할 수 없다. 그는 이 책 제작에 직접 관여하지는 않았지만, 그가 아니었다면 내가 이 책 제작에 직접 참여하지 못했을지도 모른다.

토머스 렝퀴스트는 우리가 한창 이 책을 제작하는 동안 왔다가 떠났지만, 우리와 함께 한 몇 달 동안 그 짧은 기간에 비해 어마어마한 도움을 주었다. 토머스는 사실 확인 작업을 도맡아 했을 뿐 아니라 산업 원자재를 다룬 부분 전체의 뼈대를 만들어주었다. 토머스 덕분에 나는 바보가 될 뻔한 위기를 모면했다.

수전 코플런드는… 무슨 말이 필요하겠나. 내가 그녀와 함께 일한 지 15년째다. 엄밀히 말해서 그녀는 행정업무를 담당하지만, 실제로 그녀가 하는 일은 그 이상이다. 그녀는 우리 조직(Zeihan on Geopolitics)의 직원들이 모두 아무 걱정 없이 제정신을 잃지 않고 자기 일에 집중하도록 업무를 조직화하고 정서적인 안정을 도모한다. 그녀가 아직은 자기 업무에 싫증을 내지 않고 곁에 있어 줘서 천만다행이다.

마지막으로, 앞서 언급한 분들 못지않게 소중한 마이클 나예비-오스쿠이가 있다. 내가 마이클과 함께 일한 지 이제 10년이 넘었다. 이 책이 그가 나를 도와준 세 번째 책이다. 그는 직원들을 총괄하는 이상의 역할을 해왔다. 그가 나 못지않게 다방면에 닳고 닳은 분석가로 변신하는 모습을 흐뭇하게 지켜보았다. 농업을 다룬 부분은 그가 없었다면 불가능했고, 그는 금융과 제조업을 다룬 부분의 지적인 골격도 대부분 만들어주었다.

이 책을 출간한 하퍼 비즈니스 직원 모두에게—특히 에릭 넬슨과 제임스 나이다트에게—무한한 감사를 드린다. 그들은 최근에 전개된 상황을 다루기 위해 막판에 내용을 수정하고 새로 내용을 첨가하도록 허락해주었다. 우크라이나 전쟁이나 2022년 2월을 언급한 부분은 그들이 융통성을 발휘해준 덕분에 이 책에 수록되었다. 이미 전개되고 있는 격변의 규모를 고려할 때, 그 같은 수정 보완만으로는 충분치 않지만, 책을 만드는 과정에서 우리가 직면하는 제약을 생각하면, 그 정도라도 이 책에 담게 되어서 다행이다.

마지막으로 독자 여러분(오디오북을 듣는다면 청취자 여러분)에게 감사드린다. 여러분이 내 책을 여러분의 삶과 업무에서 의사 결정을 하는 데 이용하든, 그저 내가 틀렸음을 증명할 기회를 모색하든, 이 책을 통해 여러분과 함께하게 되어 진심으로 감사를 드린다. 작별의 선물로 여러분을 내 웹사이트로 안내한다. 여러분이 구독할 정보지가 있어서라기보다(있기는 하다), 이 책에 수록된 모든 시각 자료를 화려한 색상으로 선명하게 볼 수 있어서다. www.zeihan.com/end-of-the-world-maps에 가면 애덤이 그린 명작을 모두 감상할 수 있다.

자, 이제 정말로 더 할 말 없다.

1부 한 시대의 종말

1. 중요한 지정학적 교훈. 역사, 진짜 역사는 비위가 약한 사람들은 감당하지 못한다.

2. 이 주제에 심취한 독자들에게는 유감스럽게도 여기까지가 나와 내 책 편집자가 감내할 수 있는 역겨움의 한계다. 인분을 이용한 재배의 혁명이 지닌 경제적-생물학적 의미에 대해 때로는 열차 충돌의 참사처럼 끔찍하지만, 눈을 떼기 어려울 정도로 구체적인 내용이 궁금하다면 재러드 다이아몬드(Jared Diamond)의 『총, 균, 쇠(Guns, Germs, and Steel)』를 참고하라.

3. 기원전 3세기에 가서야 비로소 조약돌을 깐 도로가 등장했다.

4. 그러하다. 시드 마이어(Sid Meier)의 『문명(Civilization)』에 수록된 내용과 아주 비슷하다. 이 친구는 조사를 제대로 했다.

5. 제발 내 것 좀 훔쳐 가라고 고사를 지내는 셈이다.

6. 포르투갈, 당신들 얘기야.

7. 역시 포르투갈 당신들 얘기라고.

8. 3층 이상인 건물을 말한다.

9. 아니면 당시에 제조하던 지독한 갈색 증류주라면 뭐든 해당한다.

10. 뉴저지의 애칭 "정원 같은 주(Garden State)"를 언급하면 누구든 황당해한다.

11. 이는 오늘날까지도 끊임없이 되풀이되는 현상이다. 고부가가치 산업을 선점하기 위해 우리는 여전히 다투고 있다. 고부가가치 산업은 고임금 일자리를 창출할 뿐만 아니라 가장 빠르게 기술을 발전시키고 자본을 축적하며 가장 폭넓은 과세 기반을 조성한다.

12. 물론 형제들이 으레 그렇듯이 툭하면 툭탁거리며 다툰다.

13. 재미있는 사실: 트럼프 행정부가 국경에 이렇다 할 장벽을 건설하기 위해서는 우선 장벽을 건설하고 유지하는 데 필요한 도로망을 구축해야 했다. 이 새로운 기간 시설로 마약 밀반입과 불법 이민이 어려워지기는커녕 오히려 더 쉬워졌다.

14. 그러한 욕구는 제2차 세계대전에 가서야 일어났다. 독일보다는 150년 영국보다 200년 뒤늦게 말이다.

15. 도로든 철도든 전력망이든 전신망이든 휴대전화든 광대역이든, 미국에서는 이처

럼 점진적이고 단계적으로 개선되는 현상이 되풀이해서 나타난다. 이러한 단계적인 발전 때문에 미국은 초고속 산업화 과정을 거친 독일이나 일본이나 네덜란드나 한국 같은 나라들보다 발전이 덜 된 듯이 보일지도 모르지만, 또 한편으로는 미국의 근대화 과정은 (훨씬) 비용이 적게 들고 나라의 재정적 역량에 훨씬 부담을 덜 주기도 한다. 점진적이고 단계적인 발전은 결함이 아니라 특징이다.

16. 그러한 전통의 결여는 오늘날까지 자랑스럽게 유지되고 있다.

17. 멋진 시가행진이었다!

18. 오늘날 유행을 선도하는 이들을 제외하고 말이다. 공교롭게도 뜨개질을 좋아하는 이들은 그들 뿐이다.

19. 급속히 진행된 독일의 산업화 과정에 독일의 지리적 여건이 더해지면서 두 차례 세계대전의 참상으로 이어졌다. 독일은 해외에 자국의 과잉인구를 흡수할 제국이 없었다. 제1차 세계대전 발발 전 절정기에 달했을 때도 독일은 그리 크지 않았고—몬태나와 아이다호를 합한 것보다 약간 작았다—영토의 절반은 너무 험준해서 개발하기가 쉽지 않았다. 산업기술로 독일 인구가 확대되기 시작하자 독일은 인구가 팽창해도 확장할 땅이 없다는 사실을 재빨리 간파했고, 이게 바로 히틀러가 지평선 너머의 영토에 집착한 이유이기도 하다.

20. 맞다, 자동차 타이어 만드는 그 굿이어(Goodyear)다.

21. 우웩. 사우어크라우트. 구역질난다.

22. 케밥, 좋지.

23. 옥수수가루로 만든 팝, 좋지.

24. 빈달루, 좋지.

25. 파블로바, 좋지.

26. 전자의 경우는 아르헨티나, 브라질, 우크라이나같이 중앙정부의 장악력이 약한 지역에서 흔하다면, 후자의 경우는 인도, 중국, 남아프리카처럼 중앙정부가 경제 개발계획을 수립하는 나라에서 주로 이루어진다.

27. 엄밀히 말하면, 서반구의 많은 나라가 브레튼우즈 조약국으로서 미국 주도 세계질서 첫 국면에 관여했지만, 대부분 이 체제의 안보 측면(제국 해체)만 수용하고 경제적 측면에는 유의미하게 참여하지 않았다.

28. 2022년 초 현재, 한국과 중국의 가장 최근 자료에 따르면 평균 출산율이 1.2다.

29. 저렴한 비용으로 인간을 대량으로 복제하는 기술에 돌파구가 마련되지 않는 한 말이다.

30. 이러한 자료와 시점 일부가 좀 어긋나 보인다면 제대로 봤다. 지리적으로 중국은 어마어마하게 복잡하고 정치와 역사도 마찬가지로 매우 복잡하고 분열적인 특성

을 보인다. 지리적 특성이 다양하고 정치적으로 파란만장한 역사를 보인 만큼이나 중국의 발전 경로도 지역마다 제각각이다. 상하이 같은 지역은 일찍이 1900년에 산업화를 시작했다면, 북부 지역은 대부분 1958년-1962년 대약진운동의 참사를 겪고 나서 비로소 산업화 실험에 착수했다. 그 결과 인구 성장도 지역에 따라 들쭉날쭉했다. 해안지역 일부는 다른 지역보다 훨씬 먼저 인구 성장을 겪었다. 전체적으로 볼 때 1950년부터 1970년까지의 기간 동안 중국의 인구는 5억 4천만 명에서 8억 1천만 명으로 팽창했다. 대략. 이를 어느 정도 상쇄하는 사건이 바로 대약진운동인데, 이로 인해 인류 역사상 가장 끔찍한, 인위적인 기근이 일어났고, 누가 역사를 기록하는지에 따라서 다르지만 적게는 1,500만 명에서, 많게는 5,500만 명이 굶어 죽었다. 그럼 "중국"은 닉슨이 중국을 방문할 당시 전혀 산업화하지 않은 상태였을까? 그렇지는 않다. 당시 중국은 이미 세계 탄소배출의 5퍼센트를 차지하고 있었다. 그러나 중국은 땅덩어리가 거대하므로 그나마도 중국 총인구에서 아주 적은 비율을 차지하는 가장 발전한 해안/남부 도시들에 거주하는 이들이 배출했다.

31. 환경을 생각해서 휘발유가 아니라 전기로 구동하는 모델을 구매했어야 한다고 생각할 환경 보호론자들에게 말해두는데, 나도 그러려고 했다. 하지만 전기구동 모델은 삽질보다는 빠르지만, 전기모터는 재빨리 눈을 치우기에는 힘이 달렸다. 4인치 정도 쌓인 눈을 치우는 데 5시간 걸렸다. 게다가 전기 엔진은 금방 과열되었다. 그 망할 놈의 물건은 얼마 지나지 않아 망가졌다.

32. 농노에게는 선택의 여지가 없었다. 농노는 사실상 농지에 예속된 노예였다. 영주가 농지를 매각하면 보통 농노는 농지를 새로 매입한 영주에게 귀속되었다.

33. 사회주의입네 하는 수많은 체제가 실제로는 전혀 사회주의가 아니라는 사실을 유념할 필요가 있다. 예컨대, 미국의 우익이 툭하면 들먹이는 게 베네수엘라 유형의 "사회주의"다. 베네수엘라에서 사회주의는 정치엘리트 계층이 사적인 이득을 위해서 뭐든 남김없이 모조리 약탈하면서 이를 정치적으로 은폐할 때 써먹는 용어다. 우리는 이런 체제를 경계해야 한다. 하지만 이는 사회주의는 아니다. 도둑정치(kleptocracy)다. 제대로 기능하는 이념은 분명히 아니다. 그리고 "사회주의"를 "노동자가 생산수단을 소유하는 체제"와 연관시키는 정치학자나 이념가들이 분명히 있다. 그런 일은 한 번도 없었다. 나는 일어난 적이 없는 일은 보통 무시한다. 오늘날 경제학자들은 "사회주의"를 유럽에서 흔한, 후한 사회복지국가와 동일시하는데 그들과는 논쟁할 필요를 못 느낀다.

34. 이 대목을 읽으면서 "진정한" 혹은 "순수한" 공산주의를 들먹이고 싶은 이념가나 경제학자 혹은 이념가이자 경제학자가 몇몇 분명히 있다. 유능한 자들로부터 재화와 용역을 확보해 필요한 자들에게 나누어주는 불편부당한 중재자 역할을 하기 위

해 국가가 존재한다는 개념 말이다. 카를 마르크스 시대부터 지금까지 그런 체제는 아무도 시도하지 않았다. 그리고 앞으로도 아무도 시도하지 않는다. 인간의 본성을 무시한 체제이기 때문이다. 그리고 그런 체제 하에서 유능한 자들은 게을러지거나 다른 나라로 망명한다. 동의하지 않는다고? 철 좀 들어라. 아니면 지구 말고 다른 혹성을 하나 찾아내서 거기 정착하고 인간이 아닌 뭔가를 번식시키든가.

35. #간지쩌는간디.

36. 이 두 나라의 과거와 현재와 미래에 대한 많은 내용은 내 전작『각자도생의 세계와 지정학』에 담겨 있다.

37. 『각자도생의 세계와 지정학』에 얽히고설킨 이 두 나라에 대한 사연이 자세히 담겨 있다.

38. COVID에 관한 세계적 통계는 말할 필요도 없고 각국 통계도 허점투성이다. (단순히) 정책적 무능의 문제가 아니다. COVID 감염사례의 40퍼센트 이상이 무증상이므로, 실제 감염과 사망 통계수치는 이러한 수치보다 훨씬 높다.

39. 적어도 대부분이 그런 결론에 도달했다.

40. 미국이 복잡한 국내 규제구조를 해체하면 훨씬 좋을 텐데 말이다.

41. 케니(〈사우스 파크〉의 주요 등장인물 이름—옮긴이)를 죽이다니, 나쁜 자식들!

42. 세계 두 번째 그리고 세 번째로 막강한 원정 가능한 해군을 보유한 나라들—일본과 영국—은 미국의 동맹이다.

43. 독일도, 일부러 선택한 건 아니지만, 연방체제다. 제2차 세계대전이 끝난 후 연합국이 독일 대신 독일의 헌법을 작성했다. 그 결과 중앙정부의 신속한 의사 결정을 방해하고 독일이 이웃 나라를 침략하지 못하도록 의도적으로 설계된 헌법 구조가 탄생했다. 여기까지는 좋다.

44. 이 세 나라 인구구조는 모두 멕시코처럼 출산율 붕괴를 겪고 있다. 멕시코보다 몇 년 뒤처지고 있을 뿐이다. 어떤 식으로든, 이민자들이 대거 걸어서 미국으로 들어올 날도 이제 얼마 남지 않았다.

2부 운송

1. 재미있는 사실: 추수감사절에 내가 만든 스프레드는 전설이 되었다.

2. 그나마도 오로지 유럽인이 괴짜였기 때문이다.

3. 당시 유럽이 쓴 표현을 쓰자면 그렇다는 얘기다.

4. 포함해야 한다.

5. 영국은 이 시기에 막무가내였다. 영국은 귀화한 미국 시민권을 인정하지 않았다.

"식민지"에서 출생한 사람이면 누구든 만만한 징집대상자였다. (1775년에 출생했다고? 필라델피아에서? 그래도 자네는 영국의 피지배자야! 당장 해군에 입대해!)

6. 오늘날의 라트비아.

7. 무척 느리다는 느낌이 들겠지만, 그래도 산업화 이전 시대의 선박이 낼 수 있는 평균 속도의 평균 다섯 배다.

8. 특히 영국 농부들.

9. 이 수치는 선박의 종류와 그 선박이 선적하도록 설계된 화물의 종류에 따라 천차만별이지만, 대략 80퍼센트 증가한다고 보면 된다.

10. 항해에 일가견이 있는 사람을 위해 전문용어를 쓰자면 15노트의 속도다.

11. 오늘날 초대형 선박은 너무나도 초대형이라는 사실을 고려해볼 때—세계 최대 화물선은 한국이 건조하는 에버그린-A급으로서 현재 세계 최고층 빌딩보다 크다—선박 크기는 이제 한계에 도달하지 않았나 싶다. 이러한 초대형 선박들도 입항할 수 있어야 하니 말이다. 게다가 대형 선박은 수면에서 선체 바닥까지의 깊이가 가장 규모가 큰 항만의 수심보다 깊다.

12. 알았다. 내가 한 말 취소한다. 중국이 단연 훨씬 불리한 입장이다.

3부 금융

1. 기원전 2000년에 실내 공중화장실이 있었다니까!

2. 그 숱한 피라미드!

3. 어쩌면. 기원전 1300년경 인더스 유역 문명이 갑자기 완전히 붕괴하면서 그 누구도 몰락한 경위와 자초지종을 쉽게 해독 가능한 기록으로 남길 시간이 없었는지도 모른다.

4. 오늘날 우리는 이러한 추세를 분명히 목격하고 있다. 1990년대와 2000년대 미국에서 기술이 폭발적으로 발전했는데, 소련이 붕괴한 여파로 재능 있는 이들이 미국에 대거 유입되지 않았다면 기술발전이 그 정도로 폭발적이지는 않았을지 모른다.

5. 쩝쩝 냠냠.

6. 캐나다 국장(國章)에 등장한다.

7. 비버 가죽 300장을 짊어지고 다니면 멍청해 보인다.

8. 퀘벡은 그 전쟁에서 패했다.

9. 일본도 전쟁에서 졌다.

10. 물론 비공식적으로.

11. 달러는 발행된 지 얼마 안 되는 새로운 화폐이기도 했다. 미국은 1914년에 가서

야 연방준비제도를 마련했고 오늘날 "달러"로 알려진 화폐를 공식적으로 출범시켰다.

12. 영국은 미국이 후한 조건으로 자국에 금을 무한정 빌려주면 파운드가 다시 한번 세계에 군림하리라는 야무진 꿈을 꾸고 있었다. 이에 대해 미국은 브레튼우즈 회의에서 참석하는 인사들의 좌석을 배치하는 일을 영국에게 맡기는 호의를 베풂으로써 응답했다…라는 건 농담이고 보이스카우트 단원들이 좌석 배치를 맡았다.

13. 1950년 가격으로 치면 그렇다.

14. 굳이 따지자면 나는 이 사례를 대단히 과소평가하고 있다. 미국이 전쟁을 통해 올린 수익을 통해 역사상 가장 많은 양의 금을 보유했다고 해도 인류가 생산한 금의 90퍼센트는 박물관 전시품이나 결혼반지 같은 물거에 갇혀 있다.

15. 중국에서 인구가 거주하지 않는 지역은 실제 사막이고 툰드라고 열대기후다.

16. 중국의 체제를 내가 결코 신뢰한 적이 없는 이유는 여러 가지지만, 그 가운데 하나는 중국인들조차 자국 체제를 신뢰하지 않기 때문이다. 몇 년 전 중국 정부가 중국 위안화를 세계 기축통화로 만들려고 금융 해외 이전에 대한 제약을 완화했다. 역효과를 낳았다. 여섯 달 동안 중국 국민이 1조 달러 이상의 자산을 중국 정부의 손길이 미치지 못하는 곳으로 이전했다. 중국은 재빨리 이 정책을 파기하고 자본 이전 체제를 폐쇄했다.

17. 평균적으로. COVID는 유럽 대륙 전역에서 각자도생의 분위기를 조성했기 때문에 데이터와 결과가 지역에 따라 천차만별이다.

18. 천연가스는 말 그대로 기체이기 때문에 보관하기가 어렵다. 그리고 관리가 부실하면 폭발하는 수도 있다.

19. 여러분 눈에 여기 열거한 산업들이 자연스럽게 연계된 산업으로 보이지 않는다면, 여러분만 그런 게 아니니 안심하라.

20. 지친다.

21. 그렇다, 내가 만든 단어다.

4부 에너지

1. 그런데 언제나 비가 내린다.

2. "얼마 지나지 않아"라는 표현은 상대적이다. 고래기름은 여러 가지 쓸모가 많았으므로 석유가 고래기름을 완전히 대체하기까지 족히 70년이 걸렸다.

3. 각각 오늘날의 토탈(Total), BP, 엑손모빌이다.

4. 물론 수입산이다.

5. 아니면 점령당한 후 몰락할 가능성이 훨씬 크다.

6. 수십 년 동안, 심지어 북한도 에너지 부문에서는 멕시코만큼 엄격한 투자 법을 시행하지는 않았다.

7. 축하!! 여러분은 대학 석 달치 강의를 공짜로 받았다.

8. 이란, 당신 얘기야. 그리고 이라크. 쿠웨이트도. 사우디아라비아와 카타르, 남수단, 수단, 아제르바이잔, 우즈베키스탄. 투르크메니스탄, 나이지리아, 이집트도.

9. 그러나, 세상에나, 페르시아만 국가들 가운데 몇몇은 원유를 태워 전력을 생산한다. 엄청 많이!

10. 똑똑한 척하고 싶으면, 전문용어로 "알베도(albedo, 반사율)"라고 하라.

11. 농업을 다룬 장에서 지역별로 어떤 영향이 있는지 최대한 분석해보도록 하겠다.

12. 캘리포니아에서는 전기료가 세 배 인상되는 데 그쳤지만, 이는 캘리포니아가 꼼수를 쓰기 때문이다. 캘리포니아는 만약에 대비한 화석연료 발전 시설을 가동하는 대신 인접한 다른 주에서 화석연료로 생산한 전기를 들여온다. 캘리포니아는 회계를 조작해 그러한 화석연료 발전을 탄소제로라고 일컫는다. 캘리포니아주 경계선 바깥에서 배출된 탄소라나 뭐라나.

13. 그렇다면 전력망 차원의 저장이라는 개념은 어처구니없다는 소릴까? 아니다. 내 얘기는 그런 뜻이 아니다. 현재 전력시설은 대부분 한 해에 며칠 동안 난방/냉방 수요가 최고치에 달했을 때만 가동하는 2차 발전 시설을 보유하고 있다. 평소에는 비싼 문진 구실밖에 못 한다. 전력망 차원의 저장시설이 생기면 그러한 2차 발전 시설을 대부분 없애도 될 뿐 아니라 그러한 저장용량은 화석연료 발전 시설이 감당해야 하는 일일 최대수요를 덜기 위해 매일 사용할 수 있다. 지리적 위치와 날씨에 따라서 다르지만, 그렇게 하면 화석연료 사용을 4-8퍼센트 줄일 수 있다. 이를 전국에 적용하면, 그래도 여전히 탄소 순배출 0을 달성하기에는 턱도 없지만, 그래도 무시 못 할 수치다.

14. 독일 사람들: 생각만큼 똑똑하지 않다.

5부 산업 자재

1. 고대 인더스강 유역의 도시국가들도 의심할 여지 없이 똑같은 짓을 했지만, 그들은 자기들 문명이 붕괴하는 동안 기록을 남길 생각도 하지 않고 모두 세상을 떠났다. 따라서 확보 가능한 정보를 기반으로 한 추측일 뿐이다.

2. 이탈리아인들을 너무 가혹하게 비판하지 말라. 몽골-크림-콘스탄티노플-제노바 경로로만 전파된 건 아니니까. 물론 이 경로가 유럽에 최초로 흑사병을 전파한 경

로이긴 하지만 말이다.

3. 무슬림 제국들이 자기들이 입수한 기술적 지식을 보존한 데 대해 알라신에게 감사 드린다. 그들이 그리하지 않았다면 유럽은 로마제국 이후로 해체를 되풀이하면서 지금과 매우 다른 모습이 되었을지 모른다. 뒤집어 보면, 무슬림 제국들이 자기들이 보존한 지식을 대대적으로 응용했다면 우리 모두 지금쯤 다른 별에서 휴가를 즐기고 있을지 모른다. 그리고 아랍어를 쓰거나 터키어를 쓰고 있을지도 모른다.

4. #과학은멋지다.

5. 2022년 초 이 글을 쓰는 현재, 테슬라는 중국에서 코발트 없는 배터리를 선보였지만, 중국에서 압도적으로 우세한, 내부 저장 공간이 거의 제로인 아주 작은 자동차용이고, 따라서 미국에서는 틈새시장을 전혀 찾지 못했다.

6. 전기자동차는 무게 때문에 알루미늄을 사용하고 전통적인 자동차는 강도 때문에 강철을 사용한다는 치졸하고 구체적이고 사소한 사실은 이에 포함되지 않는다. 그리고 알루미늄을 제조하려면 파운드당 강철보다 에너지가 여섯 배 들어간다. 무게로 따지면 차체를 만드는 데 알루미늄이 훨씬 적게 필요하다는 점을 고려해도, 여전히 전통적인 자동차 차체 제작 공정과 비교해 전기자동차 차체를 만드는 공정이 탄소 집약도가 두 배다.

7. 실제로 그렇다.

8. 그리고 앞서 말했듯이 사내들이다. 스위스의 최대 금괴 생산자인 PAMP는 젠더 연구서를 발표하고 자사의 금 제련 시설에 여성 직원이 많지 않다는 점에 대해 사실상 사과했다. 아랍에미리트연합의 금괴 제조자들은 본래 여성을 혐오하는 노예제 국가라 PAMP의 선례를 따를 필요를 못 느꼈다.

9. 고고학계에는 로마제국이 도수관(導水管)에 널리 사용한 납이 로마제국 말기에 제국 경영의 실패와 해체에 한몫했다고 주장하는 비주류 학파도 있다. 사실이냐고? 나는 모르겠다. 하지만 납을 사용한 게 도움이 되지는 않았을 듯하다.

10. "보인다."라고 한 이유는 위조품 제조업자들은 생산 자료를 공개하지 않는 경향이 있기 때문이다.

11. 이 사안에 대해서는 할 말이 없다.

12. 콜리플라워는 몰리브덴이 결핍되면 잎이 기형이 되고 꽃봉오리 발육이 저하된다 (옮긴이 주).

13. "뿅뿅" 레이저 효과음.

14. 알루미늄과 실리콘을 많이 쓰지 않고는 자동차 마일리지를 개선할 방법이 없다. 전기자동차도 마찬가지다. 환경보호주의자가 주목할 점: 알루미늄 제련은 전기집약적이다. 실리콘 제련도 전기집약적이다. 이 둘을 합금하는 작업도 전기집약적이

다. 전기자동차 프레임 제작에는 전통적인 자동차의 프레임 제작에 들어가는 에너지의 대략 다섯 배가 투입되어야 한다. 테슬라가 광고에서 누락시키는 친환경적이지도 않고 달갑지 않은 여러 가지 세부 사항들 가운데 하나다.

15. 9가 일곱 개다.

16. 9가 열 개다.

6부 제조업

1. 벤다이어그램에서 석유 재벌 족장, 자녀교육에 극성인 엄한 부모, 재기발랄한 동성애자 아빠의 교집합만큼 아주 작다.

2. 실제로는 이게 끝이 아니다. 최종 조립 작업이 중국 총칭에서 이루어지면, 이 자동차는 양쯔강을 따라 8-11일 동안 배를 타고 내려가 상하이에서 며칠 머무른 다음 20일 동안 배를 타고 로스앤젤레스에 도달한 후, 기차에 실려서 지역 유통센터로 운반된 다음, 철로 하역장에서 서로 다른 주들 사이를 오가며 최종상품을 실어나르는 특화된 트럭에 실려 마침내 대리점에 도착한다. 자동차 제작이 완성되고 나서도 판매시점에 도달하려면 6주가 걸린다. 조립과 운송이 "다"가 아니다. 선박 보험은 런던에서 비롯될 가능성이 가장 크고 당신이 잠든 사이 당신의 목숨을 앗아가지 않도록 할 주유구 잠금장치 관련 규제는 유럽연합에서 비롯된다. (유럽연합은 해괴망측한 규제로 치자면 캘리포니아 저리 가라다.)

3. 산요(Sanyo) 워크맨 있는 사람 손들어 보시게.

4. 이 수치를 정확히 알 수 없는 까닭은 중국 내에서의 이주는 중앙아메리카 지역에서 미국으로 향하는 이주보다 훨씬 엄격히 단속하는 불법이기 때문이다.

5. 야호! 수력발전!

6. 그나마도 교통량이 적고 날씨가 좋고 교통위반 단속 경찰이 꾸벅꾸벅 졸 때 얘기다.

7. 재미있는 사실: 주량이 큰 미국 남부인들이 그들의 주량에 필적할 한국인을 만나면, 뭐든지 뚫는 창과 뭐든지 막는 방패의 시합이 벌어진다.

8. 이 맥락에서 "마음 한구석에 애틋한 감정"이란 "체계적으로 말살하지는 않았다." 라는 뜻이다.

9. 솔직히 털어놓자면, (다른 나라의 상품을 분해해 똑같이 만드는) 역공학(reverse-engineer)이 성공을 거두지 못했다.

10. 오해는 마시길. 중국 간첩이 미국 군사기술을 중국으로 빼돌리는 데 성공한 보도를 보면 기분이 좋지 않다. 그러나 냉정하게 바라보자. 중국은 2017년에 가서야 비로소 수입 부품 없이 볼펜을 제조하는 방법을 알아냈다. 중국이 청사진을 입수해

갑자기 스텔스 폭격기나 첨단 미사일 체계를 뚝딱 만들어낼 수 있다고 생각한다면 좀 억지스럽다.

11. 말할 수 없이 많다.

12. 그런데 허구한 날 군사쿠데타가 일어난다.

13. 영국에서는 "timber"라고 한다.

14. 그러나 솔직히 말해서 체온 측정 결과를 스마트폰으로 전송해주는 디지털 온도계나 옷이 다 마르면 노래가 나오는 건조기가 정말 필요한가?

7부 농업

1. 화학 용어로 말하자면 이런 현상을 수소 결합이라고 한다.

2. 기원전 10000년보다도 전에 오늘날 이라크 고원지대에서 키웠다.

3. 그렇다. 밀 덕분에 치즈를 먹게 되었다.

4. 캘리포니아주의 센트럴밸리도 아주 비슷한 이유로 아주 비슷한 패턴을 따른다.

5. 스파르타 만세!

6. 그는 서른두 살에 세상을 떠났다. 그래서이기도 하다.

7. 정복하기가 누워서 떡 먹기였기 때문이다.

8. 우웩!

9. 아니면 응가 문제에 대해.

10. 서부 사하라가 모로코의 영토인지, 분쟁지역인지, 독립 국가인지에 대해서는 아프리카 내에서 길고 지루한 논쟁이 여전히 이어지고 있다. 내가 태어난 이후로 쭉 이 땅은 모로코가 장악해왔다는 사실을 고려한다면, 그리고 이번 장이 앞으로 세계에서 어둠 속에서 쫄쫄 굶게 될 사람들이 얼마나 많은지를 다룬다는 사실을 고려한다면, 그런 사소한 일에 내가 얼마나 신경을 쓸지 말 안 해도 여러분이 이해하리라고 생각한다.

11. 유기농 상품이 이런 문제들을 해결하는 데 도움이 되리라고 생각하는가? 그렇다면 여러분은 수학에 젬병이다. 유기농 재배에는 전통적 재배방식보다 훨씬 많은 투입재가 필요하다. 특화된 종자, 더 많은 물이 필요하고 비화학적 살충제와 제초제 등은 훨씬 비쌀 뿐 아니라 부피가 훨씬 커서 운송하고 저장하고 사용하기 어렵다. 유기농 투입재는 효과도 훨씬 낮아서 합성 투입재보다 네 배 정도의 양을 경작지에 뿌려야 하고 노동력과 연료가 더 많이 필요하다. 경작지에 추가로 투입되는 이러한 재료들로 인해 유기농 재배는 전통적 재배보다 토양 부식과 수질오염도 훨씬 심하다. 과실수 재배에 가장 널리 쓰이는 유기농 "비료"는 인간의 식용으로 적

합하지 않은 닭 부산물이다. 끈적끈적하고 냄새나는 저민 닭 내장을 유통하는 과정이 어떨지 떠올리려면 그다지 상상력이 필요하지 않다. 물론 악취가 진동할 정도로 철저히 부패하지는 않도록 냉장 상태에서 유통해야 하므로, 유기농 상품의 탄소 족적은 급격히 증가한다. 그 결과 유기농 재배는 생산 단계에서 에이커당 산출량이 전통적 재배방식보다 훨씬 낮으므로, 같은 양의 식량을 생산한다고 할 때 전통적 재배방식보다 경작지가 더 많이 필요하고 효율성이 낮은 투입재가 더 많이 필요하다. 유기농 식품을 먹든가 환경친화적인 식품을 먹든가 양자택일해라. 꿩 먹고 알도 먹을 수는 없다.

12. 아니면 둘 다 하든가.

13. 마오쩌둥은 비료가 너무 비싸다며 사용을 금지하는 결정을 내린 것으로 유명하다.

14. 나는 누구보다도 오렌지를 좋아한다. 하지만 오렌지가 균형 잡힌 식단에 포함될 수는 있지만, 오렌지를 주식으로 할 수는 없다.

15. 중국, 일본, 한국은 이 문제의 시시콜콜한 사항을 두고 열띤 논쟁을 벌인다.

16. 옥수수 수염 제거는 뜨거운 열기 속에서 땀을 뻘뻘 흘려가며 가려움을 참아야 하는 지루한 작업이다. 내가 대학에 진학한 가장 큰 이유는 아마도 이 일에서 도망치고 싶었기 때문일지도 모른다. 옥수수가 아니었으면 이 책도 없었다.

17. 이러한 전환이 일어나지 않으면 20억 인구가 기근으로 사망한다는 뜻이다.

18. 아주 사소하고 역겨운 지식이라면 환장하는 분은 "주혈흡충증"을 검색해보라. 경고: 점심을 거하게 드신 직후에 검색하지는 말 것.

19. 이러한 종류의 건조 현상은 유럽에서 여러 차례 일어났을 뿐 아니라 때로는 지중해 연안 전체가 메마른 데스밸리(Death Valley, 미국 캘리포니아와 네바다에 걸쳐 있는 혹서 저지대—옮긴이)의 거대한 확장판이었다는 고생물학적인 증거가 많다.

20. 외국인에게 그들이 자기 나라에서는 맛볼 수 없는 최고급 미국 식사를 대접하고 싶은가? 그렇다면 스테이크 집이 아니라 켄터키후라이드치킨(KFC)에 데려가라.

21. 기절할 정도로 끝내주는 치즈를 맛보고 싶다면 카피티 키코랑기(Kapiti Kikorangi) 한 덩어리를 구해라—고르곤졸라와 까망베르가 지닌 특징들 가운데 최상의 특징만 조합해놓은 뉴질랜드 치즈다. 환상적인 맛이다!

22. 공짜 싫어하는 사람 없다!

23. 우웩!

24. 미국, 당신 얘기하는 거야.

25. 마신 다음에 평가하는 과정은 기꺼이 도울 수 있지만.

26. 요한계시록(6장 1절-8절)에는 세상의 종말을 알리는 네 명의 기수가 등장한다. 백마를 탄 첫 번째 기수는 왕관을 쓰고 활을 든 정복자이고, 큰 칼을 쥐고 붉은 말

을 탄 두 번째 기수는 전쟁과 유혈참극을 상징하며, 검은 말을 타고 저울을 든 세 번째 기수는 기근을, 핼쑥하고 창백한 말을 탄 네 번째 기수는 죽음을 상징한다—옮긴이.